国学新论

邴　正　邵汉明　主编

王　卓　于德钧　尚永琪　副主编

人民出版社

责任编辑:李之美

图书在版编目(CIP)数据

国学新论/邴正 邵汉明 主编. -北京:人民出版社,2009.12
ISBN 978 - 7 - 01 - 008234 - 9

Ⅰ. 国… Ⅱ. ①邴…②邵… Ⅲ. 国学-中国-文集
Ⅳ. Z126 - 53

中国版本图书馆 CIP 数据核字(2009)第 164576 号

国 学 新 论
GUOXUE XINLUN

邴　正　邵汉明　主编

人民出版社 出版发行
(100706 北京朝阳门内大街 166 号)

北京市文林印务有限公司印刷　新华书店经销

2009 年 12 月第 1 版　2009 年 12 月北京第 1 次印刷
开本:880 毫米×1230 毫米 1/32　印张:25.5
字数:650 千字　印数:0,001 - 3,000 册

ISBN 978 - 7 - 01 - 008234 - 9　　定价:55.00 元

邮购地址 100706　北京朝阳门内大街 166 号
人民东方图书销售中心　电话 (010)65250042　65289539

中国传统文化与全球化时代

——《国学新论》序

　　不管我们对全球化持何种观点和态度，我们都已经和正在面对全球化的现实。在这样的时代里，世界不仅在经济和科技上成为一个不可分割的整体，各民族的文化也在最大程度上进行着交流和融合。作为具有几千年历史的中国传统文化要以怎样的姿态进入这个文化对话的场域？要怎样发出自己的声音？要如何打通传统与现代的壁垒？要怎样从民族走向世界，让中国的传统文化在全球化时代迸发出新的生命力？这些是当代学人极其关心的问题，因此，解决这些问题也成为中国当代学人一项重要的历史使命。

　　"国学"与中国传统文化有着密不可分的关系。近现代意义上的"国学"产生于19世纪末20世纪初，当时被称之为"中学"，后来又陆续有了"国学"、"国粹"和"国故"等名称，主要指的是对中国传统文化，尤其是以儒家思想为代表的传统文化的研究。这个概念的提出不仅在政治上引起了"保守派"和"洋务派"之争，在文化上存在着"中化"与"西化"的分歧，就是在学界，关于这个概念的内涵和外延也莫衷一是，直到今天仍没有一个定论。恰恰也正因为此，"国学"成为学界一个研究的热点，也成为全球化时代我们应该关注的一个重要的文化现象和学术问题。

　　"国学"产生之初在某种意义上是鸦片战争后中国传统文化接受强势西方文化挑战的一个应急反应，其中更多的是本能的自我保护和被突然刺激起来的有些盲目的民族自尊心。在鸦片战争爆发的半个世纪后，梁启超和章太炎明确提出"国学"概念，其目的已不再是用来应急和掩饰文化心理的虚弱，而是要以中国的方式解决中国的问题，以中国的方式研究中国的学问，正如本书中一位学者所言："它述说的不是中国文化与西方文化有什么区别，而回答的是中国文化是什么样文化的问题"，"只有到了章太炎这里'国学'才真正成了一种'学'，一种需要重新整理、感受、研究和认识的具有立体感的对象。"（王富仁《"新国学"论纲》）

　　经过五四新文化运动和20世纪80年代又一次国学研究的热潮，国学研究在艰辛和坎坷中逐渐走向成熟。新中国成立，使我们没有了"亡国灭种"的恐惧，改革开放，使我们拥有了经济上的自信，此时国学研究更加从容和理性；而随着历史的发展，西方文明所暴露出的种种问题也让我们思考，仅以西方文明一军孤立是否可以引领人类走向和平幸福的未来。在几代学人的不断努力下，在百年的成长历程中，国学研究逐渐从被动走向主动，从情感的冲动走向理性的思考，从民族问题的解决走向世界问题的承担。

　　与过往的历史相比，国学研究今天所处的是一个更加复杂的全球化时代。正如历史学家汤因比所预言的一样：在当下乃至今后的世界，冲突的根源不是意识形态，也不是经济，而是文化。这种预言预示着人类的进步——世界关注的重点已经逐渐超越了政治、超越了物质，而进入到更高一级的精神文化层面。如果把物质简单地等同于金钱，那么可以直接用赚到钱的多寡来区分孰优孰劣，而精神文化却很难说有孰优孰劣之分，这就为世界上所有民族的所有文化进入世界视野提供了自由平等的基础。因此，全球化时代，国学研究所面对的世界文化背景、文化间交流的方式以及更为重要的文化心态都会发生巨大的改变。

第一，国学研究面对的不再是中西文化对立的二元文化背景，而是全世界各民族文化在一起的多元文化背景。在这样的背景下，如果还仅以典型的西方文化作为国学研究的参照系，就显得太狭隘了，而且也会因为这种狭隘而限制自己的视野，失去很多优秀的文化资源。

第二，就文化交流的方式而言，"国学"产生的时代，是西方文化以强势入侵中国，因此，我们与西方文化之间不是平等的，是被迫接受；在国学研究发展的过程中，我们曾经因为国内存在着各种问题，而急于向西方取经，虽是主动学习和引进西方文化，却没有与其取得平等的地位，因此这些都是不平等的交流，而也就是因为这种不平等和最初的被动，我们才通常以"冲突"来描述各种不同文化的相遇。其实，以中国传统思想来看，"和而不同"才是一个整体存在的常态。因此，在世界抛弃了意识形态的隔阂和经济实力的差异而逐步走向文化的评价时，各种文化的相遇就是"对话"，是平等的交流。在这种交流方式下，国学研究会更从容地吸收外来文化，更理性地思考自我。

第三，与前两点变化密切相关的就是，在全球化的背景下，国学研究必须以一种健康的心态来面对世界。首先是对自我认识心态的平和。"国学"产生之初的不乐观对其发展造成了较大的影响，当初的"落后"和被侵略所刺激起来的不平和心理在其历史发展过程中演变成为自卑和自大两种难舍难分的心态。这样的心态不抛弃，"国学"就不能平等地看待自己、不能平等地看待其他文化，同样也不能获得其他文化对自己的平等对待。另外，不平和的心态往往导致民族主义的情绪，这样的情绪会限制"国学"的意义。"国学"不仅是中华民族的，"国学"更是世界的，尤其在全球化的背景下，我们要以平等和主体的心态来面对世界，每一个民族都有责任有义务为人类共同问题的解决贡献力量。

《社会科学战线》作为国内重要的综合性社会科学学术期刊，一直关注中国传统文化问题研究，刊发了许多相关的优秀文章。这些文章从各种不同的角度对"国学"问题进行了深入的阐发和论证，其中有共识也有争议。杂志力求为这些宝贵的观点提供"百家争鸣"的平台，为中国学术研究的发展作出切实的工作。现将诸学者相关优秀成果结集成册，希望能为中国传统文化的继续复兴和走向世界提供一个重要的参考文本。

邴 正

2009 年 5 月

目　录

国学与当代中国

中西文化会通

新国学研究

"新国学"论纲

王 富 仁

一

"新国学"不是一种学术研究的方法论，不是一个学术研究的指导方向，也不是一个新的学术流派和学术团体的旗帜和口号，而只是有关中国学术的观念。它是在我们固有的"国学"这个学术概念的基础上提出来的，是使它适应已经变化了的中国学术现状而对之作出的新的定义。

"国学"是在 20 世纪初年，为了将中国学术同西方学术区别开来而产生的一个学术概念。早在晚清，就有知识分子开始使用"中学"和"西学"，但那时的"中学"，主要意指由宋明理学家系统化和条理化了的传统儒家的伦理道德学说，而"西学"则主要意指当时中国知识分子更加重视的西方现代科学技术成果。正是在这样一种理解的基础上，晚清知识分子将"中学"概括为"道"，而将"西学"概括为"器"，被后来人称为"复古派"的官僚知识分子坚持的是重"道"轻"器"的文化观念，并以这样的观念拒绝和排斥西方现代的科学技术成果，而被后来人称为"洋务派"的官僚知识分子则在强调"器"的作用的前提下主张学习西方的现代科学技术，用西方现代科学技术的手段达到"富国强兵"的目的。可以说，正是"中学"、"西学"这两个概念的划分，将中国的学术推进到了一个全新的历史发展阶段。我们看到，直至现在，代替"中学"这个概念的"中国文化"和代替"西学"这个概念的"西方文化"，仍然是中国学术的两个关键词，构成了中国现代学术的基础构架。我们学术上的几乎所有重大分歧，当发展到一定程度，就会归结到"中国文化"和"西方文化"及其关系的问题上来，并且一旦回到这个基本问题上，彼此的对话就中止了，就没有进一步讨论的余地了。我认为，我们现当代学术研究所遇到的很多问题，都与从那时就已经形成的这个基础的学术构架有关。学术研究的大忌就在于基础概念的模糊，而这两个基础概念本身就是极为模糊的。它们可以有各种不同的定义方式，这各种不同的定义方式又是建立在各不相同的感受和理解的基础之上的。

中国近代史上的"中学"和"西学"之争，在我们流行的历史描述中，是以洋务派的胜利和复古派的失败而告终的。但我认为，洋务派对复古派的胜利，实际只是现实政治实践层面上的胜利，而不是思想和理论上的胜利。在理论上，洋务派并没有也不可能从根本上颠覆复古派重"道"轻"器"的思想，因为洋务派自己也是重"道"轻"器"的。张之洞提出的"中学为体，西学为用"，是对洋务派文化思想的最完整的表述。在这里，"体"是自主的，"用"则是从属的；"体"不是为"用"而存在，而"用"则是为"体"而存在的。它重视的还是"道"，只不过他认为西方的科学技术成果不但不会削弱"道"，削弱中国的伦理道德秩序，还会巩固和加强"道"，巩固和加强中国的伦理道德秩序。后来的事实证明，西方科学技术成果的引进，不但没有起到这种作用，反而一次次冲击和破坏着中国固有的伦理道德秩序，一次次轰击和动摇着我们对"道"的传统的理解。其中固然有我们过去着重宣扬的正面的效应，但同时也有我们至今常常讳言的负面的效应。导致洋务派这种文化"短视"的原因是什么呢？在理论上，是由于它的"体"和"用"的二元论：它的"体"不是它的"用"之"体"，它的"用"也不是它的"体"之"用"。在这里，洋务派实际是用张冠李戴的方式实现了自己理论表面上的统一性的。假若我们仅仅从学术的意义上理解晚清洋务派与复古派的思想论争，它涉及的实际是中外历史上普遍存在的一个带有根本性的理论问题：在中国固有的理论体系中，它指的是"德"与"智"的关系的问题；在西方的理论体系之中，它指的是"善"与"真"的关系的问题；在我们当前的学术体系中，它指的是科学技术和文学艺术、人文科学的关系的问题。智力的发展一定会促进人类道德的完善吗？真理的认识一定会净化人的心灵吗？科学技术的发展一定能够提高人的人文素质吗？对于这些问题，洋务派知识分子没有作出回答，也不想作出回答。这使他们在理论上反而失去了复古派所坚持的中国传统儒家伦理道德体系的统一性和完整性，并在实践上具体表现为单纯的物质主义、技术主义和唯智主义的倾向。在洋务派官僚掌权期间伴随现代科学技术的发展，同时也迅速地发展着官僚集团的腐败和社会伦理道德秩序的瓦解。所以，洋务派对于复古派的胜利不是理论上的胜利，而只是现实政治实践层面上的胜利。它的实质意义在于，在中华民族遇到西方帝国主义的强权侵略的时候，发展现代科技、现代工业、现代军事已经成为国家政治事业不可回避的重要任务。即使从维护自己政治统治权力的角度，中国的政治统治集团也不得不重新调整自己的政治统治策略，也不得不重视对西方现成科学技术成果的吸纳和运用。这形成了与中国传统国家观念不尽相同的中国近现代的国家观念。传统伦理道德仍然是中国近现代国家建构的主要思想基础，但传统的小农经济已经无法支撑一个庞大的现代国家。这导致了中国近现代国家政治实践上的分裂趋势。洋务派思想在理论上的这种不完整性、不统一性，反映的恰恰是中国近现代国家政治实践上的矛盾和分裂。

在过去，我们常常用"复古"、"守旧"、"保守"批判晚清复古派知识分子，但这种批判在理论上是毫无力量的，因为"复古"、"守旧"、"保守"都不是绝对的贬义词，都不等同于错误。一个社会需要发展变化，也需要稳定团结；需要滑动力，也需要摩擦力。在中国近现代历史发展过程中，"复古"、"保守"、"守旧"起的就是社会摩擦力的作用，就是维持社会相对稳定的政治局面的作用。在中国固有的伦理道德体系中，"道"体现的是社会关系的整体和谐状态以及为实现这种状态对各种不同的人所提出的不同要求，"器"只是为了实现并维护这种社会状态所使用的方式或工具，它的作用是融化在"道"之中的，"道"在"器"在，"道"失"器"失，"器"在"道"中，"器"不离"道"，"器"并没有自己独立的价值和意义。所以，复古派在政治实践上的失败并不意味着它在理论上的失败，"道""器"合一仍然是中国知识分子无法放弃的理想，这使晚清复古派的思想在后来的中国历史上还将以新的形式不断出现，并经常以中国文化代言人的身份出现在世界文化舞台上。我认为，晚清复古派知识分子的失败不在于他们的"复古"、"保守"和"守旧"，不在于他们反对改革、消极地维持现实社会的统治秩序，而在于他们没有可能有效地起到这种作用。在这里，原因是多方面的，仅从学术思想的角度，则是因为他们也同当时洋务派知识分子一样，仅仅停留在当下现实政治实践的层面，而没有将其上升到学术的、理性思想的高度。"知己知彼，百战不殆"是中国战略思想中的一句名言。复古派知识分子要想有效地抵制西方的科学技术，就必须首先了解西方的科学技术，而他们是在根本缺乏起码的科学技术知识的条件下批判西方的科学技术的。这就使他们的反对毫无力量，并且随着西方科学技术成果的广泛应用，连他们自己也无法实践自己的思想主张，他们的思想也就无法深化发展为一种哲学，一种学术。在他们的思想运作中，传统的"夷""夏"之辨的观念起到了严重的破坏作用。学术的意义就在于认知，对于中国知识分子而言，不论对西方以及西方文化持有什么样的具体态度，都必须建立在认知的基础上，都必须是感受、了解、思考、研究的结果。放弃了认知，就放弃了学术。而传统夷夏之辨的观念却极其简单地取消了对西方及其文化的认知，这使复古派知识分子在与洋务派知识分子的思想论争中处于极其不利的地位。当他们失去了现实政治权力的支持，就没有任何实际的思想力量了。

晚清洋务派和复古派在其思想主张上是对立的，但在其特点上则是相同的：他们的思想都仅仅停留在当下政治实践需要的层面上，而不具有真正理论的意义和学术的价值。他们几乎都是官僚知识分子，而在中国固有的政治体制中，臣下是为维护皇帝的政权而服务的，是为皇帝出谋划策的，所以他们的思想主要停留在治国方略的层面上，奏折在那时的文体形式中占有重要的地位。更为严重的是，这种在政治体制内的学术论争，常常只是政治权力斗争的一种表现形式，论争的胜负并不取决于思想的征服力，而取决于政治权力的大小，这局限了他们思想的正常发展和充分表达。中国近现代学术在他们那里开始萌芽，但还没有成长起来。仅就学术而言，世界地理学的发展是洋务派文化中最具有现代性质的学术成就。魏源的《海国图志》、徐继畬的《瀛环志略》、姚莹的《康𬨎纪行》等等，反映着中国知识分子认识世界的愿望及其现实视野的扩大，从而也为中国近现代学术的继续发展奠定了基础。同文馆课程设置上的改革，京师大学堂的建立，外国留学制度的制定，仍然是实践层面的政治举措，但对此后中国学术的发展却有关键的意义。除此之外，他们的大多数学术成果仍然属于中国传统学术的范畴，还需要在传统学术的框架内理解其实际的意义和价值。

二

中国近现代学术的重新起步是在维新派知识分子那里实现的。维新派知识分子之所以开始重视学术，是因为他们在野的社会地位，是因为他们处在在野的地位而关心着国家的前途和命运。他们首先面对的是与他们具有平等地位的在野知识分子，其中有一些则是他们的学生。面对他们，这些维新派知识分子不但要申述自己的主张，更要广泛申述自己思想主张的根据，以与各不相同的读者和听众实现思想的沟通。我认为，正是作者对现实世界的关切以及与读者这种平等的交流关系，产生了中国近现代的学术。

康有为、梁启超、谭嗣同在学术思想和学术风格上各有自己的特点，但作为维新派的学术，他们又有共同的特征。第一，他们基础的文化资源是中国古代的正统文化，这不但是他们的思想赖以产生的基础，同时也是他们与自己的读者或听众共同拥有的文化资源，是他们与其读者或听众进行学术对话的主要载体。康有为的《新学伪经考》、《孔子改制考》、《大同书》，谭嗣同的《仁学》以及梁启超的很多作品，都是以重新解读中国古代正统文化为表现方式的。第二，他们的主要思想观念是进化论的，是主"变"的。西方进化论的思想与中国古代法家变法施治的思想消融在他们改革现实政治的愿望中，构成了他们自己的维新思想。第三，他们为中国社会虚拟了一个理想的方案，西方政治制度是在他们虚拟这个理想方案的过程中被纳入到他们的文化思想构架的。他们的社会活动和学术事业的目的都是为了这个方案的具体实现，这就使他们的学术带上了明显的政治宣传的特征。

与康有为、梁启超、谭嗣同的学术活动平行发展的是严复。假若说康有为、梁启超、谭嗣同主要是在重新解读中国古代正统文化的过程中表达了自己社会政治改革的愿望的，严复则是在感受、了解、认识西方学术的基础上建立起自己的文化观念和学术观念的。康有为、梁启超反映的是中国知识分子改革社会的愿望，严复反映的则是中国知识分子求新知的愿望，了解西方、了解西方的学术的愿望。我认为，在严复的文化思想中，始终并列着两种不同的学术：中国的学术和西方的学术。他把西方的学术就视为西方的学术，而把中国的学术就视为中国的学术，它们都主要是知识层面上的东西，他试图沟通这两种不同的学术体系，但却没有像康有为、梁启超那样将两者混合起来。

假若说康有为、梁启超、严复等人的思想更是社会学意义上的，那么王国维的思想则更是美学意义上的；假若说康有为、梁启超、严复等人的思想更是知识层面上的，那么王国维的思想则更是情感感受层面的。中国文化是有着几千年悠久传统的文化，清王朝是有着几百年漫长历史的封建王朝，作为一个中国知识分子，自幼就把中国文化作为一种具有最高价值的文化，自幼就把忠君爱国作为自己最高的人生价值，但历史的变迁却突然轰毁了这种理想，连在自己的感觉中，也已经直感到中国文化在西方文化冲击下日趋衰败的大趋势，也已经感到了清王朝覆灭的历史命运。在这种历史的趋势面前，个人是无力的。旧的在崩溃着，新的却还不知是祸是福。这该是一种怎样的怅惘和悲哀！王国维没有像很多中国知识分子那样闭上眼睛不愿看到中国固有文化传统的衰弱，也没有像很多中国知识分子那样以欣赏的态度看待自己民族及其文化的危机，这说明他属于那种用感情拥抱着自己的民族和自己民族文化的知识分子。我认为，正是他的这一特质，使他成为中国第一个真正能够感受并体验到悲剧之美的学者，成为第一个真正能够感受并体验到《红楼梦》的杰出美学价值的中国学者，成为第一个真正能够感受并以自己的方式理解叔本华哲学的中国学者。在这个方面，恐怕是后来很多美学学者所不可企及的。他的意境说是对诗歌美学的杰出贡献，不但在中国美学史上具有自己独立的地位，即使在世界诗歌美学史上，也应该有其独立的价值。在他那个时代，他是真正把目光转向中国古代非正统文化的学者，这使他成了中国第一个中国戏剧史专家。他还是最早进行甲骨文、金文研究并有卓越贡献的学者之一。在对悲剧美学的领悟上，他直接连接着鲁迅所开启的新文学悲剧美学传统。

在这里，我们还不能忽视孙中山在中国近现代国家政治学说上的贡献。在过去，我们主要将他的三民主义理论视为西方政治制度影响下的产物，但从另外一个方面，我们不也可以说，他的民族主义反映的正是中国人在西方帝国主义的强权侵略面前求自强自立的愿望吗？他的民生主义反映的不正是中国民众求温饱、求生存、求发展的愿望吗？他的民权主义反映的不正是像康有为、梁启超、孙中山这些在野知识分子希望参政、议政、发挥自己社会作用的愿望吗？所以，在这里，不仅仅是西方文化和东方文化的关系问题，更是中国知识分子面对现代世界会产生什么样的思想愿望的问题。正是这样的愿望，把孙中山对国家政治的理解推到了现代国家学说的高度。可以说，从孙中山开始，中国的政治家才开始有了自己独立的国家观念和政治观念，而在中国古代，中国的政治家是把像孔子这样的知识分子的社会理想作为自己的思想理想和执政方针的。我认为，迄今为止，孙中山的三民主义仍然是全面揭示中国现代国家应有的本质特征的国家政治学说。民族主义的国家立场，民生主义的经济目标，民权主义的政治体制，应该是中国现代国家区别于中国古代国家的三个最基本的特征。

三

"在此清学蜕分与衰落期中，有一人焉能为正统派大张其军者，曰余杭章炳麟。"[①]

梁启超这句话，包括有相连的两层意思：晚清学术是在整

---

① 梁启超：《清代学术概论》，载《梁启超论清学史二种》，朱维铮校注，上海：复旦大学出版社 1985 年版，第 77 页。

个清代学术分裂和衰弱的趋势中发展起来的，那些为梁启超所认为有成就的维新派和革命派的知识分子，大都是在反叛清代学术传统的基础上发展了自己的思想和学术的，而独有章太炎继承着清代学术传统而又是卓有成就的学者。在这里，使我们看到学术发展绝不是只有一条道路，而是有着多种途径，而就其与传统的关系而言，则有反叛传统和深化传统两条不同的道路。为什么会出现这种情况呢？我认为，我们所说的学术，实际上有两个并不完全相同的层面：其一是知识的层面（包括现实经验和已有的理论知识两类），其二是主体精神的层面。从晚清开始的中国学术革命，是在中国知识分子越来越多地接触到西方及其文化知识的过程中发展起来的，直至现在，绝大多数的中国知识分子，还主要是在这样一个知识层面上接受西方文化并意图革新中国文化的：他们通过对西方的了解认识到现代科学技术的力量，于是就在中国提倡现代的科学技术；他们通过对西方的了解认识到民主制度的优越，于是就在中国宣传西方的民主制度；他们在西方的哲学中接受了实用主义，就在中国提倡实用主义哲学；他们在西方文学中接受了现实主义，就在中国提倡现实主义文学……所有这一切，都扩大了中国知识分子的文化视野，为中国文化的发展开辟了新的发展道路，也大大地革新了中国的学术。但只有这种知识层面的革新，中国文化的发展变化还可能是浮面的，外在的变化大于内在的变化，形式的变化大于内容的变化，言词的变化大于人格的变化，并且一遇挫折，便生变化，"觉今是而昨非"，呈现着学术无"根"、漂浮多变的状况。而另有一种变化，主要不是来源于知识层面的变化，更来源于主体精神上的变化。这种变化，并不一定依靠新的知识的注入，而完全可以在固有知识结构内发生。当一个学者以一种不同流俗的独立精神感受和认识固有的文化传统的时候，固有的文化传统同样会以新的面貌出现在他的面前。这种学术成果不是在任何现成的理论学说、方法论或知识元素的基础上建立起来的，但同样具有从传统内部改变其结构形式、引起固有学术传统革新的作用和意义，并且体现着研究者个人的独立精神追求。具体到清代学术发展史上来说，清代学术同时反映着两种不同的内在倾向，一是政治上的妥协倾向，一是学术上的执著精神。清王朝是在异族军事侵略的基础上建立起来的，依照汉族知识分子传统的国家观念和道德观念，是不能承认这样一个政权的合法性的，但汉族知识分子向来的"修、齐、治、平"的社会价值观念和读书做官的人生理想，使他们的多数人不能不到这个异族的政权之下求取仕进，而一旦进入到这个政治体系之中，儒家忠君爱国的思想传统便把他们牢牢地束缚在这个异族的政权之中，成为这个政权的附庸。就其整体而言，我们完全可以说，有清一代的汉族知识分子是中国历史上最软弱、最没有骨气的知识分子群体，他们的学术也只是他们在异族政权统治下仍能获得自我生存价值和意义感觉的一种半政治性或非政治性的事业。在这个意义上，清代学术本身就是异族政治压迫下的产物，包含着汉族知识分子向异族政权妥协的倾向，但这种妥协并不是民族意识的泯灭，而是民族意识的变形，它依然极其曲折地反映着清代知识分子内在的民族意识及其对清王朝异族政治统治的离心倾向。中国传统的书面文化，是以"经"、"史"为主体的。立于"经"、"史"起到的也是阐发经义的作用。"以史为鉴"，从历史中总结出的是治国之道、做人之理，是"经"所直接宣扬的伦理道德信条；立于"史"、"经"也是一种历史

的文本。"六经皆史",从"经"中读到的也是历史。宋明理
学是重"经"的,它具体阐发和宣扬的是"正心、诚意、修
身、齐家、治国、平天下"的儒家伦理道德信条,这些信条
以"忠君爱国"为总纲领,对于维系现实政治的统治秩序有
着直接的作用和意义,构成的是汉族知识分子和汉族政权在思
想上的直接呼应关系,它是以现实政权的长治久安为基本目标
的。清朝最高政治统治者直接继承着宋明理学传统,将宋明理
学继续作为维护自己统治地位的思想纲领,并将其作为学校教
育的基本内容和科举取士的主要标准。但对于清代的汉族知识
分子,这个政权已经不是本民族的政权,"经"和"史"的意
义有了细微但却重要的差别。同是儒家文化,从"经"的角
度,就是维系现实政治关系的,就是直接为清王朝政治统治服
务的,忠君爱国就意味着必须忠于当下的异族之君,爱当下的
异族之国,而从"史"的角度,它则是汉民族的历史和文化,
它负载的就是汉民族的民族记忆。在从宋明理学到清代实学的
学术转变过程中,起到关键作用的是顾炎武、黄宗羲、王船山
诸人,而他们都是具有强烈民族意识的学者。对于他们,儒家
文化是中国固有的文化传统,是他们思想的渊源也是他们的思
想旗帜,但他们意识中的儒家文化,却不是清王朝自觉推行的
那种儒家文化,其目的不是为了维护现实的政治统治秩序。这
就使他们与宋明理学家有了内在的差别。我认为,由理学向实
学的转变反映的正是清代汉族知识分子这样一个思想的脉络。
他们更多地离开了伦理学、道德学而转向了文字学、音韵学、
训诂学、校勘学、考古学等等,其研究范围也从儒家文化经典
拓展到历史学、诸子学和各种不同的古代文化典籍。"至乾嘉
之世,清室君有天下,已逾百年,威立而政宁,汉人已安于其

治，且文网严密，士大夫讳言本朝事。于是学者群趋于考据一途，为纯学术的研究，而声音训诂之学，遂突过前代"①，这是从清代知识分子的政治妥协倾向而言清代的学术。但清代的学术到底不完全等同于清代汉族知识分子的政治态度，它还是前代学者开创的一个新的学术传统，而在这个传统中就是包含着汉族知识分子的民族意识的：即使不是他们的集体有意识，至少也是他们的集体无意识。它的发展同时也意味着汉族知识分子与异族政治权力的心理距离的扩大。到了戴震和章学诚，清代实学从两个方向上更加严重地背离了宋明理学：戴震提出"酷吏以法杀人，后儒以理杀人"的口号，公然揭出了反理学的旗帜；章学诚则明确提出"六经皆史"的口号，用历史的意义置换了宋明理学的道德学的意义。也就是说，在政治反抗的力度上，较之早期的顾炎武、黄宗羲、王船山等人，他们显然是大大弱化了，但在思想和学术反抗的力度上，他们则大大强化了。而从学术实践对知识分子人格的塑造来看，清代实学重考证，重谨严，精审明辨，无征不信，一丝不苟，养成的是虽不灵活但也不油滑，虽不宏大但也不巧滑的知识分子人格，与在异族政权中形成的阿谀奉承、阳奉阴违、敷衍塞责、油滑多变的官僚作风恰成鲜明的对照。这种政治上的妥协倾向和学术上的执著精神的怪诞结合，在章太炎的老师俞樾身上表现得极为典型，但这种学术上的执著精神一旦与政治上的民族意识结合在一起，政治上的妥协倾向就会转变为政治上的决绝的反抗。章太炎自幼接受的是清代正统学术的教育和训练，后在诂

---

① 齐思和：《魏源与晚清学风》，载《中国哲学思想论集》（清代篇），台北：台湾水牛出版社1988年版，第241页。

经精舍苦读8年，在他毅然离开诂经精舍投身维新运动和革命运动之前，几乎没有接触过西方的思想学说，更莫说受其影响。也就是说，他是在本民族文化传统中获取其思想动力的。这种思想动力不是某种新的经验、新的知识、新的思想学说，而是一种独立不倚的主体精神。当这种精神发展起来，不但在政治上由妥协走向反抗，在学术上也超越了他的学术前辈，具有了革命性的转变。

我认为，在章太炎学术思想的形成过程中有下列几点是值得我们注意的：第一，章太炎从少年起就脱离了科举考试的道路，这是他能够将清代的实学完全从宋明理学乃至整个传统儒学中独立出来，提高到"国学"高度的一个重要原因。清代的实学虽然早已形成了一个学术体系，但它一直笼罩在传统儒家思想学说之中，是作为与宋明理学不同的一个儒家文化的学术派别而出现的，这与儒家文化在中国社会的独尊地位有关，也与汉族知识分子自觉追求的仍然是出将入相、辅佐君主实现"修、齐、治、平"的社会理想和光宗耀祖、读书做官的人生理想有关。而只要企图沿着科举考试的道路走进官场，传统儒家的伦理道德观念以及与此相联系的礼教制度就成了中国知识分子应当首先具备的道德、才能和知识。当章太炎放弃了仕进之路，他的求学也就只是为了求知，而在求知的目的下，儒家文化典籍只是中国古代大量文化典籍中的一部分，儒家的思想学说也只是中国古代诸子百家中的一种，它们之间的关系也成了平等的关系。在这时，也只有在这时，清代实学才不再是传统儒家文化的附庸，而成了考察和研究中国古代文化的一种方式和角度。第二，当章太炎自觉不自觉地以平等的态度对待中国古代各种不同的文化典籍的时候，他的人格理想也不再仅仅是儒家的孔颜人格模式。他在 1898 年 2 月给李鸿章的上书中曾经谈到，他从 17 岁开始，最重视的就是荀子、司马迁、刘向三人，此外则有盖宽饶、诸葛亮、羊祜和黄宗羲。[①] 必须看到，这种人格理想的变化，对于一个人文学者的学术研究是有根本的影响的，如果说传统儒家文化更重视的是现实人伦关系层面的言行表现以及与此相适应的心理素质，那么，章太炎重视的则更是人的意志层面的气质和精神，他是以此为标准来考察整个中国文化以及中国知识分子的精神价值的，这使他的学术研究具有了鲜明的个性特色。第三，章太炎的主要思想基础是民族主义的，其实质就是清代学者在学术研究活动中自然蕴涵着的民族主义意识的进一步发展，是有清一代汉族知识分子的集体意识或集体无意识的由内向外的爆发。章太炎后来曾说："种族革命思想原在汉人心中，惟隐而不显耳。"[②] 这说明他在没有走上反清革命道路的时候，已经从自己的学术前辈那里感到汉族知识分子的民族情绪，只是因为自身的软弱而难有所为罢了。所以，他的民族主义较之当时所有其他汉族知识分子的民族主义具有更加深厚的中国文化基础，这种民族主义一旦与强毅的主体精神相结合，就显现出强大的精神力量。我认为，这是他能够同时成为一个革命家和学者的主要原因。第四，章太炎参与维新运动和革命运动之后的文化视野已经不仅仅局限在中国固有文化传统内部，他对西方文化的了解帮助他完成了对中国传统文化的整体认知。他与五四新文化运动及其

---

① 参见章太炎：《上李鸿章书》（1898 年 2 月），载汤志钧编：《章太炎政论选集》上册，北京：中华书局 1977 年版，第 53 页。

② 朱希祖：《本师章太炎先生口授少年事迹笔记》，载《制言》第 25 期《太炎先生纪念专号》。

以后的"西化"派知识分子的区别仅仅在于，他企图在中国古代文化的资源中找到中国知识分子的精神支柱，而这种精神支柱实际就是他从清代实学传统中积聚发展起来的民族意识和民族精神。

四

早在旅居日本、主编《民报》的时候，章太炎就开始举办国学讲习会、国学振兴社，并为设在上海的国学保存会机关刊物《国粹学报》撰文。1908 年，他为留日的中国学生讲授中国古代文化典籍，听讲的有鲁迅、钱玄同、周作人、黄侃、许寿裳、朱希祖、龚未生、汪东等人。关于"国学"，《民报》第 7 号所载《国学讲习会序》中说：

> 夫国学者，国家所以成立之源泉也。吾闻处竞争之世，徒恃国学固不足以立国矣。而吾未闻国学不兴而国能自立者也。吾闻有国亡而国学不亡者矣，而吾未闻国学先亡而国仍立者也。①

1910 年，章太炎刊行了他综论中国学术的《国故论衡》，"叙书契之源流，启声音之秘，阐周秦诸子之微言，述魏晋以来文体之蕃变"②，"合起来，恰好涵盖其时'国学研究'的各主要领域"③。1913 年 8 月 11 日，章太炎来到位于北京化石

---

① 转引自汤志钧：《〈国学概论〉导读》，载《国学概论》，上海：上海古籍出版社 1997 年版。

② 转引自陈平原：《〈国故论衡〉导读》，上海：上海古籍出版社 2003 年版，第 9 页。

③ 陈平原：《〈国故论衡〉导读》，上海：上海古籍出版社 2003 年版，第 6 页。

桥的共和党总部,遂被袁世凯幽禁于此。在此期间,章太炎在共和党本部的会议厅开办了"国学讲习会"。为了将他的"国学讲习会"与当时康有为、陈焕章等所创建的"孔教会"相区别,他亲手写了一个通告贴在门口说:"本会专以开通智识,昌大国性为宗,与宗教绝对不能相混。"① 1922年4月至6月,章太炎在上海第三次讲授"国学",后由曹聚仁将讲稿整理成书出版,其名即为《国学概论》。其时已是五四新文化运动之后,因为章太炎在讲学中有对白话诗文的非议之词,遂招致了一些人的批评。但这些批评,多集中在为白话文革新进行辩护,而并非对章太炎国学研究价值的否定。正如邵力子所说:"近年来,很有人怕白话文盛行,国学即将废绝,其实看了国学讲演会的情形便可释此杞忧。国学讲演会的听众,据我所知,很有许多人是积极地主张白话文的。做白话文与研究国学决不相妨……"② 章太炎晚年又曾在苏州讲学,列名于苏州的国学会,后又另起炉灶,成立"章氏国学讲习会",在他的苏州新居开班授课。与此同时,他还创办了《制言》杂志,发表国学研究成果……"国学"之成为中国现当代一个重要的学术概念,是与章太炎一生的努力及其卓越的学术贡献分不开的。

我们都是"做学问"的,所以常常把"做学问"当做人生的第一要事。实际上,不论是整个人类社会,还是一个民族,学术事业都只是全部事业当中的一项事业,它有其他事业

---

① 转引自金宏达:《太炎先生》,北京:中国华侨出版社2003年版,第232页。

② 邵力子:《志疑》,引自《国学概论》,上海:上海古籍出版社1997年版,第73—74页。

所无法代替的独立价值和意义，却也无法代替其他各项事业。评价一个人，特别是评价像章太炎这样一个有着极为复杂的人生经历的人，要从他的全部人生活动中感受和理解他的学术活动，而不能以他的学术活动代替乃至抹杀他在其他事业中的贡献。假如从这样一个角度，我们就不能不同意他的学生鲁迅对他的基本评价："考其生平，以大勋章作扇坠，临总统府之门，大诟袁世凯的包藏祸心者，并世无第二人；七被追扑，三入牢狱，而革命之志，终不屈挠者，并世亦无第二人：这才是先哲的精神，后生的楷范。"① 假若我们认为辛亥革命还是一个史无前例的伟大革命，假若我们知道这样一个革命离不开那些真正革命者出生入死的奋斗精神，我们就不能不认为章太炎的这些表现才是中华民族伟大精神的体现，也是中国知识分子伟大文化人格的表现。从章太炎自身精神发展的角度，我们也可以看到，他之所以从清代知识分子群体的阴影中走了出来，正是因为主体精神的发展为他的民族意识注入了强大的精神力量，从而摆脱了清代知识分子政治上的妥协倾向，走向了政治上的反抗。在政治反抗的道路上，他的思想也走出了清代知识分子的思想阴影，这具体表现在他那些论战文字之中。这些文字不但应当成为革命的文献，同时也开启着中国文化发展的新的道路。鲁迅说："我爱看这《民报》，但并非为了先生的文笔古奥，索解为难，或说佛法，谈'俱分进化'，是为了他和主张保皇的梁启超斗争，和'××'的'×××'斗争，和以《红楼梦》为成佛之要道的×××斗争，真是所向披靡，

① 鲁迅：《且介亭杂文末编·关于太炎先生二三事》，载《鲁迅全集》，北京：人民文学出版社 1981 年版，第 547 页。

令人神往。"①

　　　　我以为先生的业绩，留在革命史上的，实在比在学术
　　史上的还要大。②

　　对于章太炎留在革命史上的业绩，我认为，是被我们过往
革命史的研究所有意与无意地遮蔽了的。1949 年以前的革命
史的研究，是由民主革命阵营中孙中山派系以及追随这个派系
的知识分子书写的，章太炎的革命业绩因其与孙中山派系的恩
恩怨怨而不能不受到严重地遮蔽；1949 年之后的革命史，是
由中国的马克思主义者书写的，作为一个反满民族民主革命领
袖之一的章太炎的业绩，也是不能不受到严重地遮蔽的。但无
论如何，我认为，这样一个基本认识则是不容怀疑的，即作为
一个革命者的章太炎，是走在时代政治的前列的，是具有前倾
性的，而作为学术史上的章太炎，则是具有滞后性的，不是走
在时代学术的前列的。假若说严复在时代政治历史上是具有滞
后性的，而在时代学术历史上是具有前倾性的，而章太炎则与
之恰恰相反。

　　在这里，我们必须追问的一个问题是：全人类的以及一个
民族的学术到底是做什么的？它在全人类以及一个民族的生活
中扮演着一个什么样的角色？具有怎样的价值和意义？我认
为，全人类的以及一个民族的学术不论怎样定义，它起到的都
是理性地认识世界、把握世界的作用。它永远不可能最终地达
到这个目的，但在这样一个目的意识的牵引下努力认识那些已

―――――――

　　① 鲁迅：《且介亭杂文末编·关于太炎先生二三事》，载《鲁迅全集》，北
京：人民文学出版社 1981 年版，第 546 页。
　　② 鲁迅：《且介亭杂文末编·关于太炎先生二三事》，载《鲁迅全集》，北
京：人民文学出版社 1981 年版，第 545 页。

经感觉到但却还没有纳入到我们理性认识框架之中、因而也时时干扰着我们心灵的安宁和现实选择的有效性的事物，则是大到人类小到一个人的基本欲望要求之一。全人类以及一个民族的学术事业就是在这种基本欲望要求的前提下产生和发展的。那么，在鸦片战争后的中国，干扰着我们中华民族的心灵安宁和现实选择有效性的主要是什么呢？是一个以狰狞的面目撞入我们视野的"西方"。不论这个"西方"是一个恶魔还是一个天使，或者既非恶魔也非天使，我们都要认识它、了解它，取得在现代世界生存和发展的基本能力。这是摆在中国知识分子以及整个中华民族面前的主要认识任务，而章太炎的学术活动在这个方面所起的作用是极为微小的。除此之外，中国古代除正统文化之外，还存在大量非正统的文化典籍，其中也包括通过考古发掘新出土的古代文物资料，要完整系统地研究中国文化，这些文化成果也是不能忽视的。章太炎在这些新的学术空间的开拓上，显然是不如严复、王国维这些同时代的中国学者的。

但所有这一切，都不意味着中国古代正统文化已经不是中国知识分子和整个中华民族需要反复进行思考和研究的对象。中国古代正统文化之所以是正统文化，就是因为它是持续影响着中国古代知识分子并通过知识分子影响着整个中国文化、中国社会的文化传统，是中国文化中最具有稳定性、也最具有潜在生命活力的文化传统。中国古代的俗文化是在它的整体文化框架中得到滋生和发展的，那些被湮没或埋藏在地下的文物资料是在与这些流传下来的文化典籍的联系和区别中得到鉴定、感受、理解和认识的。它不是中国文化的根，但却是中国文化的核。中国文化的现代发展归根到底还必须表现在中国文化这个核的变化上，表现在中国正统文化的变化上。西方文化的影响如果无法带来中国文化这个核心部位的变化，它就只是中国固有文化传统的新的构成成分，起到的是加强中国固有文化传统的作用和意义；西方文化如果能够促进中国文化实质性的发展，这种发展归根到底也还是中国正统文化的发展，而不是西方文化这种外来因素的自身扩张。我认为，迄今为止中国近现代文化真正有实质意义的发展，都是通过重新回归传统的形式具体表现出来的，而在西方文化直接影响下所取得的暂时的发展和变化，则往往带有浮面的、虚矫的特征，一次次的文化回潮都会把这些发展的泡沫分流出去，而剩下的还是在这个过程中正统文化自身发生的那些微末的变化。正是因为如此，章太炎较之与他同时代的康有为、梁启超、严复、王国维等人的学术研究在表现形式上更为"陈旧"，但在质地上却更为坚实。

<h2 style="text-align:center">五</h2>

在章太炎之前，"国粹"、"国学"这样一些概念就已经出现在中国文化界。在章太炎这里，也同时运用着"国粹"、"国故"、"国学"这样一些不同的概念，但严格说来，只有到了章太炎这里，"国学"这个概念才具有了真正学术的性质，它不再只是与"西学"相对举的一个大而无当的笼统概念，而有了一个不以西方文化的存在为逻辑前项的独立而又相对完整的文化系统。它述说的不是中国文化与西方文化有什么区别，而是回答的中国文化是什么样的文化的问题。这个系统不只是对中国古代各种不同文化成果的复述和陈列，不只是"国故"，同时还是章太炎以自己独立的文化观念重新梳理和

结构起来的完整的系统。对所有这些文化现象，章太炎持的不是一律排斥的态度，但也不是一律赞扬的态度，其中有整合也有分析，有肯定也有批评，从而也远远超出了"国粹"这个概念所能概括的范围。也就是说，只有到了章太炎这里，"国学"才真正成了一种"学"，一种需要重新整理、感受、研究和认识的具有立体感的对象。

"弟近所与学子讨论者，以音韵训诂为基，以周、秦诸子为极，外亦兼讲释典。盖学问以语言为本质，故音韵训诂，其管龠也；以真理为归宿，故周、秦诸子，其堂奥也。"① 他的《国故论衡》主要分为三个部分，其一是中国的语言文字，其二是中国的文学，其三是中国的思想。中国的语言文字以清代的学术成就为基础，以音韵为骨干；中国的文学以魏晋文章为楷模，以持理议礼为标准；中国的思想以先秦诸子学说为主要框架，并施以佛学的阐释。它们在横向上构成的是中国正统文化的一个完整的结构，在纵向上构成的是中国正统文化发展演变的一个动态过程。它是一个有空间规模的文化，也是一个有时间长度的文化，构成的是一个中国正统文化的有立体感的时空结构。章太炎一生的学术研究成果，都可以纳入到对这个文化结构的感受、理解和认识中来，都可以视为对这个文化结构的进一步丰富和充实。我认为，如果我们也像章太炎一样删去枝叶，仅留根干，它仍然是对中国古代文化核心结构的相当精确和深刻的描述。

在我们现在的语言论中，语言文字只是思想感情的交流工具，是文化的载体。似乎我们的思想感情可以用民族语言进行

---

① 章太炎：《致国粹学报社书》，《国粹学报》第 5 年 10 号，1909 年 11 月。

表达，也可以用外国语言进行表达；我们的文化可以装在这艘民族语言的船上，也可以装在那艘外国语言的船上。但在章太炎这里，却把民族语言提高到了中国文化的"本质"的重要地位上："古字至少，而后代孳乳为九千，唐宋以来，字至二三万矣。自非域外之语，如伽、佉、僧、塔等字，皆因域外语言声音而造。字虽转繁，其语必有所根本。盖义相引申者，由其近似之声，转成一语，转造一字，此语言文字自然之则也。于是始作《文始》，分部为编，则孳乳浸多之理自见。亦使人知中夏语言，不可贸然变革。"① 也就是说，中国的语言文字，是一个由最初极少的古字逐渐孳乳衍生而成的，彼此构成的是一个完整的结构。每一个字词都与其他的字词有着特殊的关联，并形成自己繁多而又相对独立的意蕴与意味。中国语言文字所能表达的思想、感情、情绪和意味，是他种语言所无法完整地进行表达的，而他种民族语言所能表达的，中国语言文字也是无法完整地进行表达的。如果没有这样一个独立的语言体系，就再也没有别的东西可以将中华民族如此紧密地联系在一起。中华民族的民族性首先就表现在中华民族语言文字的独立性上。实际上，直至现在，我们所感到的中国文化的危机，仍然主要是中国语言文字的危机。假若中国人不把自己民族的语言当做自己的母语，假若中国知识分子劣于用民族的语言文字表达自己的思想感情而优于用外民族的语言文字表达自己的思想感情，也就意味着中国文化危机和中华民族的民族危机的到来；假若中国人只能使用外民族的语言文字，而不再使用中华

---

① 章太炎：《自述学术次第》，载《中国现代学术经典·章太炎卷》，陈平原编校，石家庄：河北教育出版社1996年版，第647页。

民族的语言文字，也就意味着中华民族的解体。中华民族的民族性，首先孕育在中国的语言文字之中。

文学是中国语言文字孳乳得最为繁茂的一棵中国语言文字的大树。但是，这棵树有根干也有枝叶。枝叶可掉，根干却不能烂。根干不烂，枝叶会再生；根干一烂，枝叶终将枯萎腐烂。什么是中国文学的根干？主体的精神感受才是文学的根干。辞逮其意，气自舒卷，亦即文意自主体精神感受而生，文气随主体精神感受而动，生而不弃其根，动而不离其本，不把语言文字作为自己思想感情的装饰品，而是当做自己主体精神自身的表现。正是在这样一个意义上，章太炎不取我们更加崇拜的唐宋诗文，而独标我们常常忽略的魏晋文章："魏晋之文，大体皆埤于汉，独持论仿佛晚周。气体虽异，要其守己有度，伐人有序。和理在中，孚尹旁达，可以为百世师矣。"①直至现在，我们可以看到，中国的文化、中国的学术、中国的文学，并不失之于质实无华，而是常常失之于谲诡浮夸。"出入风议，臧否人群，文士所优为也。持理议礼，非擅其学莫能至。"②追风逐流者多，有主见者少；臧否人群者多，自立立人者少；文化泡沫多，文化内涵少，在写作已经成为一个职业的现代社会上，必然是文化衰败的主要表现形式。

春秋战国时期是中国古代社会思想结构初步形成的时期，那时的一个主要特点是文化专制主义制度还没有形成，不同的知识分子可以更自由地表达自己的思想主张。这个文化结构虽

---

① 章太炎：《国故论衡》，载《中国现代学术经典·章太炎卷》，石家庄：河北教育出版社1996年版，第79页。

② 章太炎：《国故论衡》，载《中国现代学术经典·章太炎卷》，石家庄：河北教育出版社1996年版，第78页。

然简单，但却是中国古代文化较为完整的框架。到汉代，儒家文化的独尊地位就开始形成，政治专制主义与文化专制主义开始携起手来，中国文化日渐繁荣，但其结构的完整性却已不如先秦，这造成了中国文化发展的日趋畸形化。到宋明理学，把中国古代的文化专制主义发展到极致，被改造了的儒家文化几乎完全占领了教育阵地，科举制度为儒家文化的绝对统治地位提供着政治和经济的保障，虽然其中也不乏对文化专制主义的反抗，但与春秋战国时期百家争鸣、百花齐放的文化局面比较起来，到底是不利于不同思想流派的形成和发展的。章太炎以春秋战国诸子百家的学说为基础，用外来的佛学补充说明先秦的诸子学，并通过条理各家各派的思想概念而重新建构中国古代的思想结构，我认为，是极为深刻的。到了后来，胡适反对章太炎用《汉书·艺文志》诸子出于王官的说法评论先秦诸子的思想，专门写了《诸子不出于王官论》[1]，但在章太炎那里，却也通过这样一种说法将先秦诸子的各种学说平等化、结构化了：儒家者流，盖出于司徒之官；道家者流，盖出于史官；阴阳家者流，盖出于羲和之官；法家者流，盖出于理官；名家者流，盖出于礼官；墨家者流，盖出于清庙之守；纵横家者流，盖出于行人之官；杂家者流，盖出于议官；农家者流，盖出于农稷之官；小说家者流，盖出于稗官。"惟其各为一官，守法奉职，故彼此不必相通。《庄子·天下》篇云：譬如耳目鼻口，皆有所明，不能相通，是也。"[2] 这样，先秦诸子

---

① 欧阳哲生编：《胡适文集》第 2 卷，北京：北京大学出版社 1998 年版。
② 章太炎：《诸子学略说》，载《中国现代学术经典·章太炎卷》，石家庄：河北教育出版社 1996 年版，第 482 页。

的学说就都获得了一个平等的地位，并且构成的是与当时的社会政治结构相对应的一个相对完整的社会政治文化结构。其中一个显著的特点则是把儒家文化从独尊的地位上解放出来，但却没有从根本上否定儒家文化自身的独立价值和意义："儒家之病，在以富贵利禄为心……其教弟子也，惟欲成就吏材，可使从政……君子时中，时伸时绌，故道德不必求其是，理想亦不必求其是，惟其便于行事则可矣。用儒家之道德，故艰苦卓厉者绝无，而冒没奔竞者皆是。俗谚有云：'书中自有千钟粟。'此儒家必至之弊……彼耶稣教、天方教，崇奉一尊，其害在堵塞人之思想，而儒术之害，则在淆乱人之思想……虽然，孔氏之功则有矣，变机祥神怪之说而务人事，变畴人世官之学而及平民，此其功亦复绝千古。"①

六

晚清复古派和洋务派文化思想是在清廷官僚知识分子的分化中产生的，他们在朝的社会地位决定了他们的文化思想主要停留在为清代政治统治集团确定现实政治统治方略的层面上，其作用也是直接现实性的、政治功利主义的，不具有真正的学术性质，因为他们并不需要对任何一个对象作出自己独立的思考和研究，也不需要通过自己独立的思考和研究获得对任何一个事物的独立认识，他们所要确定的只是"以谁为师"的问题：是以中国固有的圣贤遗训为师呢，还是以科技发达的西方

① 章太炎：《诸子学略说》，载《中国现代学术经典·章太炎卷》，石家庄：河北教育出版社1996年版，第482—484页。

为师呢？清末民初中国知识分子的文化思想则是在当时在野知识分子与官僚知识分子的分化以及在野知识分子自身的分化中产生的。他们的在野地位决定了他们的文化思想不具有直接的现实性和直接的政治功利主义性质，其正面的主张不论看来是多么现实的，但归根到底只是他们主观构想中的现实，具有政治理想的性质。但也正是因为如此，他们的文化思想开始表现为一种学术，他们是以学术的形式争取社会的同情、信赖和支持的。在他们这里，实际上已经撑破了复古派和洋务派"中学—西学"的学术框架，而具体转化为"现实—理想"的学术框架。维新派的代议制国家是一种政治理想，革命派的三民主义国家实际上也只是一种政治理想。对于中国，它们都不是严格的现实的，而是在对现实政治的否定中产生的一种理想形式，只是在具体建构这种理想形式的时候，他们是以西方现成的政治模式为蓝图的。在这样一个学术框架中，也就有了倚重理想和倚重学术的两种不同的倾向。当他们更倚重理想的时候，就不能不牺牲学术上的完整性和纯粹性，因为他们的社会理想并不建立在对中国固有文化传统的认识的基础上，不是从中国传统文化自身的发展变化中发现出来的，而是从西方现成的社会政治模式中接受过来的。即使对西方这些现成的政治模式，他们采摘的也只是西方文化的干果，而并不建立在对西方文化发展演变过程和西方现实文化系统的整体认识的基础上。这样，在中国固有文化传统和他们的社会政治理想之间就存在着一个巨大的空洞，缺乏大量必要的文化元素和大量必要的逻辑中间环节。他们企图通过个人的奋斗填补这个空洞，但这个空洞却远远不是通过他们少数人的个人奋斗就能够填补上的。实际上，不论是康有为还是孙中山，真正注重的都不是学术的认识作用，而是学术的宣传作用。宣传需要的更是理想的诱惑和感情的激励，而不是对现实的更加真切的感受和更加精确的认识。在这里，最典型的是康有为的《孔子改制考》。就其考证的形式，完全是学术的；但就其实际的价值和意义，则只是一种政治宣传的方式：中国多数知识分子是尊崇孔子的，只要把孔子也说成一个像康有为这样的改良派，中国多数知识分子也就没有理由反对当下的政治改良了。但从严格的学术意义上来说，不论孔子是不是一个改良主义者，与康有为本人的改革都没有必然的联系。他的改良的根据在他所面对的政治现实，而不在几千年以前孔子的政治选择。他要反抗的应当是别人用孔子的标准衡量他个人的社会价值，而不是重新塑造一个新的孔子的形象；当他们更倚重学术的时候，他们的著述开始具有完整、纯粹的学术性质，但这种严格的学术性质也与他们实际的政治理想没有了必然的联系。我们感到革命家的章太炎和学术家的章太炎并不是一个章太炎。严格说来，就是因为从章太炎的学术研究中无法得出章太炎通过革命活动所追求的社会政治理想，而从章太炎追求的社会政治理想中也感觉不到章太炎学术研究的价值和意义。王国维的学术与维新派、革命派的政治实践没有有机的联系，严译世界名著也与维新派、革命派的政治实践没有有机的联系。在野的知识分子是没有社会政治权力的知识分子，他们的社会政治理想是在在野的地位上产生的，但他们的社会政治理想必须通过政治实践才能具体地得以实现。他们首先需要获得社会政治的权力，进入到社会政治统治集团之中去，而在这个过程中所获得的新的感受和体验则与他们此前的政治理想截然不同，即使他们实际地掌握了社会政治权力,他们的社会文化环境和他们获得政治权力以后的实际感受和体验也不会支持他原来的政治理想。所以,对于他们,理想和现实永远处在不可克服的矛盾之中。他们的政治理想与当时中国政治实践的要求无法重合在一起,不论是代议制还是共和制都无法仅仅依靠他们本人的忠诚实际地建立起来并实现他们对国民的许诺。总之,他们的社会目标同他们的学术研究是在两股道上跑的车,无法有机地统一在一起。

但是,复古派、洋务派、维新派、革命派以及他们之间的文化论争对于中国文化的发展并不是毫无意义的。复古派将中国几千年的文化传统牢牢地挂在中国近现代文化发展的战车上,使中国近现代文化的任何发展都不可能完全抛掉中国固有的文化传统,从而变成一只断线的风筝,随着"西风"的吹卷做无目的的飘转。这给中国近现代文化的发展带来极大的艰难性,但也给中国近现代文化的发展带来某些坚实性;洋务派在实践层面的胜利将现代经济、现代科技、现代教育发展的任务牢牢地挂在中国政治统治的战车上,使近现代的最高统治者再也不能像中国古代的皇帝那样做到完全的"无为而治";维新派、革命派将民主政治的观念牢牢地植入到中国的文化之中,成为中国知识分子感受与评价中国政治的一个标准、一个尺度。在现当代社会,专制仍然存在着,但专制仅仅成了现实政治实践的需要,而不再像中国古代社会那样同时也是一种理想的政治模式。以上所有这一切,都共同酝酿了五四新文化运动的产生以及五四新文化运动之后的中国文化、中国学术。

直至现在,在中国的学者中仍然存在着某种对五四新文化运动的隔膜乃至对立情绪，实际上，中国现当代学术的价值和意义，以及从事学术研究的绝大多数中国现当代知识分子的存在价值和意义，都是在五四新文化运动的基础上得到确立的。没有五四新文化运动，就没有中国现当代学术存在的根据，也没有我们这些从事学术研究的中国知识分子的存在根据。它所标志的既不再是官僚知识分子之间的分化，也不再是在野知识分子之间的分化；它的基本文化框架既不再是复古派、洋务派的"中学—西学"的框架，也不再是维新派、革命派的"现实—理想"的框架。他们是在洋务派、维新派、革命派奠定了基础的现代教育、特别是现代高等教育的基础上发展起来的，是在科举制度废除之后出现在中国现代社会的一批新的知识分子。现代的教育培养的已经不是"修身、齐家、治国、平天下"的知识分子，而是学有专长、能够从事一项或多项社会事业的职业知识分子，他们不都是官僚知识分子。他们的知识和技能可以脱离开政治的意志而进行独立的操作并得到独立的传承和发展；他们也不都是在野知识分子，因为他们可以不进入现实政治统治集团而成为官僚知识分子。他们的文化主要是在"作者—文本—读者"的关系中进行流通并发生实际的社会作用的。他们首先需要的是从事某项社会职业并在这项职业的基础上求得生存和发展的充分的社会空间，并通过自己所从事的某项社会事业的发展而实际地影响整个社会的发展。不难看出，直至现在，我们这些从事学术研究的知识分子，仍然主要是这样一些知识分子。对于我们，最重要的是个人与社会的关系。我们个人的存在价值和意义是在社会上表现出来的，我们生存和发展的空间也是在现实社会上获得的。这里的社会，已经不仅仅是政治，而是包括政治在内的整个社会。五四新文化为我们提供的就是这样一个"个人—社会"的学术框架。

七

我们应该怎样看待五四新文化运动所提供的这个"个人—社会"的思维框架和学术框架,怎样看待这个框架与中国传统文化的关系。我认为,从鲁迅留日时期的几篇论文入手更能说明问题。

我们知道,在晚清复古派和洋务派的思想论争中,提出的是"道"和"器"的关系问题,是精神文化与物质文化的关系问题。在当时,"复古派"坚持的是精神文化的独立性,洋务派重视的实际更是物质文化的重要性。但不论是复古派还是洋务派,实际上持有的都是物质和精神的二元观。在中国,重新将精神文化和物质文化有机结合起来,把精神文化作为人类文化最根本基础的则是鲁迅。他在 1907 年写的《科学史教篇》中,用自己的方式概述了西方文化的历史。他在文章的最后说:"……顾犹有不可忽者,为当防社会人于偏,日趋而之一极,精神渐失,则破灭亦随之。盖使举世惟知识之崇,人生必大归于枯寂,如是既久,则美上之感情漓,明敏之思想失,所谓科学,亦同趣于无有矣。故人群所当希冀要求者,不惟奈端已也,亦希诗人如狭斯丕尔(Sakespere);不惟玻尔,亦希画师如洛菲罗(Laphaelo);既有康德,亦必有乐人如培得诃芬(Beethoven);既有达尔文,亦必有文人如嘉来勒(Garlyle)。凡此者,皆所以致人性于全,不使之偏倚,因以见今日之文明也。嗟夫,彼人文史实之所垂示,固如是已!"①

　　在后来人的描述中,五四新文化运动似乎是一个西化的运动,是一个割断了中国历史、造成了中国文化大断裂的运动。但鲁迅独立的人学观念,不但是在批判晚清复古派闭关锁国主义中建立起来的,同时更是在批判"言非同西方之理弗道,事非合西方之术弗行"②的盲从西方的倾向中建立起来的。他批判"竞言武事"的洋务派说:"近不知中国之情,远复不察欧美之实,以所拾尘芥,罗列人前,谓钩爪锯牙,为国家首事,又引文明之语,用以自文,征印度波兰,作之前鉴。夫以力角盈绌者,于文野亦何关?"③他批判不重视精神建设而照搬西方议会制度的维新派说:"古之临民者,一独夫也;由今之道,且顿变而为千万无赖之尤,民不堪命矣,于兴国究何与焉。"④他指出,"贱古尊新,而所得既非新"⑤,"夫安弱守雌,笃于旧习,固无以争存于天下。第所以匡救之者,谬而失正,则虽日易固常,哭泣叫号之不已,于忧患又何补矣?此所谓明哲之士,必洞达世界之大势,权衡较量,去其偏颇,得其神明,施之国中,翕合无间。外之既不后于世界之思潮,内之仍弗失固有之血脉,取今复古,别立新宗,人生意义,致之深

　　①　鲁迅:《科学史教篇》,载《鲁迅全集》第1卷,北京:人民文学出版社1981年版,第35页。
　　②　鲁迅:《文化偏至论》,载《鲁迅全集》第1卷,北京:人民文学出版社1981年版,第44页。
　　③　鲁迅:《文化偏至论》,载《鲁迅全集》第1卷,北京:人民文学出版社1981年版,第45页。
　　④　鲁迅:《文化偏至论》,载《鲁迅全集》第1卷,北京:人民文学出版社1981年版,第46页。
　　⑤　鲁迅:《文化偏至论》,载《鲁迅全集》第1卷,北京:人民文学出版社1981年版,第50页。

邃，则国人之自觉至，个性张，沙聚之邦，由是转为人国。人国既建，乃使雄厉无前，屹然独见于天下，更何有于肤浅凡庸之事物哉？"①

在过去，我们把鲁迅留日时期的"立人"思想，主要同梁启超的"新民说"联系在一起，实际上，鲁迅的思想与章太炎的思想有着更本质的联系。梁启超的"新民说"是从他的政治理想出发的，是想使中国民众更适应于政治改良的需要，这当然也是有进步意义的，但仍然存在着一个到底是以人为本还是以政治为本的问题。相对于梁启超，章太炎重视的更是人的精神上的独立，用现在的话来说，就是人的主体性。鲁迅与章太炎的根本不同在于，章太炎力图仅仅在本民族的文化传统并且是中国古代正统文化传统中发掘发展中国现代人的主体精神的资源，而鲁迅则把这种主体精神视为整个人类社会和人类文化发展的最基本的动力，他是在整个人类文化的基础上提出中国现代民族精神的重建问题的；章太炎更重视的是中国知识分子的主体精神的重建问题，所以他更重视当时中国知识分子共同拥有的中国古代正统文化资源的重新阐释和解读，而鲁迅在辛亥革命之后则更重视整个国民精神的重建，所以他更重视表现在中国现实社会中的各种不同文化现象的重新阐释和解读。这把他更多地引离了学术的道路，而更多地引入了文艺的道路："凡是愚弱的国民，即使体格如何健全，如何苗壮，也只能做毫无意义的示众的材料和看客，病死多少是不必以为不幸的。所以我们的第一要著，是在改变他们的精神，而善于

---

① 鲁迅：《文化偏至论》，载《鲁迅全集》第1卷，北京：人民文学出版社1981年版，第56页。

改变精神的是，我那时以为当然要推文艺，于是想提倡文艺运动了。"①

由于鲁迅主要成了一个文学家，他的语言更是文学的语言，因而我们在对现代学术史的考察中往往有意与无意地忽略了鲁迅在中国学术史上的地位和作用。在这里，我认为应当注意到的有下列几点：（1）中国的启蒙运动亦即学术革命运动不是发生在五四时期，而是发生在维新运动时期。五四新文化运动与其说是一个学术革命，不如说更是一个文学革命，但这个文学革命对我们的学术研究又是有着不可忽视的影响的。它改变着我们学术研究成果的读者，也改变着我们的读者对我们学术成果的感受和理解。不论我们怎样感受和理解中国现当代一个个不同的文学潮流，这一个个文学潮流都冲击和影响着我们学术思想的改变和我们具体学术成果意义和价值的实现。也就是说，中国现当代文学同样是我们现当代学术发展的动力资源之一。（2）正是在中国现当代文学发展演变的过程中，产生了一个至今为止仍然较之其他学术领域更加庞大的学术研究队伍，形成了中国现代文学和中国当代文学两个更为开阔的学术研究领域，而外国文学的翻译、介绍和研究以及整体的文艺学研究，都与中国现当代文学的研究有着更为紧密的联系。也就是说，中国现当代文学不仅仅存在于我们学术研究的外部联系中，同时也是我们整个学术研究中的一个有机组成成分，我们的学术研究不能无视于它的存在和发展。（3）如上所述，学术研究归根到底解决的是人类或一个民族、一个人对世界、

---

① 鲁迅：《呐喊·自序》，载《鲁迅全集》第 1 卷，北京：人民文学出版社 1981 年版，第 417 页。

对社会、对自我的理性认识的问题，但这种认识却无法脱离认识主体对认识对象的具体感受和体验，没有了这种确定的感受和体验，也就没有了认识对象的明确性和实现认识过程的主观基础。学术是一种科学，科学对我们是十分必要的，但脱离开人的精神感受和体验的科学主义却是破坏人类理性价值的学术杀手。（4）中国近现代学术因为学术资源本身的差别而分化为传统派和西化派，但这两个派别的学术价值和意义却不能不在中国现当代文化中得到具体的实现。鲁迅及其开创的现当代文学传统虽然不可能代替任何一个派别的学术研究，但它却通过自己的精神感受折射出为任何一个具体的思想学说所不可能完全涵盖的丰富的文化内容。我认为，正是因为如此，鲁迅的文学创作、特别是他的杂文，即使在理性思想的启迪意义上，也不亚于中国近现代任何一个具体的思想学说和学术派别。我们即使不把他的作品作为学术成果本身来对待，它们至少也可以被视为中国学术研究的一个个新的生长点。

八

鲁迅还有少量的所谓"纯"学术著作，他的《中国小说史略》，他的《中国小说的历史的变迁》，他的未完成的《汉文学史纲要》，他的《魏晋风度及文章与药及酒之关系》，他对中国古籍的整理和研究，以及在旧国学的概念下不被重视的诸多关于外国文学和现代文化与文学的评论文章，都显示了作为学者的鲁迅的价值和意义。关于他的《中国小说史略》在中国小说史研究中的开创意义，在过去的学术史研究中已经多有论述。我认为，对于我们更重要的，是它的方法论的意义。

从清末民初建构起来的中国近现代学术，虽然复杂，但仍然能够看出有三个主要的传统：

其一是主要继承着中国古代主流正统文化命脉——名义上是儒家文化传统，实际上主要是宋明理学传统——的学术传统。这个学术传统在具体表现形式上的特点是以被宋明理学传统条理化了的儒家伦理道德信条衡量和评价中国近现代社会及其思想意识上一切新的变化，并以此对抗西方文化价值观念向中国文化内部的渗透和影响。它的文化姿态是随时变化着的，对儒家文化的具体阐释方式也是随时变化着的，但作为价值尺度的儒家伦理道德信条则是始终没有变化的，并且也就把这些信条作为与西方文化相区别的中国文化的根本标志。在过去，我们称之为"复古派"或"守旧派"，但到了清末和民初中国近现代学术奠基期，它的代表人物（如辜鸿铭等）已经不是没有任何西方文化知识的老学究，因而他们的选择也具有了在世界文化背景上进行个人独立选择的意义和价值。它为此后现代新儒家学派的存在和发展奠定了最初的基础。中国现代新儒家区别于中国古代儒家文化的根本标志在于，它不是在对中国古代其他不同思想学说的排斥中表现出自己的独立性的，而是在对西方文化的抵制和排斥中表现出自己的独立性的，因而也带上了鲜明的文化民族主义的特征。我们必须看到，他们之所以在中国文化和西方文化的差异中主要选择了中国传统儒家的价值体系，说明这个价值体系对于他们还是具有不可替代的价值和意义的，至少在他们看来，要维系中国文化和中国知识分子的独立和尊严，要维系现实政治统治的正常秩序和保持中国现实社会的稳定与团结，还是不能离开传统儒家伦理道德观念及其一整套价值体系的。而这也是这个学派在中国学术界长期存在并得到发展的主要原因。

其二是继承着今文学派传统的中国近现代进化论学术传统。这个学术传统在其形式上的主要特征是以从西方文化中获得的某种新的思想观念或价值标准衡量和评价中外一切文化现象，其中也包括中国古代文化现象。在它的基础上，形成了贯穿至今的西化派。在中国引入西方文化的过程中，这个学术传统有着不可忽视的重要性，但由于它使用的是西方文化的价值尺度，在对中国文化、不论是对中国古代的文化还是对中国近代、现代、当代文化的阐释和研究上，都带有强制性的色彩。他们不是在中国文化创造者本人生存和发展需要的基础上阐释和评价他们的文化创造，而是依照自己现实的需要和西方某种思想学说的标准阐释和评价中国文化的具体成果的。这就使他们的分析评价带有强制性的色彩，并且很难给中国文化以一种带有明晰感和系统性的认识或总结。在中国近代、现代、当代文化中，这个传统是变化最快的一个学术传统，西方任何一个新的学说的出现都会带来它自身的变化，并且是以自我否定为前提的，后者否定前者，后者又被再后者所否定，在自身的传统中无法留下较为恒定的价值。但他们翻译和介绍的西方文化成果却逐渐沉淀在中国文化的内部，并逐渐被中国文化所消化，成为中国现当代文化系统中的一个有机组成部分，也被其他学统的学者所接受和运用。

其三则是以章太炎为代表的在古文学基础上发展起来的国学传统。他们使用的不是任何别人的固定的价值尺度，而是以自己独立的感受和理解对研究对象进行具体的阐释和评价。他们同样受到中国古代文化传统和西方文化传统的影响，但在他们的学术研究中，个人的现实人生感受和体验起到的是关键的作用，所以他们的研究成果带有很强烈的个人化色彩。我们既无法用西方的某种"主义"概括他们的特征，也无法用中国古代某"家"某"派"的学说概括他们的思想，即使在中国近现代历史上，他们也表现着鲜明的独立性，独自成为一个不可重复的文化现象。但也正是因为他们没有一个固定的外在价值尺度，所以他们是在研究对象自身生存和发展的需要上感受和理解他们的文化的，是在相互区别的意义上感受和理解它们的价值和意义的。如果说前两种学术传统都把文化的历史区分为正确与错误的两极，它则把文化的历史描述为一种由不同文化现象构成的动态的文化结构，这个结构是时时变化着的，但这种变化既不是简单的进化，也不是简单的复古，而是在各种特定的语境中由不同人的创造活动构成的变化曲线。

鲁迅在中国文化的发展史上属于五四新文化阵营，但在学术传统上则与胡适、陈独秀、李大钊、钱玄同都有所不同，他不属于由传统的今文学派和西方的进化论结合而成的学术传统，而与从古文学派发展而来的章太炎的国学传统有着一脉相承的连带关系。实际上，他对中国古代正统文化的许多观点，例如对儒家文化、墨家文化、佛家文化、佛教文化中小乘佛教与大乘佛教的关系、魏晋知识分子及其文章，都与章太炎有着极为相近的看法。鲁迅与章太炎的根本区别就是不把中国传统正统文化绝对化，而更重视它在进入世界联系之后的革新与发展。西方文化和中国古代的非正统文化就是在启动中国文化的现代变迁中受到鲁迅的高度重视的，但在感受和评价文化的方式上他则仍然继承着章太炎的传统。

我认为，只要将鲁迅的《中国小说史略》、《中国小说的历史的变迁》放在中国现当代文学史的著作中，它的特点就是非常鲜明的。首先在于它既没有把中国古代的小说著作放在古典主义、浪漫主义、现实主义、现代主义、后现代主义这些西方文学的分类概念中进行阐释和评价，也没有将它们放在忠、孝、节、义、言道载志、温柔敦厚、中庸和平等中国古代文化的价值标准下进行阐释和评价，而是依照中国古代小说自身演变和发展的轨迹进行叙述的，是根据作品自身的表现力予以具体的评价的。与此相联系的第二个特点是他对中国古代各种不同类型小说的命名方式。我认为，中国现当代文化对西方文化的依附性特征首先表现在我们几乎丧失了对任何事物的独立命名权，不仅对于西方文化我们很少意识到自己的命名权，即使对于中国人、中国文化乃至中国现代、当代的中国人和中国文化（包括我们自己）都严重地丧失了独立命名的权力。在中国始终坚持自己对事物的命名权力的是鲁迅。像"人情小说"、"世情小说"、"狭邪小说"、"谴责小说"等名称，都是根据中国小说自身的特征予以命名的，这些名称与所指代的对象之间几乎不具有任何模糊性和间隙感，因为这里的"名"就是"实"之"名"，这里的"实"就是"名"之"实"，而那些用现实主义解读杜甫，用浪漫主义解读屈原的分类方式不但给对象罩上了一层外国文化的有色玻璃，也使整个中国文学发展史的脉络变得十分混乱。

与《中国小说史略》、《中国小说的历史的变迁》紧密相连的是鲁迅的《〈中国新文学大系·小说二集〉序》，它可以被视为《中国小说史略》的续篇。在对这个时期中国小说史的叙述之中，鲁迅引进了外国小说对中国小说的影响，但这只是作为一个事实而被引进的，它同样没有用西方小说的概念概括中国现代小说作家的作品，而是以他们的生存状态和精神状态说明他们的小说创作的。我们从他的叙述中所感到的是这样一种情绪：不论中国现代小说的发展状况是怎样的，都取决于中国文化和中国作家自身的创作，而不取决于影响了他们的西方文化和西方文学本身的好与坏。中国的具体文化成果必须首先在中国文化的语境下得到感受和理解，而不应当用西方某派某家的标准予以衡量。也就是说，中国知识分子对于自己的文化创造是有自己的独立性的，至少是应该有自己的独立性的。

九

比鲁迅更直接影响了中国现代学术的建立与发展的是胡适。

在谈到胡适对于中国现代学术的贡献的时候，我们往往更重视他的学术著作本身，但我认为，他对中国现代学术最大的贡献还是他的白话文革新。现代白话文是中国现代书面文化的主要载体，也是中国现代学术的主要载体，这个载体对于中国现代学术发展的重要性是远远超过他的任何一部具体的学术著作的。

如上所述，语言对于一个民族是有决定性的意义的。有自己共同的语言，就有民族的共同体；没有自己共同的语言，就没有民族的共同体。但这是就一个民族同其他民族在语言上的区别而言，而不是从一个民族语言的内部关系的变化而言。胡适首先倡导的五四白话文革新是中国语言内部关系的大调整，而不是放弃本民族的语言而改用他民族的语言。

中华民族的民族语言的产生与发展同西方语言的产生与发展有着根本不同的特征，那就是它在漫长的历史发展过程中经历的是浸润性的不断扩散的过程，而没有一个从本民族口头语言到拉丁化书面语言再到在本民族口头语言基础上形成本民族书面语言的巨大转折。汉语的文字语言产生之后就走上了自己独立发展的道路，它主要是作为一种国家语言通过各种形式的学校教育得到传承和发展的。与此同时，汉语的口头语言也在向周边地区作浸润性的扩散。由于交通的不便和学校教育的不能普及，各个不同地区的口头语言是以各自不同的形式发生变迁并逐渐丰富化的，这形成了各种不同的地方语，并且差别越来越大，彼此很难实现直接的交流。这些地方语为国家化的书面语言提供着营养，丰富着汉语的书面语言，但二者的距离也不断扩大着。这种距离不仅表现在没有文化的普通社会大众与中国古代知识分子之间的关系上，同时也表现在知识分子自身的思维方式和情感形式上。一般说来，口头语言是生活语言，是在现实生活中使用并不断丰富着的语言，并且是每一个知识分子从幼年起就逐渐习得的，它体现的是知识分子个人在日常生活的基础上形成的思想和情感态度，是朴素亲切、通俗乃至低俗而不具有崇高性质的语言，而书面语言则是凌驾在各个地区的方言土语之上的一套具有很高社会化程度的国家话语，是政治的、伦理的、审美的，并且具有一种崇高的乃至神圣的性质，有一整套相对固定的价值标准，不太受个人实际生活感受和直感经验的支配和左右。中国古代知识分子同时具有这两种不同的语言形式，并且二者无法实现有机的融合，这就造成了中国古代知识分子人格上的分裂状态：内在的"俗"和外在的"雅"之间有一堵无法逾越的厚障壁。"雅"的无法随着个体情感和情绪的变化而变化，无法随着个体实际生活经验的丰富而丰富，个体的情感和情绪体验、个体的实际生活经验也无法积淀成社会的理性，升华为哲理性的认识，严重压抑了中国古代知识分子的创造活力。我们当代的知识分子已经不难感到，假若社会上存在着一种根本无法质疑的思想，并且知识分子的作用仅仅被认为是用各种不同的方式论证这种人们根本不能进行质疑的思想的正确性，中国知识分子的创造活力是无法得到充分的发挥的，中国知识分子在中国社会生活中的价值和意义也是无法得到充分的肯定的。中国古代知识分子这种文化人格上的分裂在中国历史上是逐渐发展起来的。中国先秦的知识分子，由于还没有一个凌驾在他们各个人之上的固定的社会语言体系，他们的语言主要是在自己日常的口头语言的基础上提炼、升华出来的，他们的思想也是在自己的现实生活体验和情感情绪感受的基础上概括出来的，所以他们的思想活力在整个中国的历史上始终没有泯灭下去，成了中华民族文化的根本支柱。但到后来，特别是在宋明理学加强了传统儒学在学校教育中的绝对统治地位、科举制度成了选拔人才的主要制度之后，这两种语言的差别与对立就在中国古代知识分子的精神世界里相对凝固起来。从学校教育中获得的整个话语体系是完全独立的另外一个话语体系，任何个人都没有改变它的权力，而这个体系却无法体现每一个知识分子的个别性和自身的创造能力。到了清代，中国知识分子的这种人格分裂几乎成了一个无法掩盖的事实。每一个汉族知识分子在日常生活中就能自然形成的民族意识，在日常口头语言中很轻易就能够进行表达的民族情感，却无法通过以忠孝节义为主要价值体系的儒家社会话语得到有效的表达，这种话语起到的是使他们紧紧依附在政治统治集团身上的作用。只有到了鸦片战争之后，传统儒家文化的价值体系受到外力的巨大冲击，"民族主义"成为中国社会的一个基本价值尺度，他们的民族情绪才逐渐得到了比较充分的释放，民族意识才空前蓬勃地发展起来。民族存在着，民族语言的独立性是不能放弃的，但一个民族的话语体系又是不能凝固起来的。凝固起来，这个民族就没有创造力了，这个民族的文化就没有生命力了。

随着书面文化的普及和中国社会化程度的提高，中国古代也逐渐发展起了另外一个书面话语体系。这个话语体系不是在国家政治和国家教育的基础上发展起来的，但也不纯粹是某一个区域的地方语，而是一套非正统的书面语言，是作为通俗读物而在社会上逐渐流传并丰富发展着的。中国古代小说、戏剧在这个话语体系的形成中起到了关键的作用，但其影响却不仅仅局限在小说、戏剧上。这套语言，是在特定地域的口头生活语言的基础上发展起来的，但作为创作者又是受过正统文化教育的知识分子。对上，它能把经史子集、诗词歌赋等正统的高雅语言通过自身的消化纳入到这个话语体系中来，从而使其具有了通俗性和现实生活的气息，更能体现作者个人的情感情绪体验以及各种不同的实际生活经验；对下，它可以把现实日常生活中的口头语言更充分地纳入到自己的话语体系中来，从而使现实日常生活语言具有了广泛的社会性，具有了高雅的、严肃的色彩，更能实现作者与其读者的思想或情感的交流。它是介于雅与俗、地方口头语言和书面文化典籍语言之间的一种语言，起到的是最大限度地包容二者的创造成果、沟通二者之间关系的作用。中国古代书面语言的这种潜在的变化状态，我们完全可以通过《红楼梦》这部小说感觉得到。它的语言，不是比经史子集的语言更加干瘪，更加没有表现力，而是更加丰富，更加具有思想和情感的表现力。它是包容了中国古代各种不同的语言表现形式之后形成的一个内存更加丰富的语言体系。胡适所说的白话文，就是在中国古代这样一个话语体系的基础上提出来的，它为中国现代文化的普及和发展提供了一个新的语言载体。

假若我们更深入地感受和体会胡适所提倡的这个现代白话文话语体系的本质意义，我们就可以确定无疑地说，这个话语体系恰恰是中国现当代社会一套具有最高程度的社会性，同时也为各种不同的社会追求提供了无限发展空间的话语体系。它与我们从幼年起就逐渐习得的日常口头语言并没有一个明显的界限，所有掌握了文字书写能力的人都能够实现跨时空的书面语言的交流活动，都能够介入到更广泛的社会联系之中去。但现代书面白话文语言仍然有着各种不同的层次，一个人要参与哲学界的学术讨论必须掌握现代哲学的一整套基本话语体系，一个人要参与经济学的学术讨论必须掌握一整套现代经济学的话语体系，但这并不意味着每一个参与社会书面对话的人都必须掌握像文言文那样与自己现实日常口头语言完全不同的另外一套独立的话语体系，因为现代各种不同专业的话语体系都是在现实日常口头语言的基础上逐渐丰富发展起来的，这种在现实日常口头语言的基础上发展起来的语言也能具体运用在现实日常口头语言的交流中。哲学家与哲学家之间口头的学术交流运用的也是他们在书面进行交流时运用的那套哲学的语言，经济学家与经济学家之间口头的学术交流运用的也是他们在书面进行交流时运用的那套经济学的语言。这就为每一个具有书写能力的社会成员参与各种不同层次的社会对话提供了普遍的可能性，从而也为他们思想的或情感的发展开辟了更加宽广和深远的空间。它对任何一个社会成员的任何一种生存方式都是有其价值和意义的,不仅仅为了做官,不仅仅为了使用政治权力管理和统治更多的人。可以说,仅就这种语言形式而言,我们在思想和情感上的发展是不会受到它的限制的,因为它是一种没有固定结构形式、没有像忠孝节义这样一套凝固不变的基本词汇系统的语言体系,它可以随着外部世界的变化、主体情感情绪体验或理性认识的发展重新组织新的语言体系,构成新的基本词汇系统。美学家有美学家的基本词汇系统,心理学家有心理学家的基本词汇系统,即使在同样一个领域中,每一个人都有根据自己真实的情感情绪体验或理性认识重构适于自己的话语体系的可能。不难看出,这就是我们中国现代文化,其中也包括我们的现代学术能够产生、能够发展的基本前提条件。每一个人的语言只有一个与之相对应的衡量标准,那就是他的实际的感受和思想,语言为自己的内心感受和思想提供着语言的表现形式,语言的表现形式充实并引导着自己的内心感受和思想,只要遵循现代白话文的这一基本规则,二者构成的就是相互促进的动态发展过程。每个人就会靠着这种互动的关系进入到属于自我的一个独立的情感的或理性的世界之中去,成为一个有独立发现和独立创造能力的人。假若说中国古代知识分子只要掌握了普通社会群众根本无法掌握的那些特殊的语言形式就证明了自身存在的价值,那么,中国现代知识分子却再也无法仅仅依靠掌握书写技巧而意识到自己独立的存在价值和意义,他必须在自己独立的情感和思想的社会价值中意识自己存在的价值和意义。也就是说,现代白话书面语言再也不是少数政治官僚的专利品,甚至也不是少数知识分子的专利品,知识分子要在这套语言的基础上为中国文化的发展作出更大的贡献,不仅要积累更多的专业知识,而且要有自己独立的情感或思想的世界，具有更加鲜明的个性，以自己独立的创造成果赢得社会读者的更广泛的同情或理解。但也正是因为如此，中国的语言通过胡适对白话文的提倡，再一次回归到语言的本质。

文字语言的本质意义是什么？语言的本质意义是各种不同的人为了实现彼此的思想情感交流而共同创造的一套彼此都可以识别、可以感受、可以理解、可以解读的文字符号体系。所以，文字语言同口头语言一样，有着紧密联系在一起的两个最主要的特征。其一是其个体性、个别性和特殊性，在这个意义上，语言只是由各种不同的"言语"构成的，正像我们无法具体地指认哪儿是宇宙，我们也无法具体地指认哪儿是语言。具体存在于世间的只有各种不同的言语，而没有"语言"，语言只是在各种不同言语现象的基础上抽象出来的。在这个意义上，一个民族的语言只有通过各种不同的言语才能存在和发展，只有通过各种不同个体人的各种不同思想情感的表达交流活动才能得以存在和发展。一旦这个民族已经没有个体人的言语活动，一旦这个民族已经没有不同思想情感间的交流，这个民族的语言也就逐渐退化并趋于消亡。其二是它的抽象性、普遍性和共同性。在这个意义上，一个民族的各种不同的言语活动构成的是一个民族的共同的语言，不论一个人的言语是多么个性化的，它都要使用彼此可以识别、感受、理解和解读的共同的语言符号，都要在一个民族语言固有的符号系统中获得自己独立的价值和意义；否则，任何个体的思想情感都不可能得到有效的表达并实现与本民族成员间的沟通和了解。不难看到，中华民族的书面语言在先秦时期是完全个性化的，每一个先秦思想家的思想学说或文学艺术作品都是一种独立的言语体系，它们是在彼此的思想情感的交流活动中互相促进、共同发展的。随着中国政治专制主义和文化专制主义的合流，在政治体制内开始将一种言语体系固定为具有普遍性、绝对性的语言体系，各种不同的言语体系被排斥在这样一个语言体系之外，因而也失去了与之平等对话的可能，每个个体具有个别性的思想感情也已经不能够依靠这样一个语言体系得到正常的表达，语言就失去了在不同个体之间进行思想情感交流的本质职能，中国文化的发展就相对停滞了，中国民族语言的交流功能也相对弱化了。胡适提倡的现代白话文让中国人首先回到自己日常生活的口头语言，实际上是首先回到自己真实的思想与情感的状态，回到彼此相区别的基础上，不是共同讲共同认可的话语，而是彼此讲彼此不同的感受和认识，实现的是彼此的交流，而不是彼此的应付。它重新激活了中国知识分子的表达欲望，同时也重新激活了中华民族的语言活力。不难看出，中国现代学术就是在这种思想的交流活动中重新发展起来的。时至今日，留在我们现当代学术史上的所有学术成果，都是一些彼此不同的思想认识成果，而那些陈陈相因的东西都不可能在中国学术史上留下自己鲜明的印迹。而这反映的既是学术的本质，也是语言的本质。学术的本质是在不同学术成果的差异性中表现出来的，语言的本质是在言语的差异性中表现出来的。没有不同学术成果的差异性，就没有学术的统一性；没有言语的差异性，就没有语言的统一性。

十

胡适所倡导的五四白话文革新的胜利，在学术上的一个直接结果是中国现当代语言学的分流发展。章太炎、黄侃直至当代的陆宗达、殷孟伦等学者，坚持从中国语言文字自身生成和发展的规律研究中国语言文字，将清代"小学"的研究传统推进到现当代的语言学研究中来，而从马建忠的《马氏文通》直至当代王力、朱德熙等学者，则用西方语言的语法体系和理论体系对中国语言进行了重新的阐释和说明，将西方的研究方式转移到对中国语言的研究中来。显而易见，前一个学派对于中国古代语言的研究更有针对性，而后一个学派对于现代白话文的研究则更有针对性。这两个学派的相互区别与相互发明，共同构成了中国现当代语言学研究的总体格局。

胡适首先倡导的白话文革新体现的是"新文化"与"旧文化"在书面文字语言上分化发展的趋势，而胡适的具体学术成就体现的则不仅仅是"新文化"与"旧文化"分化发展的趋势，同时也是中国现代学术文化与中国现代革命文化、中国现代社会文化分化发展的趋势。

五四新文化运动是在北京大学学院教授内部首先孕育成熟并具体发动起来的，像鲁迅、吴虞这样一些非学院知识分子是通过具体参与北京大学学院教授的文化活动而实际地成为五四新文化运动的发起者的。但是，这个运动发起者本人的文化传统和这个运动自身的实际意义与价值，却并不局限在学院文化内部。假若将这个运动的发起者粗略地划分开来，我认为，陈独秀、李大钊直接继承的是孙中山的革命文化传统，他们都曾参加过旨在推翻清王朝政治统治的革命活动。辛亥革命之后，推翻清王朝政治统治的革命目标已经实现，虽然他们并不满意辛亥革命之后中国社会的现实状况，但新的革命目标还没有具体地建立起来，他们的思路便从实践的革命转向了思想的革命。实际上，他们理解中的"思想革命"，既不完全等同于胡适理解中的"思想革命",也不完全等同于鲁迅和周作人理解中的"思想革命"。他们的"思想革命"在其总体的特征上更接近于梁启超在晚清启蒙运动时期所提倡的思想启蒙,是从现代政治革命的需要直接延伸出来的,是直接配合现代民主政治体制的建立与完善的,因而也具有十分确定的方向、十分具体的内容,更具有后来所说的"思想路线"的性质。我认为,陈独秀对于中国现代学术的影响除了"反对旧道德,提倡新道德"、"反对旧文学,提倡新文学"等一系列的具体内容之外,在思维方式和论述方式上则在于他的整体概括能力。在传统儒家的思想学说中,实际上已经发展起了从整体上感受和把握研究对象的思维方式,儒家提出的"君臣、父子、夫妇"三种人际关系实际上就从整体上概括了传统封建社会的全部人伦关系,儒家为处理这三种人伦关系所提供的基本原则同时也是处理当时全部人伦关系的基本原则,但由于后儒走上了注经、解经的道路,这种从整体上独立概括研究对象的能力反而逐渐衰退。西方文化的出现,中西文化比较思维的发展,在像陈独秀这类中国现代知识分子身上重新复活并发展了这种思维方式和论述方式。陈独秀的整体概括能力是在中西文化的整体比较中重新建立起来的,是在革新中国固有文化传统的目的意识下被运用的,所以具有极其强烈的否定性、批判性和革命性,在反对旧文学、提倡新文学,反对旧道德、提倡新道德的五四新文化运动中发挥了极其重要的作用,并以其鲜明性成为五四新文化运动的思想旗帜。1915 年,陈独秀在《青年杂志》的发刊词《敬告青年》中对中国青年提出了六点希望:自主的而非奴隶的、进步的而非保守的、进取的而非退隐的、世界的而非锁国的、实利的而非虚文的、科学的而非想象的。我认为，直至 20 世纪 90 年代关于现代性的讨论，我们仍然没有从根本上超出陈独秀这个总体概括的范围。① 同年，陈独秀在《东西民族根本思想之差异》中将中西文化的差异归纳为三点：（1）西洋民族以战争为本位，东洋民族以安息为本位；（2）西洋民族以个人为本位，东洋民族以家族为本位；（3）西洋民族以法治为本位，以实利为本位；东洋民族以感情为本位，以虚文为本位。② 1916 年，陈独秀在《吾人最后之觉悟》中把中国近代知识分子的觉悟分为三个不同的阶段：学术的觉悟、政治的觉悟、伦理的觉悟，并认为伦理的觉悟为中国知识分子最后觉悟之最后觉悟。③ 1917 年，陈独秀在其《文学革命论》中，提出了文学革命的"三大主义"：推倒雕琢的阿谀的贵族文学，建设平易的抒情的平民文学；推倒陈腐的铺张的古典文学，建设新鲜的立诚的写实文学；推倒迂晦的艰涩的山林文学，建设明了的通俗的社会文学④……所有这一切，都表现出陈独秀对复杂对象的整体概括能力，对中国现代知识分子思维方式和论述方式的变化与发展具有重大影响，特别是对中国现代政治理论的建立与发展更有不可磨灭的影响，这种整体归纳的方式至今是中国政治理论的主要建构方式。但是，陈独秀、李大钊都是在政治革命的基础上理解中国现代思

① 参见陈独秀：《敬告青年》，载《独秀文存》，合肥：安徽人民出版社 1987 年版，第 3—9 页。

② 参见陈独秀：《东西民族根本思想之差异》，载《独秀文存》，合肥：安徽人民出版社 1987 年版，第 27—31 页。

③ 参见陈独秀：《吾人最后之觉悟》，载《独秀文存》，合肥：安徽人民出版社 1987 年版，第 37—41 页。

④ 参见陈独秀：《文学革命论》，载《独秀文存》，合肥：安徽人民出版社 1987 年版，第 95—96 页。

想革命的重要性的，所以当他们看到了新的革命运动的曙光，就离开了思想革命、文化革命的主战场，重新投入到政治革命的运动中去了，在中国现代学术界没有发生像胡适那样广泛而深入的影响。

在反对旧文学、提倡新文学，反对旧道德、提倡新道德的总体文化方向上，鲁迅和周作人是与陈独秀、李大钊取着同样的步调的，但鲁迅和周作人的基本文化传统不是此前的革命文化传统，而是以人道主义和个人主义为基点的人学传统。鲁迅在政治立场上属于当时的革命派，根据他的好友许寿裳等人的回忆，他还参加过革命组织光复会，但在思想传统上，他则不属于通过政治手段改造社会的革命文化传统，而更关注人的精神层面的问题，更重视国民精神的建设。周作人在其《人的文学》中，说他主张的是一种"个人主义的人间本位主义"的"人道主义"。①鲁迅在后来也曾说，他的思想"或者是人道主义与个人主义这两种思想的消长起伏罢"②。严格说来，这种人学传统，是不分古与今、中与西的，它只是感受人生、批判人生、改造人生的一个尺度，一个标准，是人在现实世界生存和发展的基础观念，是如何感受和体验人的存在及其价值和意义的问题。他们之所以参加五四新文化运动，只是因为他们认为，传统儒家的伦理道德观念及其在中国社会的长期统治地位，压抑了中国人的人性发展，摧残了中国人的生存意志和个性追求，破坏了中国人与人之间理应具有的人道主义感情以

①　参见周作人：《人的文学》，载《中国新文学大系·建设理论集》，上海：上海良友图书印刷公司 1935 年版，第 195 页。

②　鲁迅、许广平：《两地书》，载《鲁迅全集》第 11 卷，北京：人民文学出版社 1981 年版，第 79 页。

及在这种感情基础上的同情和了解。正是因为如此，他们不仅批判中国传统文化中那些压抑个性、摧残人性、扼杀生命的观念，同时也把更多的精力用于对现代中国国民性的批判，其中也包括对那些具有了现代科学知识和现代生活方式的中国知识分子的批判。周作人的小品散文，鲁迅的小说、散文诗、散文和杂文，成为中国现代文学史研究对象的重要组成成分，但在那时，中国现代文学研究尚处于萌芽状态，还无法超越零散的读者反应和直感、直观判断的评论阶段，也还没有正式进入高等教育的讲堂。作为一种文化现象，主要属于一般的社会文化，没有构成中国现代学术研究的主要对象。

假若说陈独秀、李大钊主张的是社会政治意义上的思想革命，这种思想革命直接产生在对中国社会进行整体改造的愿望和要求中，具有强烈的社会性和政治性；假若说鲁迅、周作人主张的是国民精神发展意义上的思想革命，这种思想革命直接作用于一个个人的自我意识、他者意识以及人与人精神关系意识的改变，具有强烈的精神性和道德性，那么，胡适主张的则主要是科学思维方式和研究方法论意义上的思想革命，这种思想革命直接联系着学院派知识分子的人生观念和世界观念，联系着他们从事实际学术研究活动的基本技能和训练。

我认为，正是因为他们在理解"思想革命"上的这种差异，使中国新文化在革新传统文化的共同基础上发展起来，但又向着现代革命文化、现代社会文化和现代学术文化三个主要的方向演化和发展。胡适体现的就是中国现代学术文化的独立性及其发展趋向。他在中国现代学术的创建和发展史上的贡献是不容置疑的，但对于我们当代中国知识分子而言，重要的不是胡适在中国现代学术史上有没有自己的地位，而是如何看待他所创建并发展了的中国现代学术文化与中国现代革命文化、中国现代社会文化的关系的问题。

十一

中国现代革命文化是在中国社会由旧蜕新的过程中社会矛盾和民族矛盾空前激烈、社会危机和民族危机空前严重的情况下产生并发展起来的，是由少部分具有革命倾向的中国知识分子创建并实际发展起来的。不论这部分知识分子在其具体的文化选择上采取什么样的文化立场，但在实际上，他们都继承着传统儒家知识分子入世的、拯世救民的、以天下兴亡为己任的文化传统。他们与传统儒家知识分子的区别仅仅在于，他们已经不把改造社会的希望仅仅寄托在现实政治统治者的身上，他们所采取的也不再是传统儒家知识分子"致君尧舜上，再使风俗淳"的文化战略。他们是一个企图依照自己的社会理想而对现实社会进行改造的知识分子群体。这个群体是依照彼此相同的社会理想而结合在一起的，必须有一种统一的思想学说将其联系起来，构成一个统一的革命集体，以实现推翻旧政权，建立新政权并以政权的力量实现对社会的实际改造。实际上，这种文化的真正基础不是学院派知识分子所谓的"科学"，而是实际的社会感受和生活感受。革命的前途不是任何一个革命知识分子在革命之前就已经严密地设计好的，不是通过学术研究"研究"出来的，它的真正基础是实际的社会现实矛盾和革命知识分子对这种现实矛盾的强烈感受，以及在这种感受基础上被激发出来的"知其不可为而为之"的主体精神和意志力量。它与现代学院文化是根本不同的两种文化。现代学院文化是以培养现实社会需要的各种专门人才而建立起来的，是以知识技能的传授为主要目的的，不论一个民族当时的社会历史状况如何，不论各个受教育者自己将选择什么样的人生道路，学院文化自身都必须以现实社会所需要的知识和技能的培养为基本目标，都必须以受教育者在现实社会得到最顺利的成长和发展为基本原则。也就是说，学院文化自身的性质就不是甚至也不能是革命文化。教育在其本质上都带有国家主义的色彩，是国家集体事业的一个有机组成成分，并且受到国家政治权力和经济权力的直接控制。胡适在留学美国之前编辑《竞业旬报》时期，其思想是在密切关注着现实社会问题的基础上建立起来的，其文化思想也主要属于社会文化的范畴，但在美国留学期间，接受的则是学院文化教育。当时的美国，政治上的资产阶级革命早已完成，解放黑奴的南北战争也已成历史，在和平发展过程中美国迅速成长为一个富强的资本主义国家。美国的学院文化在相对自由民主的气氛中与当时的国家政治权力有着更加和谐和协调的关系，较之当时欧洲大陆的文化，具有更明显的国家主义性质。像欧洲18世纪的启蒙主义思潮、19世纪的马克思主义、柏格森的生命哲学、叔本华的悲观主义哲学、弗洛伊德的精神分析学说、王尔德的唯美主义和其他现代主义文学思潮、尼采的超人学说、列夫·托尔斯泰的人道主义思想、克鲁泡特金的无政府主义等等，在美国学院文化中并不具有主流的地位。胡适就是在这样一个学院文化的氛围中接受教育、形成自己的社会观念和文化观念的。"我到美国，满怀悲观。但不久便交接了些朋友，对于那个国家和人民都很喜爱。美国人出自天真的乐观与朝气给了我很好的印象。在这个地方，似乎无一事一物不能由人类智力做得成的。"①"我相信我自离开中国后,所学得的最大的事情,就是这种乐观主义哲学了。"② 美国作为当时世界上最富裕、最强大、最自由的国家,在当时的中国有着崇高的威望,留学美国的学生也受到中国朝野的普遍重视。当 27 岁的胡适于 1918 年留学归国的时候,已经是新文化运动的领袖,获得的又是中国最高学府北京大学的教职,他的老师杜威在世界和在中国的威望也给他这个中国的高足平添了许多荣耀,胡适没有理由不是乐观向上的。但是,他的乐观向上是建立在对自己所接受的文化思想的自信之上的,是建立在对自己的智慧和才能的自信之上的,而不是建立在对当下民族处境和社会状态的整体感受基础之上的。这决定了他与以陈独秀、李大钊所体现的中国现代革命文化的分流。

1919 年,胡适与李大钊进行了一场至今没有结论的文化论战。我认为,这个论战的意义不是学术性的,也不是政治性的,而是中国现代学术文化和中国现代革命文化开始分流的标志。他们之间的区别根本不是"主义"与"问题"的区别,而是这种"主义"与那种"主义"的区别,是这些"问题"与那些"问题"的区别。胡适也有自己的"主义",那就是他从杜威那里接受过来的"实用主义"。他的实用主义是在特定的社会结构中对知识分子所面临的实际问题进行具体的、现实的解决的一种科学的思维方式和可操作性的研究方式。李大钊也有自己的问题,那就是中国社会的政治问题,是如何结束当

---

① 胡适:《我的信仰》,载欧阳哲生编:《胡适文集》,北京:北京大学出版社 1998 年版,第 14、15 页。

② 胡适:《我的信仰》,载欧阳哲生编:《胡适文集》,北京:北京大学出版社 1998 年版,第 15 页。

时的军阀割据，建立一个李大钊这类知识分子理想中的独立、统一、合法、合理、有效的政府的问题。苏联在马克思主义思想旗帜下成功地进行了一次推翻旧政权、建立新政权的革命，这不能不引起同样具有革命倾向的李大钊这类中国知识分子的强烈关注。所以，他的"主义"也是为了解决他所关心的"问题"的。这里的不同仅仅在于，李大钊关注的是中国现实政治问题，而这个问题是没有任何一个万无一失的现成解决方式的，是必须依靠革命者自身的奋斗和牺牲而实际地去争取的，并且即使付出了生命的代价也未必能够获得胜利，也未必能够达到所预期的革命目标。胡适关注的则是学院知识分子的学术研究活动的问题，对于这样一些问题，是应该也必须按照形式逻辑的要求，做到论据充分、逻辑严密、准确无误的。不难看到，李大钊和胡适的思想争论并不建立在同样一个思想的平面上，因而也不可能有一个确定的结果。其结果只能是彼此分道扬镳，走上了两条不同的文化道路和思想道路。李大钊在自己的道路上给我们留下的是"铁肩担道义"的承担精神和"富贵不能淫、贫贱不能移、威武不能屈"的凛然正气，胡适在自己的道路上给我们留下的是"大胆假设、小心求证"的治学方法和等身的学术著作。

从中国文化发展的角度，胡适和李大钊的这次思想论争还标志着中国现代知识分子的内部差异和矛盾开始以西方不同思想学说差异和矛盾的形式表现出来，并且常常是以相对扭曲的形式表现出来的。胡适的实用主义，李大钊的马克思主义，都是在文化开放的条件下从西方文化中输入的，都是在西方当代社会发生了极大影响的文化，但却是西方两种不同的思想学说，并且在不同的国家有着不同的地位和影响。假若仅仅从中国文化内部的关系看待李大钊和胡适的差异和矛盾，我认为，他们之间是没有那么严重的对立性质的。他们在当时的中国都是极少数新文化运动的倡导者之一，都是主张文化上的对外开放的，都是主张思想自由、个性独立的。但在当时的国际舞台上，苏联和美国几乎构成了思想的两极，假若说当时的苏联猝然成了世界马克思主义的策源地，当时的美国、特别是当时美国的学院文化则几乎成了反马克思主义的桥头堡，而马克思主义在欧洲大陆各国的影响要比在美国的影响广泛得多、深刻得多。我认为，正是马克思主义和当时美国学院文化的这种两极对立的性质，将中国这两个新文化运动的领袖撑向了中国现代文化的两极，几乎成了中国现代文化大分化、大动荡的震源。实际上，李大钊之所以接受马克思主义思想的影响，并不在于反对胡适所心仪的美国式的自由和民主，而是站在中国知识分子自由和民主的立场上对压制民主和自由的军阀政府的反抗。当时的胡适也并不满意于这个政府，这个政府对他同样实行着歧视和压制，而他之所以起而反对李大钊对马克思主义的提倡和介绍，根本不是从李大钊自身文化选择的意义入手的，而是从他所接受的美国学院文化的立场出发的。胡适一生都把自己在美国学院文化中接受的思想影响直接视为自由民主的思想本身。实际上，真正体现着美国自由和民主精神的不是当代美国任何一个具体的思想学说，而是领导了美国人民的独立解放战争并实现了美国资产阶级革命目标的华盛顿和他的战友们，是这样一次革命斗争为美国人民赢来了民族的独立和政治的民主。仅仅有书斋内的学院文化，是根本不可能结束英国对美国的殖民统治，建立起美国的民主政治的。此后的美国文化，都是在美国资产阶级革命所建立起的民主政治的环境条件下取得的具体文化成果，其自身并不一定建立在自由和民主的精神基础上。中国现代自由民主的传统不应当从其接受了哪个国家的什么样的思想学说来判定，应当从其在中国的文化环境中是否具有反对专制、争取自由和民主的实际意义入手。胡适终其一生都是向往美国式的民主和自由的，但终其一生也没有将他的"大胆假设、小心求证"的科学方法论运用于中国现代政治学的研究，建立起有别于中国马克思主义政治理论的另外一种以实现中国政治民主为目标的政治理论体系，更没有为实际地实现这样一个政治目标而作出有效的努力。在政治上，他是一个旁观者，他与中国马克思主义理论的对立只是主观观念上的。实际上，这种表面的对立态势只是一种文化的错位现象，是一种根本构不成实质上的对立关系的表面形式上的对立。他在实用主义的旗帜下提倡的治学方法无法起到将专制政治改造成民主政治的作用，马克思主义的革命理论也无法完全代替他在实用主义旗帜下提倡的治学方法。

在中国，原本具有互补意义的两种文化，"在全球化的语境中"却导致了中国现代文化的可悲的分裂。我认为，当我们重新思考我们的文化历史的时候，不能不看到这一点。

十二

中国现代社会文化既不完全等同于革命文化，也不完全等同于学院文化。就其自身的意义而言，革命文化实际是具有相同社会感受和政治目标的人之间相互沟通的方式，彼此构成的是"同志"的关系，实现的是意志的联合；学院文化实际是知者与求知者之间相互沟通的关系，彼此构成的是先生与学生或有类于先生和学生的关系，实现的是思想、知识与技能的传授。读者对象的单纯性是革命文化与学院文化共同具有的主要特征，而社会文化的接受对象则是极为复杂的。它是面向社会上各种不同的读者对象的。鲁迅和周作人之所以主要选择了文学的道路而没有主要选择政治的或学术的道路，就是因为他们真正关切的是社会上的人与人之间的情感关系和精神关系的问题，而文学艺术则是能够触及、表现乃至影响这种关系的改变的最有效的文体形式，是社会文化的最重要的传播方式之一。它既不能仅仅建立在彼此相同的社会感受和相同的政治立场上，也不能仅仅建立在读者对自己知识、技能、道德、人品的尊重乃至崇拜上。它的基础是生命的、自然人性的，是普遍可感的。这种生命的、自然人性的可以完全包括革命的和科学的，所有真正具有革命意义和科学价值的东西我们也可以纳入到生命的、自然人性的基础上来感受、来理解、来阐释，但革命的和科学的却不能完全包括生命的和自然人性的。屈原、司马迁、陶渊明、李白、杜甫、曹雪芹、蒲松龄、荷马、薄伽丘、莎士比亚、列夫·托尔斯泰、陀思妥耶夫斯基、卡夫卡、马尔克斯都不是革命的，他们的作品也不是科学的，但他们却是人类文化的伟大创造者。所以，不论哪个民族、哪个时代的文化，都不应仅仅有政治的革命的文化，有科学的学术的文化，同时也应有文学艺术和各种不同形式的社会文化。这里的原因绝不仅仅因为我们所常常引以为据的文学艺术的娱乐功能，更因为不论是政治的革命的理论，还是科学的思想的学说，在起到它们有可能起到的积极作用的同时，也有可能构成对人的思想的异化。中国在进入现代世界的文化联系的时候，已经拥有悠久的文化历史和极为丰富的文化遗产，同时又面对着较之我们更加发达的西方资本主义国家的文化，这有可能成为中国文化二度复兴的伟大动力，但也有可能构成对现代中国人、现代中华民族的一个更加巨大的异化力量，使我们在中外纷纭复杂的文化现象面前，乱了方寸，抓住了"文化"，但却失掉了自我，失掉了自我在世界上的主体性，即不是由我们驾驭文化，而是由文化驾驭我们。这种文化的异化，常常是在文化错位的情况下发生的。一种文化，就是一种话语，它的意义和价值是在自己的语境中表现出来的，是在与特定对象的关系中呈现出来的。当将这种话语从一个语境转移到另外一个语境，从一种关系转移到另外一种关系中去的时候，它的意义和价值有可能发生这样或那样的变化。在这时候，接受者假若不是用自己的自然的人性，不是用自己朴素的心灵，不是用自己求生存、求发展的生命意志，直接感受对象对于自我的意义和价值，而是将其在别个语境、别种关系中的意义和价值当做对于自己的意义和价值，并且自觉或不自觉地将其作为自己文化选择乃至生命投放的根据，就会被这种文化所异化，将"自我"异化为"非我"。这种文化自身的意义和价值也就在我们的运用中程度不同地向着自己的对立面转化：科学的变成非科学的，革命的变成非革命的，真的变成假的，善的变成恶的，美的变成丑的。中国古代的文化有可能在现代社会发生这种异己的变化，西方文化也有可能在中国发生这种异己的变化。这就需要中国现代人用自己的心灵、用自己独立的生命意志和要求去重新感受、了解和理解这一切。在人类文化中，只有文学艺术是只能用自己的心灵去感受而不能仅仅用理智、用推理、用逻辑去判断的对象，是使我们能够不断回归自我、回归自我的自然本性、回归自我的生命本体的方式。这并不意味着所有的文学艺术作品都能实现这种人性复归的目的，但它却是所有杰出的文学艺术作品的主要标志。

像我们不能将胡适的实用主义同李大钊的马克思主义的对立绝对化、两极化一样，我们更不能将胡适的学院文化同鲁迅的社会文化的对立绝对化、两极化。实际上，直到20世纪30年代，鲁迅都在如下三个主要方面极力肯定胡适的成就，甚至较之胡适本人具有更坚定的立场和更决绝的态度：（1）胡适在五四新文化运动中的贡献。直到20世纪30年代，鲁迅都把胡适作为五四新文化运动的"前驱者"、"主将"，而说自己当时是"听将令的"。在对待这样一个运动的态度上，当时不论从旧文化阵营，还是从新文化阵营；不论是从左翼，还是从右翼，都有很多人在有意与无意间否定或部分地否定五四新文化运动的意义和价值，而鲁迅则是始终坚持着五四新文化运动方向的少数知识分子之一，其中也包括胡适首先倡导的白话文运动。（2）胡适的新诗创作。从20世纪20年代开始，胡适的《尝试集》就受到新诗创作界的普遍批评与反对，认为新诗创作上的薄弱是因为胡适领错了道路，但当30年代向国外介绍中国新文学的成就的时候，在新诗创作上，鲁迅仍然把胡适的《尝试集》作为新诗创作成就的主要代表作品。（3）胡适的学术研究特别是中国古代小说的研究成果。直到20世纪30年代，鲁迅仍然将胡适作为中国古代小说研究的著名学者，而向意欲从事中国古代小说研究的青年推荐其著作。我认为，即使到了现在，鲁迅所肯定的，仍然是胡适的主要历史功绩。有了这三个方面的历史贡献的胡适，已经是一个相当伟大的知识分子，一个改变了中国文化历史的巨人，一个开创了新文学传统的现代文学家，一个有着突出学术成就的专家学者。倒是那些企图利用胡适贬低鲁迅的人，常常把他的浅薄处说成是深刻处，这不但不会给胡适增加光彩，反而会掩盖他的光辉。

鲁迅和胡适的分歧是在怎样一个意义上发生的呢？我认为，只要我们撇开那些细枝末节的东西，我们就会很容易地看到，当胡适仅仅将当时学院教授的文化观念和思想观念作为唯一正确的、具有指导意义的、普遍的社会文化观念在中国社会上予以提倡和宣传的时候，鲁迅就会立于他的对立面进行文化的反抗。这种反抗的意义在于，当时的学院文化并不能体现中国社会各个阶层，其中也包括像鲁迅这样的现代知识分子求生存、求发展的生命意志和精神需要。中国现代知识分子必须尊重每一个人在自己人生感受和生命体验基础上的独立选择，自己选择，自己负责，不能以自己的选择代替别人的选择，不能把自己的选择当做唯一正确的选择。直至现在，我们学院派知识分子都习惯于笼统地反对"激进主义"，主张中庸和平。实际上，在现代社会，这种人生观念更属于我们这些有了一定的物质生活保障和思想自由的空间、希望在和平的环境中有序地从事教学和科研活动的学院教授，而不属于处于权力斗争旋涡里的政治家或革命家，不属于在现代经济体制内部进行着经济竞争的实业家，不属于在社会生活中尚没有找到自己固定的社会位置，还没有稳定的物质生活保障和自我表现的自由空间的中下层知识分子，更不属于在温饱线上挣扎的底层广大社会群众。不论他们在口头上如何言说，但其心态都不可能是中庸和平的。所以，在1919年胡适与李大钊围绕"问题"与"主义"进行的思想论争中，鲁迅既没有完全站在李大钊政治革命的立场上呼唤俄国式的"激进主义"，因为鲁迅认为，中国的社会群众尚缺乏信仰某种思想学说的精神基础，但也反对胡

适对俄国式"激进主义"的绝对排斥态度，因为胡适的温和
主义态度是建立在当时在现代教育体制内获得了顺利发展并具
有了较高社会地位的极少数学院知识分子的生命感受和人生体
验的基础之上的，它甚至无法代替李大钊这样的学院教授的社
会感受和人生体验。民族的危机、社会的危机、政治的危机、
文化的危机仍然严重地威胁着中国人、特别是中国知识分子的
心灵安宁。"激进主义"假若不是仅仅建立在西方文化的教条
上，而是建立在中华民族求生存、求发展、求独立、求自由、
求民主的生命意志上，就是现代中华民族不可或缺的巨大社会
力量、思想力量和精神力量。学院知识分子可以不选择它，但
却没有理由反对别人的这种选择。在这里，我们所看到的，实
际是鲁迅的社会文化的立场。

鲁迅所体现的社会文化与胡适所体现的学院文化的正式分
流是在胡适提倡整理国故，提倡考据学、训诂学，为青年开列
必读书目等事件发生后逐渐表现出来的。我们看到，所有这一
切，都是只有在学院文化内部才有相对合理性的举措。在学院
文化内部，是有导师的，是有导师和学生的特定关系的，导师
在必要的时候也是可以甚至应该给学生开列必读书目的。但所
有这一切，都是在特定专业范围内传授知识和技能的需要，都
是面对修习特定专业的学生而言的。脱离开这种特定的关系，
将这类学院文化的"习俗"转移到学院文化外部的整个社会
文化中去，其荒诞性的一面就暴露出来了。在这个范围中，
"导师"就不再仅仅是修习某种专业的学生的导师，而成为全
国青年、乃至全体国民的导师了，"青年必读书"就成为新的
圣贤经传了。学院内部的导师制不能引入到社会文化之中去，
学院教授的话语形式不能成为整个社会文化的话语形式。在西

方文化中，"上帝"已经死了；在中国文化中，"圣人"已经死了。在中国古代，"圣人"就是全体国民的"导师"，现代中国知识分子通过五四新文化运动正式结束了孔子作为中国全体国民的导师、作为中国的"圣人"的资格，假若连孔子也已经失去了成为我们全体国民的导师的资格，那么，也就意味着任何一个人都不再能够成为全体国民的导师或圣人。现代教育的发展、现代教育的普及，其目的就是提高全体国民自己感受、自己体验、自己思考、自己选择人生道路和文化道路的自觉性，现代文化是为这一目的服务的，而不是代替别人进行选择的。所以鲁迅发出的呼吁至今仍是铿锵有力的：

> 青年又何须寻那挂着金字招牌的导师呢？不如寻朋友，联合起来，同向着似乎可以生存的方向走。你们所多的是生力，遇见深林，可以辟成平地的，遇见旷野，可以栽种树木的，遇见沙漠，可以开掘井泉的。问什么荆棘塞途的老路，寻什么乌烟瘴气的鸟导师！①

十三

当我们把视线转移到当时的学院文化内部，胡适的独立作用和意义就是不能忽视的了。

假若让我用一句话概括胡适在中国现代学术史上的作用和意义，那么，我就可以说：胡适是在现代高等教育体制之下产生的第一个具有相对完整意义的中国现代学院派知识分子，由

---

① 鲁迅：《导师》，载《鲁迅全集》第3卷，北京：人民文学出版社1981年版，第56页。

于胡适的出现，中国才开始搭建起一个现代学术研究的平台。

我是在下列几个意义上说这句话的：

第一，如前所述，中国的学术革命发生在晚清维新运动的前后，但那时在中国学术革命中发挥了关键作用的是维新派或革命派的在野知识分子。他们首先引进了西方的某些学术观念，对中国固有的宗经传道的学术观念进行了初步的批判，迈出了中国学术革命的第一步。但他们还不是中国现代教育体制下的学院知识分子，他们的学术活动在其总体上不属于认识论的范畴，而属于政治实践论的范畴，具有更浓厚的政治宣传的色彩，他们不是以认识世界、认识社会、认识人类及其文化为终极追求目标的现代学者或教授。在五四时期，直接继承了那时的学术传统的是李大钊和陈独秀，而鲁迅和周作人则主要继承着章太炎的精神性追求目标，并在此基础上开辟了中国的新文学传统。在五四之后，主要转向了学术研究并以学院教授、学者身份参与中国现代文化活动的当首推胡适。

第二，中国现代文化的一个突出的特点是，它是中国知识分子在中国固有文化和西方文化这两种不同的文化传统的基础上重新建构起来的一种新的中华民族的文化传统。这同时也是中国现代学术的特点。鸦片战争之后，西方学术就作为一种与中国固有学术传统不同的学术体系呈现在中国知识分子的面前，少数我们后来称之为"先进"知识分子的中国知识分子就已经开始接受西方学术的影响，并有意用西方文化的某些观念反思或批判中国固有的学术传统，但在那时，还没有像胡适这样在西方接受系统的教育和训练并在此基础上从事专业的学术研究的知识分子，即使像鲁迅、周作人这样一些五四时期留学日本归国的中国知识分子，也大半没有接受西方专业的学术教育和训练，并且日本也不是西方文化的策源地。当然，这并不意味着像胡适这类留学英美的知识分子较之鲁迅、周作人这类留学日本的知识分子一定更能得西方文化的"神髓"，但至少在当时的社会上、乃至在当时的中国知识分子之中，对于胡适所理解的西方文化，有着更大的信任度，为中国人、特别是中国知识分子接受和理解西方文化开辟了一个更加畅通的渠道。不论胡适理解和运用中的实用主义哲学与西方实用主义哲学传统有着多么大的差异和区别，胡适仍然是在杜威实用主义哲学的基础上形成自己的基本哲学观念并在中国现代哲学史上开辟了中国现代实用主义哲学传统的一个中国现代学者。通过杜威的实用主义哲学，他把中国古代墨子的逻辑学、范缜的"神灭论"等带有唯物主义倾向的古代哲学、清代乾嘉学派的治学方法等联系起来，在中国古代文化和西方文化之间架起了一座可以相互过渡和相互发明的文化桥梁，从而也为中国文化的世界化奠定了一定的基础。

第三，中国古代以宗经传道为基础的学术文化是以古代"经典"文本为基本的建构基础的，是"教条主义"的，而中国现代学术则是以"科学"的观念以及科学的方法论为基本的建构基础的，是以"求知"（求新知）为目的的。所以，虽然胡适对于"科学"以及"科学方法论"的理解还有自己的片面性，带有明显的科学主义倾向，但他到底将中国学术从宗经传道的目的下解放出来，使之转移到以科学为基础的研求新知的目的上来。他说："我的思想受两个人的影响最大，一个是赫胥黎，一个是杜威先生。赫胥黎教我怎样怀疑，教我不信任一切没有充分证据的东西。杜威先生教我怎样思想，教我处处顾到当前的问题，教我把一切学说理想都看作待证的假设，教我处处顾到思想的结果。这两个人使我明了科学方法的性质与功用……"① 假如我们不是将胡适的这种思想理解为多么深奥的哲学，而是将其理解为现代学术赖以建立的前提，我认为，它的意义实际是很重大的。

第四，胡适主要不是一个自然科学家，而是一个人文学者，一个社会科学学者，但他通过科学方法论的提倡，却将文学研究、社会科学研究和自然科学研究联系在了一起，使中国现代学术有了自己的统一性，结束了中国古代学术"道"、"器"二元对立的观念。

第五，中国古代的学术体系，是由经、史、子、集这样一些依照价值大小建立起来的塔式学术体系，到了胡适及其著作中，中国的学术体系才由像语言学、文字学、文艺学、教育学、哲学、逻辑学、宗教学、历史学、民族学、政治学、经济学、法律学、地理学、数学、天文学、物理学、化学这样一些具有平等地位的不同学术领域构建起来。显而易见，这才是我们现在仍然存在并运行着的中国现当代学术体系。胡适不是这个学术体系的实际构建者，但却是以这样一个学术体系为自己的基本学术观念而进行着自己的学术研究。

第六，在胡适的学术著作中，既有像《中国古代哲学史》、《先秦名学史》、《中国中古思想史长编》、《中国中古思想小史》、《戴东原的哲学》、《章实斋先生年谱》、《科学的古史家崔述》等研究中国古代正统雅文化的学术著作，也有《白话文学史》、《国语文学史》、《〈水浒传〉考证》、《〈水浒

---

① 胡适：《介绍我自己的思想》，载欧阳哲生编：《胡适文集》第5卷，北京：北京大学出版社1998年版，第507—508页。

传〉后考》、《水浒续集两种序》、《〈红楼梦〉考证》、《跋
〈红楼梦考证〉》、《跋乾隆庚辰本〈脂砚斋重评石头记〉抄
本》、《吴敬梓传》、《吴敬梓年谱》、《〈西游记〉考证》、《跋
〈四游记〉本的〈西游记传〉》、《〈三国志演义〉序》、《〈镜
花缘〉引论》、《〈醒世姻缘传〉考证》等大量研究中国古代
俗文化的学术著作，这实际上改变了中国知识分子关于中国传
统文化的固有观念……

　　所有这一切，都决定了胡适"国学"观念的改变。在章
太炎那里，"国学"还主要是研究中国古代正统高雅文化的学
术活动，它有时还与"国粹"这个非学术的概念混淆在一起。
（"国粹"这个概念本身就已经包含着固定的性质判断和价值
评价，无法成为研究的对象。研究的对象必须是那些还包含着
不知或不确切知道的因素的事物。）而在胡适这里，"国学"
实际上已经成了研究全部中国古代文化的学术活动。他的
"国学"，实际上就是"国故学"。"'国故学'的性质不外乎
要懂得国故，这是人类求知的天性所要求的。"①"'国学'在
我们的心眼里，只是'国故学'的缩写。中国的一切过去的
文化的历史，都是我们的'国故'；研究这一切过去的历史文
化的学问，就是'国故学'，省称为'国学'。'国故'这个
名词，最为妥当：因为它是一个中立的名词，不含褒贬的意
义。'国故'包含'国粹'；但它又包含'国渣'。我们若不
了解'国渣'，如何懂得'国粹'？所以我们现在要扩充国学
的领域，包括上下三四千年的过去文化，打破一切的门户成

---

　　① 胡适：《论国故学——答毛子水》，载《胡适文集》第2卷，北京：北京
大学出版社1998年版，第327页。

见，拿历史的眼光来整统一切，认清了'国故学'的使命是整理中国一切文化历史，便可以把一切狭陋的门户之见都扫空了。"① 他还提出了国学研究的三个方向："第一，用历史的眼光来扩大国学研究的范围。第二，用系统的整理来部勒国学研究的资料。第三，用比较的研究来帮助国学的材料的整理与解释。"②

假若说章太炎的"国学"观念还常常同国粹派的"国学"观念混杂在一起的话，胡适的"国学"观念则与之划清了界限，使之与"中国学术"有了更加接近的意义。但是，他的"国学"观念与章太炎仍然有着大致相同的内涵，即它们都是以整理与研究中国古代文化典籍为基本对象的，只不过章太炎更是以自己的方式和方法整理与研究中国古代的文化典籍，而胡适则更重视用西方的、"现代的"方式和方法整理和研究中国古代的文化典籍。不难看到，正是因为如此，在那时形成的"国学"的观念，主要是一种广义的中国古代文化史的观念。

十四

在我们通常的理解中，五四白话文革新的成功就意味着中国古代文言文的灭亡，五四新文化运动的胜利就意味着中国古代文化的灭亡。实际上，这种理论上的判断是违背最起码的文化常识的。人类历史上的任何变革都不是从根本上消灭此前的

---

① 胡适：《〈国学季刊〉发刊宣言》，载《胡适文集》第 3 卷，北京：北京大学出版社 1998 年版，第 10 页。
② 胡适：《〈国学季刊〉发刊宣言》，载《胡适文集》第 3 卷，北京：北京大学出版社 1998 年版，第 17 页。

历史，而是赋予此前的历史以一个相对完整的形态和一个相对
确定的意义。1911 年的辛亥革命推翻了清王朝，但却没有消
灭清王朝的历史。清王朝的历史是在辛亥革命之后才有了一个
相对完整的形态和相对完整的意义的。它将永远留存在我们的
记忆中，并对我们未来的发展产生各种不同形式的影响。文化
就更是这样。我们如何描述五四新文化运动以及五四新文化运
动之后的中国文化，至今仍然是一个有争议的问题。我认为，
我们这样表述五四新文化运动所引起的中国文化的变动似乎更
能贴近历史的事实：五四新文化运动的发生标志着"新文化"
的产生，但却并不意味着"旧文化"的灭亡。实际上，整个
中国现当代文化都是由所谓的"旧文化"与"新文化"在交
叉、交织、纠缠、相互转化、相互过渡而又对峙、对立、对抗
中构成的一个充满张力关系的文化格局。只有"旧文化"固
然不会有我们的现当代文化；只有"新文化"，也不会有我们
的现当代文化。中国现当代文化是较之中国古代文化更加丰富
和复杂的文化，它不但包括像鲁迅、胡适这样一些现代中国人
所创造的"新文化"成果，同时也包括像孔子、老子这样一
些古代人创造的"旧文化"成果。所有这一切，都在我们现
当代的社会上存在着，流行着。现当代的中国人是在感受、理
解、接受所有这些文化成果的过程中形成自己的文化心理和知
识结构，并在这样一个文化心理和知识结构的基础上进行着自
己的文化创造的。之所以需要对它们进行新的阐释、研究甚至
批判、否定，不是因为它们已经不能发挥自己的作用，而是它
们对于我们有各种不同的影响作用，需要重新思考和确立它们
参与我们文化心理建构的方式和方法。驾驭自己的文化，驾驭
自己，在自己无法完全左右的现实文化环境中获得自己尽量大

的自由发展空间，是每个时代的每一个人都始终向往着的——虽然我们很难完全做到这一点。

我认为，只有认识到这一点，我们才会认识到现代新儒家学派在中国现当代文化史上始终存在并得到持续发展的原因和意义。

中国现代"新"儒家学派是在新文化运动之后"新"起来的，是作为中国现当代文化的一个独立的学派而发挥着自己独立的作用和意义的。

任何文化，都有其现实性和超越性的两个层面。没有现实性，一种文化就不可能被现实社会的人所理解、接受、运用，人们是通过它在现实社会所可能发生的积极作用而感受它、了解它、接受并实际运用它的。但是，文化还必须有其超越性的一面，没有超越性，很快便会完全转变为现实，而完全转变为现实的文化就不再具有文化的意义，正像一张飞机票帮我们完成了一段航程之后就不再具有飞机票的价值和意义一样。儒家文化有其"现实"的意义，那就是帮助当时的统治者实现有效的政治统治，维护现实社会的稳定与统一，实现人与人关系的秩序化。但是，创建儒家文化的不是当时的帝王本人，而是不具有政治统治权力、更没有最高政治统治权力的一个知识分子——孔子。他之所以建立了自己独立的文化学说，不是为了维护自己的政治统治，也不是为了具体维护哪一个最高政治统治者的权力地位，而是出于对人类社会的普遍关心。正是由于这种关心，使他的学说建立在一个更高的思想原则"仁"（"仁者爱人"）的基础之上。孔子的思想学说所有具有现实规定性的内容——礼教制度、家族制度、教育制度、伦理道德等等，都必须建立在他的仁爱原则之上，离开了这样一个基本原则，无法真正体现儒家文化的本质。在春秋战国时期，儒家文化始终只是当时儒家知识分子的一种思想学说，是儒家知识分子用以影响现实政治统治，衡量、评价乃至批判现实政治统治方式的一整套社会价值体系。这套社会价值体系之向现实性的转化是在汉代政治统治者意识到儒家文化对于巩固自己政治统治地位的作用和意义之后，但在这时，儒家文化学说也在无形中发生了一种内质的变化，即它体现的已经不是知识分子对人类社会的关切以及在此基础上建立起的社会理想，而是政治统治者维护自己政治统治地位的私利要求。假若说在孟子那里儒家文化主要矫正和批评的还是政治统治者的统治观念和统治方式，而这时，儒家文化则成了政治统治者稳定政治统治秩序、要求臣民服从自己的政治统治的方式。儒家在野知识分子仁先礼后的思想结构一旦被政治统治者所利用，不论对这种学说作出怎样的阐释，实际上都不能不转化成礼先仁后的结构形式，因为只有"礼"才具有直接的实践性，"仁"则是一种内在的精神素质，是只有通过自我的内省工夫才能够清晰地意识到的。直到孟子，儒家知识分子还是把"仁政"作为自己思想的核心的。也就是说，它是通过限制最高政治统治者的权力欲望和权力范围而实现社会统治秩序的完善化的。但到了董仲舒，将儒家文化提高到现实政治统治纲领的地位上来，"忠"、"孝"、"节"、"义"这些对被统治者的要求就从君臣、父子、夫妇的相互关系中单方面地被强调出来，使儒家文化主要成了束缚被统治者的思想枷锁。政治统治者为了维护一家一姓的私利统治而实行的任何残酷的镇压手段，都被掩盖在儒家伦理道德的帷幕之下。在中国历史上，儒家文化在现实关系中的这种倾斜性一直没有得到有效修正，事实上，只要它还是一种国家政治的意识形态，从根本上改变这种倾斜性就是不可能的。

但是，近代的政治革命发生了，它是在中国知识分子具有了初步西方文化知识的条件下发生的。作为国家意识形态的儒家思想文化学说直接操纵在清王朝以及维护清王朝政治统治的保皇派知识分子的手里。像历代政治统治者一样，他们对革命派的残酷镇压是在维护儒家伦理道德的旗帜下进行的，这就使孙中山领导的政治革命不再可能以传统儒家思想学说作为自己号召革命的思想旗帜，而必须以自己在西方政治制度和政治思想影响下形成的、体现当时革命知识分子新的政治理想和国家观念的三民主义思想学说为革命的旗帜。这个革命的胜利也就使儒家文化丧失了作为国家意识形态而直接受到政治权力保护的优越地位。三民主义作为一种现代中国的国家学说替代了儒家的思想学说而成了中华民国的国家意识形态。康有为以及在他影响下的孔教会曾企图将儒家思想学说确立为国教而写入中华民国的宪法，这不能不受到当时革命知识分子的极力反对，并直接导致了五四新文化运动对孔子思想学说的批判。但我认为，正是在这种现代思潮的猛烈冲击下，中国传统的儒家文化才获得了重新生长的契机。它经过了两千余年的庙堂生涯，重新回到了自己思想的故乡，再一次成了中国知识分子阶层内部的一个思想派别。但这一次的回归，所面对的最有力的竞争者已经不是墨家文化、法家文化、道家文化、佛家文化，而是由近现代留学生从西方带进的外来文化。

在五四新文化运动过程中，公开站出来维护儒家伦理道德学说的是林纾。我认为，从林纾的身上，我们可以看到，由于长期受到政治权力的保护，当传统儒家知识分子重新面临着其他思想学说的平等竞争时，变得何等的荏弱无力。他的失败不在于他企图维护的是中国固有的文化传统，而是他仍然把维护本民族文化传统的希望寄托在政治统治的权力上，而没有以儒家文化学说的思想征服力与五四新文化运动的倡导者展开严肃认真的思想或学术的论争。这是儒家思想学说的悲剧，也是中国儒家知识分子的悲剧。在现代中国，重新给传统儒家文化注入了新的生命活力的是梁漱溟和梁启超。对于梁漱溟《东西文化及其哲学》的一些具体观点我们可以有各种不同的看法，但至少有一点值得大力肯定，那就是它是以平等的态度参与现代社会的思想论争的。这使它对传统儒家的思想学说有了与此前根本不同的阐释和理解。假若让我用一句话概括这本书对儒家文化的新的阐释和理解，那就是它不是把儒家文化作为唯一完美的思想学说加以解读和分析，而是作为一种有价值的思想学说而看待其社会的与历史的价值的。在梁漱溟的观念里，传统儒家文化已经不是一些固定不变的道德信条和思想信条，而成了一个具有普遍意义的伦理道德学说。也就是说，在他的笔下，儒家思想学说重新回归到具有超越性的伦理道德学说的层面上，成了一个可以重新生成的思想体系。至于那些在传统中国具有现实规定性的忠孝节义等具体的道德标准，已经不是儒家思想学说中最有价值、不可舍弃的东西。在这个意义上，我认为，梁漱溟的思想已经是中国现代知识分子的一种思想，具有了我们现在所说的"现代性"。但它绝不是中国现代唯一正确的思想，更不是中国现代唯一具有"现代性"的思想。因为任何一个时代都不可能只有一种思想，也不可能只有一种思想是绝对正确的。

梁启超是在晚清思想解放中起到关键作用的人物，但他的思想始终没有完全超越传统儒家思想的樊篱，始终怀抱着

"致君尧舜上，再使风俗淳"的理想。辛亥革命的成功同样把他抛入到像胡适这样的现代知识分子的阶层中，成了一个现代学院派的专家、学者、教授。虽然他的基本思想倾向没有发生根本的变化，但他的文体却从号召性、鼓动性、宣传性的"新文体"转变成了陈述的、论证的、带有某种系统性的学术文体。在这时，他与五四新文化的对立再也不是国家意识形态与国家意识形态的反叛者的矛盾和对立，而具有了中国知识分子不同思想观念的矛盾和对立的性质。他的《欧游心影录》不是以排斥、拒绝西方文化的影响为旗帜的，而是与胡适等西化派知识分子一样，是以西方某个派别的思想主张为依据的。柏格森等西方现代主义哲学家对西方现代社会的批判在形成他的西方文化观念的过程中起到了关键的作用。这让我们看到，同样是接受西方文化的影响，同样是以西方文化为立论的根据，其思想路向仍然可以是极为不同的，因为西方文化也不是只有一种思想，一种哲学，中国知识分子，对于西方文化的接受不是只有一种方式、一种角度。

梁漱溟、梁启超等人的出现在中国新文化的论坛上酿成了继"问题与主义"学术大论战之后的第二场学术大论战——"科学与玄学"学术大论战。假若说"问题与主义"学术大论战标志着中国现代革命文化与学术文化的分裂，那么"科学与玄学"学术大论战则标志着中国传统儒家思想学说重新成为在野知识分子的一种独立的人生观念和思想观念之后在学院派知识分子之间发生的学术分化。它们都是以否定西方马克思主义学说以及在此影响下发生的工人运动、社会革命为前提的，因而也不属于中国现代的革命文化。但新儒家学派在反对科学万能的旗帜下重新提出了现代精神文化建设的问题，并把传统儒家文化学说作为重建现代精神文化的主要文化资源。而以胡适为代表的西化派知识分子则始终坚持西方的科学传统，并认为科学传统就是现代人类文化的主要标志。假若仅仅从理论的意义上看待这次论战，实际是在学院文化内部围绕物质与精神、理智与情感、逻辑思维与直观直觉等关系问题进行的思想论争。这样一个论争而采取着"中国文化—西方文化"的学术框架，是在中国现代文化发展的特定境遇中发生的，也影响着彼此理论上的深化和相互理解的加强。

十五

美国华裔学者林毓生提出的"中国传统的创造性转化"的理论在当前中国学术界有着广泛的影响。他说："自由、理性、法治与民主不能经由打倒传统而获得，只能在传统经由创造的转化而逐渐建立起一个新的、有生机的传统的时候才能逐渐获得。"① 原则上，我是同意这个命题的，但在这里有一个具体的问题，即中国传统在什么条件下、由谁、为什么以及怎样才能实现创造性的转化？实际上，任何一种传统，假若没有人对它感到失望，没有人在这种失望情绪下反对这种传统，这种传统自身是不可能发生创造性的转化的。对于长期处于国家意识形态的崇高地位、作为封建专制思想工具的儒家思想学说就更是如此。在这里，还有一个创造性地转化什么样的传统的问题。章太炎重视对佛学传统的创造性转化，胡适、鲁迅重视

---

① 林毓生：《中国传统的创造性转化》，北京：生活·读书·新知三联书店1988年版，第5页。

对墨家文化传统的创造性转化，新儒家学派重视对儒家文化的创造性转化。中国传统的创造性转化是在所有这些知识分子的不同追求中共同实现的，并且这是一个没有终点的过程，不是通过一个或几个中国知识分子的一次性努力便可一蹴而就的。

假若我们从整体上看待五四新文化运动之后形成的中国现代学院文化，我们就会看到，西化派和新儒家学派实际是构成中国学院文化的两个主要派别。这两个派别的具体学术成果现在都被涵盖在"国学"这个统一的学术概念之中，但在具体学术倾向上却处在对立的两极：西化派是以西方文化的现代发展为基础的，是以进化论为其立论根据的，对中国传统文化、特别是对儒家文化持的基本是批判、否定的态度，而新儒家学派的思想学说则是以中国固有文化传统为基础的，是以文化民族主义为其立论根据的，对中国传统文化、特别是对儒家文化持的基本是肯定的态度。中国传统文化在现代学院内部的创造性转化，基本是通过这两个学派的互动关系而逐渐实现的。

这种互动关系是怎样构成的呢？

首先，西方文化是在中国人特别是中国知识分子的现实感受中受到重视的。假若中国人没有对中国固有文化传统的不满感，就不会产生对西方文化的需求感乃至崇拜感，所以，西化派对中国文化传统的任何批判，归根到底都只是一种现实的批判，是中国传统文化中那些已经固化为现实而在现实的社会生活中构成了对现代中国人的束缚和禁锢的因素，现实感才是西化派知识分子文化力量的源泉。但是，如上所说，任何一个思想学说，都具有现实性和超越性两个层面，即使已经固化在现实生活中的那些因素，也并不只有一个层面，而是具有或隐或显的无数层面。西化派对中国传统文化的批判，是以这些现实层面的表现为依据的，在中国现代文化发展中的作用是现实层面的革新作用。但这样的革新只能导致中国社会一些零碎的进步和局部的革新，永远不可能是整体的、系统的，不可能改变中国社会和中国社会思想的整体基础。要将自己的革新转化为更具有整体感的革新，就必须与国家的政治权力结合在一起，实际上，连五四白话文革新也是通过国家教育部的行政命令才迅速推广到全国的。从现代国家的角度，要求的现实的发展也必须依靠西化派知识分子的知识和技能。所以，辛亥革命之后的现代社会，在国家各项事业中发挥着更重要作用的实际是西化派知识分子，而西化派知识分子也只有借助国家的力量才能发挥自己更大的作用。这样，西化派知识分子就与中国现实政治体制结合起来，具有了我们上面所说的国家主义性质，学院教授、学者实际也是这种结合的略为松散的一种形式。但是，西化派的文化价值标准到底是在西方文化中接受过来的，而不是从中国文化内部自然产生出来的，一旦它和国家政权的力量结合起来，具有了整体改革的规模，就对中国社会，其中也包括国家政治产生巨大的压力，并且会侵犯很多社会成员的实际利益或精神自由，而在这时，中国固有文化就具有了反对西方文化霸权的职能。

当中国传统文化取得了反对西方文化霸权的职能的时候，一定是西化派知识分子在西方文化的旗帜下对中国固有文化传统的现实表现进行了某些批判和否定的时候。在这时，新儒家学派对西方文化霸权的反抗已经不可能在已经发生了某些改变的现实层面上，而是返回到中国传统文化的更具有超越性的层面上。这实际是受到西化派知识分子反传统力量的推动后中国固有传统发生的某些形式的变化。不难看到，西化派对中国传统文化的批判在其总体上是现实的，而新儒家学派对西方文化霸权的反抗则更倚重中华民族的文化意识和文化人格，这也就使新儒家学派对中国传统文化的阐释更是精神性的，更趋向人的内在心灵素质的培养和知识分子文化人格的锻炼。不难看出，在现代新儒家的思想学说里，中国古代以礼教制度为重心的儒家文化传统，开始转化为以仁学、理学、心学为主体的精神学说，并与传统佛家文化、道家文化实现了更紧密的结合。宋明理学在现代中国受到的重视甚至超过孔子和孟子受到的重视，就是因为，宋明理学家通过援佛入儒，在理学与心学的形式下，对儒家文化中具有超越性的那些概念做了更详尽、更多样化的阐释和发挥，虽然宋明理学也是政治统治的工具，但这些具有超越性的概念却给现代新儒家学派的哲学家以更宽广的阐释空间。（在这里，我们又可以看到，如果说章太炎、胡适的学术仍然主要继承着清代学术传统的话，那么，现代新儒家的学术则主要继承着宋明理学的传统。）

中国传统儒家文化到底是在中国古代具有霸权性质的文化，中国古代的政治统治是依靠它的思想统治的力量才得以有效地维持自己的政权。进入现代社会时，国家政权虽然有了自己独立的意识形态体系——三民主义，但这个体系又可以被西化派知识分子所利用，成为消解现实政治统治权力的思想武器。所以，现实的政治统治一旦感到现实统治秩序的紊乱，就会重新举起传统伦理道德的旗帜，而在这时，新儒家学派的知识分子就很容易产生借助政权的力量将儒家文化重新上升到国家意识形态的幻想，儒家文化也就对更多的中国现代知识分子的自由性和独立性构成了威胁，从而也会重新激起西化派知识分子对儒家文化的批判热情。但这种批判仍然不能不是现实性的批判，是以中国社会发展的现实需要所进行的批判。假如从二元对立的思想模式看待这种思想分化，这似乎是中国现代文化分崩离析的过程；但从其现实文化状况来看，西化派对社会现实的批判性加强了，新儒家学派对中华民族固有的文化精神和中国古代知识分子的文化人格的重视和阐释力度也进一步加强了。在整体上，中国现代学术不是更加衰退了，而是更加繁荣了。

在过去，我们把王新命等十教授于 1935 年 1 月 10 日在《文化建设》上发表的《中国本位的文化建设宣言》（"一十宣言"）仅仅作为一个反面材料来看待，但我认为，它所表达的实际是直至现在仍然存在于中国知识分子之中的一种带有普遍性的、其本质仍是新儒家学派的文化倾向。现在有"全球化"的口号，随之而来的就必然有"民族性"的要求。这是一个民族文化永远也不可分离的两种发展趋向，而不可能只有其中的一种趋向。

中国在文化的领域中是消失了：中国政治的形态，社会的组织，和思想的内容和形式，已经失去它的特征。由这没有特征的政治、社会，和思想所化育的人民，也渐渐的不能算得中国人。所以我们可以肯定的说：从文化的领域去展望，现代世界里面固然已经没有了中国，中国的领土里面也几乎已经没有了中国人。

要使中国能在文化的领域中抬头，要使中国的政治、社会和思想都具有中国的特征，必须从事于中国本位的文化建设。①

---

① 王新命等：《中国本位的文化建设宣言》，见蔡尚思主编：《中国现代思想史资料简编》第 3 卷，杭州：浙江人民出版社 1983 年版，第 763 页。

他们提出要"用批评的态度，科学的方法，检阅过去的中国，把握现在的中国，建设将来的中国"①。

假若说中国本位的文化建设实际是中国现代新儒家学派的一个思想纲领，那么"全盘西化"则是西化派的一个思想纲领。这两个纲领的极端性质使两个派别的多数学者都不能够承认它们。但只要从文化倾向上考虑问题，就不能不承认，这两个纲领实际就是这两种文化的最终归宿。西化，不能是一点、两点，必须成一独立的系统，并且这个系统是西方的，而不是中国固有的。也就是说，中国文化要大换血，把中国固有的文化通过新陈代谢统统排泄出去，把西方文化全盘地接受过来。胡适在1929年的一篇文章中，指出中国文化与西方文化的冲突有三种解决办法：其一是抗拒，其二是全盘接受，其三是有选择地采纳。他所主张的是全盘接受的态度。②（后来，胡适又用"充分世界化"代替了"全盘西化"的提法，但他既然是在与抗拒、选择两种办法相区别的意义上使用"充分世界化"这个概念的，也就与"全盘西化"没有了本质的区别。③）将全盘西化论提高到一个完整的理论体系的是陈序经。他曾先后出版过《中国文化的出路》、《东西文化观》、《全盘西化言论集》、《全盘西化言论续集》、《全盘西化言论三集》等多部著作，系统阐释了"全盘西化"的理论主张。实际上，

---

① 王新命等：《中国本位的文化建设宣言》，参见蔡尚思主编：《中国现代思想史资料简编》第3卷，杭州：浙江人民出版社1983年版，第764页。

② 参见胡适：《文化的冲突》，载《胡适文集》第11卷，北京：北京大学出版社1998年版，第167页。

③ 参见胡适：《充分世界化与全盘西化》，载《胡适文集》第5卷，北京：北京大学出版社1998年版，第453—455页。

中国本位文化建设的主张与全盘西化论的主张是在对立中显示其各自的价值和意义的：正是因为有了全盘西化的主张，我们才感到坚持中国文化的独立性、民族性的必要，才感到中国本位文化论的价值和意义。与此同时，也正是因为有了中国本位文化的主张，我们才感到中国文化现代化的艰难，才感到"全盘西化"论的价值和意义。传统派被西化派逼到了"唯传统主义"的一极，西化派也被传统派逼到了"唯西化主义"的一极。在"传统"、"西化"这样一个二元对立的框架内，事情只能是这样的。

在理论上，西化派和新儒家学派是对立的，但作为文化，它们又是统一的。这种统一分明是由于以下几个方面所决定的：（1）他们都不属于中国现代革命文化的范畴，同时也不属于国家意识形态的范畴。就其实际身份，他们都是学院派知识分子。不论他们的文化观念和学术观念在当时的社会上与国家意识形态与现代革命文化有着什么样的具体关系，但他们学术活动和学术思想的本身，都不具有直接政治实践的意义。（2）不论他们的文化立场是立于西方还是立于传统，他们的思想立场都是立于现代中国文化的存在与发展的，都是不满于中国社会和文化的现实状况的。西化派的学术不属于西方文化，传统派的学术也不属于中国古代文化，他们都是中国现代学术的构成成分。（3）他们的文化资源都不再是完全单纯的，西化派同样具有中国古代的文化知识，新儒家学派同样具有西方文化知识。他们已经是在文化开放的语境中成长起来的一代知识分子，他们的不同只是介入现代学术的角度和途径的不同。（4）就其当时的学术贡献，这两派知识分子都集中在中国古代文化的研究上。西化派更重视中国古代文化史料的挖掘和整理，新儒家学派更重视中国古代哲学思想的重新阐释和系统化。二者这种分别又不是绝对的，他们都有向自己的对立面过渡的趋势：重史料的渐渐从史料中产生出自己的观念来，在史料的整理中寻出历史发展的脉络来；重哲学的渐渐把新的史料结合到自己的哲学思考中来，并且大量学者并没有明显的派别意识，从而使中国现代学院文化构成了一个你中有我，我中有你的学术整体，这个整体就是当时人们所说的"国学"。

十六

实际上，五四新文化运动之后，中国文化的分化绝不仅仅停留在陈独秀和李大钊所体现的中国现代革命文化、鲁迅和周作人所体现的中国现代社会文化、胡适所体现的中国现代学院文化的分化趋势中，在学院文化中，也不仅仅停留在传统派和西化派的分化趋势中，西化派和西化派、传统派和传统派也在发生着不断的分化。

假若说梁漱溟、梁启超在总体上还可以称之为传统派，他们是立于中国古代思想的根基上感受、理解和评价现代中国的社会变革和文化变革的，那么，学衡派诸学者则已经不能被认为是传统派，他们也不是立于中国古代思想的根基上感受、理解和评价现代中国的社会变革和文化变革的。这个学派的创始人大都是与胡适同时留学美国的外国留学生，是最早接受系统的西方教育的中国学者。用现在的一个时髦词语说来，他们与胡适都是"地球村"的居民。但同是"地球村"的居民，他们接受的思想影响却截然不同。胡适在美国接受的主要是杜威实用主义哲学的影响，而学衡派诸学者师从的则是白壁德的新人文主义学说。杜威的实用主义是讲进化论、讲社会进步、讲民主自由的，是重科学、重实验、重逻辑、重独立创造的，用现在的话来说，就是追求"现代性"的。而白壁德的新人文主义则不主张进化论，不着眼于社会进步，是反对科学主义的，更重视传统和传统的道德规范，重视规则和纪律，强调人的自我约束。用现在的话来说，就是"反现代性"的。实际上，直至现在，这仍是西方文化中两种根本不同的思想倾向。当他们带着这两种不同的思想倾向看待中国文化，也就有了两种不同的思想表现和学术倾向。胡适在中国成了五四新文化运动的领袖，而学衡派则成了反对五四新文化运动的桥头堡，学衡派诸学者与五四新文化运动的倡导者们之间的论战也就成了一场不可避免的论战。假若说科玄论战和胡适与梁漱溟的论战都带有浓厚的"中—西"论战的性质，这次论战则已经超越了"中—西"论战的范围，成为中国现代史上第一次真正具有现代学术意义的"现代性"与"反现代性"的论战。就五四白话文革新这个特定的历史事件，学衡派诸学者在论战中是失败者，但作为一种思想倾向和学术倾向，胡适所体现的实用主义和学衡派诸学者所体现的新人文主义却不能不都是中国现代的思想潮流和学术倾向，具有平等的思想地位和学术地位。梅光迪、胡先骕、吴宓、汤用彤、柳诒徵、太虚、陈寅恪等著名学者都是在这个学术团体中成长起来的。特别是陈寅恪，作为中国史学领域的大师级学者，至今有着广泛而深入的影响。

"抗战以前，初出茅庐的学者，常常追随三大'老板'，分别是'胡老板（胡适）'、'傅老板（傅斯年）'和'顾老板

(顾颉刚)'。"① 傅斯年和顾颉刚都是胡适的学生,傅斯年创办了历史语言研究所,在整个中央研究院的组织事务中也起了很大的作用。他亲自领导了河南安阳的殷墟考古发掘,一大批著名的历史学家、考古学家如董作宾、李济、毛子水等,都在他的领导下从事历史研究,形成了一个历史研究的队伍,对于中国现代历史研究、考古学研究都作出了自己的贡献。他的历史学观念基本上继承了胡适的重史料、重整理的观念。在为历史语言研究所写的《历史语言研究工作之旨趣》中,他提出要"上穷碧落下黄泉,动手动脚找东西"。并说:"一、把些传统的或自造的'仁义礼智'和其它主观,同历史学和语言学混在一气的人,绝对不是我们的同志! 二、要把历史学语言学建设得和生物学地质学等同样,乃是我们的同志! 三、我们要科学的东方学之正统在中国!"②

顾颉刚是古史辨派的开山祖师,20 世纪 20 年代就蜚声史坛,用当时傅斯年的话来说,就是"在史学上称王了"。1949年以前,他历任厦门大学、中山大学、燕京大学、北京大学、云南大学、齐鲁大学、中央大学、复旦大学、兰州大学、震旦大学等多所大学教授,曾创办禹贡学会,主编《禹贡》半月刊。著名的历史学家童书业、谭其骧、杨向奎都是他的学生,在中国现代学院派史学领域发挥了举足轻重的作用。他的最大的贡献是对于中国古史的研究,提出了层累地造成的古史的观点。当谈到自己的古史研究的时候,他说:"中国人向来有个

---

① 王晴佳:《〈当代中国史学〉导读》,载顾颉刚:《当代中国史学》,上海:上海古籍出版社 2002 年版,"导读"第 9 页。

② 傅斯年:《历史语言研究所工作之旨趣》,载《傅斯年全集》第 4 卷,台北:台湾联经出版事业公司 1980 年版,第 266 页。

'历史退化观'的谬见，以为愈古的时代愈好，愈到后世愈不行，这种观念根深蒂固地种在每个国人的脑海中，使大家对于当世的局面常抱悲观，而去幻想着古代的快乐。目前我国民族文化的不易进步，这也是一个大原因。海通以来，西洋的新科学和新史学输入到中国，使国人思想上受了很大的刺激，开始发现过去历史观念的错误，于是对古史传说，便渐渐开始怀疑了。"① 也就是说，进化论、西方的科学方法论是他的古史研究的思想纲领。

实际上，这个纲领并不仅仅是西方文化影响的结果。与其说是在西方学术传统的基础上建立起来的，不如说是用西方的概念表述了晚清今文学派的学术传统。

　　我当时愿意在经学上做一个古文家，只因听了太炎先生的话，以为古文家是合理的，今文家则全是一些妄人。但我改不掉的博览的习性总想寻找今文家的著述，看它如何坏法。果然，《新学伪经考》买到了。翻览一过，知道它的论辩的基础完全建立于历史的证据上，要是古文的来历确有可疑之点，那么，康长素先生把这些疑点列举出来也是应有之事。因此，使我对于今文家平心了不少。后来又从《不忍杂志》上读到《孔子改制考》，第一篇论上古事茫昧无稽，说孔子时夏、殷的文献已苦于不足，何况三皇、五帝的史事，此说即极惬心餍理。下面汇集诸子托古改制的事实，很清楚地把战国时的学风叙述出来，更是一部绝好的学术史。虽则他所说的孔子作《六经》的话，我

---

① 顾颉刚：《当代中国史学》，上海：上海古籍出版社2002年版，第122—123页。

永不能信服，但《六经》中掺杂了许多儒家的托古改制的思想是不容否认的。我对于长素先生这般的锐敏的观察力，不禁表示十分的敬意。我始知道古文家的诋毁今文家大都不过为了党见，这种事情原是经师做的而不是学者做的。我觉得我没有能力去判断他们的是非之前，最好对于任何一方面也不要帮助。于是我把今古文的问题暂时搁起了。

又过了数年，我对于太炎先生的爱敬之心更低落了。他薄致用而重求是，这个主义我始终信守，但他自己却不胜正统观念的压迫而屡屡动摇了这个基本信念。他在经学上，是一个纯粹的古文家，所以有许多在现在已经站不住的汉代古文家之说，也还要替他们弥缝。他在历史上，宁可相信《世本》的《居》篇、《作》篇，却鄙薄彝器钱物诸谱为琐屑短书；更一笔抹煞殷墟甲骨文字，说全是刘鹗假造的。他说汉、唐的衣服车驾的制度都无可考了，不知道这些东西在图画与铭器中还保存得不少。在文学上，他虽是标明"修辞立诚"，但一定要把魏、晋文作为文体的正宗。在小学上，他虽是看言语重于文字，但声音却要把《唐韵》为主。在这许多地方，都可证明他的信古之情比较求是的信念强烈得多，所以他看家派重于真理，看书本重于实物。他只是一个从经师改装的学者。①

如前所述，新儒家学派主要继承着宋明理学的学术传统，章太炎、胡适主要继承着清代学术传统，而在清代的学术传统中，章太炎主要继承着清代古文学派的学术传统，胡适一系则

---

① 顾颉刚：《古史辨自序》上册，石家庄：河北教育出版社 2000 年版，第 42—43 页。

继承着晚清以廖平、康有为为代表的今文学传统。即使在这个
派系的三个领袖人物之间，其思想倾向和学术倾向其实也是不
尽相同的。胡适是五四新文化运动的领袖，他虽然提出"整
理国故"的口号，但其目的仍在于科学方法论的提倡，有着
学术革命的性质，与他整体的社会关怀和文化关怀并不矛盾。
他热情支持了顾颉刚的历史研究，但当顾颉刚的治学道路在中
国青年学子中产生了更广泛的影响，他便发现很多青年在他
"整理国故"的口号下实际走上了"为学术而学术"的道路，
失去了对于社会改革和文化改革的热情，其研究对象也仅仅停
留在中国古书的文字记载上，于是他在强调科学方法的同时，
又进一步提出了"材料"的问题，并对顾颉刚的学术研究提
出了婉转的批评："然而从梅鷟的《古文尚书考异》到顾颉刚
的《古史辨》，从陈第的《毛诗古音考》到章炳麟的《文
始》，方法虽是科学的，材料却始终是文字的。科学的方法居
然能使故纸堆里大放光明，然而故纸的材料终究限死了科学的
方法，故这三百年的学术也只不过文字的学术，三百年的光明
也只不过故纸堆的火焰而已！"① 假若我们不把胡适的批评视
为对顾颉刚学术思想的简单否定，而视为两个学者学术思想的
差异和矛盾，我们就很容易发现，胡适虽然也提倡怀疑精神，
从总体上却与钱玄同、顾颉刚的疑古传统有所不同，他也不属
于顾颉刚的《古史辨》派，对于顾颉刚的"层累地造成的古
史"的观点也有不同的见解。但从顾颉刚一方面来说，他在
历史研究和民俗学研究中的贡献，又是胡适所无法代替的。他

---

① 胡适：《治学的方法与材料》，载《胡适文集》第 4 卷，北京：北京大学
出版社 1998 年版，第 107 页。

在这两个方面的影响，都直接 1949 年之后的内地学术界。在内地的历史学界，他是一个历史学派的代表人物；在内地的民俗学界，他的学生钟敬文继续着他的事业，并建立起了一支雄厚的民俗学研究队伍。

较之顾颉刚，傅斯年更是一个胡适的忠实门生。但在具体的治学道路上，傅斯年与其说继承了胡适的传统，不如说更是罗振玉、王国维学术传统的后继者，并把这一传统国家化、制度化了。较之顾颉刚和胡适，傅斯年更具有组织才能和领导才能，入世更深，在胡适一系的学者中间，与顾颉刚的"为学术而学术"的倾向恰成鲜明的对照。他与顾颉刚的交谊最早，但分手也最早。1949 年之后，胡适去了美国，顾颉刚留在了内地，傅斯年则去了台湾。三驾马车各奔东西。但只要我们着眼的不是人事关系而是中国学术事业的发展，就会感到，他们仍然是"同志"，而不是"敌人"。

十七

顾颉刚是胡适的弟子，是沿着胡适"整理国故"的思路发展起来的，但胡适最终又表示了对顾颉刚的不满，在当时有些学者看来，这是因为胡适发生了变化。实际上，胡适没有变，顾颉刚也没有变，只是二人的学术思想在开始时就有根本差异。胡适是一个学问家，但也是一个哲学家，他之提倡"整理国故"是有其哲学基础的，那就是他的实用主义哲学观。他的"大胆假设、小心求证"的科学方法只不过是他的哲学思想在中国文化研究中的具体运用罢了。而在顾颉刚这里，胡适的科学方法充其量仍然等同于清季乾嘉学派的考证方法，更像是做学问的一种技术要求，并不具有世界观和人生观方面的价值和意义。顾颉刚的历史观实际是建立在真实的历史与书写的历史的差异意识之上的。他认为在书写的历史之外还存在着一个真实的历史，而书写的历史则因为书写者的各种思想的或实利的需要会歪曲真实的历史，而他所做的工作就是证伪的工作，是首先把伪造的书籍与伪造的记载清除出去，从而在剩下的真实的记载中重构中国古代真实的历史。顾颉刚的历史研究不是没有价值的，但其价值是对古代史料的重新鉴定和识别，而不具有重新感受、理解和思考中国古代历史本身的价值和意义。胡适的历史研究具有沟通古今的作用，顾颉刚的历史研究在其总体上只能说明历史。他无法在古与今中建立起有机的联系，但又感到这个工作是有意义、有价值的，"为学术而学术"也就顺理成章地成了他学术思想的基础。

但是，五四之后，中国现代哲学也同其他各种思想一样，发生着向外转和向内转的两种倾向。所谓向外转，就是哲学被各种不同领域的知识分子所接受，并在不同领域发展起不同的哲学思想或哲学思想倾向。在当时的国家意识形态范围内，孙中山的"知难行易说"是作为一种哲学思想被接受和被阐释的，戴季陶的国家主义实际也是国家意识形态的一种表现形式；在中国共产党领导的革命队伍中，马克思主义哲学得到了大力的提倡和广泛的传播，这孕育了毛泽东哲学思想的诞生；在新文学作家中，尼采的超人学说、柏格森的生命哲学、叔本华的悲观主义哲学、弗洛伊德的精神分析学说、克罗齐等人的美学学说等等，得到了广泛的传播，并通过文学艺术的创作和美学思想的建构具体表现出来，构成了鲁迅、周作人、朱光潜、宗白华等人的美学思想。所有这些思想，严格说来，都还不是哲学家的哲学，而是各种不同文化领域的哲学思想。在现代中国，属于哲学家的哲学是学院教授和学者的哲学。胡适的哲学和新文化运动初期梁漱溟等新儒家学派的哲学、张东荪的新康德主义哲学、张君劢的自由意志论、丁文江的感觉复合论等等，既属于学院教授和学者的哲学，同时也被广泛运用于中国文化运动，具有更广泛的社会性质。真正属于学院教授和学者的哲学的，当以冯友兰、金岳霖、熊十力为代表。

在现代中国，哲学家的哲学有一个特点，即他们是把哲学作为一门学问、一门知识来研究，来思考的。在他们面前，有两个主要的哲学知识体系：其一是西方哲学的知识体系，其二是中国古代的哲学知识体系。作为一个学院教授和学者，对这两个不同的哲学知识体系都要掌握和了解，这就产生了他们的哲学的第二个特点：努力以自己的方式沟通东西方哲学，并且主要是用西方哲学的概念来重新阐释和解读中国古代的哲学概念的。冯友兰、金岳霖都是美国哥伦比亚大学的哲学博士，熊十力虽然不是"海归派"，但早年也曾致力于反清革命，不是我们通常意义上说的"复古主义者"。冯友兰在谈到他的哲学思想时说，他对中国古代哲学是"接着讲"，而不是"照着讲"："中国需要现代化，哲学也需要现代化。现代化的中国哲学，并不是凭空创造一个新的中国哲学，那是不可能的。新的现代化的中国哲学，只能是用近代逻辑学的成就，分析中国传统哲学中的概念，使那些似乎是含混不清的概念明确起来，这就是'接着讲'与'照着讲'的区别。"① 冯友兰的"新理

---

① 冯友兰：《中国现代哲学史》，广州：广东人民出版社1999年版，第200页。

学"是用西方的逻辑学阐释中国古代的理学，金岳霖的《论道》是用西方的逻辑学阐释中国古代的道学，熊十力则用佛学的观念说明中国古代的心学。他们所做的都是"会通"的工作。这在东西方哲学或中国古代不同哲学思想之间架起了相互沟通的桥梁。

实际上，这种通过"释古"而进行的东西方学术的会通性研究，并不仅仅局限在学院教授和学者的哲学研究领域，而是形成了整个清华学派的主要学术传统。五四新文化运动发生在北京大学，那时提倡新文化的中国知识分子面对的是反对文化革新的信古派或复古派知识分子，不论他们对中国古代文化具有怎样的实际感受和理解，输入西方文化、打破中国固有文化传统的封闭性，都是他们不得不采取的主要文化战略。这在更新一代的青年学者中形成了以疑古为主要特征的《古史辨》派。清华学派是在五四新文化运动取得形式上的胜利之后形成的，这时的中国文化已经不是一个绝对封闭的文化，中国固有的文化传统同不断输入的西方文化知识构成了中国现代文化中两个不同的知识体系，这也成了新一代中国知识分子的知识结构形式，将二者会通整理以实现其统一性就成了这个新的学派的主要学术传统。徐葆耕认为清华学派的学术传统有以下四个方面的特征："第一，对传统文化与外来文化，不取'两极'对抗的思维模式，而取'综合'模式，即通过解释学的方法援'外'入'中'，以实现传统的创造性转化；第二，对历史与现实，既强调准确把握历史本质，又要具有鲜明的时代色彩；第三，微观与宏观，既强调微观的谨严，又重视宏观的开阔，'兼取京派海派之长'；第四，在操作方法上重视西方的理性精神和逻辑方法，同时吸取传统训诂学之长，使论文具有克里斯玛式的权威气质。"① 冯友兰、金岳霖、贺麟、张申府、张岱年、闻一多、朱自清、杨树达、王力、陈寅恪、蒋廷黻、钱稻孙、雷海宗、陈达、吴景超、潘光旦、李景汉、王文显、陈福田、吴宓、叶公超、钱锺书、俞平伯、林庚、季羡林、余冠英、王瑶、董同和、许世瑛等等，这一大批学者都曾在清华任教。正如徐葆耕所说，这个学派的特点，"并非清华学派所独有，而只是在清华具有相对的'集团性优势'"②。在我看来，它实际是五四新文化运动过后中国学术发展的主潮。

但是，我认为，这种"会通"的工作也不是没有困难的。就以哲学而言，在中国古代，实际是没有"哲学"这个学术概念的，这个概念是从西方学术中输入的。将中国古代一些思想学说纳入到"哲学"这个概念中来阐释，来分析，其本身就与中国古代一些思想学说的建构方式和建构原则有了很大的不同。西方的哲学，不论是古希腊罗马的哲学，还是文艺复兴之后发展起来的近代哲学，都与自然科学和数学的研究有着密不可分的关系。特别是在中国学院哲学中影响甚大的罗素、怀特海、维特根斯坦等人的哲学，都与数理逻辑有关。凡是与自然科学和数学有关的哲学学说，其基础概念，大都是被研究者明确界定过的简单的、具体的、个别的、明了的概念，正像数学中的公理和定理，是作者与读者具有共识的概念。正是在这样一些基础的概念之上，西方哲学家才通过各种不同的逻辑关系导引出不同层面的抽象概念，同时也使这些抽象概念具有了

① 徐葆耕：《释古与清华学派》，北京：清华大学出版社 1997 年版，第 59 页。

② 徐葆耕：《释古与清华学派》，北京：清华大学出版社 1997 年版，第 59 页。

简单性、具体性、个别性和明了性。它完成的是一个理性的认识过程，是新的知识的产生过程。尽管哲学的知识永远不像自然科学知识那样具有直接的可感性和实践性，但在人的理性思维结构中，它则是十分明确和具体的。而中国古代的思想学说，大都与自然科学与数学的研究没有多大关系，不论是老子学说中的"道"，孔子学说中的"仁"，宋明理学中的"理"，还是王阳明学说中的"心"，其他如"太极"、"阴"、"阳"、"气"、"数"、"性"、"命"等等，都建立在作者自身浑融的整体感受中，只有相对的明确性，是不可能给予一个十分确定的定义的。中国古代的思想家就是通过这样一些浑融的整体概念，提出对人以及人的行为的各种具体要求的。这是与中国古代思想家各自不同的人生感受和世界感受紧密联系在一起的，只要你有着与某个思想家相同或相近的人生感受或世界感受，你就能够感到其中所有具体内容的合理性，而一旦你的人生感受或世界感受根本不同于某个思想家，他的思想学说的所有具体内容也就没有了绝对的合理性。在这两种不同的哲学概念体系之间，如何实现有效的"会通"，至少是一件相当困难的事情。更为严重的是，中国当代知识分子自身的现实感受既不等同于中国古代知识分子，也不完全等同于西方知识分子。如果仅仅在西方哲学概念和中国古代哲学概念之间达成一种会通式的理解，中国现当代知识分子的个性追求和时代特征能否真正地建立起来，也是一个值得认真考虑的问题。

但是，只要我们同时面对着东西两个不同的哲学概念体系，我们就会产生将两者相互沟通的愿望和要求。冯友兰、金岳霖等现代哲学家所致力的方向，至今仍是很多中国学者所致力的方向，大概将来仍然会有不少学者成为这样一个学术传统的继承者和发扬者。

十八

中国现代"国学"是在五四前后形成自己的传统及其基本观念的，但与它同时发展起来的还有中国现代革命文化和中国现代社会文化。

中国现代革命文化是直接继承着孙中山的三民主义文化传统建立和发展起来的。中华民国成立之后，中国社会的内部矛盾并没有平息下来，中国社会的积弱状态并没有改变，反而导致了连年的军阀混战，那些在辛亥革命期间参加过革命活动或接受了革命影响的知识分子仍然充满着对政治革命的热情和期待。苏联十月革命的胜利重新唤起了他们的革命愿望，马克思主义也顺理成章地成了他们发动新的革命的思想旗帜，从而继三民主义之后成为中国现代革命文化的主体。

马克思主义在五四新文化运动之前就已经被介绍到中国，但在那时，它是作为一般的西方文化知识介绍到中国的，不具有革命文化的性质。五四新文化运动之后，经李大钊和陈独秀的倡导和宣传，它才与中国革命运动结合起来，成为中国现代的革命文化。

按照我的理解，马克思主义在中国现代历史上经历了以下三个不同的发展阶段：

1. 学院派马克思主义向革命实践的转化期

就其身份，李大钊、陈独秀都是学院教授，他们所接受的马克思主义是理论性的，不具有直接的革命实践的性质，但他们之接受马克思主义的思想学说，就是为了革命的实践，因而当他们接受了马克思主义的思想影响之后，就直接进入了具体的革命实践，成立了中国共产党，陈独秀还担任了中国共产党的第一任总书记。但是，陈独秀主要是一个学者，一个教授，没有从事实际革命斗争的经验，其人格也更是学者型的，而不具有革命领袖的魄力和才干。革命，需要理论，但却不能只有理论，它首先是一种夺取政权的实践活动。真正的中国现代革命文化，是在革命实践过程中产生的，是为了推翻旧政权、建立新政权，并在新政权的基础上按照自己的意志改造中国社会的文化。实践的革命有可能成功，也有可能失败，但这种文化却必须是以革命的胜利为目标的。所以，陈独秀的理论主张是有研究价值的，但却不是一种完整的革命文化。

2. 留苏派知识分子领导革命以及大量社会知识分子向革命文化的转化期

陈独秀被开除出中国共产党之后，在中国共产党内担任着领导职务的主要是留苏派知识分子。这派知识分子较之陈独秀、李大钊等早期马克思主义者具有更加系统的马克思主义理论知识，但却没有陈独秀、李大钊等那么丰厚的中国文化的修养，在中国知识分子之中甚少或根本没有自己的影响。他们是从与第三国际的直接联系中获得中国共产党的领导地位的，因而也主要以第三国际的指令领导中国革命。他们的马克思主义理论基本上与中国革命的实际进程没有有机的联系，而第三国际的国际共产主义运动的政策与策略又是主要根据苏联和欧洲的具体情况制定的。所以，留苏派马克思主义者基本没有形成仅仅属于自己的革命文化。用毛泽东的话来说，他们只是一些"教条主义者"。

然而，在这个时期，却有大量社会知识分子开始向革命文化转化。郭沫若、成仿吾、蒋光慈、冯雪峰、胡风、周扬、茅盾、李达、艾思奇、侯外庐、胡绳等人，就其本来的身份，是一些与学院教授、学者不同的社会知识分子，在这个时期纷纷向革命文化转化。这一方面造成了社会文化革命化的局面，另一方面也在中国学术文化中形成了马克思主义学派。在中国马克思主义学术文化的建立与发展中起了巨大推动作用的是郭沫若，他的《中国古代社会研究》、《奴隶制时代》、《十批判书》等著作努力用马克思主义的阶级斗争学说和经济基础决定上层建筑、生产力决定生产关系的理论阐释中国古代历史的发展，从而超越了单纯描述中国历史的外部变动而缺乏对中国历史发展内部动力研究的固有的历史研究观念，为中国历史研究开辟了一个新的空间。郭沫若在谈到他与胡适的历史研究的区别时说，胡适做的是"整理"的工作，他所要做的是对于胡适等学者整理过的一些历史过程进行重新的"批判"：

> 我们的"批判"有异于他们的"整理"。
>
> "整理"的究极目标是在"实事求是"，我们的"批判"精神是要"事实之中求其所以是"。
>
> "整理"的方法所能做到的是"知其然"，我们的"批判"精神是要"知其所以然"。
>
> "整理"自是"批判"过程所必经的一步，然而它不能成为我们所应该局限的一步。①

所以，马克思主义历史学在中国现代历史学中的真正贡献是将胡适等西化"科学"派的史料挖掘与整理同对中国历史

---

① 郭沫若：《〈中国古代社会研究〉自序》，载《郭沫若全集》第1卷（历史编），北京：人民出版社1982年版，第7页。

的理论研究结合起来，为中国的历史研究提供了一种与章太炎等国学派学者不同的另外一种历史的描述方式。假若说章太炎描述的是中国古代文化精神的起伏与变化，郭沫若描述的则是中国历史在中国古代经济基础上通过阶级斗争所发生的进步性变化。不难看到，他与胡适等西化派的历史研究仍有相同的特点：（1）运用西方的现代科学方法对中国古代历史与文化进行整理与研究；（2）其历史观都是进化论的。

由郭沫若、吕振羽、翦伯赞等人开创的中国马克思主义史学构成了中国学术文化中的马克思主义学派，但我认为，严格说来，它还不是中国现代革命文化的一个有机组成部分。在西方，马克思主义既是一个学术的理论体系，又是一种革命学说，这是由它对西方资本主义社会及其文化的批判性质所决定的。马克思主义是在启蒙运动之后形成的一种带有整体革命性的思想学说，18 世纪的启蒙思想家以"自由、平等、博爱"的原则构筑了一套与中世纪宗教神学体系迥然不同的思想体系，同时也构筑了一个与传统的封建制度根本不同的社会制度，一个"理性的王国"。在启蒙主义思想家那里，其思想的理想是与其社会的理想融为一体的。西方的资产阶级革命、特别是1789 年的法国资产阶级大革命，在启蒙主义思想家"自由、平等、博爱"的思想旗帜下建立起了现代资本主义制度。但是，这个制度并没有像启蒙主义思想家所想象得那么完美，"自由、平等、博爱"的原则仅仅在社会上层的资产阶级社会成员之间得到了制度上的保证，而更广大的社会下层成员——主要是工人阶级——并没有获得与资产阶级成员同等的社会权利。马克思、恩格斯就是在关注着当时工人阶级生存状况的基础上建构起自己的理论学说的，他们对西方资本主义社会的批判同时也伴随着对西方资本主义文化的批判。但是，中国现代知识分子的马克思主义史学是直接从西方马克思主义理论中接受过来的，并不直接产生在改善中国下层社会群众生存状况的革命性愿望里，更是一种学术研究的观念和方法。与此同时，马克思主义的历史观念以及对人类历史发展规律的认识是在对西方历史的认识和分析中产生的，中国文化与西方文化是在各自不同的条件下产生与发展起来的，从整体上是两种不同的文化体系，直接用马克思主义在对西方历史的描述和分析中得出的结论分析中国古代的历史，也会带有强制性的色彩。例如，直至现在，我们对中国古代的历史分期还没有一个十分令人信服的说法，对于中国古代奴隶制社会的认识还是模糊不清的。我认为，这都是因为我们用的是西方的概念，描述的却是中国的历史。这些概念用在西方历史上是十分清晰的，但用到中国历史上就变得混沌不清了。

艾思奇在马克思主义哲学在中国的传播上也起了重大的作用。

3. 中国现代的革命文化——毛泽东思想的形成期

我之所以把毛泽东思想作为中国现代的革命文化，不仅仅因为毛泽东领导中国共产党的革命获得了胜利，更是因为他在这个革命的过程中建立了一套独立的思想理论体系。这套理论体系不是对西方马克思主义理论的分析和阐释，也不仅仅是对中国古代某种思想学说的研究和评价，而是为了他所领导的中国革命的胜利而对中国社会、中国社会的矛盾、中国的革命战争乃至对中国文化以及其中的一些根本的哲学问题所作出的思考。没有这个革命，就没有这样的思考；有了这个革命，才有了这样的思考。所以，它从本质上就是一种革命文化，并且是

"中国的"、"现代的"、"革命的"文化。

在中国古代，有"盗亦有道"的说法，但既经判定为"盗"，其"道"也就没有了合法性和合理性。所以，中国古代没有革命的文化。太平天国的革命运动开始有了革命文化的萌芽，但它在中国知识分子阶层并没有发生有深度的影响，也不属于中国雅文化的范畴。真正意义上的革命文化自孙中山的"三民主义"始，它标志着中国知识分子已经在革命运动中居于主导的地位，并且把现代理性带入到社会革命的运动之中来。毛泽东思想则是继孙中山的"三民主义"之后的另外一种革命文化形态，并且具有了更鲜明的中国革命文化的特征。

从五四新文化运动发生之初，中国的学院文化就与中国现代的革命文化发生了分化，所以，时至今日，很多中国知识分子并不注意将它作为一种独立的文化形态来思考、来理解，而中国知识分子的很多悲剧也就在这种不是盲目崇拜就是冷然傲视的态度中产生出来。

十九

中国共产党并不是作为国民党的敌人而是作为与国民党的伙伴而出现在中国社会的。它与国民党联合进行了北伐战争，但在这个战争即将胜利的时候却被国民党宣布为非法，这就为中国共产党的革命赋予了合理性与合法性。革命之所以在现代世界上不被视为一种绝对非法的社会运动，归根到底是由于世界近现代国家观念的变化带来的。当国家不再被视为封建帝王一个人或一个家庭的私有财产的时候，当部分社会成员由于与现实的政治统治集团有着不同的政治理想而被政治统治集团剥夺了这个国家的公民理应享有的生存权利和自由权利的时候，当他们的生存权利和自由权利不再受到社会法律的保护的时候，他们也就只能用自己的力量保卫自己的生存权利和自由权利。在这时，一个国家内部就有了两个相互对立的权力集团以及这两个权力集团的斗争：一个是国家的政治统治权力集团，一个是革命的政治权力集团。这两个权力集团的斗争只要没有调解的可能就是你死我活的斗争。一方面，革命的合理性与合法性不是由国家的专制政权赋予的，而是由革命文化赋予的；另一方面，革命又为革命文化的形成与发展提供了现实的基础。革命者自然有了革命的权利，自然进入了革命的过程，他们就有权站在革命的立场上思考现实社会，思考现实的人与人的关系，思考革命战争以及革命战争的战略和战术问题，思考在革命战争过程中的政权建设和思想建设。而所有这一切，都是建立在一个现实的功利主义原则基础之上的：夺取革命的胜利。

学院文化的基础是知识，赋予知识以系统性的是逻辑，特别是形式逻辑，所以当金岳霖说哲学是概念的游戏的时候不是没有其合理性的。人在劳动中成长，也在游戏中成长，一个儿童在搭积木的游戏中也训练了他的基本的知识与技能。教育，包括高等教育，仍然具有在游戏中增长知识和技能的性质，学院派哲学不但能够、大概也必须具有这种概念游戏的性质。冯友兰说他的哲学是"接着讲"的，亦即是以传统的哲学概念为基础，生发出自己的概念来，从而赋予传统的哲学概念以现代的意义和价值。但革命，既不是一种概念的游戏，也不是从传统的文化概念中生发出来的，而是具有严格的现实性的，是一连串的现实实践活动。革命文化的特征也就是其现实性。革命文化是建立在现实革命经验之上的，同时也可以具体运用到革命实践之中去。毛泽东的《实践论》体现的就是革命哲学的这种基本特征。这个实践，不是一次性完成的，这个认识也不是一次性完成的，而是一个实践—认识—再实践—再认识的不断发展变化的过程，这就突破了学院知识分子知识论的框架，不再将任何一个独立认识过程所获得的知识视为绝对可靠的知识，从而隐含了毛泽东后来格外重视的相对真理和绝对真理的关系的问题。与此同时，革命的实践不是一般的实践，而是斗争的实践，是在国家政治军事权力与革命的政治军事权力之间的斗争。这种斗争是二元对立的，是相互排斥、相互压倒的关系。所以，革命的哲学就是斗争的哲学。毛泽东的《矛盾论》具体阐发了这种斗争的哲学。革命就是斗争，在革命中，斗争是绝对的，统一则是相对的，绝对的统一就意味着革命的终止。革命的斗争不是整体对部分的压制，而是部分对整体的反抗；革命做的不是维持固有统一整体的性质和职能的工作，而是破坏固有统一整体的性质和职能、建立新的统一整体的工作，所以毛泽东讲对立面的斗争和对立面的相互转化。毛泽东在中国历史上乃至在世界历史上创造了弱势群体战胜强势群体，弱势军队战胜强势军队，在具体的历史过程中逐步壮大自己、蚕食敌人，最后战胜强敌的伟大的政治的和军事的范例。总之，毛泽东的哲学是革命的哲学，是革命者的哲学，是在革命实践基础上才能够得到合理的阐释、理解和应用的哲学。

这并不意味着它已经同中国古代的文化传统断绝了任何的联系。假若说现代新儒家继承的主要是中国古代儒家的文化传统，特别是宋明理学的传统，毛泽东主要继承的就是中国古代法家的文化传统。儒家文化讲的是对立面的统一，法家文化讲的则是对立面的斗争；儒家文化重视的是人际关系的处理，它的伦理道德学说是为了具体处理现实的人际关系而建立起来的，法家文化重视的是政治权力之间的斗争，它的战略战术思想是为了成功地掌握并运用政治权力而建立起来的。而不论是儒家文化还是法家文化，又都是在阴阳二元对立的模式中具体建构起来的。革命，进行的是权力与权力的斗争，是在国家政治军事统治权力和革命政治军事权力的二元对立关系中进行的。毛泽东更充分地开掘了中国传统法家文化的文化资源，将传统法家"法"、"术"、"势"这些基本的文化概念通过"创造性的转化"运用于观察和分析他所领导的中国共产党的革命问题，从而建构起了他的独立的革命文化体系。不能不说，这正是他较之陈独秀、瞿秋白、李立三、王明、博古对中国现代革命和中国现代革命文化有着更杰出贡献的原因之一。

革命本身不是学术，但当中国知识分子在实际的革命过程中建立起了自己的文化并且这种文化也影响到实际的革命过程，它就具有了学术的性质。它同样是中国现代知识分子智慧和才能的结晶，同样是中国现代文化典籍的一个有机构成成分，并会影响到中国文化的未来的发展。也就是说，中国现代革命文化也需要我们的研究和思考，也应纳入到我们的"国学"研究体系之中来。

二十

严格说来，中国现代学院文化、中国现代革命文化也属于中国现代社会文化的范畴，但由于中国现代文化发展的特殊性，我们往往不把像文学艺术、报纸刊物、电影电视这样一些与现代社会有着更直接联系的文化视为一种独立的文化。

什么是独立的文化？独立的文化就是有自己严格区别于其他文化的独立的建构基础、独立的价值体系并具有自己独立的生成和发展演变轨迹的文化。

在西方，文艺复兴从根本上就是一个社会文化运动，它不发生于宫廷，也不发生于神学院，而是首先在社会文化领域发生，而后才进入了学校教育领域。近现代的学校教育逐渐代替了单纯的神学教育，引起了教育界的革命。在这样一个过程中，学院的教授、学者不但不会有意与无意地漠视像但丁、薄伽丘、佩特拉克、塞万提斯、乔叟、莎士比亚、拉伯雷、拉斐尔、米开朗基罗这样一些文学家、艺术家的独立存在价值和意义，而且他们的文化观念往往就是在这样的社会文化的基础上生成和发展起来的，康德、黑格尔、马克思都是具有高度理性思维能力的哲学家，但他们却不用自己的理性标准要求文学艺术的创作，因为他们对社会文化的独立建构基础和独立价值体系有着比较充分的理解。西方近现代的革命文化与其说是革命者的文化，不如说就是西方社会文化的一翼。法国资产阶级革命是以法国启蒙思想家的文化为自己的文化的，不是那些实际的革命者为法国启蒙思想家制定了文化的标准，而是法国启蒙思想家的思想激发了那些革命家的行动意志和革命热情，而法国的启蒙思想家同时也是那个时代最优秀的文学家和艺术家。严格说来，马克思主义在开始也是一种社会文化学说。马克思早期还曾经是一个浪漫主义诗人，他不但有着丰厚的文学艺术史的知识，而且与著名德国诗人海涅保持着终生的友谊。马克思主义的革命性同其社会性、学术性是统一在一起的。五四新文化运动不是发生于中国"社会"，而是发生在北京大学这个高等学府，发生在学院教授和学者中间。中国现代社会文化、中国现代革命文化、中国现代学院文化都在学院教授和学者中间发生，参与者都是学者和教授，但却不都是革命家和文学艺术家。这样，学院文化的标准就成了他们唯一共同的标准，以学院文化的标准阐释社会文化和革命文化就成了那时最有影响力的批评模式。第一个对中国现代文学的发展进行了史的描述的是胡适。在他六七十页的《五十年来中国之文学》中，关于鲁迅只有这样一句话："他的短篇小说，从四年前的《狂人日记》到最近的《阿Q正传》，虽然不多，差不多没有不好的。"① 显而易见，胡适仍然是把文学的历史当做学术的历史来描述的。直至20世纪60年代殷海光的《中国文化的展望》，论述的虽然是中国近现代文化的历史发展以及中国文化的发展前景，但涉及的却只是学院教授和学者的一些思想主张，不但没有充分估计到马克思主义对中国现代文化影响的合理性和深刻性，也没有充分估计到中国现代的文学艺术、报纸杂志、电影电视对中国现代文化的发展所起到的促进作用，没有谈到鲁迅。② 这就很难说是对整个中国现代文化的总结与概括，对中国文化前景的展望也不可能做到较为全面和深刻。孙中山的三民主义因辛亥革命的胜利而在现代中国具有了神圣的地位，毛泽东思想因中国共产党领导的革命的胜利而在中国内地具有了神圣的地位。革命文化的独立建构基础和独立价值体

---

① 胡适：《五十年来中国之文学》，载《胡适文集》第3卷，北京：北京大学出版社1998年版，第263页。
② 参见殷海光：《中国文化的展望》，上海：上海三联书店2002年版。

系不但受到学术规则的保护，同时也受到国家法律的保护，但中国现代社会文化的独立建构基础和独立价值体系却至今没有真正建立起来。罗素在其《西方哲学史》中将拜伦这位影响了西方社会思想发展的浪漫主义诗人的哲学观念列为专章进行叙述，而冯友兰"文化大革命"后的新著《中国现代哲学史》，将以胡适、冯友兰、金岳霖、熊十力为代表的学院哲学家的哲学包括进来，也把以陈独秀、李大钊、毛泽东为代表的革命哲学家的哲学包括进来，但却没有把以鲁迅、周作人为代表的文学家、艺术家的美学、哲学思想包括进来，而鲁迅、周作人的思想对于中国现代知识分子的思想影响分明是不亚于上述那些人的思想影响的，同时也将对中国社会知识分子发生过重大影响的叔本华、尼采、弗洛伊德、柏格森等人的哲学从与中国现代文化的关系中抹掉了。①

学院文化是在文化知识的传承过程中产生和发展的，革命文化是在革命过程中产生和发展的，这同时也是它们的建构基础，但社会文化却不是这样。社会文化是在现实社会的平等交流中产生和发展的。学院文化和革命文化都具有集体主义的性质，都不仅仅是纯粹个人的自由选择。学院文化对过往文化传统的阐释和研究是以民族或人类文化传承与发展的需要为前提的，革命文化则是为争取革命的胜利建立起来的，它们都有自己相对明确的目的性，也有自己相对确定的接受对象。它们与这些接受对象构成的是特定的权力关系，都带有"必须"接受的性质。新一代的青年学生必须接受民族和人类优秀文化传统的熏陶，必须掌握本专业的基本知识和技能，必须接受前辈

---

① 参见冯友兰:《中国现代哲学史》，广州：广东人民出版社 1999 年版。

专家和学者的指导和帮助，革命阵营内的成员也必须懂得基本的革命理论，必须能够理解并执行革命领袖根据这种理论制定的各项具体的方针和政策，提高自己革命的自觉性和主动性。在这两种文化中，虽然标准不同，但都有绝对的是和非。学院文化中的是和非是知识论意义上的，革命文化中的是和非是实践论意义上的，而社会文化的建构基础则是个人性的。当一种社会文化产品还没有通过学院文化或革命文化的特殊编码过程被纳入到学院文化或革命文化的内部、作为它们的一个有机构成成分的时候，亦即当它还主要属于社会文化范畴的时候，它是没有自己法定的接受对象的，接受者对它的接受也是个人性的，是接受者自由选择的结果，彼此之间没有不可摆脱的权力关系。鲁迅没有义务创作我们每一个人都喜欢的作品，我们也没有义务一定要阅读鲁迅的作品，更没有义务一定要认为鲁迅的作品是伟大还是不伟大。社会文化产品的生产和接受都是个人选择的结果，都是有自己的自由性的，甚至连放弃自己的自由也是自己自由选择的结果。它的建构基础不是集体性的，所以它也没有一个确定的理性标准，没有一个固定的语言模式。作者寻找的是表达自己心灵的方式，是能够引起他假想中的读者对象阅读趣味的方式，是能够加强读者对自我的了解、理解和同情的方式。读者则是以自己的方式感受作品和评价作品的，能否与一个作品发生心灵上的共鸣，不是根据任何先定的标准，而是取决于该作品与其心灵的关系。所以，社会文化归根到底是社会不同成员间实现心灵沟通的一种文化渠道。其创作和接受，都是纯粹个人性的；其文化的性质，又是社会性的。以纯粹属于个人的感受、体验、想象、认识为基础，实现社会不同成员之间的心灵沟通，构成不同社会成员之间的精神互动关系，我认为，这就是社会文化与学院文化、革命文化根本不同的建构基础。只有在这个意义上，我们才能将鲁迅等文学家、艺术家所体现的中国现代社会文化既与毛泽东等革命家所体现的中国现代革命文化、胡适等学院教授和学者所体现的中国现代学院文化严格区别开来，也不会将它们绝对对立起来。它们共同构成了中国现代文化的总体格局，其中有差异，有矛盾，有斗争，但又是构成中国现代文化整体的几个有机组成成分。

中国现代社会文化建构基础的个人性、自由性，决定了中国现代社会文化的高度分散性和起伏动荡性。五四新文化运动之后，胡适、钱玄同、刘半农等学院教授、学者很快就离开了社会批评、文化批评和文学创作的领域，亦即离开了社会文化这个阵地，而主要转向了学术研究，转向了学院文化。20 世纪 20 年代初大量青年知识分子的加入，不但发生了青年文化与五四启蒙文化的分化，同时也强化了青年知识分子内部的职业竞争以及在这种职业竞争基础上发生的文化观念的分化。在这时，社会文化内部分成了相互对立的三个派别，其一是以文学研究会为主要代表的本土派青年知识分子，其二是以创造社为代表的留日派青年知识分子，其三是以现代评论派、新月社为代表的留英、留美派青年知识分子。20 世纪 20 年代末国共两党的分裂直接导致了中国现代社会文化在政治立场上的严重分裂，在政治上倾向于中国共产党的被称为左翼知识分子，在政治上直接服务于国民党政权的被称为右翼知识分子，而在左右两翼之间又有各种不同的派别。巴金、老舍、曹禺等具有强烈批判意识的知识分子更加靠近左翼，以新月社为核心的留学英美归国的知识分子更加靠近右翼，京派知识分子对政治上的分化取着超然物外的态度，海派知识分子则与大上海的消费群体有着更紧密的联系。在左翼知识分子的内部，则因对革命与文学关系问题的不同理解而发生着新的分化。鲁迅以社会批判和文化批判的立场介入左翼无产阶级文化运动，在新的文化环境中坚持着自己一贯的独立立场，周扬则更以政治领导的身份介入左翼无产阶级文化运动，与鲁迅保持着相当明显的思想距离。胡风是在中国马克思主义文化阵营中更重视精神革命的文艺理论家，他用马克思主义理论阐释五四新文化运动的反叛精神和鲁迅改造国民性的思想，在左翼文化阵营中更亲近鲁迅而更远离周扬。创造社、太阳社等早期革命文学的提倡者则更重视政治革命对文学的要求，在左翼文化阵营中更靠近周扬而更远离鲁迅。瞿秋白、冯雪峰立于实践的革命立场而同时敬重鲁迅的思想和人格，致力于鲁迅和共产党关系的沟通。而上述所有这些差别都具体表现为个人与个人的关系，并且每个人都力图通过理论的语言说明自己，阐发自己的思想观念和思想主张，这就产生了鲁迅、周作人、郭沫若、茅盾、瞿秋白、冯雪峰、胡风、周扬、梁实秋、林语堂等各不相同的思想。这些思想，既不像胡适的"大胆假设、小心求证"的科学方法论那样，被视为每一个现代学者都必须了解并遵从的研究方法，也不像毛泽东思想一样，被视为每一个革命者都必须了解的基本革命理论。它们首先是这个人和那个人的思想，人们是通过了解、感受和认识这些纯粹属于个人的思想而增益自己对世界、对人类、对我们的民族及其文化的认识并建构仅仅属于自己的思想的。1937年之后，中国现代知识分子虽然在抗日的旗帜下实现了表面的联合，但20世纪30年代社会文化领域内的所有差异和矛盾都没有也不可能得到真正的解决，差异和矛盾被保留下来。也就是说，中国现代社会文化不但有各种不同的具体的社会文化产品，如诗歌、散文、小说、戏剧、电影、绘画、音乐、建筑、报纸、刊物、翻译作品等等，而且也在此基础上形成了各自的学术以及学术思想。作为一个学术的领域，它是在 1949 年之后进入中国内地的大学教育的。在现代史上形成的"国学"传统不包括对中国现代社会文化的研究。

二十一

1949 年之后，由于中国社会政治的变动，中国社会被切割成了三个彼此相对独立的部分：大陆、台湾和港澳。这三个不同地区的文化各有自己不同的文化结构形态。

对于港台文化和港台学术，我是没有资格进行评论的。一是有关知识的严重缺乏，二是我只能以一个大陆知识分子的视角看港台，却不可能以港台知识分子的视角看内地。但是，我们谈"国学"，又是绝对不可能无视港台文化和港台学术在这个时期的地位和作用的，所以我只好勉为其难，谈一点表面的印象，以维持本文结构上的完整。

假若我们不把陈序经的"全盘西化"和胡适的"充分世界化"视为一些毫无实际意义的空洞口号，而视为中国现代文化的一种可能性的发展形式，那么，我们就可以看到，港澳文化就是在"全盘西化"和"充分世界化"道路上走得最远的一个文化区域。但是，它也同时让我们看到，假若我们完全抛开本民族的文化传统而急于实现经济上的现代化，至少要在三个方面经受最严重的考验：（1）政治主权；（2）人的精神主体性；（3）民族语言的独立性。港澳地区在"全盘西化"

或"充分世界化"的道路上是以丧失政治主权、人的精神主体性和民族语言的独立性为前提的。这三个东西是互为因果的，但政治独立性的丧失则是其基本的前提条件。在什么情况下才有可能最大限度地按照西方文化的价值观念改造中国和中国文化？显而易见，只有西方人才有可能不受中国固有文化传统的任何影响而在最大限度上依照西方文化的价值体系实施对中国人和中国社会的改造。而在西方文化的价值体系与中国固有的文化价值体系发生直接矛盾和冲撞的时候，能够有效地保障西方文化价值体系顺利推行的则只有政治的权力和军事的权力。这样，丢失政治上的主权就成了实行"全盘西化"或"充分世界化"文化战略的前提条件。但也正是因为如此，中国人及其中国文化的价值观念也就必然失去自己的主体性地位，因为在西方的政治统治者以及西方的价值体系面前，中国人和中国文化的价值体系是没有自己的主动性的。中国人和中国文化的独立意志无法得到有效的贯彻，必须消极地顺从西方政治统治者的意志和西方文化价值体系的要求。在"全盘西化"或"充分世界化"的文化战略的实施中，新的社会变动和文化变动都不是由中国人和中国文化引起的，而是由西方人和西方文化引起的，这使得作为西方文化载体的西方语言不论在其文化的意义上还是在其实际生活的意义上都将占据着优先的地位，而主要作为中国文化载体的中华民族的语言则不再具有关键的意义。西方语言成为上层社会的高雅语言，地方语言成为下层社会群众的口头生活语言，少数知识分子的汉语写作既不属于社会上层的高雅文化，也不属于下层社会群众的口头文化，只有极其狭小的语言空间。在这样的客观环境中，一个人要获得进入社会上层的入场券，首先要掌握西方的语言而不是民族的语言。教育适应着社会的这种需要也由中语教学转变为西语教学，完成了教育的"全盘西化"或"充分世界化"。而教育的"全盘西化"或"充分世界化"又成为推进整个社会及其文化"全盘西化"或"充分世界化"的文化力量。当然，当陈序经提出"全盘西化"、胡适提出"充分世界化"的口号时并不是以此为前提的，但当他们仅仅在东西方文化二元对立的文化模式中寻求中国社会及其文化的发展道路的时候，当将"西化"就直接等同于中国社会及其文化的现代化的时候，并没有充分估计到这种文化发展道路所可能付出的巨大代价。"全盘西化"或"充分世界化"给这时期的港澳地区、特别是香港地区带来了经济上的空前繁荣，但这种繁荣又是在付出了政治和文化的巨大代价之后获得的。中华民族及其成员在这种形式的经济发展中感觉不到自己真正的主体性地位，只能在生产和消费过程中意识到自己的存在，而意识不到自我对民族、对整个社会乃至对整个人类的责任。经济活动的意义只在自我现世的物质享乐生活中被感觉出来，生产为了消费，消费为了生产，人在生产和消费的经济平面上滑行，既无法超越物质生活的层面进入深层的精神体验，也无法离开物质生活的空间进入由政治、经济、文化相互交织而构成的更复杂、更深邃也更广袤的社会生活空间，文化也成了消费品。极薄弱的社会批判意识和极显露的物质享乐欲望的结合成了这个地区的文化既区别于中国固有文化传统也区别于西方宗主国文化传统的基本特征。港澳文化几乎成了现代世界上最轻松愉快，同时也最缺乏历史感、宗教意识和悲剧意识的文化。

　　但也正是在这种"全盘西化"或"充分世界化"的文化背景上，新儒家学派的文化民族主义才更充分地表现出了它的独立的价值和意义。假若说在台湾地区和在中国大陆，"西化"往往具体表现为一种现代化的发展趋势，而在港澳地区表现为一种发展趋势的则往往是"中化"。相对于只用英语教学的香港大学，用中、英文两种语言进行教学的香港中文大学，在香港高等教育的发展过程中并不表现为一种倒退的趋势，而是表现为摆脱殖民教育、向着民族教育发展的进步倾向，而国学大师钱穆和饶宗颐在香港文化的发展中起到的也不是晚清复古派反对改革、消极地顺从国家主流意识形态的保守守旧的作用，而是促进香港文化的改革、消解香港殖民政治的主流意识形态的作用。在 1997 年香港回归祖国之后，与祖国大陆当前的外语热平行发展的，是香港地区的"国语"热，普通话教学成为香港中小学语文教学改革的重要举措。金庸小说以及所有的汉语写作都在或雅或俗的形式中表现着汉语语言的魅力，负载着民族文化的信息。这是一个虽不强大但却"不绝如缕"的民族文化传统。

学院文化社会批判意识的加强以及由此带来的在台湾整体文化结构中地位的提高似乎是其区别于港澳文化与内地文化的重要特征。国民党政权是受到中国共产党革命力量的重创之后被迫退守台湾的，这使在台湾的国民党政权不能没有一定程度的政治原罪感。这种原罪感一方面推进了它迟迟未予进行的土地改革等社会改革的措施，另一方面也使之无法将自己的文化专制主义强化到它所意欲强化的程度。与此相反，随同国民党来到台湾的学院知识分子，大都是在国共两党的政治斗争中倾向于国民党而远离或反对过共产党的高级知识分子。他们原本是较少社会批判意识而较多依赖现实政治统治秩序而从事自己专业性研究活动的知识分子，国民党政权的失败反而使他们加强了政治批判意识和社会批判意识。从胡适到殷海光再到李敖，这种政治批判意识和社会批判意识是逐渐强化的。他们在台湾起到的社会作用同 20 世纪二三十年代鲁迅所起到的社会作用有着极为相近的特征。至少在结构形态上，台湾的学院文化较之 20 世纪三四十年代的学院文化更加完整了：坚守着中国固有文化传统的新儒家学派，在"为学术而学术"的旗帜下从事着各种专门的学术研究活动的专家学者，同关心着台湾社会整体发展的学者型文化活动家，构成的是一个更加完整的学院文化结构，对于台湾社会及其文化的发展发挥着较之 20 世纪三四十年代学院文化更加重大的作用。相对于台湾的学院文化，台湾以文学艺术为主体的社会文化领域似乎更趋于稳健和平。白先勇等人的小说、余光中等人的诗歌和散文，较之 20 世纪三四十年代文学，更注重艺术上的提炼和人生哲理的表现，既区别于左翼文化的战斗传统，也区别于海派享乐主义文化传统。总之，政治专制主义文化的日渐弱化，学院文化社会地位的日渐提高，社会文化风格的日渐稳健，似乎是这个时期台湾文化结构的主要特征。

在港澳和台湾地区，"国学"这个学术概念仍在继续使用着，但它仍然指对中国古代文化传统的整理和研究。

二十二

实际上，这个时期台湾文化的发展也是付出了自己的代价的，那就是它的政治主体性的削弱和对世界超级大国美国政治依附性的加强。国民党政权是在国共两党政治军事力量的对抗遭受失败之后退守台湾的，并且在祖国大陆与台湾的军事对峙中继续处于危机的状态，这就使之不能不在政治和军事上更加依靠美国的保护。但是，当一个政权不能不依靠一个强国的支持和保护的时候，这个政权就没有了自己更大的主动性。美国有自己独立的民族利益，它不可能长期牺牲自己民族的利益而保护另外一个政权。中美建交、祖国大陆代表中国进入联合国，与世界多数国家建立外交关系，都使台湾的国民党政权陷入相当孤立的状态，这更加强了它对美国的依附性，其政治主体性很难完全建立起来。假若说蒋介石的外交政策还带有一些大国外交的气度，而在台湾，这种气度则不能继续维持下去。

当我们返回鸦片战争之时的中国，就会看到，政治主权的丧失恰恰是中国近现代社会和中国近现代文化发生大动荡、大分化的根本原因之一。清政府在西方帝国主义政治、经济、军事侵略面前的软弱无力，激活了汉族官僚知识分子长期被压抑着的民族意识，从此拉开了政治改革的序幕。中国知识分子阶层与现实政治统治集团的矛盾与对立就构成了近现代中国社会矛盾和对立的主要形式。在这种矛盾和对立中，中国现代知识分子是一个没有实际政治、经济、军事权力的阶层，但希望中国独立和富强的真诚愿望却始终支撑着他们的正义感和自信心，同时也是联系各种不同派别知识分子的基本思想纽带。而从另外一个方面来看，中华民族独立和富强却绝不仅仅取决于尚处于分散、孤立状态的少数中国知识分子，而首先取决于体现国家意志的现实政治统治集团。它不但是中华民族在国际关系中的法权代表和发言人，同时也是将分散的中国民众组织在一起为实现中华民族统一的社会目标而进行有效努力的组织者和管理者。也就是说，中国知识分子阶层希望中国独立和富强的愿望无法仅仅从自身的努力中感觉出来、发现出来，而只能从现实政治统治集团的现实表现和现实选择中感觉出来、发现出来。严格说来，不论是清王朝政治统治集团，还是国民党政治统治集团，也都是希望中华民族独立和富强的，也都是希望摆脱西方帝国主义对中国的政治、经济、军事和文化的控制的，但同时也面临着一个深刻的矛盾：维持自己的政治统治权力和谋求中华民族整体上的独立和富强的矛盾。几千年的皇权政治都把中国视为政治统治者一家一姓的中国，政治统治者的成败主要不是取决于国家政治、经济、军事、文化的繁荣和发展，不是取决于本民族广大社会成员生活的自由和幸福，而主要取决于能不能在各种权力斗争的火山口上维持现实的政权。在这种观念的支配下，中国近现代政治统治集团不但没有成为中华民族反侵略斗争的积极主动的组织者和领导者，反而常常借助外国帝国主义的侵华势力镇压本民族内部的反抗。"攘外必先安内"的政策不但进一步加深了国内的政治矛盾，同时也使政治统治集团在道义上陷入更加不利的地位，使中国的政治统治集团在与中国知识分子阶层的矛盾和对立关系中总是处于道义上的劣势地位。政治上的优势掌握在政治统治者的手里，道义上、思想上、文化上的优势掌握在知识分子的手里，可以说是从鸦片战争到1949年这一个世纪的中国历史的重要特征。但1949年中华人民共和国的成立从根本上改变了这样一个"政治—文化"的格局。

中国共产党领导的革命并不像有些知识分子描述的那样，主要是一个农民的革命运动，而首先是一个知识分子领导的革命。毛泽东"反帝、反封建"的口号充分体现了当时中国知识分子的思想愿望，也充分利用了中国知识分子在与国民党政治统治集团的矛盾对立中道义上、思想上和文化上的优势地位。尽管大多数中国知识分子并没有实际地成为这个革命的支持者和拥护者，但在他们与现实政治统治集团的矛盾和对立中，却不能不对这样一个革命抱着内在理解和同情的态度。即使那些在政治上反共的知识分子，像陈布雷、胡适、傅斯年等等，也主要出于理性上的政治选择，而不是出于个体情感、文化心理上的对立。"反帝"以实现民族的独立，"反封建"以改变中国社会的落后状态，从"民族性"和"现代性"两个维度上满足着不同知识分子的不同思想要求，较之五四民主、科学的口号多出了"反帝"的内容，也更能符合广大知识分子的思想愿望和心理要求，从而成为中国现代文化的一个新的思想制高点，也取得了对当时中国知识分子各种不同思想文化学说的制空权。正是因为如此，中国共产党在1949年取得的胜利，不仅仅是政治和军事上的胜利，同时也是文化上的胜利。在中国近现代文化史上，中国绝大多数知识分子是在"救国救民"的旗帜下打出自己的文化旗帜的，"教育救国"、"科学救国"、"实业救国"、民族主义、民主主义、民生主义、国家主义、无政府主义等等，在中国实际上都是作为"救国救民"的口号提出来的，而最终统一了中国、给中国人民带来了和平幸福的生活（在中国当时的文化背景上，和平的生活本身就意味着是幸福的生活）、使中国再一次作为一个独立统一的大国出现在现代世界上的却是中国共产党领导的革命斗争。这使中国绝大多数知识分子不能不承认以毛泽东思想为主体的革命文化的先进性和优越性，不能不在这个革命的胜利面前产生某种或隐或显的原罪感，从而为1949年之后的思想改造运动奠定了思想的或心理的基础。

1949年之后留在中国内地的知识分子，主要有下列几种类型，他们各有不同的文化处境和文化心态：

1. 1949 年以前在政治上直接依附于国民党政权并立于反对共产党政治立场的知识分子

这类知识分子的特点是没有自己独立的思想观念和文化观念，即使有，也不会公开表露出来并与当时政治的意识形态构成直接的对立。他们是当时最高政治统治集团思想观念和文化观念的传声筒，并且以当时最高政治统治集团的意志为意志，这就使他们只有政治的身份而没有个人的立场，谁都不会也无法将他们从他们服务的政治统治集团身上剥离出来。他们的生存价值和意义只能在这个政治集团的政治利益中获得认可，从巩固和加强这个政治集团的专制权力的意义上得到确立。随着国民党政权的毁灭，这个政权的整个价值体系随之垮落，这些知识分子也就失去了对自我生存的社会价值和意义的意识。他们既没有表现出十月社会主义革命之后俄国贵族那种垂死挣扎的力量，也没有表现出十月社会主义革命之前列夫·托尔斯泰那类忏悔贵族的痛苦反省意识。他们是依靠政治的权力上升到中国知识分子的最上层的，不但在政治上与中国共产党以及理解并支持中国共产党的左翼知识分子立于尖锐对立的立场，也在思想和文化上与更广大的学院知识分子和社会知识分子有着文化心理上的差异和感情或情绪上的对立。也就是说，在1949 年以后的社会历史上，他们既无法从自身的生命体验中汲取出文化的汁水，也无法从外部的世界中获得真正的同情和理解，只是像文化干尸一样停留在这样一个历史的阶段。镇压反革命和肃清反革命两个政治运动将他们置于整个社会的严密监控之下，成了专政的对象，用句当时的政治话语，就是"被扫进了历史的垃圾堆"。

2. 1949 年以前游离于政治斗争之外的广大学院知识分子和社会知识分子

这类知识分子在中国是绝大多数，他们的特点是只有学术的思想而没有社会的观念，或者其社会观念只是从中国古代或西方固有思想学说中获得的，只是停留在纸面上的东西，而并不具有实际地参与中国社会整体发展的性质和功能。当政治在这些知识分子的意识中只是一种祸国殃民的腐败政治的时候，他们的学术活动或文化活动就会涨大为唯一体现中华民族希望和前途的东西，并认为自己的文化就是现代中国唯一的文化，自己的价值就是现代中国唯一的价值，而当政治在他们的意识中再也不仅仅是祸国殃民的腐败政治，他们也很容易把社会发展的责任交付于政治家，而把自己的学术活动视为国家政治事业的一个零部件，是从属于国家政治的整体利益和要求的。在这个前提之下，他们是"为学术而学术"、"为文学而文学"的，"能够在中国放下自己的一张书桌"则是他们的主要社会要求。对于他们，中华人民共和国的成立首先意味着一个统一的民族国家的建立，一个和平安定局面的开始，一个可以安心地从事自己的专业学术活动的环境条件的形成。他们在文化落后的中国只有极少的人数，并且极为分散，职业的竞争使他们在人际关系、社会关系和思想关系上都没有黏合力，形不成一个整体的力量，用句毛泽东的话来说，就是他们必须附着在国家政权这张皮上。五四新文化运动之后不久，这个知识分子阶层就与以马克思列宁主义为思想旗帜的革命文化发生了分裂，并且与左翼知识分子走着两条不同的文化道路，他们对于自己与新的国家意识形态的差异和矛盾有着明确的意识。新的国家政权为他们提供了和平安定的社会条件，同时也要求他们改造自己的思想，适应新的国家意识形态的要求。他们之中的大多数，不愿也无力拒绝新的国家政权对自己提出的这种要求，而从文化心理结构的角度，他们的学术思想原本只是一种做学问的思想，不具有马克思主义学说对人类社会历史的整体概括能力，用马克思主义的理论学说填补自己社会历史观念的空白对于这个阶层的绝大多数知识分子而言并没有不可克服的心理阻力。这样，马克思列宁主义、毛泽东思想的权威很快就在这个阶层的知识分子之中树立起来，成了他们之间唯一必须认可的理论标准。当毛泽东将俞平伯的《红楼梦研究》和胡适思想提交到审判席的时候，这个阶层绝大多数的知识分子也就没有理由不支持、拥护乃至亲自参与这种思想批判运动。但这也将学术的批判同政治的批判混合在了一起，将思想的斗争同政治的斗争混合在了一起。作为这个阶层的每一个知识分子，因其原来的思想都是非马克思主义或反马克思主义的，因而也都是被批判的对象，但作为这个阶层的知识分子整体，因其都不愿"自外于"国家和人民，都希望成为批判者而不希望成为被批判者，因而只要他们没有被作为批判者，他们就都是批判者。即使自己被推到了审判席上，他们仍然可以用现在的这一个自己，批判过去的另外一个自己：进行"自我批判"。在反右派斗争之前的整风运动中，这些知识分子中的少数人还曾试图以自己的社会观念和人生观念影响中国当代社会的发展，但在反右派斗争中受到沉重的打击后，这个阶层的知识分子就不再具有自己的主动性和主体性了。

3. 1949 年之前的左翼革命知识分子

这类知识分子是在国民党统治区形成并发展起来的，是在现实的政治批判、社会批判、文化批判的过程中形成自己的文化思想的。所以，他们的文化思想的主要特征是其批判性，但正因为这种批判性，他们受到当时国民党政治统治的压制和迫害，使他们在政治上更加倾向共产党领导的革命斗争，其中的很多人本身就是共产党组织的成员，是为了政治革命的目的而从事左翼文化活动的。但是，他们与解放区成长起来的知识分子仍有很大的区别。其一是其社会批判意识，其二是他们的马克思主义大都直接接受于国外，像鲁迅、郭沫若、茅盾、冯雪峰、胡风、周扬等人，都是最早翻译和介绍马克思主义文艺理论学说的文艺理论家，他们对马克思主义文艺理论的理解都带有个人的独特性，各成一派，与毛泽东的文艺思想有着不尽相同的特征。仅就政治立场而言，这类知识分子都是拥护和支持中国共产党领导的中国革命的，很多人自身就是一个革命者，但在文化思想上，他们则是中国马克思主义文化阵营中的不同文化派别。从20世纪30年代开始，他们之间的矛盾和差异就开始表现出来，但在革命胜利之前，彼此的差异和矛盾还不直接表现为政治权力的对立和矛盾。中华人民共和国成立之后，由于马克思主义已经转化为国家的意识形态，这些知识分子之间的思想矛盾直接联系着政治权力的关系，其对立的性质及其激烈程度甚至超过了他们与非马克思主义知识分子的对立。在他们的矛盾和对立中，决定其胜负的已经不是对于马克思主义理论学说理解的深度和广度，而是与现实政治权力联系的紧密程度以及实际政治权力的大小。鲁迅已经去世，与现实的政治权力斗争已经没有直接的关系，周扬在延安时期就主动放弃了自己对马克思主义理论的独立阐释和理解，而成为毛泽东文艺思想的阐释者和宣传者，郭沫若也在1949年之后逐渐放弃了20世纪30年代左翼革命知识分子的政治批判、社会批判、文

化批判的立场。他们都不再是 30 年代左翼革命知识分子传统
的继承者和发扬者,只有胡风和他的同仁们,还盲目地坚持着
30 年代左翼革命知识分子的政治批判、社会批判和文化批判
的传统,但这也使他们陷入了更加严重的政治困境、社会困境
和文化困境。他们在政治上是支持和拥护新政权的,在意识形
态上属于马克思主义文化阵营。当马克思主义已经具有国家意
识形态的性质,他们的话语对于大多数非革命的知识分子就有
极大的杀伤力,不可能获得他们的同情和支持。而在现实的政
治权力关系上,他们又有与其他左翼革命知识分子进行平等竞
争的潜在能量,彼此的排拒力已经不仅仅是思想的排拒力,同
时更带有政治排拒力的性质和强度。他们是马克思主义者,但
他们的马克思主义主要不是建立在维护和加强革命政治权力的
基点上,而是建立在"人民性"的基点上。"人民性"也是他
们从 30 年代就已经开始进行的政治批判、社会批判和文化批
判的理论基点。这就使他们的文化思想带上了对抗国家政治权
力的倾向,并成为毛泽东文艺思想之外的另外一种马克思主义
文艺思想的派别。但是,在他们与毛泽东文艺思想的差异和矛
盾中,他们的文化思想在理论上和实践上都有明显的缺陷。作
为他们立论基点的"人民"并不站在他们的一边。当时的
"人民"需要的并不是文艺,更不是文艺的理论,他们更需要
的是国家政权的保护和在这种保护下过上安定幸福的生活。这
批知识分子是有凝聚力的,但只是极少数知识分子个人思想、
情感上的凝聚力,在整个中国社会上,他们是极端孤立的。这
批在现代史上倾向革命的知识分子在自己期盼的革命胜利之后
却被打成了"反革命"。在反右斗争中,冯雪峰、丁玲等另外
一些左翼革命知识分子也因同样的原因受到政治迫害,30 年

代形成的左翼革命知识分子阵营就不复存在了。

4. 解放区的知识分子

解放区的知识分子分为两种类型：一类是从国统区来到解放区的左翼革命知识分子，一类是在解放区成长起来的青年知识分子。前一类知识分子在解放区发生了分化，一部分人主动放弃了自己独立的思想立场和左翼革命知识分子的批判性，成为毛泽东思想以及解放区各项政策法令的阐释者和宣传者，而另一部分人则程度不同地坚持着自己对革命文化的独立阐释和理解，坚持着左翼革命文化的批判性，但他们在解放区文化中已经没有自己的独立地位。而在解放区成长起来的青年知识分子则从一开始就把自己视为毛泽东思想以及解放区各项政策和法令的执行者和宣传者，他们没有自己独立的思想，也没有自己独立的学术。从整体说来，解放区的文化实际就是一种革命政治的文化，它的学术——毛泽东思想，实质也是一种革命政治的学术。1949 年之后，解放区文学的传统成为中国内地文学的主要传统，但它仍然主要是国家各项政策和法令的一种阐释形式和宣传手段，是遵循毛泽东文艺思想的先验的政治标准创作出来的，严格说来，他们不具有非政治性的独立思想意识和文化观念。

以上四类知识分子及其关系的变化，反映的实际是从五四新文化运动以来，中国现代革命文化、中国现代学院文化、中国现代社会文化关系的新变化，从中国现代革命文化转换而成的中国当代政治文化主体性的加强与中国当代学院文化、中国当代社会文化主体性的削弱，则是这一时期中国文化总体格局的主要特征。

二十三

这一时期中国当代政治文化主体性的加强和中国当代学院文化、中国当代社会文化主体性的削弱不是没有历史原因的，它是伴随着中华民族独立自主的民族国家的重建过程出现的一种畸形文化形态。鸦片战争之后的中国，在西方列强强大的政治、经济、军事、文化的压力下，中国国家政治统治集团的主体性便严重地丧失了。国家的首要职能是维护国家的独立和主权，维护本民族成员在与其他民族成员交往中的平等地位。在这种平等地位无法实现的时候，国家政治统治集团应该是领导全民族人民有效地进行反侵略斗争的桥头堡，并在这种反侵略斗争的过程中发展自己、壮大自己，谋求整个民族在政治、经济、军事、文化上的发展。假若一个政治统治集团仅仅为了维护对本民族的统治地位而不惜向外来侵略势力妥协投降，它同时也将丧失在本民族广大成员中的权威性。国家的第二个重要职能是维系本民族内的和平，这种和平是在一个民族共同认可并习惯了的法权关系和伦理道德关系中实现的。国家政治统治在本民族广大社会成员中权威性的丧失，首先带来对官僚集团政治控制力的减弱，带来官僚集团的涣散和腐败，从而使一个民族共同认可并习惯了的法权关系和伦理道德关系从根底上受到破坏。这种从根底上已经遭到破坏的法权关系和伦理道德关系，使广大民众陷入无所适从的尴尬境地。消极地遵守这种不是规则的规则的民众无法维护自己合法的权益，而不再遵从这些规则的社会成员却能够飞黄腾达，整个社会呈现出无政府主义状态。我们看到，从鸦片战争到清末这个历史阶段，中国发生的就是这样一个历史的畸变。孙中山领导的辛亥革命是在无政府主义蔓延的社会背景上发生的，他希望依照西方的民主政治体制重建一个新的民族国家，但民主体制在当时的中国却无法起到抑制无政府主义混乱状态的作用，军阀混战造成的是更严重的无政府主义混乱。五四新文化运动同样也是在这样一个社会背景上发生的，它是在传统儒家文化已经起不到维系现实社会秩序作用的情况下，是在已经无法仅仅依靠政治官僚集团自身的力量而实现民族国家重建任务的情况下，提出新文化的要求的。在这些知识分子的思想里，向来神圣不可侵犯的国家的权威发生了严重的动摇，它反映的不仅仅是西方文化的影响，更是在国家职能丧失、政治混乱、官僚腐败的社会条件下，中国现代知识分子独立承担意识的加强。但是，这些知识分子在当时的中国只是极少数，不可能从整体上改变当时社会的混乱状况。1927 年之后的国民党政权，也试图重建国家的权威，重建政治的主体性，像蔡元培、胡适、傅斯年这些五四新文化运动的领袖人物，也曾把重建民族国家的希望寄托在国民党一党专政上，但它始终没有达到这一目的。直至中华人民共和国的成立，一个独立自主的民族国家才正式形成。毛泽东给中国知识分子留下了伤痛，但我们却不能否认，他始终是一个伟大的民族主义者，这使中华民族在极端贫穷落后的状态下捍卫了民族的独立和尊严，满足了中华民族从鸦片战争以来一直受到严重摧残的民族自尊心，国家政治的主体性也在这样一种情况下建立了起来。

但是，政治的主体性有一个有没有的问题，也有一个发挥的限度问题。

必须看到，以 1949 年为界，马克思列宁主义、毛泽东思想在整个中国文化格局中的地位和作用发生了一个重要的变化，即在 1949 年之前它不具有国家意识形态的性质和作用，而在 1949 年之后，它已经成为国家的意识形态。当它不具有国家意识形态的性质和作用的时候，它体现的是全体国民中一部分人的愿望和要求，这部分人在整体上是一个弱势群体，其合法权利得不到国家政权的有效保障，必须联合起来争取自己生存和发展的权利。在当时的中国，马克思列宁主义、毛泽东思想就是作为这个独立阶层的世界观和人生观建立和发展起来的。因而它也理所当然地具有极强的独立性和排他性。在政治上和军事上，它是与国民党政治统治集团尖锐对立的；在文化上、思想上，它是与所有非革命或反革命的思想文化学说尖锐对立的。但一当它转化为国家的意识形态，它便必须具有更大的包容性。国家不是由一个阶级和一个阶层构成的，而是由全体合法公民构成的，由合法地从事着各项不同的社会事业、以各种不同的合法的生活方式生活着的人构成的，国家意识形态必须凌驾于所有这些合法的公民及其思想愿望之上而又能全部地包容它们，并为之提供更广大的发展空间。也就是说，它与任何一种具体的文化倾向都不具有直接对立的性质，因而也构不成平等竞争的关系。国家意识形态是伴随着政治权力的强制性的，假若将其直接对立起来，这种强制性就会轻而易举地摧毁对方，毁灭了对方，自身也得不到丰富和发展。如前所述，不论在何种历史阶段的何种政治体制之下，学院文化在其整体上都具有明显的国家主义性质，不但必须依靠国家所提供的和平安定的社会条件，同时国家所需要的绝大多数人才都是在学院文化的教育下成长起来的。在这个意义上，学院文化永远是人类社会的稳定器，它的主体性的发挥在整体上是有利于现实社会的稳定发展的。革命不是为了摧毁学院文化的主体性，而是为了给它提供更大的自由空间，将其主体性更充分地发挥出来。社会文化在整体上较之学院文化具有更直接、更强烈的批判性，但它的批判性却不是革命实践的批判性。假若说学院文化与现实社会构成的是理智的对话关系，社会文化构成的则是带有各种不同情感情绪态度的对话关系。但它们都是对话的关系，是在思想精神领域发挥其能够发挥的作用的，不具有物质的破坏力。这两个领域的中国现代知识分子确确实实存在着漠视政治文化、漠视政治权力的弱点，但这种漠视是在一个多世纪国家政治职能的丧失以及导致的政治官僚腐败的状况下形成的，这加强了他们的独立承担意识。以学术承担学术，以文艺承担文艺，以知识分子自身的努力承担中华民族文化事业的发展，不假外求，不但是胡适这类学院知识分子的基本特征，也是鲁迅这类社会知识分子的基本特征。这两部分知识分子对政治的漠视随着国家政治主体性的加强自然会得到相应的解决，因为国家政治主体性的加强和正常发挥在其根本上是有利于而不是不利于这两种文化的发展的。也就是说，尽管在现代文化史上中国现代革命文化、中国现代学院文化、中国现代社会文化是通过分裂的形式分途发展起来的，它们之间也存在着彼此的差异和矛盾，但却都是中国现代文化的有机构成成分。从形式上，以"革命"的名义对中国现代学院文化和中国现代社会文化的批判是理所当然的，但在实质上，却将政治的权力大量引进了文化的关系之中，从根本上破坏了中国内地知识分子之间的平等竞争关系，紊乱了中国文化内部的秩序，使中国文化的发展受到了极大的影响。

二十四

政治关系是一种法制关系，法制关系是靠政治权力维持的；经济关系是一种金钱关系，金钱关系是靠交易双方的合同契约维持的；文化关系是一种精神、理智或情感的关系，精神、理智或情感的关系是靠人与人之间相互的了解、同情和理解维持的。只要交易双方的合同契约关系没有从根本上得到破坏，经济关系就依然是经济关系，就依然可以通过合同和契约来解决，而没有转换为政治的关系；文化的关系也是这样，只要人与人之间相互了解、同情和理解的渠道没有完全被堵塞，文化关系就依然是文化关系，就依然可以依靠人与人之间的相互了解、同情和理解来解决。政治权力一旦被引入正常的经济关系和文化关系，不但政治权力可以瓦解正常的经济关系和文化关系，同时经济关系和文化关系也会瓦解正常的政治关系：由"双赢"变"两伤"。我把这种将政治权力引入经济关系和文化关系中的现象称为政治主体性的越界行为。

当李希凡、蓝翎在《文史哲》上发表批评俞平伯的《红楼梦研究》的文章的时候，彼此的关系还是一种学术的和文化的关系。尽管李希凡、蓝翎的文章中已经有一些政治批判性的话语，但其基本的立场仍是学术的、讨论的。他们没有任何政治权力的背景，表达的也只是与俞平伯对《红楼梦》这部古典名著的不同感受和理解，不是一种越界行为。假若说俞平伯是从与曹雪芹更相接近的佛家人生哲学的角度理解和感受《红楼梦》及其人物命运的话，李希凡、蓝翎则是在社会历史框架内用五四反封建的思想标准感受和评价《红楼梦》及其人物命运的。双方从不同角度介入《红楼梦》这部作品，虽然不同，但却存在着相互了解、同情和理解的可能。作为一种观点，毛泽东对于《红楼梦》的感受和理解也是有其学术的价值和意义的。他是一个政治家，他从整体社会矛盾和斗争的关系出发将第四回作为《红楼梦》全书的总纲，并用"不是东风压倒西风，就是西风压倒东风"说明了这种矛盾和斗争的严峻性和不可妥协的性质，对于感受和理解《红楼梦》也有重要的启迪作用。但毛泽东不是依照学术研究的方式介入于李希凡、蓝翎与俞平伯的学术争论的，而是以一个国家领导人的身份发动了对俞平伯《红楼梦研究》的批判。在这时，政治的主体性就离开了它能够发挥积极作用的空间，构成了越界行为，政治的权力也被带入了文化的领域，此后更广大的参与者不是出于对《红楼梦》这部古典名著的关切，而更是出于对自我政治命运和学术地位的关心，从而离开了认识的目的，也离开了学术研究的范围。在这时，批判者已经不想主动了解、同情和理解被批判者，甚至也不想得到被批判者的了解、同情和理解，他的批判更是写给与他同样的批判者看的，彼此竞争的不是对对象的认识，而是对被批判者精神打击的力度，其学术的价值和意义也就不复存在。对胡适思想的批判、对"胡风反革命集团"的批判、对"右派"言论的批判从一开始就是以学术批判的形式出现的政治批判运动，政治权力的越界作战造成了对中国学术事业的严重破坏。

从人生命运的角度，在政治批判中受摧残最严重的是被批判的对象，很多中国知识分子因此经历了十分悲惨的命运，至今令我们思之惨然。但在文化的意义上，受损最惨重的倒不是那些受到批判的知识分子，而是那些参与政治大批判的知识分子和青年学生。这里的道理是不难理解的，那些受到批判的中国知识分子，是已经建构起自己相对独立的思想学说或某个方面的独立学术观点的知识分子。俞平伯关于《红楼梦》的观点是在现代学术史上建构起来的，他已经在《红楼梦》的研究中取得了相对丰硕的学术成果；胡适是五四新文化运动的领袖人物，他的历史贡献不论怎样评价都已经成为历史的事实；胡风的文艺思想是在现代"左翼"文艺运动的过程中建构起来的，在中国马克思主义文艺学中自成一派。冯友兰的哲学、费孝通的社会学、马寅初的人口论、朱光潜的美学、冯雪峰的文艺思想、丁玲的小说、艾青的诗歌等等，都已经具有自己相对的独立性。实际上，他们之所以成为批判的对象，也正是因为他们有与一般人不同的倾向和特点，倒是那些尚没有自己相对独立的思想和学术观点的中国知识分子或青年学生，或者主动放弃了自己独立的思想观念或学术观点的老一代知识分子，成了历次政治批判运动的积极参与者。但这也使他们不再敢于甚至也不再想独立地感受或认识世界、独立地感受或认识社会人生、独立地感受或认识人类的文化，因而也不再敢于甚至也不想拥有自己独立的思想或学术观点。他们在还没有成长起来的时候就拒绝了成长，他们在还没有自己独立的思想的时候就拒绝了思想，因而在文化的意义上损失也最为惨重。他们唯一起到的是一种文化传承的作用，但传承的却不是他们自己的独立发现和独立见解，而是他们盲从的理论教条和盲目批判的对象。实际上，文化的传承有两种不同的形式，一种是正面的理解和阐发，一种是反面的否定和批判，历史上很多具有独创性的思想学说在一些历史阶段是靠着别人的批判和否定得到历史的传承的。时至今日，我们已经能够发现，马克思主义、毛泽东思想以及在马克思主义、毛泽东思想的旗帜下受到批判的俞平伯的《红楼梦研究》、胡适以及胡适的思想、胡风的文艺思想、冯友兰的哲学、费孝通的社会学、马寅初的人口论、朱光潜的美学、冯雪峰的文艺思想、丁玲的小说和艾青的诗歌等等，都在中国文化中得到了传承，并且那些大批判文章是使它们得到更有力传承的重要传媒形式，而唯独它们自己，却没有传承下来。它们像一艘艘渡船，载的都是别人的货，当把别人的货运到对岸，卸下来，自己就空空如也了。更为严重的是，这种革命大批判的形式对于很多知识分子思维形式的养成具有重要的影响，使这些知识分子在自觉与不自觉中就不再独立地面对世界、社会人生和人类的文化，不再用自己的心灵感觉、感受、理解自己的研究对象，而只是将自己的研究对象纳入到一种权威理论的框架中，通过表面的对照而对研究对象作出极其简单的或是或非的所谓"客观"评价。这种思维形式对我们学术事业的发展所造成的破坏影响甚至超过革命大批判的本身，因为它根本不是研究性的思维方式，在这种思维形式中永远不可能从研究对象中发现出别人所未曾发现的东西。这种不是研究的研究，造就的是不是知识分子的知识分子。他们的存在，同时也时时威胁着其他知识分子和青年一代的成长，他们是一些不用自己的五官感知、不用自己的心灵感受、不用自己的头脑思考也不准许别人感受和思考的人，严重地影响着中国学术事业的发展。

政治主体性的越界行为不但起到了破坏中国学术事业的作用，同时也更严重地影响到政治主体性的建立。政治的作用在现实社会是有形的、直接的。而文化的作用在现实社会则是无形的、间接的。政治与文化的直接对立永远是政治战胜文化，政治权力压倒知识分子。这同时也改变着整个社会对文化、对知识分子的感受和理解。文化以及知识分子的艰难处境，使新一代青年更热衷于政治上的"上进"而轻视文化上的奋斗。但在任何一个社会，直接从事政治管理事业的都是极少数人，大量的青年竞争少量的政治管理职位，造成的必然是政治内部矛盾和斗争的加剧和政治关系的紊乱，政治的主体性反而建立不起来了。我们看到，1957年之后的中国内地，几乎全部政治化了，即使实际从事着文化事业的知识分子，大多数关心的也不是文化事业本身，而是自己在政治关系中的位置和处境。假若说1957年前的社会斗争还主要停留在政治与文化、政治家和知识分子之间，1957年之后的社会矛盾和斗争就主要转入了政治的内部。当全国人都被发动起来参与政治内部的斗争，中国的文化就休克了，中国知识分子这个阶层的主体性就被瓦解了。在这时，刚刚建立起来的政治主体性也逐渐丧失了，中国社会又一次陷入严重的无政府主义混乱之中。——这就是中国的无产阶级"文化大革命"。

二十五

但是，我们必须看到，在从1949年到"文化大革命"结束这个历史阶段，在政治斗争的形势下又确确实实存在着文化的内容。我认为，只有看到这一点，我们才能看到在这一个历史阶段中国学术在某些方面所取得的进步性变化，我们才不会陷入到对这个历史阶段具体学术成果的简单否定之中去，才不会落到一种新的大批判模式中去。

如前所述，五四以后的中国现代文化是通过自身的分裂繁荣和发展起来的，从总体上，中国五四以后的新文化向着三个大的方向演进：其一是以马克思主义为思想旗帜的革命文化；其二是以学术研究为主体的学院文化；其三是以文学艺术为主体的社会文化。毛泽东作为一个知识分子，是自觉意识到自己的文化归属的，也能自觉意识到自己所代表的中国现代革命文化与中国现代学院文化、中国现代社会文化的差异和矛盾。1949 年之后他利用各种偶然的文化事件所发动的文化批判运动，分明是建立在这种文化意识之上的：通过批判俞平伯的《红楼梦研究》而引渡到对胡适思想的批判，实际反映着他对中国现代革命文化与中国现代学院文化的差异和矛盾的意识：中国现代革命文化是建立在中国社会弱势群体文化心理之上的一种文化，中国现代学院文化则是建立在中国社会上层知识分子文化心理上的一种文化；对于"胡风反革命集团"的批判实际反映着他对中国现代革命文化与中国现代社会文化的差异和矛盾的意识：中国现代革命文化是建立在政治权力基础之上的一种文化，中国现代社会文化则是一种反抗政治权力的文化。直到 1957 年的反右派斗争，毛泽东都在有意识地进行这种文化上的斗争。但是，他所面临的问题是，当他能够发动这种大规模的文化斗争的时候，他早已上升到了政治权力的高峰，他的力量的源泉已经主要不是文化上的，而是政治上的；跟随着他进行这种批判的多数人不是与他有着同样文化思想的知识分子，而更多的人是出于对他的政治权力的服从，这就使他发动的文化批判运动不可能具有较高的文化品位，而成了一场场政治和文化的混战，并且造成了对大量知识分子的政治的和人身的伤害。但它到底还是在文化批判的旗帜下进行的，与暗箱操作的政治权力斗争仍有一些差别。这就为中国学术在某些方面的发展留下了一定的空间。我认为，值得我们注意的至少有下列几个方面：

1. 马克思主义在中国的传播

在 1949 年之后，马克思主义是作为国家意识形态而在中国社会得到尊重和提倡的。我们必须看到，马克思主义作为一种国家的意识形态，与仅仅以一个最高权力执掌者的意志为国家意志的"朕即国家"的个人专制还是有一定差别的。它到底是一个独立的思想学说，有着自己严整的思想体系，并且是建立在对社会弱势群体关心的基础之上的。这就为学院知识分子独立地感受、理解、阐释和运用马克思主义提供了某种可能性。思维与存在同一性问题的讨论、"一分为二"与"合二而一"问题的讨论、"桌子的哲学"问题的讨论、绝对真理与相对真理问题的讨论，虽然大都有一定的政治背景，但到底是以学术讨论的形式出现的，这对于那些不了解其政治背景的中下层知识分子的哲学思考还是有其启发意义的。《马克思恩格斯全集》的翻译和出版，马克思主义哲学、马克思主义政治经济学、马克思主义的共产主义学说作为高等学校必修的政治课程，对于中国知识分子理论兴趣的建立和社会历史观念的形成也发挥了一定的作用。更重要的是，马克思主义自身的学术性，在中国形成了一个以马克思主义为中心构筑起来的西方理论体系，对于西方学术著作的大量翻译和介绍，对于西方哲学和社会科学的接受和研究，都起了重要作用，使这个时期的中国文化并没有走向完全的封闭。在从"文化大革命"到新时期的文化转型的过程中，马克思主义作为一个超越于现实政治权力的独立思想学说发挥了重要作用，中国内地知识分子是通过重新解读马克思主义而实现了新的思想解放的。"实践是检验真理的唯一标准"的讨论、"科学技术是第一生产力"命题的提出、关于人的异化问题的讨论，不论在理论上还有多少不完善的地方，但都对这个时期的思想解放运动发挥了一定推动作用。直至现在，马克思主义在中国的影响仍然是一个不可忽视的文化问题。它对社会弱势群体生存权利和民主权利的关怀，它对现代资本主义的批判，乃至它的阶级斗争的理论和共产主义的社会理想，虽然不能像以前那样作为新的神圣来崇拜，但也不能作为新的思想恶魔来仇视。它对中国文化的发展还将发挥长远的影响。

2. 中国现当代文学史等现代文化史诸学科的建立

在中国现代历史上，中国现代社会文化与中国现代革命文化是平行发展起来的，较之中国现代学院文化，中国现代社会文化与中国现代革命文化发生着更大的交叉，很多革命者本身就曾经是文学家、艺术家、翻译家、编辑和记者，很多文学家、艺术家、翻译家、编辑和记者也曾参加过革命，在20世纪三四十年代的文坛上具有重大影响的左翼作家，从整体上都是同情和支持中国共产党领导的革命的。鲁迅既是中国新文学的奠基人，也是能够同情和理解中国共产党领导的革命斗争的社会知识分子。茅盾、巴金、曹禺、老舍、艾青、丁玲、闻一多、朱自清、邹韬奋、聂耳、冼星海、赵丹、白杨这些在中国现代文化史上具有重大影响的作家、艺术家，都与当时的革命文化保持着良好的关系。在1949年，大部分作家、艺术家都留在了大陆，这使中国现代文学史等属于现代文化史的诸种新的学科有了建立的可能和必要。仅就现代文学史学科的建立而言，李何林、王瑶、唐弢、丁易、刘绶松等学者起到了奠基的作用，严家炎、樊骏等学者继续了这个学科的成长与发展。虽然在这个过程中也曾受到政治运动的严重干扰，但这些独立学科的建立还是不容忽视的。五四新文化传统，在这些学科的话语体系中得到了传承，这在从"文化大革命"到新时期的文化转型过程中发挥了重要的作用。鲁迅作为一面独立的思想旗帜，虽然不可能发挥像马克思主义、毛泽东思想那样重要的影响作用，但在那个时期中国知识分子独立思想人格的养成上，还是有着潜在影响的。直至现在，这些学科仍在发展和壮大中，特别是当代文学等当代文化研究诸学科，逐渐占据了中国文化研究的潮头位置，对整个中国学术格局的变化将发生重大的影响。

3. 中国古代文化史研究诸学科的学术贡献

仅从理论上推断，中国古代文化史亦即过去称之为"国学"的研究在这个时期将不会有新的发展，但现实是复杂的，尽管在当时的思想理论上将五四之前的中国文化统统定性为封建文化、"旧文化"，尽管在文化界常常提出反对"厚古薄今"的口号，但在文、史、哲等人文学科中，中国古代文化研究仍然是这个时期学院文化的主体。在这里，原因是多方面的：首先，在一个民族国家的建构过程中，本民族的历史和文化永远是这个民族国家赖以存在的主要文化基础，毛泽东对学院文化发动的政治攻势，只是试图将学院文化纳入到国家政治的绝对领导之下，而不是为了从根本上颠覆它。其次，中国是一个文明古国，即使五四之后的学院文化，基础最雄厚的仍然是中国古代文化史诸学科的学术研究。在这个领域里，有着众多大师级的学者，是哲学、社会科学研究的中坚力量，在知识分子阶层有着广泛的影响，并且他们中的大多数都是遵循"为学术而学术"的治学原则的，与国家政治构不成直接的对立关系，这使政治的批判无法动摇他们的学术根基，反而使他们更紧地与学术结合起来，视学术为生命。政治上的无力和学术上的坚韧几乎是这些学术大师的共同特点，而这也是保障他们在这样一个特殊的历史时期能够取得丰硕学术成果的主观原因。再次，按照最粗略的方式划分，学术有资料和观点两个层面，掌握资料的多少表现为"学问"的大小，观点的鲜明与准确则更取决于研究者的思想视角和理论勇气。在从 1949 年到"文化大革命"结束这个历史阶段，受到严重摧残的恰恰是知识分子的思想个性，这就使更带理论色彩的现代诸学科如文艺学、教育学、社会学、民族学、哲学、法律学、宗教学等等受到更大的束缚，而中国古代文化史诸学科虽然也有一个观点的问题，但到底与现实政治的距离较远，这使它更重视学问，更强调史料的挖掘和整理，可以说，在当时的诸学科中，始终较好地维护住了自己的学术底线的恐怕只有这个领域。即使到了现在，因为理论大都是从西方输入的，而西方的理论则是在西方文化史的基础上抽象出来的，不是从我们民族文化史的大量事实中抽象出来的，所以常常像过眼云烟，来得快也去得快，倒是那些发现新的史料和用自己的观念梳理史料、解读史料的著作更给人以坚实的感觉。所有这些，都给那时中国古代文、史、哲的研究提供了更有利的条件，使之取得了较之其他领域更丰硕的学术成果。

民族国家对学院文化的影响，一个方面是意识形态上的，这使这个时期的学院文化不论实际的学术价值何在，但在思想上都纳入到一个相对固定的框架之中，另一个方面就是对"史"的重视。在中国文化传统中，国家与修史是分不开的。所以，运用国家的力量，调集全国最有实力的专家，国家给予经济资助，集体编写或由最有权威的学者主持编写史著，并且以高等学校通用教材的方式在全国加以推广，是这个时期学院文化中的一个突出现象，更是中国古代文化史诸学科的突出现象，由高教部主持、游国恩等主编的《中国文学史》，由中国社会科学院文学研究所编写的《中国文学史》，由侯外庐主编的《中国思想通史》，由郭沫若主编的《中国史稿》，由翦伯赞主编的《中国历史简编》等等，都是这个时期有代表性的著作。这类著作在观点上的创新和突破受到很大影响，但由于编写者都是各个方面的权威学者，所以在学术质量上有着较好的保证。

这个时期中国文化史研究的重大突破发生在考古学领域。李零在其《简帛古书与学术源流》中认为20世纪中国史学经历了四个时期的变化，第一时期是1900年至1911年，这个时期是"五大发现"（1899年发现殷墟甲骨文字；1901年发现敦煌、塞上及西域各地之简牍；1900年发现敦煌千佛洞之六朝所书卷轴；1909年内阁大库之书籍档案为世人所知；1901年发现中国境内之古外族遗文）为世人所瞩目的时期。在这个时期还只有罗（罗振玉）学，而无王（王国维）学。第二时期是1911年至1927年，王国维尽弃前学而转入古史研究，这个时期是罗王之学和"古史辨"派先后问世的时期，前者是清室逊位的产物，后者是五四的产物。前者思想虽旧，材料则新；后者思想虽新，材料则旧。第三时期是1927年至1937年。1927年中国历史语言研究所成立，在历史研究中它重视以西方的考古学改造中国的经史之学，在语言的研究中它重视以西方的比较语言学改造中国的小学和考据方法。1928年郭沫若东渡，初创中国的马克思主义史学，但也关注考古发现和铭刻史料。1937 年至 1949 年是战争时期，历史学研究的变化不大。1949 年之后为第四时期。关于这个时期，李零写道："1949 年以前，中国虽有考古发掘，但主要限于新石器时代和商代，其他时段的发现，几乎都是来自探险、盗掘和地面调查。1949 年后，史语所迁台，只能整理过去的发掘资料和在台湾做原住民考古，中国考古的重镇在大陆，考古的'当朝'和'在野'，彼此换了位。这第四变是天崩地裂。它在台海之间划了一条线，在世纪当中划了一条线。20 世纪的后 50 年，考古学突飞猛进，在广度和深度上，要远远超过前 50 年。比如，西周和东周，秦代和两汉，几乎可以说，已是全新的领域；战国的文字研究，出土古书研究，都是 50 年代以来的新学问。虽然简牍发现很早，'五大发现'中的第二项和第五项，都和它有关。但前 50 年，主要发现是文书；后 50 年，才有大批古书出土。特别是近 30 年，它的发展特别快……"[①]

这个时期个人的研究成果甚多，限于本人的学识，不但无力一一列举，甚至连综合概括的资格也没有。但这样一个结论大概还是没有多么大的差错的，即不论是较之 1949 年之前，还是较之其他研究领域或较之台海地区，这个时期中国内地在中国古代文化史诸学科的研究领域，成果都是最丰富的。学术研究不能不受政治环境的影响，但又不仅仅取决于政治环境本身的状况。我认为，这是在考察我们学术研究的状况时必须注意到的。

4. 自然科学研究基础的巩固与加强

从清末接触西方文化以来，自然科学就是作为国家发展的

---

① 李零：《简帛古书与学术源流》，北京：生活·读书·新知三联书店 2004 年版，第 6 页。

基础得到朝野知识分子一致重视的一个学术领域，但由于政治的混乱和连年的战争，自然科学研究的整体格局并没有牢固建立起来。1949 年之后尽管政治运动不断，也影响到自然科学研究的顺利发展，但到底是一个和平时期，国家的建设不能不建立在自然科学发展的基础上。在自然科学研究中，那个时期更重视基础理论的研究，虽然在一定程度上影响了应用研究的发展，但以长远的眼光看来，那时对基础研究的重视不是没有合理性的。将学术作为学术来讨论，在中国常常是人文知识分子的事情，而人文知识分子常常不把自然科学的研究也作为中国学术的一部分来思考，这有时会影响到我们对于中国现代学术的一些根本看法。假若说在这个时期以前，对于中国社会的发展起到关键作用的还不是当时自然科学的研究，而到了 20 世纪 50 年代之后，自然科学研究在我们学术研究中的地位就是不能忽视的了。原子弹爆炸的意义已经不仅仅是自然科学上的，甚至主要不是自然科学的，更是政治上的和文化上的。它改变了中国在世界上的政治地位，同时也改变了中国在世界上的文化地位。美国及其他西方国家是在中国原子弹爆炸之后才开始重视中国文化的研究的，这形成了一个海外中国文化研究的队伍，直至现在，这个研究队伍仍然在中国学术的发展中起着举足轻重的作用。

5. 外国文化的翻译和介绍

除了上述马克思主义著作和西方学术名著的翻译和出版，西方文学艺术作品和西方文论的翻译和出版在这个时期也有显著的成就，20 世纪西方当代作品的翻译和出版受到了某些限制，但在从古希腊、罗马到 20 世纪上叶西方文学艺术作品的翻译上，这个时期已经具有了整体的规模，而像周作人、朱光潜、傅雷、曹靖华、戈宝权、汝龙、李霁野、草婴、蒋路、冯至、张友松、缪灵珠、伍蠡甫等一大批翻译家，翻译了大量西方文学或文论名著，这些翻译作品在新时期文学创作的重新繁荣过程中发挥了重要的作用。而像杨周翰主编的《欧洲文学史》、朱光潜的《西方美学史》、冯至的《德国文学史》则在中国学者的西方文学史的编撰上取得了突出的成就……

二十六

为什么在从 1949 年到 1976 年这个极不利于中国学术发展的历史阶段中国学术仍然取得了不能忽视的成果？我认为，中国现代教育、特别是中国现代高等教育的发展应该是最根本的原因。在这里，我们不能不回忆起中国现代高等教育的奠基人蔡元培以及他的现代高等教育的基本观念。"大学者，研究高深学问者也……所以诸君须抱定宗旨，为求学而来。入法科者，非为做官；入商科者，非为致富。宗旨既定，自趋正轨。"[①]"大学者，'囊括大典，网罗众家'之学府也。《礼记》《中庸》曰：'万物并育而不相害，道并行而不相悖。'足以形容之。如人身然，官体之有左右也，呼吸之有出入也，骨肉之有刚柔也，若相反而实相成。各国大学，哲学之唯心论与唯物论，文学、美术之理想派与写实派，计学之干涉论与放任论，伦理学之动机论与功利论，宇宙论之乐天派与厌世观，常樊然

---

① 蔡元培：《就任北京大学校长之演说》，载《蔡元培文选·文化融合与道德教化》，上海：上海远东出版社 1994 年版，第 295 页。

并峙于其中，此思想自由之通则，而大学之所以为大也。"①
蔡元培在这里所表达的思想，并不仅仅是一种思想自由的主
张，而是关于现代高等教育的一种观念。首先，现代高等教育
已经不是"官僚养成所"，不是仅仅为政治服务的，而是面向
整个社会，面向人类的各项事业，为整个社会造就有思想、有
知识的人才的。它之"大"首先是大在各科知识和学问的总
汇，而不是任何一种单科知识和技能的传授。其次，在任何一
个专门的领域里，都包括人类有可能产生的各种观念和各种思
考，以便养成学生独立思考和独立创造的能力，而不是只有单
一的思想体系，迫使学生只能接受这种单一思想体系的现成结
论。也就是说，它之"大"也表现为它"肚大能容"，人类社
会所可能产生的各种思想观念和知识体系都能被包容在高等教
育的体系之中，并构成新的创造和发明的基础。实际上，这是
所有民族现代高等教育的两个基本特征。一个现代的民族国
家，不可能没有现代的高等教育，而只要这个民族国家的现代
高等教育存在着并发展着，它的这两个基本特征就是不可能从
根本上消失的。不论哪个民族的现代高等教育都不能只有政治
系而没有任何其他的系科；不论哪个系科的教师都不能在课堂
上照本宣科，而必须把自己独立的感受和思考融入到课堂教学
中去，以科研带动教学。这就决定了现代高等教育自身的性质
和作用，也决定了一个民族文化发展的总体趋向。我们看到，
从 1949 年到 1976 年这个历史时期，尽管政治运动接连不断，
但每一个政治运动的高潮期过后，就有一个恢复高等教育正常

---

① 蔡元培：《〈北京大学月刊〉发刊词》，载《蔡元培文选·文化融合与道
德教化》，上海：上海远东出版社 1994 年版，第 320 页。

秩序的过程，而一当这种秩序得到某种程度的恢复，不但各科教学要重新回到基本理论、基本知识、基本技能的教学基础上来，各科的学术研究也会在原有学术成果的基础上寻求某些方面的突破。在这样一些学术回升期，最响亮的口号就是："百花齐放，百家争鸣"。

但是，这并不意味着我们常常称之为极"左"思潮的那种思潮没有给中国学术事业造成严重的破坏。不过，这种破坏更主要地集中在具有直接的现实性、社会性和理论性的诸学科领域中。哲学、美学、文艺学、教育学、政治学、法律学、经济学、社会学、文化学、文化人类学、普通语言学、心理学等等学科，就其作用而言，与人、与人类社会现实的存在与发展有着更加密切的关系。就其性质而言，它们更带有理性把握的深度和广度，更需要系统性和完整性；就发展的形式而言，更需要研究者个人对世界、人类和国家、民族整体发展的关心和责任感，更需要研究者个人感受力、思考力和创造力的发挥。政治主体性对文化主体性、经济主体性的压迫，使这些领域思想自由的空间极为狭小，反复论证的只是几个有关的政治概念，而无法进入到有实质性的理论探讨中去，也无法说明现实存在的实践问题，这直接影响到中国社会和社会思想的发展。"文化大革命"以及对中国社会、中国文化造成的极大破坏，直接激发了这些领域中国知识分子的思想热情，新时期的思想解放首先是在这些领域里发生的。所有这些学科，在中国具体的文化环境中还有一个重要的特点，即它们都是随着中国现代高等教育的产生而产生的，是按照西方学科的分类方式而被区分为各个不同的专业的。五四新文化运动之后这些专业才得以正式地形成，其基础十分薄弱，它们大量的基础概念都是直接从西方同种学科中翻译介绍过来的，在中国古代以经史子集为主要分类方式的学术体系中没有形成这些学科所赖以存在的基本概念系统。当"文化大革命"之后这些领域的中国知识分子感到了革新的必要的时候，现代社会的要求就成了他们实现改革的主要依据，"现代性"也成了他们的主要思想旗帜，而五四追求民主、科学、思想自由、个性解放的精神也成了这些领域改革知识分子的基本文化精神。本民族学术基础的薄弱，使这时的"现代化"不论在其内容上还是在其形式上，都更加接近"西方化"，西方近现代历史上已经出现的大量学术成果填补了这些学术领域的空白，中国的文化改革、包括学术改革继五四新文化运动之后又一次采取了直接输入西方文化成果的形式。"西语热"、"留学热"、"西学热"成了这个时期中国社会和中国文化的一个突出现象。但也正是因为"西学热"的出现，使中国知识分子再一次感到了失去自我主体性的危险。这一次不是失落在国家意识形态的主流话语中，而是失落在西方大量现成的理论学说中。这些学说，尽管产生在西方近现代社会的历史条件下，对于中国文化的现代发展有着诸多直接的借鉴意义，但西方有西方的历史和文化传统，中国有中国的历史和文化传统，西方现代社会是在西方历史和文化传统的基础上演变发展而来的，中国现代社会则是在中国历史和文化传统的基础上演变发展而来的，彼此有着相通乃至相同的特征，但在这相通乃至相同的特征背后涌动着的却是相异乃至相反的文化潜流。"全球化"给中国社会带来了前所未有的繁荣和发展，但也给中国社会带来了前所未有的震动和危机。"西语热"提高了新一代知识分子的外语水平，但也造成了部分人对本民族语言的轻视；"西学热"加强了中国知识分子对

"西学"的了解和对西方人文化心理的理解，但也造成了对"中学"的漠视和对中国人文化心理的隔膜。不难看出，正是在这种文化情势下，使另外一部分中国知识分子开始把目光主要转向了中国古代的历史和文化，并感受和触摸到了研究中国古代历史和文化的价值和意义。"国学"这个学术概念再一次出现在中国内地，并酝酿出了一个新的"国学热"。

"现代热"—"西学热"—"国学热"，这就是"文化大革命"结束之后中国文化、中国学术演变的三部曲，但也正是到了"国学热"的出现，新时期中国学术复苏的过程才告正式完成。一般认为，"文化大革命"结束之后中国内地有一个短暂的新的思想启蒙运动。我认为，我们与其说这是一个思想启蒙运动，不如说是一个固有的中国高等教育体制以及与此相联系的中国学术的复苏过程。高等院校的恢复招生以及研究生招生制度的建立在这个时期中国学术的发展过程中有着关键的意义。高等院校的恢复招生唤回了中国学者的学术热情，而"文化大革命"结束之后招收和培养的研究生在这个时期中国学术的发展中则起到了主力军的作用。他们进行的并不是一个启他人之蒙的思想运动，而是一个独立思考、自求新知、自我觉醒、建构自我、参与交流的过程。他们与晚清至五四新文化运动那两三代中国知识分子的根本不同在于：晚清至五四新文化运动那两三代知识分子是在西方文化的直接影响下首先意识到中国文化的危机并起而革新中国文化的知识分子，在"国学"的基础上接受"西学"然后革新"国学"、建立起中国现代文化的新传统是那时中国文化的主渠道，而这个时期的知识分子则是在中国固有的文化传统的基础上重新开始自己领域的研究工作的知识分子。"现代热"—"西学热"—"国学热"，反映的不是中国文化的历史发展过程，而是不同领域的学术研究相继复苏的过程。它的根本意义在于：与中国现代高等教育的各个系科相联系的不同学术领域，都重新感到了自己存在和发展的独立价值和意义，并进一步开拓了自己的独立文化空间。

二十七

但是，当"国学"这个学术概念重新出现在中国内地学术界的时候，中国社会和中国文化却已经经历了一个世纪的变化。在中国现代文化史上，"国学"这个概念经历了"信古"、"疑古"、"释古"三个不同的阶段，同时也存在着这么三种不同的学术形态。"信古"是以古代经典为基本价值观念和价值标准的时期，从事的是考证或阐发中国古代经典的意义和价值；"疑古"是以西方科学为基本价值标准对中国古代典籍的真实性产生怀疑的时期，从事的是用考证的方法揭发古代造伪与证伪的事实；"释古"是试图沟通中西文化的时期，从事的是用西方的哲学、逻辑学的概念阐释中国古代基本的文化概念、重构中国古代儒家文化体系的工作。但所有这三种形态，都是以中国古代文化为主要研究对象的，都是与"古"紧密联系在一起的。这就与"国学"这个学术概念本身发生了更为严重的矛盾。"国学"，顾名思义，是一个国家、一个民族的文化和学术。在这个国家、这个民族的内部，"国学"还具有一种潜在的情感色彩和价值评价，有着"它是我们自己的文化和学术"、"是与我们自己国家、自己民族的生存和发展息息相关的"等微妙的含义。但是，如上所述，中国现当代文化是在分化的趋势中发展起来的，不但现代学院文化只是中国现代文化的一种文化形态，即使在学院文化中，"国学"也是分化发展的结果，是其中的一个学术领域，而不是全部学术领域的总称。这就把大量不同学术领域以及在这些领域从事学术研究的中国知识分子他者化、异己化了。"国学"这个学术概念在迅速扩大着自己影响的同时也遇到了其他学术领域及其专家与学者的公开的或心理的抵抗。这样的学术领域至少有下列三类：（1）中国现当代诸学科。中国现当代历史、中国现当代文学史、中国现当代艺术史、中国现当代教育史、中国现当代经济史等等，都已经是中国文化历史的一个时期，这个时期的文化也自然而然地成了中国历史与文化传统的一个有机组成部分。它们都程度不同地受到西方文化的影响，但这并不能影响它们作为中国历史与文化传统的一个有机组成成分的基本性质，这些学科的学术研究成果属于不属于"国学"？在这些学科从事学术研究的专家和学者是不是"国学家"？这不但是一个概念的问题，同时也是一个如何感受、理解和评价这些学科的学术研究的问题，是如何感受、理解和评价这些学科的知识分子的问题。（2）数学、自然科学研究领域。数学、自然科学研究的薄弱，是中国古代文化的一个特点，也是一个弱点，数学、自然科学诸学科几乎都是在首先接受了西方数学、自然科学现成成果的基础上重新起步的，但所有这些学科，都是中国现代教育的有机构成成分，所有这些学科的专家和学者，在中国现代社会、中国现代文化的发展过程中都起到了举足轻重的作用。时至今日，把数学、自然科学完全视为"西学"已经是极不合理也极不实际的，而把数学、自然科学完全排除在"国学"之外则更不合理、更不实际。（3）具有现代逻辑系统的诸学科。哲学、美学、文艺学、教育学、政治学、经济学、法律学、社会学、文化学、文化人类学、心理学等等，在中国古代都有其思想的根底，其文化的资源兼容中西，但其专门的研究则是在西方同类学科已有的基本概念系统的基础上重新起步的。这些学科的研究既具有直接实践性的品格，也具有理论抽象性的品格，在中国现代学术中占有较大的比重。"国学"自然是一个国家、一个民族的学术，就不能将这些学科排斥在自己的范围之外。

那么，"国学"这个学术概念还有没有存在的必要呢？我认为，它的必要性恰恰对于那些程度不同地接受过西方文化的影响而在现代中国重新发展起来的各个学术领域以及从事这些领域学术研究的中国知识分子有着更加关键的意义和价值。对于一个中国古代文化史的研究学者，不论何时何地，都不会对自己学术活动的意义和价值（假若他自己意识到了自己学术活动的意义和价值的话）发生感觉上的巨大落差，因为他的参与意识是相对明确的，他对自己实际参与的学术整体也是相对明确的，他的参与活动在这个学术体系中的作用和意义也是相对明确的。我认为，正是因为如此，所以直至现在，在整个中国学术领域之中，中国古代文化研究领域的学者在整体上表现着更加严谨、更加朴实的学风。在我们感受、理解和评价一个中国古代文化史学者的研究成果的时候，我们对其学术价值和意义的感觉（假若我们感觉到了它的意义和价值的话）也是相对明确的，因为我们知道应当在怎样一个学术体系中感受、理解和评价它。而到了五四以后产生的各个新的学术领域里，我们的评价系统却是相对混乱的，这不但表现在整个社会和整个学术领域的相互感受、理解和评价上，同时也渗透进我们的自我意识里。在这里，有着两个或两个以上的学术体系，一个是西方的学术体系，一个是中国的学术体系，一个中国学者的学术成果到底应当首先纳入到怎样一个学术体系中来感受、来理解、来评价？不难看出，这恰恰是中国学者经常感到困惑并使中国学术常常陷入混乱无序状态的根源之一。我们常常用"文化泡沫"这个概念概括那些表面繁荣而实效甚少的文化现象，在当前的中国，给中国学术带来新的繁荣的常常是这些领域的学术研究，而给中国学术带来大量文化泡沫的也常常是这样一些学术领域的学术研究。正是在这里，我认为，"国学"这个学术概念对于我们中国的知识分子和中国的学术事业，还是至关重要的。

学术是独立的，学术领域的每一个学科也是独立的，但即使这种独立性也是在与其他学科或其他文化领域的区别和联系中表现出来的。"学术"是在人类认识世界、认识社会、认识人类自己的目的下产生与发展起来的，是用文字符号进行表达、传播和交流的。但人类的认识也脱离不开人的感受和体验，我们认识的世界、社会和人，永远只是我们感受和体验中的世界、社会或人自身。所以，"学术"不是文学和艺术，但又与文学和艺术紧密联系在一起，甚至文学艺术本身也是学术研究的一个重要的对象。"学术"实现的是认识的目的，其表现形式是语言的，它诉诸人的认识，而不诉诸人的肉体；它给人以理性的启迪，而不给人以物质的利益。但是学术又是在特定的政治环境和经济环境中进行的，它所思考的大量问题都是现实世界提出的，是与人的政治、经济利益密切相关的。正是因为如此，所以学术的非功利性是相对的，而不是绝对的，不论它与社会的政治、经济实践在表现形式上有着多么遥远的距离，但它还是在自己的政治、经济关系中存在和发展的，它所关注的问题本身也常常是这个政治、经济环境向它提出的，有功利性目的的。人类的认识是普遍的，人类的理性思维方式之间原则上不存在本质的差别。一个美国人能够理解的，一个中国人原则上也能够理解；一个一贫如洗的流浪汉能够理解的，一个腰缠万贯的富翁原则上也能够理解。但是，不同的民族和不同的人之间却有不同的经验世界，而在不同的经验世界里不同的问题却有不同的心理距离和不同的难易程度。中国人感到极易理解的，美国人可能感到极难理解；美国人感到极易理解的，中国人却感到极难理解。也就是说，学术以及其中的每一个学科都有其独立性，但又都是在一个社会整体中产生和发展的，这个社会整体也在有形与无形中影响着自己的学术及其发展状况。各个学科乃至各个学者的研究活动都与这个社会整体相互联系着，彼此也构成特定的关系，并由这些错综复杂的关系将所有领域的学术研究及其活动连接为一个整体。在这里，具体的研究活动是在参与这个学术整体的过程中表现出自己特定的价值和意义的，这个学术整体则是在参与这个社会整体的过程中表现出自己的价值和意义的。我把参与中国社会整体的存在与发展的中国学术整体就视为我们的"国学"。

不难看出，当我们将与异域文化影响有直接关系的学术领域以及在这些领域从事学术研究的中国知识分子的学术成果完全纳入到"国学"这个学术概念之中来的时候，这些学术领域以及这些学术领域的中国知识分子就有了一个基本的自我意识形式，我们对这些学术领域以及在这些学术领域从事学术研究活动的中国知识分子的学术研究成果，也有了一个感受、理解和评价的基本形式。这些学术领域的学术成果，就其形式自身，在异域文化中有着相对应的文化产品，而这些相对应的文化产品在异域是有特定的价值评价的。这样，我们往往就把西方那些与之相对应的文化产品的价值和意义也视为这些学术成果自身的价值和意义，而它们越是在表现形式上与异域这些相对应的产品相同或相似，我们就越是会将二者的价值和意义等同起来。但当将它们纳入到"国学"这个学术整体之后，我们对它们的价值和意义的感受、理解和评价的形式就会发生自觉或不自觉的变化。在这时，也只有在这时，我们才会感到，它们的价值和意义首先不是从异域文化的整体中获得的，而是首先在"国学"这个中国学术整体中获得的。即使它的世界性意义，也只有在这样一个基础上才会有着更加真切的感受和理解，才有较近合理的评价。在20世纪30年代的中国，仅仅在世界范围的马克思主义理论阵营中感受、理解或评价，王明肯定是比毛泽东更加杰出的马克思主义者，但这种评价形式本身就是不合理的。他们都是中国共产党的领袖人物，他们的价值和意义首先应当表现在对于中国共产党领导的革命斗争的作用和意义上，也只有在这样一个基础上，我们才会感到，即使对于整个国际共产主义运动，毛泽东也是较之王明贡献更大的一个中国革命的领袖人物。胡适在谈到蔡元培的时候说："拿世界各国的大学校长来比较一下，牛津、剑桥、巴黎、柏林、哈佛、哥伦比亚等等，这些校长中，在某些学科上有卓越贡献的，固不乏其人；但是，以一个校长身份，而能领导那所大学对一个民族、一个时代起到转折作用的，除蔡元培而外，恐怕找不出第二个。"[①] 实际上，这样感受、理解和评价人物的方

---

① 转引自高平叔：《蔡元培改革北京大学》，《群言》1982年第2期。

式，同样适于鲁迅、胡适、孙中山、毛泽东、康有为、梁启超、章太炎、王国维这样一些为中国近现代历史和中国近现代文化作出了巨大贡献的人物。文化、学术，不像在同样一个起跑线上起跑的赛跑，有一个绝对的高度，它是以影响人类生活的广度和深度为基本尺度的。那些推动了中国文化和中国学术发展的人物及其作品，影响了并继续影响着一个占世界四分之一人口、有着几千年文化传统的文明古国的文化及其社会生活，我们没有理由替他们自卑自贱，更没有理由拿着刚从国外接受来的一点新知识与新思想而傲视他们、俯视他们。总之，只有通过这个我们都参与其中的"国学"这个学术整体，我们才能较近合理地感受、理解和评价我们自己存在的价值和意义，才能较近合理地感受、理解和评价我们每个民族成员存在的价值和意义。任何一个人都首先不是为另外一个或一些民族而生存、而成长的，而是首先为自己、为自己的民族而生存、而成长的，不首先通过对一个人在他所存在的社会整体和文化整体中价值和意义的认知，我们就无法实际地感受到他对于整个世界、整个人类的价值和意义。

假若说这样理解"国学"这个学术概念，对于那些在异域文化直接影响下产生的新的学术研究领域以及在这些学术领域从事研究活动的中国知识分子能够更清醒地意识到自己研究活动的民族性，那么，对于中国古代文化研究领域以及在这些领域从事研究活动的中国知识分子则能够更清醒地意识到自己研究活动的现代性。直至现在，在我们的学术界，"民族性"和"现代性"仍然常常是作为两个直接对立的概念而被运用的。"民族性"常常被用来排斥异域文化，"现代性"常常被用来排斥中国古代文化。实际上，在现代中国，这两个概念永远是无法分离的。凡是在现代中国具有民族性的，它一定同时是现代性的，否则，它就根本无法在中国现代文化中生存并发展；而凡是在现代中国具有现代性的，它一定同时是具有民族性的，否则，它就根本无法在中华民族内部生存并发展。这样一种关系，通过我们现在理解中的"国学"这个学术概念，是极易得到阐释和说明的。正像那些在异域文化直接影响下产生的新的学术研究领域以及在这些学术领域从事研究活动的中国知识分子的学术研究成果的意义和价值首先是在"国学"这个学术整体中获得的一样，中国古代文化研究领域以及在这些领域从事研究活动的中国知识分子的研究成果的价值和意义也是首先在现代中国的这个学术整体中获得的。王国维对殷墟甲骨文字的研究成果根本无法纳入到中国古代学术体系中去，它所完善的只能是中国现代人和中国现代知识分子对中国古代历史与文化传统的认识，形成的只能是中国现代人和中国现代知识分子的新的历史观念和历史研究的观念。只要不把"现代性"等同于"西方性"，它的现代性就是不言而喻的。中国现代知识分子以及中华民族的全体成员不可能都从事殷墟甲骨文字的研究，但也正是因为如此，王国维的研究成果在整个中国社会和中国学术界是具有独立的价值和意义的，人们是通过对王国维学术成果的接受丰富着自己对本民族历史和文化的认识的。正是在这里，首先赋予了王国维及其学术成果以存在的价值和意义，使之构成了中国现代学术整体的一个有机构成成分。它的世界意义也正是在这样一个基础上产生的。他民族的知识分子是通过对中国社会、中国文化和中国学术的关注而关注于王国维及其学术成果的。也就是说，异域的文化研究通过进入"国学"这个学术整体而获得中华民族的民族性，中国文化的研究通过进入"国学"这个学术整体而获得世界性。所以，我认为，重新建构"国学"这个固有的学术概念，对于中国文化、中国学术的发展是有十分重要的价值和意义的。

这样一个意义上的"国学"，是在中国现代文化史上已有的"国学"这个学术概念的基础上提出来的，但又与中国现代文化史上固有的"国学"有着不尽相同的内涵和外延，所以我称之为"新国学"。

二十八

自然"新国学"被视为参与中国社会生存和发展的一个学术整体，"新国学"就不是规定性的，而是构成性的。也就是说，它不应有一个先验性的规定，而是由在中国社会从事着各种不同领域的各种不同的研究工作并以各种不同的形式参与这个学术整体的中国知识分子的研究成果共同构成的。

"国学"这个概念是在中西文化相接触的历史时期出现的，在这个历史时期中国知识分子很自然地会产生两种不同的文化选择：其一是坚持固有的中国文化传统，其二是了解、认识、输入西方文化、革新中国文化。在这种情况下，不论是在哪个派别知识分子的观念里，"国学"都是中国固有文化、中国固有学术的代名词，是在"中—西"二元对立的学术框架中与"西学"相对立的一个学术概念。但也正是因为如此，"国学"在他们的观念里也就有了先验的规定性。在第一类知识分子的观念里，"国学"实际是中华民族生命的根本，而在第二类知识分子那里，"国学"则是需要革除、需要抛弃的陈旧文化，是中华民族生命的负累。但不论怎样理解，它都是一个有着先验规定性的学术概念。视之为中华民族的生命者，其所有的研究最终证明的是中国固有文化传统的价值和意义；视为中华民族生命的负累者，其所有的研究最终证明的是中国固有文化传统的陈旧和朽腐。这形成了中国现代文化史上的"信古派"和"疑古派"。实际上，这还只是中国现代学术形成的一种历史形式，而不是"国学"的本身。真正意义上的"学术"，完成的是对世界、社会、人类自身的认识过程，是由已知探求未知的一项人类的事业。一个民族的学术，是这个民族在自己存在与发展过程中认识世界、社会、人类自身的过程。真正从认识论的意义上，一个研究者不可能对自己的研究对象尽"信"无"疑"，也不可能对自己的研究对象尽"疑"无"信"。"信"是研究的基础，"疑"是研究的动力，以"信"破"疑"，由已知求未知，进一步丰富或深化对研究对象的认识才是学术研究的真正目的。在这个意义上看待"释古派"，它实际上是"双信派"，既信中国古代文化传统的绝对合理性，也信西方逻辑体系的绝对合理性，他们所要实现的是用彼种合理性阐释此种合理性，因而它最终提供给读者的也不是一种新的认识以及新的认识形式。实际上，在人类的认识体系中，是不存在任何一个脱离开特定认识目的的绝对合理性的真理形式的。脱离开中国古代思想家的特定认识目的和西方思想家的特定认识目的，用西方的哲学方法和哲学概念阐释中国古代哲学家的理论概念，是不可能提供给读者以全新的认识的。

"中—西"二元对立学术框架在新文化阵营中形成了"新—旧"二元对立框架。由于新文化运动的提倡者是主张输入西方文化、革新中国文化的，所以在新文化阵营中，"旧"

就是"不好"的意思，"新"就是"好"的意思。实际上，这也是一种先验的规定性，是中国现代学术形成的历史形式，而不是中国现代学术的本身。"新"、"旧"是从产生的时间顺序而言的，"好"与"不好"是从其价值和意义而言的，价值观与时间性有关联，但其关联是多向度的，而不是单向度的。假若"新"的就一定好，越新越好；"旧"的就一定不好，越旧越不好。或者相反。学术研究也就没有存在的必要了。

在这里，我们还不能不谈到在新文化阵营中发展起来的中国现代革命文化。实际上，中国现代革命文化为我们提供的是"统治阶级文化—被统治阶级文化"二元对立的学术框架。这个学术框架也是有先验的规定性的，即统治阶级的文化是反动的文化，是应该被打倒的文化；被统治阶级的文化是先进的、革命的文化，是应该打倒一切、独占世界的文化。它同样是中国现代学术形成的一种历史形式，而不是中国学术的自身。一个民族，一个国家，自然存在着拥有政治权力的管理者阶层和没有政治权力的被管理者阶层，说明这两个阶层对于这个民族整体、这个国家整体，都是有特定的作用和意义的。没有拥有政治权力的管理者阶层，这个民族、这个国家就会陷入无政府主义混乱状态；只有拥有政治权力的管理者阶层而没有从事实际生产的被管理者阶层，更是不可思议的。自然它们对这个民族整体、这个国家整体都是不可或缺的，就只有如何认识和改革统治阶级文化、如何认识和改革被统治阶级文化以及如何调整并改善二者关系的问题，而没有一个谁消灭谁的问题。

总之，"中—西"、"新—旧"、"统治阶级文化—被统治阶级文化"这些在中国现代学术史上形成并凝固起来的学术框架都是有先验的规定性的，因而在本质上并不是真正学术的框架。它们的实际作用是促进了学科的分化，信古派坚守了中国古代文化的研究阵地，新文化派输入了西方文化以及西方文化的学术观念和治学方法，革命文化关注着现实社会问题的分析和研究，并且随着历史的演变和发展，随着学术研究规模的扩大和学术研究的深入发展，在各个不同学科内部也有了各种不同的角度和方法。它在整体上实现的不是一个消灭另一个的过程，而是逐渐积淀和逐渐丰富化的过程。我认为，直至现在，这种主要通过内部分化而形成不同研究领域的过程已经基本结束，新的学科仍然会出现，但却不会在与不同学术领域的直接对立中才能产生。在这时的中国学术整体，亦即我所说的"新国学"，已经没有任何一个先验的规定性，它不会预先规定你必须论证什么以及怎样论证。它的基本形态是构成性的，是由各种不同的学术研究领域和同一学术领域的各种不同的具体研究活动及其研究成果共同构成的。我们再也不能像梁漱溟那样说："西方文化是以意欲向前要求为其根本精神的"、"中国文化是以意欲自为调和持中为其根本精神的"、"印度文化是以意欲反身向后要求为其根本精神的"。① 因为我们中国文化也有了意欲向前要求的文化力量和意欲反身向后要求的文化力量，我们的"国学"，是所有这些文化精神的构成体，只是因为我们面临的是与其他民族、其他国家不尽相同的认识问题，我们的"国学"才与其他民族、其他国家的学术在整体上呈现着各种差别，即使这些差别，也不可能具有任何先验的规定性，因为自然是一个整体，它就是由各种不同的领域和各种不同的倾向构成的，自然是学术，它就是一个变动不居的领

---

① 梁漱溟：《东西文化及其哲学》，北京：商务印书馆1987年版，第55页。

域，而不可能有一个凝固不变的、涵盖一切的、完全统一的理
念化本质。

二十九

"新国学"是构成性的，那么，它是怎样构成的呢？

在这里，我们首先应当注意到的就是民族语言在民族学术
整体构成中的作用。

学术，是一种语言建构，这种语言建构完成的是一个认识
过程。这种用语言建构起来的认识过程是用于交流的，是需要
在特定的范围中传播的，而其传播的范围在更多的情况下不能
不首先发生在自己民族的范围之中。他民族的学术成果要想在
这个民族中得到更为广泛的传播，必须首先翻译成这个民族的
语言；这个民族的学术成果，要在他民族得到更广泛的传播，
必须首先翻译成他民族的语言。这样，任何一个现代民族的学
术都不可能是绝对封闭的，但任何一个现代民族的学术仍然是
由民族语言构成的一个相对独立的学术整体。语言区别了本民
族学术与他民族学术在整体上的差别，同时也将本民族的学术
构成了一个整体。在这里，民族语言的构造性还不仅仅是形式
上的，不是因为它们都是用民族语言写成的，而更是流通意义
上的。由于语言的隔阂，中国大量的学术著作在域外可能没有
任何影响，但在我们民族的内部却绝对不是没有价值和意义
的，而像孔子、孟子、老子、庄子、韩非子、墨子、屈原、司
马迁、陶渊明、李白、杜甫、白居易、曹雪芹、罗贯中、施耐
庵、吴承恩、吴敬梓、蒲松龄、孙中山、鲁迅、胡适、毛泽东
这些中国人的著作在中华民族内部的影响则是全社会的，在异

域有着全社会影响的作品在中国则仍然主要停留在相对应的专业领域内部，并且大都是通过翻译家的翻译才被中国读者所接受、所了解的。总之，民族的语言决定着一种文化在一个民族内部的流通状况，一个民族的文化、包括它的学术就是被这样的大大小小的流通渠道贯穿成一个整体的。这决定了不论一个民族的文化和学术与其他民族的文化和学术取着怎样开放的态度，这个民族的文化和学术还是这个民族的文化和学术。开放，总是相对的，不是绝对的。但这里也有一个前提，那就是民族语言无论怎样改革，但其独立性是不能丧失的。在一个民族内部，要永远坚持民族语言的母语地位。

民族语言是构成一个民族学术整体的关键因素，但对于我们这个多民族的国家来说，却不能仅仅将民族语言当做本民族学术的唯一构成性因素。汉语是中华民族的一种主要语言，是我们的"国语"，中国历史上大量语言文学作品都是用汉语写成的，现在从事学术研究的专家和学者也大都是用汉语写作的，但它仍然无法将中华民族内部各少数民族的文化典籍和用少数民族语言发表的学术成果组织在中华民族的学术整体之中，将它们组织进这个学术整体的是"国家"。在这里，"国家"不仅仅是指国家的最高政治权力机关，而是指一个统一的、独立的社会整体。"国家"是由国家的各项事业构成的，政治、经济、文化是一个现代国家的三项主要事业，学术事业又是国家文化事业中的一项事业，是与国家的教育事业紧密相连的。学术的事业有与国家的其他各项事业不同的独立职能，同时又与国家的其他各项事业紧密联系在一起。从政治实践和经济实践的角度，学术事业是政治宏观管理和经济宏观管理中的一项事业，是处在国家法律约束下和国家经济支配下的，

"国家"大于"学术",而从知识、文化的角度,一个国家的学术事业不仅要思考和研究与国家政治、经济实践有着直接联系的所有问题,还要思考和研究这个国家的人民所感觉到、接触到的一切事物和一切问题,在这个意义上,"学术"又是大于"国家"的。在一个国家内部,政治、经济、文化构成的是一个互动的体系,这个国家的学术作为文化事业的一部分也在这个互动的体系中与政治、经济和文化的其他事业构成既有矛盾又有统一的互动关系,与此同时,"国家"也将我们的学术通过与国家各项事业的互动关系联系成了一个整体。这从现代高等教育的构成形式也可以看得出来,不论现代高等教育各个系科的内部包含着多么复杂的内容,但所有这些系科都是与国家的各项事业遥相呼应的(这与国际文化交流也有关系,但它与国家各项事业的呼应性关系永远是主要的、基础性的)。

我们看到,通过"民族语言"和"国家"这两个构成性因素,我们所说的"国学"就与原来所说的"国学"有了不同的内涵和外延,但它又绝对不是一个无法界定的学术整体,而是有着明确的边际感的。从民族语言的角度,包括中国内地学者、海外华人、台港澳等地区的中国学者在内的所有历史上留传下来的和现在刚刚出版的用汉语言文字写成的学术研究成果,都应当包含在我们的国学范围之中。在历史上,我们有佛经的翻译和研究,在现代,我们有西方学术名著的翻译和介绍,包括中国学者对外国文化、外国文学的翻译、介绍和研究,同样也是我们现代"国学"构成的有机成分。至于外国汉学家用汉文写成的研究中国文化的著作,正像中国学者用外国语言写成的研究中国文化或外国文化的学术著作,则是一种越际学术现象。这类文化现象就其"他者化"的特征不应包含在这种民族语言所构成的学术整体之内。一个外国学者对于中国文化的研究是对于"他者"的研究，不是或者不必是从推动中国文化发展的角度而作出的研究，所以它理应包含在本民族的文化、本民族的学术之中，但就其传播的角度，它同样首先参与了中国学术整体内部的交流，对我们的研究能够产生直接的影响，所以我们也可以将其包含在我们的"国学"之中；一个中国学者用外文写成的研究中国文化或外国文化的著作，由于直接参与的是外国学术的交流，它不应属于我们所说的"国学"范围，但它对中国文化的研究不具有"他者化"的特征而对于外国文化的研究则具有"他者化"的特征，是从中国学者的角度对中国文化和外国文化的研究，因而也可以视为中国学术的一个成果。特别是将其翻译为汉语之后，它就理应属于"国学"的范围了。从"国家"这个构成性因素来看，中华民族内部的各少数民族成员用汉语或用本民族的语言对本民族文化或对汉语言文化进行的所有研究，理应属于"国学"的范围，而境外同一民族用这种民族语言对本民族或对中国文化的翻译、介绍和研究，则不属于中国学术，不在我们所说的"国学"范围之中。例如，一个中华民族内部的回族知识分子对自己民族和汉民族文化的研究理应视为我们的"国学"，而一个中亚国家的回族知识分子用本民族文字对自己民族或汉民族文化进行的研究，则不能视为我们的"国学"。

假若说过去的"国学"是一种纵向的构成方式，并且一旦构成就中断了它的命脉，"新国学"则是一种横向的构成方式，但这种横向构成的"国学"却同时是一个不断丰富和发展着的动态过程。过去我们仅仅将对 19 世纪以前中国文化的研究视为"国学",这就把"国学"的命脉变得越来越细弱、越来越狭窄了。试想,再过几个世纪,我们假若仍然仅仅将对 19 世纪以前中国文化的研究称为"国学",那时的"国学"在整个中国学术中的地位将如何呢?但当我们将"国学"理解为由民族语言和民族国家这两个构成因素构成的学术整体的时候,我们就会看到,"国学"从我们的民族语言和我们的民族国家产生之时起就若隐若现地出现了,此后,特别是在春秋战国之后就形成了一个连续流动的整体,蜿蜒至今,虽有变化,却无中断,只要我们的民族语言和民族国家还存在着并发展着,我们的"国学"也就不会停止自己的生命,也就永远处在丰富和发展的过程中。

在这里,我们还可以从动态的角度感受和思考"国学"的构成形式。作为中华民族学术整体的"国学",在纵向的流程中,永远以积淀与生成两种形式存在并发展着。"生成—积淀"、"积淀—生成",构成了一个民族文化同时也是民族学术的不间断的历史过程。语言本身就是传播的一种形式,文字语言则使一个文化成果可以按照生成时的原有面貌流传到后代,《论语》虽然与孔子弟子当时辑录的原书会有某些不同,但从整体上传达的仍然是孔子当时的真实思想,使我们能够在几千年之后仍然可以直接了解、感受和理解孔子的思想学说。也就是说,它生成之后,假若没有特殊的原因,就积淀在民族学术的整体中,成为我们"国学"星系中的一个星球。与此同时,每一代知识分子在接受了此前学术成果之后,又会在自己感觉、感受和体验的基础上创造出各种不同的新的学术成果,它们假若没有特殊原因,也会积淀在我们的"国学"星系中。

正是由于语言、特别是文字语言的这种流通性，使之在横向上可以跨越空间的界限，在纵向上可以跨越时间的界限，形成与人类本身不同的特征：人类本身没有长远的积淀性能，而人类的文化、学术则具有长远的积淀性能，并且在这个积淀过程中基本是越来越丰富的。孔子和鲁迅都没有活到现在，但他们的作品却仍然活跃在我们的社会上，我们国家的图书资料和文物收藏是越来越丰富的。一些文化保守论者只讲"旧"、只重"旧"；一些文化进化论者只讲"新"，只重"新"。实际上，文化的这种"生成—积淀"、"积淀—生成"的构成性特征，使我们永远无法离"新"谈"旧"，也无法离"旧"谈"新"。"新"若不包含"旧"，"新"就是一个易碎的薄片，它一经产生就会死亡，因为它一经产生，就不再是"新"的；"旧"若不包含"新"，"旧"就成为历史的垃圾，而不可能被一代代人反复阅读、感受、体验和理解。即使《老子》，在我们一代代人的眼里都是一个崭新的哲学体系，不学不知，不思不懂，而"学"和"思"则是把一种"新的"知识、"新的"思想纳入到自己固有的"旧"的知识系统和文化心理的过程。在这个过程中，《老子》的哲学思想为"新"，我们固有的哲学思想观念为"旧"。

三十

在当前，有很多对中国现当代学术的反思和批评，但我认为，归宿感的危机和由此而来的自我意识形式的混乱则是影响中国学术继续发展的关键因素。

如前所述，中国现当代文化以及中国现当代学术是在西方文化影响下通过内部的裂变逐渐形成现在这个新的格局的，但这个裂变只是中国现当代文化以及中国现当代学术发展的一种历史形式，而不是它的根本内容。就其内容，不论这种裂变采取了多么激烈的形式，它仍然是中国文化以及中国学术内部的裂变，裂变的结果构成的仍然是中国文化和中国学术的整体。这正像宇宙的大爆炸，爆炸的结果是宇宙存在形式的变化，而不是宇宙本身的毁灭。它仍然是由中国文化以及中国学术的两个基本构成性因素构成的。中华民族的民族语言发生了变化，但它仍然是中华民族自己的独立语言，所有这些分化都是在民族语言基础上发生的。既然彼此使用的仍然是民族语言，彼此就仍然是可以沟通的，就是可以通过沟通而实现彼此的了解、同情和理解的。章太炎在文化上是"守旧的"，鲁迅在文化上是"急进的"，但这并不意味着彼此不能相互了解、理解和同情；辜鸿铭是旧文化的"卫道士"，胡适是新文化的"马前卒"，这也并不意味着两个人就没有相互了解、理解和同情的渠道。我们的国家内部也曾发生过大动荡、大分化、大革命，但中华民族始终还是一个独立的民族国家，没有沦为帝国主义的殖民地，国家各项事业的发展体现的仍然是中华民族自身的发展，其中的分化和分裂仍然是我们国家内部的各项事业以及各个事业内部的各个阶级、阶层和利益集团的愿望和要求的分化与分裂，它实现的是不同学术领域的分化和同一学术领域内部不同思想倾向、不同学术观点的产生。通过这种分化，形成的是一个更完整的现代学术格局。仅就这个学术格局而言，较之五四新文化运动之前，我们的学术队伍扩大了，我们的研究范围宽广了，我们的系科齐全了，与中华民族政治、经济、文化各项事业的联系更加紧密了。我认为，不论我们对中国现当代学术还有多少怨言和不满，这个基本的事实是不容抹杀的。

但是，中国现当代文化以及中国现当代学术这种发展的历史形式本身也不是没有给我们留下隐忧。这个隐忧就是中国知识分子归宿感的危机和由此而来的自我意识形式的混乱。仅就这种分裂和分化的历史形式，它在各个学术领域和各个学术领域内部不同思想倾向、不同学术观点的形成过程中也形成了各不相同的价值标准，在分化的过程中，彼此重视的是各自独立的价值标准，只要这种分化、分裂的过程尚没有完成，彼此就不会重视将矛盾着的双方联系为一个整体的超越性价值标准的建立。而没有这样一个超越性的价值标准，彼此的分裂和彼此的对立就是绝对的，彼此意识到的就只是自我的价值和意义，而不是在一个更大的统一体中的自我和自我的对立面共享的价值和意义。假若说在统一体开始分裂时，双方还都能从原来的统一体中感受到彼此的联系，还能保留着在原有统一体内部存在着的超越性标准，而一当这种分裂和分化的过程已经基本完成，后来者便能够直接进入这些已经分化和分裂了的学术领域或学术派别，在这时，统一体的意识淡漠了，统一体内部存在的超越性价值标准模糊了，彼此的对立就成了绝对的对立。在一个多世纪的过程中，我们的文化包括我们的学术是分而又分的，各自有各自的价值标准，各自有各自的评价系统，假若没有一个超越性的价值标准，我们之间任何一点微小的差异就会导致我们之间的分裂，而一旦分裂就没有了一体的感觉。"中国文化—西方文化"、"旧文化—新文化"、"统治阶级文化—被统治阶级文化"、"民族意识—世界意识"、"群体意识—个性意识"、"国家意识—公民意识"、"雅文化—俗文化"、"唯心主义—唯物主义"、"客观—主观"、"人文主义—科学主

义"、"复古主义—进化论"、"经济意识—道德意识"、"自由
意识—法律意识"、"现代性—反现代性"、"民族化—全球
化"、"本能—情感"、"意志—理智"、"史料的搜集与整理—
观念的革新与理论的概括"等等，所有这些二元对立的文化
框架和学术框架都几乎绝对地将我们分裂开来，彼此构成的不
是互动的学术体系，而是相互歧视、压倒、颠覆、消灭的关
系。甚至同是左翼内部的不同思想倾向，也成了势不两立的不
同文化派别。当一个学术领域或一个学术派别不再努力了解、
理解、包容对立面的合理性并思考和回答对立面向自己提出的
质疑，这个学术领域或学术派别也就没有了继续发展的动力资
源。古代的、西方的每一种文化倾向都在中国现代文化、中国
现代学术中得到了传播，但又往往停留在立场和观点的层面
上。自然我们是各个分离的，自然在任何层面上也感觉不到我
们的一体性，感觉不到我们不仅是相互对立而同时是相互依存
的，我们也就没有了自己的归宿感。我们这些从事着不同领域
的学术研究、有着各不相同的思想倾向、追求着各不相同的目
标、有着各不相同的价值观念和价值标准的中国知识分子，除
了相互的迁就和敷衍之外，很难找到属于我们中国知识分子群
体的同存共栖的归宿地。

　　实际上，我之所以认为"新国学"这个学术观念对于我
们是至关重要的，就是因为，只有这样一个学术观念，可以成
为我们中国知识分子文化的、学术的和精神的归宿。因为只有
在这样一个学术观念中，我们才能发现和认识自己的存在价值
和意义，也能发现和认识与我们从事不同领域的学术研究活动
或具有不同思想倾向、不同学术传统的中国知识分子的存在价
值和意义。在这里，我们彼此之间不但没有势不两立的敌对关

系，而且是有机融合为一体的。我认为，它就是我们中国学术的"道"体。在过去，我们有的学者将自己的研究成果直接纳入到西方文化（实际上是西方一个特定民族的特定文化派别）中意识其意义和价值，有的学者将自己的研究成果直接纳入到中国古代文化（实际上是中国古代的一个思想学说）中意识其意义和价值，有的学者将自己的研究成果直接纳入到国家的政治实践中意识其意义和价值，有的学者将自己的研究成果直接纳入到弱势群体的物质利益中意识其意义和价值……实际上这些意识形式都带有一种虚幻性，是一种颠倒了的价值评价形式。一个中国马克思主义者的著作首先不是写给外国马克思主义者阅读的，一个中国新人文主义者的著作不是写给西方新人文主义者阅读的，现代新儒家学派的著作不是写给古代旧儒家知识分子阅读的，一部中国知识分子的政治学著作不是直接写给政治领袖阅读的，而大量弱势集团的社会成员则是不阅读学术著作的。它们的价值和意义只能通过他们在中国现代文化环境和学术环境中所发挥的实际影响作用才能切实而有力地感觉得到。而"新国学"就是我们意识中的这样一个学术整体。一个我们在其中可以获得价值和意义感觉的"道"体。

在这里，我们不能不重新思考人类以及一个民族的学术本身存在的价值和意义的问题。在过去，我们主要把一个历史时期的学术成果视为这个历史时期的文化标志，实际上，这种直接的标志作用并不是最重要的。学术的真正价值和意义在于它是人类以及一个民族实现自我再生产的主要方式之一。每一个时代的人都是从无知蒙昧状态重新开始自己的人生的，都不是生而知之的，都不是仅仅依靠个体的直接经验在纯粹自然的状态中就能够获得充分的成长和发展的。每一个时代的每一个人都要有一个成长的过程，都要在这个成长的过程中重新获得自我生存和发展的知识技能和人生经验，重新塑造自己并建构自己的物质世界和精神世界。"在游泳中学会游泳"是一种再生产的方式。但这种依靠直接实践的方式永远使人走在自己实际人生的后面，使人经历了困难才取得了克服困难的经验和能力，吃过李子才知道李子的滋味。而人要走在自己人生的前面，就需要在没有面临实际的困难之前掌握尽可能多的知识、技能，取得尽可能多的人生经验，并在这个过程中提高自己的认识能力和理性思维能力。对于一个人是这样，对于一个民族和整个人类也是这样。我们永远不可能完全地做到这一点，但它却是我们不断追求着的一个目标。正是在这个过程中，人类以及一个民族的文化和学术才能发挥为任何其他事业都无法代替的独立作用。只要认识到人类以及一个民族的学术的这种价值和意义，我们可以发现，所有那些在学术领域看来尖锐对立的学术领域、思想倾向、学术派别和学术成果，只要在学术的意义上是成立的（用中国固有的话来说，就是"言之成理、持之有故"），在人类以及一个民族的学术整体中就是浑然成为一体的。这里的道理并不难以理解，世界是复杂的，社会是复杂的，人生是复杂的，人的自身是复杂的，任何一种单独的知识技能或思想学说都不能确保人的安全和幸福，也不能确保人类或一个民族的存在和发展。人类以及一个民族是由各种不同的才能、各种不同的喜好和追求、各种不同的习惯和性格、各种不同的政治地位和经济地位、各种不同的环境条件和人生机遇的人共同构成的。并且所有这些都在时时发生着各种不同形式的变化。知识分子的各种努力，各种形式的思考和研究，都在这个人类或民族的再造工程中相遇，并且消融了自己的差别，正像孔子和墨子、老子和韩非子、陶渊明和杜甫、鲁迅和胡适、费尔巴哈和黑格尔的著作的译本同时出现在国家图书馆中一样，中国知识分子的各种不同的研究活动和研究成果在"新国学"中也是同存共栖的。

各不相同的学术领域、思想倾向、学术派别和学术成果为什么在我们称之为"新国学"的这个学术整体中能够消融彼此的差别和对立呢？因为一旦将它们置入到这样一个学术整体之中，它们寻找的就是自己发挥作用的独立空间。空间消融了它们的对立，也发挥了它们的作用。一个英国学者在谈到保守和革新的关系时说："习俗制度所服务的目的是社会保守。保守某事是使它大体不变。社会保守就是大体维持一个共同体的生活方式以其既有的形式不加改变。习俗通过保持社会场合下的行为方式而有助于社会保守。没有一个社会能够敢于忽视社会保守。当变化在进行时，只有至少大体维持部分的社会生活方式以其既有形式不变，一个社会才能吸收变化。依陀思妥耶夫斯基之见，'人类是一种能够习惯于任何事物的动物'。不过，习惯于某些事物，这是需要时间的。假若每一种事物都变幻不定，那么，一切就会面目莫辨，过去的经验全无用处，人们将不知所措。习惯于变化需要时间，这为革命政府在短期内能够贯彻和推行的事物设立了限度。"① 保守与革新、保守与革命，在鸦片战争之后的中国历史上，向来是势不两立的两种思想潮流，但假若纳入到我们民族文化、民族学术的整体中，亦即纳入到"新国学"这个"道"体中，这两种思想潮流的

① A. J. M. 米尔恩：《人的权力与人的多样性——人权哲学》，夏勇、张志铭译，北京：中国大百科全书出版社1995年版，第138—139页。

对立实际是没有我们想象得那么严重的，保守主义能够发挥实际作用的永远是那些尚不具备充足变化条件的社会领域和社会阶层，而那些已经具有充足变化条件的社会领域和社会阶层，则最易接受革新乃至革命的思想和理论。它们发挥作用的空间不同，其直接对立的性质就被消解了。对立的性质虽然消解了，却没有消解它们各自的社会作用。与现实世界有着直接联系的思想学说是这样，与精神世界相联系的思想学说就更是这样。宗教是在信奉宗教的信徒中发挥实际影响作用的，科学是在各项研究活动中发挥实际影响作用的。在其理论形式上，二者是对立的，在其社会表现上，彼此是共存的。前者不是"一分为二"，后者也不是"合二而一"，因为这里还有一个空间关系的问题。

三十一

不同的学术领域、不同的思想倾向、不同的学术派别、不同的学术成果在"新国学"这个民族学术的整体中泯灭了彼此的差别，成了一个浑融的整体，但这绝不意味着我们每一个知识分子及其学术的研究活动是没有任何独立的价值和意义的，也绝不意味着知识分子之间就没有必要进行任何形式的学术争论。在这里，存在的是人类以及一个民族学术存在与发展的基本形式和途径问题。

毫无疑义，学术是建立在人类以及一个民族的生活常识基础之上的，没有常识，人类以及一个民族无法生活，其学术也无由产生，但人类以及一个民族却无法仅仅依靠常识生活。常识不需要人的思考，因而也不是可靠的知识。"常识在某种程度上不是概括化的和系统的知识，像高度发达的科学的概念框架那样，所以它不是可靠的知识，或者如同我们可以稍微更专业性地评价的那样，它不是确定的知识。就是说，相对而论，常识不知道在哪些确定的条件下它关于事实和关于事实与事实之间关系的断言实际上会发生。当这些未知的条件变化时，事实将发生变化，而没有对这些条件有确定理解的常识则对进一步的行动给不出令人满意的指南。常识之不可靠性，常识在面对它不能描述的、条件发生变化时的矛盾性，或许在常识之言论和格言中大量的不一致和矛盾之中最有可能看到。常识总是而且依然是无数谬误、欺骗和误解之集合体的继承者"。① 在这样一个意义上，学术就是向常识挑战，就是要对常识进行证伪，就是要改变社会或者社会上一部分人对一些事物的固有看法。它可以小到一个词语的解释，也可以大到一种世界观和人生观，但只要是学术研究，就必须穿透社会常识的覆盖层，将人的认识推进到一个新的境界中去。正是在这种证伪的过程中，学术研究才把固有的常识和获得的新知组织在一个统一的系统中，使固有的常识和新的知识都处在特定的关系中，从而也使它们成为确定而可靠的知识。我们经常说，学术要创新，要有独立见解，要发现新问题，要获得新知识，不因袭前人，不人云亦云，实际上，这都意味着要超越俗见，挑战常识，改变人们对事物的固有看法。在这里，我们既可以感受到学术在人类以及一个民族文化中的独立性，也能发现知识分子在现实社会中所常常体验到的孤独感和无力感。不论一个民族的知识

---

① 巴伯：《科学与社会秩序》，顾昕等译，北京：生活·读书·新知三联书店1991年版，第23页。

分子如何努力理解广大的社会群众并为广大社会群众服务，但知识分子在现实社会上仍然经常处于孤独无依的状态。越是那些与现实社会和现实社会思想关系密切的领域，越是经常会遇到社会普遍的冷落、歧视乃至抵制与反对。这是由学术研究与社会常识之间的矛盾对立关系所决定的。大多数的社会群众是生活在常识之中的人，是依靠常识联系在一起的，一个人在哪些方面违背了常识，就在哪些方面被孤立了起来。常识是可以改变的，但常识的改变需要一个过程，需要一段时间，而知识分子往往就是首先背离生活常识的人，并且这种背离就是他的职责，他的使命，是他不能拒绝也无法拒绝的一种命运。在这个过程中，知识分子经历的常常是不被理解的苦痛，至少在他的内心体验中是如此。"盖文王拘而演《周易》；仲尼厄而作《春秋》；屈原放逐，乃赋《离骚》；左丘失明，厥有《国语》；孙子膑脚，兵法修列；不韦迁蜀，世传《吕览》；韩非囚秦，《说难》《孤愤》；诗三百篇，大抵圣贤发愤之所为作也。此人皆意有所郁结，不得通其道，故述往事，思来者。"①在这里，司马迁既列举了历史上那些文化先行者的不幸遭遇，也表达了自己内心的孤独体验。即使那些自然科学家，像哥白尼、伽利略、布鲁诺，也都经历过不被社会所了解的苦闷。但人类以及一个民族认识能力的提高，理性精神的加强，思维能力的发展，仍然是离不开这些知识分子的。正是他们，随着社会历史的发展，不断向社会实践领域提供着新的常识，并使普通社会群众更能适应变化发展了的社会生活。

---

① 司马迁：《史记·太史公自序》，《二十五史》第1卷，上海：上海古籍出版社、上海书店1986年版，第357页。

学术活动要挑战常识，但却无法直接与常识对立。这里的道理是非常简单的，因为常识本身并不是确定的知识，它带有很大的随意性。与随意性对立的命题同样也是随意性的，同样也无法成为确定的知识。学术研究向社会常识的挑战，常常是通过反思在当时社会上影响最大的一种或数种思想学说或文化传统进行的。常识，不是无根之木。在开始，它们是人类或一个民族认识世界、社会和人类自身的结果，是在特定的知识系统中具有确定内涵和外延的某种经验和认识。但它一经转化为常识，就脱离开了产生它的知识系统，成为不需思考就可以直接加以运用的常识，也就带上了随意性和不确定性的特征。儒家文化是一个知识体系，儒家文化是通过向当时混乱了的社会秩序以及在这种混乱的社会秩序中形成的一系列常识性认识的挑战而具体地建构起来的。在儒家文化的知识体系里，"忠"、"孝"、"节"、"仁"、"义"、"礼"、"智"、"信"、"忠恕"、"中庸"等大量概念都是有确定的含义的，都是在彼此紧密的联系中获得了可靠性的，但当这个学说在中国古代社会上广泛传播开来，它的这一系列概念再也不是作为一个完整的体系被世人接受和运用的，而是作为散乱的常识活跃在各种不同的人和各种不同的语境之中的，其随意性就大大加强了。当一个专制帝王和一个愚儒小民同时将它们用为褒义词的时候，它们的含义就是模糊不清的了。不论从主观动机还是从实际效果，五四新文化运动所要反对的都不是两千多年之前的孔子及其思想主张，而是当时社会上流行的陈旧而又没有实际意义的观念和思想，但它要使自己的批判带有整体性和确定性，就必须通过对儒家文化这个具有系统性和确定性的思想传统的反思和批判。学术是为了挑战常识，探求新知，改变人们的传统观念和认识，但学术的发展则常常表现为后一代知识分子对前一代知识分子的修正、批判乃至否定。学术发展的历史事实告诉我们，后一代知识分子若不通过对前一代知识分子的批判、否定、批评、修正或补充，后一代知识分子就无法建构自己的学术，甚至也无法创造新的学术成果。而假若他们不能建构自己的学术、创造新的学术成果，前人的经验和知识在他们这里也就只能是一些散乱的常识，一些不可靠的知识。不论是西方的文艺复兴，还是中国的五四新文化运动，都是通过反思、反叛传统而建构起自己的文化传统和学术传统的。它其实是一种文化发展和学术发展的形式。

如前所说，我们的超越永远是在某些常识基础上的超越。学术重史料，重证据，而所有这些原来都是普通常识。当它们已经被有效地组织进一个学术整体之中，它们的意义和价值就有了确定性和可靠性，它们就成了我们所说的某个学科或某种思想学说的基础知识，而在它们尚未被有效地组织进这个学术整体之中的时候，它们的意义和价值还没有自己的确定性和可靠性，它们就仍然是一些常识。但学术永远不能停留在这些尽人皆知的史料基础之上，你或者通过这些尽人皆知的事实推论出新的事实，或者要在这些历史资料的联系中作出抽象的理论概括。但是，学术自然是向常识的挑战，是对常识的超越，所以任何的学术研究都不可能以所有的常识为基础。我们看到，不同专业的知识系统都是以不同的常识为基础的，即使在同一专业领域，或者由于研究的问题和对象的不同，或者因为研究者所要追求的社会目标、学术目标的不同，或者兼而有之，其知识系统是各不相同的，构成它们概念框架所需的社会常识也各不相同。经济学家作为基础知识而运用的社会常识，可能正是道德家所要推翻或要超越的；政治学家作为前提而肯定的，文学家可能作为谬误而否定。同是经济学家，从不同角度建构起的经济理论也各不相同。同是"人"，有的被作为工具，有的被作为目的；有的被作为道德主体，有的被作为娱乐主体；有的被视为情感载体，有的被视为理性载体；有的重视其本能的需要，有的重视其精神的需要。这就使同样一个时代的学术乃至同样一个人的不同学术成果都各不相同。但是，没有这种分离，就没有我们的学术研究。人类以及一个民族的学术向来是以差异的形式而存在的。没有差异，就没有学术。在社会实践的领域，我们经常说要求同存异，但在学术领域，我们向来是存同求异的。"异"，也不是常识之"异"，也不是你说向东我向西、你说向西我向东那种随意的、不负责任的对立，而是在不同概念框架之上建立起来的不同的知识体系。这样的"异"，不通过相互的辩驳、诘难、争论或讨论，几乎是不可能丰富起来、严密起来和发展起来的。即使一篇硕士或博士论文，也要有一个答辩会，也要回答答辩委员从各种不同角度提出的各种形式的质疑。也就是说，学术是不能调和的，只有通过不断的学术争鸣，学术才能生成，才能繁荣和发展。

总之，人类以及一个民族的学术都是以差异的形式而存在的，不但学术要穿透在社会实践领域起着连通作用的常识网络的覆盖，"遗世而独立"；不但新生代的学术要冲破前辈学术的束缚重新建构自己的知识体系，"不落前人窠臼"，即使同时代的不同领域、不同倾向、不同派别、不同人乃至不同学术成果之间也要独树一帜，"存同而求异"。学术争鸣不但是不可避免的，而且是学术发展的必要条件。在"新国学"这个民族学术的整体中，自古至今所有的学术成果都是浑然一体的，都是没有直接对立的性质和不可克服的矛盾关系的，但要成为一种学术、一个学术成果、成为这个学术整体中的一个构成要素，则必须是彼此有差异、有矛盾、有冲突的。因袭的、模仿的、抄袭的，不成其为学术，也无法进入人类以及一个民族的学术整体，无法进入我们所说的"新国学"这个中华民族的学术"道"体。

在这里，也就有了一个从事学术研究活动的中国知识分子如何意识自我和自我研究活动的意义和价值的问题。

三十二

学术首先是一种参与。"参与什么"以及"怎样参与"实际上是所有研究活动不能不面对的两个重要问题。"参与什么"，就是在哪里发挥自己学术活动的作用以及在哪里获得自己学术活动的意义和价值感觉的问题，假若你在参与的整体中根本无法发挥自己的作用并获得自己学术活动的价值和意义的感觉，你就不知道怎样建构自己的知识体系，你也不知道自己能够研究什么以及怎样进行研究。你在自己的研究活动中也根本感觉不到自己的乐趣，从自己内部找不到支持自己研究活动的精神支柱。"怎样参与"实际是怎样在自己参与的学术整体中相对明确地意识自己和他人的关系的问题，在其中也包括与过去的文化遗产和进入自己所参与的学术整体的外来文化（翻译文化）的关系的问题，当然更有与自己同时代人的学术活动和学术成果的关系问题。

在"参与什么"的问题上，我们在中国现当代学术中可以见到下列三种不同的情况：

1. 参与世界某种思潮并以这种思潮自身的价值和意义意识自我学术活动的价值和意义

这种直接参与世界某种思潮的意识带有一种世界主义的色彩，在西化派知识分子中有着广泛的影响。这种参与意识的问题在于，一个中国的知识分子与西方的传教士是有严格的区别的：西方的一个真诚的传教士是首先有了自己的宗教信仰、为了实现自己的信仰而到世界各地传播基督福音的。他从自己的信仰中能够清晰地意识到自己活动的价值和意义，也能够用这种信仰支撑自己的传教活动，并在实际的传教活动中具体感受、了解、认识和理解所到国家的文化，积累起仅仅属于自己的经验和认识，作出他所服务的教会组织能够认可的实际贡献。但一个中国的知识分子却与此不同，他接受的是在一个不同语境中生成、发展并在那里有了比较广泛影响的一种思想学说。这种思想学说不论具体的表现形式如何，都是天生与西方整个的文化体系融为一体的。假若它与中国固有文化传统中的某个思想学说没有本质的区别，中国知识分子大可不必以它为自己的思想旗帜；假若中国固有文化传统没有它的替代品，中国知识分子就是在它对中国文化以及中国学术的意义上翻译、介绍和提倡它的，参与的就是中国文化和中国学术的建设与发展，自我的意义和价值就不是在这种思想学说本身发现出来的，而是在对中国文化和中国学术发展的关切中意识到的。在这时，西方某种思想学说对于中国知识分子只是一个思考和研究的对象，是纳入到他固有文化心理结构并构成了他的独立思想的一种新的因素。不是西方某种思想学说能够包容他的思想，而是他的思想能够包容西方这种思想。在这种情况下，西方这种思想学说就不是一个标准，既不能直接标榜自己，也无法直接评价别人，而只是感到中国人应当了解、同情并理解这种思想学说，以提高和发展自己的认知能力。中国知识分子致力的目标不是以这种思想学说排斥和攻击任何别的中国人，而是要开凿了解和理解这种思想学说的思想通道，并在这种沟通工程中理解自己存在的价值和意义。但我们在中国现当代文化史上所看到的，却常常是另外一种现象。某些知识分子接受西方某种思想学说之后就以这种思想学说在中国的代言人自居，不仅用它标榜自己，同时还用它攻击别人。只要从学术的意义上看待这种自我意识的方式，我们就会很容易地发现，它在三个不同的关系中都没有加入自己的独立思考，都没有经过自己的认真研究：对西方某种思想学说没有独立的研究，对自己没有认真的反思，对别人或别人的思想缺乏足够的理解和同情，并且干涉了别人的思想自由。假如说他们还是对中国文化以及中国学术作出了自己的贡献，那就是他们对这种思想学说的翻译和介绍。但这种贡献仍然在于它参与了中国文化和中国学术自身的建设。整个 20 世纪的中国，几乎成了西方各种"主义"的大战场，这是开放过程中不可避免的现象，但却不是一个正常的现象。

2. 参与社会实践，并在社会实践的成败中意识自己学术活动的价值和意义

从包括精神、思想、观念、意识发展在内的广义实践的角度，学术与实践是相呼应、相连接的，学术所研究的，也正是人类以及一个民族所实际需要的。同样一个研究过程，也常常包括社会实践的内容。更重要的是，一个研究者之所以选择某个研究领域的某个课题，往往是从实践需要的角度出发的。但是，我们仍然不能将学术与具体的社会实践等同起来。学术研

究是在一个相对纯化了的概念框架中进行的，充其量只是揭示了一种可能性，并在这个过程中思考了平时人们不太重视思考的问题。儒家文化不言刑、不言利、不言命，主要从伦理道德的角度讲人与人的关系，而在现实实践中则是无论如何也无法避开这些因素的，但也正是因为如此，它把伦理道德的社会作用充分地显示出来，并为中国古代社会提供了一个行之有效的伦理道德体系。法家则否认人与人之间的情感关系，仅仅从利益关系看待人类社会以及社会的政治治理。社会实践则无法完全提纯为一个严密的结构，它充满了各种变数和偶然性。实践者从来不是仅仅依靠一种思想学说而取得成功的，毛泽东不仅仅懂得马克思主义，鲁迅不仅仅懂得文艺学，原子弹的制造者也不仅仅依靠原子物理学的知识。实践重视的是成功，学术重视的是合理，而在人类社会上，合理的未必成功，成功的也未必合理。二者是没有直接单纯的对应关系的。所以，学术首先参与的仍然是学术，哲学首先参与的仍然是哲学，实践者是在相关的各种学术研究成果的基础上进入社会实践活动的。这种理论与实践直接挂钩的方式还有一个严重的弊病，即用各种不同的社会实践分化了学术、分化了知识分子，破坏了学术研究格局的完整性，并会反过来造成社会实践的失败。当我们将社会实践的胜利仅仅归结于一种思想学说的胜利的时候，其他的思想学说就都成了有害无益的干扰因素。少部分知识分子被从广大知识分子之中孤立出来，受到了超常的重视，而大部分知识分子则受到了不应有的歧视甚至迫害。与此同时，这种意识学术的价值和意义的形式，实际上把裁断学术的权力转移到了学术关系之外的实践领域，知识分子从自己研究活动的本身所意识到的价值和意义不再具有主体性，也无法成为其不断探索的精神驱动力。而像老子哲学、康德哲学这类抽象概括力更强的学术研究，则根本无法用社会实践的标准进行检验。这就将大量青年学者误导到少量在社会实践中受到重视的系科，破坏了整个民族学术体系的完整性，而当这个体系受到严重的破坏之后，又将严重影响各项社会实践活动的进行。总之，学术首先参与的是学术，是在学术关系中意识其价值和意义的，即使学术与社会实践有直接的联系，那也是整体与整体的联系，任何一个独立的学术研究成果都不可能单独地支撑一个独立的实践过程。学术与社会实践的联系是学术首先进入实践者的认识层次，并与实践者固有的所有认识结合在一起，构成实践者整体的认识能力并与他的欲望、情感、意志、习惯等主体因素结合在一起，在他所处的环境条件下发挥其有形与无形的作用。任何将社会实践完全地纳入到一个单一的学术研究成果的企图，不论这个学术成果自身多么伟大，都将导致实践的失败。

3. 参与民族学术整体，在民族学术整体的复杂关系中意识自我学术研究活动的价值和意义

实际上，任何一个有价值的学术成果，都在无意识中参与了民族学术整体的联系，但整体性的意识必须依靠一个综合性的概念才能明确地建立起来和保持下去，没有一个综合性的概念，就没有一个较为明确的整体性意识。对亚洲的整体性意识是有了"亚洲"这个整体性的概念之后才明确地建立起来的，没有这个概念，我们看到的就只是一些各不相同甚至矛盾重重的国家，并且是没有边际感的，无法与欧洲的国家区别开来。学术也是这样。"国学"这个概念就是作为中国学术的整体建立起来的，在当时，很多学者是在"国学"这个学术概念中感到了自己学术研究的价值和意义的，并且这种价值和意义的

感觉支撑了他们的学术研究。像章太炎、王国维、黄侃、陈寅恪、钱穆这样一些国学大师的学术研究，尽管我们可以对之进行各种不同的批评乃至批判，但他们在学术研究中所表现出的执著和坚韧，则是我们这些后辈学者所远远不及的。但是，当时的"国学"是在提倡者没有充分估计到西方文化对中国文化和中国学术所能够起到的正面推动作用而更多地担心着它的负面作用的时候提出来的，因而带有提倡者明显的排外主义色彩。五四新文化运动是在与"国学派"的对立趋势中发展起来的，但也正是因为如此，当五四新文化运动取得了初步的胜利，新文化阵营的知识分子便发生了严重的分化，分化之后的他们实际上已经没有一个共同的精神家园。他们有一种被中国文化和中国学术所放逐的感觉，带有明显的精神流浪者的特征。我们看到，除了鲁迅未曾将自己完全纳入到西方某个思想学说的范式之中去，更多的新派知识分子是把自己的精神寄养于西方某种思想学说的，因而也把西方一种思想学说的价值和意义视为自己的价值和意义，把西方一种思想学说的价值标准作为自己判断中国人和中国事物的基本标准。这使他们不仅从中国广大社会群众之中孤立了出来，同时也从广大中下层知识分子之中孤立了出来。而在内忧外患的中国，现实实践的问题不论对于国家的整体发展还是对于广大社会群众政治、经济地位的要求都有着更迫切的性质。从 20 世纪 30 年代起，从现实实践的角度衡量中国文化、中国学术和中国知识分子的价值和意义就成了广大中下层知识分子的一个重要的思想特征，但从学术发展的自身要求出发，它则并不是完全合理的。很多的学科在直接的社会实践中是永远找不到自己的位置的，但它在人类以及一个民族的学术发展中则是不可或缺的。1949 年之后

中国知识分子的严重分裂，固然与国家的知识分子政策有很大
关系，但与中国知识分子的这种自我意识的形式也有莫大关
系。当大多数中国知识分子都把自己研究活动的价值和意义单
独地纳入到学术关系之外的社会实践领域去裁断的时候，中国
知识分子之间的有机联系就被瓦解了。从本质上讲，每一个用
汉语写作、在中华民族各项社会事业中从事学术研究的中国知
识分子，没有一个人是不希望中国学术事业的繁荣昌盛的，但
我们却没有任何一个学术概念能够把这样一些中国知识分子都
联系在一起，致使很多知识分子不得不到这样一个整体之外的
地方去寻找自我的精神栖息地。"文化大革命"结束之后，
"国学"这个概念重新出现在中国内地的学术界，甚至有人也
开始使用"新国学"这个名称，但它仍然主要指对中国古代
文化的研究，体现的不是中国学术的整体，并且仍然带有排外
主义的色彩。我认为，经过一个多世纪的分化发展、从外部形
式上已经具有了完整性的中华民族学术，需要在精神上也有一
个整体的感觉，有一种凝聚力。"国学"这个曾有的概念就变
得十分重要起来。"新国学"也是"国学"，只不过应当与原
来理解中的"国学"有所不同。

在这样一个意义上，用汉语写作、在中华民族各项社会事
业中从事各种不同的学术研究的中国知识分子的文化参与，首
先参与的应当是"新国学"这个学术整体，因为只有在这个
整体中，我们才能相对明确地意识到从古至今中国知识分子所
有学术活动与学术成果的真正价值和意义。在这样一个整体中
无法获得自己存在的价值和意义，同时也无法获得在世界范围
中的价值和意义，而只要在这个范围中获得了自己存在的价值
和意义，同时也获得了在世界范围中的价值和意义，因为中国

也是世界的一个部分，并且还是一个很大的部分。

三十三

我们都是以个体的形式参与"新国学"这个学术整体的，我们能不能实际地参与到这个整体中去，则是一个"怎样参与"的问题。

人类以及一个民族是由多个事业构成的，一个人也是由多种欲望、要求和才能构成的。学术只是其中的一项事业，仅就这个事业本身，它不比任何事业更卑贱，但也不比任何其他事业更高贵。中国是一个有着悠久文化传统的国家，但又是一个文化发展缓慢的国家。在中国古代社会，能够接受学校教育的是极少数，这极少数知识分子大都进入官僚阶层，具有比普通社会群众更高的政治地位和经济地位。而以"经、史、子、集"为主体的文化，都是学术性的。直到现在，有些中国知识分子在自觉与不自觉间就会自视过高，将自己的职业置于其他社会事业之上，也将知识分子置于其他社会成员之上。但是，中国现当代文化教育事业的发展早就将知识分子从政治、经济两项社会事业中分离出来，从事学术研究的多数知识分子不再同时是政治权力和经济权力的拥有者，这在政治、经济相对落后，广大社会群众更关心的是社会的政治治理和经济发展的现实条件下，从废除科举制度和五四新文化运动开始，中国知识分子的社会地位就一直处在急遽下降的状态中，直至20世纪60年代末的"文化大革命"，几乎跌到了历史的低谷。这使另一些知识分子又有一种自卑自贱的倾向，认为学术天生就是屈从于社会实践的，知识分子天生就是屈从于政治、经济权力的。但在"文化大革命"之后，中国学术又一次走出了低谷，有了重新发展的机遇。这说明，一个民族的学术没有战胜一切的力量，但也有被任何力量所无法完全战胜的力量。学术，永远是人类以及一个民族众多事业中的一项事业。自视过高，往往对知识分子同行也缺少应有的理解和同情，将自己封闭在狭小的空间中，建立不起与广大知识分子休戚相关的感觉。自视太低，则往往"身在曹营心在汉"，建立不起对本民族学术事业的热情和责任意识，其"学术"也只是虚应的故事。这两种倾向，都使我们各个分离，无法有机地融为一个整体。

自然学术只是人类以及一个民族多个事业中的一项事业，这里就有一个自由选择的问题。我们可以选择学术事业，也可以不选择学术事业。也就是说，"怎样参与"的首要原则是"自由地参与"而不是"不自由地参与"。我们经常听到关于知识分子应该怎样和不应该怎样的议论，实际上，离开学术本身的要求而谈论知识分子的问题，常常是对知识分子个人自由权利的侵犯。在学术这个职业的特定要求之外，知识分子等同于一个公民，他应该尽一个公民应尽的一切义务，也应该享受一个公民应该享受的一切自由权利。在"公民"这个层面上，中国知识分子和本民族所有公民是一律平等的，并且共同构成中华民族这个民族共同体。

学术之所以与人类以及一个民族的其他社会事业有所不同，就是因为它在人类以及一个民族之中，具有为其他社会事业所没有的独立力量，也能发挥为其他社会事业所无法发挥的独立作用。民族学术的力量源泉何在呢？我认为，就在于这个民族的语言，以及与这个民族的语言联系在一起的这个民族的知识体系，以及与这个民族的知识体系联系在一起的这个民族的思想体系以及认知能力体系。

各个不同的社会实践领域也需要语言、也需要知识和思想，但实践活动的主导因素是行动，而不是语言。在实践的过程中，语言是被行动的目的所控制、所利用的。只有从事文学艺术和学术研究的知识分子，担负的才真正是发展民族语言的任务，是通过掌握语言、运用语言不断积累知识和思想、不断生产知识和思想的任务。在政治关系、军事关系、经济关系以及普通社会群众的日常生活关系中，一句话，在所有存在直接利害关系的领域，都充斥着大量策略行为，而语言就是策略行为中的一种。这里的语言与其说是丰富多彩的，不如说是五花八门的。在两军对垒的过程中，在两派政治势力的较量中，在不同企业的彼此竞争中，甚至在普通社会群众的日常交往中，都不可能随时将自己真实的思想感情和行动计划公布于众，其语言是远离语言本质的。语言的本质职能是实现人与人情感和思想的沟通，一个民族的语言的本质职能则是实现这个民族成员之间的情感和思想的沟通，而要实现这种沟通，首要的条件是发话者表达的是此时此刻自己真实的思想和感情。也就是说，语言符号自身的意义同它要传达的意义是高度统一的。但在所有的语言策略中，语言起到的都不再是沟通的作用，而是将发话者的真实意图掩盖起来不令人知乃至造成对方错觉的作用。可以想见，假若人类以及一个民族仅仅存在着各种不同社会实践领域的语言，这个民族的语言不是逐渐干瘪下去，就是逐渐异化为"非语言"或"反语言"，真真假假，假假真真，使人极难作出正确的解读。而只有文学艺术和学术研究才在语言的本质职能的意义上使用语言、丰富语言，并创造新的富有生命活力的语言。它之所以能够如此，就是因为它是独立于具体社会实践之外的一个民族语言的世界、民族知识的世界和民族思想的世界。学术追求的是知识的系统性和完整性，是思想的系统性和完整性。一个政治学家不是为了自己去夺取政治权力而从事政治理论的研究，而是完善自己以及自己的读者对政治的理解和认识；一个经济学家不是为了自己赚取更多的利润，而是完善自己以及自己的读者对经济的理解和认识。他们都不必隐晦自己此时此刻的真实的思想和认识，并且会尽量全面而且深刻地阐释自己的思想和观点。一个民族的知识就在这样一个超越于现实实践的层面上被充分地发掘出来，构成大大小小的各种知识体系，一个民族的整个知识体系又是在这大大小小的知识体系的基础上构建起来的，而这种构建过程又是发现新知识、建构新思想、发展民族认知能力的过程。秦始皇是一个杰出的军事家和政治家，但他对民族语言、民族知识、民族思想的贡献却是负面的（他的"焚书坑儒"是毁灭语言、知识和思想的行为）。司马迁不是一个伟大的军事家和政治家，但在他的《史记》中却有着更加丰富的政治、军事知识和更加深刻的政治、军事思想。民族语言、民族知识、民族思想是通过像司马迁的《史记》这样的学术著作逐渐积累、丰富和发展起来的，而不是仅仅通过秦始皇这样的政治家和军事家的现实实践逐渐积累、丰富和发展起来的。

用民族语言的力量参与民族语言的交流，用民族知识的力量参与民族知识的交流，用民族思想的力量参与民族思想的交流，我认为，这是每一个个体知识分子参与我们称之为"新国学"这个民族学术整体的唯一途径和方式。作为一个人，知识分子同样是生活在各种实践活动之中的，在所有这些实践活动中每一个知识分子都有在公民自由权利的范围内运用政治、经济的手段战胜对方、实现个人目的的权利，但这还不是学术。在学术的领域、知识的领域、思想的领域，任何政治、经济权力的引进都不但不利于其他知识分子学术研究的进行，同时也堵塞了自己学术发展的道路。当我们不想用民族语言的力量争取别人的理解和同情的时候，民族语言的内在潜力在我们这里就不可能得到真正的发挥了；当我们不想用民族知识的力量取得别人的信任的时候，民族知识的内在潜力在我们这里就不可能得到真正的挖掘了，当我们不想用民族思想的力量实现与其他社会成员的思想沟通的时候，民族思想的内在潜力在我们这里就不可能得到真正的表现了。中华民族几千年的文化历史，再加上现当代中国知识分子对外国文化的介绍和翻译，我们民族文化内部的潜力应该是无比丰富和强大的，关键的问题应该是我们有没有人去挖掘它、发挥它、表现它，并不断创造新的语言、知识和思想。我们经常说学术的独立性，并常常把学术的独立性理解为不研究政治、经济等现实的敏感问题，实际上，学术的独立性就是用学术的力量争取学术的发展。任何的世界都有自己最基本的规则，而不用非学术的手段争取学术的胜利则是学术世界的基本规则。有了这个规则，我们之间不论充满多少分歧和矛盾，这个世界仍然是一个独立的世界，中国的学术仍然是一个学术整体，像先秦诸子的百家争鸣，像五四新文化运动时期"新文化"与"旧文化"的论战，都不会构成对中华民族学术事业的根本破坏。与此相反，运用政治权力发动的全国性的"文化大革命"，却没有带来文化的繁荣，而是带来了文化的大破坏。

当代知识分子职业化了，学术也成了知识分子的一种谋生手段。绝对地否认它是一种谋生手段是不现实的，也是不合理的，但是，作为一种谋生手段的学术还应当是学术，而学术就不能仅仅是一种谋生手段。必须指出，"学术"从来不是纯粹个人的行为，它不仅仅指掌握了某个领域的某些知识的知识分子个人，同时也指这些知识在社会上的接受、传播、运用及其发展和演变，所以，"人"并不是学术的本体，"文本"才是它的本体。假如韩非子仅仅用他的思想和才能帮助一个诸侯国王完成了霸业，他的思想和才能还构不成我们民族的一种"学术"，而只有他将自己的思考用本民族的语言充分地表达出来，使他的思想和才能能够通过民族的语言在社会上得到广泛的传播，并构成其他社会成员重构自己思想的基础知识，它才称得上是我们民族的一种"学术"。仅仅将"学术"作为一种谋生的手段，一个人的"知识"不是转化为"学术"，而是像祖传秘方一样直接进入社会实践的领域，并在实践领域仅仅突出了个人的作用。它有时也以"文本"的形式出现，但这种文本往往不是启发读者的思考，而是束缚别人的思想，更甚者则像"文化大革命"前的大批判文章，完全是为了毁灭别人的声誉，压制别人的思想。假如这也可以称为"学术"，则是一种"伪学术"，因为它不是为了思想的交流，而是为了毁灭别人的思想。也就是说，在当代社会，学术是一种职业，是一种谋生的手段，但真正构成学术事业内在动力的却绝对不仅仅是谋生的需要。

构成学术事业的内在动力是什么呢？我认为，是对本民族社会实践关系的一种关切。

学术是对现实实践关系的一种超越，但这种超越也是建立在对它的关切之上的。没有关切，就不需超越，有了关切，才有超越的愿望和要求。"天之道，其犹张弓与？高者抑之，下者举之，有余者损之，不足者补之。天之道损有余而补不足，人之道则不然，损不足以奉有余。孰能有余以奉天下？唯有道者。是以圣人为而不恃，功成而不处，其不欲见贤。"① 我认为，老子这里所说的"人之道"，实际上就是泛指人类以及一个民族的现实实践关系。这种实践关系总是充满利害冲突的，总是"奉有余而损不足的"。强者与弱者竞争，总是强者胜弱者，胜利了的强者更加强，失败了的弱者更加弱，激化人类以及一个民族的内部矛盾和斗争。加强人类以及一个民族的内部分裂，仅仅有这种现实实践的利害冲突关系，最终必将导致整体的毁灭。"天之道"则是超越于现实利害冲突的整体之道，整体之道才是"损有余而补不足"的，才是维系整体的联系使之不遭到根本的破坏的。实际上这种超越于现实利害关系的"天之道"，就是对各种现实实践关系的整体性认识，就是人类以及一个民族的知识体系、思想体系和语言体系的本质特征，所有这些都不仅仅属于现实利害冲突的任何一方，但又可以被现实利害冲突的任何一方所了解和理解，弱者有了知识和思想就能够更有效地保护自己，使自己渐渐强大起来，强者有了知识和思想至少可以减少掠夺的盲目性，减少对弱者的损害程度，起到的是"损有余而补不足"的作用。它永远不可能完全代替人类以及一个民族现实实践领域的利害关系，但却可以减少它的残酷性，加强政治管理和物质生产的有效性，维持人类以及一个民族的整体存在和发展。知识分子（"道者"）的学术只有在这种整体性关怀的基础上才能建立起来。"杨朱

---

① 《老子》第 77 章。

无书"①，杨朱仅仅"为我"，就不会把自己认为宝贵的知识和思想书写出来，让别的人也能了解和掌握。所以，知识分子与自己学术的关系，是"为而不恃，功成而不处"的，仅仅当做谋生手段的语言、知识和思想，构成的是对别人的排斥、压制或欺骗。

在过去，我们往往先谈知识分子的人格，而后谈知识分子的学术，似乎知识分子的人格是先于他的学术而单独存在的。我倒认为，先于学术而存在的人格是道德学意义上的，对于我们，更重要的是与学术共生的知识分子人格。知识分子是可以有各种不同的性格的，他们在生活中不可能都是白璧无瑕的圣人，但只要是一个知识分子，对本民族现实实践关系及其中的某些问题总是有所关心的，而这种关心又总是超越于纯粹个人的利害关系的。正是这种关心，使他对自己的学术研究有一种极其明确的价值和意义的感觉，而不会随着外部的舆论发生毫无原则的动摇和变化。我们所说的知识分子的人格，就是在这种对民族现实实践关系的关怀中自然形成的，就是在对自我独立思想和见解的意义和价值的明确意识中自然生成的。就其性格，胡适并不是多么坚强的人，但他一生未曾放弃他的白话文革新的主张；就其体格，鲁迅是一个手无缚鸡之力的人，但他一生未曾放弃改造国民性的追求。他们的意志和力量不是来自他们的性格本身，而是来自他们对超越于自我的民族现实实践关系及其实际问题的真诚关怀，来自于他们对自己的思想主张和文化主张的意义和价值的明确意识。正是这种意识，赋予了

---

① 鲁迅：《而已集·小杂感》，载《鲁迅全集》第 3 卷，北京：人民文学出版社 1981 年版，第 532 页。

他们具体感受周围世界和人的方式，也正是这种感受的方式使他们表现出了为其他人所较少有的独立的人格。当我们群起而批判马寅初的时候，马寅初会怎样感受我们对他的批判呢？我认为，了解了这一点，也就了解了知识分子独立人格生成的基础。

当代文化的发展，使我们从对民族的整体关怀中回到具体领域、具体问题、具体事物的关怀中来。在中国古代，知识分子是极少数，这极少数的知识分子联系着整个国家的命运，所以儒家"修身、齐家、治国、平天下"的文化方针就成了对每个知识分子的思想要求，从整体到整体成了儒家学术的主要特征。也就是说，每一个知识分子都是从关怀国家整体出发而思考实现国家整体治理的问题的。"道"、"理"就是与社会整体关怀相对应的文化观念。知识分子本人也以无所不能的"圣人"为自我修养的人格范式。文化教育的普及，知识分子数量的增加，社会分工的加强，使我们现当代知识分子是以"专家"的形式而存在的，但这也造成了一种错觉，认为我们是不需要任何的整体观念的。实际上，正是这种整体观念的缺乏，造成了我们学术观念上的某些参差。直至现在，我们仍然常常只在不同学术领域、不同思想倾向、不同学术流派以及不同学者之间的关系中感受和思考各自的价值和意义。儒家文化的价值和意义往往是在同法家文化、道家文化、五四新文化、西方文化等等的比较中得到肯定与否定的，鲁迅思想的价值和意义往往是在与孔子、胡适、郭沫若、梁实秋、林语堂等人的思想的比较中得到肯定与否定的，唯物主义往往是在与唯心主义的比较中得到肯定或否定的。在这种研究的范式下，似乎永远是学术与学术的战争，知识分子与知识分子的相互排斥。你用"新文化"排斥"旧文化",我用"旧文化"排斥"新文化";你用"西方文化"排斥"中国文化",我用"中国文化"排斥"西方文化";你用自然科学排斥人文科学,我用人文科学排斥自然科学;你用鲁迅排斥胡适,我用胡适排斥鲁迅。历史上曾有的分歧一个都没有忘记,反而变得越来越严重。我们也讲超越,但只讲学术对学术的超越、学者对学者的超越,而不讲学术对现实实践关系的超越,不讲知识对常识的超越,不讲思想对直观感觉的超越。实际上,这种超越观是没有多少道理的。我们当代每一个知识分子都超越了孔子吗?我们当代每一个哲学家都超越了老子吗?我们当代每一个文学家都超越了鲁迅吗?学术虽然常常通过争鸣的方式发展起来,但学术真正的价值和意义却不在此。自然科学的价值和意义不在对宗教的排斥,而在于对自然世界的认识;宗教的价值和意义也不在对自然科学的排斥,而在于人的精神的拯救。学术的价值和意义永远是在对现实实践关系的超越中表现出来的,而不是在对不同思想学说的排斥中表现出来的。只有在这样一个意义上,我们才会感到,我们各种不同的思考实际是对现实实践关系中不同问题的思考。我们之间的差异和矛盾反映的恰恰是现实实践关系中不同问题之间的差异和矛盾。学术争鸣是为了增加我们彼此的相互了解、理解和同情,从而在语言、知识、思想的层面上为改善现实实践关系提供了某些可能。我们研究的是各自不同的问题,但我们共同构成的却是一个民族语言体系、民族知识体系和民族思想体系,构成的是一个我们称之为"新国学"的学术整体。

结　　语

如我在文章开头时所说，"新国学"不是一个学术研究的方法论，不是一个学术研究的指导方向，也不是一个学术流派和学术团体的旗帜和口号，而只是一种学术的观念。本文所谈，大都不在我的专业范围，其中肯定有很多幼稚可笑甚至荒诞不经的地方，但我认为，中国知识分子对于我们民族的学术应该有一个新的整体的观念，从事学术研究的中国知识分子应该建立起一种彼此一体的感觉，对我们都是有重要的意义的。20 世纪是中国学术发生大分化甚至大分裂的世纪，通过这种大分化和大分裂形成的是不同的研究领域、不同的思想倾向、不同的学术流派和不同的个人风格，这样一个过程，经过1949 年到"文化大革命"结束这样一个历史时期的反复和"文化大革命"结束之后在新的历史条件下的学术复兴，至20世纪末基本完成。高等教育的持续发展，研究生招生制度的建立，社会群众对学术问题关切程度的提高，标志着中国学术已经进入了一个新的发展阶段，而这个阶段的特征应该是在全球化背景上重新形成开放的民族学术的独立意识，而重建民族学术的整体观念则是关键的一环。"新国学"这个概念本身并不重要，但对于这样一个整体观念的形成和在此基础上重新调整我们的某些学术思想则是有直接助益的。

（原载《社会科学战线》2005 年第 1—3 期）

感 悟 通 论

杨 义

一、中国智慧的优势所在

　　讨论现代中国学术方法的时候，绝不能忽略数千年间久蕴厚蓄的文化经验和文化资源。这份经验和资源为现代中国学术及其方法，提供了丰富的创新开拓的可能性。在对这份丰厚而独特的资源进行系统的、深入的审视之后，我们发现，感悟乃是中国智慧和思维能力的传统优势所在，它在本能和认知、情感和理智、知识和哲学等诸多层面，给中国智慧提供了奇妙的融贯和升华的通道。哲学是西方学科分类和知识汇总的术语，将感悟与哲学二字联系，是非常陌生的，可能有人会认为它"不通"。但是不通中求通，乃为"大通"。它有可能使文化学术达至一种新的境界，"致广大而尽精微"，在学术的形态和深广度上都获得原创性的拓展。人们大概可以同意，西方思维重分析，东方思维重感悟。西方文化之主流向来把理性的逻辑分析的思维方式，当做最基本的思维方式，乃至生存方式，以此立下其文化传统的深厚根基。中国文化出于自身经验和聪明，则另有所见。中国文学艺术之所以能够极其精妙地表达人类难以言状的精神体验和生命韵味，是与它的重感悟分不开的。因此，既然西方能有分析的哲学，那么东方人研究一下自己的感悟哲学，又岂是多余？从中国文化的行程中，考察感悟是如何沟通客观世界与主体体验，如何渗透于主体体验的知、情、意，如何浸染于客观世界的生、成、变，直到对感悟进行哲学的把握，将有可能开拓一条既有开阔的世界视野，又有中国智慧的原生性系统作为其精神的出发点，内蕴一种富有张力的学术生长过程。这是由于感悟尽管是非常有魅力、穿透力和生命力的智慧形式，但它的古典形态往往采取闪现或爆发的方式，电光石火，星光四射，在烫灼着或震撼着人心之时，未能高度致力于自身的知识—学理体系的建构。在这种意义上说，感悟是潜哲学，是超哲学，在许多学理层面上往往浑而未分，甚至音影模糊。若要朝着知识—学理体系的方向前进一步，就有必要使浑融的感悟与明晰的哲学在质疑和对话中结缘，在强强过手和联手中形成一种现代智慧形态。

人的思维本是一个复杂的精神组合与心理计较的过程，包含着思维主体对外界信息和内在体认的分析与综合、比较与融通、抽象与具象、系统化与直观化等等多种心理程序的交织。不可能设想，一个人，更不要说一个民族，只用一种心理程序来思维。思维的丰富性和多样性正是人的生命力充沛的体现。在这种意义上说，人类的思维多有相通之处，这是有充分根据的。同样具有充分根据的是，正如一个人的思维存在个性一样，一个民族的思维也存在着独特性，存在着它自具特色的文化原点、精神原型和思维方式。这是一个民族在其独特的历史与文化发展中，对人类思维能力的某些侧面有所钟情、有所侧重、有所强化而积久成习所致。数千年的思维实践，使中国感悟式的思维经验和智慧异常发达，渗透到日常生活和哲学、宗教、文学艺术各个领域，沉积为中国精神文化最具神采又极其丰厚的资源。可以说，中国精神文化生命的一个重要部分，已融合在感悟思维之中，这是我们要建立现代中国学术体系及其方法论的时候，不可不辨，不可不珍惜的。感悟已成为一种诗性的潜哲学。对感悟的珍惜，就是对中国生命的珍惜。

可以从历史文化的现象开始，对这份具有本质价值的精神文化资源进行考察。《世说新语》用了"捷悟"作为篇目，用了"超悟"、"辩悟"、"机悟"等词语品鉴人物，而且用了"语已神悟，自参上流"的话头。更为主要的在于它把感悟思维贯注于笔墨，呈现了一个自由联想、清畅无碍、个性舒张、妙语连珠的"《世说》世界"。它在一个动乱和痛苦的时代，以一种诗性的潜哲学在精神领域化解了人间苦难，显示了思维智慧的超越性、辩证法以及敏捷机锋的神采；展示了一种不同于两汉经学的高头讲章和烦琐哲学的、令人如沐春风的思维范式。这种思维范式，甚至是不可以狭隘的社会功利来计其价值的。比如《夙惠》篇有这样的条目：

> 晋明帝数岁，坐元帝膝上。有人从长安来，元帝问洛下消息，潸然流涕。明帝问何以致泣，具以东渡意告之。因问明帝："汝意谓长安何如日远？"答曰："日远。不闻人从日边来，居然可知。"元帝异之。明日，集群臣宴会，告以此意，更重问之。乃答曰："日近。"元帝失色，曰："尔何故异昨日之言邪？"答曰："举目见日，不见长安。"①

一个小孩子面对着大人们谈论中原失陷的重大政治命题，

---

① 徐震堮：《世说新语校笺》，北京：中华书局1984年版，第323页。

未为俗世功利所累，保持着童趣的直觉和清明的智性，仿佛那日、那长安在他心中可以出入无碍，说远、说近都以日常感觉作证，却似乎蕴涵着许多道不清、说不明的深层意义。他如果顺着大人的暗示性的期待，再说一次"日远"，就毫无意思了，他却偏偏说了一个自为悖论的"日近"，令人出乎意料地体验到一种直觉的鲜活。这里的远近已不是物理的距离，而是一种心理的距离，心智体验可以使客观的时空相对化而具有多种解释的可能。提供这种时空变型转换的相对性和可能性的，是悟性，而非科学的逻辑推理，也就是说悟性把对时间空间的体验审美化了，它启发了后世诗人的"日暮乡关"之思。

　　一种思维和表达方式，如果被同一民族文化中人默许为风度和智慧，它就会以各种形态顽强地表现自己、装扮自己、变异自己和扩张自己，从而在不同的时代被用作文化思潮的载体。如果不嫌牵强附会，可以说《世说新语》以老庄的风度，记述《论语》式的文体，或者说它是"名士的《论语》"。由于这种文章方式承载着感悟思维，后世的文化中人无论在内容上推崇或贬抑它，取法或拒斥它，都似乎难以逃避它的"潜在的形式召唤"。千百年间的诗话、笔记，禅宗的或理学的语录，在某种意义上都似乎是诗家、僧人或理学家的《世说》或非《世说》，它们都以不同的趣味书写着感悟思维的文本。感悟思维的异常发达，磨锐了中国人对悟的意义和形式、层面和形态的细微感觉。因此，以悟字组词，形成了中国类书和词典中最丰富的词组之一。清康熙年间，即18世纪早期，诏令儒臣搜罗典籍编写的《佩文韵府》四百四十四卷，其中卷六十六之八就罗列了觉悟、颖悟、才悟、警悟、声悟、缘悟，以及神悟、顿悟、悦悟、妙悟、心悟、玄悟、渐悟，直至本悟、因悟、自悟、显悟、朗悟等114个双语词，又有有情悟、一言悟、无字悟等11个三语词。其余诸卷还有悟门、悟禅、悟道、悟了法等词语。以悟组词之多，意味它们的深层存在着一以贯之的强大的"一"。在各种典籍、故事、言语和精神体验中，如"野火烧不尽，春风吹又生"地萌生着的悟，纷纷从各个角度趋向一个终极的本体求索和真理追寻，趋向一个无所不在又难以言说的"道"。很难设想，没有这个终极的"道"所提供的巨大的心理驱动力，会在如此多的精神层面和生活体验上，如此多的时代思潮和个性追求上，无休无止地开发着"悟"字与其他字组合成词的可能性。

二、感悟与心本思想或道源思想

对纷杂的现象进行清理和还原，是为了追问和推究它们的深层的文化本质。一个有效的方法，是进行语义学的分析。因为语义是人对天地万象及其意义的认知和表达，汉字的结构和意义中蕴涵着不少深刻的文化史脉络。对于"悟"，《说文》列于心部，释为"觉"，《玉篇》释为"心解"，《广韵》和《佩文韵府》都释为"心了"。这些解释都有理解、明白、觉醒、觉悟的意思，但它们都与中国人理解的"心"有着深刻的联系。宋代的《广韵》和清代的《佩文韵府》的解释，暗示了与佛教禅宗的"了悟"、"了义"有所关联。清人注解《说文解字》，又说悟和寤可以通假，例证是《楚辞·离骚》有"哲王之不寤"，王逸注："寤，觉也。——明智之王尚不能觉悟善恶之情。"寤字的右下角的"吾"字，又有作"梦"字的怪字，解释为"昼见夜梦谓寤"，而梦在古代占卜者那儿是解释为"魂行"或神游的。它意味着对悟的解释，可以引申到精神领域的神思现象，引申为某种潜意识的突然跃出，而在灵感中自由联想的思维情景。

对中国文字的语义分析，还应注意到它的造字结构。悟字"从心"，解释这个"心"字，也就是解释悟字的文化哲学的源头。心在古代中国，是一个沟通物质与精神的多义性存在。它既是人体生理上的中枢性器官，又能像大脑一样有思想的功能，当它与天地万物相配的时候还具有本体性的意义。这在人类文化中是非常独特的，深刻地规定着中国传统文化的特质。《孟子》的解释具有权威性，《告子上》说："心之官则思。"《尽心上》又说："尽其心者知其性也，知其性则知天矣。存其心，养其性，所以事天也。"对心的解释已经超出生理学的范围，具有文化本体论的意义，在孔子之"言性与天道，不可得而闻"之后，以心沟通了性与天道，为后世儒者拓展性与天道的学理提供了逻辑起点。《荀子·解蔽篇》的心论也具有广泛的影响力："心者，形之君，而神明之主也。"沟通了生理学和精神领域，为我国最早的医书《黄帝素问·灵兰秘典论》所采纳："心者，生之本，神之变也。"又说："心者，君主之官也，神明出焉。"既然孟子以心通性，荀子以心通神明，使得魏晋玄学的奠基者和阐释者王弼将之发挥为"以心为本"的思想，并且把它与《易经》、《老子》的思想相贯通。王弼注《易·复象》："复者，反本之谓也。天地以本为心者也。"王弼注《老子》三十八章："是以天地虽广，以无为心；圣王虽大，以虚为主。"这种以心为本体的思想在唐宋以降的思想史中，竟然穿越了不同的学派和宗教，所谓"三教归一"，实际上是"三教归同于心"。佛教本有"三界唯心"的说法。《坛经》记述，禅宗六祖惠能听闻神秀的呈心偈时说："不识本心，学法无益，识心见性，即悟大意。"他随之作了一则偈颂："心是菩提树，身为明镜台。明镜本清净，何处染尘埃！"以心为本体，不仅是印度禅转化为中国禅的一个关键，而且是宋明理学突破传统儒学的一个关键。《二程遗书》二上记载程颐"一人之心即天地之心"，就更不必说心学系统的思想家了。陆九渊《杂说》有句名言："宇宙便是吾心，吾心即是宇宙。"王阳明《传习录》对此作了进一步的发挥："无心外之理，无心外之物。"又说："人心是天渊，心之本体无所不该，原是一个天，只为私欲障碍，则天之本体失了。心之理无穷尽，原是一个渊，只为私欲窒塞，则渊之本体失了。"就思想史的纵向播迁和横向结构而言，心本思想一脉不绝，九派涌流，获得了思想文化界广泛的共识，对中国人对世界的认识，发挥着非常潜在的制约作用。

在对"悟"字以及它所从属的"心"字进行语义学分析和历史文化语境透视之后，就不难发现，感悟思维是以心本思想作为它的精神文化的本原和特质的。中国传统的心论，沟通天与人，融合主观与客观，渗透于儒、道、佛各种思潮，在中国文化中具有反复谈论的一以贯之的倾向。以此为本原和特质的感悟思维，也就不同于西方传统的哲学或人文学的思维，不是把物质与精神、自然与人、主观与客观、宗教与世俗进行二分，而以反映论或表现论作为认知和思维的模式。它既是反映的，又是非反映的，还是非非反映的；既是表现的，又是非表现的，还是非非表现的。总之是三者一贯，而追求全的。正如在文学艺术上，它不是分门别类地追求真、善、美，而是追求真、善、美一贯的全，或者说它在真、善、美三者的内在精神联系上增加了统摄性的第四项：全。这个全就是道，心本思想也就是道源思想。统之以全，贯之以道。虽然感悟思维方式没有经过现代理性的阐释、分析、思辨和重构，难免笼统、含糊、散乱，甚至带点神秘，但它的内在品质却非常灵动、精粹、奇妙，具有独特的穿透力和整体性。它不像西方基督教的十字架那样线条明晰，却像中国文化中反复指向的那个"潜在的圆"，每一点都趋向稳定，但每一点都没有恒在的稳定，每一点都带有运动感和过渡性。这就使得人们津津有味地翻开一部中国文化史，不仅需要用理性去阅读，而且更需要用悟性去体味，没有悟性是读不懂中国文化思想书的。一些最玄妙的哲学家在写哲理或宗教书时，也投入丰富的带感悟性的诗智慧。老、庄、禅祖，都是富有诗性智慧和生命感悟力的哲人。当我们返观中国文化的原点或原型的时候，总不能回避两个渗透着哲人智慧和诗人魅力的奇观：太极图与道。宋朝邵雍《皇极经世书·观外物篇下》说："心为太极，又曰：道为太极。"其后的理学家如朱熹、真德秀等人对此有所讨论。《朱子语类》卷一百说："或问，（邵）康节云：想象道是太极又云心是太极。道指天地万物，自然之理而言；心是人得是理，以为一身之立而言。曰：固是，但太极只是个一而无对者。"他们力图沟通太极——道——心。太极图黑中有白，白中有黑，黑白之间可分而不可分，对称、对立而又充满动感和浑融，在旋转中形成似有一个圆心、实有两个圆心的圆。它是世界上最富有哲学意味的圆形，却又是永远说不到底的圆形，是一种直接撼动人的哲学心灵和智慧的旋转体。这个圆形是心与宇宙进行神秘对话的一个伟大的想象，而感悟思维便是穿越于这个精神的旋转体的。

道也是来自人类对天地万物的体验而又超验的东西，它像道路一样明明白白，又像天地万物的精髓和存在法则一样令人说不到底。它是本体，又是功能。它以混沌包容着清晰，以无序蕴涵着有序。《老子》二十一章说："道之为物，惟恍惟惚。惚兮恍兮其中有象，恍兮惚兮其中有物。窈兮冥兮其中有精，其精甚真，其中有信。"① 它以恍惚窈冥的状态，涵容着物、象、精、真、信的多义性，一种涉及本体和功能、物象和精神、自然和文化的多义性。因此《庄子·应帝王篇》只好对道的混沌本性讲了一个寓言："南海之帝为儵，北海之帝为忽，中央之帝为浑沌，儵与忽时相与遇于浑沌之地，浑沌待之甚善。儵与忽谋报浑沌之德，曰：'人皆有七窍，以视听食息，此独无有，尝试凿之。'日凿一窍，七日而浑沌死。"② 儵忽象征着速度以及容纳速度的时间、空间，意味着变化的有序化。它们居于中央之帝混沌的南北两方，代表着对混沌的分析，然而有序的分析的凿窍工程导致混沌的死亡。这些对道的诗意描述和寓言象征，都暗示着中国特色的思维钟情于悟性，超过了钟情于分析；倚重于天然浑成，超过了倚重于人工斧凿。中国化的佛教—禅宗主张"明心见性，直指心源"，有所谓"知即心体，了别则非真如，故非识所识，瞥起亦非真知，心体离念无念，非有念可离可无……知之一字，众妙之门，若虚己而会，便契佛境"（宗密《圆觉经略疏钞》卷四）。也在神明的空寂混沌中，提供了一种富有审美意味的人的心灵与天地之道相通的认知喜悦。讲哲学、讲宗教尚且如此，当这种思

---

① 朱谦之：《老子校释》，北京：中华书局1984年版，第88—89页。

② 朱谦之：《庄子集解》，北京：中华书局1987年版，第75页。

维方式渗入文学体验和批评之时，它对悟性的倚重就更不待言
了。悟，是以心来悟的，悟所要悟的是道，因而它要在心与道
中获得自己的本体性的说明。

三、禅宗对感悟的"无"与"空"的思辨

文化本原虽然为感悟思维赋予基因，赋予原始的生命信
息，但不能赋予它完备的形态。这种思维方式有一个历史实践
的发育过程，经历过萌生、变异、发达、扩散和深化的运行轨
迹。在漫长的发育过程中，各种文化思潮给它注入了五花八门
的成分或要素，形成愈来愈丰富的追思方向、精神构成和运思
功能。追踪它的运行轨迹，实际上也是追踪它的精神层面和智
慧形态。虽然人们很早就运用感悟思想写诗为文了，但是对感
悟思维的认识却往往滞后于它的实践行为。这就是说，感悟思
维也需要对它自身的感悟。在先秦时期，中国人对感悟思维的
认识还处在原始阶段。儒家六经，唯《尚书·顾命》用了一
个"悟"："今天降疾，殆弗兴弗悟"，或如前人引《仓颉篇》
"觉而有言曰寤（悟）"。其他典籍，以《管子》使用"悟"
字较多，如卷一《牧民篇》："不明鬼神则陋民不悟，不祇山
川则威令不闻。"①《管子》的这些条目中，表述的都是执政者
在政治行为中是否明白、醒悟。这也是先秦时期，"悟"字的
通常用法。秦汉之世由于黄老之学和谶纬神学的先后流行，使
人们对悟的理解发生变异，增加了一层心灵世界和天命领域的

---

① 《管子》，《诸子集成》第 5 册，北京：中华书局 1954 年版，第 1、341、
347 页。

神秘感。《黄帝内经素问》卷八《八正神明论篇》，借黄帝、岐伯的对话解释神明："帝曰：何谓神？岐伯曰：请言神，神乎神，耳不闻，目明心开而志先。慧然独悟，口弗能言。俱视独见，适若昏。昭然独明，若风吹云，故曰神。"这里把独悟、独见和神、明、慧、昭联系起来，出现了心灵体验的新的深度，以风吹云散比喻感悟的境界，也体现了新的趣味。感悟思维滥觞于中国医术的思辨，这是发人深省的。至于东汉班固《白虎通义》，则难免谶纬神学的俗趣，卷上说："天所以有灾变者何？所以谴告人君，觉悟其行，欲令悔过修德深思虑也。"王充《论衡》卷二十九，自述写作缘起为"追救世俗的迷乱不觉悟而造《论衡》"，在相当大的程度上是针对谶纬神学的。但是上天示警以觉悟人主，却成了历朝史籍记述灾变的俗套。

　　佛教自东汉以后规模愈来愈大的传入，大幅度地拓展了感悟思维的空间。在魏晋南北朝时期，它一方面激活儒、道典籍中已经存在的有无、心性、言意一类古老的话题，一方面以大量的佛典翻译为思维理论和思维实践，提供了新奇神异的丰沛资源。并且以"格义"的方式沟通了异域与本土、浮屠与黄老之间的比较性思维。当时对佛教的观感带点道教的味道，如东晋袁宏《后汉纪》卷十所说："浮屠者，佛也，西域天竺有佛道焉。佛者，汉言觉，其教以修慈心为主，不杀生，专务清净。其精者号沙门。沙门者，汉言息心，盖息意去欲，而欲归于无为也。"这种观感非常重视"觉"，即梵语 Bodhi，当时也译作"道"。觉有二义，一为觉察烦恼障，使恶事不为其害；一为觉悟智慧障，圣慧一起，幡然大悟。后者令人感到"玄微深远"，"所明在视听之外"，是通向感悟思维的。因此《魏书》卷一百一十四《释老志》重释佛教说:"浮屠正号曰佛陀……华言译之则谓净觉,言灭秽成明,道是圣悟。"晋宋之际,即 5 世纪前期,感悟思维与《般若》、《涅槃》等佛典碰撞融合,使一时间顿悟、渐悟之辨引人注目。其中天才的高僧竺道生(355?—434 年)和山水诗的开宗者谢灵运(385—433 年)的贡献最著,使对感悟思维的新认识冲击着宗教与文学。释慧皎《高僧传·道生传》说:"生既潜思日久,彻悟言外。乃喟然叹曰:'夫象以尽意,得意则象忘。言以诠理,入理则言息。自经典东流,译人重阻,多守滞文,鲜见圆义。若忘筌取鱼,始可与言道矣。'于是校阅真俗,研思因果,乃言善不受报,顿悟成佛。"这番潜思彻悟,多少有点以庄参佛的味道。因为《庄子·外物篇》曾有这样的辨说:"筌者所以在鱼,得鱼而忘筌;蹄者所以在兔,得兔而忘蹄;言者所以在意,得意而忘言。"其实,谈论顿悟不自竺道生始,东晋高僧支遁以佛证玄,已开端倪。《世说新语·文学篇》刘孝标注引《支法师传》:"法师研十地,则知顿悟于七住;寻庄周,则辩圣人之逍遥。"但竺道生的大顿悟,区别于支遁的小顿悟,在于竺道生以他的佛性论作为根据,即"一阐提人皆得成佛"。一阐提人即不信佛法者,连这种人都不排除在外,自然是一切众生悉有佛性。这种说法和他的顿悟说一样,在当时引起轩然大波。但二者使之体用合一,证妙无二,理超象外,反本无碍。传闻竺道生在苏州虎丘寺聚石为徒,宣讲《涅槃经》,"生公说法,顽石点头",已把他的大顿悟说加以神化了。谢灵运是非常佩服这种大顿悟说的,他折中儒佛,写了《辨宗论》。竺道生的顿悟新论虽有谢灵运与之呼应,还有其弟子道猷等人振其余响,但是反对者甚多,比如与他同出鸠摩罗什门下的名僧慧观就写了《渐悟论》与之争辩。有争辩才有深化，致使感悟思维的理论展开丰富的学理层面、思路和相互推移的张力，从而使之成为唐以后禅宗南北分宗的弥足珍贵的历史文化资源。

禅宗的宗门第一公案是拈花微笑，意味着一个"悟"字是打开它的宗门的第一把钥匙。《五灯会元》卷一说："世尊（释迦牟尼）在灵山会上，拈花示众。是时众皆默然，唯迦叶尊者破颜微笑。世尊曰：'吾有正法眼藏，涅槃妙心，实相无相，微妙法门，不立文字，教外别传，付嘱摩诃迦叶。'"① 这个美丽的故事既是禅宗心印相传的象征，也是感悟思维创造出来的一个极妙的传奇。其实禅宗本与感悟思维结有不解之缘，缺少悟性，不足以言禅。终南山圭峰宗密禅师，著《禅源诸诠》序云："禅是天竺语，具云禅那，此云思维修，亦云静虑，皆定慧之通称也。源者是一切众生本觉真性，亦名佛性，亦名心地。悟之名慧，修之名定，定慧通名为禅。此性是禅之本源，故云禅源，亦名禅那。"禅宗最终把修炼行为转向纯粹的内在精神体验，思维超越，注重人的智慧对终极境界的追问和直觉对寂静虚玄的心灵境界的省察，这就在妙心上为感悟思维敞开了妙门，定慧一体，湛然禅悦。

禅宗的一个贡献是使宗教智慧化，并且把感悟思维建立在"无"与"空"这种清虚的无本体的本体之上。它在使佛教中国化的同时，对浩瀚的佛教典籍作了离繁趋易的萃取，不是把浩繁的典籍作了压挤思维的教条，而是作为浩渺深玄的精神境域，启动思维自由通行和跳跃。由此以一个"悟"字，包容

---

① 普济：《五灯会元》卷一，北京：中华书局1984年版，第10页。

着无穷的直接性和暗示性、灵动性和超越性、澄明性和虚幻性，追求着一悟而万滞同尽。这样它就神化了悟的功能，使悟成为萃取佛门义理精华的焦点，成为其宗门一脉不绝的心印，最终也成为禅宗最引人注目的智慧成果。在后世禅徒的想象中，悟牵系着禅门一脉。《五灯会元》记载佛祖传法于西天初祖迦叶，已如前述。西天二祖阿难寂灭前的传法偈言也说："本来付有法，付了言无法。各各须自悟，悟了无无法。"以后西天诸祖的传法偈言多有类似的"悟了法"话头，如西天五祖提多迦"通达本法心，无法无非法。悟了同未悟，无心亦心法"等。① 在这些偈言中，有无、隐显、明暗等对立的概念，都在无执著的状态中圆转自如。无字与悟字如影随形，在否定性和悖论性思维中，成为打通一切障阻的最空灵、也最丰富的概念。实际上这种禅宗法统，是南宗禅所虚构，如此虚构法统，是为了证明自己把感悟思维推到极致，推到最透彻的程度，具有历史的权威的合理性。《坛经》作为禅宗的"宗经"，一再记述六祖惠能强调"自悟"，主张"示道见性，遇悟即成智"。为了说得更醒豁有悟性，他用灯光作喻："定慧犹如何等？如灯光。有灯即有光，无灯即无光。灯是光之体，光是灯之用。名即有二，体无两般，此定慧法，亦复如是。"② 定慧一体，把坐禅摄心、心性空寂，与发心自悟、鉴见妙慧融合于瞬间的无差别境界之中，这是南宗禅见性成佛的顿悟法门。以灯光设譬，也令人联想到禅宗的统脉相继，如"灯灯相续，派别枝分，同归一揆。知灯者，破愚暗以明斯道"（宋理宗宝

---

① 《五灯会元》卷一，北京：中华书局1984年版，第13、16、21页。
② 郭朋：《坛经校释》，北京：中华书局1983年版，第30页。

祐元年，即1253年王楠为《五灯会元》所作序）。惠能的灯火是传至神会而大放光亮的，敦煌本的《神会语录》也有这种定慧一体的说法，称为"定慧等学"，不知是神会继承师说，还是《坛经》加入神会思想而改定所致。神会主张"无念为本"，其第四代法嗣宗密的《禅源诸诠都序》这样记述神会思想："妄念本寂，尘境本空。空寂之心，灵知不昧。即此空寂之知是汝本性。任迷任悟，心本自知，不借缘生，不因境起。知之一字，众妙之门。"空在这里与无一样要紧，空是要寻根究底地追问究竟的，但追问的结果是无实体的心性空寂。空寂排除了一切妄执杂念，还感悟以瞬间指向宇宙本原和人生真谛的自由。但空也还是一种观念，还可能被这种观念所束缚，干脆连这个空也要排除，来一个"空空"，这才算得真正的"无念"。禅宗这种抽掉自己一切立足点的做法，彻底可谓彻底，但它赋予感悟思维以大喜欢的同时，也赋予它无着落。人世间的感悟思维需要自己的自由空间，却也不应该离开可感性而求玄妙的。

四、感悟思维向士人日常生活渗透

感悟思维具有相当高明的审美特质，它往往能够超越世俗功利，叩问宇宙人生的真谛。因而它存在着既吸收禅宗"空无观"的超功利性，又超越禅宗"空无观"的虚幻性，从而扩散到士大夫日常生活的可能，因此自六朝隋唐以后，在文学艺术领域留下了广泛的渗润的痕迹。

感悟思维率先渗入书法，与书法自身的特性，与人们对书法的本质功能的理解异于诗教不无关系。悟性与书性相值，开始了感悟思维日常化的早期行程。西汉扬雄《法言》说："书，心画也。"旧题王羲之作的《记白云先生书诀》说："书之气，必达乎道，同混元之理。七宝齐贵，万古能名。阳气明则华壁立，阴气太则风神生。把笔抵锋，肇乎本性。"书法作为最具中国特色，为他国文字书写无法比拟的一种艺术形态，它是以线条的旋律表达出来的心灵舞蹈。早期书法理论出入于道、佛、玄学，以道、气、心、性、阴阳论书，潜伏着强烈的指向感悟思维的欲望。唐朝武则天时期，孙过庭作《书谱》，就明显地把感悟思维融入书法理论："运用尽于精熟，规矩谙于胸襟，自然容徘徊，意先笔后，潇洒流落，翰逸神飞。亦犹弘羊之心，预乎无际；庖丁之目，不见全牛。尝有好事，就吾求习，吾乃粗举纲要，随而授之，无不心悟手从，言忘意得，纵未穷于众术，断可极于所临矣。"

书道与感悟思维相通，这种观念在初盛唐已经确立，后世似乎没有多少持异者。盛唐张怀瓘《书断》卷下说："使夫学者发色开华，灵心警悟，可谓琴瑟在耳，贝锦成章。"《法书要录》卷四录载张怀瓘《书议》说："夫翰墨及文章至妙者，皆有深意，以见其志，览之即令了然。若与面会，则有智昏菽麦，混黑白于胸襟。若心悟精微，图古今于掌握，玄妙之意出物类之表，幽深之理伏于杳冥之间，岂常情之所能言，世智之所能测？非有独闻之听，独见之明，不可议无声之音、无形之相。"在物类形迹之表去体验幽深玄妙的意念理趣，就必须采取"心悟精微"的思维方式。这是从鉴赏或接受的角度谈论书道的，为此，同一位论者的《文字论》提出了"从心者为上，从眼者为下"的鉴赏原则，认为"深识书者，唯观神采，不见字形"。以眼观字，只能看到字的形体，以心灵的眼睛观字，才能透过字形看到神采和妙趣。出入于形神间的这种穿透力，是感悟思维的功能所在。

感悟思维的功能，在草书中发挥得更加意态淋漓。《宣和画谱》卷十九记述释怀素，"初励律法，晚精意于翰墨，追仿不辍，秃笔成家。一夕观夏云随风，顿悟笔意，自谓得草书三昧。斯亦见其用志不分，乃凝于神也……考其平日得酒发兴，要欲字字飞功，圆转之妙，宛若有神。"感悟思维可以沟通不同的物类，把几乎是风马牛不相及的风云与笔意相沟通，略其形迹而得其神采。对于这种功能，《新唐书》卷二百二《文艺传》记载，略早于怀素的草圣张旭自言，"始见公主、担夫争道，又闻鼓吹而得笔法意，观倡公孙（大娘）舞剑器，得其神"[1]。舞蹈、音乐以及街头小景，都可能启发对书法意趣的想象，感悟思维的联通和穿透的功能简直妙不可言。但是这必须有一个专注、明净而灵动的心灵，不然就可能陷入《东坡志林》卷七所说尴尬："世人见古有桃花而悟道者，便将桃花作饭五十年，转没交涉。正如张长史（旭）见担夫与公主争道而得草书之气，欲学长史书，便日就担夫求之，岂可得哉！"滞于形迹，势必窒息悟性；于形迹的深处窥见神理，才能悟思畅通。这就是感悟思维的形迹与神理之辨。

感悟思维通行于书法，使一些精于书道或附庸风雅的帝王也以妙悟论书。南宋高宗《思陵翰墨志》说："甚哉！字法之微妙，功均造物，迹出窈冥，未易以点画工便为至极。仓史始意演幽，发为圣迹，势合卦象，德该神明，开阖形制，化成天下。至秦汉而下，诸人悉胸次万象，布置规范，想见神游八

---

① 《新唐书》第 18 册，北京：中华书局 1964 年版，第 5764 页。

表，道冠一时。或帝子神孙，廊庙神器，稽古入妙，用志不分，经明行修，操尚高洁，故能发为文字，映照编简。至若虎视狼顾，龙骇兽奔，或草圣草贤，或绝伦绝世，宜合天矩，能涂造极。"感悟本是道、禅之长，这里把易、道之学加以儒家化，但在谈论他最满意的宋朝书法家米芾时，口吻又趋于玄学。他批评米芾以后的"喜效法者不过得其外貌，高视阔步，气韵轩昂。殊不究其中本六朝妙处，酝酿风骨，自然超逸也。昔人谓支遁道人爱马不韵，支曰：贫道特爱其神骏耳。余于芾字亦然"。论书法不拘泥于外貌，讲究入妙、神游，体验其内在的风骨，指向超越的天矩，实在是以感悟思维鉴赏书法的心得。这也可以从某个角度说明，感悟思维赋予书法妙趣和魅力，是如何深刻地牵系着这个民族的人文趣味了。

在感悟思维发挥其审美功能和活力，向各种艺术形式渗透中，唯一可能同书法相提并论的是绘画。这是由于书、画有其相通之处，甚至被人视为同源。

正如以妙悟谈论书体，人们不会忘记王羲之一样，以悟性谈论画性，也往往要溯源到东晋画家顾恺之。张彦远《历代名画记》卷二在与历代名画相比较中，突出了顾恺之画的妙处："遍观众画，唯顾生画古得其妙理，对之令人终日不倦，凝神遐想，妙悟自然，物我两忘，离形去智，身固可使如槁木，心固可使如死灰，不亦臻于妙理哉！所谓画之道也。顾生首创维摩诘像，有清羸示病之容，隐几忘言之状，陆（探微）与张（僧繇）皆效之，终不及矣。"顾恺之《论画》说："凡画人最难，次山水，次狗马，台榭一定器耳，难成而易好，不待迁想妙得也。"《魏晋胜流画赞》又说，写人在手揖眼视的前方须有实对，才能"以形写神"，"一像之明昧，不若悟对之通神"。① 画是不能忽视山水人物形象的，但能在形象描绘中投入主体精神的体验，"以形写神"、"悟对通神"、"迁想妙得"，就可以把握住感悟思维的要点。中国画的写意性，异于西洋画的写实性，形成东西方之间的双峰并峙，很重要的原因在于中国画注入了感悟思维，因而中国画论也拓展了感悟思维的精神体验领域。

精神文化现象的变迁充满曲折，并非总是走着进化的路。在顾恺之百余年后，南朝齐人谢赫在6世纪前期作《古画品录》，提出"画有六法"，首列气韵生动，其后依次是骨法用笔、应物象形、随类赋彩、经营位置、传移摹写，是相当系统化的画论建构。从他强调气韵生动而言，似乎是倾向感悟思维的。再过300年的9世纪中晚唐时代，禅宗已经盛行，朱景玄作《唐朝名画录》，分神、妙、能、逸四品，评述本朝画家。他首列吴道子为神品上一人，称"天纵其能，独步当世"，记述吴道子画东都天宫寺壁画，让裴旻将军舞剑，"观其壮气，可助挥毫"，"奋笔俄顷而成，有若神助，尤为冠绝"。另一位对后世绘画的感悟思维产生深刻影响，自称"当世谬词客，前身应画师"的王维，被列于妙品上第四。② 值得注意的是，唐人这种评价与宋人存在着极有意味的差异，折射着唐人与宋人把握感悟思维的不同方式和趣味。苏轼在《王维吴道子画》一诗中说："吴生虽妙绝，犹以画工论。摩诘得之于象外，有如仙翮谢笼樊。吾观二子皆神俊，又于维也敛衽无间言。"这

---

① 张彦远：《历代名画记》，载《中国画论》，合肥：安徽美术出版社1995年版，第95、125、127页。

② 参见朱景玄：《唐朝名画录》，上海：上海人民美术出版社1982年版，第55—61页。

种品位论定的次序，恰好与《唐朝名画录》倒了个儿。在主张"论画以形似，见与儿童邻；赋诗必此诗，定知非诗人"（《书鄢陵王主簿所画折枝》）的苏轼看来，"味摩诘之诗，诗中有画；观摩诘之画，画中有诗"（《书摩诘蓝田烟雨图》），乃是对王维诗画境界及其中透出的悟性的极高评价。唐宋论画之异说明，感悟思维具有多种多样的形式、趣味和格调，唐人比较重视繁富而有风骨的形神兼备，宋人比较推崇清逸玄妙的象外之味。这就是感悟思维的相对性。然而唐宋之异只是相对而言，晚唐张彦远《历代名画记》推崇顾恺之的"妙悟自然"，就透露了另一样的信息。

宋承晚唐，在推进妙悟入画中，重提顾恺之（小字虎头）。苏轼《传神记》一文讲得津津有味：

> 传神之难在目。顾虎头云："传形写影，都在阿堵中。"其次在颧颊。吾尝于灯下顾自见颊影，使人就壁模之，不作眉目，见者皆失笑，知其为吾也……凡人意思，各有所在，或在眉目，或在鼻口。虎头云："颊上加三毛，觉精采殊胜。"则此人意思盖在须颊间也。优孟学孙叔敖抵掌谈笑，至使人谓死者复生，此岂举体皆似，亦得其意思所在而已。使画者悟此理，则人人可以为顾陆。

微妙的画理在叙述中与日常生活打成一片，这就是苏轼的本事所在。他在重提顾恺之的时候，把妙悟自然的画理加以日常化了。苏轼说"凡人意思，各有所在"，是要求绘画应把握人物肖像最具个人神采的特征。唐朝欧阳询《书法救应》说："凡作字，一笔才落，便当思第二、三笔，如何救应，如何结裹，书法所谓意在笔先，文向后思是也。"若把这里的意思与苏轼的"意思"相参征，就不难体会到苏轼要把书法的简明直捷用于绘画的点睛传神，在其日常化中有感悟思维存焉。

出自苏门，另成大家的黄庭坚对感悟思维的着力处，似乎与苏轼换了一个地方。他强调超物脱俗，认为"士生于世，可以百为，唯不可俗"①（《书嵇叔夜诗与侄木夏》）。因此他谈论书画强调神韵："凡书画当观韵。往时李伯时（公麟）为余作李广夺胡儿马，挟儿南驰，取胡儿弓引满，以拟追骑。观箭锋所直，发之，人马皆应弦也。伯时笑曰：'使俗子为之，当作中箭追骑矣。'余因此深悟画格。此与文章同一关纽，但难得人人神会耳。"② 黄庭坚讲的情境画，当然要比苏轼的肖像画更复杂，他强调把握时间链条中最有生命力和表现力的"生动的瞬间"，把追骑中箭的俗笔富有悟性地略为提前到充满张力的引弓拟骑的刻度上。以欲射未射，作为夺、驰、追这种复杂关系和过程的关节点，就能把所有神态、姿势、力量、因果凝聚在一个闪光点上。顾恺之讲人物的眼神、动作须有"对"，才能"悟对通神"，这与黄庭坚讲的"观韵"、"人神"一脉相通。在这里，感悟思维已用了时空操作，在选择最有意味的时空关节点上显现神采。

画事作为士大夫日常生活的性情所寄，把它与悟性、与感悟思维联系起来，似乎是众心所归。甚至在两宋之际，有作者将之推向禅悟。程俱的《叶翰林有徐熙桃竹方尺许索诗辄赋一首》云："寒禽抱幽丛，意得窥绿净……重重玄涉人，妙悟

---

① 四部丛刊本《豫章黄先生文集》卷二十九《书缯卷后》亦有类似说法："余尝为少年言，士大夫处世可以百为，唯不可俗，俗便不可医也。"

② 黄庭坚：《题摹燕郭尚父图》，《豫章黄先生文集》卷二十七，四部丛刊本。

付毛颖。"（《北山集》卷二）王庭珪《题惠崇画秋江凫雁》有题记："往年见赵德麟说，惠崇尝自言，我画中年后有悟入处，岂非慧力中所得圆熟故耶？观此短轴，定非少年笔也。"为诗僧画幅题诗，顺乎自然地把论画关联说禅，其诗云："老崇学画如学禅，中年悟入理或然。长江未落凫雁下，舒卷忽若无丹铅。定自维摩三昧里，半幅生绡开万里。不用并州快剪刀，断取铁围山下水。"（《卢溪文集》卷四）其间用了一些佛语禅机，比如铁围山，乃梵语柘迦罗，佛经称居四洲中心的须弥山下有大海，海边八山之外又有咸海，环海为铁围山。惠崇的风景小品当然没有如此宏大的想象力度，但它在半幅万里之间以小见大，舒卷若无，自有几分禅趣。略晚有王炎者，与朱熹有交谊，又好与僧者谈禅，他为在他家的壁上作石根竹树水墨画，讲究"形意两全"的老僧，写《用元韵答清老》诗云："老禅善画亦如是，毛锥未出意先到……我思诗画本一律，众作徒多等蝉噪。画手无如王右丞，一似诗中杜陵老。正缘此老襟韵高，工拙奇常无不好。斫轮妙处不可传，此事难从笔端讨。由来万法生一心，贯彻精粗无二道。"此诗非好诗，只是借画谈禅。画也不见得是好画，只是在工拙奇常之处，透出高逸的风韵，或可从中体验万法一心、道贯无二的玄理。禅风之盛，使人不仅以诗画说悟，而且说禅。这也使人反过来对感悟思维进行反省和质疑，它自身的主观性和相对性，造成长处中包含着短处。艺术无悟，无以灵动；说艺唯悟，也无从厚深。在万法趋道之际，道还应该刺激和解放万法，发挥其多样性的特长。

　　琴棋的私人化和即兴性、消遣性特征，往往比书画更明显，因此政治教条对它们的干预和束缚也相对宽松。这带来一个好处，可以用琴音棋趣来检验感悟思维对士大夫日常生活的适意性。古时有许多动人的琴的故事，如伯牙、钟子期的"高山流水"，嵇康临刑鼓琴叹息"广陵散绝"，蔡邕的焦尾琴以及陶渊明的无弦琴。陶琴是琴非琴，更能触发玄远之思。李白诗："陶令去彭泽，茫然太古心。大音自成曲，但奏无弦琴。"（《赠临洛县令皓弟》）教人联想到的是《老子》四十一章"大音希声，大象无形"的悟道之言。宋人则直接引进感悟，如梅尧臣诗："横琴乃玄悟，岂必弄鸣丝。"（《依韵和长吉上人淮甸相遇》）苏轼和陶诗中有一首《和东方有一士》："屡从渊明游，云山出毫端。借君无弦琴，寓我非指弹。"琴而无弦，弹而非指，与苏轼《琴诗》相通："若言琴上有琴声，放在匣中何不鸣？若言声在指头上，何不于君指上听？"这番了悟，当然是受了《楞严经》所说"譬如琴瑟、箜篌、琵琶虽有妙音，若无妙指，终不有发"的启发，但苏轼却在无弦非指上作了更进一层的参悟。继苏轼而起的黄庭坚，还是以"悟"来做他的"不俗"文章，《晚发咸宁行松径至芦子》诗云："聊将不俗耳，静听无弦琴，非今豪部曲，而独可人心。"这一点到了早好佛老，晚归于儒的金后期文坛领袖赵秉文手中，则加深了心灵体验，《琴筑轩》说："琴筑虽有韵，不鼓则不鸣。流水无徽弦，使我神虑清。风月为节奏，是中无亏成。聊将不俗耳，听此无弦声……"虽套用黄庭坚语，却安排高山流水参证心性，闻于无声，以眼为听，使各种感官功能互通于灵台虚明之境，以自由游戏的童心出入自然界的有声无声之间。琴以美音怡悦心灵，却以无弦的不弹之弹中，弹响了了悟性的心弦。

以悟求悦的中国人好棋，不止于棋艺，而追问棋道。众艺求道，共同澡雪心灵。宋朝晏天章（也作张儗）的《棋经》[①]有《棋品》之目："夫围棋之品有九：一曰入神，二曰坐照，三曰具体，四曰通幽，五曰用知，六曰小巧，七曰斗力，八曰若愚，九曰守拙。九品之外，今不复云。"如此论棋，显然用了道家愚拙出大智大巧的思维方式，并进一层指向通幽入神的感悟境界。唐朝王建在《赠王处士》一诗中，早就把这种艺术境和一个道教徒的日常生活境界相融合："松树当轩雪满地，青山掩障碧纱橱。鼠来案下长偷水，鹤在床前亦看棋。道士写将行气法，家童授与步虚词。世间有似君应少，便乞从今作我师。"这种游艺于道的人生境界，对于儒者也有吸引力。有说是："佛语衍为寒山诗，儒语衍为《击壤集》，此圣人平易近人觉世唤醒之妙用。"（朱国桢《涌幢小品》）作《击壤集》的北宋邵雍，是由易学而把太极、道与心视为宇宙本原的，他曾以"悟易观棋局，谈诗拈酒杯"（《天宫幽居即事》）作为一种生活方式，又有《观棋大吟》说："人有精游艺，予尝观弈棋。算余知造化，着外见几微。好胜心无已，争先意不低。当人尽宾主，对面如兵机……道大闻老子，才难语仲尼。造形能自悟，当局岂忧迷。"整首长诗以棋局喻人间纷乱争斗，作者观棋悟道，透出一股超然冷峻之气。这种感悟视角凝结成警世的联语，有若《诚斋诗话》所载："人情似纸番番薄，世事如棋局局新。"这种人生感悟带有针锐性，也带有消极性。感悟思维在与不同的文化思潮相结合中，或与某一思潮的不同结合形式中，衍生出价值取向的种种差别，这也是它的相对性的一种体现。永嘉四灵的徐照《赠从善上人》一诗，

---

① 陶宗仪：《说郛》卷一百二十引《艺经·棋品》，标为邯郸淳作，疑误。

沟通棋道与禅："诗因圆解堪呈佛，棋与禅通可悟人。"同为
永嘉四灵的赵师秀《约客》一诗，则使棋艺通于友情："黄梅
时节家家雨，青草池塘处处蛙。约客不来过夜半，闲敲棋子落
灯花。"悟性旁渗和弥漫，赋予士大夫日常生活几分宁静、几
分枯槁、几分舒适、几分微妙的美学气氛，使从他们在家居和
自然的浑融中陶冶着心灵。那个捉摸不透的悟，混合着老、
庄、易、玄、禅各种因素，到了六朝唐宋，已经逐渐成为人们
习以为常的哲理体验和思维方式了。感悟思维以曲为伸，富有
弹性，它首先浸淫于士大夫的日常生活和人生趣味，然后再改
造诗教规矩非常严密的诗领地，也就形成水到渠成的态势。

五、唐诗的感悟实践

思想的命运带有戏剧性。当感悟已在道、玄、禅诸学中得
到本体论的论证，并在书画琴棋等士大夫日常生活雅趣中广泛
流行的时候，它包围了诗学，又渗透于诗学，却在理念形态上
迟迟未得诗学的正式认定，致使这种极富诗性特征、又极其追
求圆通的思想和思维方式，在诗学领域处于分裂的残缺不全的
状态。这是由于诗不同于其他诸艺，它在传统文化结构中占有
尊崇的地位，存在着古老的"诗教"，如《礼记·经解》："温
柔敦厚，诗教也。"《论语·为政》："子曰：诗三百一言以蔽
之，曰，思无邪。"历朝说诗，都以它们为纲领，思想方式模
式化，不易越雷池一步。因此，感悟从思维到理念对诗的渗
透，往往有进一步、退两步的尴尬。比如不以作诗为长的司马
光已把诗与悟相联系："闲居闭穷巷，拙者诚所宜。掩书坐前
楹，默与天理期……余因激所遇，揽笔成此诗。庶几学者心，

读已而悟兹。"① 而专以写诗驰名，其诗比司马光更多悟性的梅尧臣，却往诗教上退回一步："喷吐五色霓，自堪重典册。诗教始二南，皆著贤圣迹。后世竞剪裁，破碎随刀尺。我辈强追仿，画龙成蜥蜴。"② 不过，如此举步踟蹰，终究挽不住奔泻向前的诗、悟结缘的潮流。

诗、悟结缘，唐朝是关键。诗在唐朝已成一国之艺，气象宏大，精神自由，感悟思维随风润物地补充着、改造着古老的比兴诗艺，使诗的写作变得清俊飞扬。最早出来以感悟思维提高诗的审美魅力的诗人中有杰出的王维，他既是"当代诗匠，又精禅理"③，直到清代高标神韵的王渔洋，还借用友人诗称"右丞禅悟人，千古生则效"（《居易集》卷一）。王维晚岁信佛，与南北宗禅师皆有交往，并且受神会的托付，为禅宗六祖作《能禅师碑》，还以诗说禅，但王维的真正贡献以及他的诗的妙处在于悟禅能化，在化字上见才性，化为精微的感觉，化为颖悟的思维，化为空灵的境界，从而写出诗中之诗。如《竹里馆》："独坐幽篁里，弹琴复长啸。深林人不知，明月来相照。"如《山中》："荆溪白石出，天寒红叶稀。山路元无雨，空翠湿人衣。"如《终南别业》："中岁颇好道，晚家南山陲。兴来每独往，胜事空自知。行到水穷处，坐看云起时。偶然值林叟，谈笑无还期。"这里有前人未有的感觉，或者说在陶渊明的平淡和本色之外，增加几分妙悟和难以言说的天机。

与王维并称王孟诗派的孟浩然，在严羽以禅悟论诗的时候

---

① 司马光：《秋居览景因感所事》，载《传家集》卷十八，四库全书本。
② 梅尧臣：《还吴长文舍人诗卷》，载《宛陵集》卷五十一，四库全书本。
③ 苑咸：《答诗并序》，载《王右丞集笺注》，上海：上海古籍出版社1984年版，第183页。

特别被指出："且孟襄阳学力下韩退之（愈）远甚，而其诗独出退之之上者，一味妙悟而已。"（《沧浪诗话·诗辨》)① 此说得于要，而失于偏。实际上，感悟思维如果不局限于禅悟，可以出现多种风格和形式，或淡远幽玄，或清俊飞扬，或硬语盘空。孟浩然主张静观而发兴，属于淡而多味的一路。他也有说禅诗篇："戏鱼闻法聚，闲鸟诵经来。弃象玄应悟，忘言理必该"（《本阇黎新亭作》）等。但是作为诗人，他的本领不在于弃象玄悟，而在清心悟象，赋予宇宙山川以澄明的感觉。论李白以"清芬"、杜甫以"清诗"，都是从诗人胸襟和诗情境界中着眼的。有如此胸襟、如此境界，方能写出如此名句："荷风送香气，竹露滴清响"（《夏日南亭怀辛大》）；"松月生夜凉，风泉满清听"（《宿业师山房期丁大不至》）；方能写出如此名篇："移舟泊烟渚，日暮客愁新。野旷天低树，江清月近人。"（《宿建德江》）可以说，对于感悟思维，孟浩然得其清，王维得其妙，当然清也是妙，妙也有清，因此后人归之为同一诗派。

然而感悟不仅可得清妙，也可得壮妙。李白清壮雄奇、英姿勃勃的诗性思维，也可以从感悟的角度理解，也是对多样性的感悟思维的贡献。他可以任众鸟孤云高飞远去，而独与敬亭山"相看两不厌"（《独坐敬亭山》）；也可以在故人"孤帆远影碧空尽"之际，留下了"唯见长江天际流"的象外之意（《黄鹤楼送孟浩然之广陵》）；也可以提出"青天有月来几时"的无理之问，而"我今停杯一问之"（《把酒问月》）；还可以真与梦交织，"我欲因之梦吴越，一夜飞渡镜湖月"，在

---

① 何文焕：《历代诗话》下册，北京：中华书局1981年版，第686页。

梦中追问深度的精神真实，使精神受到"魂悸魄动"的震撼（《梦游天姥吟留别》）。这些诗在悟中注入盛唐魄力，融合仙禅妙思。对此可在《与元丹丘方城寺谈玄作》一诗中得到印证："茫茫大梦中，唯我独先觉。腾转风火来，假合作容貌。灭除昏疑尽，领略人精要。澄虑观此身，因得通寂照。朗悟前后际，始知金仙妙。幸逢禅居人，酌玉坐相召。彼我俱若丧，云山岂殊调。清风生虚空，明月见谈笑。怡然青莲宫，永愿恣游眺。"谈玄者有诗人、道士、禅师，话题来自《庄子》和《四十九章经》、《维摩诘经》、《楞严经》，可见盛唐不同思想、宗教辩说的兼容性，以及出入佛、道无碍的精神自由，正是这种文化气象释放出感悟思维的潜力。

语言具有局限性，尽管唐诗流行感悟思维，但论者尚不能用感悟的术语准确把握之。语言又在保守中实现它的稳定性，由于感悟思维与古老的诗学中的比兴思维有渊源关系和相似性，人们也就往往借用阐释"兴"来包容感悟的某些特征。孔颖达《毛诗序疏》："兴者，兴起志意，赞扬之辞"；"比之与兴，虽同是托附外物，比显而兴隐"。[①] 王昌龄《诗格》把兴分为十四体，例证多用汉魏两晋诗，所言多有与感悟通之处。齐已《风骚旨格》解释赋、比、兴，赋例："风和日暖方开眼，雨润烟浓不举头"；比例："丹顶西施颊，霜毛四皓鬓"；兴例："水谙彭泽阔，山忆武陵深"。[②] 兴例收入《全唐诗》卷七百三十四，为作者莫考的残句，它那种把人的生命

---

① 《毛诗正义》卷一疏，《十三经注疏》上册，北京：中华书局影印本 1980 年版，第 271 页。
② 《风骚旨格》，载《诗学指南》，乾隆敦本堂刊本。

感觉移植于山水的思维灵性，堪通感悟，当是唐人之长。但唐人只用"兴"字似乎还不尽兴，因此创造了一些新词，比如"发兴"，强调意兴启悟的感觉。比如孟浩然诗："何以发佳兴？阴虫鸣夜阶。"（《奉先张明府休沐》）"愁因薄雾起，兴是清秋发。"（《秋登万山寄张五》）"风俗因时见，湖山发兴多。"（《九日龙沙寄刘大》）又如杜甫诗："云山已发兴，玉佩仍当歌"（《陪李北海宴历下亭》）等。兴可以发得新、发得奇，发于云山林泉、秋雾鸣虫，在悟照万物、神与物游中触发兴感的情境多种多样，兴感被触发后的形态也多种多样。因而李白在称许建安风骨和小谢清发之后，唱出"俱怀逸兴壮思飞，欲上青天览明月"（《宣州谢朓楼饯别校书叔云》），其间的兴感是可壮可逸，具有飞动的超越性的。如此使用"发兴"，应该说已是感悟思维的一种形式了。

也许在唐人的诗学框架上还没有使用感悟的理念，但在其具体的诗评中已渗入了对感悟思维的体验。尤其是那些诗僧，悟既是他们定慧双修的功课，携悟论诗有时也是情不自禁。皎然《戏作》诗云："乞我百万金，封我异姓王。不如独悟时，大笑放清狂。"他的《诗式》，议论出入于儒、道、佛，而以体势、诗格为重要的价值尺码。但在具体分析中谈论着"语与兴驱，势逐情起，不由作意，气格自高"、"有时意静神王（旺），佳句纵横，若不可遏，宛如神助"，都触及感悟思维的某些特征。尤其是他以十九字辨诗体，始于高、逸——"风韵朗畅曰高"，"体格闲放曰逸"；终于静、远——"非如松风不动，林狖未鸣，乃谓意中之静"，"非如渺渺望水，杳杳看山，乃谓意中之远"。文中意与文外意相互映发，在感悟之中不睹文字，但见性情。这都渗透着道禅的宁静致远、韵高意逸的趣味。

与皎然诗论中那些讲求悟性和玄趣的话题一脉相承的，有晚唐司空图以韵味品诗。在《与李生论诗书》中，他在皎然"文外之旨"、"情在言外"的基础上，进一步提出了"韵外之致"、"味外之旨"的论题，比皎然的"文外"、"言外"的说法更深入诗的内质，并且触及"不知所以神而自神"的感悟思维。他又提出"象外之象"、"景外之景"的论题，以象、以景论诗也比皎然以文、以言论诗，更为紧扣诗的意象性。正由于紧扣诗的意象性，这才能进一发挥为："长于思与境偕，乃诗家之所尚者。"（《与王驾评诗书》）至此，司空图几乎勾勒出一条充满悟性的思维线索：韵味——意象——境界，但他没有用悟字去表达和贯串。而使禅悟与诗在理念形态上发生碰撞的，是另一位晚唐诗人杜荀鹤。他的《赠临上人》诗云："不计禅兼律，终须入悟门。解空非有自，所得是无言。眼豁浮生梦，心澄大道源。今来习师者，多锁教中猿。"（《唐风集》卷一）这是典型的南宗禅的话头，其中所谓"律"，大概不是诗律，而是禅宗所讲的戒、定、慧中的戒律。不过，《赠休禅和》一诗就进一步了："为僧难得不为僧，僧戒僧仪未足能。弟子自知心了了，吾师应为醉腾腾。多生觉悟非关衲，一点分明不在灯。只道诗人无佛性，长将二雅入三乘。"诗人与禅师交往酬对，终于使悟与诗碰了头，但它没有展开，展开之功有待宋人了。诗学方面的感悟思维在唐人，是一种诗创作的实践，他们做了不说，到了宋人边做边说的时候，感悟思维在观念上已显得比在实践上滞后了。

六、宋代以禅喻诗的潮流

宋人好思，思中不乏创新欲望和卫道的焦虑。当感悟思想进入宋代的思想大流程中，它终于以理念的自觉形态浮出诗学的水面。也许宋人以悟写诗，不及唐世的英姿勃发、光彩照人，但他们的认真多思，使以悟论诗达到了历史的新阶段。首先他们在儒、道、禅多种思想的论难、探究、让步和交融中，把感悟思想普泛化和世俗化了。苏轼是一个转移风气的人物，他代表着一种才华横溢、又趣味深长的士人文化，包括具有诗味、又有世俗味的悟文化。

苏轼以才驭学，以悟述学，渊博、机智而芜杂。早年学贾谊、陆贽政论，及读《庄子》而叹息："吾昔有见于中，口未能言，今见《庄子》，得吾心矣！"《庄子》与其天性中的悟力一拍即合。又论《中庸》的微妙之旨，"后读释氏书，深悟实相，参之孔老，博辨无碍，浩然不见其涯也"①（苏辙《亡兄子瞻端明墓志铭》）。苏轼参合孔、老、佛，为感悟思想敞开了一个广阔无涯的文化空间，同时他对深刻地影响民间信仰的道藏，也予以关注，《读道藏》诗云："嗟子亦何幸，偶此琳宫居……王乔掌关钥，蚩尤守其庐。乘闲窃掀搅，涉猎岂暇徐。至人悟一言，道集由中虚。心闲反自照，皎皎如芙蕖。"其间由心闲、中虚、反照到皎亮的悟道心理过程，写得相当真切。可以说这就是感悟思维的程序，在心理学上的一种表述。他把这种植根于深厚的学养上的感悟思想用以衡画，而列王维

---

① 苏辙：《栾城后集》卷二十一，四库全书本。

于吴道子之前，已如前述。苏轼还把感悟思想用以论诗，他晚年极其喜欢陶渊明诗，几乎遍和陶诗，《和陶诗五十七首》其一说："我尝游东海，所历若有素。神交久从君，屡梦今乃悟。渊明作诗意，妙想非俗虑。庶几二大夫，见微而知著。"这里不是从宗教或玄学的角度，而是从超越俗虑的角度，来谈论"诗意妙想"的。这种感悟思想的人情化和世俗化，是苏轼的一项贡献，他在《答毕仲举书》中用了一个很幽默的比喻："若世之君子所谓超然玄悟者，仆不识也。往时陈述古好论禅，自以为至矣，而鄙仆所言为浅陋。仆尝语述古公之所谈，譬之饮食龙肉也，而仆之所学，猪肉也。猪之与龙则有间矣，然公终日说龙肉，不如仆之食猪肉实美而真饱也。"① 猪肉龙肉之喻充满著俗（通俗）而不俗（庸俗）的智慧。悟性还俗而不俗，为感悟思维的广泛运用提供了丰富的可能性。

苏轼之后，以悟论诗逐渐多见，到两宋之交形成浪潮。与二程为代表的洛学重理不同，以苏轼为代表的蜀学重悟。黄庭坚比较自己与苏门诸学士诗文高低时说："余自谓作诗颇有自悟处，若诸文亦无长处可过人。余尝对人言，作诗在东坡下，文潜（张耒）、少游（秦观）上，至于杂文与无咎（晁补之）等耳。"（《论作诗文》，《山谷别集》卷六）能否自悟，在他心目中成了衡量诗文品位的重要标准。元祐末年曾从苏轼于定州幕府的李之仪，则把诗与禅悟相联系，《兼江祥瑛上人能书，自以为未工，又能诗而求予诗甚勤，予以为非所当病也，为赋一首勉之，使进于道云》一诗说："得句如得仙，悟笔如悟禅。弹丸流转即轻举，龙蛇飞动真超然。"（《姑苏居士后

---

① 苏轼：《东坡全集》卷七十四，四库全书本。

集》卷一）又有《瑛侍者欲再游方，作此勉之》："精神秀发真狮子，耸壑昂霄似出林。击竹有声先了悟，拈花微笑已知音。新诗富健疑披锦，妙字清奇不换金。往往秋高又飞锡，白云来去本无心。"在理学建构日趋严密的岁月，一批士人把与禅师交往当做时尚，以禅理入诗理，从中带点另类的体验精神自由、智慧喜悦和行为潇洒。

两宋之交以禅喻诗、或以妙悟论诗，已成诗家常用的话题或话语。较大胆而集中的是北宋末年吴可的《学诗诗》三首："学诗浑似学参禅，竹榻蒲团不计年。直待自家都了得，等闲拈出便超然。""学诗浑似学参禅，头上安头不足传。跳出少陵窠臼外，丈夫志气本冲天。""学诗浑似学参禅，自古圆成有几联？春草池塘一句子，惊天动地至今传。"谢灵运《登池上楼》中那句"池塘生春草，园柳变鸣禽"挟带着它的梦悟的掌故，实在被后世诗家推崇过高了。它成了感悟思维的标的或标志，甚至以它的自然灵动、妙手偶得，构成了杜甫苦吟炼字、诗律精细的对立面。值得注意的是，围绕着吴可（思道）的《学诗诗》，当时形成了一个诗禅证悟的思想旋涡，龚相（圣任）、赵蕃（章泉）各有和诗三首。龚相诗云："学诗浑似学参禅，了悟方知岁是年。点铁成金犹是妄，高山流水自依然。""学诗浑似学参禅，语可安排意莫传。会意即超声律界，不须炼石补青天。""学诗浑似学参禅，几许搜肠觅句联。欲识少陵奇迹处，初无言句与人传。"与吴可原诗不同的是，龚相把面子还给杜甫，只是不满江西诗派"点铁成金"的教条，并且倾心于玄学"意在言外，得意忘言"的言意之辨。赵蕃和诗三首是："学诗浑似学参禅，识取初年与暮年。巧匠曷能雕朽木，燎原宁复死灰燃。""学诗浑似学参禅，要保心传与

耳传。秋菊春兰宁易地，清风明月本同天。""学诗浑似学参
禅，束缚宁论句与联。四海九州何历历，千秋万岁孰传传。"①
这里的禅悟，一方面强调诗家的禀赋，一方面强调解除束缚，
都是为了直指心源，顺乎春兰秋菊的不可移易的自然，同享清
风明月的澄澈的朗照。

值得注意的是，这股以禅论诗的浪潮与苏轼之学存在着微
妙的渊源关系。不仅前述的吴可少时受苏轼赏识，著《藏海
诗话》每述苏轼诗论，而且另一位北宋末到南渡初期以禅论
诗的韩驹（子苍），也被称为"韩氏学出苏氏"（《四库总目
〈陵阳集〉提要》）。周必大又把韩驹诗与杨万里的诗学才华联
系起来，《跋杨廷秀（万里）石人峰长篇》一文说：

> 韩子苍《赠赵伯鱼》诗云："学诗当如初学禅，未悟
> 且遍参诸方。一朝悟罢正法眼，信手拈来皆成章。"盖欲
> 以斯道淑诸人也。今时士子见诚斋大篇短章，七步而成，
> 一字不改，皆扫千军倒三峡、穿天心透月胁之语。至于状
> 物姿态，写人情意，则铺叙纤悉，曲尽其妙，遂谓天生辩
> 才，得大自在。是固然矣，抑未知公由志学至从心……五
> 六十年之间，岁锻月炼，朝思夕维，然后大悟大彻，笔端
> 有口，句中有眼，夫岂一日之功哉！

所谓一生习诗，终至大悟，强调了渐修到顿悟的过程。杨
万里早年学诗从江西诗派入手，转而学王安石和晚唐绝句，四
五十岁后"忽若有寤（悟），于是辞谢唐人及王、陈、江西诸
君子，皆不敢学"（《荆溪集自序》），脱却藩篱，返回天真，
自创"诚斋体"。北宋后期到南宋前期这股以感悟论诗的思

---

① 参见魏庆之：《诗人玉屑》卷一《诗法》，四库全书本。

潮，上联苏轼，下启杨万里，中间变异和超越当时流行的江西诗派，旁通禅门参悟。江西诗派面对这股思潮而思变，比如吕本中就提出"活法"之论："学诗当识活法。所谓活法者，规矩具备而能出于规矩之外，变化不测而亦不背于规矩也。"（《夏均父集序》，参见刘克庄《后村先生大全集》卷九五）其后，人们又把"活法"与佛教的"悟入"之说相联系。周必大《次韵杨廷秀侍郎寄题朱氏渔然书院》诗云："诚哉万事悟活法，诲人有功如利涉。嗟哉大类醯鸡然，时复一窥瓮中天。"（《文忠集》卷四十一）辛弃疾的朋友周孚为诗初学陈师道，进而学黄庭坚，自是江西诗派中人，他作《小简寄周日新》说："言诗说活法。夫前辈所谓活法，盖读书博用，功深不自知其所以然而然。故活法当自悟中入，悟自工夫中入。"（《蠹斋铅刀编》卷十八）这里强调的还是功力，把悟入当成工夫深到的必然结果。曾季狸《廷斋诗话》对江西诗派的这种变化进行综观："后山（陈师道）论诗说换骨，东湖（徐俯）论诗说中的，东莱（吕本中）论诗说活法，子苍（韩驹）论诗说饱参。入处虽不同，然其实皆一关捩，要知非悟入不可。"北宋以苏轼、黄庭坚为代表的两股诗学思潮，在其后的百年衍变中，都以不同的角度和形式趋同于感悟思维，由此产生的合力已非常强劲了。

七、以悟论诗观念的系统性成熟

然而，一般的以"学诗诗"的方式以禅喻诗，挑战传统诗教的标志性价值，大于展示感悟思维的诗学理论的价值。直至南宋晚期，即 13 世纪三四十年代，严羽《沧浪诗话》的出

现，才标志着以禅喻诗、以悟论诗的思想观念已经到了系统性
成熟的阶段。此书的"诗辩"、"诗体"、"诗法"、"诗评"、
"考证"五章以及类乎后序的《答出继叔吴景仙书》一文，在
诗的本体认知、价值标准、诗体形式和诗潮转换诸方面形成了
一个类体系的结构，都把妙悟当成诗学的归一之旨。它以
"诗辩"的名目富有历史针对性地展示对诗的本体认知，显示
了力排众议、理论创新的可贵的勇气：

> 大抵禅道惟在妙悟，诗道亦在妙悟。且孟襄阳学力下
> 韩退之远甚，而其诗独出退之之上者，一味妙悟而已。惟
> 悟乃为当行，乃为本色。然悟有浅深，有分限，有透彻之
> 悟，有但得一知半解之悟。①

把与禅道有联系的妙悟，贯通于诗道，这里包含着对诗的
本体论的思考。妙悟，乃是通过超越性的微妙的思维，直探诗
的本真存在。妙悟之说见于佛典，唐《华严经》十二说："妙
悟皆满，二行永断。"《涅槃无名论》说："玄道在于妙悟，妙
悟在于即真。"道教也讲妙悟，如《云笈七签》卷四十二：
"日中静心，心中妙悟。"佛教中国化而成禅宗，更是醉心于
这个不可思议的入妙之门，《四库全书总目提要》在概述《法
苑珠林》时说："禅宗如宋儒之义理，虽覃思真会，妙悟多
方，而拟议揣摩，可以臆测。其说凭虚而易骋，故心印之教，
既行天下，咸避难趋易，辩才无碍，语录日增，而腹笥三藏之
学，在释家亦几乎绝响矣。"以妙悟谈艺论诗，于唐以后已片
断见之。旧题王维《论画三首》有云："夫画道之中，水墨最

---

① 严羽：《沧浪诗话》，载《历代诗话》，北京：中华书局1981年版，第
686页。以下的《沧浪诗话》的引文，亦采此版本。

为上。肇自然之性，成道化之功……手亲笔砚之余，有时游戏三昧，岁月遥永，颇探幽微。妙悟者不在多言，善学者还从规矩。"（《王右丞集笺注》卷二十八）宋代僧人说悟，时有浓郁的美学意味。释契嵩主张儒释一贯，他的《真谛无圣论》却以禅通玄："以指摽月，其指所以在月；以言谕道，其言所以在道。顾言而不顾其道，非知道也；视指而不视其月，非识月也。所以至人常妙悟于言象之表，而独得于形骸之外。"（《镡津集》卷三）指头和月、语言和道不是一个层次上的事物，靠指头的指月和语言说明道的所在而把它们联系起来了。而真正使之实行层次间的跳跃的，是妙悟独得。明月实在是启人妙悟的意象，南宋陈渊诗云："美人亦念我，赠以别知赋。英辞粲星斗，深语发妙悟。坐起再三读，一一明月句。何以谢所投，静默有佳趣。"（《三月十一日欲往荆南景德寺，睡起呈曹令德》，《默堂集》卷二）南宋中兴名将张俊的后人张镃，他的诗学在当时是被认为相当精深的，受到尤袤、陆游、辛弃疾、周必大、范成大等人的称许，杨万里对之尤为推重。他有一首《诚斋以南海、朝天两集诗见惠，因书卷末》说："笔端有口古来稀，妙悟奚烦用力追。南纪山川题欲遍，中朝文物写无遗。后山格律非穷苦，白傅风流造坦夷。霜鬓未闻登翰苑，缓公高步或因诗。"（《南湖集》卷一）妙悟由禅而诗，约略可见一股潜流。悟而求妙，使悟深入一层，在虚静的心灵境界中，使精神出入无碍地驰骋于常理常情之外，于严密的格律中化出自由的风流，于意义的追问时独得于语言意象之表，使人与本真、与意义达成一种静默的契合。它给诗的生成、创造和鉴赏，提供了一种超越、精微而灵动的心理机制。严羽的惊世骇俗之处，是把妙悟当做宋诗包括苏轼、黄庭坚、江湖诗派和永嘉四灵的对立物，来进行辩驳式的论述，并且开宗明义，把它视为诗道的精髓，视为诗的第一义。

然而严羽也强调以熟参、渐修的工夫作为顿悟的基础，并没有把妙悟过分虚玄化。相反，他反对"一知半解之悟"，主张"透彻之悟"，反复陈说只有进行长期的"以识为主"的熟参，才能达到高明的妙悟境界。《诗辩》又云：

> 试取汉魏之诗而熟参之，次取晋宋之诗而熟参之，次取南北朝之诗而熟参之，次取沈、宋、王、杨、卢、骆、陈拾遗之诗而熟参之，次取开元、天宝之诗而熟参之，次独取李、杜二公之诗而熟参之，又取大历十才子之诗而熟参之，又取元和之诗而熟参之，又尽取晚唐诸家之诗而熟参之，又取本朝苏、黄以下诸家之诗而熟参之，其真是非自有不能隐者……先须熟读《楚辞》，朝夕讽咏，以为之本；及读《古诗十九首》、乐府四篇、李陵苏武汉魏五言，皆须熟读，即以李、杜二集枕藉观之，如今人之治经，然后博取盛唐名家，酝酿胸中，久之自然悟入。

熟参的"参"如果源于禅门，当带有参入禅道的对应之义。也就是说熟参不限于广泛阅读，而且意味着在反复阅读中进行参究领会，化为心得，因而熟参也就是妙悟的初阶。熟参的对象以一系列的"次"字，"又"字加以排比，而且每个"次"、"又"之下又是复数，可见熟参不是单纯地积累知识，而是要清理各个时代诗歌范式的变化和相同时代的诗人诗派的优劣长短，在消化知识中体验其间才智类型和经验教训。然后由博返约，选取名家名篇来建立自己高起点的才识和眼界，熟读既是朝夕讽咏、枕藉观之的有重点，又是酝酿胸中的有化解升华，积众悟而自然豁然地大悟和通悟。

基于对诗的感悟性本体认证，严羽注重以"气象"、"意兴"论诗，以气象论诗的时代范式，以意兴论诗的内在本质，形成了以兴、象互为表里的感悟式论诗体制。气象指一个时代诗的总体气质、风貌、模样、神采，严羽尤为推重汉魏和盛唐，把它们视为诗歌气象的黄金时代："汉魏古诗，气象混沌，难以句摘。晋以还方有佳句，如渊明'采菊东篱下，悠然见南山'，谢灵运'池塘生春草'之类。谢所以不及陶者，康乐之诗精工，渊明之诗质而自然耳。""建安之作，全在气象，不可寻枝摘叶。"(《诗评》)推许盛唐气象，是以中晚唐，尤其是宋诗为反衬的："坡、谷诸公之诗，如米元章之字，虽笔力劲健，终有子路未事夫子时气象。盛唐诸公之诗，如颜鲁公书，既笔力雄壮，又气象浑厚，其不同如此。"(《答出继叔吴景仙书》)其实，汉魏与陶谢，盛唐与宋世，都有许多富有神采和悟性的诗学创造，不必片面地扬彼抑此，但严羽身处衰世，为拯救诗潮积弊和颓风，更加崇尚时代民族的魄力和元气，立论也不能说没有充分的现实依据。

以意兴论诗，关注的是诗的内在意念、兴趣、境界、滋味。严羽认为："诗有词理意兴。南朝人尚词而病于理，本朝人尚理而病于意兴，唐人尚意兴而理在其中。汉魏之诗，词理意兴，无迹可求。"(《诗评》)在有诗学以来的赋、比、兴等表达形态中，兴更带有超越性，由它组合的发兴、意兴、兴致、兴趣一类词语，更接近感悟的思维方式。在谈论意兴趣味的时候，看来严羽是不固执于排斥苏轼的，他说："柳子厚'渔翁夜傍西岩宿'之诗，东坡删去后二句，使子厚复生，亦必心服。谢朓'洞庭张乐地，潇湘帝子游。云去苍梧野，水还江汉流。停桡我怅望，辍棹子夷犹。广平听方籍，茂陵将见求。心事俱已矣，江上徒离忧。'予谓'广平听方籍，茂陵将见求'一联删去，只用八句，尤为浑然，不知识者以为何如？"（《考证》）严羽学苏轼删诗，以意兴浑成为标准。柳宗元《渔翁》诗云："渔翁夜傍西岩宿，晓汲清湘燃楚竹。烟消日出不见人，欸乃一声山水绿。回看天际下中流，岩上无心云相逐。"推敲一词源于唐人，但推敲之风于宋尤盛，据宋僧惠洪《冷斋夜话》卷五："东坡云，诗以奇趣为宗，反常合道为趣。熟味此诗（柳诗）有奇趣，然其尾两句，虽不必亦可。"从这宗诗坛公案可知，奇趣是苏轼论诗的一个准则，此准则也见于《诗人玉屑》卷十，《诗趣》条引苏轼语："渊明诗初看若散缓，熟读有奇趣。"比如"采菊东篱下，悠然见南山"，"暧暧远人村，依依墟里烟。犬吠深巷中，鸡鸣桑树颠"诸句，就被苏轼评为"才高意远，造语精到如此，如大匠运斤，无斧凿痕"。奇趣乃是意兴趣味的奇妙者，既要有超常不俗的感觉，反常而合道，又要有造语精到的表达，自然而浑成，这不是堆积材料、牵缀学问所能做到，非有妙悟莫办。因此《沧浪诗话》又说：

　　夫诗有别材，非关书也；诗有别趣，非关理也。然非多读书，多穷理，则不能极其至，所谓不涉理路、不落言筌者上也。诗者，吟咏情性也。盛唐诸人，惟在兴趣，羚羊挂角，无迹可求。故其妙处，透彻玲珑，不可凑泊。如空中之音，相中之色，水中之月，镜中之象，言有尽而意无穷。近代诸公乃作奇特解会，遂以文字为诗，以才学为诗，以议论为诗。夫岂不工，终非古人之诗也，盖一唱三叹之音，有所歉焉。（《诗辩》）

"别材别趣"之说，是一种注重感悟的辩证思维，不能刻板理解。它不是说写诗不需材料、学养、理路和趣味，而是说对材料、学养、理路和趣味须做一种异于日常状态的别样处理，以一种"不关之关"，别中见奇，妙以体道，在超越性思维中体验宇宙人生的真谛。这种别样处理强调主体的自由创造，注入主体体验而得的意兴趣味，但注入有两个要点：一是意兴趣味和语言材料浑融无间，不是贴标签或做作说教，既要无迹可寻，又能传达出一种透彻玲珑的妙处。二是具有指向更高的精神层面或宇宙人生真谛的诱导性和暗示性，从水、镜、空、相中体验到别样的月、象、音、色，做到意在言表，"言有尽而意无穷"。常说诗是非常精微的语言艺术，要在术中见道和出妙，必须以感悟思维发掘语言材料的这些超越性的别样功能。严羽的贡献在于材质趣味之前，独标一个"别"字，提醒世人注意审美思维和学术思维有所关联而尚存异质，为诗者必须以审美思维为"别学"。至于严羽批评宋人以文字为诗，以才学为诗，以议论为诗，是很能击中要害的。但应该看到，这些宋诗特点并非与妙悟绝缘，只要不落形迹和作茧自缚，也存在着以感悟思维点化其间的意兴趣味的。只不过这已不是盛唐的妙悟，而是增加妙悟的多样性了。

在以感悟论诗中，严羽也讲究诗法，这可以在一定程度上抵消以禅喻诗的虚玄和神秘。他认为："诗之法有五：曰体制，曰格力，曰气象，曰兴趣，曰音节。"(《诗辩》)诗法有五，就赋予它层次感和整体感。陶明濬《诗说杂记》评述道："此盖以诗章与人身体相为比拟，一有所阙，则倚魁不全。体制如人之体干，必须佼壮；格力如人之筋骨，必须劲健；气象如人之仪容，必须庄重；兴趣如人之精神，必须活泼；音节如人之言语，必须清朗。五者既备，然后可以为人。亦惟备五者之长，而后可以为诗。近取诸身，远取诸物，而诗道成焉。"这种评述已是对严羽诗法的引申，引申为把艺术人化或生命化的形态。但引申还是遵循严羽诗法的内在精神，因为感悟的神髓存在于把诗当做生命的审美体验之中。

八、理学家的感悟观

严羽自称以禅喻诗，以妙悟证诗道，是以"惊世骇俗之谈"，"断千百年公案"，是抱着极大的勇气的。这种勇气体现在：一、挑战儒学诗教；二、挑战宋世诗坛。因而在受到亲友诘难时，他这样回答："我叔谓说禅，非文人儒者之言。本意欲说得透彻，初无意于为文，其合文人儒者之言与否，不问也。高意又使回护，毋直致褒贬。仆意谓辩白是非，定其宗旨，正当明目张胆而言，使其词说沉着痛快，深切著明，显然易见，所谓不直则道不见，虽得罪于世之君子，不辞也。"（《答出继叔吴景仙书》）在他所接触的那个文人圈子里诗教和俗学的风气也许较浓，但纵观宋代思想文化思潮，感悟已逐渐在文人儒者中获得广泛的认同。这一点，似可以当成严羽以妙悟证诗道的另一种历史文化语境的证明。

宋世理学极盛，在程朱理学中，二程"出入于老、释，返求诸六经"，朱熹前门拒禅，后门迎悟，都在进行着宗教与学理的转换和剥离工作。《二程遗书》卷十七："或问如何学，可谓之有得？曰：大凡学问，闻之知之，皆不为得，得者须默识心通。学者欲有所得，须是笃志诚意，烛理上知，则颖悟自别。"这里已把颖悟自别、默识心通作为学问有得的关键，而同书卷十八又从审美思维中借得感悟："张旭学草书，见担夫与公主争道，又公孙大娘舞剑而后悟笔法。莫是心常思念，至此而感发否？曰：然。须是思，方有感悟处；若不思，怎生得如此？然可惜张旭留心于书，若移此心于道，何所不至？"以悟论学，在比二程年岁略长的张载那里已见，张载说："学贵心悟，守旧无功"；"观书解大义，非闻也，必以了悟为闻"。（《张子全书》卷六、卷七）心悟、了悟都是禅宗话头，可见禅门与理学之间是不能排除存在着某种精神暗道的。

朱熹为了思想纯洁性，公然辟禅，包括禅宗的顿悟、悟入等术语。他说："顿悟之说，非学者所宜尽心也，圣人所不道。"（《朱子语类》卷九）孔圣人的时代未有顿悟之词，这种说法有点错乱时空。朱熹又说："悟入两字既是释氏语，便觉气象入此不得。《大学》所谓致知格物者，非悟入之谓。"（《答程允夫》，《晦庵集》卷四十一）朱子非禅的同时，却沟通了性理与觉悟，他是把宗教门户招牌和思维成果分别对待的。他反复强调："自一身之中，以至万物之理，理会得多，自当豁然有个觉处……程子谓，但积累多后，自当脱然有悟处，此语最好。"（《朱子语类》卷九）他竭力阐明"释氏理须顿悟、不假渐修"（其实是南宗禅的主张）与孔门圣学之不同，其实是以格物致知的学理，反对禅宗走捷径的顿悟说。他力辨儒释之邪正，批评"惑于异端之说"者，"兀然终日，味无义之语，以俟其廓然一悟。殊不知物必格而后明，伦必察而后尽。彼既自谓廓然而一悟者，其于此懵然也，亦何以悟为哉！"（《答汪尚书》，《晦庵集》卷三十）为此，他强调循序渐进的"渐"对于自然贯通的"悟"的重要性："究观圣门教学，循循有序，无有合下先求顿悟之语。但要持守省察，渐久渐熟，自然贯通。"（《答刘公度》，《晦庵集》卷五十三）朱熹以"道问学"作为"尊德性"的修养基础，他强调了格物致的重要性，强调了悟道是一个循序渐进的过程。但他也讲究探求本源，体悟道体的。他有一首《偶题》诗："步随流水觅溪源，行到源头却惘然。始悟真源行不到，倚笻随处弄潺湲。"他把流水作为悟道的象征，采取现实的态度，对求道的过程比对求道的目标更为重视，但对目标也是采取锲而不舍的态度："或问子在川上曰，此是形容道体。伊川所谓与道为体，此一句最妙。某尝为人作观澜词，其中有二句云：观川流不息兮，悟有本之无穷。"（《朱子语类》卷三十六）他把孔子和程颐（伊川）请来当见证，证明自己是追悟道体的，只是因为道体是一种无穷的存在，因而排斥顿悟之说，采取"积累得多，脱然有悟"的思路和策略了。把哲学本体当成不息的川流和无穷的存在，乃是朱熹的一种卓见。

在禅宗流风广渗的过程中，理学儒者出现了门户，朱熹、陆九渊各执一端，"宗朱者诋陆为狂禅，宗陆者以朱为俗学。两家之学，各成门户，几如冰炭矣"（黄宗羲《宋元学案》卷五八《象山学案》）。其实，陆九渊在义理上还是判别儒、释的，认为儒学"惟义惟公故经世"，释家"惟利惟私故出世"（《与王顺伯书》，《象山先生全集》卷二）。但他为学崇尚易简，反对朱子学的支离，如鹅湖之会，赋诗说："易简工夫终久大，支离事业竟浮沉。"这种对儒学经典的理解采取删繁就简的倾向，与禅宗对待佛典的趋向有其相似之处，都强调主体的自由体悟，因此推许他的人也称他的学说"心悟理融出于自得"①。尤其是他把"心"作为其学说的支点，进行本体论

---

① 参见杨简：《象山先生行状》，载《象山先生全集》卷三十三。

的体验和思辨，这就为感悟的哲学打开了通道，如《年谱》交代他少年时代"因读古书至宇宙二字，解者曰：四方上下曰宇，往古来今曰宙。忽大省……曰：宇宙便是吾心，吾心即是宇宙……其启悟学者多及宇宙二字。"（《象山先生全集》卷三十六《年谱》）这种易简觉悟的心学在后学的阐扬中，更近于禅，并增浓了感悟的色彩。到了明代的王阳明，理论的深广度都有了质的飞跃。他揭示"良知"为"圣门正法眼藏"，不回避自己学说与禅宗的异同："易简之说出于系辞，觉悟之语虽有同于释氏，然释氏之说亦自有同于吾儒而不害其为异者。"（《答徐成之》，《王文成公全集》卷二十一）他由此主张静悟，超越儒家经典的烦琐章句，宣称："悟后六经无一字，静余孤月湛虚明。"（《送蔡希颜》）"从来尼父欲无言，须信无言已跃然。悟到鸢鱼飞跃处，工夫原不在陈编。"（《次栾子仁韵送别》，均见《王文成公全集》卷二十）当然他受到指责时，也表示和禅宗顿悟划清界限，强调自己学说立足于日常实践："区区格致诚正之说，是就学者本心日用事为间体究，践履实地用功，是多少次第、多少积累在，正在玄虚顿悟之说相反。"（《答顾东桥书》，《王文成公全集·传习录》卷二）他与朱熹不同的，是并不拒绝禅宗的"悟入"术语，把它组合到自己学说之中："利根之人，直从本源上悟入。人心本体，原是明莹无滞的，原是个未发之中。利根之人，一悟本体，即是功夫，人己内外，一齐俱透了。其次不免有习心在，本体受蔽，故且教在意念上，实落为善去恶功夫，熟后渣滓去得尽时，本体亦明尽了。"（《王文成公全集》卷三）王阳明虽然讳言顿悟，但他以心为本体，主张一悟俱透，已不能说离顿悟有多远了。心学注重感悟的本体，以及理学注重感悟的过程，其间虽有诸多不同，但都说明感悟已为宋明时代的主流意识形态以不同的方式所接纳，并作为思想和思维的一种中国样式而存在了。

九、感悟的学理深度和心理程序

在主流意识形态辟禅纳禅、用悟变悟，从而使自身的思想资源更加丰富、思辨方式更加细密的时候，感悟思维在诗学领域获得广泛的渗透和传播，成为普遍关注和聚讼纷繁的命题。对于严羽《沧浪诗话》以禅喻诗、以悟论诗，许多人从不同角度加以阐扬和辩驳，从而激活了诗经学以来对诗性智慧和诗学经验的思考，也逐渐展开了对感悟自身的意义、结构、功能的探讨。这种思考起步于明，大盛于清。

明代的起步有两点值得注意，一是对沧浪诗论的阐扬和订正，这以胡应麟的《诗薮》为代表；二是以沧浪诗论去重读《诗经》等经典，这以袁仁的《毛诗或问》为代表。《诗薮》[①]极力推崇《沧浪诗话》的原创性："南渡人才，远非前宋之比，乃谈诗独冠古今。严羽卿（羽字仪卿）崛起烬余，涤除榛棘，如西来一苇，大畅玄风。昭代声诗，上追唐、汉，实有赖焉。"（杂编卷五"南渡"）又称"严羽卿之诗品，独探玄珠"，有"大力量，大识见"。（外编卷四"唐下"）他看到严羽提倡的感悟思想和思维方式具有深刻的价值和功能的同时，也看到它并非万能，还应该有诗的法度和思理对它进行规范、补充和升华。因而认为："汉、唐以后谈诗者，吾于宋严羽卿

---

① 本文《诗薮》引文，参见《诗薮》，上海：上海古籍出版社1979年版。

提一悟字，于明李献吉得一法字，皆千古词场大关键。二者不可偏废，法而不悟，如小僧缚律；悟不由法，外道野狐耳。"（内编卷五"近体七言"）胡应麟论诗，讲究"体格声调"和"兴象风神"两端，大概他认为前者近乎法，后者近乎悟，把二者兼容而成诗学的"大要"。他又认为："严羽卿云：'诗有别才，非关书也；诗有别趣，非关理也。'十六字在诗家，即唐、虞精一语不过。惟老杜难以此拘。其诗错陈万卷亡论，至说理如'寂寂春将晚，欣欣物自私'之类，每被儒生家引作话柄。然亦杜能之，后人蹈此，立见败缺。益知严语当服膺。"（内编卷五"近体七言"）这说明大诗人是不能脱离学问、思理而一味谈悟的，学问、思理用得精当到家，自可给诗增加质实的分量。至于严羽和他的诗论的一些具体方面，胡应麟也有保留和订正，谈到宋人律诗，说"宋末严仪卿识最高卓，而才不足称"（内编卷二"古体五言"）；对于他的诗评，则认为"严羽卿论诗，六代以下甚分明，至汉、魏便鹘突"（内编卷二"古体五言"），"沧浪谓戎昱滥觞晚唐，亦未然"（内编卷四"近体五言"）。这都说明，《诗薮》对严羽诗论采取了理性的分析态度。这种理性的分析态度使激情得到沉淀，有益进入感悟思想和思维的深层进行冷静的学理探索。基于此，《诗薮》对感悟赞叹之余，作了比较剖析："严氏以禅喻诗，旨哉！禅则一悟之后，万法皆空，棒喝怒呵，无非至理。诗则一悟之后，万象冥会，呻吟咳唾，动触天真。然禅必深造而后能悟，诗虽悟后，仍须深造。"这里辨析了禅悟和诗悟的相通相异，即看到了悟触发的瞬间，一者万法皆空、一者万象冥会的玄幻与具象的差异，又看到了一者不立文字，深造在前，一者要锤炼文字，悟后还须深造的差异。这些说法，涉及宗教或诗歌的感悟过程和感悟结果的某些特质。胡应麟在严羽以禅喻诗之后，进一步剖析禅与诗在感悟思维上的差异，从而推进了认识感悟思维的学理深度。

感悟说诗，主要是解说唐、宋及其以降历朝诗，通常也会上溯至东晋南朝诗。至于《诗经》，已有毛序、郑笺、孔疏、朱传，附会周史，陈说六义，成说甚深，端成模式，因而任何新的思想理论的介入，都会视同入侵，都会受到根深蒂固的诗教诗规的排斥，甚至被视为异端。当感悟论诗流行后世之时，这种思想不可能不去觊觎森严的《诗经》学的门户。因此《四库全书总目提要》卷十七《诗类存目》中，如此评述明代袁仁《毛诗或问》就传达了中国诗学历程中一个很重要的消息："（此书）谓他经可理测，而诗则不落理路；他经可意会，诗则不涉意想。三千在门，独许商、赐可与言诗，以其各有悟门。又诋朱子解诗，如盲人扪象……所执者乃严羽诗话，不涉理路，不落言诠，纯取妙悟之说。以此说汉魏之诗尚不可，况于持以解经乎？"其实，解诗的方式是多种多样的，朱传和毛序就有许多不同，有时是实质性的不同。感悟作为一种审美的思维形态，自然也可以对《诗经》作出独特的诠释，只不过掌握了话语霸权的诗教规矩不能容忍异样的声音罢了。应该注意的是，要求打破话语霸权之禁锢的言论早已有之，只不过有时走的是迂回的路。南宋林希逸就以解释《庄子》的方式，对理学和心学解释儒家经典的不同方式进行评议，并申述了以悟解经的合理性："晦翁惩象山之学，谓江西学者皆扬眉瞬目，自说悟道，深诋而力辟之。故《论语集解》，以识音志，曰默而记之尔。《孟子》不言而喻，亦曰不待人言而自喻，不肯说到顿悟处。盖有所惩而然，非《语》《孟》二书之本旨也。若以伊川默识心通之语观之，岂得意志乎？然学道者若用功之时，常有等待通悟之心，此尤不可，所谓执迷待悟，则隔须弥山矣。顿、渐自有二机，不可谓有渐而无顿，亦不必人人皆自顿悟得之。仲弓之持敬，渐也；颜子之克己复礼，顿也。不然，何以曰一日克己复礼，天下归仁焉！仁何物也，一日而得之，非顿悟而何？"（《庄子口义·外编骈拇第八》）对经学成见挑战，必须说理，首先从音义训诂上排除"识"字音"志"，释为记忆的成说，而以程颐（伊川）"默识心通"的话，疏通与感悟的关系。进而以《论语·颜渊》篇孔门弟子问仁，对仲弓答以敬恕，对颜回答以克己复礼，从而以禀性机缘的不同，区分出渐悟和顿悟。也就是说，感悟思想在与经学、诗教的辩论中，展开了学理的层次。

只要留心感悟的文献材料，就不难发现，当感悟由禅宗而扩展到道教和世俗的时候，它留了极其丰富的有待学理分析的心理和精神体验的资源。这种心理和精神体验，一旦遇上讲究自由运思的诗人和思想家，都具有指向诗学的可能。举个不甚为人注意的例子，唐代张志和《玄真子》八篇有《渐门》篇说："《易》有渐卦，老氏有妙门。人之修真达性，不能顿悟，必须渐而进之，安而行之，故设渐门。一曰斋戒，二曰安处，三曰存想，四曰坐忘，五曰神解。何谓斋戒？曰澡身虚心。何谓安处？曰深居静室。何谓存想？曰收心复性。何谓坐忘？曰遗形忘我。何谓神解？曰万法通神。是故习此五渐之门者，了一则渐次至二，了二则渐次至三，了三则渐次至四，了四则渐次至五，神仙成矣。"这渐门五阶混合道禅，倚重修持，以达到凝神息念、澡雪精神、明心见性，最终趋向神解或通悟的心理过程。由于道家思想的介入，它已经把万法空寂改造为万法通神。它的所谓"神仙",与其说是肉体的,不如说是精神的神驰得道,或如同书《神仙》篇所云:"人生时禀得虚气,精明通悟,学无滞塞,则谓之神宅。神于内,遗照于外,自然异于俗人,则谓之神仙。"① 正是由于追求通悟,这位"烟波钓徒"的诗画和人生境界兼得清逸,"善画山水,酒酣或击鼓吹笛,舐笔辄就,曲尽天真。自撰渔歌,便复画之。兴趣高远,人不能及"②。他的渐门五阶既是他修道术法,也是他审美悟真的五个程序。从中人们也许可以感受到感悟思维的某种精神实践过程。

感悟总是具有令人怦然心动的魅力,存在于对创造主体的精神自由的高度尊重之上。在理学、诗教愈趋严密化和话语霸权化的时代,珍惜本性和渴望创造的人们总是按捺不住地想把脑袋伸出僵硬的教条密网之外,呼吸清风,长舒心肺,不做教条的循规蹈矩的奴隶,而做颠覆教条规矩的自由创造的主人。感悟思维方式,从本体到功能,都给他们提倡一种契机。因为感悟讲究"神遇",讲究一种精神遇合的自主性,常常在一种无理之理、超常之常、非法之法、破格之格中开拓自己的精神通道。它的思维形态、思维结果,往往带有超越性、穿透性、浑融性。超越可以在差异中求通解,穿透可以在层际间求妙解,浑融可以在多义性求别解,从而使人的精神潜力在回复本性中获得自由发挥的畅快。比如北宋晁迥生于理学兴盛之前,但从翰林学士、西京留守通判,以太子少保致仕之后,便性耽

---

① 张志和:《玄真子》一卷,四库全书本。
② 傅璇琮主编:《唐才子传校笺》第1册,北京:中华书局1987年版,第695页。

禅悦，喜究心内典，所著《法藏碎金录》卷一说："吾今立言，明学人顿悟、渐修之喻。顿悟如灯来照物，入暗室即时而洞分；渐修如春至融冰，积和气移暑而消尽。其理亲切，谁曰不然？"他把禅门的渐修、顿悟转换为"学人"的渐修、顿悟，使神秘之理世俗化，世俗之理神秘化，其中的立言说法，也是以悟之所得来解说悟之原理的。卷五又举例证："天禧末，予在西京判留台日，曾到魏家园，见杏实烂熟，自落满地，因悟物理者三焉。其一，见万物势数必有终极之时，人合安时处顺是也。其二，见果之杏实，纯熟则味乃甘美，人之杏实，纯熟亦如之。其三，见老人食杏，爱其全熟者；壮夫食杏，爱其半熟者；童子食杏，方当酸涩亦以为美也。人之性识，生熟次第，其类如此。"这里的物理不是英国牛顿的物理，牛顿见苹果堕地，憬然有悟而进行科学论证，发现万有引力定律。科学须有悟，这是它与审美相通之处；但悟不一定通向科学，这是审美与科学歧途之处。晁迥由熟杏落地，由感悟而引发非科学的、超逻辑的联想。他在感觉世界中开拓了丰富的思维维度，使思维穿透物质和精神的不同层面，形成放射性的联想，没有拘勒地指向天道、物理、人性、人情，出入于一个多义的、没有实用功能的审美世界。其间体现了感悟不同于一般科学思维之价值观、认识方式的另一种超价值观、超认知方式。只要感悟的魅力与人的精神自由的追求、创造欲望的实现，存在着内在的联系，那么人们对它的探索、辩护和思考的热情就不会衰竭。因为探索着感悟，也是探索着人，探索着人的主体精神自身。

十、感悟面对多样性的文化范式

每个时代都在寻找着、建构着自己的思想文化范式，或对固有成规服从，或对固有成规反拨，或清理旧的资源，或回应新的诉求。一种范式的形成，都要以一定的价值结构，对具体的思想观念进行定位、定势的组合。清人是以历代学问文章的清理者和集大成者自居的。清朝统一中国后，文人们既惩于明代前后七子"诗必盛唐，文必秦汉"的偏嗜和模仿的流风，又惩于明人以俗文化挤压雅文化，"束书不观，游谈无根"的习气，在经史考据之学升值的过程中重新考察感悟学说的价值。因而严羽《沧浪诗话》高标妙悟，就在依次出现的格调、神韵、性灵、肌理等多数是倾于以学问入诗的思想范式中，受到检验和辨析。感悟学说由此成为影响深刻的不容回避的学说。但是由于过多地纠缠于诗文宗唐宗宋之辩，以及感悟在学问上的价值，虽然也展开了感悟与其他文化方式之关系的各个侧面，展示了感悟作为思维方式的相对性地位，却对感悟本身的内涵、形态、功能诸因果缺乏足够深入的关注和阐释。感悟在有些时候还要争辩着它存在的合理性，或它与诗教其他说法并存的生存权，遂使之在学理体系的建构上尚处在"伟大的未完成"状态。

较早出来对感悟诗论发难的是明清之际的钱谦益（1582—1664年）。他慨叹当时诗学风气："三百年来诗学之受病深矣！馆阁之教习，家塾之课程，咸秉承严氏之诗法，高氏之《品汇》耳……呜呼！世之论唐诗者，必曰初盛中晚，老师竖儒，递相传述。揆厥所由，盖创于宋季之严仪（卿），而成于国初之高棅，承讹踵谬，三百年于此矣。"（《唐诗英华序》，《牧斋有学集》卷十五）① 钱谦益论学衡诗，兼综唐、宋、元，"经经纬史为根柢"（《嘉定四君集》序）。因此对严羽把唐诗区分为初盛中晚，独崇盛唐，奚落其余，深为不满。他早年谈性及悟，晚年耽佛言悟，比如他 29 岁应试作策问说："大抵圣贤之悟性，必彻于无，而证性必根于有。性可悟不可言。言者，为未悟者指迷也，非为已悟者标悟也。"（《万历三十八年会试墨卷》，《牧斋初学集》卷四）这番议论，是与传统经学若即若离，甚至貌合神离而向禅学敞开的。钱谦益虽然不排斥感悟，却主张感悟是有学问的感悟，"诗文之道"是灵心、世运、学问"三者相值"而成；又主张感悟的风格可以多样化，不必排斥议论、说理和直陈。他认为严羽"其似是而非，误入箴芒者，莫甚于妙悟之一言。彼所取于盛唐者，何也？不落议论，不涉道理，不事发露、指陈，所谓玲珑透彻之悟也。《三百篇》，诗之祖也。'知我者谓我心忧，不知我者谓我何求'，'我不敢效我友自逸'，非议论乎？'昊天曰明，及尔出王'，'无然歆羡，无然畔援，先登于岸'，非道理乎？'胡不遄死'，'投畀有北'，非发露乎？'赫赫宗周，褒姒灭之'，非指陈乎？今仞其一知半解，指为妙悟，如炤萤光，如观隙日，以为诗之妙解尽在是……严氏之论诗亦其翳热之病耳！而其症传染于后世，举目皆严氏之眚，发言皆严氏之谵也。"（《唐诗英华序》）这里借助《诗经》的权威性，论证诗性智慧并非一味地体现为玲珑透彻的妙悟，它也可以发议论、讲道理、批判现实、评说是非，因而是不乏杂音，众声喧哗

---

① 钱谦益：《牧斋初学集》、《牧斋有学集》，均据四部丛刊本。

的。这自然可以拓展对诗性智慧的丰富的理解，张扬诗性智慧于感悟之外尚存在多样性，其中的合理价值不容忽视。但它毕竟低估了感悟在诗性智慧中的精华价值，诸如议论、说理、批判、评述都须加诗化，化出别样的兴趣滋味来。沧浪论诗，闪烁着诗人颖悟；牧斋论诗，多了一点学人的公允——气质差异成为他们论辩的主观根源。

以文化范式的多样性去贬抑或拒斥感悟智慧，而不是以感悟智慧去贯穿多种文化范式，或与之并存和融合，这是清初学问家思想方法二元对立的简单化或倾于偏激之处。应该看到，学术的大气象，往往趋于会通和融合，而清初某些类型的学者未能臻于此。钱谦益是虞山派的首领，作为其后学的冯班（1614—1681年）引申前辈观点，在《钝吟杂录》卷五专门作《严氏纠谬》①，对《沧浪诗话》进行严厉的批评，指出："沧浪论诗，止是浮光略影，如有所见，其实脚跟未曾点地。故云盛唐之诗如空中之色、水中之月、镜中之象，种种比喻。殊不知刘梦得云'兴在象外'一语妙绝，又孟子言，说诗者不以文害词，不以词害志，以意逆志，是为得之，更自确然灼然也。"冯班论诗，以成说讥异类，不无偏激，却少见创新。他宣称："古诗法汉魏，近体学开元、天宝，譬如儒者愿学周、孔，有志者谅当如此矣"；"今之论文者，但可祖述子建，宪章少陵，古今之变于斯尽矣"（《钝吟杂录》卷三《正俗》）。他正俗的办法只不过是调整或变换取法的对象，以便归入正宗，在前人已尽的"变"外不思再变。他又以《玉台新咏》、《才调集》教人，提倡"以温（庭筠）、李（商隐）

---

① 　冯班：《钝吟杂录》，据四库全书本。

为范式"，崇尚西昆体，被称为"根柢于徐、庾，而出入于温、李"（王应奎《柳南文钞》卷二）。但这也只能说明他有个人的兴趣，与虞山前辈钱谦益有异，甚至与他的正宗、尽变的观点有所歧出。即便他指认"比兴乃诗中第一要事"（《钝吟杂录》卷四《读古浅说》），称道"诗有活句，隐秀之词也。直叙事理，或有词无意，死句也。隐者，兴在象外，言尽意不尽也；秀者，章中迫出之词，意象生动者也"（卷五《严氏纠谬》）。然而把这些可以同感悟相通的说法，一旦与感悟闭塞起来，也只能是旧调重弹，难言有几多创造。

颠覆沧浪，似乎成了清初诗评家针砭空疏和媚唐弊端的一种时髦。赵执信（1662—1744 年）不必说，他是冯班的追随者。他拜谒冯班墓，甚至写了"私淑门人"的名片在墓前焚烧。但他力贬严羽，也许出自与其妻舅辈的王士禛的嫌隙，把沧浪的妙悟当做渔洋的神韵的精神源头，来发泄不满。因此人或寻找司空图《诗品》与《沧浪诗话》之同，他偏要剔出二者之异："司空表圣云：'味在酸咸之外。'盖概而论之，岂有无味之诗乎哉！观其所第二十四品，设格甚宽。后人得以各从其所近，非第以'不著一字，尽得风流'为极则也。严氏之言，宁堪并举？冯先生纠之尽矣。"（《谈龙录》）[1] 要求纠正严羽论诗以唐非宋、或以盛唐非其余，从而拓宽诗歌的风格路子，具有不应忽视的合理性。但以此责沧浪，似乎也有不顾全沧浪的毛病，因为《沧浪诗话》也说过："诗之品有九：曰高，曰古，曰深，曰远，曰长，曰雄深，曰飘逸，曰悲壮，曰

---

① 赵执信：《谈龙录》，载《清诗话》上册，上海：上海古籍出版社 1978 年版，第 314 页。

凄婉。"后之论者若能把这九品诗与感悟思维的内在关系加以分疏和阐释，也许比掉头不顾而责其设格不宽，更有建设性。其实，赵执信对妙悟也不能说是完全绝情，他回忆老朋友时说："长洲顾以安小谢，少有才辨，能为捭阖言，不屑场屋，游南北大吏间为幕客，稍不合即舍去。潜习禅。观其诗以妙悟入，颇尚比兴。"（《怀旧诗十首》其九序，《因园集》卷十二）这里并提妙悟与比兴，其意不是以妙悟贯通比兴，而是把妙悟归入比兴而通向温柔敦厚，情止乎礼义的诗教了。

"诗至竹垞，性情与学问合"（梁章钜《退庵随笔》卷二十一引翁方纲语），这是当时对浙西词派开创者朱彝尊（1629—1709 年）的评议。他论诗首标古老的"言志"纲领，《王先生言远诗序》说："彝尊尝闻古之说诗者矣，其言曰：'诗，之也，志之所之也。言其志，谓之诗。'又曰：'诗者，人心之操也。'又曰：'诗，持也，自持其心也。'又曰：'诗，性之符也。'盖必情动于中，不容已于言而后作。诵诗三百，歌诗三百，舞诗三百，各操持其心情所得，而莫或同焉。顾正、嘉以后，言诗者本严羽、杨士弘、高棅之说，一主乎唐，而又析唐为四，以初盛为正始正音，目中晚为接武遗响，斤斤权格律声调之高下，使出于一。吾言其志，将以唐人之志为志；吾持其心，乃以唐人之心为心，其于吾心性何与焉？"[①]心、志本是感悟学说追问本体之所在，但朱彝尊在推重心、志之时，在它们与诗之间插入学问，以博雅入诗，根底于经史。因而对严羽诗论颇有微词。他甚至认为："今之诗家，空疏浅薄，皆由严仪卿'诗有别才非关学'一语启之，天下岂有舍

----

① 朱彝尊：《王先生言远诗序》，载《曝书亭集》卷三十八，四部丛刊本。

学言诗之理?"朱彝尊言论非只对《沧浪诗话》断章取义,而且对《沧浪诗话》的真实意义存在隔膜。严羽论诗,说了"诗有别材,非关书(又作'学')也"之后,又补充说:"然非多读书,多穷理,则不能极其至,所谓不涉理路、不落言筌者上也。"严羽并非主张不多读书,而是主张读书能化,需要注入悟性,转化出生命的感觉,没有这番感悟化解,书中知识是难以化为诗性智慧的。朱彝尊虽然称赞故友在讨论六经时"读书善悟"(《小谭大夫墓志铭》,《曝书亭集》卷七十六),在为禅寺作记中谈论"自宗乘分为五叶,参者期于顿悟"(《南泉寺新建惜字林记》,《曝书亭集》卷六十七),在吟咏禅宗时说:"自从达磨来,一苇当津筏。聪明主妙悟,指授在呵喝。"但是如此谈悟只是学问,与他也曾强调的诗之言志述情不甚搭界,简直可以说他以浑身的书卷气,把感悟和诗性智慧打成两截了。

十一、感悟面对意兴、刚柔、虚实诸范畴

感悟论诗在清代的功臣,当推王士禛(别号渔洋山人,1634—1711 年)。他自称"余于古人论诗,最喜钟嵘《诗品》、严羽《诗话》、徐祯卿《谈艺录》"[①],由此把感悟引向神韵:"汾阳孔文谷天胤云,诗以达性,然须清远为尚。薛西原论诗,独取谢康乐、王摩诘、孟浩然、韦应物,言'白云抱幽石,绿筱媚清涟',清也;'表灵物莫赏,蕴真谁为传',

---

① 王士禛:《渔洋诗话》,《清诗话》,上海:上海古籍出版社 1978 年版,第 170 页。

远也；'何必丝与竹，山水有清音'，'明昃鸣禽集，水木湛清华'，清远兼之也。总其妙在神韵矣。神韵二字，予向论诗，首为学人拈出，不知先见于此。"（《池北偶谈》卷十八）这里的神韵其实是一种审美趣味，一种风格类型，他在谢灵运、王维、孟浩然、韦应物的山水田园诗中，感受到云石相抱、竹波相媚的生命体验，感受到山水清音、水木鸣禽的天籁妙境，清幽淡远，神入韵出，达到了人性与物性之间爽畅相通、默契无间的境界。这种境界，自然属于妙悟。对妙悟的心理过程和精神特征，他又有所发见和深化："唐人五言绝句，往往入禅，有得意忘言之妙，与净名默然，达磨得髓，同一关捩。观王裴《辋川集》及祖咏《终南残雪》诗，虽钝根初机，亦能顿悟。程石臞有绝句云：'朝过青山头，暮歇青山曲；青山不见人，猿声听相续。'予每叹绝，以为天然不可凑泊。予少时在扬州，亦有数作，如'微雨过青山，漠漠寒烟织；不见秣陵城，坐爱秋山色'（《青山》）；'萧条秋雨夕，苍茫楚江晦；时见一舟行，濛濛水云外'……又在京师有诗云：'凌晨出西郭，招提过微雨；日出不逢人，满院风铃语。'（《早至天宁寺》）皆一时伫兴之言，知味外味者当自得之。（《香祖笔记》）"排比自己得意的诗篇，旨在沟通与唐人五言绝句的妙悟入禅者的精神脉络。其间的一些话头，是从《沧浪诗话》借得"天然不可凑泊"，从司空图《诗品》借得"味外味"。"伫兴"之说源自唐人王士源《孟浩然集·序》的"伫兴而就"。宋代计敏夫《唐诗纪事》记孟浩然，沿用此语。明代高棅《唐诗品汇》把陈子昂列于五言古诗之正宗，并移用此语评述之："公之高才倜傥，乐交好施，学不为儒，务求真适，文不按古，伫兴而成。观其音响冲和，词旨幽邃，浑浑然有正大之意。"这些都把"伫兴而就"用于评论具体作家，一笔带过，王士禛的贡献在印证自己的创作经验，把它提升为一个专门的诗学术语，谓"王士源序孟浩然诗云：'每有制作，伫兴而就。'余生平服膺此言，故未尝为人强作，亦不耐为和韵诗也"（《渔洋诗话》卷上）①。这里把伫兴作为"强作"与"和韵"的对立面，强调了心中兴感的自主性、自然性和有待性，不是以和韵的方式附和别人的兴感，不是以强迫的方式挤出兴感，而是贮而有待，感悟自然而至，有所触而发，不能已而为诗。这就是王士禛反复提示的"神韵天然"、"自然入妙"、"兴会神到"、"韵味清远"的感悟思维方式。"伫兴"强调兴感的储识，另一唐人好用的术语"发兴"强调兴感的发抒，二者连接，可以合成感悟思维贮而发之的心理程序之片断。

由于王士禛推许神韵和感悟，就必然对当时攻击《沧浪诗话》的思潮进行反击。《池北偶谈》卷十七"借禅喻诗"条说："严沧浪诗话借禅喻诗，归于妙悟，如谓盛唐诸家诗如镜中之花、水中之月、镜中之象，如羚羊挂角，无迹可求，乃不易之论。而钱牧斋驳之，冯班《钝吟杂录》因极排诋，皆非也。"《分柑余话》卷二又说："严沧浪论诗，特拈妙悟二字，及所云不涉理路，不落言诠，又镜中之象，水中之月，羚羊挂角，无迹可寻云云，皆发前人未发之秘。而常熟冯班，诋諆之不遗余力……此等谬论为害诗教非小，明眼人自当辨之。至敢詈沧浪为一窍不通，一字不识，则尤似醉人骂坐，闻之唯掩

---

① 王士禛：《渔洋诗话》，《清诗话》，上海：上海古籍出版社1978年版，第182页。

耳走避而已。"① 这里除了一些愤激之词外，把妙语与镜象、水月相联系，作为"不易之论"，强调其非传统的诗教价值。所突出的乃是真幻错综、言意互化、不露痕迹的感悟的空灵性和不确定性。镜中象、水中月，看似"镜子说"、"反映说"，其实它已介入主体性，经过心灵的折光、变形和幻化，以一种并非实相的方式来隐含一种多义性的精神价值了。

不甚长于抽象的体系性思辨的中国古人，往往通过编纂选本，以实例的去取、分类和阐释，来呈现自己的学术主张。王士禛初编《神韵集》，晚年编《唐人绝句选》，但最能体现他的思想个性的，还是中盛年编纂的《唐贤三昧集》，这是体现神韵和感悟思想的范本，如自序所言："康熙戊辰（1688 年，王士禛 55 岁）春杪，归自京师，居宝翰堂，日取开元、天宝诸公篇什读之，于（司空图、严羽）二家之言别有会心，录其尤隽永超诣者，自王右丞而下四十二人，为《唐贤三昧集》，厘为三卷。"在自序中阐述的严羽、司空图二家之旨，也多是他平时言及者："严沧浪论诗云：盛唐诸人惟在兴趣，羚羊挂角，无迹可求，透澈玲珑，不可凑泊。如空中之音、相中之色、水中之月、镜中之象，言有尽而意无穷。司空表圣论诗亦云：妙在酸咸之外。"所谓别有会心之处，是把这两家之论概括为"隽永超诣"的艺术境界，从而在谈论清远的审美趣味、仁兴的感悟方式之余，强调在意义呈现时达致意味深长，境界超卓，而非峨冠博带，拿腔做派。《唐贤三昧集》使感悟思维和神韵旨趣得到广泛的传播和呼应，但它一个意外的收获是在引发质疑中，导致对中国诗史和诗学的全面反思。辈

---

① 王士禛：《池北偶谈》、《分柑余话》，均据四库全书本。

分略晚的沈德潜在《重订唐诗别裁集序》中说："新城王阮亭尚书选《唐贤三昧集》，取司空表圣'不著一字，尽得风流'，严沧浪'羚羊挂角，无迹可求'之意，盖味在酸咸外也。而于杜少陵所云鲸鱼碧海，韩昌黎所云巨刃摩天者，或未之及。余因杜、韩语意定《唐诗别裁》，而新城所取亦兼及焉。"这种"兼及"的态度，使诗史和诗学的反思，返回到一种平衡的理性心态，有利于诗性智慧的全面整理和深入总结。但是如何使感悟思维发源于超逸，贯通于雄浑，还是一个应该进行深层次思考的诗学命题。

其实，渔洋诗学崇尚唐音，但也一度往返于唐宋。就在编选《唐贤三昧集》的次年，他就作过这番反省："夫诗之道，有根柢焉，有兴会焉，二者率不可得兼。镜中之象，水中之月，相中之色，羚羊挂角，无迹可求，此兴会也；本之风雅以导其源，溯之楚骚、汉魏乐府诗以达其流，博之九经三史诸子以穷其度，此根柢也。"他用一个"率"字，说似乎"不可得兼"，实际上暗示着在有才华的诗人手中，是存在着兼通兴会和根柢的可能性的。因而他又说："根柢原于学问，兴会发于性情。戩于斯二者兼之。"（为王戩《突星阁诗集》所作序，《渔洋山人文略》卷三）这是符合严羽原意的。《沧浪诗话》主张熟参历朝各体诗，"酝酿胸中，久之自然悟入"。关键在于以感悟化学问，以学问养感悟，实现生命体验的双向交融，把"兼及"的并列做法深化为"兼容贯通"的思想方式。多少是沿着相似的思路去对待感悟，那位主张"千古文章传真不传伪"的性灵派领袖袁枚（1716—1798 年），认为"诗如鼓琴，声声见心。心为人籁，诚中形外"；"鸟啼花落，皆与神通。人不能悟，付之飘风。惟我诗人，众妙扶智。但见性情，不著文字"①。他以"真"字、"神"字、"心"字去触摸诗的本质和传世的生命力，由此思考诗学"至论"："严沧浪借禅喻诗，所谓'羚羊挂角，香象渡河，有神韵可味，无迹象可寻'。此说甚是。然不过诗中一格耳。阮亭奉为至论，冯钝吟笑为谬谈，皆非知诗者。诗不必首首如是，亦不可不知此种境界。如作近体短章，不是半吞半吐、超超元箸，断不能得弦外之音、甘余之味，沧浪之言，如何可诋？若作七古长篇、五言百韵，即以禅喻，自当天魔献舞、花雨弥空，虽然八万四千宝塔不为多也；又何能一羊、一象显渡河挂角之小神通哉？总在相题行事，能放能收，方称作手。"② 他从诗的境界立论，认为被王士祯推崇的严羽借禅喻诗的那些话，只属于灵巧飘逸的一格，宜于近体短章；至于长诗则应该有宏大的境界和巨大的力度。值得注意的是，对于这类境界他也不反对以禅为喻，只要把喻体变换得恢弘繁复就可以了。这是通达之论，以为无论优美或壮美的诗学境界，都有可以随机应变地运用不同形态的感悟思维。感悟能兼容多端，驱遣自如，"方称作手"，方成大家。

袁枚以刚柔论感悟，翁方纲（1733—1881 年）却侧重以虚实论感悟。他提倡"肌理"之说，想用切实细密的肌理，去矫正神韵的空灵和格调的肤廓，甚至不惜以考据入诗，反映了乾嘉学风对诗学的逼近和改造。杜甫的一句诗成为他的"肌理"说命名的根据："昔李何之徒空言格调，至渔洋乃言

① 袁枚：《续诗品》之"斋心"、"神悟"条，载《清诗话》下册，上海：上海古籍出版社 1978 年版，第 1033—1034 页。
② 袁枚：《随园诗话》卷八，北京：人民文学出版社 1982 年版，第 273 页。

神韵，格调、神韵皆无可著手也，予故不得不近而指之曰肌理，少陵曰'肌理细腻骨肉匀'，此盖系于骨与肉之间而审乎人与天之合，微乎艰者。"（《石洲诗话》）以杜诗描写美人肌肤纹理的词语来评诗，已经把诗加以人化或生命化了。而要在骨、肉之间审察"人与天之合"的奥秘，则非有感悟思维的超越性和穿透性不可。基于这种超越性和穿透性，翁氏不过分拘限门户，而把神韵、格调泛化，认为神韵是格调的别名，只不过格调实而神韵虚，格调呆而神韵活，格调有形而神韵无迹罢了。因此，他以肌理调和虚实，考辨唐、宋诗的妙境："唐诗妙境在虚处，宋诗妙境在实处。初唐之高者，如陈洪射、张曲江，皆开启盛唐者也。中、晚之高者，如韦苏州、柳柳州、韩文公、白香山、杜樊川，皆接武盛唐、变化盛唐者也。是有唐之作者，总归盛唐。而盛唐诸公，全在境象超诣。所以司空表圣二十四品，及严仪卿以禅喻诗之说，诚为后人读唐诗之准的。若夫宋诗，则迟更二三百年，天地之精英，风月之态度，山川之气象，物类之神致，俱已为唐贤占尽。即有能者，不过次第翻新，无中生有。而其精诣，则固别有所在者。宋人之学，全在研理日精，观书日富，因而论事日密。"①

以唐诗为表率论感悟，在用精英、态度、气象、神致一类词语形容天地、风月、山川、物类的时候，实际上已是主、客观浑融，已于宇宙万象中注入生命感觉，这是感悟思维灵化而生动的心理效应。而且它已经把《沧浪诗话》着重强调的盛唐诗艺，推广及于其余三唐了。但它依然未能跨越唐、宋界

① 翁方纲：《石洲诗话》卷四，载《清诗话续编》下册，上海：上海古籍出版社1983年版，第1428页。

限，分辨唐音宋调的差异是必要的，不过谈唐诗、谈宋诗都是在谈它们的境界之妙，那么，佛教解说境界，说是心之所游履攀缘者，有如色为眼识所游履者，谓之色境；法为意识所游履者，谓之法境。这种妙智游履，在表层的唐宋之异中，隐含着深层的感悟一贯。若能跨越界限进入深层，当能于宋人研理日精中察其微，观书日富中知其化，论事日密中识其趣，从而在唐音宋调之异中叩问出感悟的多样性和普遍价值。或者说，感悟的普遍性是建立在它的多样特殊性之上的，感悟可刚可柔，可实可虚，可如唐诗那样兴象浏亮，可如宋诗那样思理细密，总之它以一颗聪明透亮的心去感受宇宙间生命的节节相通。

十二、感悟的现代性转型

也许用不着再怀疑，感悟是在中国具有丰厚的文化资源的土地上，借助印度佛教内传而中国化的行程中滋生出来的一种诗性哲学。它融合老庄之道、儒学心性论，尤其是禅宗以及理学的终极理念，形成了宇宙万象与心之本原互照互观、浑融超越而有得于道的本体参证的智慧生成过程。并且由哲学、宗教而日常生活化、审美化，骋怀于山川人境，迂回于书画琴棋，从而展开了自己复杂的结构、层次、脉络和功能，在与顽固的诗教相抗衡、相搏斗、相并存、相融合中，进入中国诗学的精髓部分。这种进入改写了中国诗教的价值观念和思维方式，澄心妙觉，破滞通神，贮兴而发，默契本真，引起了思想文化领域长达六七百年的称赏和质疑，却不可抗拒地使感悟思维对各个诗学层面进行染色，渗透于意义、意象、境界以及诗格、诗风、诗味、诗法的广泛领域。甚至达到了离悟不足以言诗，离悟难以把握中国诗学的精髓的地步。感悟思维已成了中国诗学中几乎无所不在的思维方式，成了中国诗学的关键词中的关键词。

降至19世纪末和20世纪，感悟思想与思维方式和其他传统思想方式一样，面临着中西文化激荡而大转型的变局。由于中西学术在强烈的撞击中裂变、错位中融合，以及人文思潮和科学思潮在分流中遇合，王国维所谓"哲学上之说，大都可爱者不可信，可信者不可爱"①，遥相呼应着两千年前《老子》八十一章"信言不美，美言不信"，"善者不辩，辩者不善"的思想，成为困扰中国知识者的世纪文化难题。一时间需要凝神澄虑的感悟思维陷入沉寂，感悟也需要感悟和反思自己，感悟后也需要归纳和演绎，分析和思辨，在吸收新的文化眼光和质地中走上更开阔的道路。因为诗学作为完整的、又开放的理论体系，通向它的路子是很多的，可以是思辨的，也可以是感悟的，或感悟与思辨互相渗透，在哲学和心理学交叉中以理性直觉开路。强调感悟的价值，乃是强调审美思维方式的中国本色和滋味。因为感悟的思想和思维方式，在中国是具有原创性的诗学专利权的，它可以使人类的诗学智慧增添几分东方的神韵，并且进入新的学理的和精神的深度，为人类提供一种新的精神文化方式。

在20世纪的诗学行程中，钱锺书对感悟表现出浓郁的兴趣。他在《谈艺录》写作和补订的四十余年间，反反复复地谈论着"妙悟与参禅"、"以禅喻诗"以及《沧浪诗话》的影

① 王国维：《自序》二，载《王国维文集》第3卷，北京：中国文史出版社1997年版，第473页。

响和争议等命题，显示了一个眼光独到的人文学者对感悟的特别重视。他从平常人性谈妙语，也就从本体谈起：

> 夫"悟"而曰"妙"，未必一蹴即至也；乃博采而有所通，力索而有所入也。学道学诗，非悟不进。或者不好渔洋诗，遂并悟而非之，真因噎废食矣。高忠宪《困学记》云："平日深鄙学者张皇说悟，此时只看作平常，自知从此方好下工夫耳。"陆桴亭《思辨录辑要》卷三云："凡体验有得处，皆是悟。只是古人不唤作悟，唤作物格知至。古人把此个境界看作平常。"（按刘壎《隐居通议》卷一论悟二可参观）又云："人性中皆有悟，必工夫不断，悟头始出。如石中皆有火，必敲击不已，火光始现。然得火不难，得火之后，须承之以艾，继之以油，然后火可不灭，故悟亦必继之以躬行力学。"（按此即 Graham Wallas 所言 Illumination 之后，继以 Verification 也。详见 Art of Thought, pp. 88ff。击石之喻，参观孟东野《劝学》诗："击石乃有火"云云。）罕譬而喻，可以通之说诗。明心见性之学，岂浅鲜哉。①

这里打通几种中外典籍，把感悟与人性的表现欲望和修证工夫联系起来，便赋予感悟以一种内在的源泉。又以石火之喻，分析悟有迟速，系乎根性利钝和境遇顺逆，进而区分出"因悟而修"的"解悟"和"因修而悟"的"证悟"。并把这种分析精神和方法用来解释《沧浪诗话》："严沧浪《诗辩》曰：'诗有别才非书，别学非理，而非多读书穷理，则不能极其

---

① 钱锺书：《谈艺录》（补订本），北京：中华书局 1984 年版，第 98—99 页。

至。'曰'别才'，则宿世渐熏而今生顿见之解悟也；曰'读书穷理以极其至'，则因悟而修，以修承悟也。"接着指出严羽所谓"诗之有神韵者，如水中之月，镜中之象，透澈玲珑，不可凑泊。不涉理路，不落言诠"的说法，存在着"几同无字天书"的弊端，由此分析禅悟与诗悟的差异："禅宗于文字，以胶盆黏著为大忌；法执理障，则药语尽成病语，故谷隐禅师云：'才涉唇吻，便落意思，尽是死门，终非活路。'（见《五灯会元》卷十二）此庄子'得意忘言'之说也。若诗自是文字之妙，非言无以寓言外之意；水月镜花，固可见而不可捉，然必有此水而后月可印潭，有此镜而后花能映影……诗中神韵之异于禅机在此；去理路言诠，固无以寄神韵也。"① 如此区分诗悟、禅悟的不同形态特征，使诗悟具有几分不离文字表达、到底是语言艺术的实在性，可以和宋人姜夔《白石诗说》中这段话相参照："文以文而工，不以文而妙；然舍文无妙，圣处要自悟。"（宋魏庆之《诗人玉屑》卷一引）禅悟与诗悟的差异当应如此表达：禅悟离语言而得空寂，诗悟运语言而得妙诣。正如钱锺书所说："盖禅破除文字，更何须词章之美；诗则非悟不能，与禅之悟，能同而所不同。"②

感悟不仅可以用于创作，以别材别趣、意兴勃发而通于灵感，而且可以用于鉴赏，知音识趣，体验作者的意思和作品的趣味，于阅读中设身处地地进行内模仿，参与诗境的再创造。钱锺书批评冯班："钝吟仅知作诗有活句死句之别，而不知读诗亦有活参死参之分，苟能活参，斯可以作活句。譬如读

---

① 钱锺书：《谈艺录》（补订本），北京：中华书局1984年版，第100页。
② 钱锺书：《谈艺录》（补订本），北京：中华书局1984年版，第307页。

'春江水暖鸭先知'之句而曰'鹅岂不知',便是死在句下。沧浪所用'镜花水月'一喻,即足为当机煞活之例。"① 其中引了袁枚《随园诗话》中关于毛奇龄(西河)对苏轼近体诗"诋之太过"的掌故。苏轼题《惠崇春江晚景》诗云:"竹外桃花三两枝,春江水暖鸭先知。蒌蒿满地芦芽短,正是河豚欲上时。"《随园诗话》卷三说:"或引'春江水暖鸭先知',以为是坡诗近体之佳者。西河云:'春江水暖,定该鸭知,鹅不知耶?'此言则太鹘突矣。若持此论诗,则《三百篇》句句不是":"在河之洲者,斑鸠鳲鸠皆可在也,何必'雎鸠'耶?止邱隅者,黑鸟白鸟皆可止也,何必'黄鸟'耶?"② 前人已辨所引毛西河此语不确,但渔洋、袁枚都如此说,以讹传讹,遂成把诗的活句读死的典型。钱锺书以此说明读诗也需感悟,才能体验到诗中生命的神韵。鉴赏也许不可能可丁可卯地返回作者的全部原意,但应该把作品读活,在读者所得和作者原意的对位错位的碰撞中,撞击出生命的火花,欣赏到智慧的欣欣,这是离不开那点悟性的。

感悟,不仅是探寻体系,消化理论,解释经典和理解隐喻背后的文化密码的一种非常独到的思维方式,而且也是对文本进行细读的出奇制胜的思维方式和精神状态。西方不是讲细读法(close reading)吗?中国的细读要加入自己的悟性,细读不光是一种理性的思考,更不能拘泥于"评价一首诗就像评价布丁或一台机器"③。因为从结构到意义、从文字到理性之

---

① 钱锺书:《谈艺录》(补订本),北京:中华书局1984年版,第305页。
② 袁枚:《随园诗话》卷三,北京:人民文学出版社1982年版,第71页。
③ 韦姆萨特:《语象》,伦敦:1970年版,第4页。

间是有一段距离的，这就需要用悟性来沟通，还原其细针密缕的语言脉络和活泼鲜灵的生命整体。通过感悟给文字增添活性，在语言顺序的拆卸组合中，在语言意义的贴近和超越中，看出它产生审美和意义的机制。同时，感悟又以材料反刺激于研究者自我，使之产生广泛的奇妙的联想，达到一种知识的攀连和聚合。甚至破解原本的结构，从中剥离出某些具有深度阐释可能的生命片断。因此，感悟在人与文字相对时，形成精神的默契，形成双向的情感和意义的交流，把死文字读成了活文字。

或许这可以称为"悟性细读"，把细读法感悟化。还是举钱锺书先生《谈艺录》（补订本）中的一个例子，看他是如何体悟李贺（长吉）的《春怀引》一诗的。《谈艺录》中说："长吉尚有一语，颇与'笔补造化'相映发。《春怀引》云：'宝枕垂云选春梦'……而'选'字奇创。"这句诗的意思是，在珍贵的枕头旁边，浓密如云的头发披散下垂，睡眠人正在挑选着做春日的好梦。钱锺书先生由"选"字，而作了一篇艺术论的文章，确以颖悟的眼光把字读活了。他产生了丰富的联想，以及奇妙的知识聚合。他接着引了许多诗来印证："曾益注：'先期为好梦'，近似而未透切。夫梦虽人作，却不由人作主。太白《白头吟》曰：'且留琥珀枕，或有梦来时'，言'或'则非招之即来者也。唐僧尚颜《夷陵即事》曰：'思家乞梦多'，言'乞'则求不必得者也。放翁《蝶恋花》亦曰：'只有梦魂能再遇，堪嗟梦不由人做。'"这里有期梦、或梦、乞梦、遇梦，而李贺是选梦："作梦而许操'选'政，若选将、选色或点戏、点菜然，则人自专由，梦可随心而成，如愿以作。醒时生涯之所缺欠，得梦完'补'具足焉，正犹'造化'之能'笔补'，踌躇满志矣。"

钱锺书先生进一步谈论李贺"选春梦"的想象对后世的影响，清朝的周亮工《赖古堂集》上说："古人欲买梦，近日卢德水欲选好梦。"纳兰容若妇沈宛长短句集，名《选梦词》。清人刘芙初的诗集中也有"寻春上东阁，选梦下西湖"，"寻芳院落蘼芜地，选梦池塘菡萏天"，都是从李贺诗句来的。[①]要把在知觉之外的潜意识领域中的梦之可能，加以挑肥拣瘦的选择，这是李贺卓越的感悟思维所致；能在看似平常的"选"字中发现梦而被选的深刻意义和趣味，是钱锺书鉴赏诗时运用感悟思维之所得。相隔千年的彼感此悟，在这里碰击出智慧的火花。

大概两千多年前，希腊亚历山大地方的诗人忒奥克里托（Theocritus）曾经说过："狗在睡觉时梦见食物，而渔夫梦见鱼。"一种本能的欲望被道德防线压抑在潜意识领域，于睡眠中监控松懈，便浮升为象征性的幻象，这就是精神分析学之所谓梦。因此从一定意义而言，选梦说，与弗洛伊德（Frued）的"心理补偿"说是有相通之处的。周振甫等人作《钱锺书〈谈艺录〉读本》中就举过陆游"五月十一日夜且半，梦从大驾亲征，尽复汉唐故地。见城邑人物繁丽，云西凉府也。甚喜，马上作长句，未终篇而觉，乃是成之"诗为例。陆游的这首诗作于宋孝宗淳熙七年（1180 年），大意是，作者梦里随从皇帝大驾亲征，收复汉唐故地，收复凉州，建立了边防亭障。凉州女儿梳头已学京都样。此时南宋屈辱偏安已逾五十

---

① 参见钱锺书：《谈艺录》（补订本），北京：中华书局 1984 年版，第 382—383 页。

年，现实生活中国家破裂，丧失了很多的土地，反而刺激了失地回归、国家统一的心情变得非常浓郁。感悟以巨大的穿透力，出入于梦与真两个世界，以吉祥梦写伤心事，将现实生活中的国家危亡的缺陷在梦中寻求补偿，也是选梦，但梦还没圆满，人就醒了。

前人评李贺《春怀引》，认为写得很平淡。但钱锺书抓住一个"选"字，与文艺写作中的"心理补偿论"沟通起来，就把这个字读活了，字就站起来了。弗洛伊德有言："我们已经看到梦总是把欲望作为已经得到满足来加以表现的……即在梦中，欲望的满足是不戴假面具的和可以认识的。"① 钱锺书的感悟细读，显以西方学理为参照而激发其活性。

所谓感悟近乎理性直觉，或直觉的理性，但比之多了一点奇妙和超越。它在文学和文化的研究中具有广泛的适用性和穿透力，既可用于一字一句的细读，又可用于一个体系中理论和材料的沟通；既可以显现出中国的神韵，又可以沟通东西方的异同。中国古代有所谓"诗无达诂"一说，一首诗，一种神话原型，一部文学作品，甚至一则历史记载，都存在着多义的可能性，都可以作为多种阅读的"意义结构"。感悟，可以在阅读和解释中生产生新鲜的智慧，见人所未见，触发奇妙的判断、推论和联想的机枢。感悟介于感性和理性之间，是感性和理性的中介，同时是二者的混合体，是桥梁。它的富有才华的运用，将可能使我们在中国元典、诗艺和理论体系之间激发出理论的创造力和贯通力。钱锺书的学术体现了感悟学理现代化

---

① 弗洛伊德：《释梦》，布瑞尔（Brill）英译本，伦敦：1927 年版，第103—104 页。

的努力：（1）他将感悟主体人性化、平常化了，化去了玄学和禅宗的神秘主义的迷思；（2）他借以石击火的比喻，展示感悟过程的突发性或闪现性，有异于逻辑思维的严密性和恒久性；（3）他强调了禅悟与诗悟的差异，认为诗悟可以超越禅宗的文字障，探究语言文字运用的妙处；（4）他沟通感悟在创作和鉴赏上的功能，并且在感悟细读中打通东方和西方的学理。

因此，讲中国现代学术体系，不讲悟性或感悟的现代形式，就没有讲到要紧处。因为悟性是点醒材料和经验，沟通中西方学术的重要思维方式，而且也是中国传统思维方式的具有优势的形式。东方的感悟性和西方的分析性，在人类思维史上双峰并峙，可以相提并论、互释互补。如何将这两个山峰沟通起来，在其间架设桥梁，将其内在的潜力和奥妙发挥出来，或者说形成一种感悟哲学，这也是我们完善中国现代理论方法，以及建立中国现代理论体系的一个很重要的工作。唯有它，才能从情感、神思等内在层面上，触发中华民族的理论创作力和思维贯通能力。

十三、感悟沉降为现代文化的变数和知识者的类本能

走向现代形态的感悟汲取了新的时代智慧，在纵横的时空坐标上梳通古今脉络，沟通中西学术。它似乎不再到处去卖弄自己的招牌，而是潜入历史的深层，埋头苦干，不动声色而又无处不在地醇化着和升华着新的审美创造和知识体系。它大体舒展着两条基本思路，一是对传统的诗学经验、术语、文献资源和学理构成，进行现代性的反思、阐释、转化和重构；二是对外来的诗性智慧和学术观念，进行中国化的接纳、理解、扬

弃和融合。两条思路自身各有增减，互有乘除，由感悟催生着一种异常复杂的变数（Variable）系统，把古今中外的学术智慧融于一炉而冶之。

首先看感悟是如何作为变数系统，赋予传统资源和智慧以新的生机的。

近代以来陆续输入的西方理论思潮，对于拓展中国人的世界视野发生过、并且在继续发生着伟大的作用。但是，西方理论是从西方世界的历史文化和审美经验中抽象出来的，它们的许多创造者对中国的历史文化和审美经验并不了解，或者说不如中国人那样有切身体会。在师法或借鉴这些理论时，有必要从中国的实际情形出发，重新体验，另有领会和修正，不能简单地直线地套用，或者牵强附会地贴标签。因此感悟成为中国人与西方世界对话，或把西方理论精华加以中国化的重要思维方式。胡适有过所谓"大胆假设，小心求证"的真言，他的假设很大胆，在很大程度上是借鉴西方思路的，这对于中国传统中那种崇圣信古的思路起了清道夫的作用。但是"假设"如果不以悟性从中国材料中国经验而得，求证如果不以悟性点化中国材料和中国经验，其间所得出的结论是会缺乏中国神韵和中国情怀的。金岳霖说，读胡适的《中国哲学史大纲》，"难免一种奇怪的印象，有的时候简直觉得那本书的作者是一个研究中国思想的美国人；胡先生于不知不觉间所流露出来的成见，是多数美国人的成见"①。究其原因，也许在于胡著的中国情怀和中国神韵多有欠缺。由此也可证得，感悟的变数是

---

① 金岳霖：《审查报告二》，载冯友兰：《中国哲学史》附录，北京：中华书局1961年版，第6页。

建设现代中国学术的感应神经。

王国维《人间词话》①的思维方式与胡适不同，是非常重感悟的。因此胡适的理论是当时的青年看一看就激动，王国维的理论需要几代学人潜下心来，想一想才知道滋味的。《人间词话》以"境界说"作为中心论题，是中国近代文论的一个"伟大的未完成"，或者说是一个"未完成的伟大"。他已经摆脱了前期，即写《红楼梦评论》及其以前时期，过多地接受叔本华哲学和美学思想影响的局限和夹生之处，而是既有西方知识参照，又从中国历代的诗词写作经验中，通过感悟哲学而上升到理性或准理性的把握。《人间词话》开章明义，认为"词以境界为最上。有境界则自成高格，自有名句。五代北宋之词所以独绝者在此"。境界一词来自佛学，佛家把色、声、香、味、触、法称为"六境"或"六尘"，加上"六根"（眼、耳、鼻、舌、身、意）和"六识"（眼识、耳识、鼻识、舌识、身识、意识）叫做"十八界"，统称境界。因此境界是包括外在世界的"境"和人对外在世界的感受的"识"，是一种主客观世界融合而贯穿以感悟思维的审美文化成果。比如唐朝道世《法苑珠林·摄念篇》说："如是六根种种境界，各各自求所乐境界，不乐余境界。眼常求可爱之色，不可意即生厌。耳、鼻、舌、身、意，亦复如是。此六种根要种种行处，各各不求异根境界。其有力者，堪能自在随觉境界。"圆晖《阿毗达摩俱舍论本颂疏》卷一说："色等五境，为境性，是境界故；眼等五根，各有境性，有境界故"；"功能所托，名

---

① 王国维的《人间词话》于 1908 年 11 月开始分 3 期连载于《国粹学报》，1926 年北京朴社为作者手定的 64 则出版单行本。

为境界，如眼能见色，识能了色，唤色为境"（《大正藏》卷四十一）。这说法是说，境界包括功能和所托两个方面。功能是眼、耳、鼻、舌、身等感官以及超感官的"意"所具有。但它们必须有所托，托于色、声、香、味、触所来自的外在世界，及其规律（"法"），二者相遇相值，互为精神和载体，这样才能形成境界。古代诗评家如宋朝李涂《文章精义》、蔡梦弼《杜工部草堂诗话》，以及明朝王世贞《艺苑卮言》、清朝叶燮《原诗》、袁枚《随园诗话》都借用过"境界"一词。所以"境界"这个词是在中国古代的佛学和诗评中曾经用过的，并不是王国维一个人的创造。其中叶燮《原诗》借杜甫、苏轼说法，至为精彩，如《内篇上》说："如苏轼之诗，其境界皆开辟古今之所未有，天地万物，嬉笑怒骂，无不鼓舞于笔端，而适如其意之所欲出。"《内篇下》又说："又（杜甫）《夔州雨湿不得上岸》作'晨钟云外湿'句，以晨钟为物而湿乎？云外之物，何啻以万万计，且钟必于寺观，即寺观中，钟之外，物亦无算，何独湿钟乎？然为此语者，因闻钟声有触而云然也。声无形，安能湿？钟声入耳而有闻，闻在耳，止能辨其声，安能辨其湿？曰云外，是又以目始见云，不见钟，故云云外。然此诗为雨湿而作，有云然后有雨，钟为之湿，则钟在云内，不应云外也。斯语也，吾不知其为耳闻耶？为目见耶？为意揣耶？俗儒于此，必曰'晨钟云外度'，又必曰'晨钟云外发'，决无下'湿'字者。不知其于隔云见钟，声中闻湿，妙悟天开，从至理实事中领悟，乃得此境界也。"① 这些评述，

---

① 叶燮：《原诗》，载《清诗话》，上海：上海古籍出版社 1978 年版，第570、586 页。

发现感悟可以沟通多种不同的感觉而形成通感，发现感悟可以牵合"天地万物"等客观情境和"嬉笑怒骂"等主观情感，形成"无不鼓舞"的生命境界，从而印证了感悟是贯串境界等重要美学范畴的内在思维方式。

对于中国传统诗学术语的现代阐释，我总觉得，应采取"伤其十指，不如断其一指"的策略，集中力量打"歼灭战"，逐一把一些最为关键的术语用现代学理解释深透。《人间词话》的精力所聚，只在"境界"一词。王国维的可贵之处，在于他一段时间内梦寐萦怀，殚精竭虑，从诗词趣味与感悟出发，直趋境界范畴的内核。他的感悟力特别强。如他的《人间词》是近代词中很辉煌的著作，有很多超越前人的地方。他是以诗词家的悟性去重新体验诗词的内在境界的，从而超越了前人，形成了自己的美学体制。他说："'红杏枝头春意闹'。著一'闹'字，而境界全出。'云破月来花弄影'。著一'弄'字，而境界全出矣。"这是对北宋两位词人的名句进行精到的感悟，显示了中国传统的"一字师"的慧根。北宋的宋祁曾当过工部尚书，因《玉楼春》这首词的一句"红杏枝头春意闹"，被称为"红杏尚书"；张先对自己《天仙子》词中的"云破月来花弄影"非常得意，跟他的"帘压卷花影""堕风絮无影"并提，自称"张三影"。王国维认为"能写真景物、真感情者，谓之境界"。而"闹"字、"弄"字，点染得春花、云月具有人的意向、情绪和动作，形成物我互蕴互动的效应，都使感情和真景物强烈地、充满生命力地发生了瞬间的遇合，因此把词的境界全盘托出了。

《人间词话》对"境界"这个中心词的内涵，除了这里所说的真景物、真感情的一内一外的双构性之外，过多地依赖吉光片羽的感悟，缺乏缜密严整的思辨，因而未能从根本上超越传统诗话词话的体例，形成现代学术的精严结构和深邃层次，从该书不止一次的增删组合中也可看出这一点，因此只能遗憾地称它为"未完成的伟大"。但不能由此认为，他完全放弃了他早年推崇的西方"精于分类"（与东方"长于感悟"相对应）的思维方式。他把境界的形成方式分为两类："有造境，有写境。此理想与写实二派之所由分。"这一论断，使他与梁启超一道，成为近代中国比较早提到理想派和写实派开风气的人物。即便在分类研究中他也没有忘记中国人融合主观和客观的思维辩证法。讲了有"造境"、"写境"之后，他又补充说："然二者颇难分别。因大诗人所造之境，必合乎自然，所写之境，亦必邻于理想故也。"他又把境界包含的情感的浓度和表现情感的明显度，分为两类："有有我之境，有无我之境……有我之境，以我观物，故物皆著我之色彩。无我之境，以物观物，故不知何者为我，何者为物。"这里讲的是不同类型的境界形成过程中，作者的情思介入的方式和程度。有我之境，我显而与周遭对话；无我之境，我隐而与周遭默享宁静和淡远。感悟于此以不同的方式往返于我与境之间。境界形成之后，又有何种功能和风格呢？"无我之境，人唯于静中得之。有我之境，于由动之静时得之。故一优美，一宏壮也"。这样，他又把境界的风格分成两种，分为优美和壮美两种风格类型，这既是西方分类思维方式的运用，也是中国二元对应（如阴阳、刚柔）思维原则的体现。对于诗词内在素质所涉及的阅读效应，他又分别为"隔"与"不隔"："问隔与不隔之别。曰：陶（潜）、谢（灵运）诗不隔，（颜）延年则稍隔矣。东坡之诗不隔，山谷（黄庭坚）则稍隔矣。"这样《人间词话》对境界的分析就初步地、相对也显零散地展开了丰富层次的推理逻辑,既有内在的又有外在的,涉及境界的本身及其形成和接受。而且它还把境界推广到整个社会人生和治学步骤,即所谓"古今之成大事业、大学问者,必经过三种境界:'昨夜西风凋碧树。独上高楼,望尽天涯路',此第一境也。'衣带渐宽终不悔,为伊消得人憔悴',此第二境也。'众里寻他千百度,蓦然回首,那人却在灯火阑珊处',此第三境也。"他引申和生发了晏殊、柳永、辛弃疾等人的词意,把诗的境界推广到人生的境界,做学问的境界。这境界既是审美的,又是人生的,像一种天地之道一样在运行着。所有这些认识,都建立在对一部词史的鉴赏体悟上,从李白、温庭筠、冯延巳、韦庄、李后主、欧阳修、晏殊、晏几道、苏东坡、秦观、周邦彦、姜夔、陆游、辛弃疾、吴文英,一直到纳兰性德,所有这些重要词家他都一一进行体悟鉴赏,然后从境界角度进行认识,散发着中国诗学和感悟思维的灵性与趣味,如珠落玉盘,光鲜圆转。

《人间词话》作为20世纪初中国文论现代性转型的标本,成了被谈论和被研究得最多的一部近代文论著作。它所揭示出的"境界说"把握了中国传统诗性智慧的一个关键,并且用西方理论进行某种程度的展开,同时贯注于其间的感悟思维没有结合充分的理性予以展开和解释,其间存在着相当多的难以明白理解之处,存在着多义性。感悟于理的不明晰处和于情的多诱惑处,如兼葭伊人、洛水妙魂,这就带来了值得后世反复追寻研究的可能和趣味。王国维写《人间词话》在某种意义上,是以写诗词的情怀和趣味来写文学理论书的。此书之成为"伟大的未完成",也是他的内心矛盾和苦闷的折射。王国维在而立之年写的《静安文集续编·自序二》中说过:"余疲于哲学有日矣。哲学上之说，大都可爱者不可信，可信者不可爱。余知真理，而余又爱其谬误。伟大之形而上学，高严之伦理学与纯粹之美学，此吾人所酷嗜也。然求其可信者，则宁在知识论上之实证论，伦理学上之快乐论，与美学上之经验论。知其可信而不能爱，觉其可爱而不能信，此近二三年中最大之烦闷。"这是王国维在中西文化对话中感到的爱与信亦即情感和理智的分裂，他在《人间词话》企图沟通爱与信、情感与理智，企图沟通他所爱的属于纯粹美学的感悟境界和他所信的倾于实证论和经验论的西方分析方法，但在总体上依然是爱大于信，体悟性大于逻辑性，心智的分裂造成理论的破碎，遂使"伟大"归于"未完成"。

尽管悟性居于中国智慧的精华部分，它是融合着直觉和理性的一种文化生命和审美情怀的体验。但是悟性并非万能，并不能在现代思维方式中包打天下。悟性得来的东西，还需要经过事实的验证和理论的推衍而形成创造性的体系。古人往往把思想停在悟性得来的瞬间感受上，这既是我们中国民族诗性思维的特点，同时由此不作逐层追问，又是一个弱点。必须把感悟继之以条理清楚的分析，成为有体系，有结构，有不同层面的理论形态。

感悟由传统文化的精华沉降和蜕化为近代文化转型过程中的变数，一方面说明它已经扩散为新一代知识者的类本能或下意识，另一方面说明它与许多传统文化精华一样，经历了价值的震荡。尤其在五四新文化运动提出"重估一切价值"的时候，它未被主流意识形态重估，也是一种别具意味的重估，一种被悬搁的重估。五四新文化运动是一场崇尚科学理性的思想启蒙运动，传统人文情怀和审美体验受到价值挤压，也势在必然。王国维、胡适对待感悟思维之异，除了个人禀赋之外，也是时代之异。当胡适谈论《什么是文学》，而主张文学的三个要件是"懂得性"（明白清楚）、"逼人性"（有力动人），以及由前者"加起来发生的结果"为"美"的时候①，他很难有兴趣去体验何为感悟。一些悟性极佳的作家也知有感悟，但多言感觉。比如朱自清在论画之时，涉及明末清初画家王鉴语："形影无定法，真假无滞趣，惟在妙悟人得之"；在评石遗老人陈衍的《宋诗精华录》中，涉及"沧浪有诗话，论诗甚高，以禅为喻"，"坡公喜以禅悟作达，数见无味"。② 但他更注重的是从感觉立论，著《诗与感觉》一文说："诗也许比别的文艺形式更依靠想像；所谓远，所谓深，所谓近，所谓妙，都是就想像的范围和程度而言。想像的素材是感觉，怎样玲珑缥缈的空中楼阁都建筑在感觉上。感觉人人有，可是或敏锐，或迟钝，因而有精粗之别。而各个感觉间交互错综的关系，千变万化，不容易把捉，这些往往是稍纵即逝的。偶尔把捉着了，要将这些组织起来，成功一种可以给人看的样式……便是诗。"③ 觉与悟相通，感觉与感悟当然有相通之处。但言感觉，也许对西方 aesthetics（美学）即感觉学较相接近；言感悟，则与中国超越主客观二分的心本思想多有牵连。因此朱自清谈诗，于感觉之外，又强调分析。《古诗十九首释》开宗明义："诗是精粹的语言。因为是'精粹的'，便比散文需要

---

① 参见胡适：《什么是文学》，载《胡适文集》第 3 卷，北京：人民文学出版社 1998 年版，第 165—167 页。
② 《朱自清全集》第 3 卷，南京：江苏教育出版社 1996 年版，第 241、17—18 页。
③ 《朱自清全集》第 2 卷，南京：江苏教育出版社 1996 年版，第 326 页。

更多的思索，更多的吟味；许多人觉得诗难懂，便是为此。但诗究竟是'语言'，并没有真的神秘；语言，包括说的和写的，是可以分析的；诗也是可以分析的。只有分析，才可以得到透彻的了解……一般人以为诗只能综合的欣赏，一分析诗就没有了。其实诗是最错综的，最多义的，非得细密的分析功夫，不能捉住它的意旨。若是囫囵吞枣的读去，所得着的怕只是声调词藻等一枝一节，整个儿的诗会从你的口头眼下滑过去。"① 感悟关注艺术生命的整体而难免含混，分析关注认知的清晰性而或忽略对深层生命的体验，二者是可以对峙、兼容和互补的。只要不歧视感悟，在它之前强调感觉，在它之后强调分析，这乃是中国学术现代性转型中自我更新的一种收获。

随意而谈的文章比起严密的论著，更多精神自由，也更易发挥已渗透到中国学者精神深层的感悟思维。朱自清1942年在昆明西南联大曾写过一部《经典常谈》，就是为经典训练作通俗化的书。而在这种通俗化的写作过程中，也表现他对古代最重要的经典的非常高的悟性。朱自清在书的"序"中说："经典训练的价值不在实用，而在文化。有一位外国教授说，阅读经典的用处，就在教人见识经典一番。这是很明达的议论。再说做一个有相当教育的国民，至少对于本国的经典，也有接触的义务。"这本书虽然是一种通俗化著作，但是专家式的通俗化，厚积薄发，举重若轻，把各种经典的内容风格，版本源流，掌故真伪，讲得头头是道，自然清通。我在牛津大学时，牛津大学东方研究所的杜德桥教授说，他曾以这本书作为研究生研究中国文化和语言的教学课本。我觉得大家可以读一

---

① 《朱自清全集》第7卷，南京：江苏教育出版社1996年版，第191页。

读。朱自清先生是散文的高手，学术的名家，治学具有很高的悟性，使他的文章在浅白的谈论中闪烁着感悟的光亮。其出色的悟性表现有三：一是全书的逻辑起点；二是全书的结构方式；三是渗透到字里行间的敏慧的眼光。他论述经典先从《说文解字》谈起，这是朱自清以悟性重释经典发生的顺序，先有文字才谈得上经典传承，然后及于《周易》、《尚书》、《诗经》、三《礼》、《春秋》三传、四书等儒家经典。以文字为发源，以儒家经典为主干，是合乎人类文化发生过程，也合乎中国文化发展实际的。其后他又论述《战国策》、《史记》、《汉书》以及诸子、辞赋、诗和文，这样又扩展和重构了传统经典的内涵和外延，显示了中国文化博大精深、源远流长、九派分流。这种著术结构的方式本身，是博学中含有人性的，感悟中具有条理、具有内在的逻辑联系的。

在具体分析中，朱自清又写得非常朴实，在朴实平易的文字中时见犀利的感觉的眼光。比如"四书"《大学》、《中庸》、《论语》、《孟子》，自程朱以来是合在一起的，以传孔门的道统和心法。但朱自清精选近人之说，发明《大学》的思想和文字，近于荀子，大概是荀子学派的著作。而《中庸》部分是子思原著，又混入"至诚""尽性"之论，著者大约近于孟子学派。比较《论语》、《孟子》时，他说，孟子生在战国时代，他不免"好辩"，他的话流露着"英气"，"有圭角"，和孔子的温润是不同的。这样他就把孔子和孟子的风格一下子区分开来了。讲《史记》，他认为"古史不是断片的杂记，便是顺案年月的纂录；自出机杼，创立规模，以驾驭去取各种史料的，是《史记》起始。司马迁的确能够贯穿经传，整齐百家杂语，成一家言。他明白'整齐'的必要，并知道怎样去'整齐'，这实在是创作，是以述为作。他这样将自有文化以来三千年间君臣士庶的行事，'合一炉而冶之'，却反映着秦汉大一统的局势"。把《史记》的结构性创造与秦汉大一统的魄力相联系，确实是发人所未发，如此论世衡文，探史明心，于真知灼见中闪烁着悟性的光彩。就是说司马迁这部史书的结构和它的体例，实际上反映了秦汉大一统的魄力，没有这大一统的时代魄力，就不可能产生司马迁的史学结构。这就让人感受到时代的魄力是如何规范着经典的模样了。这接触到知识考古学的重要论题。在讲到文，即古代散文的发展时，他推崇佛典翻译为"新文体"，认为"这种新文体一面增扩了国语的词汇，也增扩了国语的句式。词汇的增扩，影响最大而易见，如现在口语里的还用着'因果'、'忏悔'、'刹那'等词，便都是佛典的译语。句式的增扩，直接的影响比较小些，但像文言里常用的'所以者何'、'何以故'等都是佛典的译语。另一方面，这种文体是'组织的，解剖的'。这就直接影响了佛教徒的注疏和'科分'（佛教徒注释经典，分析经文的章段称'科分'）之学，间接影响了一般解经和讲学的人。"①像他这些意见，固然受了五四文学热情译介外国文学，连带热情评介佛经翻译的影响，但更内在的是由他的感悟力和学问相结合，而形成新思路的结果。就是说，他对中国传统文学、文化发展的理解，既是学问的，又是感悟的，所以讲得平易近人，又能发人深省。

---

① 《朱自清全集》第6卷，南京：江苏教育出版社1996年版，第110—111页。

十四、在中西融通中拓展感悟思维的新空间

在引进西方现代理论而加以中国化的过程中，感悟在融合中西学术上发挥了许多实质性的作用。悟性是介于情感的形象思维和理智的抽象思维之间的特异的思维形态，它是理论与材料之间的桥梁。材料靠悟性来点醒，理论靠悟性而灵动，而进入化境。没有悟性的理论是呆理论，没有悟性的材料是死材料。唯有悟性才能打通理论和材料之间的间隔，也唯有悟性才能打通西方理论与中国经验之间的间隔。没有感悟的参与和化生功能，西方理论和中国经验之间终究隔了一层。感悟曾经在佛教来华的过程中使之中国化，并且是佛教中国化的思维成果。再看近代的西方哲学家，如黑格尔，就富有思辨，尼采则不乏感悟性，因此在本世纪初，尼采哲学除了它的精神内容之外，也由于他的感悟形式，为一班富有文学才华的学人所喜欢。这种选择，既是历史理性的，也是审美悟性的。

朱光潜在 20 世纪 20—30 年代游学欧洲 8 年，广泛地涉猎了康德、叔本华、尼采和克罗齐（Benedeth Crocel）的美学和哲学著作。对布洛（Bullough）的距离说，立普斯（Lipps）的"移情说"，谷鲁斯（K. Groos）的内模仿说，都有独到的领会，有意于写一部《文艺心理学》。但他不愿意像某些美学家，取法克罗齐体系那样，"心中先存在一个哲学系统。以它的根据，演绎出一些美学原理来"。而是综合多家，加以消化，以自己出色的感悟能力，另辟蹊径，即"丢开一切哲学的成见，把文艺的创造和欣赏当作心理的事实去研究。从事实中归纳得一些可适用于文艺批评的原理"（《文艺心理学·作

者自白》)。这样他就把作品——感悟——原理化作一个流动的系统。由此我们甚至可以说，他是看上中国人重悟性感受的思维特点，而选择与之接近和可以沟通的文艺心理学分支，来进入美学这个充满妙趣和玄理的领域的。比如他认为《老子》所说的"为学日益，为道日损"的话，很可以应用到美感经验上去，"学是经验知识，道是直觉形象本身的可能性"，"美感的态度就是损学而益道的态度。比如见到梅花，就把它和其他事物的关系一刀截断，把它的联想和意义一齐忘去，使他只剩下一赤裸裸的孤立绝缘的形象存在那里，无所为而为地去观照它，赏玩它，这就是美感的态度了"①。在其后作诗论的时候，朱光潜进一步引申说："诗的'见'必为'直觉'，即直接对形象的感性认识，不同于运用要领的理性思维认识。例如在凝神注视梅花时，你可以把全副精神专注在它的形象如像注视一幅梅花画似的，这时你仍有所觉，就是梅花本身形象在你心中所现的'意象'（Image）。这种觉就是克罗齐所说的'直觉'。"又认为："直觉的特色尤在凝神注视。读一首诗和做一首诗都常须经过艰苦思索，思索之后，一旦豁然贯通，全诗的境界于是像灵光一现的突然现在眼前，使人心旷神怡，忘怀一切，这种现象就是直觉，就是'想像'（Imagination，原谓意象的形成），也就是禅家所谓'悟'。"②也许这些论述有些未顾哲学本体论和思维的精微差异之嫌，但它设喻清妙，使西方理论染了一点中国人的亲切感，又使中国的感悟参照西方理论

---

① 《朱光潜美学文学论文选集》，长沙：湖南人民出版社 1980 年版，第 187—188 页。

② 《朱光潜美学文学论文选集》，长沙：湖南人民出版社 1980 年版，第 187—188 页。

而拓展了学理空间。也可以说，他提供了一个例子，说明只有通过感悟才能有效地消化西方哲学体系，使之不同程度地中国化。

因此，1932 年朱自清为《文艺心理学》作序，就特别推崇作者朱光潜的悟性："他像谈话似的，一层层领着你走进高深和复杂里去。有时正经，有时诙谐；你不知不觉的'到了家'。他的句子，译名，译文都痛痛快快的。不扭捏一下子，也不尽绕弯儿。这种'能近取譬'，'深入浅出'的本领是孟实先生的特长，可是轻易不能做到这地步，他在《谈美》中说写此书时'要先看几十本书才敢下笔写一章'。这是谨严切实的工夫。他却不露一些费力的痕迹，那是工夫到了家。他让你念这部书只觉得他是你自己的朋友，不是长面孔的教师，宽袍大袖的学者，也不是海角天涯的外国人。书里有不少的中国例子，其中有不少有趣的新颖的解释：譬如'文气''生气''即景生情，因情生景'，岂不都已成了烂熟的套语？但孟实先生说文气是'一种筋肉的技巧'（第八章）。生气就是'自由的活动'（第六章）。'即景生情，因情生景'的'生'就是'创造'（第三章）。最有意思的是从'意象的旁通'说明吴道子画壁何以得力于斐旻的舞剑，以'模仿一种特殊的筋肉活动'，说明王羲之观鹅掌拨水，张旭观公孙大娘舞剑而悟书法（第十三章）……这些都是入情入理的解释，非一味立异可比……你想得知识固可读它，你想得一些情趣或谈资也可读它：如入宝山，你决不会空手回去的。"①

---

① 《文艺心理学·朱佩弦先生序》，载《朱光潜美学文学论文选集》，长沙：湖南人民出版社 1980 年版，第 36 页。

朱自清谈到朱光潜的这些特点，就是用感悟点醒中国传统文论中"文气"、"生气"、"即景生情，因情生景"这类原似俗套的一些词语，使它们与西方文艺论相映证，相接触，互相对话，互相渗透，所以读起来就不觉得隔膜，而能读出一种情趣和味道来。这就是朱光潜这样的一位研究西方美学史的学者之所以能够成为具有中国风范和神韵的美学家的原因。朱光潜《文艺心理学》的成功告诉我们，一个学者面对西方复杂纷纭的理论，不应该急急忙忙地去贴标签，用西方的理论对东方的审美智慧不加消化不加体悟就贴上去了。而应该虚其心，凝其神，通过身心与之的悟性的沉思，拿出中国文献中的类似材料，看西方有关的理论是否能够涵盖中国的经验？东西方智慧之间是否存在着错位，这种错位要以一种什么样的方式才能够沟通，才能够使其间的经验、滋味和理论相互阐释，相互补充？又如何从它们之间的本质的差异或它们之间的微妙的错位之中来调整、改造西方的理论，使它适合中国人的思维特点。我觉得长期坚持这种思维方式是可以强化一个学者的感悟能力的。就是说你看到一种西方理论之后，要用东方的经验加以检验，不要无所质疑、不加辨析地以为它就是人类放之四海而皆准的普遍性原理。即使它作为西方文化、文学的理论是很高明的，我们也要前后左右换个角度看一看。"于不疑处生疑"，是创造性学理的精神起点。因为西方学者创造他的理论时，对中国的审美经验、审美趣味、审美境界并不是很了解的。我在牛津大学时碰到一些外国很有名的教授，他们对曹雪芹、鲁迅可能只知道名字，而对作品深层的智慧和滋味都不甚了了。靠他们这样的学者创造出来的理论，要涵盖东方几千年的智慧，我觉得是很难设想的西方理论的世界性往往是不完整的世界性，有缺陷的世界性，所以中国学者要在东西方错位中锻炼悟性，从悟性中生长出我们可以与之对话的理论体系。

现代中国学术的深刻矛盾，存在于第一流的丰厚而独特的资源和尚未形成第一流的具有世界影响的现代学理体系之间。矛盾的解决和新学理和话语体系的创造，古人和外国人都无法代替我们，要靠我们运用颖悟的智慧，穿透传统经验资源与西方现代理论之间的壁障，进行一场古今中外的大对话。材料资源是历史事实和经验的记录。随着时代的变易和社会注意焦点的转移，相当一批材料开始沉睡或冬眠，或者按照历史上某种思想框架的理解，对号入座地加以存放。此时外来的现代思想赠给我们"第三只眼睛"，使这些材料发生了"醒后的困惑"和重新移位时的"错位的不安"。学术呼唤着感悟，超越这种困惑和不安。感悟是研究者的感情、灵感和智慧的集束投射，如电光石火，使沉睡的材料从旧框架中蹦跳出来，从尘封中苏醒，从而在东西方对话中，在主客观融合中获得新的生命和新的意义。

据梁实秋回忆，闻一多在青岛大学开始研究《诗经》时，曾从图书馆借阅莎士比亚作品版本以资参考。他与梁实秋讨论《诗经》研究方法，认为中国文学虽然内容丰美，但是研究方法实在太落后了。这表明闻一多要超越传统经学以附会的方法解释《诗经》的窠臼，运用西方的经典解释方法以及文化人类学和精神分析学的方法来重读《诗经》。这就是 1927 年 7月发表在《时事新报·学灯》上的长文《诗经的性欲观》，提出了"《诗经》是一部淫诗"的惊世骇俗之论。新论的提出，是不乏一个新诗人读古诗的感悟的。但感悟是一种思维方式，不能保证它在穿越古诗与西论时有所得而不偏颇的合理性。合理性应该在古诗智慧和西论新见之间实行入情入理的双方质疑和对话，深入二者、又超越二者而另创新解，而不应该强拉一方向另一方倾斜。遵循文化人类学和性心理学的思路，闻一多另有一篇奇文《说鱼》①，认为在中国语言中，时代从东周到今天，地域从黄河流域到珠江流域，民族及于汉、苗、侗、壮，材料上包括筮辞、故事、民间歌曲、文人诗词，都有一种现象，就是用"鱼"字来代替配偶或情侣。他首先作了"元典"分析，引用《易·剥·六五爻》："贯鱼，以宫人宠，无不利。"他解释道："以犹于也，'以宫人宠'犹言'于宫人有宠'。贯鱼是一连串的鱼群，宫人是个集体名词，包括后、夫人、嫔妇、御女等整群的女性，'贯鱼'是宫人之象，因为鱼是代表匹偶的隐语，依《易经》体例说'以宫人宠'是解释'贯鱼'的象义的。李后主《水兰花》词：'晚妆初了明肌雪，春殿嫔娥鱼贯列'，第二句可以作本爻很好的注脚。它即令不是用《易经》的典，我们也不妨这样利用它。"随后，他引用了《左传》、《诗经》、《管子》以及大量的乐府、民歌中的诗作为例子。比如引《左传》"哀公十七年"："卫侯贞卜，其繇曰：'如鱼窥尾（窥，即赪，浅赤色），衡流方羊（方羊，彷徨，徘徊，游荡貌。）'"闻一多解释说："疏引郑众说曰：'鱼劳则尾赤，方羊游戏，喻卫侯淫纵。'以鱼的游戏喻卫侯的淫纵，则鱼是象征男性情偶的隐语。"这种元典分析刺激了作者的灵感和对古诗新思路，使固有材料的深层意义被点醒，读出了隐语背后的文化密码。再比如汉乐府歌辞《江南》："江南

---

① 《说鱼》、《伏羲考》，均收入《闻一多全集》甲集"神话与诗"，上海：开明书店1948年版。

可采莲，莲叶何田田，鱼戏莲叶间。鱼戏莲叶东，鱼戏莲叶西，鱼戏莲叶北。"一般解释，认为它写出了少女采莲时欢乐活泼、天真烂漫的景象。但闻一多更换了文化人类学的新视角，使感悟产生了新活性，观照出新的隐喻性意味："'莲'谐'怜'声，这也是隐语的一种，这里是鱼喻男，莲喻女，说鱼与莲戏，实等于说男与女戏，上引郑众解《左传》语：'鱼以方羊游戏，喻卫侯淫纵。'可供参证。唐代女诗人们还是此诗的解人，鱼玄机《寓言诗》曰：'芙蓉叶下鱼戏，蟏蛸天边雀声。人世悲欢一梦，如何得作双成？'薛涛得罪了元稹后，献给元稹的《十杂诗》之一《鱼离池》曰：'戏跃莲池四五秋，常摇赤尾弄银钩，无端摆断芙蓉朵，不得清波更一游。'"由此可知，悟性可能因知识模型的陈旧而变得疲沓，克服"悟性疲沓"的极佳方法，是更新知识模型。一旦知识模型更新了，悟性获得了新的知识空间，许多文献的和口传的材料就会在新的眼光下闪亮起来，活跃起来，向特定的意义线索汇集，以一线而串众珠。重要不仅在于原始材料中存在着什么，而且在于从原始材料中看见了什么，有见即有悟。刺激闻一多更新知识模型而采取新的审视眼光的，也许是新接触到的一批民俗资料。他由此又推断：由于鱼是匹偶的隐语，打鱼钓鱼等行为也就成了求偶的隐语；烹鱼吃鱼也就被隐喻为合欢或结配。他由此进一步探源："为什么用鱼来象征配偶呢？这除了它的繁殖功能，似乎没有更好的解释。大家知道，在原始人的观念里，婚姻是人生第一大事，而传种是婚姻唯一目的。这在我国古代的礼俗中，表现得非常清楚，不必赘述。种族的繁殖既然如此被重视，而鱼是繁殖力最强的一种生物，所以在古代，把一个人比作鱼，在某一种意义上，差不多就等于恭维他是最好的人。而在青年男女间，若称对方为鱼，那就等于说：你是我最理想的配偶！现在浙东婚俗，新妇出轿时，以铜钱撒地谓之鲤鱼撒子，便是这种观念的说明。"闻一多于此会通了元典——古诗词——民俗——文坛掌故，用种种现象说明"鱼"在古代作为配偶的隐语，由此进一步说明一种文化思维方式，就是隐喻。隐，不让你知道，隐藏起来；喻，让你知道，让你明白。又隐又喻，形成一种表达方式的张力，用悟性去点醒传统比喻现象背后所隐藏的文化密码。

《说鱼》作于1945年5月，初载于1946年6月昆明《边疆人文》（乙种）第2卷第3、4期合刊。细寻其文理，没有弗洛伊德学说和文化人类学对性的强调和展示这类潜在的知识背景，它不可能把鱼意象的隐义分析得如此大胆和透彻；同时没有边远民族地区的民俗文化资源及其象征性的启发和刺激，它也不可能把鱼意象的隐义，定向在性上而论证得如此厚实和充分。后者从文中援引的材料，及其发表的刊物类型得到印证。上古文献记载，近世民俗调查材料，异域文化人类学的知识和方法，这三股知识体系在诗人的出色的感悟思维中汇合而激起原创性的学理旋涡。作为具有诗人气质的学者的类本能的悟，发挥了会通多学科与穿透众现象，而直逼意义本原的功能。闻一多在20世纪40年代写的另一篇名文《伏羲考》①，便追问民族起源上的神话原型，展示了中国神话学的新境界。抗日战争时期流徙西南边陲的一批民族学、社会学、美术史、文学史专家，对当地少数民族口承传统进行广泛的田野调查，

---

① 参见朱自清：《中国学术的大损失——悼闻一多先生》，载《文艺复兴》1946年第2卷第1期。

搜集整理了不少神话传说的原始资料。这些资料与考古所得的山东武梁祠等地所得的汉代石画像，对闻一多腹笥极富的上古神话文献知识产生强大的撞击、补充和会合，使得被古时儒者曲解误解而遮蔽的伏羲、女娲兄妹配偶的人类推源故事被复原浮现出来。其中既清理出西汉末到东汉末是伏羲、女娲记载见于史乘的最煊赫的时期，又根据芮逸夫《苗族的洪水故事与伏羲女娲的传说》、常任侠《沙坪坝出土之石棺画像研究》等文章，排比出 25 条材料，揭示了伏羲、女娲是中华民族共同的始祖。朱自清称赞闻一多"研究中国古代，可是他要使局部化了石的古代复活在现代的心目中……闻先生研究伏羲的故事或神话，是将这神话跟人们的生活打成一片；神话不是空想，不是娱乐，而是人民的生命欲和生活力的表现。"① 从已成化石的历史材料中复活生命欲和生活力，是感悟思维中的生命感觉的。

感悟思维点醒了学人的超常感觉，敏锐地从复杂纷纭的联系中窥见本质所在，于多中觉一，一中觉真谛，使学理追寻在富有生命感的跳跃中开辟出新的境界。缺乏悟性的思维是爬行的思维，有悟性的思维是充满思想弹跳力的思维，此间的妙处实在令人惊喜。从古文献记载的"女娲人头蛇身"（王逸《楚辞·天问注》）、"伏羲鳞身，女娲蛇躯"（王延寿《鲁灵光殿赋》）等等，以及汉石刻上伏羲、女娲人首蛇身纠缠相交为画，闻一多进一步清理古代的人首蛇身神记载，敏锐地发现"在传说里，五灵中的凤麟虎龟等四灵，差不多从不听见成双

---

① 朱自清：《中国学术的大损失——悼闻一多先生》，载《文艺复兴》1946年第 2 卷第 1 期。

的出现过，惟独龙不然"，"其渊源于某种神话的'母题'，也是相当明显的"。由此他悟性过人地把握着中国神话和中国民族生命历程之关系的重大论题，从图腾主义的角度，破译龙这个千古文化之谜。他先谈龙在文籍中有时为马，有时为狗，还有一种有鳞的龙像鱼，一种有翼的又像鸟，一种有角的又像鹿。总之，"它是一种图腾（Totem）并且是只存在于图腾中而不存在于生物界中的一种虚拟的生物，因为它是由许多不同的图腾糅合成的一种综合体"。综合体的判断是长年积学、一朝豁悟的结果，深刻地触摸到中华民族兼并生成的生命历程和有容乃大的文化哲学。"龙"在最初本是一种大蛇的名字，后来一个以大蛇为图腾的团族（Klan）兼并了，吸收了许多别的形形色色的图腾团族，大蛇这才接受了兽的四脚，马的头、鬣和尾，鹿的角，狗的爪，鱼的鳞和须……从龙蛇莫分到图腾合并，这是图腾式的社会发展必循的途径。论者进而分辨伏羲氏，奉伏羲女娲为雒公雒母的苗族，夏的同姓褒国和越人之外，还可考见几个龙图腾的大团族：夏，共工，祝融，黄帝，匈奴，"由上观之，古代几个主要的华夏和夷狄民族，差不多都是龙图腾的团族，龙在我们历史与文化中的意义，真是太重大了"。这位诗人学者面对文献、考古、民俗和文化人类学成果的多重知识厚墙，进行了以学力养才气、以才气化学力的参悟。知识厚墙可以挤压思想，也可以奉托思想，就看你能否一气运转，灵性托出。因此，感悟是进行学术发现的灼灼慧眼，它能帮助你在选题中觉察文化富矿之所在，帮助你在解题中选择开发矿藏的最佳方案和最敏捷的身手，帮助你在结题中锻造出极有价值的学术合金。《伏羲考》从选取伏羲女娲兄妹配偶的学术入口，到疏通人首蛇身神和二龙相交的论证关节，最终以多团族图腾综合体来解释作为中华民族之标志的龙图腾，都体现了感悟非俗手可比的思想剥离力、思想进入力和思想升华力。

作诗、治学、求道而能感悟，就可以使智慧的潜力敞开，开心中的眼，开感觉的窍，使学艺创作有品位、有灵性、有奇趣、有妙境。是否可以这样说，感悟是如此一种思想和思维的方式，运用得妙，就可能知天地之道、觉天地之心、察天地之机？若能如此，它就是一种与西方重分析和思辨的哲学，可以并存互补的具有东方神采的哲学了。

（原载《社会科学战线》2006 年第 1—2 期）

释"意境"

——中国诗学的生命境界论

陈伯海

在中国诗学传统里，"意境"无疑是最具魅力的一个词语。提起诗歌意境，便会使人想起那在和谐的韵律中传送出来的真切的画面、天然的色调、浓郁的氛围、不尽的遐思乃至那富于生命情趣的悠永而深沉的意蕴，总之是一种为灵性的光辉所照亮的艺术审美境界，令人心醉神驰。这大概就是现代文论兴起后，许多传统的名词术语皆被弃置不用，独有"意境"仍频繁出现于今人笔下的缘故。① 然而，"意境"又是最难以解说明白的。现代的学人不满足于古人那种可意会而不可言传的表达方式，一力要用逻辑的语言给予清晰的界定，甚至常引西方文论的概念、学理作比附，结果是歧见杂出，愈说愈叫人摸不着边际。依我之见，"意境"作为我们民族审美传统中特有的范畴与理念，是不宜于拿来同西方文论作比附的；要对它有确切的了解，还必须将它放回到我们自身传统的整体结构中去加以考察和领会，尤其要关注它在传达与体现中国诗学的生

---

① 另"意象"一词亦属习见，却并非直承传统，系取自英美意象派诗歌，似有"出口转内销"之嫌。

命论精神上所处的特殊地位和发挥的作用。只有搞清了这些问题，才谈得上在新的时代条件下如何发扬其精粹，拓展其功能，使之真正融入现代文论的有机构成，为人类未来美学大厦的建构添砖加瓦。

一、境、境界、意境

"意境"在中国诗学里亦称做"境"或"境界"，三者之间究竟是什么关系，须作一点辨析。

考"境"的本字为"竟"。许慎《说文解字》云："乐曲尽为竟。"段玉裁注曰："曲之所止也，引申之凡事之所止，土地之所止，皆曰竟。"可见"竟"原指乐曲终了，引申为事情的终结和土地的限界，而在后一个意义上，"竟"便演化成了"境"。"境"指空间范围，相当于疆界、领域的意思（有时亦可包含在此疆界、领域内的物事），初起时意义较实在，多用于实物的限界（如国境、境土），后逐渐扩展与虚化，亦用于生活的领域（如人境、境遇）乃至精神的界域（如《庄子·逍遥游》中的"辨乎荣辱之境"以及常人感受中的"佳境"、"妙境"等）。佛教传入中土后，"境"开始具有学理上的含义。佛学主张"万法唯心"，将一切感知到的现象都归因于心所造作，故有"心之所游履攀援者，谓之境"的说法[①]，"境"便成了人的内心感受及意识的对象化呈现。就佛教而言，其本意是要揭示"境"的虚妄，破除人们对外境的执著，却无意中给人以审美心理上的启示，于是诗人将自己在审美活

---

① 参见丁福保：《佛学大词典》释"境"，医学书局出版社1921年版。

动中所感受并表现出来的对象化世界亦称之为"境",这便是"诗境"说的由来。据此,则诗境之"境"并非原来意义上的实物之境,乃专指诗人意中之境,即被诗人情意所渗透的艺术境界,这是我们在讨论意境说时首须辨明的。

再看"境界"。"境界"一词由"境"与"界"合成,二者本属同义。《说文解字》释"界"为"竟也","竟"即是"境"。"境界"连用亦比较早,刘向《新序·杂事》中就有"守封疆,谨境界"的说法,稍后班昭《东征赋》里亦有"到长垣之境界,察农野之居民"的句子。佛经翻译中常借用"境界"一词,将它从原来实指疆土界限的含义提升到精神的层面,而亦有多种用法,可以指西方极乐世界的风光景物,也常指人生和宗教修养所达到的程度,还可用来与"六根"(眼、耳、鼻、舌、身、意六种感官)、"六识"(六种感官的感知功能)相对待,作为感知功能所依托的对象。《俱舍论颂疏》云:"功能所托,名为境界。如眼能见色,识能了色,唤色为境界,以眼识于色有功能故也。"① 这就跟前面所讲的佛学术语之"境"相一致了,故《佛学大词典》释"境界"为"自家势力所及之境土",这"势力"当指人的心力。"境界"进入审美活动领域,充当诗学的专用名词,其意义亦与"境"相当,指诗人情意所寄寓的艺术世界。南宋蔡梦弼引张九成《心传录》语云:"读子美'野色更无山隔断,山光直与水相通',已而叹曰:子美此诗,非特为山光野色,凡悟一道理透

---

① 圆晖:《俱舍论颂疏论本》卷二,《大正藏》第四十一册"论疏部",台北:台北佛陀教育基金会 1990 年影印本。

彻处，往往境界皆如此也。"① 这是较早应用"境界"于诗歌评论的例子，其"境界"即指诗人的识见、气度在诗歌景物描写中的呈现。

与"境"、"境界"相比照，"意境"一词最为晚出。唐王昌龄《诗格》里初见"意境"之说，而其"意境"是与"物境"、"情境"相并提，分别指以写物、写情或写意为主要内容的三种不同类型的诗境②，跟后来具有普遍涵盖性的"意境"说尚不能混为一谈。诗学中普泛性的"意境"概念出自权德舆的"意与境会"③，指诗人情意与其表现对象结合为一体，而非王昌龄心目中的写意之境，不过权氏并未将"意"与"境"合成一个词语。五代时孙光宪《白莲集序》中用"骨气混成，境意卓异"来评述贯休诗④，托名白居易而实为宋初人所作的《文苑诗格》里亦设有"杼柙人境意"和"招二境意"之类名目⑤，"境"和"意"似乎趋于合成，但《文苑诗格》里又有"先境而入意"、"入意而后境"之类分拆开来的用法⑥，可见"境""意"并举连用尚不等于合成。真正创立了"意境"这个术语的，或许要数明人朱承爵，其《存

---

① 《杜工部草堂诗话》卷二，《历代诗话续编》，北京：中华书局1983年版，第208页。

② 参见《诗格》卷中"诗有三境"条，《全唐五代诗格校考》，西安：陕西人民教育出版社1996年版，第149页。

③ 参见《左武卫胄曹许君集序》，《全唐文》卷四百九十，北京：中华书局影印本。

④ 参见《全唐文》卷九百，北京：中华书局影印本。

⑤ 参见《全唐五代诗格校考》，西安：陕西人民教育出版社1996年版，第340页。

⑥ 参见《文苑诗格》"杼柙人境意"条，西安：陕西人民教育出版社1996年版，第340页。

余堂诗话》里谈到"作诗之妙，全在意境融彻"①，这里的
"意境"虽仍有并用的痕迹，但既然说到"融彻"，则显然已
经一体化，不再存在先意后境或先境后意的问题了。这种整体
性的意境观，至清代便广泛流传开来。由此看来，"意境"范
畴的建立，并非如一些人主张的那样是佛教"意境界"一词
的省略，而是起于诗学内部对意、境关系的探讨，再经过二者
的并举连用，终于达成一体。它一开始便是诗学的专用名词，
虽然有"境"、"境界"诸说为之先驱。

　　"境"、"境界"、"意境"来源不一，进入诗学领域亦有
先后，而究其实质，并无根本性差异。诗学里的"境"和
"境界"原本就是指的诗人意中之境，故"意境"概念的提出
只是起了强化与深化意境关系研讨的作用，实未曾改变诗境说
的内涵。所以对"意境"的把握也就不能局限于这一词语的
应用范围，而应该将"境"与"境界"的有关内容包容进来，
本文谈"意境"便是取的这一广角。当然，也应看到，"境"
与"境界"的含义颇杂，它们不光是诗学术语，同时还是佛
学名称乃至日常生活用语，即使诗学著述中用到这两个词，亦
往往有取其诗学意义或日常含义的不同，需要细心辨析。相比
之下，后起的"意境"因专属诗学用语，在概念内涵上就显
得较为纯粹与明晰，或许便是今天的论者宁愿选择这一称谓用
以概括诗境说的理由，而亦是本文所采取的策略。

---

　　① 《历代诗话》，北京：中华书局 1981 年版，第 792 页。

二、"意境"的生成及其基本内涵

意境说正式成立于唐代，在这之前则经历了相当长时期的酝酿和准备的过程，甚至可以说，中国诗学自诞生之日起，便已具有向"意境"发展的趋势，"意境"的建立标志着诗学观念的全面成熟。

众所周知，中国诗学的开山纲领为"诗言志"，后来又出现了"诗缘情"的提法，两者结合而产生"情志"的概念，"情志"便构成诗歌的生命本原。但依据传统的理念，"情志"的根基在于"心性"，"心性"又来自"天命"和"天理"，所以"情志"作为诗歌生命本原，其内涵实包含了天人、群己、情理、体用诸方面关系的交织，这样一种复杂而又独特的精神素质，正是诗歌意境所赖以发育和构建的种因。"情志"的发动要通过"感兴"，"感兴"乃是心物交感，是诗人内在情意与外在物象之间的交流互动，并由这种互动而形成诗歌意象，这也便是意境生成的途径。意象作为诗歌生命的实体，它以"立象尽意"的方式荷载着"情志"，"象"实而"意"虚，"象"凝定而"意"流动，"象"有限而"意"无限，这种虚实相涵、即小见大的表达方式，又为意境的创造提供了模型。这一模型的粗坯早在汉儒以比兴说诗中即已见到端倪，因为比兴作为象喻，本就具有以小称大、言近旨远的特点，这些特点后来在意境的建构中得到了充分的展开，所以比兴亦可视为意境的最初胚芽。

魏晋以后，原始的比德式的喻象思维演进为较为成熟的意象思维，意境的展呈便也有了更为开阔的空间。但促使意境生成的最直接的动因，还在于六朝文学"尚形似"的风气所造成的"情志"与"意象"之间的脱节。意象作为"表意之象"，本是用来显现情志的，而因过于侧重在写形，反倒疏略乃至淹没了情志的传达，从而背离了诗歌创作的原旨。但情志又不能不凭借意象作表达，故而只能采取不即不离的态度，即一方面仍须通过意象，另一方面则试图超越意象，也就是要努力打开由"象内"向"象外"延伸的通道，使意象由封闭的实体转化为虚实相涵的开放性结构，这就演化成了"意境"。六朝后期在这条道路上进行认真探索的，首先可举出刘勰的论"隐秀"，其云："情在词外曰隐，状溢目前曰秀"①，虽是讲的两种不同类型的意象，恰恰体现了意境构造的两个基本的方面。稍后，钟嵘《诗品序》里也是既强调"指事造形，穷情写物，最为详切"为"有滋味"，而又倡扬"文已尽而意有余"的"兴"。刘勰论"隐秀"和钟嵘论"兴""味"，便成为意境说的两个最切近的源头，再经由唐人殷璠的"兴象"说对"兴"与"象"两方面的综合②，"意境"遂宣告脱胎而出，"兴象"因亦构成由"意象"过渡到"意境"的转折枢纽。

那么，"意境"的基本内涵究竟有哪些方面呢？撇开各种枝叶，单就其主干而言，突出地体现为两大特征，可以概括为"意与境会"和"境生象外"，分别表述如下：

前面说过，"意与境会"的命题是唐中叶权德舆提出来的，其实，观念的萌生还要更早。王昌龄《诗格》卷上"论

---

① 《文心雕龙》中《隐秀》一篇有佚文，一般认为系经后人补撰，此二句乃张戒《岁寒堂诗话》卷上所引，当系原篇之佚。

② 参见殷璠：《河岳英灵集序》及书中评语。按"兴象"之"兴"当取自钟嵘《诗品序》"意有余"之义，故后人释"兴象"为"兴在象外"，乃得其解。

文意"一节里谈及:"夫置意作诗,即须凝心,目击其物,便以心击之,深穿其境。如登高山绝顶,下临万象,如在掌中。以此见象,心中了见,当此即用。"① 就是说,诗人要以自己的心意去穿透外物,才能视境象"如在掌中",这不正是指"意"与"境"相交会吗?卷中"诗有三境"条也讲到,要"处身于境,视境于心,莹然掌中,然后用思,了然境象"②,说的是同一个意思。与权德舆同时而稍早的诗僧皎然,在其《诗式》中亦着重讨论了"取境"的问题,主张"取境之时,须至难至险,始见奇句;成篇之后,观其气貌,有似等闲,不思而得,此高手也"③,实际上便是要求通过刻意精心的"取境",以达到"意"与"境"的浑然无间,阐说又进了一步。他在此书"辨体有一十九字"一节里辨析诗歌的各类体式,对"静"的解释是"非如松风不动,林狄未鸣,乃谓意中之静",对"远"的解释是"非如渺渺望水,杳杳看山,乃谓意中之远"④,"静"和"远"都是指的意中之境,不同于实物景象,更可见"意境"说的基本精神。据此,则"意与境会"命题的提出,正是对于诗境说的这方面内容的一个总括,故而成为"意境"构成的一大标志。

"意与境会"关涉到审美主客体之间的关系,从诗歌创作

---

① 《全唐五代诗格校考》,西安:陕西人民教育出版社 1996 年版,第 139—140 页。

② 《全唐五代诗格校考》,西安:陕西人民教育出版社 1996 年版,第 340、149 页。

③ 《诗式》卷一"取境"条,西安:陕西人民教育出版社 1996 年版,第 210 页。

④ 《全唐五代诗格校考》,西安:陕西人民教育出版社 1996 年版,第 220 页。

的进程来看，它发端于心物交感，实现于意境融彻，而常借情景交融以得到表达。我们知道，中国诗学传统是以心物交感为诗歌生命的动因的，诗歌意象由心物交感而产生，所以在意象基础上生成的意境，也离不开主体情意和客体物象之间的交流感应，这就是"意与境会"建基于心物交感的缘由。但意境的生成并不局限于心物之间的交流感应，它是这种交流感应作用的一个结晶，故"意"与"境"的相融相摄乃至合为一体，方是意境成立的表征。在这种一体化的建构之下，"境"不再是孤立的"境"，而成为意中之境；"意"也不再是原来形态上的"意"，而转为含蓄、深藏于境中之意，即境即意，莫分畛域。要达到这一步，一个基本的前提是改变物我双方的对立状态。在日常生活里，主体和客体之间经常地形成着一种功利性的关系，客观事象以其对主体的利害价值刺激主体，主体亦以自身的利益需求对客体作出反应，两者的相生相克不可避免，物我同一便无从谈起。只有当我们摆脱这种实用性的功利需求，"物"不再是使用价值上的物品，而成了体现生命情趣的物象；"我"也不再是追求实际利益的我，而成了观照和品味自己的生命体验，进而领略、体悟宇宙大生命意蕴的我，这时候才算进入"物我两忘"（忘乎利害得失）与"物我同一"（同于生命本真）的境界，才有实现意境融彻的可能。这个道理我们的先辈是懂得的。诗学传统有所谓"虚静"之说，便是要求作者排除各种意念的干扰，以臻于审美的超越境界。前举权德舆《左武卫胄曹许君集序》文中，也是将许诗能做到"意与境会"归因于"得之于静，故所趣皆远"[①]。稍后，刘

———————

① 《全唐文》卷四百九十，北京：中华书局影印本。

禹锡就此问题更有所发挥，其《秋日过鸿举法师院便送归江陵序》一文谈道："梵言'沙门'，犹华言'去欲'也。能离欲则方寸地虚，虚而万景入……因定而得境，故翛然以清；由慧而遣词，故粹然以丽。"① 点明了心地能虚能静的关键在于"离欲"，即解除实用性功利关系的束缚；去除了这层束缚，内心空明净彻，才能向审美对象开放，以进入"翛然"、"粹然"的审美境界，这也正是诗歌意境生成的根本性条件。

意境生成之后，还有一个表达于诗歌作品的问题。由于古典诗歌绝大部分为抒情诗，其表现手段不外乎情、景二端，情相当于"意"，景相当于"境"，故"意与境会"又常被理解为情景交融，实未必尽然。因为"意与境会"是就诗人审美感受过程中的主客体关系而言的，情景交融则是指的诗歌表现的方式，它可以体现意境中的审美主客体关系，而亦可不涉及这一关系，如作诗技法中通常讲到的情语与景语的种种安排，便属于意象组合的具体方法，而无关乎意境的实质。不过话说回来，意境在表达上确也需要借助情景交融，因为"意与境会"式的审美体验往往要透过情景交融的表达方式始得以呈现，这便是为什么情景关系的讨论在唐宋以后的诗学著述里经常成为一个热点的原因。质言之，只要我们不把情景交融约化为某种定式（即情与景的具体搭配方式），而是视以为诗歌表现的美学原则，它作为意境说的有机构成，自亦是不可缺少的。

再来谈"境生象外"，这个命题是刘禹锡在《董氏武陵集纪》一文中提出来的，其云："诗者，其文章之蕴耶！义得而

---

① 《刘禹锡集》卷二十九，上海：上海人民出版社 1975 年校点本。

言丧，故微而难能；境生于象外，故精而寡和。"① 诗歌作为文章的精粹，其特点被归结为"义得言丧"与"境生象外"。"义得言丧"便是庄子说的"得意忘言"②，它建立在"言不尽意"的判断之上，既然言语不能充分显示哲人或诗人的内心体验，那就只有超越语言的外表去追索其深藏着的言外之意。刘勰讲的"情在词外"，钟嵘所云"文已尽而意有余"，乃至皎然提倡的"文外之旨"和"但见情性，不睹文字"③，都是就这一点立论的。"象外"之说则起源于三国时荀粲对《易传》"立象尽意"说的质疑，他认为"理之微者，非物象之所举"，故还须"通于象外"，去求得"象外之意"④。这样一种超越物象以探求真意的倾向，被王弼归纳为"得意忘象"⑤，成为魏晋玄学的重要观念。东晋以后，佛教大盛。佛家以现象界为虚妄，主张破除妄念，返归真如，故有"穷微言之美，极象外之谈"之说⑥，其"象外"即指涅槃之道和般若之论。玄、佛的推崇"象外"，对艺术创作发生了影响，刘宋宗炳《画山水序》里便讲到"旨微于言象之外"⑦，南齐谢赫《古画品录》亦谈到"若取之象外，方厌膏腴"⑧。唐人开始将这个观念引入诗学领域，皎然《诗议》中有"绎虑于险

① 《刘禹锡集》卷十九，上海：上海人民出版社 1975 年校点本。

② 《庄子·外物》。

③ 《诗式》卷二"重意诗例"条，西安：陕西人民教育出版社 1996 年版，第 210 页。

④ 《三国志·魏志·荀彧传》裴松之注引《晋阳秋》所载何邵《荀粲传》。

⑤ 《周易略例·明象》。

⑥ 参见僧肇：《肇论·涅槃无名论》，载《中国佛教思想资料选编》第 1 卷，北京：中华书局 1981 年版，第 157 页。

⑦ 《历代论画名著汇编》，北京：文物出版社 1982 年版，第 14 页。

⑧ 《历代论画名著汇编》，北京：文物出版社 1982 年版，第 18 页。

中，采奇于象外"的说法①，而戴叔伦所谓"诗家之景，如蓝
田日暖，良玉生烟，可望而不可置于眉睫之前也"②，其实也
还是对诗歌象外境界的一种描述。不过诗画家的驰神"象
外"，并不同于佛门弟子那样将现象界与本体界相对立，倒是
要透过和穿越具象的描绘以打开通向象外世界的门户，这跟庄
子以至王弼提倡的"寻言""寻象"而又"忘言""忘象"，
其实是一个路子，所以刘禹锡要将"境生象外"与"义得言
丧"并提，其趋向皆归之超越。

　　然则，这超越性的象外世界又包括了哪些内容呢？荀粲系
从玄学家的立场出发，他说的"象外之意"乃指"理之微
者"，即玄理。刘禹锡、戴叔伦则是从诗人的角度出发，所以
更看重"境"和"景"。他们谈得都比较简略，把这个问题进
一步展开的，是唐末的司空图。他不仅提出"思与境偕"的
命题以与"意与境会"相呼应，还着重探讨了诗歌的"象外"
追求，有所谓"象外之象，景外之景"③ 以及"韵外之致"、
"味外之旨"④ 多种表述。这些提法的共同点是将诗人关注的
焦点由象内导向象外，而对象外世界内涵的揭示则互有侧重。
"象外之象，景外之景"重在"象"和"景"的营造，尽管
不同于作品里直接展示的"象"，而表现为由实象引发的虚拟
之象、想象之象（也就是戴叔伦所讲的"可望而不可置于眉
睫之前"的那种景象），但毕竟属于"象"的范畴。这实际上

───────────────

　　① 参见《全唐五代诗格校考》，西安：陕西人民教育出版社 1996 年版，第
185 页。

　　② 司空图：《与极浦书》所引，《四部丛刊》本《司空表圣文集》卷三。

　　③ 司空图：《与极浦书》。

　　④ 司空图：《与李生论诗书》，载《司空表圣文集》卷二。

指的是由诗画空白处所生发出来的想象空间，一首诗、一幅画愈能在其提供的字面、画面空间以外开拓出更多的想象空间，它的蕴含量就愈加丰富与深厚，其逗人遐想的魅力也愈见强大，这在我们的艺术传统里称之为"以少总多"和"计白当黑"。至于"韵外之致"的"致"，当意味着情致、情趣，它并不同于诗中抒述的情感（那叫"情语"，跟"景语"一起构成诗歌的意象成分），乃是指透过具体的喜怒哀乐之情所反映出来的对生命本身的体验（所谓生命情趣），故称"韵外之致"（"韵"即韵语，指代诗歌）。而"味外之旨"有如司空图本人的解说，意指咸、酸诸般口味以外的那种适得其妙的"醇美"。这当然是个譬喻，而若我们将咸、酸等口味理解为诗中写到的各类情事，则超乎各类情事之上的"醇美"之"旨"，便只能是对人的生命乃至宇宙生命意蕴的感悟了。这正是"道"的境界，不过不是用玄言述说的"道"，而是经由生命的体验和审美的超越之后所把握的"道"；象外世界的追求也恰是要引导人们超越自我生命体验以跻于"道"的境界，所谓"超以象外，得其环中"①、"乘之愈往，识之愈真"②，讲的便是这层道理。由此看来，"境生象外"命题的提出，实质上是将诗歌艺术世界归结为一种层深的建构，由"象"（诗歌意象）和"象外"（即"境"）两部分组成，象外世界又可区分为想象空间和情意空间。艺术审美活动（亦即诗歌生命活动）由象内的感知世界起步，经象外想象空间的拓展，而超拔于最高

---

① 《二十四诗品·雄浑》，载《历代诗话》，北京：中华书局1981年版，第38页。

② 《二十四诗品·纤秾》，载《历代诗话》，北京：中华书局1981年版，第38页。

层的情意空间，是一个从具体的生活感受逐步提升为对生命本真的情趣和意蕴作领略的过程。这样一种领略，又是以天人、群己、人我、物我之间的生命沟通为标志的，故而审美的超越同时便是还原（复归），还原于天人合一（包括群己互渗）的生命本真状态，这也正是诗歌意境创造的主要功能之所在。

通过以上两个方面的考察，现在可以对诗歌意境下一界定了。意境作为意中之境，是指为诗人情意（生命体验和审美体验）所灌注和渗透的艺术世界，它呈现为一种层深的建构，从而开启了生命自我超越的通道，并最终指向生命的本真状态。"意境"一词在具体使用中又有广狭二义：广义指整个艺术形象体系，连同象内和象外空间一起；狭义则专指象外世界，不包括具体的意象在内。但不管哪一种含义，意境都应具有开拓象外世界的功能；诗歌作品若是只能"意尽象中"，而不能将人的审美生命活动引向超越，就算不上有意境。据此而言，则意境实在是诗歌生命经自我超越后所达到的境界，它是审美的境界，也是精神的境界乃至生命的境界；意境的讲求体现了我们民族的生命追求，一种既超越而又复归，或者说在超越中力求复归于生命本真的取向。

还有一个问题需要稍作交代，那便是意境与意象的关系。应该说，古人在这个问题上并没有作明确的界分，尤其是意境说初起之时，"境"、"象"两个概念经常并置而混用。王昌龄《诗格》中讲"取思"，用"搜求于象，心入于境，神会于物，因心而得"来表示①，这里的"象"、"境"、"物"都是指的

---

① 参见《诗格》卷中"诗有三思"条，载《全唐五代诗格校考》，西安：陕西人民教育出版社 1996 年版，第 150 页。

审美感受的对象，并未见明显的差别。皎然《诗议》中也有"夫境象非一，虚实难明：有可睹而不可取，景也；可闻而不可见，风也；虽系乎我形，而妙用无体，心也；义贯众象，而无定质，色也。凡此等，可以偶虚，亦可以偶实"的说法①，他把景、风、心、色各类物象均归诸"境象"，却未曾给"境"与"象"作区划。这样的用语习惯，后人也大体保持下来。今天的论者喜欢概念明晰，往往将"意象"解作单个实体的"象"（有"意象为诗歌最小单位"之说），于是"意境"便成了意象的总和或意象系统。此说不无可取，然非古人原意。不过古人谈意象，确也常偏重在诗歌的局部。如宋人唐庚批评吕延济注谢朓诗"平楚正苍然"，将"平楚"（平野）的"楚"解作树丛，"便觉意象殊窘"②，就是指一句的意象。清方东树评论韦应物诗学陶渊明，以为"多得其兴象秀杰之句"③，也是从句意上谈论兴象。至于诗法中所讲的"夺胎换骨"、"点铁成金"之类改造、翻新前人诗歌意象的工夫，则全是从局部性意象上着眼的。与之相比照，谈诗境时，这类紧扣一字一句的情况便较为少见，所以从整体性和局部性来区别意境与意象，大致可以成立。但两者之间更重要的差异，或许还在于象内与象外的界分，这有"境生象外"的论断作根据。当然，"意境"一词的应用上可宽可窄，故不能排斥其中或包含有实象的成分，而虚实相摄、互涵互动乃其精义

① 参见《诗格》卷中"诗有三思"条，载《全唐五代诗格校考》，西安：陕西人民教育出版社1996年版，第181页。
② 强幼安：《唐子西文录》，载《历代诗话》，北京：中华书局1981年版，第447页。
③ 参见《昭昧詹言》卷一，北京：人民文学出版社1961年版，第42页。

所在，这跟以实象姿态呈现的意象终究有别。因此，我们似可将意境视为在意象的基础上向着整体化与超越化的生成。换言之，意象为意境的基础，而意境乃意象的延伸。如果我们将意象当做诗歌作品的诗性生命本体（审美实体），则意境便构成其终极性本体，或者叫做诗性生命的圆成。反观当前学界有所谓意象与意境孰为古典美学核心的争执，实际上，在传统诗学的理念中，从情志到意象再到意境，是一个完整的诗歌生命的流程。情志作为诗歌生命的本原，意象作为诗歌生命的实体，意境作为诗歌生命的归趋，形成环环相扣的有机组合，少了任一环节便显得残缺而不完美，故正须从其相互依存、相互转化的关系上来把握各自的意义，而不必为其作用的大小和地位的高下强作解人。

三、"意境"的思想渊源与民族根基

意境说既然在中国诗学传统中占有如此重要的位置，它的根子便必然会进入民族文化的底基，而与整个思想文化传统发生千丝万缕的联系。过去一些论家因着眼于佛学谈"境"与"境界"的直接关联，多将意境的生成归因于佛教的传入，而忽略了其民族的根基。当今的学者则从思想渊源上追溯其根子至于老庄和玄学，探讨有所深入。但实际上，意境并非哪个学派的专有物，它是整个传统文化的结晶，对后世有着深远影响的儒、道、佛三家均参与了它的建构。

儒家对意境说的奠基作用首先在它的天人观。天人合德，人性与天命相贯通，是它的基本信念，所谓"天命之谓性"①，或者说"性自命出，命自天降"②，讲的便是这个道理。人性既来自天命，其中便涵有天理，而儒家认可的天理又是同亲亲、尊尊这一套礼教人伦规范相一致的，所以天人、群己、情理诸要素的结合便构成了人的本性，而"诗以言志"的"志"（即"情志"）无非是这一本性的发露和运作。不仅如此，人性既然上达天命，便也可以由人心以返求天理，这正是孟子提倡的"尽心"、"知性"以"知天"的修养途径③，后来理学家所讲的"主静"、"居敬"、"致良知"等，皆属于这类内向超越的工夫。将这种内向的超越转移到审美活动中来，由审美以超越世俗的功利，超越一己之我，回归天人合一的生命本真，便走向了意境。意境作为生命本真境界的呈现，是离不开天人合德理念的支撑的。儒家天人观的另一个方面是天人感应，其表现形态之一为心物交感。我们已经谈过心物交感作为审美主客体之间的交流融会对于意境生成的重大作用，不必再作重复。需要补充的是，心物交感同时也是诗歌比兴乃至意象建立的依据，因为那种比德式的象喻本来就是以自然物象与社会人事间的某种同构效应为前提的，而"立象尽意"说的原初含义也是指物象（以卦象的形式出现）的象征表意功能，这些都脱不了人与物之间的比附关系。由此看来，儒家学说虽未必对意境的建构提供直接的资源，却是在根本性理念上为意境的产生起了奠基作用，其积极意义不应被忽视。

意境说在思想领域的最初发端，似可上溯《老子》书中

---

① 《礼记·中庸》。
② 《郭店楚墓竹简》，《性自命出》篇，北京：文物出版社1998年版。
③ 参见《孟子·尽心上》。

的"大象无形"①。"大象"不是普通的物象，而是"道"之象；"道"以"无"为体，故"道"之象也是无形的。但"道"又并非绝对的"无"（虚无），它化生万物，"无为而无不为"（即通常讲的以"有"为用），这些实实在在的功能与信息都蕴涵于"道"体之内，虽看不见、摸不着，却可以想象和意会，故老子又有"道之为物，惟恍惟惚。惚兮恍兮，其中有象；恍兮惚兮，其中有物"②之说。有人将这里的"物"和"象"理解为实在的物象，把"恍惚"解作依稀可辨，则"道"的本体不再是"无"，显然不符合老子的宗旨。只有将似恍似惚的"物"、"象"看做"道"的以"有"为用的一面，可意想而不可把捉（老子所谓"无状之状，无物之象"③），"大象"的观念方得以成立。"大象"充当玄理之象，其性能自然不同于审美意象；但作为超乎物象的象，又是体"道"的象，倒是跟构成诗歌象外层面的意境有点接近。事实上，"大象无形"的观念对传统美学确有影响，《二十四诗品》里的"超以象外，得其环中"、"遇之匪深，即之愈希"、"不着一字，尽得风流"、"离形得似，庶几斯人"等提法④，均带有"大象无形"的印迹，甚且可以说，这无形而有象的"大象"，便是诗歌审美意境的早期范型。

　　《庄子》继承了《老子》的思想，其《天地》篇里有关"象罔"的寓言同样表露了由虚拟、想象之象进以窥测大

① 今本《老子》第四十一章。
② 今本《老子》第二十一章。
③ 今本《老子》第十四章。
④ 参见《二十四诗品》中"雄浑"、"冲淡"、"含蓄"、"形容"诸品，载《历代诗话》，北京：中华书局1981年版，第38、40、43页。

"道"的倾向。不过庄子对中国诗学的最大启示，恐怕还在于他的"得意忘言"之说。"忘言"不是不要言语，正如同筌、蹄之于鱼、兔，先要凭借筌、蹄以得鱼、得兔，达到了目的才能舍弃手段。所以"忘"只是一种超越，是不黏执于手段而奔赴最终目的的姿态。庄子此说到玄学家王弼手里，便发展成"得意在忘象"、"得象在忘言"①，这一"意—象—言"的三段式组合，恰好适应诗歌文本的总体建构，于是由言至象再至意的不断超越，遂成为诗歌审美活动的基本取向，而象内向着象外世界的拓展延伸，因亦是顺理成章的了。如果说，老子的"大象无形"为诗歌意境的构建提供了范本，那么，庄子以至玄学有关言意关系的探讨，则是给意境的超越性生成指示了具体途径。至此，意境形成的哲学基础已然具备，而它的美学酝酿也便在六朝文学的实践经验中发酵、露芽。

我们不能忘记佛教的催生作用。这不光指佛经的翻译中频繁使用了"境"和"境界"的字眼，并将它们由日常用语提升为学理性名词，从而为诗境说的出现创造了契机，更其重要的，还在于佛教思想对艺术审美活动的浸润。佛家以虚空为本旨，将大千世界的种种事象都归之于心的投影，即所谓"万法唯心"。但心的这种功能又必须依托于对象化了的"境"始能呈现，故又有"心不孤起，仗境方生；境不自生，识变方起"之说②，这样一来，心与境便紧密地联系在一起，因心造境，由境观心，这不正是审美意境说中"意与境会"的构建模式吗？另外，佛家虽以万象皆空，亦只是就其因缘凑合、无

---

① 《周易略例·明象》。
② 《宗镜录》卷四，《大正藏》第四十八册"诸宗部"。

自性而言，属于"幻有真空"，而非绝对地空荡荡；佛门修炼也便是要人看破这"幻有"，以复其"真空"本性，即所谓"即色悟空"。所以佛学对世间事物常持"非有非空"之说，以免执著于"有"或单陷于"空"的弊病。这样一种似有若无、既虚又实的人生境界，不又恰好成为诗歌艺术境界的写照吗？在传统的佛学中，由各种心识所构成的"心境"与妙智所感受的"法境"是根本不同的，破除心识之幻觉，方能进入真如"法境"。但到禅宗兴起后，强调在世与出世的统一，于是"青青翠竹，尽是法身；郁郁黄花，无非般若"[①]，幻境中即寓有真境，这就更逼近意境的审美功能了。佛教及其禅宗将儒、道、玄诸家为意境打造的理论基础，从哲学思维向着艺术思维方面大大推进了一步，其功绩自亦是不可抹杀的。

综上所述，意境在我们民族传统的思想文化土壤中确有着深厚的根子。就总体而言，中国哲学不同于西方传统的实体论哲学，而属于境界论哲学。也就是说，西方的哲人常悬一实体（物质性的或精神性的）作为世界的本原，哲学思辨的归结点是要把握这一"形而上"的本体，于是"形上"与"形下"的世界每被割裂开来，而由"此岸世界"向"彼岸世界"的飞跃不得不凭借理性或信仰的超越。中国的思想家则多持"天人合一"的理念，天与人本属一体，人的心性中即可展呈天理，也就不存在什么"此岸"与"彼岸"的悬隔了。这不等于说中国人不懂得超越。中国式的超越是在世中的超世，不离"此岸"而登达"彼岸"，具体表现为致力于改变当下的人

---

① 《菏泽神会禅师语录》，载《中国佛教思想资料选编》第 2 卷第 4 册，北京：中华书局 1983 年版，第 91 页。

生态度，将自己从世俗功利关系中解脱出来，同时便是从与他人及外物相对峙的封闭的"小我"中解脱出来，以进入群体生命乃至宇宙生命的交感共振之中，以感受生命大洪流（大化流行）的本真情趣与创化功能。这是一种生命境界的超越，或者叫做生命的自我超越，中国哲学思维便是以揭示这类超越性境界为目标的，故称境界论哲学。在我们的传统里，境界的设立要以"天人合一"为前提，儒、道、佛各有自己的人生境界，而归诸"天人合一"则是共同的。诗歌意境说作为境界论哲学的美学翻版，其以"天人合一"为终极性思想根基，亦属不言而喻，即此也可见出意境说与传统文化的血肉联系。

由此当可回答一个问题，即何以"意境"成为我们民族传统中特有的诗学范畴，而在西方美学与文论中却找不到相应的概念。这并不意味着西方人的审美活动中没有超越的精神指向，而是因为在实体论思维的导引下，其超越的趋向往往归诸形而上的实体，未必构成饱满而富于情趣的生命境界。比如黑格尔美学将美界定为"理念的感性显现"①，本意是要通过审美活动将人的心智由感性现象导向作为绝对精神的"理念"，但导引成功后，人也就脱离了感性界，于是审美的超越转变为对审美自身的超越（即理性对审美的超越），而人类艺术就只能充当通向思辨哲学的一个阶梯了。这正是为什么他要预言艺术的时代已经成为过去。同理，中世纪教会也曾采用各种艺术手段来宣扬上帝的荣耀，宗教艺术亦能将人的目光与心灵引向上苍，而其最终结果也仍然是信仰的超越和对艺术自身的超

---

① 黑格尔：《美学》第1卷，朱光潜译，北京：商务印书馆1979年版，第142页。

越，并不像我们的意境说那样将人的内心体验安顿在审美境界而同时亦是生命的本真境界之中。至于晚近西方哲学鼓吹的"高峰体验"、"酒神精神"之类，虽非专论艺术，倒有点接近我们的审美意境，均属于生命的境界。不过西方以个人为本位，以自我实现为最高境界，较之我们的传统恰恰要超越自我，以回返天人合一下的生命本真，在意趣与旨归上终有实质性差异。这或许便是意境说在我们民族的传统里拥有深厚的基础，却长时期以来未曾正式进入西方视野的缘由。意境的传播看来是要跟"天人合一"理念的传播同步而行的了。

四、"意境"的历史发展与近代变革

意境说的建构在唐代已经粗具规模，唐以后，它的应用范围不断扩大，宋人以之入画，明人引入戏曲，清人用以论词，近人更借以论小说、论散文、论书法、论园林，但"意境"的基本内涵并未有明显的变化，因亦不必赘述。需要给予关注的，是"意境"在历史发展中的推陈出新，这又可以分两个阶段来作考察：一是宋元明清时期意境的古典形态的演变，二是晚清以后意境说的近代变革。

宋元以降，诗歌审美的追求上有一个突出的表现，便是意境的虚化。这一倾向在晚唐诗人身上已经显露苗子，司空图论诗大谈"象外"即其征兆，不过他依然重视"近而不浮，远而不尽"[①]，要求在虚实之间把握适度，则仍属唐人的作风。宋代开始，随着内敛型人格的发育成长，诗歌审美中的寻虚逐

---

① 司空图：《与李生论诗书》，载《司空表圣文集》卷二。

微的风气也日益抬头。较早如苏轼论诗致赏于司空图的"辨味"说，将其概括为"得味于味外"①。他还主张诗画创作不要拘执形迹，有"论画以形似，见与儿童邻；赋诗必此诗，定非知诗人"②之句，跟《二十四诗品》中的"离形得似"是一个意思。其后，范温谈艺标"韵"为"美之极"，并用"有余意"来解释"韵"③，更可体现宋人的美学情趣。至南宋严羽独倡"兴趣"说，以"羚羊挂角，无迹可求"及镜花水月诸种譬喻来形容盛唐诗的妙处，而归之于"言有尽而意无穷"④，这种超越形迹的美便发挥到了极致。与此同时，宋诗讲理趣，讲禅趣，讲谐趣，元人散曲求真趣、童趣、俚趣等，都可看做这一倾向的延续，其流风余韵直至清王士禛的"神韵"说。

这样一种以神、韵、味、趣为美的好尚，跟意境的创造有什么关系呢？应该看到，意境作为诗人情意所渗透的艺术世界，本来就包含象内和象外两个层面，即使是象外世界，也有想象空间与情意空间之分。而若将"象"的成分从意境里剔除，不仅不重视实象（诗歌意象），甚且不关注虚拟、想象之"象"（即"象外之象"），那么，意境还剩下什么呢？不就是"韵外之致"和"味外之旨"了吗？这种空灵的情致或意趣，正是宋以后人倾心追求的神、韵、味、趣，或者也可以说是

① 《书司空图诗》，载《苏轼文集》卷六十七，北京：中华书局1986年版。
② 《书鄢陵王主簿所画折枝二首》（其一），载《苏轼诗集》卷二十九，北京：中华书局1982年版。
③ 《潜溪诗眼》，载《宋诗话辑佚》，北京：中华书局1980年版，第372—375页。
④ 《沧浪诗话·诗辨》，载《历代诗话》，北京：中华书局1981年版，第688页。

"离形得似"观念支配下的产物吧，它促成了诗歌审美的超越性追求更向纵深发展并趋于精细化（如禅趣、理趣并不同于兴趣、神韵，而亦有别于元人的真趣、俚趣），但也给诗歌意境的形神分离与脱节埋下祸根。于是一方面，意境的空灵化容易导致艺术形象的单调贫弱，而形象的生气不足，反过来又会造成神、韵、味、趣的缥缈无根。而另一方面，由于诗歌意象构造被排除在意境的审美视野之外，从而失去了它的形而上的质素与意味，于是便堕落为机械的法式讲求，这从宋以后人喜欢将情景关系规范化为先情后景、先景后情乃至四虚四实、半阔半细诸般陈套上，即可窥见一斑。意境的虚化与意象的程式化，不过是一件事情的两个方面而已。

"象外"与"韵外"的偏嗜既已引起弊端，不免遭到纠弹。金人王若虚率先起来对苏轼脱略形迹的主张实行纠偏，其谓："论妙在形似之外，而非遗其形似，不窘于题，而要不失于题，如是而已。"① 王若虚的语气还比较委婉，明人李贽则公然针锋相对，他在《诗画》一文中应答苏轼云："画不徒写形，正要形神在；诗不在画外，正写画中态。"② 在强调不能忽略"形似"的同时，又坚持了形神兼备，看法较为全面。至于对严羽"兴趣"说和王士祯"神韵"说的批评就更为严厉了。清初冯班甚至写了《严氏纠谬》一书专力指谪严说，虽流于苛细，亦自有见地，尤其是引证刘禹锡"兴在象外"之说③与严羽"兴趣"说相比照，以见出"兴"与"象"的

① 《滹南诗话》卷中，四部丛刊本《滹南遗老集》卷三十九。
② 转引自《焚书》卷五，北京：中华书局1975年版。
③ 考今传刘禹锡文集未见"兴在象外"一语，而有"境生于象外"之说，意相通，或系冯班误记。

不可偏废，有相当的说服力。后来朱庭珍《筱园诗话》中亦谈及："近代诗家，宗严说而误者，挟枯寂之胸，求渺冥之悟，流连光景，自矜高格远韵，以为超超元著矣，不知其言无物，转坠肤廓空滑恶习，终无药可医也。"① 这是将王士禛和严羽捆在一起捶打，"其言无物"正谓其不从实境上用力，是切中病痛的。近人许印芳更明白指出："盖诗文所以足贵者，贵其善写情状"，"其妙处皆自现前实境得来"，待到"功候深时，精义内含，淡语亦浓；宝光外溢，朴语亦华。既臻斯境，韵外之致，可得而言"②。所指示的这条由实而虚的路径，大体符合意境创造的规律，可以视以为历史上这场争议的一个小结。

在反对意境虚化的同时，明清两代诗家普遍重视诗歌艺术形象的虚实两个方面的重新整合，"意象"、"兴象"之类宋元时罕用的词语又频频出现在文人笔下，情景关系的探讨亦更多地从相融相摄的角度来立论。不过他们并不忽视意境的超越性的一面，如王士禛在评论张籍、王建的乐府诗时说道："乐府之所贵者，事与情而已。张籍善言情，王建善征事，而境皆不佳。"③ 何以"境皆不佳"呢？当然是因为其诗叙写人情务求其尽，"专以道得人心中事为工"④，而缺乏那种耐人品味的深情远意所致，可见实境中仍然需要涵寓深一层的韵味。这种古

---

① 《筱园诗话》卷一，载《清诗话续编》，上海：上海古籍出版社 1983 年版，第 2328 页。

② 《与李生论诗书跋》，载《诗法萃编》卷六下，清光绪朴学斋刊本。

③ 《艺苑卮言》卷四，载《历代诗话续编》，北京：中华书局 1983 年版，第 1015 页。

④ 张戒：《岁寒堂诗话》卷上评元、白、张籍诗，北京：中华书局 1983 年版，第 459 页。

典形态的意境说，到王夫之和叶燮手里发展到了极致。王夫之不常用“意境”这个术语，他讲的“情景妙合无垠”① 实即意境，而所云“景生情”、“情生景”、“景中情”、“情中景”、“乐景写哀”、“哀景写乐”以及“大景中小景”、“小景传大景之神”之类，皆为构建意境的具体方法。他的独特贡献还在于将意境的生成与“兴”相联系，提倡“即景会心”，有所谓“现量”之说。据其自己的解释：“现者，有现在义，有现成义，有显现真实义。现在不缘过去作影；现成一触即觉，不假思量计较；显现真实，乃彼之体性本自如此，显现无疑，不参虚妄。”② 则“现量”不仅指当下即兴的审美直觉，亦且包含真境呈现之义，这就将意境创造的艺术思维导向了深入。至于他从“天人合一”的高度上来把握情景关系，并由情、性的统一，以发扬诗歌的“兴观群怨”功能，就更属于意境问题的探本之论了。另一位诗论家叶燮将天地万物的存在归结为理、事、情三个方面，理指事物运行的规律，事指事物运行的过程，情指事物运行中所呈现的各种情状，对以往单纯用情、景来概括诗歌表现范围是一种突破。但叶燮又认为：“作诗者，实写理、事、情，可以言言，可以解解，即为俗儒之作。惟不可名言之理，不可施见之事，不可径达之情，则幽渺以为理，想像以为事，惝恍以为情，方为理至事至情至之语。”③ 换言之，诗歌创作虽植根于现实生活中的理、事、情，所要表达的却是人的诗性生命体验中的理、事、情，这才能做到

---

① 《姜斋诗话》卷下，载《清诗话》，北京：中华书局1963年版，第11页。
② 参见《姜斋诗话笺注》卷二引《相宗络索》语，北京：人民出版社1981年版，第53页。
③ 《原诗》内篇下，载《清诗话》，北京：中华书局1963年版，第587页。

"理至事至情至",而表达的方法固然要"呈于象,感于目,会于心","划然示我以默会想像之表",其归趋却在于"泯端倪而离形象,绝议论而穷思维,引人于冥漠恍惚之境,所以为至也"①,这就把诗歌意境创造的原理解说得很透辟了。王夫之和叶燮不愧为古典意境说的殿军。

"意境"的进一步推陈出新始于晚清,梁启超、王国维等均参与了这场变革。梁启超倡导"诗界革命",主张"以旧风格含新意境"②,对近代诗歌意境的创新起了推波助澜的作用。但从学理上对传统意境说加以改造翻新的,仍当以王国维为主要代表。

讲到王国维的意境说,不能不就其反复交替使用的"意境"和"境界"二词先作一点说明。这个问题上发表的见解甚多,依我之见,两者似并无实质性的差异。这只要看王国维在《人间词话》里以"能写真景物、真感情,谓之有境界"③,拿来同《宋元戏曲史》里"写情则沁人心脾,写景则在人耳目,述事则如其口出"用为"有意境"的界说④,两相比照,在真切为本这一点上不是如出一辙吗?再细心推究其具体用法,可以看出,大凡讨论到艺术审美创造活动,需要涉及审美主客体关系时,王国维多用"意境",而若仅从艺术作品的本体立论,着眼于其一体化的建构,便常用"境界"。如

① 均参见《原诗》内篇下,载《清诗话》,北京:中华书局 1963 年版,第584—585 页。

② 《饮冰室诗话》第 63 则,北京:人民文学出版社 1959 年版,第 51 页。

③ 《王国维文学美学论著集》,太原:北岳文艺出版社 1987 年版,第 350页。

④ 《王国维文学美学论著集》,太原:北岳文艺出版社 1987 年版,第 25 页。

此，则"意境"与"境界"的区分不过是使用上的方便而已，正不必过于钻求。我们这里谈王国维的意境说，自然也包括了他的境界说。

首先一个问题是关于意境的创造，这还要从王国维论情景谈起。在他早期写的《文学小言》中说道："文学中有二原质焉：曰景，曰情。前者以描写自然及人生之事实为主，后者则吾人对此种事实之精神的态度也。"① 按以情景说诗，本属常套，值得注意的是，王国维将"景"由传统的自然物象扩展到"人生之事实"，则"景"代表了整个对象世界，而"情"作为与此相对待的"精神的态度"，显然指人的主观心理，情景遂由一般的表现方法上升到审美主客体关系上来。不仅如此，王国维还初步察觉到日常生活里的情景关系与审美活动中的情景关系的差异，所以紧接下去他又讲："自一方面言之，则必吾人之胸中洞然无物，而后其观物也深，而其体物也切……自他方面言之，则激烈之感情，亦得为直观之对象、文学之材料，而观物与其描写之也，亦有无限之快乐伴之。"② 从这段话语看，原先属于主体的"情"，已悄悄地转移到"直观之对象、文学之材料"方面去了，而占据主体位置的，却换上了"胸中洞然无物"、专一"观物""体物"的"吾人"。也就是说，审美静观的"我"取代了情意的"我"，并将后者转变为自己审美观照的对象，这实在是王国维对传统审美理论的一大突破。

---

① 《王国维文学美学论著集》，太原：北岳文艺出版社1987年版，第25页。
② 《王国维文学美学论著集》，太原：北岳文艺出版社1987年版，第397页。

这个见解到一年后托名樊志厚撰写的《人间词乙稿叙》里有了进一步的申说，而且"情景"已经换成了"意境"，其云："文学之事，其内足以摅己而外足以感人者，意与境二者而已。上焉者意与境浑，其次或以境胜，或以意胜；苟缺其一，不足以言文学。原夫文学之所以有意境者，以其能观也。出于观我者，意余于境；而出于观物者，境多于意。然非物无以见我，而观我之时，又自有我在。故二者常互相错综，能有所偏重，而不能有所偏废也。"① 这是王国维首次集中地阐释他的意境说，其中的意、境相当于原来的情、景，所谓"意与境浑"相当于前人的"意与境会"或"意境融彻"，而"境胜"或"意胜"亦大体接近于以往讲的"想高妙"和"意高妙"②。但王国维又将"意胜"与"境胜"分别归之于"观我"、"观物"，并谓"观我之时，又自有我在"，这样一来，分明出现了两个自我：一是"观我"之"我"，即作为被观照对象的"我"，也便是原来担任情意主体的"我"；另一是"自有我在"之"我"，即后起而现在担任观照主体的"我"，审美的"我"。于是，原来的"我"与"物"（即情与景）的对待关系，现在整个地转化成了审美主体重加观照的对象，这就促成了主体生命由实生活体验向审美体验的转变，审美活动的超越性（生命的自我超越）因亦得到实现。这可以说是王国维借鉴西方文论（主要是叔本华的理论）对传统心物交感说的重要发展，也是他在意境生成观念上的独特创新。

---

① 《王国维文学美学论著集》，太原：北岳文艺出版社1987年版，第397页。
② 姜夔：《白石道人诗说》，载《历代诗话》，北京：中华书局1981年版，第682页。

其次要看他对意境内涵的界定，在谈这个问题时，他通常用的是"境"和"境界"。前面曾引述他以"能写真景物、真感情"为"有境界"的说法，这也是公认的王国维境界说的基本含义。不过"真感情"好理解，"真景物"又是什么意思呢？当然不是指实在的景物，甚至并非讲写得逼真。《人间词话》里举到宋祁"红杏枝头春意闹"和张先"云破月来花弄影"的例子，以为著一"闹"字或一"弄"字，词的境界便显现出来了①。其实，"闹"的不是红杏，是词人面对烂漫春光所激起的热烈感受；"弄"的也不是花枝，是目睹云月掩映下花影闪烁而产生的逗人情怀的联想。说它有境界，说它真，无非指真切地表达了人的审美感受，与景物自身真假浑不搭界。于此看来，"真景物"与"真感情"是一个意思，即指感受之真，当然也包括真切地传达感受，做到"语语都在目前，便是不隔"②。

王国维主张写真情实感，有什么重要意义呢？我们知道，自古就有"言为心声"的训条，要求诗歌抒述真情亦非王国维首创。但古人常将"情之真"与"情之正"联系在一起，甚且多用后者来压倒前者，正是在这一点上，王国维对传统观念作出了大胆的挑战。早在《文学小言》里，他就一力提倡"感自己之感，言自己之言"，批评文学上的模拟者"但袭其貌而无真情以济之"③。到《人间词话》里，他更鲜明地反对

---

① 参见《王国维文学美学论著集》，太原：北岳文艺出版社 1987 年版，第 350 页。

② 《王国维文学美学论著集》，太原：北岳文艺出版社 1987 年版，第 359 页。

③ 《王国维文学美学论著集》，太原：北岳文艺出版社 1987 年版，第 350 页。

"游词"和"僝薄语",主张"艳词可作,唯万不可作僝薄语"①,甚至认为一些被目为"淫鄙之尤"的作品,因其情真意切而读来"但觉其精力弥满"、"亲切动人"。② 这个看法显然已越出传统"温柔敦厚"诗教的匡范,而带有近代个性解放的色彩了。讨论王国维的境界说,如果忽略这一点,只注意他讲的"意与境浑",从而将其与一般的情景交融说等同起来,可说是未抓住王国维思想的核心。

但真情实感(感受与表达的真切)亦并非王国维"境界"内涵的全部,他以之为有无境界的表征,可见属最基础的界定,单执定这一项,便会失落其"境界"的超越性。《人间词话》里的另一则文字值得注意:"尼采谓:'一切文学,余爱以血书者。'后主之词,真所谓以血书者也。宋道君皇帝《燕山亭》词亦略似之。然道君不过自道身世之戚,后主则俨有释伽、基督担荷人类罪恶之意,其大小固不同矣。"③ "以血书"是指用生命来书写,符合真情实感的要求,但同属真切的感受,宋徽宗《燕山亭》词只限于一己身世之痛,却未能像李后主词那样提升到人生之苦的普遍性理念上来加以反思和体认,于是境界之大小高低遂判然而分。应该说,这样一种由个体生命体验以上升到普遍性理念的指向,是王国维一贯坚持的(当亦受自叔本华哲学)。④ 他从李璟词"菡萏香销翠叶残,

---

① 《王国维文学美学论著集》,太原:北岳文艺出版社1987年版,第382页。
② 《王国维文学美学论著集》,太原:北岳文艺出版社1987年版,第367页。
③ 《王国维文学美学论著集》,太原:北岳文艺出版社1987年版,第353页。
④ 参见其《叔本华之哲学及其教育学说》一文中所谓"诗歌之所写者,人生之实念(按即理念)"和《人间嗜好之研究》文中谓诗人"不以发表自己之感情为满足,更进而欲发表人类全体之感情"诸说。

西风愁起绿波间"的景物描写中读出"大有'众芳芜秽，美
人迟暮'之感"，又以晏殊"昨夜西风凋碧树，独上高楼，望
尽天涯路"为近于"诗人之忧生"，以冯延巳"百草千花寒食
路，香车系在谁家树"为近于"诗人之忧世"[1]，虽皆属个人
心解，而关注诗歌意境的超越性指向则十分明显。稍后写成的
《清真先生遗事》一书中，他更提出"诗人之境界"与"常人
之境界"的划分，以为前者"惟诗人能感之，而能写之，故
读其书者，亦高举远慕，有遗世之意"，后者则"悲欢离合，
羁旅行役之感，常人皆能感之，而惟诗人能写之，故其入于人
者至深，而行于世也尤广"[2]。实际上，两者的区分便在于常
人所感多不离乎一己的身世遭遇，而诗人独能从超世的角度来
观照诸般人生事象，借以提炼出具有普遍涵盖性的意蕴来。据
此，则王国维的"境界"说虽以"能写真景物、真感情"为
基点，而仍须上升到"忧生"、"忧世"之类理念上以为圆成，
这固然是"境生象外"传统的沿袭，而在其生命本真境界的
体悟中实增添了若干理性超越的成分，自亦属王国维借鉴西方
理论的结果。

　　王国维的意境说还有许多新的创获，如论"有我之境"
与"无我之境"、"造境"与"写境"、"主观之诗人"与"客
观之诗人"、"入乎其内"与"出乎其外"、"内美"与"修
能"等等，不遑一一展开。仅就以上所讲的两个根本性问题
来看，足证王国维对传统意境观念的更新。作为古典意境说的
集大成而又是近代意境说的开创者，王国维实得力于他对中西

---

① 均见《人间词话》。
② 《清真先生遗事·尚论》。

哲学与美学的综合贯通，尽管仍时有生硬牵凑之迹，而筚路蓝缕之功终不可没，其给后人留下的启示亦将是深远而丰富的。

在意境说的历史发展与王国维作出革新的背景下，来检讨现代文论中对"意境"的各种引用，当可有一基本的参照视野。我们看现代人谈"意境"，举其大略，不外乎这样几种含义：其一是朱光潜先生用"情趣与意象的融合"作界定①，大体相当于传统的情景交融，而将情、景提升到审美体验中主客体关系上来阐说，脱出了旧有的表现方法的窠臼。此说因贴近意境说的原意，容易为众人认可，流行最为广泛，而相对忽略意境构造中"象外"世界这一根本性标志，不免是其缺陷。其二为宗白华先生提出的"层深创构"说，这是由"境生象外"演化过来的。宗白华先生还根据蔡小石《拜石山房词序》里的提示，将意境分解为"直观感相的摹写"、"活跃生命的传达"和"最高灵境的启示"这样三个层面。② 此说最得传统意境说的精髓，三个层面的建构亦清晰可循，惜其对王国维的创新未能有所反映。其三乃"真情实感"说，此说直承自王国维论境界，特别突出诗歌生命对人的生命的兴发感动力量，在推动诗歌意境向现代人生靠拢上有积极意义，而又丢失了意境说自身的丰厚积累以及王国维论境界的超越性一面。其四或可称之为"典型形象"说，起自当代论家拿西方文论中的"典型"来同"意境"相比照，由此引申出"意境"实具有典型性，诗、画等抒情艺术的典型形象或典型情景即为意境等

---

① 参见《诗论》第 3 章 "诗的境界——情趣与意象"，北京：生活·读书·新知三联书店 1984 年版，第 58 页。

② 参见宗白华：《中国艺术意境之诞生》，载《美学散步》，上海：上海人民出版社 1981 年版，第 63 页。

说法。此说力图沟通中西文论，但未曾注意两者在思想立足点上的实质性差异，虽一时风行，后来终归消歇。其五则是晚近兴起的"读者参与"说，以为意境的实现不在诗歌文本自身，却要凭靠阅读者审美体验的参与建构，因为只有在阅读过程中其象外世界才得以呈现，而诗歌意境因亦得到完成。此说的依据是西方接受美学，在提醒我们要重视读者的能动作用，承认其对诗歌意境的再创造功能上，无疑有启发性，而若径自认为意境只能存在于读者头脑，不在作品自身，则显然不符合古代意境说的传统。按照一般的理解，意境率先是由作者的审美体验生成的，转化为诗歌作品后，便也潜藏于由作品语言符号所构成的诗歌意象系统里，读者通过阅读，将其在自己的审美体验中复现出来，而这一复现同时亦是再创造的过程。由于作者、文本、读者三者之间的差距，意境的每次生成都会有所差异，甚至可以有"作者之用心未必然，而读者之用心何必不然"[1] 的情况出现，但总不能否认意境原已在作者及其作品里生成的事实。那种以意象符号归属文本，而以象外空间归属读者的两分法处理方式，是经不起仔细推敲的。

现在回过头来再作一综合的审视：各种现代的意境观除"典型形象"说稍显牵强外，其余均触及意境的某一方面实质，而亦皆有明显的不足。用"情景交融"解说意境，虽能保存意境的民族特色而获得广泛认可，却也因此限制了意境的开拓功能，因为"情景交融"最贴合的便是我国古典抒情诗（尤其是律绝短章），若用以衡诸近现代中西浪漫派的放畅抒

---

① 谭献：《复堂词话·复堂词录序》，载《词话丛编》，北京：中华书局1986年版，第3987页。

怀、写实派的唯重实景、象征派的襞绩隐晦乃至现代派的荒诞组合，则多有扞格难合之处，更不用说推向叙事诗和戏剧作品了。有人断定意境将会趋于消亡，便是针对它的这种古典形态而言的。另一方面看，用"真情实感"、"典型形象"、"意象系统"或"读者参与"等来诠释意境，虽能使意境适应现代诗歌活动，却又失去了它的本色，于是"意境"一词不再需要，而意境说同样归于消解了。比较合理的还是王国维式的推陈出新，他在继承传统有关"意与境会"和"境生象外"等观念的基础上，参照现代学理，对意境的生成方式（审美主客体之间关系）、它的基本内涵与情感尺度、意象化的表达原则、超越性理念的指向乃至意境的各种类型等，多作了新的阐发，将古老的意境说初步推向了新生。吸取他的经验，在发扬古典精义的同时，适当注入新的时代精神（如将传统"天人合一"境界里的以人合天、以己合群的规范改造为在天人、群己之间保持适度的张力，又如在纯感悟式的诗性生命自我超越的指向中融入某些理性超越的成分，等等），完全有可能使意境说重新焕发其青春的魅力，并以新的姿容向全世界展呈。当然，意境要走出其土生土长的民族文化生活土壤，到其他民族的诗学和美学中去安家落户，恐怕还需要相当长的准备时间，如上所述，是要以我们的"天人合一"理念以及在此理念导向下的生命本真境界的建构得到世人广泛认可与深心共鸣为前提的，而我对此有充分的信心。

（原载《社会科学战线》2006 年第 3 期）

"学衡派"史实及文化立场

沈卫威

一、文化认同构成"精神共同体"

如果说凡是给"学衡派"的刊物《学衡》、《史地学报》、《文哲学报》、《大公报·文学副刊》、《国风》、《思想与时代》、《中国学报》写文章的作者都属于"学衡派"成员，那未免太绝对了，也太简单化了。但有一点是可以肯定的，那就是为这些刊物写文章的人大都认同其文化保守的倾向。

《学衡》初期的成员是早期留学哈佛大学的几位白璧德的学生（梅光迪、吴宓、汤用彤、楼光来）和南京高师—东南大学的师生（老师主要是柳诒徵、胡先骕、王伯沆、王易、刘伯明，汪辟疆此时尚在南昌心远大学任教授、文科主任。学生主要是缪凤林、景昌极、张其昀、王焕镳、徐震堮、束世澂等）以及南京支那内学院的师生（据钱穆回忆当年汤用彤、熊十力、蒙文通同时在这里听欧阳竟无讲佛学，后来汤用彤与吕澂、丘虚明、王恩洋为支那内学院研究部的导师）。尤其是《史地学报》、《文哲学报》、《国学丛刊》的作者，都是出自原南京高等师范学校文史地的学生，三个刊物的作者是一批人，有很大的交叉。如学生中的缪凤林、景昌极、钱堃新、刘文翮、徐景铨、王焕镳、范希曾、陈训慈、姜子润等同时为三个刊物写文章。而指导教师更是这样。随后又加入了郭斌龢（先加入《学衡》，后成为白璧德的学生）、张尔田、李详、孙德谦等。另有留学生汪懋祖，1918 年夏天在美与梅光迪相识，在反对新文化—新文学，反对旧道德、反对"实利主义"（实验主义）等问题上，两人意见一致，回国后也成了《学衡》的作者。

1925 年，吴宓到清华，国学研究院的导师王国维、陈寅恪加入《学衡》。清华国学研究院的研究生、清华的部分年轻教师（有原东南大学毕业的王庸、浦江清、赵万里等）和本科生贺麟、张荫麟、陈铨以及北京其他大学的部分教授（如姚华、黄节等）也加入到《学衡》的队伍里。《湘君》（创办于长沙）的主要作者刘永济、刘朴、吴芳吉同时也是《学衡》的作者，原因在于他们和吴宓为清华学校读书时的同学。另有徐桢立、凌其堨、胡徵、刘易俊（竣）、刘泗英、胡元倓、周光午等，后来也为《学衡》写稿。这一时期加入《学衡》的成员中，还有属原"国粹派"、"南社"、"常州词派"和"宗法"宋诗的"同光体"诗派的许多诗人。①

吴宓主持《大公报·文学副刊》的 6 年间，其文章作者大都与《学衡》交叉重叠，吴宓、张荫麟、浦江清、王庸、赵万里、贺麟写的文章最多。

《国风》（1932—1936 年），是靠原《学衡》在南京的基本成员支撑。由于刊物在南京的中央大学，《国风》社的社长

---

① 参见沈卫威：《吴宓与〈学衡〉》，郑州：河南大学出版社 2000 年版，第19—20 页。

是江苏国学图书馆馆长柳诒徵，主持人是中央大学的教授张其昀、缪凤林、倪尚达，所以，原南京高师—东南大学的毕业生，多成了刊物的作者。《国风》的作者和《学衡》不同的是，一批科学家为刊物写文章，如翁文灏、秉志、竺可桢、熊庆来、顾毓琇、戴运轨、胡敦复、张江树、卢于道、钱昌祚、严济慈、谢家荣、凌纯声等。相对于《学衡》，《国风》的新作者有章太炎、朱希祖、钱锺书、胡光炜（小石）、范存忠、唐圭璋、卢前（冀野）、任中敏（二北）、唐君毅、贺昌群、钱南扬、滕固、谢国桢、萧一山、萧公权、陈诒绂、李源澄、朱偰等。尤其是朱希祖、朱偰，钱基博、钱锺书两对父子，在同一刊物上露面，呈现出文学创作与学术研究的传承和创新。

《思想与时代》（1941—1948 年）为浙江大学文学院所办，主要是由张其昀主持。抗战时期，"学衡派"成员相对集中的是在浙江大学文学院，如梅光迪、郭斌龢、王焕镳、张其昀、张荫麟等。在《学衡》、《国风》原有作者的基础上新加入了冯友兰、钱穆、朱光潜、熊十力等著名学人。

抗战期间，胡先骕任校长的中正大学所创办的《文史季刊》（王易为主编），同样继承了《学衡》的文化精神。他们认为国学的文史研究就是为了弘扬民族文化精神。《文史季刊》同时坚持刊登胡先骕自己所写的旧体诗词。王易所作的《发刊词》明显地昭示出与《学衡》的精神联系。而《中国学报》（重庆）的作者，主要是中央大学、金陵大学的文史教授，如汪辟疆、唐圭璋、王玉章、汪东、朱希祖、陈匪石以及支那内学院的欧阳竟无等。

二、文化保守成为精神联系

上述三个刊物一个报纸副刊，三个外围刊物，都是"学衡派"成员办的，时间、空间虽有变化，但内在的精神是相通的，文化保守的特性是共同的。这种精神特性，实际上是中华民族的本位文化信念，是一种信仰传统，并在 20 世纪 20 年代、30 年代、40 年代明显地表现出对文化伦理、民族意识、国家观念的坚守。

《学衡》是无政治背景和政治企图的文化刊物。"学衡派"成员在 20 世纪 20 年代的精神倾向是要坚守中国文化的基本伦理。柳诒徵当时就明确提出中国文化的核心是"五伦"（君臣、父子、夫妻、兄弟、朋友），并一直坚持自己的这一观点。在对伦理秩序的认同上"学衡派"成员有相当的一致性。王国维、陈寅恪、吴宓都表现出与柳诒徵的求同。在 20 世纪 20 年代以后"学衡派"活动的岁月，"五伦"已经成为一种传统，这一"传统"在现代中国人的政治文化和社会生活中，已无法对伦理秩序产生决定性影响。柳诒徵的《明伦》以及"学衡派"同仁对已经成为"传统"的"五伦"的重申，目的是想借助"传统"来"赋予历史以理性，从而把过去引入现在的目标"[1] 的双重力量，重塑现代人的伦理秩序，以稳定被文化激进主义、自由主义变革了的人的心态，制衡文化的过渡失范，而这一切又都是要重新确

---

① 罗杰·斯克拉顿：《保守主义的含义》，王皖强译，北京：中央编译出版社 2002 年版，第 26 页。

立新的社会秩序中的每一个个体的自我和自身的形象。但胡适、陈独秀、鲁迅及"新青年派"掀动的新文化运动就是要颠覆旧的伦理道德，并有超越中国文化伦理的全面举动。对文化伦理的"颠覆"和"超越"的不同取向，形成了双方矛盾斗争的焦点。

贺麟是吴宓的学生，相对于看重"五伦"的王国维、陈寅恪、吴宓、柳诒徵，他自然是"学衡派"的第二代，同时也是受到五四新文化运动影响的一代。他对"五伦"的看法是超越式的，是推陈出新的"新儒家"的理想化认识。在1940 年 5 月 1 日《战国策》第 3 期上刊出的《五伦观念的新检讨》一文中，他明确提出："五伦的观念是几千年来支配了我们中国人的道德生活的最有力量的传统观念之一。它是我们礼教的核心，它是维系中华民族的群体的纲纪。我们要从检讨这旧的传统中里，去发现最新的近代精神。从旧的里面去发现新的，这就叫做推陈出新。必定要旧中之新，有历史有渊源的新，才是真正的新。"① 这样做的目的，是要从"旧礼教的破瓦颓垣里，去寻找出不可毁灭的永恒的基石。在这基石基础上，重新建立起新人生、新社会的行为规范和准则"②。这种所谓的"新社会的行为准则"具有明显的国家观念的色彩，是超越柳诒徵在《国风》时代的纯粹的民族主义理念的。贺麟也认为，"五伦观念是儒家所倡导的以等差之爱、单方面的

---

① 贺麟：《五伦观念的新检讨》，载《文化与人生》，北京：商务印书馆1988 年版，第 51 页。
② 贺麟：《五伦观念的新检讨》，载《文化与人生》，北京：商务印书馆1988 年版，第 62 页。

爱去维系人与人之间长久关系的伦理思想"①。"五伦"观念的最基本意义为三纲说,在汉代发展为以三纲说为核心的礼教,儒教也便应运而生。"由五伦到三纲,即是由自然的人世间的道德进展为神圣不可侵犯的有宗教意味的礼教"。② 贺麟尖锐地指出,这个传统礼教在权威制度方面,有严重的僵化性和束缚性。③"学衡派"中两代人对"五伦"观念的认识有明显的不同,但内在的联系和文化脉动是相通的。

在比较北京大学和南京高师—东南大学—中央大学的思想理念、学术传统时,可以用自由主义与民族主义做简单的概括。具体到《新青年》、《新潮》与《学衡》、《史地学报》、《文哲学报》、《大公报·文学副刊》、《国风》、《思想时代》的文化精神上,可用文化激进主义与文化保守主义分野(因东南大学《国学丛刊》的主持人陈中凡不满"学衡派"成员的作为,这里不把《国学丛刊》视为"学衡派"的刊物)。"新文化—新文学"是以超越中国传统文化伦理、追求现代性为理性导向,而现代性的价值表现是在它与流动的时间的关系上。运动的不确定性和对传统的瓦解是现代性的表现形式。科学、民主是新文化运动的旗帜。活的文学(兴白话)与人的文学是新文学的基本内涵,科学主义、自由主义以及文学上的"活"与"人"的特性(非古文、反载道)都是与传统敌对

---

① 贺麟:《五伦观念的新检讨》,载《文化与人生》,北京:商务印书馆1988年版,第62页。

② 贺麟:《五伦观念的新检讨》,载《文化与人生》,北京:商务印书馆1988年版,第60页。

③ 参见贺麟:《五伦观念的新检讨》,载《文化与人生》,北京:商务印书馆1988年版,第21页。

的。因此希尔斯在指出科学主义与传统的敌对时，特别强调科学主义"只承认被认为建立在科学知识之上的规则，而这些知识又与科学程序和理性分析密不可分。那些没有科学根据的是实质性传统应该被取代"①。

反抗"新文化—新文学"的话语霸权，以文化保守的姿态抗衡文化激进，强调民族历史文化传统的继承和发扬，弘扬人文主义精神，是《学衡》杂志的特征（包括《湘君》），梅光迪主张称这一时期的文化保守主义思潮为"现代中国的人文主义运动"。人文主义的本质是正确地对待历史和过去的文化，并持同情的理解的态度。张其昀在《中国与中道》一文中强调："中国所以能统治大宇混和殊族者，其道在中。我先民观察宇宙，积累经验，深觉人类偏激之失，务以中道诏人御物，以为非此不足以立国，故制为国名。历圣相传，无不兢兢焉以中道相戒勉。"他在新人文主义思想家那里找到了兴奋点。因为白璧德说过："十九世纪之大可悲者，即其未能造成一完美之国际联盟。科学固可为国际的，然误用于国势之扩张。近之人道主义，博爱主义，亦终为梦幻。然则若何能成一人文的君子的国际主义乎？初不必假宗教之尊严，但求以中和礼让之道联世界为一体。吾所希望者，此运动若能发轫于西方，则中国必有一新孔教运动。"②

《史地学报》主要体现了南京高师—东南大学师生对中国传统史学的继承和对新兴的历史地理学的接受。其中历史学的

---

① E. 希尔斯：《论传统》，傅铿、吕乐译，上海：上海人民出版社1991年版，第317页。

② 张其昀：《中国与中道》，《学衡》第41期；又见《史地学报》第3卷第8期。

研究是以尊重民族文化传统和立足民族文化本位为基本理路的。他们"信古"的立场和北京大学的"古史辨"派的"疑古"立场是对立的。梅光迪指导的《文哲学报》，与《学衡》在精神上是相通的。《大公报·文学副刊》是在《学衡》后期出现的，基本倾向和《学衡》相近，只是受制于大众传媒的特性，纯粹的特别专业性的学术文章少些，其特色是译介外国作家作品，坚持文学的古典主义立场，反对新文学的浪漫与激进。《文学副刊》的古典主义立场和《学衡》的文化伦理坚守、文化整合态度，在精神上相呼应，使主编吴宓的影响发散到大学校园之外。由于"九一八"民族蒙难的巨大刺激，强调民族文化本位、张扬民族主义，内凝民族精神以及主张尊孔，是《国风》的精神特征。《国风》在强调民族精神，国防教育，倡导科学精神的同时，仍不忘反对"新文化—新文学"，坚持刊登旧体诗词。当《国风》把张扬民族主义作为最大的政治时，实际上就成了泛政治、无政治。因为其主要表现形式仍是学术活动。《大公报·文学副刊》的文化保守主义立场在向民族主义做应时的顺转过程中，一度经过了"道德救国"和"道德理想主义"的中介。《国风》则是一开始就张出民族主义的大旗，其中尊孔也是《国风》一开始就标榜的鲜明立场，写文章的都是"学衡派"主要成员，作者之一的唐君毅二十多年后成为"新儒家"的代表人物，这其中隐含着可触摸的文化脉动。《思想与时代》所展示出的是"学衡派"成员国家观念的强化。张其昀说刊物的目标是倡导科学时代的人文主义，其实的意图曾被胡适捣破，那便是《征稿启事》上说的"建国时期注意与国策之理论研究。我国固有文化与民族理想根本精神之探讨"。胡适站在"新文化—新文学"的立场上，以民主、科学的理路寄托自己的社会政治理想，因此，他说《思想与时代》的反动主要表现在文化的保守和拥护集权的倾向上。正如学者胡逢祥在对《思想与时代》解读后所指出的："尽管四十年代的学衡派因不合时尚，已被国内思想文化界的主流意识渐渐挤到了不甚起眼的边缘地带，但它作为一股思想力量的长期存在，其潜在影响依然是不可低估的。"①

这三个刊物一个副刊都是以学术作为思想文化载体，以融通中西学术、强调学风为表现形式。从对待历史、传统的态度看，以柳诒徵为代表的南京高师—东南大学的文史研究，是坚守传统的文化伦理，崇尚古典，对中国文化道统有深切的关怀和性灵体会；以汤用彤、陈寅恪、吴宓、梅光迪、郭斌龢为代表的留学哈佛大学的白璧德的学生，主张中西融通，持"同情的理解"的姿态。对旧文学形式的热爱和对新文学的抗拒，是"学衡派"成员文学活动的一个重要组成部分。特别是吴宓、胡先骕、陈寅恪等人，终生坚持写旧体诗词，他们这是从人文主义的立场出发，向白话新文学发动的一场不指望获胜的殊死防守。

三、国学研究作为学术传承

"学衡派"形成于20世纪20年代的东南大学。中央大学时期（1932—1936年）和浙江大学时期（1941—1948年）又

① 胡逢祥：《社会变革与文化传统——中国近代文化保守主义思潮研究》，上海：上海人民出版社2000年版，第153—154页。

有了新的发展。前后近三十年的时间，文化精神相通，学术思想相传。从三江师范学堂—两江师范学堂—南京高师，到东南大学、中央大学、南京大学的百年历史来看，"学衡派"为这所学校所带来的文化精神和学术传统主要是体现在人文学科上，传统的国学研究和中西融通之学是其主要学术特色。

为《学衡》杂志撰写《简章》，并提出"讲究学术、阐求真理、昌明国粹、融化新知"作为刊物宗旨的是吴宓，动议创办《学衡》的是梅光迪、吴宓，而他们的学术背景和所学专业是西洋文学批评，可以说，"国粹"在他们两个人仅仅是提一个口号而已。后来刊物上有关"国粹"的文章都不是他们二人所作的，而刊物本身所刊登的所谓"昌明国粹"的文章实际上就是有关国学的基本东西。章太炎是晚清"国粹派"的代表人物，他在一次《我的生平与办事方法》的白话演讲中，对"国粹"有明确的所指和目的揭示。他说："为什么提倡国粹？不是要人尊信孔教，只是要人爱惜我们汉种的历史。这个历史，是就广义说的。其中可以分为三项：一、语言文字。二、典章制度。三、人物事迹。"[1] 章太炎特别强调这样做是处于"感情"上需要，"是要用国粹，激动种性，增进爱国的热肠"[2]。这里有反清排满的极端的民主主义的倾向性，也是他带动起来的"国粹派"的学术政治化的体现。"学衡派"的"昌明国粹"是非政治化的，他们的对立面是白话新文学和整个新文化运动。

---

[1]　章炳麟：《章太炎的白话文》，沈阳：辽宁教育出版社 2003 年版，第 72 页。

[2]　章炳麟：《章太炎的白话文》，沈阳：辽宁教育出版社 2003 年版，第 69 页。

国学研究实际上是知识传统的延续。胡适在 1922 年 12 月北京大学的校庆演讲中曾说,北京大学只有社会科学研究(即实际的国学研究)可在世界上有自己的地位。因为中国现代大学的科学研究都是刚刚起步。国学研究自然也是东南大学的优势。相对保守的国学研究的学术基础和学术传统可以溯到张之洞"中学为体,西学为用"的思想。张之洞是三江师范学堂的创办人,三江师范学堂的首任校长是缪荃孙。缪荃孙在三江师范—两江师范—南京高师—东南大学最有影响的门人是柳诒徵。① 张其昀在纪念老师柳诒徵的文章中说:"民国八年(1919)以后,以南京高等师范为学者们,俨然以继承中国学统,发扬中国文化为己任。世人对北大、南高有南北对峙的看法。领袖群伦,形成中流砥柱的力量。"②

陈三立、李瑞清、江谦三位江西人分别是三江师范—两江师范—南京高师三个不同时段的校长。由于这三位校长的缘故,许多江西籍的学者在这所学校任教(如胡先骕、汪辟疆、王易、邵祖平、萧纯锦、杨铨、熊正理、陈植等)。同时,宗法"宋诗"崇尚"江西诗派"的"同光体"的许多诗人成为《学衡》的作者。

东南大学的学生组织办的刊物《史地学报》、《文哲学报》、《国学丛刊》的学术工作大都是国学的领域。同是国学研究,而精神却不同。陈中凡、顾实做指导的"国学研究会"就不满"学衡派"复古的倾向,主张科学地整理国故。在这

① 参见柳曾符:《柳诒徵与缪荃孙》,载柳曾符、柳佳编:《劬堂学记》,上海:上海书店出版社 2002 年版。
② 张其昀:《吾师柳冀谋先生》,载柳曾符、柳佳编:《劬堂学记》,上海:上海书店出版社 2002 年版,第 112 页。

一点上，他们与胡适以及北京大学的"整理旧学"的精神有相通的地方（但方法上有很大的不同）。《国学丛刊》上登旧体诗词，则是《学衡》、《史地学报》、《文哲学报》等几个东南大学的刊物的共同点。"学衡派"的主要成员胡先骕虽是科学家，但他是"同光体"诗人沈曾植的门生，其他几位《学衡》作者王国维、张尔田、李详、孙德谦也都是沈曾植的门人。钱穆抗战时成为《思想与时代》的作者，并应张其昀之邀到浙江大学讲学。其思想观念与张其昀等人趋同的原因，如他自己所说意见早与"学衡派"较近。

将陈三立之子陈寅恪归为"学衡派"，除他留学美国，受白璧德及新人文主义的影响，成为《学衡》杂志的作者之外，主要还是基于他国学研究中所体现出的文化精神上的缘故。当时清华研究院的四大导师，三人是胡适推荐的，陈寅恪本人是吴宓推荐的。吴宓把《学衡》带到清华学校编辑后，陈寅恪自然成了《学衡》的作者。陈寅恪在1934年为冯友兰《中国哲学史》下册所写的审查报告中明确表明："寅恪平生为不古不今之学，思想囿于咸丰同治之世，议论近乎湘乡南皮之间"[1]，"窃疑中国自今日以后，即使能忠实输入北美或东欧之思想，其结局当亦等于玄奘唯实之学，在吾国思想史上，既不能居最高之地位，且亦终归于歇绝者。其真能于思想上自成系统，有所创获者，必须一方面吸收输来之学说，一方面不忘本来民族之地位。此二种相反而适相成之态度，乃道教之真精神，新儒家之旧途径，而二千年吾民族与他民族思想接触史之

① 陈寅恪：《金明馆丛稿二编》，北京：生活·读书·新知三联书店2001年版，第285页。

所昭示者也"①。

  陈寅恪的这一文化立场正是"学衡派"同仁所张扬的"昌明国粹，融化新知"的主张。他们彼此之间所认同的也正是这一立场。

（原载《社会科学战线》2006 年第 3 期）

---

  ① 陈寅恪：《金明馆丛稿二编》，北京：生活·读书·新知三联书店 2001 年版，第 284—285 页。

20 世纪文化论争遗留的几个问题

李 新 宇

"中国文化与世界",这是一个具有现实意义的老话题。说它老,是因为自从中国被迫开始现代化历程,它就成了一个问题,论争一直不断。因此,面对这个议题,我们很容易想到过去一百多年的文化论争。最早的那些不同见解也许已经没有多少意义,比如同为大清国驻英使节,郭嵩焘与刘锡鸿的态度就极为不同。刘锡鸿反对一切西方"奇技淫巧",包括火车和铁路,现在大概已经没有人赞同他的主张。但是,20 世纪文化论争中的许多重要话题都没有过去,有些看上去似乎已经解决,其实并未解决。当然,所谓 20 世纪的文化论争,主要集中在前半个世纪,后半个世纪的大部分时间思想高度统一,言论绝对一致,当然谈不到论争。在那段时间里,中国文化与世界的关系也很简单,那就是"让毛泽东思想照亮全球",对此不可能有争议。所以,所谓 20 世纪的文化论争,主要是前期的论争,所谓遗留的问题,也主要是前期遗留的问题。

简单地说,20 世纪前期的文化论争主要就是"中西之争"。从"西学中源"、"中体西用"到"保存国粹",再到五四时期的新旧之争,直到后来的"全盘西化"与"中国本位"之争,实质上都是中西之争。其关键是在现代化的过程中应该如何对待西方现代文化，如何对待中国固有的文化传统。从这个意义上说，先贤们所面对的问题与我们大致相同，不同的只是具体的环境和名词概念的变化，比如，不同时期有不同的制度环境，不同时期有西化、世界化、全球化等不同的说法。但名词并不十分重要，因为无论是当年还是现在，尽管任何国家和地区都是世界的一部分，但人们说世界化或全球化，绝不意味着非洲化或中东化。所以，中国文化与世界的问题，主要是中国文化与西方的问题。

恰恰是在这个问题上，20 世纪的论争遗留了一系列问题，仍值得我们继续思考。

一、关于"全盘西化"与"反全盘西化"

"全盘西化"与"反全盘西化"，这个问题似乎早已不成问题，因为全盘西化论已经被彻底否定了大半个世纪，老一代的全盘西化论者已经相继去世，而在近大半个世纪中成长起来的人们已经不可能公开承认自己主张全盘西化。在这种情况下，反对全盘西化似乎已经成为共识，有选择的现代化似乎成为时代的共识。然而，只要我们认真考察，就会发现问题并不那么简单，一些问题并未解决。

提起全盘西化的主张，人们立即会想起胡适、陈序经、张佛泉等。但学界众所周知，在这其中，没有几个人是真正主张"全盘西化"的。胡适主张"充分世界化"，张佛泉主张"根本上西化"，张奚若主张"大部分西化"，熊梦飞主张"西体中用"……他们对"全盘西化"的提法都有所保留。真正坚持"全盘西化"这个口号的只有陈序经，但如果深入考察，我们还会发现，陈序经事实上也并未主张绝对意义上的全盘西化。他坚持为这个口号辩护，但他对这个口号的理解却早已不是"全盘"。他说：一张全体师生的合影，他因事没有参加，却仍然叫做"全体合影"，那么，有一小部分内容不能西化，为什么不能叫"全盘西化"？① 从这个意义上说，他所主张的所谓"全盘"，与"根本上"、"大部分"、"充分"或"一心一意"并无多大差别。

也就是说，如果"全盘"意味着百分之百，那么，从来没有人坚持过全盘西化。

有一个事实众所周知：那些主张全盘西化的人自己的言行并不全盘西化。无论是胡适还是陈序经等，他们虽然以主张全盘西化著称，但自己却常常是穿中式长袍，吃中国饭菜，按中国的习俗与亲朋来往。这并非理论主张与行为方式之间的不一致，而是他们从来就没有主张过在这些方面都要西化。他们并不要求人们放弃吃饺子而改吃面包，并不要求人们扔掉筷子而改用刀叉，也从来没有主张国人都要脱掉长袍而换西装领带。由此可见，他们虽然使用了"全盘西化"这个概念，却并非要求字面意义所显示的"百分之百的西化"。所谓全盘西化论者关心的问题根本不在于是否"全盘"，而是一些根本和关键之处。

那么，这根本和关键何在？胡适说得比较清楚："我们理想中的'充分世界化'，是用理智来认清我们的大方向，用理智来教人信仰我们认清的大方向，用全力来战胜一切守旧恋古的情感，用全力来领导全国朝着那几个大方向走，——如此而

① 参见陈序经：《全盘西化的辩护》，《独立评论》1935 年第 160 期。

已。"至于有人在私生活中爱读八股文，爱作李义山的无题诗，或爱吃蛇肉，或爱听《二进宫》，那不是他们所要干预的。① 这个所谓大方向，胡适后来曾经把它概括为三个方面，并称之为"世界文化共同的理想目标"："第一，用科学的成绩解除人类的痛苦，增进人生的幸福。第二，用社会化的经济制度来提高人类的生活，提高人类的生活程度。第三，用民主的政治制度来解放人类思想，发展人类的才能，造成自由的独立的人格。"②

事实上，反对全盘西化的人们关心的也并非是否"全盘"，而是某些根本和关键。一百多年来，尤其是辛亥革命之后，西方现代文明虽然很难在中国全面开花结果，但要全面拒绝已经不大可能。无论精神层面还是物质生活层面，中国都在迅速西化。电灯代替了蜡烛，汽车代替了轿子，西装代替了长袍，鞠躬代替了跪拜，一夫一妻代替了妻妾成群……变化涉及各个层面。正因为这样，20世纪的中国已经没有人一般地拒绝西方文化。因为人们知道电灯比油灯亮得多，汽车比马车跑得快，洋炮比土炮厉害。所以，就连被看做保守派总后台的慈禧太后，也并不拒绝洋玩意儿，这是故宫的遗物可以证明的。一百多年的历史表明，即使最顽固的保守派，最坚决地反对西化的人，也并不拒绝来自西方的便利和享受。他们只是赞同在一些领域西化，而反对在另一些领域西化。

那么，哪些领域可以西化，哪些领域不可以西化？哪些领

---

① 参见《胡适文集》第11卷，北京：北京大学出版社1998年版，第608页。

② 《胡适文集》第12卷，北京：北京大学出版社1998年版，第669页。

域可以改变传统，哪些领域不可以改变传统？这是问题的关键。如果考察那些坚决拒绝西化的领域，大概不难发现，大都是某些个人或集团的特权所在。如果西化，就要使一些人失掉某些特权；如果坚持中国传统，就可以一切照旧。那些西化特别困难之处一般都不在日常生活领域，而是关系到体制和规范，关系到社会秩序和政治伦理原则，是社会现代化变革的一些关键。因此，陈独秀曾悲愤地写道："法律上之平等人权，伦理上之独立人格，学术上之破除迷信，思想自由，此三者为欧美文明进化之根本原因，而皆为尊重国粹国情之袁世凯一世、二世所不许。长此暗黑，其何以求适 20 世纪之生存？"①

由此可以得出一个结论：所谓全盘西化与反全盘西化之争，事实上是一个假问题。双方论争的焦点并不在于是否"全盘"，而是在于现代化进程中的一些关键点。所以，只是抽象地谈论"存其当存、取其当取"或"取其精华，去其糟粕"是无济于事的，因为什么是精华，什么是糟粕，人们的认识相去甚远；什么该留，什么该去，主张自然无法一致。辜鸿铭认定中国的太监制度、纳妾制度都是优秀文化。他在为传统的多妻制辩护时说：一个茶壶配四只茶碗，有什么不可以？站在男人的立场上看，多妻制也许真是不错的制度：人的感情总在变，今天喜欢这个女人，明天可能又喜欢另一个，按照一夫一妻制的现代原则，就可能整天忙于离婚结婚，很累。多妻制则不然，看上一个娶一个，迎新而不弃旧，既满足了欲望，又保持了家庭的稳定，它的优越性很明显。但是，如果考虑到

---

① 《陈独秀文章选编》上，北京：生活·读书·新知三联书店 1984 年版，第 160 页。

男女平等的原则，为女人想一想，它还是一个好制度吗？政治上也是这样，皇帝一人说了算，以强有力的方式把百姓管起来，的确可以减少混乱，有利于稳定，从统治的立场看问题，比民主要好得多。但是，如果考虑到公民的自由、尊严和权利，它还是好制度吗？

20 世纪的文化论争并没有在这些根本问题上形成共识。

二、关于调和折中的想象

"全盘西化派"退出历史舞台之后，胜利的当然不是复古派或保守派，而是调和折中派。正如陈序经等人所指出的，当时的中国事实上已经没有彻底的复古派和纯粹的保守派，所以，在后来的岁月里，时代的选择事实上是调和折中。

从理论设计看，调和折中似乎无懈可击；从实践过程看，它也似乎最得人心。可是，当年陈独秀、胡适、鲁迅、钱玄同、陈序经等对调和折中论进行的激烈批判却不能不令人困惑。因为众所周知，如果只是反对复古和排外，他们很容易得到人们的普遍同情，为什么要反对调和折中，而使自己陷入极端？难道这些人的头脑都出了问题？在新保守主义的潮流中，他们被认定是极端化、绝对化和片面化的。这一点都不错，他们的确很激进，而且并不讳言自身的极端化与绝对化。但是，这是不是就意味着他们的论敌比他们更高明？是不是意味着章士钊、杜亚泉、陈立夫、王新命、孟萨武等就比陈独秀、胡适、鲁迅、陈序经等更正确、更有远见？

其实，反对绝对化、极端化和片面化，对中国人来说是自然就会的。所以，"撷精取粹"、"熔于一炉"、"中西结合"、

"中西合璧"，都是很早就出现的美好想象。然而，面对调和、折中与合璧的想象，新文化阵营的认识却相当一致，共同采取了反对的态度。面对调和折中的鼓吹，鲁迅说："他们的称号虽然新了，我们的意见却照旧。因为'西哲'的本领虽然要学，'子曰诗云'也要昌明。换几句话，便是学了外国本领，保存中国旧习。本领要新，思想要旧。要新本领旧思想的新人物，驮了旧本领旧思想的旧人物，请他发挥多年经验的老本领。一言以蔽之：前几年谓之'中学为体，西学为用'，这几年谓之'因时制宜，折中至当'。其实世界上决没有这样如意的事。"① 胡适也说："抗拒西化在今日已成过去，没有人主张了。但所谓'选择折中'的议论，看去非常有理，其实骨子里只是一种变相的保守论。"② 面对"中国本位"的主张，胡适又说："时髦的人当然不肯老老实实的主张复古，所以他们的保守心理都托庇于折中调和的烟幕弹之下。对于固有文化，他们主张'去其渣滓，存其精英'；对于世界新文化，他们主张'取长舍短，择善而从'；这都是最时髦的折中论调。陈济棠、何键诸公又何尝不可以全盘采用十教授宣言来做他们的烟幕弹？他们并不主张八股、小脚，他们也不反对工业建设，所以他们的新政建设也正是'取长舍短，择善而从'；而他们的读经祀孔也正可以挂起'去其渣滓，存其精英'的金字招牌！"③

---

① 《鲁迅全集》第 1 卷，北京：人民文学出版社 1981 年版，第 336、305 页。

② 《胡适文集》第 5 卷，北京：北京大学出版社 1998 年版，第 453 页。

③ 《胡适文集》第 5 卷，北京：北京大学出版社 1998 年版，第 449、450 页。

　　他们之所以反对调和折中，往往出于一种策略性的考虑。因为他们知道，几千年的传统根深蒂固，"搬动一张桌子也要流血"，如果不以猛烈的方式对其进行批判和否定，调和折中所需要的另一极在哪里呢？在这一点上，他们说得很明白。陈独秀在《调和论与旧道德》中曾作过一个比喻："譬如货物买卖，讨价十元，还价三元，最后结果是五元。讨价若是五元，最后的结果，不过二元五角。社会上的惰性作用也是如此。"①鲁迅也说："中国人的性情是总喜欢调和，折中的，譬如你说，这屋子太暗，须在这里开一个窗，大家一定不允许的。但如果你主张拆掉屋顶，他们就会来调和，愿意开窗了。没有更激烈的主张，他们总连平和的改革也不肯行。"② 在这一点上，胡适的说法是："我是主张全盘西化的，但我同时指出文化自有一种惰性，全盘西化的结果自然会有一种折中的倾向……旧文化的惰性自然会使他成为一个折中调和的中国本位文化……古人说：取法乎上，仅得其中；取法乎中，风斯下矣。这是最可玩味的真理。我们不妨拼命走极端，文化的惰性自然会把我们拖向调和上去的。"③

　　这些话为"矫枉过正"留下了口实。但是，如果我们认真考察，他们的态度却并非只是策略。因为事实告诉人们，调和折中是有限的，有些东西可以调和，有些东西可以折中，有些东西却注定既不能调和也无法折中。既引进外来文化，又保存本土文化，二者融会为一，实现中西合璧。这种想象在物质

---

　　① 《陈独秀文章选编》上，北京：生活·读书·新知三联书店 1984 年版，第 160、444、270、345 页。

　　② 《鲁迅全集》第 4 卷，北京：人民文学出版社 1981 年版，第 13—14 页。

　　③ 《胡适文集》第 11 卷，北京：北京大学出版社 1998 年版，第 671 页。

文化层面比较容易实现。比如，旗袍和高跟鞋的结合早已成功，西装和瓜皮帽也未必不可，至于沙发和太师椅同置一室、满汉全席加一只烤鹅，也可以说是"古已有之"了。可是，在一些根本问题上，结合的设想却注定了无法实现，而且难以调和与折中。比如，民主与专制、科学与迷信、文明与野蛮、男女平等与男尊女卑、一夫一妻与多妻制……怎么调和？又如何折中？如果像调颜料一样按照比例调和，比如，一份民主加一份专制，一点科学加一点迷信；或者像做馅饼一样使其表里结合，比如，以科学为表以迷信为里、以民主为表以独裁为里……这种结合也许能做到，可是，那样的文化杂烩显然并非好结果。

今天的一些人面对历史，常常要嘲弄陈独秀、胡适和鲁迅等人的偏激，却往往忽略了一个问题：如果他们放弃偏激而学会调和折中的态度，就能解决问题吗？

三、如何面对"特别国情"

从 20 世纪初到 30 年代，在一次又一次讨论中，"特别国情"都是一个绕不过去的问题。

从慈禧太后、张之洞，到袁世凯、杨度，再到蒋介石和戴季陶等，在拒绝西方现代文明的时候，重要的理由就是"特别国情"。在他们那里，无论是君主立宪、民主共和还是自由、平等和人权保障，一切追求和设计都不应脱离中国国情。那么，中国的国情是什么？说到底，就是几千年形成的以专制主义为核心的传统秩序。所以，从"保皇派"到筹安会，再到后来的保守主义者，他们都喜欢反复强调：中国的老百姓素质差，没有经过民主宪政的训练，没有能力行使民主，所以，中国不能没有皇帝，共和不如君主，即使要实行宪政，也必须经过训政。

大概应该承认，他们对国情的分析是不错的，中国具有几千年的宗法社会和专制主义传统，这种传统使得大多数国人在短时期内难以习惯现代社会体制，而更习惯于"清官"和"好皇帝"为他们做主。大概也应该承认，保守主义者对五四一代人的指责也是不错的，胡适、鲁迅、陈独秀们的确没有努力去顺应中国的特别国情。他们明明知道中国人习惯于专制，却偏偏呼唤民主；明明知道中国人仍习惯于各种迷信，却偏偏呼唤科学；明明知道中国人权利被剥夺的现状，却偏偏呼唤人的解放和权利的保障。他们的主张的确不合国情。可是，这并不是他们的疏忽，而是他们根本就没准备去适应国情。用陈独秀的说法就是："若是决计革新，一切都应该采用西洋的新法子，不必拿什么国粹，什么国情的鬼话来捣乱。"①

保守主义与激进主义的分歧并不在于对国情的认识，而在于对国情的态度。一方是认识国情而努力适应国情；另一方是认识国情而努力改造国情。陈独秀、胡适、鲁迅等最突出的特点就是不承认国情的神圣性，因而要对其进行全面变革。他们知道，适应国情就意味着适应专制主义传统，就意味着适应落后的国民性，就意味着适应君君臣臣父父子子的伦理秩序，因此，也就意味着承认一切存在的都是合理的，也就从根本上取消了改革的合法性。在他们看来，要改革，就无法不改变

---

① 《陈独秀文章选编》上，北京：生活·读书·新知三联书店 1984 年版，第 270 页。

国情。

之所以如此，还因为他们知道，所谓适应特别国情，早已成为权贵们抵抗变革、拒绝民主和自由的有力武器。在袁世凯准备称帝之时，理由就是共和不适合中国国情，筹安会一再申明的主张也是中国的国情还不宜实行共和，人民的程度还不适宜实行民主。他们似乎想不出什么好的理由维护旧制度，只能拿国情作为借口。陈独秀却要揭穿这层画皮。当景耀月在国民制宪会上主张"宪法要按照一国的历史、习惯、民情、风俗，特别制定，而不应模仿欧美的成法"时，陈独秀立即反驳说："什么共和，什么宪法，都是欧美人特有的制度。按照我们中国的历史、习惯、民情、风俗，都不必勉强学他。我劝景某还是拿古德诺'特别国情'的话头，去鼓吹帝制罢，何苦谈什么共和国的宪法呢？"①

在全盘西化与中国本位的论争中，沈昌烨在《国闻周报》第12卷14期发表《论文化的创造》，表达了一个重要的见解："要是采纳西洋文化须以中国的意识形态之适应与否为标准，那么我们根本不必采纳，现存的中国文化，不是更能适应中国的意识形态吗？"事实的确如此，如果对西方文化的引进从是否适应中国国情出发，那么，引进就成了对旧传统的巩固，而不再有改革的意义。

在此，需要思考的问题是：面对现代理想和固有国情的矛盾，是努力克服障碍而使理想实现，还是为了特别国情而放弃理想？这是两种不同的态度。选择前者的确困难重重，新文化

---

① 《陈独秀文章选编》上，北京：生活·读书·新知三联书店1984年版，第345页。

的萌芽往往因为水土不服而生长缓慢。但是，为适应国情而放弃现代文明追求，或者为适应国情而扭曲这种追求，其结果往往是巩固旧国情，使历史的车轮只能在原地打转。

尤其需要思考的是，如果一种传统所形成的国情本来很好，无不适合于人的生存发展和自由，历史并不一定需要发展，停留在原地也没有什么不好，但是，如果一种传统所形成的国情就是无视人的价值与尊严，剥夺人的权利，使人活得不像人，这种国情也是必须适应的吗？新文化运动的领袖们对特别国情的态度，值得认真研究和思考。

四、文化与国族的关系问题

对于一个国族来说，文化主体性是否非常重要？在这个问题上，人们的认识大不相同。文化保守主义者认为很重要。在他们看来，中国必须有自己的文化，如果放弃自己的文化而全盘学习西方，就会丢掉自己的民族特色，就会失掉民族文化主体性。如果那样，国将不国，中国人也不再是中国人。主张充分世界化的人们另有看法。他们也是爱国者，但在他们看来，文化与国族关系并不那么紧密，一个民族即使丢掉了自己的文化，也仍然可以立于世界各民族之林。如果外来文化能使自己的国家富强、人民幸福，就应该毫不犹豫地进行置换。

在鲁迅看来，文化传统的存废与国家民族的存亡无关。"汉人总是汉人，独立的时候是国民，覆亡之后就是'亡国奴'，无论说的是哪一种话。因为国的存亡是在政权，不在语言文字的。美国用英文，并非英国的隶属；瑞士用德法文，也不被两国所瓜分；比国用法文，没有请法国人做皇帝。满洲人是'读汉文'的，但革命以前，是我们的征服者，以后，即五族共和，和我们共存同在，何尝变了汉人。"①

陈序经说："有些人说文化是民族的生命；文化亡，民族也必随之而亡。此说是不真确的！文化是由人类所创造……所以说文化亡，不见得民族也随之而亡。"② 张佛泉也说："这种过虑在历史上是没有基础的。就人类历史上几桩大事说来，我们曾见到罗马人接受希腊文化、北欧野蛮民族接受罗马希伯来文化、中国接受印度文化；日本接受中国文化，现在又接受西方文化。然而却未见到接受旁人文化的将自己的个性完全失掉。"③ 梁实秋甚至说："在各种的侵略当中，惟有文化侵略是可以欢迎的，因为有了外国文化的激荡观摩然后才有进步，只有想关起门来做皇帝的人才怕文化侵略。"④ 他们认为，在两种文化接触的时候，优胜劣汰是自然的铁则，无论什么样的国家本位，最后都要消融在世界文化的大熔炉中。

其实，保持特色并不难，突出特色也不难，比如，男人重新留起辫子，女人重新缠起小脚，多一些妻妾成群的大宅门，在今日世界，中国就是最有特色的国家，而且会成为国际旅游热点，全世界都会前来瞻仰。可是，我们愿意那么做吗？我们应该那么做吗？那么，什么是民族文化特色，它的本质是什么；一些所谓特色，到底是保留好还是丢掉好；文化是否应该标新立异要特色，其实都是值得认真考虑的问题。在全球化的背景上显示个性，努力使自己与众不同，当然有回头率。但

① 《鲁迅全集》第 7 卷，北京：人民文学出版社 1981 年版，第 253 页。
② 陈序经：《中国文化之出路》，《民国日报》1934 年 1 月 15 日。
③ 张佛泉：《西化问题之批判》，《国闻周报》1935 年第 12 卷第 12 期。
④ 梁实秋：《自信力与夸大狂》，《文化建设月刊》1935 年第 1 卷第 10 期。

是，清醒的人应该清楚自己的个性究竟怎么样，那与众不同之处是美还是丑。关于这一点，鲁迅早就说过："譬如一个人，脸上长了一个瘤，额上肿出一颗疮，的确是与众不同，显出他特别的样子，可以算他的'粹'。然而，据我看来，还不如把这'粹'割去了，同别人一样的好。"①

（原载《社会科学战线》2006 年第 6 期）

---

① 《鲁迅全集》第 1 卷，北京：人民文学出版社 1981 年版，第 305 页。

国学的现代解读

中国传统宗教与传统道德的历史关联

吕 大 吉

在世界各民族的传统文化体系中，调整和支配人际社会关系的行为规范、道德准则和价值观念居于最为重要的地位，甚至可以说居于核心地位。如果说，传统宗教作为传统文化体系的重要组成部分与其他文化形式（道德、政治、律法、风俗、习尚、文学艺术、哲学……）有着互相影响、互相渗透、互相制约、互相补充的密切关系，那么，这种关系在传统宗教和传统道德之间就尤其密切。如何分析这种关系，历来是宗教学研究中的一个重要课题，宗教家、神学家们常常把道德规范说成是宗教的附属物，甚至说什么道德规范来源于天命、神启、佛说或圣训，没有神圣的宗教，就没有传统的道德。对于宗教神学家所主张的这种"道德神启论"，站在科学立场的宗教学者大概都不会赞同。我认为，一个民族的宗教与道德，都是其民族文化体系的各自独立的组成部分，它们的根源都是该民族的生存需要和社会生活，其作用和功能都是为了满足民族的生存需要，服务于社会生活。二者并不是"谁产生谁"的问题。它们之间的关系，一如各种文化形式之间的关系一样，只能是一种互渗互补的关系。当然，在一定条件下，也有互为因果的情况。道德用行为规范、伦理准则、价值观念来调整人际社会关系，维系社会的秩序与稳定，宗教则用神的旨意和天命的安排来神化社会秩序，维护人际社会关系。道德为宗教教义信条体系提供了社会内容，宗教则为道德准则涂抹上一层神圣的色彩。一方面，宗教把道德抬高为宗教的教义、信条、诫命和律法，把恪遵宗教关于道德的诫命作为取得神宠和进入来世天国的标准；另一方面，宗教的教义信条又被神以天命或道德诫命的形式加之于整个社会体系，被视为一切人等行为之当与不当、德与不德、善与不善的普遍准则。于是就使人类历史上形成所谓道德的宗教化和宗教的道德化的情况。

我认为，上述情况具有普遍意义。不仅符合于世界各民族的历史实际，也符合于中国传统宗教与传统道德互相关联的历史实际。当然中国这方面的历史实际具有自己的一些特点。本文旨在对中国传统宗教与传统道德的历史关联，按照个人的理解做一些说明。

一

中国历史上道德与宗教的互渗互补关系，是随着社会的演变而演变、发展而发展的。这一点，中国和世界各民族的历史道路是大同小异、大体一致的。中国的突出特点是：在中国社会从古代到近代、从原始社会到阶级社会的发展过程中，以血缘为纽带的宗法制度始终以不变应万变，万变不离其宗，使其他的社会变化从属于它。在原始社会时代，这种以血缘为纽带的宗法制度表现为从以母权为中心到以父权为中心的氏族制；在商周时代，表现为以宗族为社会结构的基本单位的宗法奴隶制；春秋以后，则逐渐发展为以家族为社会单元的宗法封建制。打从原始社会时代，中国社会的历史变迁从原始氏族公社制演变为宗族奴隶制、又从宗族奴隶制演变为家族封建制，社会形态的性质发生了根本性的变化，但社会结构的基本单元都是以血缘为纽带连接起来的群体；或者是氏族，或是宗族，或是家族。宗法性的血缘关系是组织社会，把社会连为整体的基本纽带，上下纵横，一以贯之。中国社会和历史的这个基本特征，在一切上层建筑和意识形态都打上了决定性的烙印。伦理观念和道德规范，宗教的信仰和崇拜活动，本质上都不过是以自己的形式来表现这种血缘宗法关系，宗教与道德之间的互渗互补关系也不能不以这种关系为其核心和基础。

在宗法性社会结构之中，国是家的延长与放大。一国之君即为大宗族的"宗子"，或为全国百姓的"大家长"。各宗族，各家族之间结为亲属血缘关系。这种人际关系具有突出的伦理性质。人伦关系上下左右，错综复杂，最为重要的，古代儒家归结为"三纲六纪"。《白虎通·三纲六纪篇》："三纲者何谓也？谓君臣、父子、夫妇也。六纪者，谓诸父、兄弟、族人、诸舅、师长、朋友也。"如果再进一步归纳，最主要的是两种关系，一个是君臣上下之间的政治关系；另一个是父子、夫妇、诸父、兄弟、族人、诸舅之间的血缘关系。不同的人际关系要求人的行为要符合于它的性质，从而形成一定的伦理准则和道德规范。而一切道德规范的根本目的是突出君权和父权，即用君权来维系政治关系，用父权来维系血缘关系。中国上下几千年阶级社会的伦理准则和道德规范，其庞杂博大的程度可谓举世无双，但说到底，其基本内容和实质无非上述所说这些。

中国历史上的宗教作为社会上层建筑的重要部门，也要反映并维护这个社会基础。如果说，道德的任务是为了确立并调整人的行为规范使之适合于以君权和父权为中心的"三纲六纪"之类人伦关系，那么，宗教的任务则是神化这种人伦关系，在此基础上，神化反映这种人伦关系的伦理准则和道德规范。具体地讲，它把以君权和父权为中心的宗法性道德神圣化为上帝的"天命"，同时又把这些宗法性道德转化为宗教的信条和教义，按照社会的道德需要赋予天帝诸神以神性，塑造神灵的形象。这就是中国历史上道德与宗教互渗互补的一般情况。不过，在不同的历史时期，道德宗教化和宗教道德化的具体情况有不同的特点。

二

纵观中国有文字记载的历史，道德与宗教的互相渗透和互相影响，主要发生在以下几个历史时期：

1. 殷代政治伦理的宗教化

传说中的尧舜时代大概是从原始社会转变为奴隶制阶级社会的过渡期，夏商周则是奴隶制社会形成期和发展期。在原始的氏族制社会中，氏族的长老在氏族内部享有至上的权威，逐渐发展为享有诸多特权的氏族贵族。在若干氏族联合而成的部落联盟中，最强大的氏族必然最有权势，成为部落联盟的首领。部落联盟发展为阶级国家，部落首领和氏族贵族构成统治者阶级。既然国家是在氏族基础上建立起来的，新生的君权自然不会脱离传统的父权，二者结合起来，相得益彰。氏族血缘社会所形成的宗法性道德规范适应阶级社会的需要，继续发挥作用。从尧舜到夏商，没有文字记载可证，社会伦理状况到底是个什么样子，难以确断。《尚书》中有相当多的说法，一方面强调统治者的君权，要求诸氏族、众百姓服从；另一方面也有提倡"五礼"、"五典"、"五教"之类氏族宗法社会的伦理规范。《尚书》是晚出的文献，"五典"、"五教"、"五礼"之类是西周时代的概念，这显然是用周代的社会伦理观念去想象过去的产物。但我们也得承认其中包含有对虞夏商时代社会伦理状况的历史追述成分，"君权伦理"和"父权伦理"在那时的伦理生活中起着重要作用。

我国有文字可证的信史从殷代卜辞开始。卜辞中有没有伦理道德观念的痕迹呢？字面上似乎没有，但深入分析起来，还是有的。殷人深信上帝在天上决定人间事务，死去的祖宗在冥冥中关心儿孙的吉凶祸福。殷人几乎事无巨细都要通过占卜，乞求天命启示。大而至于发动战争之类国家大事，小而至于起居行止之类生活琐务，皆秉诸占卜而后行。卜辞中，殷人的上帝对殷王求卜的事项发布各种指示；作出或吉或凶、或可或否的回答。从字面上看，这些命令或指示既没有什么理性根据，也没有什么道德根据。殷人的上帝基本上是个恣情任性的专制君主，人们必须绝对服务，否则就会受到上帝惩罚，导致凶祸灾难。但是，如果我们透过卜辞的字面分析内在的实质，就可认识到：必须绝对服从上帝的"没有道德根据"的指令这个事实本身，就是一种"理性"，但这不是"理论的理性"，而是一种"政治的理性"；也是一种"伦理"，但这不是"纯社会性的伦理"，而是一种"政治的伦理"。上帝本质上是殷王的投影，上帝的神性本质上是殷代统治者的阶级特性，上帝的绝对神权本质上无非是殷王对绝对君权的企求。服从上帝的一切指令，事实上也就是要求臣民服从殷王朝的发号施令。这不是"政治的理性"、"政治的伦理"又是什么？

　　殷王朝崇尚这种"政治的伦理"，显而易见是当时社会的政治需要。夏殷是奴隶制国家建立、成型和巩固的时期，没有强大的君权，就很难克服各氏族、各部落的分散性和离心力，国家机器就难以拥有号令国内诸族百姓的政治权威。因此之故，原始时代遗留下来的传统"父权"必须服从新起的"君权"；与父权相联系的氏族血缘社会的"父权伦理"必须服从于奴隶制国家的"君权伦理"。这种政治的需要和伦理的需要反映到宗教幻想世界之中，构成殷代宗教的政治内容和道德内容。这就是殷代政治伦理的宗教化和殷代宗教政治化、伦理化的实际情况。

　　如果我们承认今文《尚书》商书部分（清儒认为古文《尚书》商书部分为西晋时人所编撰，不可信）包含有商殷时代史实的话，那么，我们就会发现，其中的宗教天帝观也已蕴涵有某些道德性因素，构成周代天命论的历史起点，如《尚书·汤誓》有几句话：

　　　　有夏多罪，天命殛之。

　　　　夏子有罪，予畏上帝，不敢不正。

　　　　尔尚辅予一人，致天之罚。

　　被范文澜肯定为无可怀疑的商朝遗文《盘庚》篇中也有这样的话：

　　　　先王有服，恪谨天命。

　　　　罔知天之断命。

　　　　天其永我命于兹新邑。

　　这些话一方面贯穿着君权神授的宗教政治思想；另一方面，又主张天帝将惩罚"有罪"的君主，断其天命。当然，罪与非罪，并不直接等于恶与善，但因畏上帝之罚而"不敢不正"，这正与不正包含有道德伦理意义，应该是确定无疑的。周公"天命靡常"、"以德配天"是这种宗教思想的发展。

2. 西周宗法伦理与天命神学的结合

在我国历史上，西周是道德宗教化和宗教道德化最为突出的时期。周公旦既是一个伟大的政治家、思想家，又是一个伟大的宗教改革家。他在当时的政治、道德和宗教诸方面都进行了深刻的变革，打上了自己的印记。主要是由于周公的影响，周代在夏殷以来的奴隶制国家的基础上更充分而完备地利用宗法血缘制纲纪天下，把夏殷时代那些以血缘氏族为单位的结构松散的众多属国，凝聚为组织严密的宗法奴隶制帝国，大力提倡和推广与这个社会政治结构相适应的宗法伦理观念和道德规范。王国维指出："周人制度之大异于商者，一曰立子以嫡之制，由是而生宗法及丧服之制，并由是而有封建子弟之制，君天下臣诸侯之制。二曰庙数之制。三曰同姓不婚之制。此数者皆周之所以纲纪天下，其旨则在纳上下于道德，而合天子、诸侯、卿大夫、士、庶人以成一道德之团体。""故知周之制度典礼，实皆为道德而设。……周之制度典礼乃道德之器械，而尊尊、亲亲、贤贤、男女有别四者之结合体也。"（《观堂集林·殷周制度论》）王国维的这段话很有见地，他看到周代的社会政治体制是在宗法血缘制基础上发展起来的，用宗法血缘关系的伦理规范来调整并制约君臣、上下、宗族、家庭等等人伦关系，把这种宗法伦理作为衡量各色人等之行为的道德标准。周公时代形成了一整套道德伦理规范，但归结起来，仍不外以"父权"为轴心的"社会伦理"和以"君权"为轴心的"政治伦理"。周人把宗法血缘社会的人伦关系以及与之相适应的伦理规范系统化，称之为"民彝"。所谓"民彝"即人伦之常，主要有五种，即儒家所谓"五常"：父义、母慈、兄友、弟恭、子孝。西周大封建，又把天子、诸侯、卿大夫、士、庶人之间的君臣、上下、尊卑、贵贱的政治关系说成是大宗、小宗之间的宗法亲缘关系，在宗法性亲缘伦理基础上建立宗法性政治伦理。

周代统治者，特别是周公又把这一套宗法性的社会伦理和政治伦理宗教化、神圣化为天命所定的行为准则，因而是神圣不可侵犯、绝对不能违犯的绝对真理。据《尚书·康诰》周公在训诫其弟康叔时，一方面把宗法血缘伦理规范称为"民彝"，同时立即指出这些"民彝"乃是天帝启示于民的：

> 王曰：封！元恶大憝，矧惟不孝不友。子弗祗服厥父事，大伤厥考心；于父不能字厥子，乃疾厥子。于弟弗念天显，乃弗克恭厥兄；兄亦不念鞠子哀，大不友于弟。惟吊兹，不于我政人得罪，天惟与我民彝大泯乱。曰：乃其速由文王作罚，刑兹无赦。

周公把父慈、子孝、兄友、弟恭说成是上天颁布的基本伦理规范，人们必须恪遵奉行，如有违犯，速即刑罚，绝不宽赦。这是把宗法社会的伦理规范宗教化、神圣化，说成是来自上天的命定，强化人们服膺伦理规范的自觉性。西周统治者还进一步把西周大封建新建立起来的一切社会政治制度都说成是天帝的决定：

> 无旷庶官，天工人其代之。天有典，敕我五典五惇哉。天秩有礼，自我五礼五庸哉。同寅协恭，和衷哉。天命有德，五服五章哉。天讨有罪，五刑五用哉。（《尚书·皋陶谟》）

这段材料，文字上假托夏代，实质上是西周大封建所建立的社会政治礼制的反映。它把国家规制的典、礼、刑、德、章、服说成是上天（上帝）的命令和意志。典、礼、刑、德、章、服的内容非常广泛，囊括了当时社会中政治关系和伦理关系的一切方面。所谓"天秩有典"、"天秩有礼"、"天命有德"……，事实上不过是假托天命，用上帝的命令和安排来神化社会的等级区分（公侯伯子男五等爵位）和人伦关系，神化与之相适应的礼仪、言行、服饰等行为规范。

周代殷命后，又面对殷人的反叛活动，周公主政时，时刻存一种如何维护政权的政治忧患意识，他必须论证周代殷命的合法性，于是周公在把社会道德宗教化，神圣化的同时，又在"君权神授"（天命所定）的基础上，提出了"惟命不于常"的天命转移论和天命转移以德为依归的思想。他在《康诰》中说，周之所以代殷，是因为殷王无德、有罪，天乃断其天命。同时周文王为政"明德慎罚"，泽及鳏寡，这些不凡的功德闻于上帝，博得帝的喜爱，乃授命文王代行天罚，代殷而王：

> 王若曰：孟侯，朕其弟、小子封。惟乃丕显考文王，克明德慎罚，不敢侮鳏寡。庸庸，祗祗，威威，显民。用肇造我区夏。越我一二邦以修我西土。惟时怙冒，闻于上帝，帝休。天乃大命文王，殪戎殷。诞受厥命，越厥邦厥民。（《尚书·康诰》）

如要保持天命常住，必须遵守天命所定的道德要求。此即所谓"皇天无亲，唯德是依"，这就是说，不仅社会伦理秩序、道德规范和政治制度是上天规定启示的，而且上天还对人事进行干预，至于如何干预，则以统治者之言行是否合于天命所定的道德规范为转移。周公赋予上天的神性以浓厚的道德属性，天命渗透着道德的内容。在周公的宗教天命论中，天帝和天命都道德化了。

西周时代，在我国历史上是道德与宗教互渗互补最为深入，道德宗教化和宗教道德化最为明显的时期。在这个过程中，周公旦事实上是作为"宗教改革家"起了极为重要的作用。

3. 汉代儒家伦理的神学化

春秋战国时代，出现了以孔孟为代表的儒家学派。儒家本质上是一套社会伦理学说。孔孟"祖述尧舜，宪章文武"，主要是继承和发展周公的社会伦理和政治伦理观点，并使之进一步系统化、理论化。孔孟虽在世界观上具有宗教有神论的因素，但并不是宗教家。他们并未把自己形成的那一套伦理观念和道德规范宗教化。秦汉建成了统一全国的封建大帝国。这时，夏商周以来传统的宗法宗教所崇拜的"天"，已成了封建帝王的上帝，封建帝王的皇权被认为是"奉天承运"、"天命所归"，而"天命"的性质和内容，本质上是维护以封建宗法制度为基础的君臣、父子、夫妻等社会人伦关系和社会政治关系。为了强化封建社会的君权伦理、父权伦理和夫权伦理，把全国各色人等的伦理生活纳入于封建宗法制度的规范之下，便有必要把它们宗教化，并用封建宗法的伦理道德观念重新塑造上帝的形象，赋予上帝以新的道德属性，使宗教和上帝按照封建帝王的要求道德化。西汉时代，道德宗教化和宗教道德化的工作，主要是由董仲舒来实现的。在此之前，孔孟儒家完全继承了周公的天命论和道德天定的思想，但天如何制定道德伦理规范，又如何启示，这些神秘主义问题，孔孟都未予置答。孔子只说"天生德于予"，至于如何生出道德则未讲明。董仲舒则用天人感应的神秘主义来具体说明这个问题。

在董仲舒的思想体系中，天是一切的源泉，自然也是伦理准则和道德规范的源泉，此即他所谓的"道之大源出于天"。天有"天理"、"天志"化生为人的德行："人之人本于天，天亦人之曾祖父也……化天志而仁，人之德行化天理而义"。（《春秋繁露·为人者天》）他有时更直接把人事道德说成是天生人时赋予于人的："天之生人也，使之生义与利，利以养其体，义以养其心"。（《春秋繁露·身之养重于义》）

董仲舒"道德天启说"中最有代表性的理论是用天人感应的神学目的论把封建宗法社会中基本的人伦关系和道德规范（"三纲五常"）说成是天帝的安排和阴阳五行的体现，他的具体说法是：

> 君臣、父子、夫妇之义，皆取之诸阴阳之道。君为阳，臣为阴；父为阳，子为阴，夫为阳，妻为阴。
>
> 仁义制度之数，尽取之天。天为君而覆露之，地为臣而持载之；阳为夫而生之，阴为妇而助之；春为父而生之，夏为子而养之……王道之三纲，可求于天。（《春秋繁露·基义》）

天地阴阳之道导引出王道三纲。至于"五常"，即仁、义、礼、智、信等伦理规范，则被董仲舒说成是"五行相生"而成：

> 木生火，火生土，土生金，金生水，水生木，此其父子也。木居左，金居右，火居前，水居后，土居中央，此其父子之序，相受而布。是故木受水而火受木，土受火，金受土，水受金也。诸授之者，皆其父也；受之者，皆其子也；常因其父以使其子，天之道也。是故木已生而火养

之，金已死而水藏之，火乐木而养以阳，水克金而丧以阴，土之事［天］竭其忠。故五行者，乃孝子忠臣之行也。五行之为言也，犹五行舆？（《春秋繁露·五行之义》）

尽管具体说法牵强附会，神秘荒诞，但终究给道德天启之说以一种似是而非的理由。他把封建宗法社会的政治、社会、人伦秩序及相关的伦理纲常神圣化为阴阳天道，这就为封建社会的君权、父权和夫权提供了神学根据。由于封建道德的宗教化，三纲五常这一套宗法伦理就成了我国整个封建时代伦理生活中的统治思想，具有不可动摇的神圣地位，其他一切宗教如果要想在中国大地上扎下根来，立定足跟，也必须把儒家神圣化了的这一套封建宗法道德作为该宗教的伦理道德观的基础，以此为准，去塑造该教神灵的道德形象。中国土生土长的道教和民间宗教是这样，外来的佛教、伊斯兰教、基督教也在不同程度上照此行事。

4. 东汉以后，道教、佛教对儒家伦理的吸收与影响

中国传统的宗法性道德不仅与传统的宗法性宗教有机地结合在一起，形成互渗互补关系，而且进一步与土生的道教和外来的佛教达成新的联合，使我国历史上道德宗教化与宗教道德化的进程出现新的特点，发展到新的高度。

我国的道教萌生于东汉、成形于魏晋南北朝。它继承和发展了秦汉时代的神仙方术之说，以追求肉体的长生不死、得道成仙为宗旨。魏晋以后，道教深得历代帝王的欢心，多次被封建帝王尊奉为国教，列为三教之首，一直与儒家、佛教一起成为我国封建社会中居于统治地位的意识形态之一。道教和我国封建制社会中其他上层建筑部门一样，它的基本任务是为巩固

封建社会的经济基础和政治秩序服务。在这方面，道教特别重视宗教对道德的影响和作用。它把道教教义信条体系的道德内容，定为道教信仰者的行为规范，把善男信女的行为纳入封建宗法社会的伦理秩序和道德规范的要求。最早的道教经典《太平经》就直率地宣称，它将用道德来教化民众，防止"小人"无道自轻，犯上作乱："今要道善德，出之以教化，小人得之守道德，更相仿学，不敢为非"①；"以至道要德，力教化愚人，使为谨良，令易治。"② 这种种道德教化的根本目的则在于使国家长治久安，帝王安享太平之乐，"长安国家，令帝王乐也"③。

那么，道教究竟用什么样的道德来教化"小人"和"愚人"呢？在我国这个以封建宗法制度为基础的社会关系之中，在反映这种宗法血缘关系的儒家道德已成为神圣不可侵犯的、官方法定为正统道德体系的情况之下，道教实在不可能有它自己的一套特殊的道教道德，而只能是接受儒家道德。除此以外，别无选择。

《太平经》宣传和主张的道德，总的说来，就是东汉《白虎通义》所定下来的"三纲六纪"，这是儒家道德的核心。道教认为，三纲六纪与道相合，故为永恒长吉的道德规范。按照三纲六纪的总原则，《太平经》具体强调的道德信条主要有：

第一，"敬上爱下"。此所谓"上"，即指君、父、师："君父及师，天下合门，能敬此三人，道乃大陈。"④ 君权、父

---

① 王明编：《太平经合校》，北京：中华书局1960年版，第430页。
② 王明编：《太平经合校》，北京：中华书局1960年版，第433页。
③ 王明编：《太平经合校》，北京：中华书局1960年版，第433页。
④ 王明编：《太平经合校》，北京：中华书局1960年版，第403页。

权和师道是封建宗法社会的三大支柱，决定着个人的命运，所以，道教称之"天下命门"，是大道之所在，敬奉三者方合于道。与此同时，道教又主张为上者当爱下。下就是民，无民则君无所治。"爱民"的本质是要求为君上者以道德化天下，做到上下关系和谐，天下太平无事。

第二，"孝为上第一"。儒家伦理特重孝道，以孝为德行之本，求忠臣于孝子之门。道教《太平经》完全接受这个主张，认为"天下之事，孝为上第一"①。假如一个修道之人不尽孝道，决不能得道长生："不孝而为道也，乃无一人得上天者也。"② 不仅不能长生，而且更是天地所不赦的大罪："为子乃不孝，为民臣乃不忠信，其罪过不可名字也。"③ "天地至慈，唯不孝大逆，天地不赦，可不亥哉?"④

第三，"安贫乐贱"。《太平经》也接受儒家关于"富贵在天"的思想，认为人的富贵贫贱乃命中注定："人生各有命也，命贵不能为贱，命贱不能为贵也。"⑤ 只有顺命才是"顺天之道"，贫贱之人不得有非分之想："安贫乐贱可久长，贱反求贵道相妨。"⑥

第四，"周穷救急"。《太平经》鉴于为富不仁者终将激起民变的历史教训，主张富贵人家在安享富贵的前提下分出一杯之羹周济穷困之人。"积财亿万，不肯救穷周急，使人饥寒而

① 王明编:《太平经合校》，北京:中华书局1960年版，第593页。
② 王明编:《太平经合校》，北京:中华书局1960年版，第656页。
③ 王明编:《太平经合校》，北京:中华书局1960年版，第257页。
④ 王明编:《太平经合校》，北京:中华书局1960年版，第116页。
⑤ 王明编:《太平经合校》，北京:中华书局1960年版，第289页。
⑥ 王明编:《太平经合校》，北京:中华书局1960年版，第306页。

死，罪不除也。"①

第五，"恶杀好生"。《太平经》认为天道恶杀好生，为政者当尚道德而慎刑杀："天将兴之者，取象于德；将衰败者，取法于刑。"

《太平经》所提倡的这些道德信条，无非就是儒家所主张忠孝仁爱之类宗法性伦理。太平道之后，道教经历了长期的发展，分化出不同的教派，但它们的道德信条本质上仍是忠孝之道，没有什么根本性的变化。魏晋南北朝时期，道教与佛教争夺宗教至上权，激烈竞争。道教斥责佛教的最大过恶就是沙门出家修行，不敬王者，是为无父无君，不忠不孝。忠孝之道在道教的道德信条中因此而更加凸显出来。北魏寇谦之清理道教明确规定"于君不可不忠"（《老君音诵戒经》）。"臣忠、子孝、夫信、妇贞、兄敬、弟顺，内无二心"（《正一法文天师教戒科经》）以后，道教各派为信徒制定了许多清规戒律，都把不忠不孝列为最关重要的一大戒。南宋以后的净明道更直接提出"以忠孝为本"的口号，故此派道教又名为"净明忠孝道"。回顾道教的历史过程，可以清楚地看到，道教推崇的道德完全就是儒家的道德。那么，在道德问题上，道教有什么特点呢？这就是把儒教道德宗教化，发挥道教在强化道德方面的作用。这表现在：

第一，认为道德规范源于天道，使之具有神圣意义。道教吸收神秘化的阴阳之说，说什么阳尊阴卑是天之道，这种天道决定人世间君尊臣卑，父尊子卑，男尊女卑，以此论证儒家的"三纲"伦理观。

---

① 王明编：《太平经合校》，北京：中华书局 1960 年版，第 242 页。

第二，道教把封建宗法道德作为得道之"道"的核心和长生成仙的标准，以此推动信仰者实践这些封建道德。《太平经》宣称，如果一个人的行为合于"道"的要求，就有可能升天成仙：

> 天上积仙不死之药多少，比如太仓之积粟也；仙衣多少，比如太官之积布帛也；众仙人之茅舍多少，比若其官之室宅也。常得大道而居，故得入天。大道者，得居神灵之传舍室宅也。①

《太平经》所说的"大道"，根本内容是忠君孝亲。它认为最大的善（"上善"）就是帮助帝王建立太平盛世，使朝政上得天心，下得地意，这就是"得大道"，因而就有可能与君王一起升天成仙。道教在以后的发展中更着力发挥这一思想。葛洪在《抱朴子》一书中具体说明了一个人的道德行为与长生成仙的关系：

> 欲求仙者，要当以忠孝、和顺、仁信为本。若德行不修，而但务方术，皆不得长生也。行恶事大者，司命夺纪，小过夺算，随所犯轻重，故所夺有多少也。凡人之受命得寿，自有本数。数本多者，则纪算难尽而迟死；若所禀本少，而所犯者多，则纪算速尽而早死……人欲地仙，当立三百善；欲天仙，立千二百善。若有千一百九十九善，而忽复中行一恶，则尽失前善，乃当复更起善数耳……积善事未满，难服仙药，亦无益也。若不服仙药，并行好事，虽未便得仙，亦可无卒死之祸矣！（《抱朴

---

① 王明编：《太平经合校》卷四十七《上善臣子弟子为君父师得仙方诀》，北京：中华书局1960年版。

子·对俗》）

这段话把道德与成仙的关系说得非常具体。它以长生成仙导人为善，以夺算早死戒人止恶，把行为的善恶与生死寿夭、长生成仙紧紧地联系起来，使道德行为超过服仙药而成为长生成仙的第一条件。当然，葛洪所理解的善事和德行，乃是"以忠孝、和顺、仁义为本"，安全是儒家所倡导的那一套宗法道德。有些道教文献说得更为明确，认为只有实践了儒家道德的"忠臣孝子"才可成为天上仙人："道教之学仙至难，唯大忠大孝不俟修炼而得其说……其使天上真有仙人，必忠臣孝子为之，非可幸而致也。"（《真文忠公文集》卷三十五）南宋以后的净明道更直接强调三纲五常、忠孝节义之类封建宗法道德是得道成仙的基本根据。在净明道看来，一个人只要明心净性、正心诚意、养此忠孝之心，即与大道相通，从而就可得道成仙："忠孝之心非长生而长生之性存，死而不昧，列于仙班。"（《净明四规明鉴经》）无可否认，道教这种以实践封建宗法道德为得道成仙的基本条件的理论，成了封建社会人们遵守并奉行封建道德的强大推动力，是道德宗教化和宗教道德化的重要契机。

第三，用天神的赏罚来监督并保证人的道德行为。道教不仅止于一般地宣传"积德成仙"。为推动世人遵奉封建宗法道德，还虚构出一套天神系统来监督人们的道德行为。《太平经》宣称人之善行或恶行，均由人之气上通于天，天神记人之功过，赏善罚恶；为善者可以竟其天年，为恶者身死不得为善鬼。《太平经》中的《大功益年书出岁月戒》写道："过无大小，天皆知之。簿疏善恶之籍，岁日日拘校，前后除算减年，其恶不止，便见鬼门。"《天神考过拘校三合诀》则说天神每天记录人之过恶，三年一中考，五年一大考。《老子想尔注》也宣称天神赏善罚恶，在冥冥中监督着人们的道德行为："道设生以赏善，设死以罚恶"；"人为仁义，自当至诚，天自赏之。不至诚者，天自罚之"。后来，道教更进一步，具体地设计出一系列监督善恶的神灵，以及对善恶行为进行赏罚的具体标准。道教的重要经典如《易内戒》、《赤松子经》、《河图纪命符》等都具体开列了这套神仙系统。据《赤松子经》说，在天上监督人们行为的是三台北辰司命司禄之神。北辰即北斗七星，北斗第一星（东斗）主管增减人的寿命，第二星（西斗）主管功名，第五星（南斗）登记生录，第六星（北斗）记录死籍，第七星（中斗）为东西南北四斗之魁星，总监一切神灵的生死祸福："东斗主算，西斗记名，北斗落死，南斗上升，中斗大魁，总监众灵。"（《灵宝度人经》）

《河图纪命符》则说，除了天地有司过之神外，每家每户还有灶神，人的身体内部则有"三尸"之神，每到一定时候，即上天向司命神作汇报，报告人的罪过。（三尸神汇报之时为庚申日，灶神为月晦之夜。）司命之神即据此汇报予人以惩罚，过大者夺纪，过小者夺算。道教为道德实践设立的监督系统，比当今世界的特务情报系统还要严密。三尸之神岂不类似于安置在人体之中的万能窃听器！其他道教经典也有与此大同小异的说法。据《大道通玄要》说，天上有阴阳考官，掌管着人的生死簿录，善功记入"青簿"，罪恶记入"黑簿"，于每年的"三元日"（即"上元"：正月十五日；"中元"：七月十五日；"下元"：十月十五日）加以统计算总账，增减人的寿命。为了使这种赏罚公平合理，道教又不得不设计出一套计算标准，规定各种善功恶行之大小，据以行赏罚之高低。这样就形成了道教所谓的"功过格"。

第四，用累代承负的道教因果报应论来补充关于善恶报偿的信仰。儒家经典《易经》中已有所谓"积善之家，必有余庆；积不善之家，必有余殃"（《易·坤卦·文言》）的说法。意思是说，一个人道德行为的善或不善，所产生的后果将不限于此人此生，而且会延及后代。按照孔颖达注疏的解释，这句话本来并没有宗教神秘主义的含义。无非是说，吉凶之来，并非突然而起，而是由来以渐。先辈做了善事，受惠者报恩于后人；先辈作恶多端，受害者亦报怨于后人。这种"余庆"、"余殃"之报，乃是自然之理，人情之常，并没有什么神秘的味道。道教接过这个说法，对之作了宗教神秘主义的理解，发展为一种类似于佛教因果报应说之类的宗教信条。

道教主张天神在冥冥中监督着人们的道德行为，根据道德行为的善恶进行相应的赏罚。善者长生，甚至成仙；恶者减寿，直至死后受恶果折磨。可是，在现实生活中，善恶的报偿不仅不能完全兑现，而且常常出现相反的情况；为善者得祸，为恶者受福。如何解释这种现象，弥补理论上的漏洞呢？这无疑是一个难题。为此，道教便把《易经》的那段话吸收过来，发展为所谓"承负"之说。《太平经》首先提出了"承负"的概念和理论；并以之来解释善恶报偿上的"颠倒"：

> 力行善反得恶者，是承负先人之过，流灾前后积来害此人也。其行恶反得善者，是先人深有积累大功，流及此人也。[①]

为善得祸是承负先人之过，为恶得福是承负先人之功，这

---

① 王明编：《太平经合校》，北京：中华书局1960年版，第22页。

种善恶报偿的"颠倒"和矛盾，于是得到了补救。这样一来，道教神灵的赏罚仍是公正的，对于任何人的任何行为来说，仍是善有善报、恶有恶报；今生不报，后代亦报。因果报应的链条不仅不断，而且将延续到子孙后代。

道教与我国封建宗法社会伦理道德的关系大致有如上述，二者的关系是非常密切的。有些学者认为，道教本质上就是以长生成仙为诱饵，用儒家宗法道德对信仰者进行道德教化的一种宗教，这个说法不无一定道理。

在中国历史上宗教与道德互渗互补的过程中，以儒家伦理为代表的封建宗法道德不仅被传统的宗法性宗教和道教奉为圭臬，在此基础上实现了道德的宗教化和宗教的道德化，而且，各种外来的宗教在中国大地上与道德发生关系也离不开这个模式。在这方面，佛教最为典型。它对儒家伦理的吸收也相当全面，对我国人民道德生活的影响非常深刻和深远，似乎决不在道教之下。佛教在东汉传入我国，而在魏晋南北朝大行其道，与道教的发展几乎是同步进行，形成宗教上的双峰对峙，江河并流。佛教传入中国之初，也被当时中国人视为与道家、道教一样的神仙方述之类。在道德问题上，佛教主张是宣传善恶果报、生死轮回这一套教义，以此来拨动中国信仰者的宗教心弦。但是，由于印度社会与中国社会的差异，在何者为善、何者为恶的价值标准上，初来的佛教与儒家伦理是颇有不同的。因此，从东汉末年三国时期开始，儒家就对佛教的道德观进行激烈的攻击，这在三国时代佛教信徒牟子和康僧会的卫佛论文中可以清楚地看到。

据信，三国时的牟子其人是《理惑论》的作者，由儒转佛。鉴于当时儒家对佛的非难，他写作《理惑论》，着力论证佛与儒、道一致。但从此文可以看到，当时的儒家在道德观方面攻击佛教僧人剃发出家，抛妻弃子，有违孝道；身披袈裟，见人不行跪起之礼，违背传统礼仪（由此发展为后来的沙门不敬王者，是为不忠于君之说）。牟子的辩解一方面反映了儒家对佛教的排斥，另一方面也反映了佛教开始注意了对儒家和道家的适应与吸收。

大致与牟子同时代的康僧会更为有力地吸取传统的儒家思想，力图使佛教与之调和与融合，证明儒佛一致。在社会政治观上，他宣传佛教"仁道"就是孔孟的"仁政"，"诸佛以仁为三界上宝，吾宁殒驱命，不去仁道也"。在道德观上，更大力吸收儒家关于忠孝节义之类道德规范。在他编译的佛教著作中歌颂"至孝之行，德香熏乾"，"至孝之子，实为上贤"，强调妇女应"尽力修孝"，以"获孝妇之德"。他和儒家一样，提倡"君仁臣忠，父义子孝，夫信妇贞，此门皆贤"。特别是，康僧会认为佛教善恶报应之教有益于实施周孔之道。《康僧会传》记载了他与吴主孙皓进行过的一场辩论：

皓问曰："佛教所明，善恶报应，何者是耶？"会对曰："夫明主以孝慈训世，则赤乌翔而老人（南极星）见。仁德育物，则醴泉涌而嘉苗出。善既有端，恶亦如之。故为恶于隐，鬼得而诛之；为恶于显，人得而诛之。《易》称：积善有庆。《诗》咏：求福不回。虽儒典之格言，即佛教之明训。"皓曰："若然，则周孔已明，何用佛教？"会曰："周孔所言，略似近迹；至于释教，则备极幽微。故行恶则有地狱长苦，修善则有天官永乐。举此以明劝阻，不亦大哉！"

康僧会把"儒典的格言"和"释教的明训"等同起来，

用佛教的"地狱长苦"、"天官永乐"之类来世报偿，来加强儒家关于"孝慈、仁德"之类宗法伦理的劝化作用。

但是，仅仅把儒家道德规范作为佛教业报轮回的根据还不能完全回答儒、道两家对佛教道德的攻击。这是因为印度佛教本来是不大讲敬王孝亲之道的，这一套主张在我国这个标准的封建宗法社会内，与君臣、父子、夫妻、兄弟、朋友的人伦关系格格不入。儒家士大夫和道教攻击佛教无父无君、不讲忠孝，这使佛教很是狼狈，难以立足。佛教不能单凭意向声明求得儒道的认可，而必须具体地把忠孝之道和仁、义、礼、智、信（五常）引入佛教的道德体系之中。东晋名僧慧远在其《沙门不敬王者论》中指出，在家的佛教信徒"有天属之爱，奉主之礼"，理应忠君孝亲；出家为僧，虽是方外之宾，但通过传教化民，也可有助"王化"，"协契皇极"（《弘明集》卷五），尽忠君之责。北魏昙靖伪撰佛经《提谓波利经》，以"五戒"比作"五常"，认为：不杀生为仁，不邪淫为义，不饮酒为礼，不偷盗为智，不妄语为信。

康宋以后，这种说法更加流行。唐僧道世《法苑珠林·受戒篇·五戒部》也把五戒等同五常。宋禅宗云门宗名僧契嵩在《辅教篇》中更鼓吹佛、儒以及百家合一，认为五戒即五常，修五戒即可尽孝道，否则即为不孝："是五者，有一不修，则弃其身，辱其亲，不亦不孝乎？"他强调说："圣人之道以善为用，圣人之善以孝为端。"

佛教名僧的这种援儒入佛，把儒家伦理佛教化的努力没有白费工夫，逐渐得到儒家士大夫和封建帝王的承认。北魏名儒颜之推在其《颜氏家训》中实际上已经接受以五戒比五常的说法：

内外两教，永为一体。渐积为异，深贱不同。内典（佛典）初门，设五种禁（五戒），外典（儒典）仁义礼智信；皆与之符。仁者，不杀之禁也；义者，不盗之禁也；礼者，不邪之禁也；智者，不酒之禁也；信者，不妄之禁也。①

中国历代的封建帝王逐渐认识到佛教的道德体系（五戒十善加业报轮回的信仰）对于维护其统治有特殊的功用，于是便自觉地予以利用。南朝刘宋文帝与大臣何尚之有这样一段著名的对话：

元嘉十二年（公元435年）五月五日，帝……谓侍中何尚之曰："……六经典文，本在济俗为治耳；必求性灵真奥，凯得不以佛经为指南耶……若使率土之滨，皆敦此化，则朕坐致太平矣，夫复何事！"尚之对曰："悠悠之徒，多不信法……（若使）百家之乡，十人持五戒，则十人淳谨矣；千室之邑，百人修十善，则百人和厚矣；传此风训，以遍宇内，编户千万，则仁人百万矣！此举戒、善之全具者耳。若持一戒、一善计为数者，抑将十有二三矣，夫能行一善，则去一恶，一恶既去，则息一刑；一刑息于家，则万刑息于国……则陛下所谓坐致太平者也。"②

唐代李节的一篇文章中谈及佛教教义和佛教道德的社会作用时说：

夫释氏之教，以清净恬虚为禅定，以柔谦退让为忍辱，故怨争可得而息出也。以菲薄勤苦为修行，以穷达寿

---

① 《颜氏家训·归心第十六》。
② 《弘明集》卷十一《何令尚之答宋文皇赞扬佛教》。

天为因果，则贱陋可行而安也。

夫俗既病矣，人既怨矣，不有释氏使安其分，勇者将奋而思斗，智者将静而思谋，则阡陌之人皆纷纷而群起矣！①

北宋名僧契嵩上书仁宗，力陈佛教有助于道德教化，有利于王朝统治，请求皇帝兴佛。他说：

若今佛法也，上则密资天子以道德，次则与天下助教化，其次则省刑狱，又其次则与天下致福却祸，以先王之法裁之，可斥乎？可事乎？②

佛教在中国完全是自觉地适应封建统治者的政治需要，他们不仅完全接受了三纲五常的封建宗法道德，而且用佛教本有的道德规范（如教人灭欲净心，忍辱无净等）来维护封建制度，加上佛教所特有的那一套因果业报、生死轮回的信仰，起到了儒家伦理学说所不能起的社会作用。

三

在中国和世界各民族的历史上，道德和宗教互渗互补过程，大体上是一致的。道德的根据在社会人际关系之中，但道德规范要深入人心，成为人们自觉的行为准则，往往离不开宗教的作用。中国历史上的宗教，包括夏商周以来的正统宗法性宗教，东汉产生的道教以及外来的佛教，几千年来，对于培养、形成和强化我国人民的伦理意识，发挥了极其深刻的作

---

① 《送潭州道林疏言禅师大原取经序》，载《全唐文》卷七百八十三。
② 《镡津文集》卷八。

用，当然，中国人伦理意识的主体和核心是儒家伦理，道教所教化、佛教所吸收的伦理规范本质上就是儒家伦理，但是，如果没有道教和佛教应用宗教方式，调动神仙系统，鼓吹因果业报来系统宣传儒家伦理，而仅仅是像孔子、孟子那样完全通过世俗教育和理论宣传的手段，那么，我们可以断言，儒家那一套伦理道德观念是不可能那样深入人心、根深蒂固的。在漫长的封建社会中，除了极少数"高级知识分子"（士大夫）是通过研读四书五经，接受并实践儒家伦理以外，绝大多数芸芸众生都是感予长生增寿、减算夭折之说，慑予因果报应、生死轮回之教而行忠孝节义，实践道德要求的。在这方面，一个"善有善报、恶有恶报"的宗教故事，胜过十卷百卷"子曰"、"诗云"的传教经典。没有宗教化的道德，枯燥乏味，僵死无力，既不神秘，也不神圣，缺乏实践它的驱动力。不言而喻，我国道教和佛教所神圣化的道德乃是以儒家伦理为代表的封建宗法道德，其实际的社会效果无非是把封建宗法社会的种种人际关系和封建宗法制度，用神圣化了的道德混凝土固结起来，变成超稳定的社会结构。我们的祖先世世代代生活在这个超稳定的道德体系和社会结构之中，驯化为儒、佛、道三教道德的信奉者，历史洪流的冲刷也未能完全洗尽它留在中国人内心深处的印记。时至今日，三教道德合流的历史暗影仍在中国大地上游荡。如何对待它？是推倒重建，还是沙里淘金？已成为当今一些学者热心关注的话题。也许，这种讨论将是永无止境，没有结论的。但是，社会在变革，时代将前进，新时代的道德体系终将在历史的灰烬中诞生和成长。

（原载《社会科学战线》2002 年第 5 期）

论儒、道、佛三教人生哲学的
异同与互补

洪 修 平

儒、道、佛是中国传统思想文化的三大基本组成部分。在上千年的递嬗演变中，传统思想文化形成了以儒家为主、佛道为辅的"三教合一"的基本格局。在历史上，儒、道、佛三教的冲突始终不断，三教的融合也一直是思想文化发展的主流。儒、道、佛在漫长的历史发展中逐渐形成了各自富有特色的人生哲学，但它们并不是相互排斥，而是相融互补的。在关注现世现生的人生哲学的基点上，儒、道、佛三教在冲突中融合，在融合中不断发展。本文主要通过对儒、道、佛人生哲学的特点及其异同的分析，来探讨三教在历史上的相通互摄，相异互补，并认为，儒、道、佛三教人生哲学在现代与未来仍然可以发挥一定的积极作用。

一

中国传统思想文化本质上是一种关于人的学问，重视现实的社会和人生是其最根本的特点。在理论上，其主要表现为重视探讨人的本质、人性、人的价值、人的理想、理想人格的实现以及人的生死与自由等。传统思想文化的其他一些特点，都是由此而展开的。中国传统思想文化有着悠久的历史，源远流长的宗教观念和哲学思想都表现出了中国文化重现世现生的基本特色。中国传统宗教，无论是原始宗教的自然崇拜、神灵崇拜，还是三代秦汉时的祖先崇拜与天帝鬼神祭祀，乃至土生土长的道教，都是以现世现生的生存与幸福为出发点和归宿，表现出了与一些西方宗教以彼岸世界为现世人生价值之目标的显著差异。在中国，人的生活本身就是一切，现世的生活并不是为了实现彼岸世界的理想。天帝神灵虽然高高在上，但却是保障现世人生幸福的重要力量。中国人信奉神灵的根本目的并不是出离人世而是在于为人世的生活求福佑。道教追求的神仙生活看似超世脱俗，实际上也无非是把现世现生理想化并无限延长而已。视人生为苦海、讲求超脱生死轮回的印度佛教传到中国来后，却被许多善男信女视为保佑此生平安或来世幸福的宗教而加以信奉，这更突现了中国人重现世人生的宗教观。

在中国传统哲学中，同样没有对社会人生意义的绝对否定，也没有否定此生此世自我存在的价值以回向神的倾向，有的只是对人的生活的肯定。荀子的"从天而颂之，孰与制天命而用之"固然体现出"人定胜天"的信心，董仲舒的"人副天数"、"天人感应"又何尝不是期望承天意以实现美好的社会与人生？中国诸多的思想或学派，具体观点虽然各有差异，但重视现实的人与人生则是共同的特点。表现在哲学上，则是对人的主体价值和现世生活的肯定，只是各派在对人的价值取向上和在人的实现途径等问题上所持的见解各有不同而已。而正是这种不同，构成了中华人生哲学的丰富多彩性。

在传统的人生哲学中，以儒道两家的学说最具代表性。这里的儒，当然是指孔子及其所创立的儒家的学说；这里的道，包括通常所说的道家与道教。我们认为，道教是对道家理论的宗教化发展，道家效法自然以实现人生超越的思想是道教全部理论和实践的哲学基础以及最根本的指导思想，在历史上，魏晋玄学以后，道家之学也主要是通过道教而得以延续并发展的。从本质上看，道家和道教的人生哲学的根本精神是相通的。在诸子百家中，儒道两家的人生哲学最具特色并最具互补性，因而秦汉以后，两家学说就脱颖而出，在中国文化的发展中扮演着特别重要的角色。

那么，外来的佛教传入中国后，又是如何得以赶超中土原有的诸家学说而最终与传统的儒道并列为三，融而为一的呢？其重要的原因也在于它具有一套独特的人生哲学，以超越生死的眼光对人的"生从何来，死向何处"以及对现实的生老病死等问题作了探索，这在一定意义上弥补了传统儒道对人的生死问题关注或解决不够的缺憾。当然，佛教人生哲学在中国文化中的发挥作用，与其在儒道等的影响下而不断中国化也是有密切联系的。

二

儒家思想是中国传统思想文化的主流，儒家关注现世现生的人生哲学在中国社会和文化中的影响也最大。

从历史上看，儒家对现世现生的重视，在孔子"未知生，焉知死"、"未能事人，焉能事鬼"（《论语·先进》）的话语中就已得到了清楚的表达，而儒家对人的重视，在孔子"问人不问马"的态度中也已得到了充分的体现。"天地之性人为

贵"(《孝经·圣治》）一向为儒家所普遍坚持，而陆九渊的
"天、地、人三才等耳，人岂可轻！人字又岂可轻！"① 则更是
表达了儒家对"人"的自我价值的尊重和对人的地位的充分
肯定。这里所说的"人"，既指现实中群体的人，也指每一个
个体的人。

有种观点认为，传统文化重群体而不重个体，重人伦而不
重人，因此在传统文化中缺少主体意识，缺少对主体价值的肯
定，尤其是儒家的人生哲学，更是以牺牲个人的价值来追求社
会价值的。这种看法其实是不全面的。这里的关键是如何把儒
学放到一定的社会历史条件下来加以全面的考察和分析。儒学
所面对的是以血缘关系为基础的宗教法性专制集权长期处于主
导地位的中国封建社会这样一个社会现实，它不可能回避君臣
父子这样一种社会关系来谈人的问题，而它的现实主义态度也
决定了它在探讨人的价值和人的实现等问题时必然对社会群体
与人伦关系给予足够的重视。事实上，儒学的重人伦、重群体
就包含着对个体、对个人价值的肯定，甚至可以说，儒学的重
人伦、重群体就是从重人、重个体出发的，其最终也仍然回归
到对每一个具体的个人的关注。当人的价值、人的存在与社会
伦理发生突冲时，儒家明确提出可以变通的方法来对待"礼"
就是一个很好的说明。孟子说："嫂溺不援，是豺狼也。男女
授受不亲，礼也；嫂溺，援之以手者，权也。"（《孟子·离娄
上》）这里，对人的肯定显然是放在第一位的。可以说，儒家
是在中国封建社会这样一个特定的社会历史条件下通过迂回曲
折的途径而对人的本性、人的价值、人的实现等问题作出了探

---

① 《象山先生全集》卷三十五。

索并提出了自己的解答。

从总体上看，宗法伦理是儒家理论的主干，而"人"则是其全部理论的出发点与核心，对人的重视与对人伦关系的强调，是儒家人生哲学的两重性格，它构成了儒家学说本身在封建社会难以摆脱的困境，也是解开儒家文化之谜、发掘儒家学说现代价值与意义的关键。

儒家人生哲学的两重性，在先秦孔孟那里就奠定了基本框架。儒学的创始人孔子生活在社会大变革的春秋末期，他在总结前人思想的基础上提出的仁与礼，第一次明确肯定了"人"的本质与价值，探讨了人的本质与价值的实现，奠定了儒学人生哲学的基本特色。"仁者人也"，"仁"规定了人之所以为人的本质，肯定了每一个人存在的价值，并揭示了人的本质的社会性意义；"仁者爱人"，"克己复礼为仁"等，则强调了从人与人的关系中来把握人的本质，并在人与人、人与社会的关系中完善人、实现人的必要性。如果人人都能自觉地以"礼"的社会道德规范来约束自己，从而实现"归仁"，那么"天下归仁焉"。所谓"己所不欲，勿施于人"，"己欲立而立人，己欲达而达人"，都表明孔子是在尊重每个人人格的前提下把协调人际关系视为自我完善、自我实现的一种手段或途径的。正因为如此，孔子才从人伦关系最后又落脚于个人的道德修养，乃至后来儒家强调"自天子以至于庶人，壹是皆以修身为本"（《礼记·大学》），也正因为如此，孔子才说"为仁由己"——在人际关系中完善自己，实现自己的主动权全在自己！孟子以后的"性善论"进一步将社会伦理赋予人的本性，则不仅从人的本质上揭示了人与动物的根本差别，而且从道德论上肯定了每一个主体为善去恶的理性自觉和自由选择，赋予了每个人在社会关系中实现自我的能动自主权及其内在根据。

人是社会的人，人都是生活在现实的社会关系中并在这种关系中表现了他的本质与价值，人只有通过现实的社会活动才有可能实现他自身的价值，不协调好各种社会关系，人就无法真正完善自己并最终实现自己。儒家在群体的伦理中来观照人的个体生命的本质、价值及其实现，在肯定人的基础上以仁爱、义礼来规范人的行为，并把它提高到实现人的本质的高度来强调，这对于提升每个人的品格、保障社会的良性运转，从而最终对社会中的每一个人的实现，都是有意义的。这同时也为儒家的入世精神提供了人本主义的价值基础。

孔子提出"克己复礼为仁"，以"礼"作为人们共同遵奉的行为准则和道德规范以保证"仁"的实现，他所说的"礼"主要是指周礼，这一点常被人批评为"保守"或"守旧"。诚然，在新的社会关系正在取代旧的社会关系之时，孔子将已成过去的、并不适合当时社会发展的"周礼"作为协调处理人际关系的规范准则，这确实有着保守的复古倾向。但是，孔子看到了人的社会性，不脱离群体来抽象地谈论个体，强调在协调人际关系中追求人的实现，这一点却是值得肯定的。同时，由于孔子的着眼点并不是社会政治，他孜孜以求的是人的实现，他主要是从实现"仁"的角度提出"复礼"主张的，这就使得他的"礼"有着不同于"周礼"的新内容和新意义，正因为此，孔子在强调"礼"的同时又提出了"礼"要有所损益的观点，并以"仁"来规定甚至取舍"礼"，认为"人而不仁如礼何"？孟子正是循此出发，进一步以仁心、仁政冲破了"周礼"的束缚。至于孔子学说中关于"礼"的思想和重人伦的倾向具有被异化为束缚人和阻碍人之实现的外在权威的可能性，以及这种可能性随着封建专制集权的加强而成为现实性，这是另一回事，而这正是孔子儒学的悲剧。儒家人生哲学从一开始就强调在人与人的关系中实现人的必要性，而家庭是人类最重要的社会关系，也是中国小农经济的宗法社会一切社会关系的基础，因而代表家庭伦理的"孝悌"便成为调整人与人的关系以实现"仁"的根本条件，所以说"孝，礼之始也"（《左传·文公二年》），"孝悌也者，其为仁之本与"（《论语·学而》）。随着社会的发展，人的社会关系也日益丰富和复杂。马克思和恩格斯在《德意志意识形态》中曾指出："这种家庭起初是惟一的社会关系，后来，当需要的增长产生了新的社会关系而人口的增多又产生了新的需要的时候，这种家庭便成为从属的关系了（德国除外）。"① 由家庭扩大到国家，"孝"也就发展为"忠"。秦汉时，统一的封建国家建立，于是便有了"忠者，其孝之本与"（《大戴礼记·曾子本孝》）的说法。当协调人与人、人与社会之关系的伦理规范不但被说成是人的本性，而且被强化为"三纲五常"的道德戒条而与专制集权统治结下了不解之缘以后，儒家关于人的实现的理想便成为一种纸上谈兵了。但即使如此，儒学对"人"的关注仍在漫长的封建社会中通过各种途径顽强地表现出来。

例如汉代董仲舒为代表的神学化的儒学，从"天人合一"的思想出发而强调"王道之三纲，可求于天"（《春秋繁露·基义》），从而将儒家伦理神圣化，并为君权神授作论证，但其中也透露出了要求帝王实行儒家的道德理想，期望借助帝王推行儒家仁政以有助于人的实现这样一种向往。宋代复兴的儒

---

① 《马克思恩格斯选集》第 1 卷，北京：人民出版社 1995 年版，第 80 页。

学，在吸收隋唐佛教心性佛性学说的基础上，将董仲舒以来的三纲五常本于天的观点进一步发展，使儒家的伦理道德和封建的纲常名教，都被说成是"天理"而在本体论上得到了确认，并受佛教禁欲主义的影响而展开了天理、人欲之辩。但即使像程朱这样主张"革尽人欲，复尽天理"①的理学家，也并没有绝对地排斥人欲，而是认为"虽是人欲，人欲中亦有天理"②，肯定了人的生理本能需求的合理性，更何况陆王心学的发明本心、"致良知"的学说，对主体自我作了充分的肯定。

当然，从总体上看，在长期的封建社会中，随着专制集权的不断加强和儒学的被政治所利用，儒学对社会人伦关系的强调也逐渐异化为束缚人并阻碍人之实现的外在权威，儒家伦理本质上成了统治者的政治意志。当作为天理之流行的"三纲五常"发展为一种"吃人的礼教"时，儒学对每个人的关注也就逐渐湮没在对人伦关系的强调之中了。但我们并不能由此而忽视或抹杀儒家在宗法性封建专制制度这样一种特定的社会条件下对人的价值与人的实现等问题所作的探索，不能简单地否定儒家本身所提倡的道德伦理对人的实现所具有的意义，甚至也不能完全否定儒家的重群体、重人伦的倾向被强化而对"先天下之忧而忧，后天下之乐而乐"等崇高精神的形成所起的积极作用。总之，应该把儒学与儒学的被利用作一定的区分。简单地把儒学说成是只重人伦不重人，只重群体不重个体，或者脱离了群体与人伦关系来抽象地谈论儒家对人、对个体的肯定，并据此对儒家作出评价，似乎都是不全面的。

① 《朱子语类》卷十三。
② 《朱子语类》卷十三。

儒学从探讨人的价值、追求人的实现出发，最终却导致了对人的束缚，这是儒学的悲剧。只有彻底打破封建桎梏，才能真正结束这种悲剧，救出儒学中对现代社会和人生有意义、有价值的东西。这就要求我们在 21 世纪的今天，应该积极投身社会改革，为拯救儒学的合理内核创造更好的条件，同时，通过我们的创造性活动来发掘、改造儒学中对现代社会和人生有意义的东西，使之在现代社会继续对人类作出应有的一份贡献。

人不仅生活在社会中，而且还生活在自然中，人只有同时协调天（自然）与人的关系，其自身的价值才能得以实现。值得注意的是，儒家的人生哲学不仅注意到了人与人（社会）的关系，也对人与天的关系给予了足够的重视。儒家将人与天地并称为"三才"，肯定人在天地之间的重要地位，表达出一种"为天地立心"（《近思录拾遗》）的豪气，同时又强调天人关系的和谐与协调，认为"能尽人之性，则能尽物之性，能尽物之性，则可以赞天地之化育，可以赞天地之化育，则可以与天地参矣"（《礼记·中庸》），把"与天地合其德，与日月合其明，与四时合其序，与鬼神合其吉凶"（《易·乾卦·文言》）视为人生的理想境界。由"尽心知性"、"知性知天"而至"万物皆备于我"（《孟子·尽心上》），"其视天下，无一物非我"（《正蒙·大心》），"仁者浑然与物同体"（《二程遗书》卷二上），正是儒家从人及人性（仁）出发，经天地人"一体之仁"而又回归主体的思维轨迹。在历史上，无论是敬天、畏天、天人感应还是制天命而用之，也无论是天人不相预还是天人交相胜，都体现了儒家从天人一体的整体结构中对人的价值、人的实现等问题作出的探讨。这对现代社会对治生态环境危机、改善人与自然的关系以便更好地实现人之自我无疑具有重要的启示。

三

儒家谈人，仅限于现世，儒家谈人的实现，强调的是主体道德上的自觉完善，但如何从主体自身来强调为善去恶的必要性？当人们在各种社会关系中无法实现自我的时候又该如何？儒家对此少有解释。即使是其所谓"天下有道则已，无道则隐"（《论语·泰伯》），也仍然是从"隐居以求其志"（《论语·季氏》）的角度提出来的，其基本倾向仍然是积极入世的。而道家（道教）与佛教却从不同方面对此作了说明。我们先来看道家和道教。

道家的创始人是老子。老子道家理论的核心是本性自然的"道"。道性自然无为，无为而无不为。由于天、地、人同道，"道通为一"（《庄子·齐物论》），因而天道自然无为，人道也应该效法天道而自然无为。老子正是据此而抨击了当时的仁义有为，提出"大道废，有仁义，智慧出，有大伪"（《老子》第十八章），认为"失道而后德，失德而后仁，失仁而后义，失义而后礼。夫礼者，忠信之薄而乱之首"（《老子》第三十八章）。当然，反过来也可以说，老子是在当时社会大变革的时代，为了抨击仁义有为而提出了自然之道，并以此作为人生根本的安身立命之道，体现了道家在"礼崩乐坏"的局面下采取了与孔子儒家不同的应对态度。儒家从人的社会性着眼，重历史文化传统，崇尚礼乐，主张"克己复礼"，希望通过强化伦理，施行教化，提升人的内在道德，来恢复并重建良好的社会秩序，以实现"大同"社会和人的价值。道家则从人的自然性着眼，视人文礼乐为对自然和人类本来面目的破坏，主张绝圣弃智，绝仁弃义，通过效法自然，返璞归真，以实现精神自由的逍遥人生，从而形成了与儒家有鲜明对照的不同的人生哲学。

荀子曾批评庄子是"蔽于天而不知人"（《荀子·解蔽》），这种批评也常被人引用来评价整个道家学说。就道家不重人伦礼法，亦即不重人的社会性而言，这种批评是有一定道理的。但若以此认为道家不关注人和人生，那是不确切的。因为老子道家的理论框架虽然是"自然"，但其着眼点却并没有离开过"人"。老子说的"道大，天大，地大，人亦大，域中有四大，而人居其一焉"（《老子》第二十五章），表明老子道家对人的地位也给予了足够的重视和肯定。只是道家对人性的看法及在人的实现问题上，走的是与儒家不同的道路。

儒家重的是人的社会性，因而在宗法社会中，它比较强调宗法伦理，主张从人的社会关系中来实现人的本质；而道家却重人的自然性，比较强调个人的自主、独立和自由，正是由此出发，才有庄子的独与天地精神往来和杨朱的"拔一毛而利天下不为"的以"我"为主。在实现人的途径上，儒家讲入世有为而"成圣"，故有修齐治平、内圣外王等一套理论；道家却讲避世无为而"归真"，想挣脱社会伦理的束缚，通过效法自然的无为来实现人生，所以说"人法地，地法天，天法道，道法自然"（《老子》第二十五章）。

老子道家的自然无为论最终可以归结为一种人生论，但它并不是完全消极的悲观厌世或无所事事。所谓"大道废，有仁义"，实际上是为人的返璞归真提供了理论论证，而清净无

为、贵柔守雌、"无为而无不为"（《老子》第四十八章）、
"惟不争故天下莫能与之争"（《老子》第二十二章）等，则
为人的自我实现提供了有别于儒家的另一条迂回曲折的道路。
庄子在老子"绝仁弃义"（《老子》第十九章）主张的基础
上，进一步抨击了仁义的虚伪性，采取与现实社会完全不合作
的态度，主张反归自然，甚至主张回归到"同与禽兽居，族
与万物并"（《庄子·马蹄》）的所谓"至德之世"。庄子的人
生哲学强调游心于四海之外而与天地同游，追求一种"天地
与我并生，而万物与我为一"（《庄子·齐物论》）的精神境
界，希望从精神上超越一切自然和社会的限制，泯灭物与我的
对立，把自己消融于天地万物之中而臻于道我合一、独与天地
精神往来之境，实现逍遥的人生。这实际上仍然是希望顺同自
然之化而全生葆真，享尽天年，所以庄子才说"以天地为大
炉，以造化为大冶"，要人"安时而处顺"（《庄子·大宗
师》）。

老庄道家人生论的提出，包含着对人类文明本质的深层思
考和对伴随文明进化而来的某些弊端的深刻洞见，它提醒人们
"人"和"人的生活"的本来面目及其重要意义，提出了人类
在创造文明的同时有不断被异化的可能性。道家正是以其观察
宇宙人生的独特眼光和特殊视角，并从天人一体同源的哲学思
考中提出了富有特色的人生哲学而在中国文化中绵延不绝。

道家在先秦时就得到了很大的发展，并形成了许多不同的
派别，例如有提出了精气说的稷下道家，有强调"重生贵己"
的杨朱学派，还有融合了刑名法术思想的黄老道家，而发展了
内在精神超越的庄子之学，则在魏晋以后一直被认为是道家的
主流。从战国开始，中国思想界既百家争鸣，又各家融合，出

现了《易传》所谓"天下同归而殊途，一致而百虑"（《易传·系辞下》）的局面。道家思想既深刻影响到诸子百家学说的发展，同时其本身也不断融合吸收着儒墨名法等不同的思想，特别是与儒家互黜而互融，乃至到魏晋时期，出现了道、儒相合的玄学，力图从哲学上把儒、道两家的人生论结合起来。

魏晋玄学从表面上看是一种辨名析理的清谈，崇尚玄远虚无，实际上这种理论的基点一刻也没有离开过现实的社会和人生，它是在魏晋这个特定的时代对社会的和谐发展与人的安身立命之本所作的理论探索，这种探索的重要特点就是以道家的自然哲学为出发点而融摄了儒家的社会人生理想。玄学思潮的核心是名教与自然之辨，其实质是破除不合人性自然的名教而又为合理（合道）的名教提供本体论依据。玄学家依老庄自然之道立论，希望建立一种能尽量满足人性发展需要的名教社会。在玄学家看来，人是自然的人，又是社会的人，人从自然而来，又将回到自然中去，但却必须生活在现实的社会之中。因此，人生来就陷入了自然与社会的矛盾之中。作为自然的一部分，人应该顺从自然本性而过一种适性的逍遥生活；作为社会的一分子，人又必须在社会关系中才能真正实现自己。为了从理论上协调自然之性与社会之性的关系，以道家自然之道来会通儒家名教就成了玄学的最佳选择。这样，玄学就在战国中期以来儒道合流的趋向中，基于道家的自然哲学而对儒道两家的人生论作了会通，这既以儒弥补了道家人生论的不足，也说明儒道人生论的互补并不是今天才提出来的设想，而是历史上早已有过的事实。

如果说魏晋玄学主要是融合儒学而从哲理上发展了老庄道

家的自然人生论，因而还可以称做新道家，那么，魏晋玄学以后，实际上就已经不再存在专门的道家学派了。道家学说在玄学以后主要是在道教中得以进一步发展。魏晋南北朝以后，儒、道、佛三教并称，"道"都兼指道家与道教。

与玄学主要融合儒学而从哲学上发展老庄道家的自然人生论有所不同的是，道教则主要是会通神仙信仰而对道家的人生哲学作了宗教性的拓展。道教以道家思想为理论主干而又杂以其他多家学说，它依于道家效法天道的自然论和贵生重己的人生论而将"长生久视"之道进一步发展为"长生成仙"之道，希望通过修"德行"和务"方术"而追求一种超世脱俗、能使"自我"和"人生"得以永恒的无忧无虑的神仙生活。

与道家抨击社会伦理形成对照的是，由于社会历史条件的不同等原因，道教自它创立之始，就兼融并蓄地吸收了儒家忠君孝亲的思想，提出了"为子当孝，为臣当忠"（《太平经合校》卷九十六）的主张。在以后的发展中，道教又进一步把儒家提倡的忠孝规定为信徒必须遵守的"大戒"，还出现了"欲求仙者，要当以忠信和顺仁信为本，若德行不修，而但务方术，皆不得长生"（《抱朴子·对俗》）的说法，把尊奉儒家名教说成是求仙得道的重要前提，甚至还出现了以"忠孝"命名的道教派别"净明忠孝道"，表现出了儒、道之间的相互影响与渗透以及中国宗教随着封建专制集权的强化而对王道政治的迎合，当然这也反映了儒家伦理观念在中国社会生活中日益广泛而深刻的影响。

但需要指出的是，对于道教来说，效法自然而追求长生成仙毕竟是其始终不变的终极理想和目标，道教并不认为忠孝仁义就能实现理想，它只是把忠孝仁义视为实现人生目标的必要手段之一而已。因此，道教并不像儒家那样大力提倡积极入世，有所作为，努力在协调人际关系和从事社会活动中实现自己，而是更强调个人的求道实践，道教也反复规劝人在现实生活中要为善去恶，但这也是结合着人们"乐生"的本性和道教长生的理想来展开说教的。道教一方面以天地鬼神的"赏善罚恶"、给善人增寿、给恶人减年来说明"务道求善，增年益寿，亦可长生"（《太平经合校》卷一百一十二），另一方面又以先人之善恶将由子孙后代承受报应的"承负说"来要求人们行事皆"当为后生者计"，应该为免除后世子孙的"承负之厄"而多多行善。这就是说，道教在世俗生活的层面上认同了儒家的伦理道德规范，但在追求的人生境界上，则依然是循着道家精神进一步发展。

为了实现长生成仙的人生目标，道教提倡并从事炼丹、服气、守一、存神等多种道术的修炼，这些修炼大都是模拟自然，以"天人一体"为其理论基础的。在道教看来，人体本身也是一个小天地，它是大天地的一个缩影，天人是相通的。因此，通过效法自然的修炼，就能够"人与天合"、"神与道合"，人便能与天地自然一样永恒长久。在道教中占有很重要地位的金丹道，视"修丹与天地造化同途"（《周易参同契分章通真义·序》），其以铅汞草木等药物炼制长生不死之金丹的外丹术，就是希冀"假求于外物以自坚固"（《抱朴子·金丹》），即期望通过服食"百炼不消"的自然物以"炼人身体"，使人与天地自然一样"不老不死"（《抱朴子·金丹》）；而其以人体比作炉鼎，以体内精、气、神烧炼永世长存之"圣胎"（神丹）的内丹修炼术，更是将道家的"效法自然"完全推向了神学的轨道，但其中体现的则依然是现实的需要。

道教的人生论实际上是沿着道家的路向对儒家的"天下无道则隐"、"穷则独善其身"等作了另一番别具特色的新开拓。

这样，进可儒，退可道，儒道互补，现实的人生似乎就能进退自如了。但是，如何从人的自身来解释这种进退现象的必然性，从而消弭这种进退给人带来的心理失衡？儒道两家都显得有点力不从心，而外来的佛教却从业报轮回的角度对此作了专门的说明。

四

中国佛教是从印度传入的。印度佛教理论本质上是一种追求出世的人生哲学，其基于人生皆苦的价值判断而提出的解脱论对现世现生的意义是持否定态度的。佛教以"四谛"、"八正道"和"十二因缘"等来论证从人生苦海中解脱出来的必要性和可能性，同时又以"缘起"、"无我"来否定神意而倡导众生平等，并通过对"自作自受"的"业报轮回"的强调而将人们引向了"诸恶莫做，众善奉行"的人生道德实践以追求永超苦海的极乐。显然，这种人生哲学中又包含着某种对人的肯定和通过自己的努力来实现人生永恒幸福的向往，只是它将人生由"现世"而延长为包括过去与未来的"三世"，把人生美好理想的实现放到了虚无缥缈的未来。但正是这种对"人生"内涵的扩大和对道德行为自作自受的强调，确保了佛教为善去恶道德说教的威慑性及其人生理想的恒久魅力，也正是这一点，提供了佛教与中国传统固有的儒、道人生哲学相融互补的契机。

众所周知，印度佛教是作为一种反婆罗门思潮而登上社会历史舞台的。为了破除婆罗门教所坚持的种姓制度的神学基础，佛教特别从"缘起论"出发而提出"无我说"来反对婆罗门教关于有万能的造物主（大梵天）和不死的精神主体（神我）的理论，强调"轮回"与"解脱"完全是自身的"业报"而不体现任何神意。"无我说"成为佛教区别于各种"外道"的主要标志之一。但坚持"无我说"也给佛教的人生哲学带来这样一个难题：既然是"无我"，那如何"轮回"并实现"解脱"？"若无实我，谁能造业？谁受果耶？谁于生死轮回诸趣，谁复厌苦求趣涅槃？"① 针对这个问题，佛教曾提出"补特伽罗"、"中有"、"果报识"、"佛性"、"如来藏清净心"等假设之我来充当轮回与解脱的主体。这些假设之"我"在印度佛教中虽然只是服务于出世理论的"方便说"，并不占主导地位，但它却蕴涵着肯定每个道德实践之自我的倾向与可能，当它传到中国来而与本善的心性以及人死灵魂不灭等宗教观念结合在一起的时候，这种可能性就变成了现实性。轮回之"我"由此而获得了新的意义，并成为否定人生的印度佛教在儒家入世精神与道家自然精神的熏陶下通向肯定现实人生价值的内在根据。

强调"无我"的印度佛教经过中国化以后，最终以"人人皆有佛性"为主流而在中土得到了广泛流传，突出主体、张扬自我的禅宗则成为最典型的中国佛教。立足于"众生"（指人及一切有情识的生物）的解脱而强调永超人生苦海的佛教在中国则更突出了"人"的问题，并被大多数人理解为是祈求人生幸福的宗教而加以信奉。外来的佛教在传统文化重现

---

① 《成唯识论》卷一。

世现生的人文精神影响下，日益走向了现实的社会人生，并以其独特的人生哲学而与儒、道一起入世发挥着作用。

从历史上看，汉魏佛教通过译"无我"（同时否定肉身之我与精神之我）为"非身"（仅否定肉身之我）不仅假借传统的宗教观念而得以在中土流传，而且亦以其永恒的主体为传统的人生哲学开辟了新的天地，所谓"周孔所言，略示近迹，至于释教，则备极幽微。故行恶则有地狱长苦，修善则有天宫永乐"① 即是对此的说明。汉代佛教对社会上黄老神仙方术的依附，其立足点也正是通过主体自主自觉的实践活动而实现自己。正是基于此，当人们批评佛教之行不合传统伦理，于人生无益时，佛教才理直气壮地以"苟有大德，不拘于小"作答，认为佛教对人生是有一定帮助的，君子应该"博取众善以辅其身"②。而"三教虽殊，劝善义一，途迹诚异，理会则同"③ 最终也就成为人们的普遍共识。

魏晋佛教般若学与玄学的交融合流，使佛教进一步得以与道家的自然主义人生哲学及儒家的名教相沟通，因为玄学本质上就是以老庄为基本骨架的儒、道合流；南北朝佛性论与传统的心神相合，也使佛教最终确立了自作自受的轮回解脱之主体，并进一步从传统人性论与修养论中获取养料，因为心神实际上就是不灭的灵魂与本善的人言之混合体。正是在此基础上，佛教才得以在隋唐时创宗立派，建立以佛教为本位的儒道佛三教合一的中国化佛教思想体系，形成了与儒道并立的基本

---

① 《高僧传》卷一，《康僧会传》。
② 牟子：《理惑论》。
③ 道安：《二教论》。

态势。隋唐佛学的核心是心性论，心性论既是本体论，更是人生论，它在对宇宙人生的整体思考中重点探讨的就是主体的解脱问题。以禅宗为代表的中国佛教强调每个人的自性自度，反对离开现实的社会人生来追求解脱，通过突出自我主体而肯定了挑水搬柴、穿衣吃饭等每个人平常的真实生活及其意义，既反映了它深受传统文化重现世现生精神的影响，同时也为它自身入世影响社会生活打开了方便之门。

宋明以后，随着佛教的理论精华逐渐为传统思想所吸收和同化，佛教本身在中土的发展则日趋势微，特别是在理论上没有很大的发展，但中国化了的佛教在这个时期已经潜移默化地渗透到了传统文化的各个方面，并对社会生活的影响日益加深。在这个时期，中国佛教进一步强调"世间法则佛法，佛法则世间法"①，"舍人道无以立佛法"②，讲求"出世"的佛教在中国终于"入世"而面向了人生。近现代复兴的中国佛教更是一步步走上了人间佛教的道路。20世纪60年代以来在台港兴起的新型佛教团体和佛教文化事业，均以面向现代社会和人生为主要特征，中国大陆的佛教目前也正在大力提倡人间佛教的思想以期自利利他，实现人间净土。这样，"出世不离入世"不仅在中国佛教理论上得到了充分的论证和肯定，而且成为一种实实在在的具体实践，其与儒道人生哲学的互补也就对现实的社会人生有了实在的意义，并发生着广泛而深刻的影响。

中国佛教所具有的入世化、人生化的倾向，就佛教自身的

---

① 《大慧普觉禅师语录》卷二十七。
② 《憨山大师梦游全集》卷四十五。

发展而言，可以说是大乘佛教"世间出世间不二"的入世精神在中国社会历史条件下的新发展。中国佛教的入世精神并没有改变它的解脱论在本质上仍是一种"出世"的人生哲学，因为它并没有以入世为最终目的，而是为了出世而"方便"入世，入世以求出世，入世只是方便法门，出世才是最终旨归。这也是佛教在重现世现生的中国文化中始终没有成为主流文化的重要原因之一。如果换个角度，我们也可以说，中国佛教所倡导的"出世不离入世"实际上也是印度佛教的"出世精神"在中国文化中的特殊表现。正由于中国佛教既保持着佛陀创教的"出世"精神，又形成了中国化的特色，从而才能以其人生哲学的独特性而更好地与儒、道相异互补、相通互融，并使其自身有价值的东西有机会在中国文化中很好地表现出来并充分发挥作用。

佛教人生哲学在儒道等中国传统思想文化的影响下充分拓展了其本身蕴涵的却又被整个思想体系窒息着的对人和人生的肯定，同时又以此得以与儒道人生哲学互补，这反映了文化发展的复杂性和丰富性。从历史上看，儒、道、佛三教冲突、融合与互补的复杂关系之展开，其基点都是人生这个主题。从文化的结构上看，基于对人及人生问题的探讨，儒、道、佛三种文化形态在内容上的互为补充和相互制约，都是在此基础上实现的。正是传统文化重现世现生的根本特点，决定了三教的冲突、交融和互补，而传统文化的现实人文精神也在三教关系的演进和三教的互补过程中不断地得到深化和发展。从文化系统的内部机制上看，这也是中国富有宗教神学思想而宗教神学未能至上的重要原因，它与中国封建专制集权的政治力量强大等文化的外部原因相互为用，共同规定并制约着传统文化的发展及其走向。

五

儒、道、佛三教都在自给自足的小农经济长期占主导地位的中国宗法性专制集权的封建社会这样一个特定的社会历史条件下，从不同的角度，以不同的方法，通过不同的途径，表达了自己对现实人生问题的关注和态度，他们不同的人生哲学，实现着一种互补：儒家具有强烈的入世精神，主张积极参加社会生活并协调各种关系来实现"内圣外王"的理想；道家道教则以退为进，采取避世和法自然的态度以求实现长生成仙或精神自由的人生理想；若避世不成，则有佛教的万法虚幻，惟心净土，即心即佛，及天堂地狱的轮回报应说等给人以赏善罚恶和摆脱生老病死等现实苦难的精神安慰。这样，"禀儒道以理身理人，奉释氏以修心修性"①，儒、道、佛三教分别在经国、修身和治心方面分工合作，所谓"不知《春秋》，不能涉世；不精《老庄》，不能忘世；不参禅，不能出世。此三者，经世、出世之学备矣"②，这就是古人对三教人生哲学互补的一个概括。

三教人生哲学的互补对现实的人生和现实人格的培养都是有意义的：就儒家理论而言，儒家的入世有为是以可以入世为前提的，但事实上，人在现实生活中却并非时时可以入得了世的。再者，儒家强调主体道德上的自觉完善，这对"性善"

① 张彦远：《三祖大师碑阴记》。
② 《憨山大师梦游全集》卷三十九。

而欲为善者来说是有意义的，但对"性恶"而不欲为善者就缺少一种强制的威慑力量。如何联系人自身未来的遭遇和命运来说明为善去恶的必要性，儒家在这方面缺少专门的理论。道家道教的避世法自然、在现实社会之外另觅仙境或另求逍遥人生的理论，为人的实现提供了另一种途径，道教的"承负说"也从子孙会受报应的角度对人的为善去恶进行了劝诫。这样，进而以"儒"积极入世，退而以"道"无为避世，现实的人生道路就宽广多了。

但是，进而入世与退而避世在儒、道那里似乎是两分对立的，从根本上看，儒家的"有为"和道家的"无为而无不为"都体现着某种计较成败得失的追求。儒家的"未知生，焉知死"、与道家的"六合之外圣人存而不论"又都把对人及人生问题的探讨限定在现世，未能以超越生死的眼光来审视整个人生，且对现实人生的进退现象之必然性缺乏有力的说明，道教的"承负说"虽然在解释现实人生遭遇的时候超越了现世，却又有脱离了每一个人自身的行为而把它归之为自身之外的"先人"的倾向。而佛教则以其独特的人生哲学对每个人生死祸福等人生遭遇作了系统的说明，并以一切皆空、业报轮回等理论从根本上化解了人们计较执著的意义，提供了以彼岸世界的超越眼光来审视现实社会人生的特殊视角，引导人们为善去恶，消除贪欲，从而弥补了儒、道的某些不足。这样，儒、道、佛三教融合互补，便要求人既入世有为，积极进取，又在精神上超越成败得失，无所烦恼；既有一种社会责任感，又保持人格的独立和心灵的清净。这无论是对个人的生存还是对社会的安定，都是有一定意义的。

在现实生活中，人的需要是多方面的，有物质的，有精神的，而需要的不能充分满足又是经常性的；人生的道路也是曲折而复杂的，有顺境，也有逆境，而这种顺、逆在很多情况下又不是主观选择所能决定的。儒家所提倡的积极入世有为有时会在现实中遇到挫折，甚至难以实现，那么道家和道教避世法自然的人生理想可以作为一个补充，其提倡的随顺自然常常可以成为调控心境的重要手段。若入世不行，避世也不成，佛教则可以发挥一定的作用。特别是中国佛教提倡的随缘任运、心不执著，有时既可以给逆境中或欲求得不到满足的人以精神安慰（有时是麻醉），也可以帮助人以出世的心态来超然处世，化解入世与避世的矛盾对立，使人不至于过分沉溺于世俗的物欲而不能自拔，不至于为此生此世的不如意而过分地烦恼。这样，儒、道、佛三教分别以不同的人生哲学来满足现实生活中的人同时可能具有的多方面的需要或不同的人在复杂曲折的人生道路上不同阶段可能具有的不同需要，这在历史上曾对中国人的心理调控和人生价值的追求发生过重要的影响和作用。

再从现实的人格培养上看，儒家强调的对社会和他人的仁爱尊重，道家追求的自我独立和精神自由等，都是完整的、健全的人格所必须的，两者结合，显然更利于理想人格的培养。而中国佛教主张的人人自性圆满具足、在纷繁的尘世中应以"无心"处之、保持人的自然清净的本性而不要生计较执著之心，这对于人们在现实生活中消解社会人生的压力、保持心理的平衡和健康的人格，也都是有意义的。至于中国佛教所提倡的明心见性、反本归宗、自性觉悟等，在启发人的生命自觉和超越、提高人的精神境界方面所起的作用，也是值得重视的。儒、道、佛三教的互补对传统人格的影响作为一种文化积淀，至今仍对中国人发生着一定的影响，其正副作用是值得认真研究的。

需要指出的是，我们说儒、道、佛三教有不同的人生哲学，这只是相对而言的。事实上，三教的人生哲学不但异中有同，而且异同也是随着历史而变化的。例如，三教的理想人格并不一样，但三教都主张在理想人格面前人人平等，强调理想人格的可以实现，儒家说"人皆可以为尧舜"、"涂之人可以为禹"，佛教说"一切众生皆有佛性，皆得成佛"，道教也从一开始就提出了人人都有"不死成仙"的可能性。而且，三教关于实现理想人格的思维途径，也都体现着相同的"天人合一"的思维模式，儒家的"尽心知天"、道家道教的"坐忘得道""形神合道"以及佛教的"得性体极"、"与道冥符"等，都表现出了将天人视为一体的思维特点。再如，随着三教融合的加深，三教的不同思想倾向也处于不断的调整变化之中。宋明新儒学的"出入于佛老"而又超越佛老、取代佛老是人所共知的事实，佛教的"夫孝，诸教皆尊之，而佛教殊尊"[①] 和"誓愿入山学神仙，得长命力求佛道"[②] 对儒道的兼融也是显而易见的，至于道教大谈"二仪万物，虚假不真"、"灭度转轮，终归仙道"和强调"忠君孝亲"等，其儒化、佛化的倾向就更是一目了然。这其实也从一个侧面展示了儒、道、佛三教的人生哲学相融互补的历史。

在物质财富和人的物欲同步迅速增长的当今之世，在人们追求外在的财富而忘却自身内在价值和"人"的生活的时候，以科学的态度来努力发掘儒、道、佛互补的人生哲学中的合理

① 《镡津文集》卷三。
② 《南岳思大禅师立誓愿文》。

因素，这对于整个人类的生存与内在精神的提升，对于人们摆脱各种精神困扰以安顿自我，正确对待物欲以提升自我，都是有一定意义的，它将有助于我们在现代社会中确立并完善自我，丰富并充实人生。同时，科学、民主和法治等精神，也都是现代社会和人生所不可缺少的。但我们有理由期待，在21世纪世界的多元文化格局中，儒、道、佛人生哲学中有价值的东西应该发挥其应有的作用。

同时，我们也希望中国传统儒、道、佛三教由相异冲突而至相异共存、相融互补的历史能给今天全球化进程中的文明对话与文化交流提供某种借鉴或启示：佛教作为外来的宗教，通过与儒道为代表的中国文化的碰撞和对话，最终能在中国文化的大系统中与儒道多元并存，共同构成中华文化整体中的不同部分，这也从一个侧面表明，世界的一体化与文化的多元化并不是相悖的，多元文化的并存是可能的，也是必要的，不同的文化应该相互尊重，相互理解，在并存中求同存异，共同发展，共同为世界的和平和人类的幸福作出贡献，共同成为人类一体文化中的多元色彩。

（原载《社会科学战线》2003 年第 5 期）

国学的新理解

——易、儒、禅、道的三句真言

张立文

　　当下"国学"这个词，成为国内学术界探讨的热点，也成为国外一些学人关注的焦点。这是为什么？是值得深思的。在这里回顾一下"文化大革命"以后学术思想的动态、趋向及其特征，或许对这个问题的理解有所裨益。

一

　　20世纪80年代的"文化热"，是对"文化大革命"思想观念、哲学理念的解构和"四人帮"理论霸权的冲决，也是沟通传统文化与现代化紧张的一种诠释，以寻求中国现代化之道；90年代在理性思索、考虑80年代文化热之际，大量翻译出版西方政治学、经济学、文化学、人类学、文学、美学、哲学、宗教学、社会学、管理学等各方面著作，掀起了"西学热"，同时也出现了"西语热"、"留学热"，以追求在"全球化"的情境下与世界接轨，依西方的价值理念，各学科思想、模式来改变中国的政治、经济、文化的现实；21世纪开始后，中国人在检讨"西学热"时，逐渐度越西学中心论的视阈，超越西化优越论的观念和西学进步论的神话，试图冲决欧风美雨的网罗，突破苏云斯雪的桎梏，对中华民族的传统学术文化作出价值重估，对国学作出重新定位。这种从向外追求现代化和西学转为向内寻求自身的学术文化资源，重新发现中华民族自身国学的价值和魅力，是自我文化的觉醒。

拂去西学的遮蔽，拭去"封建"、"落后"的尘埃，重新发现国学，就是重新发现了中华民族自我，重新定位国学的自我身份。在西学强烈冲击下，中华民族传统的学术方式、表述方式、言说方式全面隐去，造成了中华民族学术文化出现严重断裂现象，加上中国现代文化学术和教育的单向化，加剧了这种断裂的拉大。在现代性学术规范的统摄下，中国的文化学术、思想哲学、理论思维、书写方式统统被纳入西方学术规范、思维模式之中。在西方中心主义话语体系中，绵延了两千多年而不中断，创造了中华文明的学术、表述、言说方式统统丧失了其合法性，而被西方表述方式、致思方式、话语言说方式所代替。中华民族的学术思想自己也不知道自己是谁！

尽管我们千方百计改变自己学术文化的面貌，打扮成像西学的模样，唯西学是从，以为这样可以进入西学中心主义的圈子，好像自己的学术文化就成为先进的、优等的学术文化。其实不然，譬如近百年来，我们照着西方之哲学之谓哲学，来写中国哲学，尽管我们写了千百本，西方哲学家照样不承认中国有哲学。又譬如在 2005 年 12 月加拿大选战中，联邦自由党安大略省支部执行副主席克兰德尔在自由党网站的博客里将新民主党华裔候选人邹至蕙的照片与一只狗的照片贴在一起，下面还加注"于出生时分散"，暗喻邹至蕙为狗。新民主党党魁莱顿表示，他知道当年欧洲列强瓜分中国时，曾在（上海）公园入口处挂上"狗与中国人不得进入"的牌子。他说凡是了解这段历史的中国人永远不会忘记曾遭受的耻辱。之所以这样，莱顿认为"完全是文化优越感使然"。这种文化优越感，在西方一些人思想里根深蒂固。我们学西方即使学得很像，也不会被认同为优越的，而恰恰证明你的非优越才学西方优越文化。在这里，我们必须转换视角，我们学西方不是为了迎合西方学术文化，而是为我所用，反诸国学，创造新国学，以便在世界文化学术之林、话语世界中获得中华民族国学应有的、独特的地位和话语权。

发现国学，就是发现了中华民族民族精神的源头活水。民族精神是对民族的生命、生存的体验和感受，是对民族的尊严、价值、意义的理解和把握，是对民族的价值理想、终极关切的执著追求，是一个民族在长期共同生活交往和社会实践中凝聚的文化思想、精神灵魂。民族精神是这个民族的脊梁、主心骨和民族之根，无此，这个民族就不能挺立于世，只能任人宰割，导致民族之树的枯萎、衰败。国学是形成民族精神的资源和载体，国学在与时偕行的演变中不断丰富和充实了民族精神，并在其大化流行中，渗透到百姓的思想灵魂之内和日用的生活交流之中，而体现这个民族的民族精神。

二

作为中华学术文化总和的国学，博大精深。或经学、或小学、或诸子学、或史学、或文学。四部之书，汗牛充栋，老死不能遍观；古言古义，隐奥难明，群儒理解百出。处今信息爆炸时代，当以《孟子》"守约而施博者，善道也"（《孟子·

尽心下》）响应之，假如漫无边际，实非善道。只有博而简要，守约施博，乃当今习国学的入门。

我根据自身的体贴，凝练各学派学术之精神要旨，以便于初学者之领悟把握，将易和儒、释、道各概括三句真言。就《易》来说，夫易道广大，乾坤并建，阴阳消长，其三句真言是："生生之谓易"，"保合太和"，"穷理尽性以至于命"。生生之谓易，蕴涵"富有之谓大业，日新之谓盛德"。物质财富的富有，包括拥有知识、道德、科技、管理等的富有。成大业者，既要终日乾乾，又要夕惕若厉，崇德才能广业。获盛德者，必须日新而悠久不衰，吴澄说："日日而省之，日日而改之，是之谓日新又日新。"（《草庐学案》）穷则变，变则通，通则久，创新、达变、贯通，与时偕行，而达盛德。阴生阳，阳生阴，变化无穷，化育万物，大化流行，生生不息。"乾道变化，各正性命，保合太和，乃利贞。"在保合太和的乾道内，中涵浮沉、升降、动静、相感的性质，因而产生氤氲、屈伸、胜负的变化。这种变化，满足了事物自身发展的要求，使其各得其所，各安其位，而通达保合太和。易道屡迁，唯变所适，万物资始资生，是顺承天道，"和顺于道德而理于义，穷理尽性以至于命"。天所赋以为命，人物所受以为性。穷天下事物之理，以尽人物之性，以合于天道。

儒家自强不息，厚德载物，其三句真言是："治平为本"，"以仁为核"，"以和为贵"。《大学》讲三纲领、八条目。"古之欲明明德于天下者，先治其国；欲治其国者，先齐其家；欲齐其家者，先修其身；欲修其身者，先正其心；欲正其心者，先诚其意；欲诚其意者，先致其知，致知在格物"。格物、致知、诚意、正心、修身是内圣的工夫，齐家、治国、平天下是外王事功。儒家的根本目标在治国、平天下。"以仁为核心",仁礼互补。仁者爱人的人道主义,讲"己欲立而立人,己欲达而达人",立己立人,己达达人,共立共达,而不是独立独达,共同成立,共同发达。这就是"己所不欲,勿施于人"的原理和泛爱众的精神。"以和为贵",人人要珍爱、珍重和。和的本义是声音相和,不同的声音(五音、六律)和合以聪耳,它是多元相冲突事物的融合,"和实生物",就是指"土与金木水火杂,以成百物"(《国语·郑语》)的"杂",韦昭注:"杂,合也",便是多元、多样的元素、要素杂合而成万物。多元之间是平等的,所以"和"就是"以他平他之谓和",即他与他之间的平等。"和"不仅是万物得以化生的形而上的根据,而且是形而下万事万物所要遵守的理念、规则。孔子的弟子有子讲:"礼之用,和为贵。"(《论语·学而》)"君子和而不同,小人同而不和。"君子体认、处理自然、社会、人际、心灵、国家、文明间的不同的冲突、矛盾、差异,遵守和而不同的原则,而导致冲突的和谐、协调。

释教自汉传入中国后,在中国得到空前兴盛发展,相反在其本土印度却逐渐衰落湮没。释迦牟尼在灵山会上拈花示众,众不解,唯摩诃迦叶破颜微笑。释迦牟尼说:"我有正眼法藏,涅槃妙心,实相无相,微妙法门,不立文字,教外别传,付嘱摩诃迦叶"。这种"直指人心"、"见性成佛"为宗旨的禅宗,便以摩诃迦叶为初祖,二十八祖为菩提达摩。梁武帝时达摩西来,为东土初祖,经慧可、僧璨、道信、弘忍,到慧能为六祖。中国禅宗转心外佛为心内佛,换言之,转外向崇拜为内向的自信,主张自性清净,自修自作,自行佛行,自成佛道。禅宗的三句真言是"明心见性","无念为宗体本","顿悟成佛"。《坛经》说：世人性本自净，万法尽在自性，自性常清净，如日月常明。"明心见性"，性即佛性，即成佛的根据，人人心中有佛性，"一切众生，皆有佛性"，人人都有成佛的潜能。禅宗一切唯心，不崇拜外在偶像，迷悟在自心，苦乐在自心，解脱在自心，只有彻悟心源，便可成佛。禅宗以"无念为宗，无相为体，无住为本"。无念，于念而不念，不于法上生念，于一切境上不染名，而处常空寂状态；无相，离一切相，离相便是性体清净，由无相为体而及用，一切修为，以无相为尺度，如无相戒、无相忏悔、无相三归依戒等。无往以心初动为本，人的本性是念念不住，念念相续，无有断绝，若断绝，法身（佛性）即离色身（人生）。无住简言之即无所执著。"顿悟成佛"，否定了渐修，为成佛开了方便之门。"识心见性，自成佛道"是其要旨。

道家一词见于《史记·陈丞相世家》："始陈平曰：我多阴谋，是道家之所禁。"道家作为学派之称，见于司马谈的《论六家要旨》。《汉书·艺文志》记载："历记成败、存亡、祸福、古今之道，然后知秉要执本，清虚以自守，卑弱以自持。"道家三句真言是："无为而治"，"有无相生"，"道法自然"。无为而无不为，历史上有两次无为而治，而换来社会的繁荣。一是秦末大动乱，生产大破坏，汉初与民休养生息，萧规曹随，出现了文景之治的盛世；二是隋末大动乱，唐初为恢复生产，与民休养，而带来了贞观之治，因此说道家蕴涵着为人君"南面之术"。我无为而民自化，我好静而民自正。"有无相生"，"天下万物生于有，有生于无"，"有无相生，难易相成，长短相形，高下相倾，音声相和，前后相随"，有与无，难与易，音与声等等都是相对相生，相对相成，相对和谐。正由于此,"道常无为而无不为","无不为"即有为,无为而没有一事不是它所为。无为就意蕴着有为,有为也意蕴着无为,无中有有,有中有无,有无相待相关,生生不息。"道法自然","人法地,地法天,天法道,道法自然",因此,自然是人、地、天、道四者所效法的最终极的原则、理念,所以,"道之尊,德之贵,夫莫之命而常自然"。自然是道与德的最尊贵者,即有终极的地位和价值。

古人曾说:儒教治世,道教治身,释教治心,有其道理。

我的体贴,不仅只及国学中重要几家而已,多家均未涉及,而且这些体贴也不一定妥当,尚请方家指正。

（原载《社会科学战线》2007 年第 1 期）

儒家伦理的普世价值

蒋 国 保

一

所谓普世，应该有时间与空间两个方面的含义。就时间方面讲，普世是指超越一切历史，不局限于某个具体的时代，具有永恒性；就空间讲，普世是指超越一切地域，不局限于某个种族，具有普遍性。那么，当我们提出儒家伦理的普世价值这个命题时，当首先说明儒家伦理何以具有这样的永恒性与普遍性。换言之，要确立儒家伦理的普世价值，其合法性何在？

列文森的"儒学博物馆说"以及曾经广为流传、现在尚有影响的"儒学封建说"、"儒学腐朽说"，虽然持论各不相同，但立论主旨并无二异，都是旨在否定儒学具有普世价值。如果儒学不具有普世价值，那么说儒家伦理具有普世价值，当然就不合法，因为儒家伦理毕竟只是儒学的部分内容，不能设想儒家伦理可以独立于整个儒学。问题是，无论是"儒学博物馆说"还是"儒学封建说"、"儒学腐朽说"，在我们看来，都是从政治的层面、从制度的层面看儒学，没有把握儒家学说在精神方面的超时代价值。儒学之所以不能比之于陈列在博物馆里的供人欣赏的文物，是因为儒学的精神价值并不随着古代政治制度的消亡而消亡，它完全可以与时俱进，在新时代发挥其精神价值；儒学之所以也不能等同于封建思想，是因为儒学本是官学下移、学术民间化的产物，它并不必然地同封建制度联系在一起，它之成为封建社会的官方哲学，是封建统治者有目的地利用儒学，并不意味着儒学自始就合乎封建专制性；儒学之所以亦不能同腐朽画等号，是因为它既不鼓吹糜烂的生活方式也不推崇消极的生活方式，而是提倡刚健有为、自强不息的人生态度与生活方式，体现了人之生命精神的积极取向。人的生命精神必然表现为积极与消极两种取向，消极取向取消人生价值，积极取向追求人生价值。从根本上讲，人的存在，并不是为了取消人生价值，而是为了实现人生价值。既然实现人生价值是人的本质追求，那么，提倡积极人生的儒学，就不会随着历史的变迁而过时，必定随着人的存在、人之良心的存在而存在。

如此看待儒学的超时代价值，在以往被批判为反历史唯物主义，不符合历史唯物主义关于经济基础与上层建筑关系的基本原则，以为意识形态可以脱离特定的经济基础与上层建筑而独立存在。这种批判之所以不合理，就在于将儒学看成封建意识形态，而没有将儒学看成生命的学问。作为封建社会的官方哲学，儒学一旦脱离封建社会的经济、政治制度的扶持与卫护，当然就不能发挥其意识形态的制约与导向作用，但是，如果不是将它看成封建意识形态而是将他看做生命的学问，那么儒学就能长久地发挥其现实作用，为人指出其生命应有的积极方向。

作为一种生命的学问，儒家伦理所以具有超时代、超地域价值，起码可以从以下两个方面证明：一是人不可能不是一个道德的存在；一是人不可能不是一个类的存在。人作为道德存在，最为贵重的价值就是良心，人无良心，就变得如同禽兽，甚至禽兽不如。人既然不可能没有良心，那么儒家伦理对人具有永恒的价值就是不言而喻的，因为儒家伦理所关涉的都是人要有"良心"（也就是指仁爱道德，乃是人所以为人的最基本的道德），这是任何时代的人都不能回避、也无法回避的，除非一个人丧失了人性，他才有可能回避儒家伦理。而作为一个人，之所以不可能回避儒家伦理，又是由人作为"类"的存在来决定的，因为人既然也是一个类的存在，他就必然有相同的道德要求，从而都能认同儒家伦理。过去只将人的本质规定为社会性，非但不从"类"的层面把握人的本质，甚至批判"人有类本质"的主张，这是很奇怪的事，只能归咎为出于理论上的极度迷失，竟不知任何事物都是"类"的存在，人如没有类本质，岂不是成为怪物。既然人有类本质，那么无论什么地域的人，无论什么时代的人，毕竟都是人，在基本人性上必定是相同的、相通的。既然人在基本人性上相同、相通，这就从根本上决定人具有相同的伦理要求。体现人之道德相同要求的那种伦理，就只能是关涉人之"良心"这一人之所以为人的最基本的伦理。儒家伦理所以不为一时一地所局限，具有永恒、普遍的价值，正因为它就是这种性质的伦理。

二

关涉人之所以为人的最基本的伦理，就儒家伦理而言，称为五常，具体指仁、义、礼、智、信。五常之中，仁为体，其余四常为用：义者，宜也，是指人的行为合乎仁的规范；礼者，"节之准也"①，"所以正身也"②，是指以仁约束人的行为，使之不违背做人的准则。义与礼的不同，仅仅在于义内礼外：义是人主动、积极地求自己的言行合乎仁，所谓"贵贵、尊尊、贤贤、老老、长长，义之伦也"③；而礼则是人被动、消极地约束自己使自己在言行上不至于背离仁的规范，所以颜渊问什么是仁的具体条目，孔子回答说"非礼勿视，非礼勿听，非礼勿言，非礼勿动"（《论语·颜渊》），"智者利仁"（《论语·里仁》），智是指人真正懂得合乎"仁"才是人之生存的根本利益之所在，在利益面前，"以义制利"④ 不动摇；"信者，诚也"⑤，信是指人与人交际之时真诚待人。真诚待人在儒家看来也就是以"义"待人，所以孔子说"信近于义，言可复也"（《论语·学而》），强调讲信用要符合义，只有符合义，其所谓信用才行得通，否则，徒有讲信用的空名，其所言所语并不能真正得以实行。

由五常的体用关系可以推论，儒家伦理最为核心的道德原则就是"仁"。所谓"仁"，无论孔子还是孟子，都强调它就是"爱人"（《论语·颜渊》，《孟子·离娄下》），是指对别人的关爱。对别人的关爱，在墨家那里，在资产阶级那里，被说成是"兼爱"、"博爱"。无论是"兼爱"还是"博爱"，都是标榜爱人无差等，不分亲疏，不分敌我，对任何人都付出同等的爱的情感。这固然说得动听，但不合理性，因为人人都得到

① 《荀子巧解》，北京：中华书局1979年版，第229页。
② 《荀子巧解》，北京：中华书局1979年版，第23页。
③ 《荀子巧解》，北京：中华书局1979年版，第444页。
④ 《荀子巧解》，北京：中华书局1979年版，第293页。
⑤ 许慎：《说文解字》，北京：中华书局1979年版，第52页。

同等程度的关爱，则关爱对于人也就没有特别的价值，岂不等于人人没有得到关爱。儒家所提倡的"爱人"，与这种泛爱主义的空谈所以有别，就在于它强调"爱有差等"，承认爱的情感付出因人而异的合道德性。在儒家看来，人付出爱，根源于人有爱的情感；而人之爱的情感，又系于血缘纽带。由于人之血缘关系构成纽带各异，则人势必依血缘上的远近关系而付出情感程度不等的爱，对父母的爱胜过对兄弟姐妹的爱，对兄弟姐妹的爱胜过对亲戚的爱，对亲戚的爱胜过对朋友的爱，对朋友的爱胜过对陌生人的爱。儒家认为，人之有爱却又如此爱有差等，既是事实也合乎道德，因为合乎理性的道德决不会违背人之常情；凡违背常情的所谓爱（如爱兄弟姐妹胜过爱父母，爱朋友胜过爱兄弟姐妹），因为其矫情，恰恰是不道德的。

问题是，照儒家所说，既然爱的深浅依血缘的近远而定是合理的，那么儒家所谓超越血缘关系的"爱人"（爱别人）岂不等于无根据的妄说？回答是否定的，因为儒家虽然讲"爱有差等"，但并不因此否定普遍爱心的存在及其意义，反倒强调从对亲人的偏爱（爱有差等）走向对别人的普遍关爱（爱无差等，即对亲人之外的人付出一样的爱）既是可能的又是合理的。其所以可能和合理，是因为人之为人从本质上讲可以做到将心比心，推己及人。儒家之所以提出以"忠恕之道"作为"为仁之方"（《论语·雍也》），正是要告诉人们，从亲情之爱可以合理地推及普遍爱心。按照孟子的说明，这种推及的合理性在于虽然爱有差等但爱的对象都是人，具有相同的类本质。"凡同类者，举相似也"（《孟子·告子上》），则人既爱自己的亲人，就自然可以联想到有必要爱别人的父母，否则，人人都会因不关爱别人的父母而失去了别人对自己父母的关爱，使得自己的爱父母流于空谈，没有实际的社会意义。所以，正如孟子所说，"爱人者，人恒爱之"（《孟子·离娄下》），儒家始终强调应该将对别人的关爱视为自爱（广义，包括爱亲人）的合理的推及，"老吾老，以及人之老；幼吾幼，以及人之幼"（《孟子·梁惠王上》）。像这样"善推其所为"（《孟子·梁惠王上》），在儒家看来，普遍适用，譬如从爱父母可以推及必爱祖国，因为祖国是父母之邦；从爱自己（狭义）可以推及必爱朋友，因为朋友与我志同道合。这看似空谈，但诚如孟子所讲，"推恩足以保四海"（《孟子·梁惠王上》），它确实是落实普遍爱心、保证天下和谐太平的最现实最实际的设想。

为这个设想所驱使，儒家认为要切实地做到"爱人"，在方法或者说在途径的设立上，绝不能过于理想，而必须"能近取譬"（《论语·雍也》），就人自己推断为人之常情所必然认可的做法。正是基于这一考虑，儒家从孔子开始，就规定唯有"忠恕之道"[1] 才是保证人与人和谐相处的最起码的道德原则。作为人之和谐交往的最低的道德准则，"忠恕之道"之所以在当代仍有现实意义，就在于它所体现的道德理性是当今人类最有可能普遍认同的道德理性。"忠恕之道"，按照儒家自己的解释，是实行"仁"的方法。这个方法，被孔子具体规定为"己欲立而立人，己欲达而达人"（《论语·雍也》）；"己所不欲，勿施于人"（《论语·颜渊》；《论语·卫灵公》）。所谓"忠"（"己欲立而立人，己欲达而达人"），就是要求尽

---

[1] 《论语·里仁》第15章有云："夫子之道，忠恕而已矣。"

力地帮助别人，是付出爱心的主体对自己的积极诉求；所谓
"恕"（"己所不欲，勿施于人"），就是不要将自己所不愿干
的事强加给别人，是付出爱心的主体对自己消极的约束。就个
体美德讲，为了实现"爱人"的价值，"忠"和"恕"都是
必要的，但作为社会交往的规范伦理，不能要求每一个人都做
到尽力地帮助别人，却必须要求按"恕"道行事，决不可将
自己的"不欲"强加给别人。这应该成为人类社会交往的最
起码的道德准则，失去了这个准则，人类除非不交往，若交往
的话，那么只能遵行"弱肉强食"的自然法则，将自己混同
于禽兽。

"恕"并非为儒家所独有的理念，在世界主要文化传统里
都有与儒家"恕"道相通的提法，例如：佛教就强调"我既
爱生而不欲死，喜乐而不欲痛"，我岂能害人性命，将死亡和
痛苦"加之于人"？① 印度教也这样说："毗耶婆冰说：你自己
不想经受的事，不要对别人做；你自己想渴求的事，也该希望
别人得到。"② 在《新约》中也有同样的说法："无论何事，
你们愿意人怎样待你，你们也要怎样待人。"（《马太福音》
8.7）犹太教则说得更明白："你不愿施诸自己的，就不要施
诸别人"③；而伊斯兰教却这样说："人若不为自己的兄弟渴望
他为自己而渴望的东西，就不是真正的信徒"④。既然如此
（世界主要文化传统里都有与儒家"恕"道相通的精神传统），

---

① 《相应部》第 333 卷，转引自《全球伦理》，成都：四川人民出版社 1997
年版。
② 《摩诃婆罗多》"圣教王"113.8，转引自《全球伦理》。
③ 《塔木德》"安息日"3，转引自《全球伦理》。
④ 《圣训集》，转引自《全球伦理》。

那么，只要当今世界各地的人民真诚地相信儒家的"忠恕之道"，尤其"恕"道乃人类交往必须遵循的起码准则，真心愿意按"忠恕之道"解决人与人之间的争端，决不失却最低限度的自制心（以不人道为耻），就必定不选择仇恨与报复，因为选择仇恨与报复明显地违背"忠恕之道"，是将自己极想避免的不幸强加给别人，不符合康德道德理性所确立的普遍规律，是对人的理性的公然蔑视，极不人道。由此可见，在当今这个崇尚价值多元的时代，"忠恕之道"才是保证人与人、国与国、民族与民族和谐相处的必由之路。这无须做深奥的理论证明，除非不愿遵循它（这意味着人类的不和谐），一旦遵循它，它就会"为万世开太平"（《近思录》），引导人类走上永久和谐相处的光明大道。

三

儒家伦理具有普世价值之得以证明只是从理论上回答了儒家伦理有可能发挥现代意义、现代价值，并没有回答怎样使儒家伦理得以实现现代意义、现代价值。众所周知，可能存在并不等于现实存在，对于儒学的现代化来说，说明儒家伦理怎样才能实现现代价值要比说明它何以具有现代价值重要得多。那么，怎样才能实现儒家伦理的现代价值呢？我的基本观点是：这有赖于儒学的普世化，而儒学实现普世化的根本途径在于儒学世俗化。关于儒学普世化与儒学世俗化问题，我已分别发表了《儒学普世化的基本路向》、《儒学世俗化的现代意义》①，

---

① 分别见《中国哲学史》2003 年第 3 期、《孔子研究》2000 年第 1 期。

为篇幅所限，这里就不再赘述，读者如有兴趣，请参阅两文。在这里，我想侧重针对反儒学世俗化的主张谈谈自己的不同看法，以促进有关儒学现代化问题的深入讨论。

在我看来，与我的儒学世俗化主张构成尖锐对立者，要数现代新儒家所强调的"草根儒学说"以及"儒学具有宗教性说"。"草根儒学"的问题，比较复杂，一时难以简单说明，容以后专文讨论，这里暂且先讨论"儒学宗教性"问题。

儒学本来反神文主义而坚持人文主义的立场，所谓儒学就是宗教的断言，对于儒学来说，不是儒学自身发展所引出来的问题，而是儒家为了应对西方学者责难中国没有宗教而提出来的问题。这个问题的提出，由于一开始就具有强烈的东方情结，所以一再受到批驳，从未赢得大多学者的赞同。也许是出于东方情结，现代新儒家虽然觉得将儒学直接断为宗教有诸多不妥之处，但仍然出于抗衡西方的需要，将这个问题换了一个角度重新提出来，以强调儒学固然算不上制度化的宗教，但儒家伦理完全可以"证明中国民族之宗教性的超越情感，及宗教精神"①。从这样的角度来挖掘儒学的宗教意义与作用，可以说是现代新儒家三代代表人物的共同追求，但较之前两代，第三代代表人物更看重"儒学的宗教性"，以至于认为儒学只有充分发挥其宗教性才有可能克服其现代困境，产生现代作用，使儒学获得长足的发展。

儒学究竟有没有宗教性以及从什么意义上把握儒学的宗教性，不是本文所应讨论的问题，本文所要讨论的问题是，即便

---

① 牟宗三：《为中国文化敬告世界人士宣言》，载封祖盛：《当代新儒家》，北京：生活·读书·新知三联书店1989年版，第14页。

承认儒学有宗教性，那么从发掘儒学宗教意义的层面来寻找儒学的现代出路是否妥当？现代新儒家当然认为是很妥当的，但在我们看来，这并不妥当，因为它不可能为儒学有效地克服其现代困境找到出路。所以这么认为，基于以下理由：

首先，在把握儒学现代意义问题上，无论是"草根儒学"的立论还是"儒学具有宗教性"的立论，对现代新儒家第三代代表人物来说，都是根据普遍主义的原则，重在发掘儒学超时代、超历史的精神，所不同的是：一个（草根儒学）侧重关注儒学底线伦理，一个（儒学的宗教性）侧重关注儒学超越精神。前一个方面，是希望证明儒家的底线伦理可以为构建全球伦理提供精神资源；后一个方面，则是希望证明儒学的超越精神完全可以适应现代宗教精神的发展趋势。尽管表面地、孤立地看，这两方面似乎没有什么不合理之处，可仔细地推敲，仍然会产生疑问：超越精神属于理想范畴，不属于底线伦理范畴，则根据矛盾律，从超越性、宗教性层面掘发儒学的现代意义与从底线伦理的层面掘发儒学的现代意义，在逻辑上是背反的。既然如此，我们究竟是从"草根儒学"的层面把握儒学普世性的精神价值好呢，还是从"儒学具有宗教性"的层面把握儒学普世性的精神价值好呢？如此困境势必造成民众的难以选择，而难以选择又势必令民众对儒学的现代意义产生怀疑，甚至产生厌倦，从而自觉不自觉地拒斥儒学。

其次，在发展儒学的途径问题上，阐发"儒学的宗教性"的目的在于反对以世俗化的路向来发展儒学，将儒学的现代发展的重点放在架构儒家的"道德的形上学"以及确立儒家的终极关怀上。现代新儒家重在从架构儒家"道德的形上学"

和阐发"儒学的宗教性"方面发展儒学，当然不是为学术而
学术、为理论而理论，而是有很现实的目的，即为了将儒学的
现代发展引向"超越"的路径，将儒家的道德确立为现代民
众的道德，将儒家的终极关怀确立为现代民众的终极关切。既
然无论是架构儒家的"道德的形上学"还是确立儒家的终极
关怀，对现代新儒家来说，都是为了给儒家的道德确立一个超
越的根据，以便循"超越"的路径发展儒学，那么这个路径
就要保证现代民众注定会以儒家的道德为道德、以儒家的关切
为关切。可事实是，它并不能保证由儒家的关切变为民众的关
切这一转变的实现，因为它无法证明以儒家的关切为关切才是
民众合乎生存之目的的合理选择。按照康德在《道德形上学
原理》中的揭示，行为选择的合理性，与选择之合乎目的是
一致的，因此任何合乎人蕲求之目的的选择，其合理性必然体
现在它是根据普遍规律作出的选择。那么，这个预先决定人之
选择必然合理的普遍规律是什么？康德回答说，它就是当人根
据某原则去行动时他相信他所遵循的行动准则一定是别人也普
遍认同的准则："一个什么样的规律，它的表像能规定意志，
而不需预先考虑其后果，使意志绝对地、没有限制地称之为善
的呢？既然我已认为，意志完全不具备由于遵循某一特殊规律
而来的动力，那么，所剩下来的就只有行为对规律自身的普遍
符合性，只有这种符合性才应该充当意志的原则。这就是，除
非我愿意自己的准则也变为普遍规律，我不应行动。如若想使
责任不变成一个空洞的幻想和虚构的概念，那么，这样单纯的
与规律相符合性就一般地充当意志的原则，不需任何一个适用
于某些特殊行为的规律为前提，而且必须充当这样的原则。人
的普通理性在其实践评价中，与此完全一致，而且在任何时

候，都把以上原则作为准绳。"① 根据康德所确立的这一普遍规律，现代民众要先验地确定自己选择儒家的道德和儒家的关切是否合理，就必须首先确定他人是否也普遍地选择儒家的道德和儒家的关切。姑且不论对于生活在经验世界的民众来说，由于其价值选择多基于情感上的好恶，根本就不可能做到如此的理性，即便假定他们能如此理性地作出合理的取舍，那么他们之如此地有理性恰恰保证了他们绝不会选择儒家的道德和儒家的关切，因为理性告诉他们，现代社会是一个价值多元的社会，谁也无法保证自己的价值选择同样也是别人的价值选择。既然现代民众无论谁都无法先验地保证其价值选择的普遍意义，那么有什么理由可以断言：只要儒学的宗教性得以确立，儒家的终极关切就注定会成为民众的终极关切？

再次，探讨"儒学的宗教性"，其根本目的无外乎为现代民众确立一个与儒家理想相一致的终极关怀。这一目的若要实现，起码应具备一个前提，即现代民众的终极关怀与儒家的终极关怀就本质讲相吻合，但事实表明儒家的终极关切与民众的终极关切有本质区别，因而欲将儒家的终极关切转化为现今民众的终极关切简直不可能。儒家讲"为己之学"，追求的是"孔颜乐处"，终极关切在于"成贤成圣"。这也就是说，"成贤成圣"是儒家精神生活中终极的、无限的、无条件的方面，其他方面（诸如求利、立功、立言，乃至治国平天下、成就帝王大业）即便为儒家所关切，也都是暂时的、有限的、有条件的。正因为儒家强调"成贤成圣"这一关切具有终极性、

---

① 康德：《道德形而上学原理》，苗力田译，上海：上海人民出版社2002年版，第17页。

无限性、无条件性，所以他们实际上所关切的也只能是一个永久期盼的理想。尽管对儒家来说，这种对"成贤成圣"理想的永不停止的期盼比"成贤成圣"本身更具有人生的正面价值，但在普通民众看来，这未必不是将人生的价值归结为不切生活实际的乌托邦，因为普通民众基于自己的生活感受从来就不憧憬远离生活的神圣价值，而只关切对自己生活有实际意义的世俗价值。民众根据自己的世俗价值之认同，最为关切的就是如何"趋利避害"，尽可能减少人生的痛苦以获得人生的最大幸福。既然这两种关切性质如此不同，则导致相异的价值取舍就是必然的。例如，从儒家所追求的"孔颜乐处"来讲，千方百计聚财敛财对于实现人生价值就是不合理的，必须反对；而从民众的"趋利避害"的愿望来讲，千方百计聚财敛财就是合理的，不必反对。既然民众的关切与儒家的关切如此的背反，那么从发掘儒学宗教性所确立起来的儒家的终极关怀如何能转化为民众的终极关怀呢？这只有一个可能，就是民众放弃自己的关切而真诚地认同儒家的关切。可问题是，民众凭什么自觉放弃自己的关切而认同儒家的关切？要让民众放弃自己的"现实"关切而认同儒家的"超越"关切，其前提是民众必须体悟到：就对生活的意义而言，儒家的"超越"关切要比他们自己的"现实"关切更实用。但这是不可能的，因为儒家的关切之所以称为"超越"的关切，正在于此关切是超现实的，所注重的恰恰不是实用价值而是超越价值。超越价值只是一种本体论意义上的理想预设，其显著特点就是非实用性，因而它的作用只能通过对现实生活的超越来实现。这就决定了它为民众所指出的应当如何生活的方向，实际上就变成了要求民众不要一如既往地生活下去，要将自己的平庸生活改变为高尚的生活。这其实就是对民众实际的现实生活的干预。从道理上讲，这种干预也许有意义，但对于为日常生活所忙碌的民众来说，这未必不是一种不知生活之艰辛的蛮横干预，毫无道理可言。对于普通民众来说，对日常生活的关切总是第一位的，企图改变之，使他们关切于超越价值，也只能是现代新儒家美好的愿望罢了。

最后，即便假定民众愿意放弃自己的关切而认同儒家的关切，那么仍然需要确立切实可行的途径才有可能实现这一转变，否则再怎么愿意也不可能真正实现这一转变。那么，民众通过什么途径才能实现这一转变呢？按照杜维明先生的解释，民众要实现这一转变，前提是必须体会"日常生活的终极意义"[1]。而按照刘述先先生的解释，则"直接通过生命的强度表达出来"[2]，没必要经过曲折的体证过程。且不说确立"生命的强度"对于忙碌于生计的普通民众来说是多么的神秘，即便就民众所熟悉的日常生活来讲，要让民众从柴米油盐之类的日常生活之中去体会其"生活的终极意义"，他们未必不会将柴米油盐视为其生活的终极意义。可见，要让民众认同儒家的关切，不以柴米油盐为生活的终极意义，而追求高尚的道德生活、艺术生活，还必须让民众自己掌握能够体会出日常生活之终极意义的方法与途径。对这个无法回避的问题，杜维明先生的确没有回避，而是作出了明确的回答："自我的充分实现，无须任何外在帮助。从终极意义上看，自我的实现就意味

---

① 杜维明：《儒家思想》，载《杜维明文集》第 3 卷，武汉：武汉出版社 2002 年版，第 248 页。

② 刘述先：《儒家思想开拓的尝试》，北京：中国社会科学出版社 2001 年版，第 51 页。

着天人合一的充分实现。但是，达到这一步的方式，永远不应
该被理解成在孤立的个人与上帝之间建立一种关系。"① 杜维
明先生的这一回答，告诉我们以下意思：人不能靠外在的启示
了解自己日常生活的终极意义，人对自己日常生活的终极意义
的把握意味着人之"自我的充分实现"；人一旦充分实现了自
我，就意味着天人合一的充分实现，世俗的日常生活于是获得
了神圣的宗教意义；但这种"天人合一"的关系，不是说每
一个特殊个体都与上帝建立一种信仰与被信仰的关系，而是指
每一特殊个人都必然地与人之"自我"构成密不可分的关系。
这种关系，从本体论意义上讲，意味着人对自己"人性的固
有的'信仰'，是对活生生的人的自我超越的真实可能性的信
仰。一个有生命的人的身、心、魂、灵，都充满着深刻的伦理
宗教意义。就儒家意义而言，成为宗教，就是进行作为群体行
为的终极的自我转化，而'得救'则意味着我们人性中所固
有的既属于天又属于人的真实性得到充分实现"②。杜维明先
生论说得很深刻，但理解起来并不难，它无外乎是说：民众
无法求助于外在的启示完成由自己的关切向儒家的关切的转
变，人只能靠自己"进行作为群体行为的终极的自我转化"。
而这种自我转化，就形式讲意味着个体按照群体行为的标准
来确立自己生活的终极意义，就内容讲其实就是人自己去体
知"人的自我就在其自身的真实存在之中体现着最高的超

---

① 杜维明：《儒家思想》，载《杜维明文集》第 3 卷，武汉：武汉出版社
2002 年版，第 249 页。
② 杜维明：《儒家思想》，载《杜维明文集》第 3 卷，武汉：武汉出版社
2002 年版，第 252 页。

越"①。这样看来，民众能不能做到对于人之固有人性的"体知"就成为他们能否实现由自己的关切转向儒家的关切的关键。那么，如何去"体知"？"体知"在杜维明先生的论述里，被解释为人"从事道德实践必备的自我意识"②。他使用必备一词，就是要明确无误地表明这个自我意识是先验的，是先于具体道德实践的预设意识。而这个先于道德实践的预设的自我意识，在杜维明先生的论述里，其实就是指"德性之知"。这样一来，"体知"无论说得多么深奥，它实际上就是指根据"德性之知"先验性地体悟人之日常生活的终极意义在于实现人自己的良知与爱心。尽管杜维明先生强调这一道德实践过程是知行合一的，对良知的体悟就意味着实践着良知，但"体知"既然不同于经验感知、理性推知，完全是先验的道德体验，则"体知"的效用就完全依赖于个体的道德悟性，也就是说没有个体的高度的道德悟性，道德的"体知"就无从谈起。"体知"的有效性既然取决于个体的高度的道德悟性，那么企图让民众通过"体知"的途径去把握其日常生活的终极意义——就是说要让民众完全靠自己的道德悟性体知人之先验的德性之知是人之生活在价值上的"最高的超越"，懂得人只要恪守先天的良知、"爱心"，就能确保由世俗关切走向神圣关切，实现人性与神性的相通——就是不切实际的空想。因为普通民众为自己的生活经验所局限，他们既不可能必然先验地具备高度的道德悟性，又不会轻易放弃自己所推崇的实用价值

---

① 杜维明：《儒家体知传统的现代诠释》，载《杜维明文集》第5卷，武汉：武汉出版社2002年版，第365页。
② 刘述先：《儒家思想开拓的尝试》，北京：中国社会科学出版社2001年版，第51页。

而认同儒家所谓超越价值。

（原载《社会科学战线》2007 年第 3 期）

中国文化思想——"三才主义"

周 汝 昌

小引：弥纶六合·包蕴三才·回归太和

本文拟从"三才"这一中华文化理念而讲到和谐精义的思考路线，以为可供目下热谈"国学"者参酌而加深研索其间的丰富内涵和深远意义。中华文化是个大体系的哲思问题，不是零散琐屑的"杂拌"、"拼配"菜肴。

少年时写春联年对，联对必加横批。有一条横批文曰"六合回春"，我很喜欢这句话。其后，自悟，吉祥图案画上有"鹿鹤同在"一目，心知"鹿鹤"即"六合"的谐音而加以形象艺术化，由"文采"而走向"通俗"，于是雅俗合一，互通共济。这一点是中华文化的一大特色，忽略不得的。

去年天津与台湾联办楹联比赛，来征联文。我即时拈一七言对，文曰：

> 九州文汇三才秀
> 两岸花联一脉鲜

见者以为佳，然有提问者：三才是什么？我方"惊"觉，自己民族文化上那么通常的用语，如今竟然不懂了，岂不可思？岂不堪忧？由是，讲讲"三才"还很必要。

我于 1995 年应中医学院之邀去讲医理中的"太和"。次年又应《中国文化》征稿，乃写《三才主义》一文。写"三"才，是为了一"和"，不是"三分天下"。至 1999 年《北京大学学报》第 2 期刊出主编龙协涛先生对我的专访记《"红学"应定位于新国学》，其中又讲到"和"在中华文化上的要义。2007 年又写《和谐之思》一文，刊于《解放日报》。以上是我近年断断续续的一些文化探研的粗略轨迹，记于这里，聊充"提纲"可也。

"六合"，指东西南北四方加上下，是对宇宙"六维"的观念和代称。"三才"是天之才，地之才，人之才。三合一，即天人合一。不是一分为三。

六合、三才、八卦、五行、九畴……是现象，还是妙理？

诗曰："二仪八卦久知闻，六合三才便觉新。""太乙"、"泰一"又何也？和谐至宝最堪珍。

一、命题的提出

三才，华夏古词；主义，西方今语。如今组而合之，倘能见容于时尚乎？《易·说卦》："是以立天之道，曰阴与阳；立地之道，曰柔与刚；立人之道，曰仁与义——兼三才而两之，故《易》六画以成卦。"三才的观念，见于文字，似当以此为最早。

古人不会说"主义"，晚近出现了这个新名词。"望文"而测之，大约是主张、宗旨、理论、设想等等意思。我借用它，以便说明一种拙见：我们中华文化思想之纲，可用"三才主义"来表述。

二、浅释数端

古语，字省句短而每协韵，先秦之书其例甚多。此处曰阴与阳，曰柔与刚，正复如然，而曰仁与义不谐，故疑本当作"曰仁与方"，而后世儒士改易之。盖方即正，正即义，而"义方"亦连文也。

人人皆知，讲《易》，曰乾阳为天，乾性属刚；坤阴为地，地性属柔。乃《说卦》之文却言天之道曰阴阳，地之道曰柔刚，这不全"乱"了吗？于是有悟：我中华之人，自古没有机械论，早懂辩证法。盖天之与地，乾之与坤，对待而言之，则彼阴此阳，彼柔此刚；然其自身本体，又各自具有阴阳柔刚也。否则，若天只阳，安有秋冬？若地仅柔，讵来山石？讲之难通矣。

由此可推：虽曰人道仁义，亦只对待以言之之理耳，天之与地，又各自具有其仁义也。《老子》云"天地不仁"，反语也，故天地本具仁心，始有好生之德。人有屈枉，必呼天以求其直，廉正之官，民皆以"青天"称之，是天有义方之证也。

三、何以必三

既曰阴阳二气，既曰乾坤两仪了，如何又生出一个"三"来？回答此问，可借重南朝齐梁间大师刘彦龢的话来帮助，最为简要。他说："仰观吐曜，俯察舍章，高卑定位，故两仪既生矣，惟人参之——性灵所钟，是谓三才。为五行之秀，实天地之心……"（《原道》）

这"参",是表"三"的动词,意谓"加上去,共成为三",略如"骖"字为三驾也。由此可知:人之所以独有配天地而三之的资格,全在他生来具有之性灵。

大英雄唐太宗的文章:"盖闻二仪有像,显覆载以含生;四时无形,潜寒暑以化物。"这"万品"的"生"与"物"皆不具此性灵,是以总难入列。

一个"灵",一个"秀",是人的最大特点,即所以与万品区分的唯一标准。然而,这灵这秀,又非人所独专,它不过是二仪的"心"的代表者罢了。由此又可知,人并非天地之外的一个独立之物,他是天地的一个"部分",离开天地,他也就无所谓灵心秀气,也就构不成"三才"了。

这是中华文化思想的第一条根本要义。钱穆先生的最后一篇总结性的论文有云:

> 中国文化过去最伟大的贡献,在于对"天""人"关系的研究。中国人喜欢把"天"与"人"配合着讲。我曾说"天人合一"论,是中国文化对人类最大的贡献。

这是一位大师一生治学的总结论。我因此想,"三才"的命题,也正是"天人合一论"的一个最早的表述方式。

四、才是什么

依据我国古代、近代大学者在文字训诂学上的公认意见,"才"的造字取象是"草木之初"。草木的"初",还未长成全形,但它蕴涵着全部的生机——生命之力,它会从那一初级形态逐步发育成长为枝柯扶疏、花叶茂美的滋荣旺盛的境界。因之,"才"所表所含的意义是生的能力、质性、品貌、风采。

后世之人，尤其今日之人，一闻"才"字，大约首先（或仅只）想的是文才，但古代的"才"字用法，并不如此狭隘，它的含量很是广大。比如，"才具"这一词语，现代少用了，故多不懂何谓了，而在清代官制上，上司给属员下个"考语"，说某员"才具平平"，这句话还是习用之词，译为白话，大致是"才干平庸"、"办事的能力不怎么样"。

在这方面，还有"四才"之目，即：身、言、书、判四项，是做吏够格的必要标准。我们这一代人，小时候过新年，要玩"升官图"（一种家庭文娱形式），用一个小小四棱木陀螺，捻转它，使其转毕"坐"定，其朝上的面所书何字，便定升迁黜降——那四个字就是：德、才、功、赃。这才，便指"才具"了。

如再打比喻，"四才"之外，还有"五才"之目。这五才与做官无涉了，它指的就是五行：金、木、水、火、土。

你看，举例到此，"才"的含量，包括着性能与表现，蕴涵与施展，灵智与风貌……假使让古人来讲"铀有放射性"，那么就会是"铀之才也，放射焉"。

五、天地的心灵

由上述可知，阴阳变化，五行生克，皆天地之才也。

然而，此非天地自诩其为才，乃是由人而领悟之、而赞美之。

换言之，人（中国人也）从来不把天地当做"死物"来看待；在人的心目中，天地与人一样，同具生命与灵智。

是故，天有天才，地有地才，人有人才——此之谓三才之道。

六、人的自我估价

人凭什么就敢说自己足配天地而成三才？这在经典古籍中早有可供论证的文字，如：

《孝经·圣治》云："子曰：天地之性，人为贵。"

《春秋繁露·人副天数》云："天地之精，所以生物者，莫贵于人。"

《汉书·刑法志》云："夫人肖天地之貌，怀五常之性，聪明精粹，有生之最灵者也。"

《礼记·礼运》云："故人者，其天地之德，阴阳之交，鬼神之会，五行之秀气也……故人者，天地之心，五行之端也；食味，别声，被色而生者也。"

这些，显然就是刘舍人彦龢所说的"五行之秀，天地之心"之所本，笺注家列举分明。

当然，这个"所本"，并不单纯是词章的"出典"，原是一种文化思想的认同。我们中国人认为：人是天地所生万品中的精华，具有灵性，能感受声色味，是天地的心灵。易言之，人是天地的一个精灵的凝结的代表。

经过长期的体察领悟，人达到了这个自我估价的理解认识。

因此，人参天地，共为三才——这是中华文化思想的一大总纲。

七、自重而非自大

既达到了这一认识，不是就会十足狂妄、夜郎自大起来了吗？曰：不然。人很能自知，他明白，虽为精秀灵心，却不是离天地、超天地而自诩自封的，孙行者没有跳出如来掌心的意念——小说的寓意，端在于此。

人是怎样与"三才"之道相通共处的呢？

一、对天，是敬服之；

二、对地，是亲近之；

三、对人，是仁爱之。

这不需处处引经据典，只从民俗而观，就十分清楚了。

中国的百姓，把天称为"老天"、"天爷"、"老天爷"。敬之，信之，服之，畏之，安之，望之，祈之。此一条目，毋庸繁语。

先民似乎是主动地、有意识地与天建立和保持交通联系的——其办法或形态是奉巫。巫是天的代言人。

先民又怎样与地亲近呢？同样重要的活动，就是祀社。

人，千万年前就靠巫社两大脉络将自己维系于三才之中——而不是自外于天地之"表"。

八、一切中华文化的起源

巫与社，是一切中华文化的起源。巫是诗、歌、舞、剧、医（古从巫作毉）、卜……百般文学艺术等形式之创始者。这方面，早有研究专著阐释详备了。

社，是中国文化的另一条大动脉。它的本义是祭祀后土、坤灵，即大地之神。最早的形式是"社树"，只要有人众聚落之处，大家必先选定一株大树，视为后土神之所寄之点，群来奉祀。每岁二正社：春社祈禾谷之丰穰，秋社报后土之厚惠。由此，社树、社屋、社场就成了此一村落的"文化的活动中心"，举凡祀仪、庆典、时令、节序、议事、娱神、市集……种种活动，咸以社为其聚点。此即中国一切文化艺术的发祥地，而"社会"一词的来源与意义，亦莫能舍此而他求焉。

后世的庙宇、庙市、庙会，寺庙本身的百般工艺（大至建筑、雕塑、壁画、音乐、仪礼……小至供器、幡幢），亦皆由此根源而发展，而衍富。

九、俗语、小说、民俗中的三才观念

三才的另一表述方式是天、地、人三种条件的获取与分配，即：天时，地利，人和。

村民父老，并不识字，却喜闻《三国》之故事，是故人人皆知：曹操逢天时，孙权占地利，刘备得人和。

天之曰时，包括时机、运会、气数。此天道运转推迁，非人力所能左右者。地之曰利，包括山川、形势、交通、物产。此亦本出天然，但又半赖人力以开发之，以种植之。人之曰和，则今之所谓"人际关系"，实包人心之向背、人才之归散、政治之清浊、制度之良窳等等而言。

此三者备，而功业成，文化被——得其一者犹足以分庭而抗礼也。

恶人恶业，群必诅咒之，曰"天诛地灭"、"天地难容"，庆幸感戴，则必曰"谢天谢地"、"当谢天地"。

百姓人家，其所祀奉，祖宗、群神之外，必别设一位，曰"天地牌"，上书五个大字——天地君亲师。

三才观念的另一变相，即人事的上应天象，人物的上属星辰。仍以《三国》为例，诸葛武侯是位"究天人之际，通古今之变"的大人才，京戏里也唱他是"论阴阳，如反掌，博古通今"。他时常"夜观天象"以定机谋。他步斗禳星，以祈年寿。最终，五丈原秋风悲气，大星陨落。这类事例或意识，在传统小说戏本中举不胜举。这种人与天地紧紧连在一起、不可分割的三才观念，就在《水浒》、《红楼》中也能窥见其踪影。

是知三才的认识，虽其最初也许是某几位古圣先贤的高智之所至，但是这早已不是"知识阶层"的精神世界，而是普遍深入广众心间的大道理了。

十、文化之"文"

文化者，其形态百端千绪，要以"文"为之眼目——不然者，何以独称"文化"？文者何也？又通认"文"者，主要离不开文字。中国文字，以汉字为主流大宗。汉字的肇造，载记中明言是仰观于天，俯察于地，取象以表人事者也。是以汉字的本身，就是一种"三才结构"体。

汉字的书写，常言术语，皆曰"一点一画"，又曰"积点成画，积画成字"。如今要问一句：点与画者，何象也？愚试为之答曰：点即天，画即地。天地之象也。汉字之造，自象天象地始。

众所熟知，天字古作**大**，即头顶、头上之义。故古音"天"与"颠"（头顶）同。是以"·"（点）者，即天之表意形态也。画者何？即俗语之"一横"也。横谓之"画"，竖谓之"直"，书家咸晓。而"一横"者，即表地之象也。是以 **土**（土）、**坐**（生）、**旦**（旦）等字，皆是下一横画表地（或地平线）也。趾在地上为 **坐**（之），人在地上为 **立**（立）也。由是可悟，汉字之最基本的构成"部件"，天地是也！

上天下土，天尊地卑，是以中国人之观念，万象必自上而下。（植物草木，似乎其生其长，乃自下而上矣，此乃春夏阳升；当其秋冬阴降，则落叶归根、生机下聚矣。）是故汉字书写，其竖笔（直）必自上而下，"土""生""木""禾"，统不异也。

"三"画之叠，必自上而下。一字如此，积字成行亦如此——必自上而下：上一字之末笔，其意、势皆与下一字之首笔相为衔联。

此为汉字书写的基本原则之一。因此，上字末笔与下字首笔之间，距离最短，书写最便——顺势，畅意，省力，节时。

此即汉字书写传统法则的最大优越性，亦即科学性。

西文之事，与此全异，其字母衔联，自左向右，试观其"草体"，分明可见：其前一字母之末，亦必与后一字母之首相连相接，距离最短，此科学也。

今日现行之汉字书写法，仿诸西文，横行排次——于是其前一字之末笔乃与后一字之首笔距离最大，且笔之势，并皆扭曲隔断——字字须停，笔笔另起。其费力费时，数倍于昔，亦数倍于西文矣。

此其违科学性之明征也。

十一、三才观念的"雅俗"共之

钱穆先生建议,欲究"天人合一",应先写一部中国天文历法的专著。此言最当。古历中著名的三统历(又名三正历),即是佳例。《史记·历律志》解三统:"三统者,天施、地化、人事之纪也。"

这简直好极了——真是对"三才"的又一最好的注解!

三统历者,即夏正建寅为人统,商正建丑(十二月)为地统,周正建子(十一月)为天统也。三正,又称微,见于《后汉书·章帝纪》;初唐杜必简《和李大夫嗣真奉使存抚河东》诗"六位乾坤动,三微历数迁"是也。据《汉书·律历志》:"历数三统,天以甲子,地以甲辰,人以甲申。"按:申子辰三位,乃五行水之生、旺、墓也,故于"子平学"中谓之"合水局";而历法干支分属天地人,其理奇妙。而"子平学"者,亦正即天人合一、三才兼会之学也。

历法乃高深的科学。江湖术数,如相法,以面部三停,上为天庭,下为地阁,而"人中"居两间焉。闺中玩具,骨牌雅制,也以双六为天牌,双幺为地牌,双四为人牌,而双五(大五)、双三(长三)、双二(二板)无能参伍。骨牌点数拟形比像,以六为云,以幺为日,以四为杏,以五为梅……又每副以诗句配之,亦中华俗文化之奇致。而今之人只知有"进口"的桥牌,不亦悲乎?

由上所举,自弘及琐,在有三才观念存乎其间,所谓雅俗共之,正见大道之行也,周洽溥被,深入人心。至明人辑巨帙题曰《三才图说》(一作图会),则十四门类为:天文、地理、人物、时令、宫室、器用、身体、衣服、人事、仪制、珍宝、文史、鸟兽、草木。此即表明，人间万象，统于三才。故中华文化即是三才文化，非一家之私言也。

由是而言，欲弘扬中华文化，必先阐释"三才主义"之深旨。

十二、数典念祖

自"西学东渐"，一时蔚为"言必称希腊"之新俗，而浑不知"言必称三才"之祖风矣。我生于民国七年戊午（1918），遂成为"新文化"时代之"藐躬"；求学之日，亦颇慕欧化（燕京大学西语系之一员也），尝读六朝唐初人文辞，见篇无巨细，其开端必从太极之判、两仪之分、阴阳之理、五行之变等说起，当时以我浅薄之识，妄议古人渊厚之思，乃以为"可笑可厌"——篇篇累累赘赘，绕大弯子"从头说起"，洵腐儒之套头也。盖因浅薄，绝未悟彼世之重三才，实中华文化之命脉，故不敢忽而略之也。

三才之论，本上古识解，其义广博。及至后世，"才"字渐渐转入文学领域，几乎专用语矣。"才思"，"才情"，"才调"，"才华"……皆文士词家之事了，而中华文化之重才，亦由是益显。曹子建独得"八斗"，遂为中国才人之大代表，或曰象征人物。

然而此文学之才，仍隶于三才之才，非有别宗，离本自异也。是以中华文学，与欧西不同。如以欧西文化之眼光与标准而读中华文学，则一篇饯行诗耳，奈何要自"六位乾坤动，三微历数迁"写起？岂非极不可通之绝大怪事与笑谈？

其实，何止此例之类也。陶元亮的"良苗亦怀新"，老杜的"欣欣物自私"、"花柳各无私"，貌似"写景"之句，亦不能领其意趣，更何论于陈伯玉之登幽州古台时，"前不见古人，后不见来者（zhǎ）；念天地之悠悠，独怆然而涕下（xiǎ）!"也就觉得这太其妙莫名了。

现代人"整理"中华古代文学，总忘不了从欧西运来的"写实主义"、"浪漫主义"等等一串名词概念，往自己的"整理对象"上硬套一番，以当"研究成果"，于是凿枘唇嘴，并皆龃龉，而后生小子，炎黄子孙，将不复知其祖宗之灵秀何似。倘如是，岂不至可悲乎？

所以愚意不自揣量，欲令来者莫忘三才之义。三才者何？中华民族之大文化、大科学是也。其念之哉。

壬申十月望日写记于燕都东阝甸之庙红轩

小　结

把"天人合一"与"三才主义"持来比并而看而思，又当如何以识其异同，明其意义？在此我不妨采用一个最简易、不带学术习气的办法来让人一下子体味到若干有益的教示——办法是从日常词语来看问题——关于"合一"的合，显然是原本非一的变而为"一"。或者是原本实一，后来人为地被分割了，然后复合还本，即"归一"。例如，"混合"、"化合"、"掺合"、"配合"……是其语式也。而另外，则"和睦"、"和平"、"和乐"、"和善"、"和悦"、"和谐"……是其语式也。

那么，我不妨指明：前者是一种"状态"，而后者却是一种"境界"。前者虽合，是"自然之道"，多数中无入"人"的情感成分，而后者正是"人心"在起主要作用。

H_2O，氢二氧一（水），"碳水化合物"（米、面），这是"合"。而"和而不同"的和，仍然是诸多个体的共处共和。纵然，"合""和"有时也达到"统一"，但毕竟其间微妙差别还是要人们深细谙悉的。

请问一下：为什么人类政治体制上有的叫做"共和国"？又有一种"联合国"？辛亥革命后，我上小学时，最时髦的话是"五族共和"（汉、满、蒙、回、藏），国旗是"红、黄、蓝、白、黑"，你不能改写成"共合国"。"合作社"不能改写"和作社"。

所以，"三才"的感知、理念与口号是不尽同于政理上的"天人合一"的。儒家的礼乐之道，重在一个"和"——各居其位，各司其职，各尽其责，各遂其生，而又拒绝自私，崇尚共享的"和谐"。这与只强调"天人合一"的那个"分久必合"的"合"，确实是两种意味与境界。

忠言一句：仁人志士，欲读"国学"，请先在汉字语文上痛下真实工夫，不要总是先引来一个什么外来的新鲜词语、口号套在自家的"文字"上而作为弘扬国学的"成功利器"。

小恙袭人，草草补记首尾，停笔正值丁亥立秋大节，头目一清。

（原载《社会科学战线》2008 年第 1 期）

六合思维与天地境界

——中国叙事的大文化模式

杨　義

一、问题的提出

中国在近代发生了一次巨大的历史上罕见的思想、文化、学术大变革——由传统"中学"向现代"西学"转换的大转型。中国现代以来的一切问题都由此生出，而所有的问题又都可以基本简化归约为"中西关系"或中学与西学的矛盾。诸如全盘西化、国粹主义、中体西用、西体中用等都是这一根本问题的不同症候、镜像或表征。笔者无意去重翻历史的旧账，而是想切实地面对这一矛盾的"当下时态"，并借中西之异的立场，来提出和建构不同于西方文化谱系的中国自己的叙事文化模式。

从比较的意义上看，西方文化在 17 世纪已开始进入现代形态，20 世纪中期又发生了后现代转型。而中国文化的古典周期则比较长，直至 20 世纪初才开始现代性建设。① 另一个

---

① 学界一直有把中国现代性发端的时间不断前移的趋势，比如上推至"甲午海战"、晚明，甚至"两宋"，如所谓的"内藤湖南命题"，即认为宋代为中国的"近世"，中国在唐宋已开始转型。可算不同之见。

不争的事实是，中西之异并不仅仅是一个时代问题或历史阶段问题，还存在着民族之异，即中西文化原是在存在较大差异的两种不同的文化土壤中生成，是两种有重大不同的文化体系。其内在的文化价值、文化结构模式以及基本的文化话语、文化经验都存在着结构性和价值性的不接榫、难通约之处。正如杨义所指出的："西方理论难以充分地覆盖中国文学经验和文化智慧的精华。"① 简要说来，西方文化主要是一种科学文化体系，这一点随着现代科学的全面扩张，特别是西方发生"语言论转向"之后更显突出。而中国传统文化基本上是一种诗性的、统合的体悟性文化，不重概念分析，而重直觉、整体和生命体验。有鉴于此，笔者曾提出中西哲学的元范型分别为：生命模式、气化理性；技术模式、实在理性。② 目的仍在于要强调这"不同"和想坚持这"异质之思"的清醒、自觉，不使"中西之异"在现代性的"全球化"趋势中被无意遮蔽或盲目地"虚无化"。但事实是，中西不对接、不融通的矛盾不仅没有真正解决，而且更为严重的是随着近百年来的相互"磨合"似乎变得更加隐性和内在。实际上，在人们的习焉不察中，中国当代学术研究因为中西的不合榫已出现严重的谱系断裂和"削足适履"现象。正是因为对此有自觉的省察，杨义先生才有意另辟蹊径，提出并已自觉实践："立足于中国文学的经验和智慧，融通东西方的理论视野，探索具有现代中国

---

① 杨义：《中国叙事学的文化阐释》，载《重绘中国文学地图》，北京：中国社会科学出版社 2003 年版，第 1—2 页。

② 参见杨矗：《中西哲学的元范型阐释》，《太原师范学院学报》2006 年第 6 期。

特色的学理体系"的新的学术之路。① 无疑，杨义的主张，对"中西矛盾"的解决是具有"当下时态"的推进意义的，但问题似乎并不这么简单，其中一个十分关键的问题不是是否敢于质疑西学，自觉到中西"有异"，而是要真正认识到两者之"所异"，真正认识和理解中国文化的本质之"异"。因为，受西学的强势"殖民"，中学真正的独异性其实已被覆盖、遮蔽、扭曲或改写了。所以，杨义先生的"返回原点"之思、之求是真正的真知灼见。但是要真正实现此目的，却远非易事。因为，任何还原其实都是相对的，都必然是一种超时空或"异时空"的对话，在今天则不仅是古今的对话，其实其中也早已内含着中西的对话。因为"返回原点"的目的并不是为返回而返回，而是为了新建"中国现代学理体系"，而体系的建构最终又不能不借助于现代的"概念"和"形式"，只有这样才会为已然被西学现代理性所笼罩的时代和学术群体所共享。这里便埋伏着一个概念或形式上的悖论。为了说清这个问题，同时也为了回到本文将要阐论的叙事文化模式问题，下面将连缀出这样一条"中国化学术建设"线索。

在现代中国的"中西矛盾"的"融化"之路上，冯友兰先生的新理学建设很有代表性，也很富启示性和建设性价值。冯先生曾自觉地申明他的新理学是接着宋明理学讲的，这是它连续性的一面，但新理学之"新"又表明它是对旧理学（宋明理学）的超越，其目标则是要建立新的"中国哲学"，而不是"哲学在中国"。换言之，他要建立的是中国式的现代哲

---

① 参见杨义：《中国叙事学的文化阐释》，载《重绘中国文学地图》，北京：中国社会科学出版社2003年版，第2页。

学。而"理性"正是现代哲学的基本特征，同时现代理性又是以逻辑分析方法为其重要特征的，它的代表性资源正在现代西学之中。也就是说，他要建立的新理学说到底又必须是以逻辑分析为特征的理性哲学。但冯先生又认为，科学可以直接从西学中拿来，而包括哲学在内的人文科学则不能直接从西方拿来。比如中国哲学中具有内在价值或终极性价值的内容便无法"西化"，属于最具特色、最本质的部分，也是最无法用西学概念、范畴言说的部分，而只能用中国的方法去"直觉体验"。他把这个核心的内容称为"通天人之际"，并把它提炼升华为"天地境界"，亦即他的"人学形上学"：自然或宇宙是包括人在内的"大全"整体，对这一"大全"的觉识便是"天地境界"，它要求人从比社会更高的观点即从宇宙"大全"的观点看人生。这就是他的新理学所要解决的核心问题。① 冯先生的贡献，简单地说主要有两点：第一，要建立现代"中学"，就要借助现代西学的概念进行转换，把它变成"现代的"；对不能转换的部分则要保留。前者为"可言说者"，后者为"不可言说者"。前者靠概念认识，后者主要靠直觉领悟。但对后者也要用"言说"来促使它显示出来，以便更好地为人领会。第二，在方法论上提出概念认识和直觉体会的"结合"。冯先生通过中西比较和互释所得出的"天地境界"理论，是非常深刻的中国化的"还原（超越）"之论。但惜乎仅限于哲学，还没有打通大文化内部的壁障，达到应有的整体性的文化圆融贯通之境，所欠缺者则是整体性的整合、贯通。

---

① 参见蒙培元：《"接着讲"与"天地境界"》，载杨盍：《人与自然——中国哲学生态观》，北京：人民出版社2004年版，第395—407页。

大约与冯先生同时，宗白华先生也提出中国艺术意境具有生命意识、空间意识和动态的生成性等特征，并也不时语涉"通天尽人"、"俯仰自得"、"游心太玄"，同样触摸到了中国大文化的内在真谛。① 其所长在于中国式的诗意话语和感悟形式，所欠缺者则是现代理性的本质提炼和整体性的整合、贯通。

从叙事文化学的角度而言，美国当代学者浦安迪在《中国叙事学》中认为，中国的叙事模式起源于"史文"而不是西方的"史诗"②，指出，中国叙事的渊源应是中国神话："中国叙事文的'神话——史文——明清奇书文体'发展途径，与西方'epic-romance-novel'的演变路线，无疑能构成一个有意义的对比。"③ 而中国神话则是"空间化"的，是一种"非叙述性"的原型："中西神话的一大重要分水岭在于希腊神话可归入'叙述性'的原型，而中国神话则属于'非叙述性'的原型。前者以时间性（temporal）为架构的原则，后者以空间化（spatial）为经营的中心，旨趣有很大的不同。"④ "希腊神话的'叙述性'，与其时间化的思维方式有关，而中国神话的'非叙述性'，则与其空间化的思维方式有关。"⑤ 很显然，在学理上这一论见同冯友兰的"天地境界"和宗白华的"空间意识"都存在可对接和源流贯通性。而也非常显见的是，这一论见仍然限于局部和相对感性，因为他把缘由归结为"先秦根深

---

① 参见宗白华：《美学散步》，上海：上海人民出版社1981年版。
② 参见浦安迪：《中国叙事学》，北京：北京大学出版社1996年版，第30页。
③ 浦安迪：《中国叙事学》，北京：北京大学出版社1996年版，第30页。
④ 浦安迪：《中国叙事学》，北京：北京大学出版社1996年版，第39页。
⑤ 浦安迪：《中国叙事学》，北京：北京大学出版社1996年版，第42页。

蒂固的'重礼'文化原型"①，这视点就有欠整体和深刻。

更有代表性、同时也更具有"当下时态性"的则是杨义的学术中国化建设。他不光有自觉回到原点的意识，而且也已取得了显著的成果。这集中体现在他的三个研究板块之中：中国叙事学、中国诗学、中国文学图志。在叙事学方面他的主要发现有：（1）在"叙事"概念上，指出中国的"叙事"原为"序事"，而"序"的本意原指"堂屋上面的墙"，是个空间关系概念，因而可看出中国之"叙事"早就内含着"空间"的内涵；（2）在结构上，中国叙事是作者内含于结构之中，具有生命性、生成性等特点；（3）在时间上，中国是先"年"，其次是"月"，最后是"日"，具有以大观小的统观性、综合性；（4）在视角上，指出中国小说的视角是流动性和视角限制性的辩证统一，具有散点动态生成性；（5）指出中国小说存在"多祖现象"，具有某种程度的"复合性"和文化杂体性，等等。在中国诗学方面，他提出中国诗学是一种生命诗学、文化诗学和感悟诗学。②杨义对中国文学乃至中国文化的认识，仍未达到理想的理性通贯之境，其叙事学研究与诗学研究并没有在学理上"打通"，甚至还没有来得及合铆接榫。其根源可能主要来自他"参照西方现代理论"的一个基本观念，而不是像冯友兰先生那样要把中学转化为西学概念。在主观上他大概是想用接近中国诗性智慧的"理性"来阐释中国的诗性智慧，追求工具和内容的最大"契合性"，因此也就有

---

① 浦安迪：《中国叙事学》，北京：北京大学出版社1996年版，第43页。

② 参见杨义：《重绘中国文学地图》，北京：中国社会科学出版社2003年版。

意无意地在根本上排斥了那种西学式的整体性的"本质化"。

总之，在如何看待中学之"异"方面，以上都缺乏应有的本质化的整合与贯通。而笔者认为无论从大的精神生产来看，还是从中国叙事的大文化模式来看，中国式的具有整体可贯通性的大文化模式应该是"六合思维与天地境界"。六合思维是指主体运思的轨迹、范围、框架，它是上下四方（六合）立体化的，而不是线性的、片段的和平面的；天地境界是指文本最后或最高的"世界图景"，或涵摄文本的最后、最高的文意、理趣、哲思；或最高的表情达意境界：与天地的自然大化之道同一、合游的境界。

还是回到叙事问题上来。本文讲的叙事是一种大叙事观，六合思维与天地境界正是这种大叙事的大文化模式。叙事具有构建社会文化形态、塑建社会文化人格的大文化功能，它是生产部族和个体，特别是形成民族共同体的重要途径。在此意义上说，任何不同的民族、不同的文化，都是叙事"叙"出来的。叙事有大叙事与小叙事之分，前者即社会的大文化建构模式，后者即一切具体的叙事性作品，如神话传说、小说、史传、戏剧、影视等不同的叙事性"文本"类别。本文所要讨论的对象是大叙事。大叙事也如法国后现代主义理论家罗兰·巴特所说的：人类一切活动都是叙事。人是"总在进行讲述的动物"，因为"在每一个时代、每一个地方、每一个社会中……都在呈现着叙事。叙事是普遍的、永恒的、跨文化的：它就存在于那里，就像生活本身。"① 也就是说任何民族、任

---

① 奈杰尔·拉波特、乔安娜·奥弗林：《社会文化人类学的关键概念》，鲍雯妍、张亚辉译，北京：华夏出版社 2005 年版，第 245 页。

何不同的文化都有叙事存在，叙事同族群、文化一样的古老。同时，作为一种大文化的生产和建构模式，叙事又会覆盖和弥漫于一个文化族群的方方面面，表现出某种全方位性，正如国内有论者所指出的："叙事是人类与生俱来的一种基本的人性冲动，它的历史几乎与人类的历史一样古老。叙事的范围并不囿于狭隘的小说领域，它的根茎伸向了人类文化、生活的各个方面。一首童谣、一段历史、一组漫画、一部电影，实际上都在叙写某个事件；一段对话、一阵独白、一个手势、一个眼神，实际上都在讲述某些东西……在所有文化、所有社会、所有国家和人类历史的所有时期，都存在着不同形态的叙事作品。"① 这一点，在"天人两分"和长于逻辑分析的西学中也许还不太具有说服力，因为在这种文化体系中，叙事、抒情、表意的"类化"分属会更早、更自觉、更严格些，比如叙事主要由神话、史诗、戏剧、小说、影视来承担，抒情主要由抒情诗来承担，表意则主要由现代派以来的以哲理象征为追求的新的艺术群体来承担，等等。而对以崇尚天人和合、以统合思维为特征的中国文化来说，则具有本质的和全局的意义。因为中国式的叙事、抒情、表意的"类化"分属并不明显，以研究小说美学著称的金圣叹为例，他曾提出一个"六才子书"的概念，即把《离骚》、《庄子》、《史记》、杜甫诗、《水浒传》、《西厢记》统归在一起，就表现出一种典型的"文史诗剧小说"混杂统合意识。

要而言之，中国叙事是自有格局，自有体系，是一种典型的大文化叙事模式。西方的叙事理论，尤其是以形式和结构的

① 《"叙事学研究"专栏开篇辞》，《江西社会科学》2006 年第 10 期。

"数学化"分析为特征的西方现代叙事学，不太适合中国传统的叙事经验，这主要表现在：第一，中国古代长期以来占主导地位的文学形式是诗而不是小说和戏剧，此外则是散文（包括先秦诸子散文、历史散文和唐宋八大家的文学散文）。第二，中国的叙事艺术若以西方的范式看，其出现是非常晚的，像某些论者所指出的："中国的叙事艺术传统似乎比许多民族尤其是以希腊、罗马文化为源头的西方传统要弱得多。在中国，成熟的叙事艺术如史诗式的长篇叙事文学、具有完整情节的戏剧都出现得很晚……事实上，中国早期的叙事传统是以更加理性、更加实用的'史'的形式发展的，因而作为想象和虚构的艺术的叙事文学的发展则相对滞后了。""中国的叙事艺术真正有了重大发展的时期是宋元以后的近古时期，最重要的标志是自元杂剧以来走向成熟的戏剧叙事和元末明初从话本的基础上发展起来的白话小说。"① 第三，中国传统的叙事正是一种大叙事，它应该在"人猿相揖别"时就产生了，它是中国民族讲述经验、生产意义、生产民族个体和民族共同体的重要途径。

因此，问题的关键并不在于中国早期存在不存在叙事，而是要指出中国叙事不同于西方的特异之处在哪里。我认为除了"文史兼涵"或叙事"史传"化这些中国叙事的原始特征外，叙事中的特殊的思维方式、天人关系、世界图景更为重要，这就是在根本上影响和统贯中国叙事艺术、叙事文化的大文化模式：六合思维与天地境界，这也是上述中西矛盾、中西之异的

---

① 高小康：《中国古代叙事观念与意识形态》，北京：北京大学出版社 2005年版，第 12 页。

文化比较、对话谱系演进过程中还处在模糊或非澄明状态的问题，或曰还未找到更加深入和整体性的表达它的理论形式。

作为一种大叙事的大文化模式，这一思维同时也是结撰为文的文本生产范式，在中国，不仅渗透贯彻在规范的叙事性文学作品之中，而且还体现在诗、史书、词、文等几乎所有的精神文本之中，是一种在特定哲学—文化中形成的大的文化叙事范型，它是由特定的气化的天人关系模式所决定的，在根本上则首先依赖于中国哲学、中国文化的天人哲学大范型。因此，我们的研究或范型建构，首先须从哲学范型开始。

二、天人哲学：从天人关系到气化宇宙观

文化模式是指稳定的文化结构，它是精神性、价值性的心理或文明机制。文化模式在共时态方面表现为民族心理和民族文明形态。民族心理也被称为国民性，如阿Q的精神胜利法等。民族文明形态是指一个民族的整体文化"模样"。文化人类学家本尼迪克特在《文化模式》中曾论述了酒神型文化模式和日神型文化模式，指出美国以及墨西哥印第安人在整体上属于酒神文化模式，而新墨西哥的普韦布洛人则属于日神型文化模式。① 中国民族的文化模式在一定意义上则是一种"气化理性"模式，这种文化模式对中国的叙事模式具有决定性的作用，而"气化理性"的形成在根本上则是由特定的"天人哲学"所决定的。

---

① 参见露丝·本尼迪克特：《文化模式》，北京：生活·读书·新知三联书店1988年版。

中国哲学的一个主要的奠基石、主体骨架就是"天人关系","中国古代哲学可以称为'天人之学'。'天人之际'是中国哲学的总问题"①，到了宋明理学那里甚至认为"学不际天人，不足以谓之学"。（邵雍《皇极经世·观物外篇》）中国古人的特殊智慧首先就表现在他们对天人关系的重视上，要解决的基本问题是：人与天是否有必然关联、两者是否可以统一？也就是"天人交通"问题。对天人关系的重视使中国哲学在根本上成为一种"天人哲学"，其内涵有四：有机、统一、同构、和合（和谐），即认为天人不可分割，不能分开思考、理解。正如英国的李约瑟博士所说："在希腊和印度发展机械和原子论的时候，中国则发展了有机的宇宙哲学。"② 有机的整体观必然连带地形成天人统一观，而这种统一又是以天人同构对应的和合观念为基础的，比如《吕氏春秋·情欲》即认为"人与天地同"，董仲舒在《春秋繁露·人副天数》中提出"人副天数"的观点，把人的特征、特性和天地作了一一对应的解释。但是，中国哲学并不仅仅满足于纯理论性的认知表述，还特别注重"知行合一"的世俗落实。因此光靠理性来统合天人、弥缝天人之际的"巨大缺口"，肯定是难以圆通的。而"气"的哲学化提升则有效地弥补了纯粹哲理缝合的僵硬和简单。在中国，正是"气"这种特殊的物质"填补了人同天之间的距离（空白），满足了人们连通天地的愿望，充当了先民理解、掌握神秘的'无限'、'大全'的'理性以

① 张岱年：《文化与哲学》，北京：中国人民大学出版社 2006 年版，第 4 页。
② 转引自于希贤：《法天象地》，北京：中国电影出版社 2006 年版，第 6 页。

太'。如气：第一，无处不在，无远弗届，具有充塞天地的弥漫性，正可把天地人、万事万物都连通起来；第二，无形、无色，显得虚幻，但又实实在在地存在，具有一种神秘性（神性）；第三，生死攸关。有气则生、则活，无气则死、则枯，人和自然皆莫能外"。① 李存山先生还把气论同西方的原子论作了比较："中国气论与古希腊原子论虽然都属于素朴唯物主义学说，但它们的基本思想和历史作用有很大的不同。'原子'是一个个被'虚空'间断的、有形的、不可分、不可入的微小粒子；而'气'则是充盈无间、至精无形、能动的、可入的、无限的存在物。"② 而且他还不无透辟地指出："'气'与'仁'是中国传统哲学的初始概念，也是贯穿中国传统哲学始终、决定其基本发展方向的主要范畴。中国封建文化之所以具有入世的而非出世的、伦理的而非宗教的、君权的而非神权的特点，从思维方式上说，是被气论与仁学相互作用或气论服务于仁学的机制所决定的。"③ 也就是说，进一步看，中国传统的天人哲学又是一种气哲学、气化的宇宙观。气哲学在中国有多种面貌，是一身而多相。因为"气"是中国文化的基元性范畴，为不同领域所用，而且它往往还一物多名、一体而万象，或往往与别的事物杂糅混融在一起，因为按照中国朴素的唯物主义思想看，气正是构成万物的基本物质。如张载即认为："由太虚，有天之名；由气化，有道之名；合虚与气，有

---

① 杨蠡：《中西哲学的元范型阐释》，《太原师范学院学报》2006年第6期。

② 李存山：《中国气论探源与发微》，北京：中国社会科学出版社1990年版，第5页。

③ 李存山：《中国气论探源与发微》，北京：中国社会科学出版社1990年版，第2页。

性之名；合性与知觉，有心之名。"① 还说："凡象，皆气也。"② 他认为所谓的天、道、性、心、象等，说白了都是气之别名。

我认为张载的观点至少为我们提供了认识气哲学的一种极具针对性的方法。由是观之，我认为气之在中国至少具有五种文化形态：宗教气、自然气、道德气、理气、文气（诗气）。

宗教气，"由于甲骨文、金文（除'行气秘铭'之外）和现存《尚书》、《诗经》没有给我们留下名词气字的直接材料，这就使得对气概念原始意义的探讨成为一项困难的工作"，"这种情况与春秋以后出现的大量的气的思想相比，形成了一个'大的断层'"。③ 气在殷商甲骨文和西周、春秋的金文中是以"乞求、迄至、终讫"的面貌出现的，是动词或副词，祈祷礼拜（乞求）、到达欲达之境（迄至）、愿望的实现、完成（终讫），这些都具有巫术和宗教的意义。而汉代许慎在《说文解字》中释气为"云气，象形"，这是自然之气。属于自然之气的有：西周时太史伯阳父论地震提出的"天地之气"（《国语·周语上》）；《左传》中《昭公元年》医和提出的"天生六气"："天有六气，降生五味，发为五色，徵为五声，淫生六疾。六气曰阴、阳、风、雨、晦、明也"；《昭公二十年》晏子所说的"味气"："声亦如味，一气，二体，三类，

---

① 张载：《正蒙·太和》，引自郭齐勇：《中国古典哲学名著选读》，北京：人民出版社 2005 年版，第 477 页。

② 张载：《正蒙·太和》，引自郭齐勇：《中国古典哲学名著选读》，北京：人民出版社 2005 年版，第 480 页。

③ 李存山：《中国气论探源与发微》，北京：中国社会科学出版社 1990 年版，第 21、15 页。

四物，五声，六律，七音，八风，九歌，以相成也"；《昭公二十五年》子产的"五味气"："则天之明，因地之性，生其六气，用其五行。气为五味，发为五色，章为五声……民有好、恶、喜、怒、哀、乐，生于六气"；孔子在《论语·季氏》中提出的人之"血气"；还有见诸先秦典籍的烟气、蒸气、云气、雾气、风气、寒暖之气、呼吸之气和"五行之气"。道德之气以《孟子·公孙丑章句上》的"浩然之气"为代表："夫志，气之帅也；气，体之充也"，"我善养吾浩然之气"，"其为气也，至大至刚，以直养而无害，则塞于天地之间。其为气也，配义与道；无是，馁也"。理气有老子、庄子的"道气"、《管子》的"精气"、《周易·易传》的"阴阳"、《淮南子》的阴阳和太阴、董仲舒的"天人感应"之气，特别是张载的气本一元论，当然还有朱熹的"理气"论、明王廷相的"元气之上无物、无道、无理"（《雅述》）、清王夫之的"气在空中，空中无非气，通一无二者也"（《正蒙·注》）、清戴震的"道犹行也，气化流行，生生不息，是故谓之道"（《孟子字义疏证》），认为宇宙无非生生不息之气化流行。文气可以曹丕《典论·论文》的"文以气为主"为代表。

气哲学主要指理气和道德气，它们形成了中国文化中的气化理性，它们同宗教气等一起构成了我们民族的一种重要的文化基因、气集体无意识，在根本上影响了中国的文艺理论和叙事艺术。

三、气化诗学：从道、易、味、
神、兴、象外、交感到游

气哲学、气化理性对中国诗学（文艺学）的影响是总体性的。无疑，无论从哪个方面看，"道"都是中国诗学最重要的基元性范畴。《说文解字》释"道"为："道，所行道也，一达谓之道。"这虽是汉人的解释，但却接近道的本义。我们迄今尚未发现甲骨文中的道字，而西周金文中已出现道的七八种写法，说明至迟在西周时，道被广泛应用。写法虽异，但基本的结构却一样，即都是"行"字中间加一"首"字。行字好理解，就是指人行的道路，关键是首字有歧解，首即人头是没有问题的，有人据此解为"以首代人"，"'道'字从行从首，实为从行从人，故'道'是取人行于路途之象。"① 而我认为在这里"首"并非真指人首，极有可能是指人头顶上的天空，是"以首代天"，这样道就非"人道"而是指"天道"，但又假人首言天，实反映了周时由"天道"向"人道"的归趋、过渡。《老子》中的"道"用的就是道的初义：天体日月运行之常规常则，所以才会那样看重往复循环之"反"、"逝"、"远"。其实儒家也一样，《周易·易传》也讲"天行健，君子以自强不息"，都对"天道"心怀崇仰。

道在中国文化中也是一身而多相，有研究指出："中国道范畴的演变，自殷周直至清王朝灭亡，历经三千余年漫长的岁月，经过了道路之道→天人之道→太一之道→虚无之道→佛

---

① 孙熙国：《先秦哲学的意蕴》，北京：华夏出版社 2006 年版，第 12 页。

道→理之道→心之道→气之道→人道主义之道九个阶段。"①
应该说这种分法未必就很确当，但指出道在中国的"无量"
和"多相"则无疑是正确的。我认为道在中国文化中大致有
这样一些域属：(1) 自然之道；(2) 哲学之道 (包括宇宙论、
发生学、本体论等)，如老庄之道；(3) 伦理道德之道和政治
之道，如儒家之道；(4) 学术家法、谱系、道统，如孔子言
"吾道一以贯之"，后来韩愈和朱熹所祖述、张目的"道统"；
(5) 技术技巧之道。而此处讨论的是对诗学产生重大影响的
"气化之道"。

气化之道源自老庄之道。老庄除了肯定道是世界的本源，
具有象而非象、言与不可言、无目的而有大目的、无为而有大
为等矛盾二重性外，还强调道之虚无、道之具有气化特征，如
《老子》"道生一，一生二，二生三，三生万物。万物负阴而
抱阳，冲气以为和" (第四十二章) 等等。正因为有这样的
"道论"，才会引出后来的"精气"、"无极"、"太极"、"太
一"、"元气"、"太虚"、"道气"、"理气"等一连串的话语生
产；也才会有张载的"由气化，有道之名"，"凡象，皆气也"
之说。同时，正因为道体是气化的、宇宙是气化的，像老子这
样的智者才不光认识到万物是往复循环的。正因为是气化之
道，老子也才会有"味喻"："道之出口，淡乎其无味，视之
不足见，听之不足闻，用之不足既" (第三十五章)，"为无
为，事无事，味无味" (第六十三章)，主张以无味为味，即
以恬淡为味，实为后世"品味"之道的滥觞。

冯友兰先生就曾十分敏锐地指出："《老子》书所说的

① 张立文主编：《道》，北京：中国人民大学出版社 1989 年版，第 10 页。

'道'很像阿那克萨哥拉所说的'奴斯',一方面是'世界智慧',一方面又是极细微的气。"[1] 而庄子更是明确主张"听之以气","唯道集虚"(《人间世》),"通天下一气耳"。道的这种气化性,在根本上影响了中国诗学,使中国传统的文学及其理论在根底上也以"气"为内质,尚虚贵真,追求空灵玄远,追求神秘的"气动"、"气悟"。换言之,中国的天人—气化哲学主要是通过老庄气化之道的中介而在根本上作用于中国诗学的,进而形成一种特殊的气化诗学。

"易"字在甲骨文中,"其字形和本义都是把满杯中的水倒入另一相对不满的杯中","所反映的是大自然中损益、盈缺的原理和法则"。[2] 而《说文解字》把"易"释为"蜥蜴",蜥蜴同蛇一样在古人心中都是典型的能变化形态的动物,"变易"的含义自在其中。其实"易"还有另外一解,即认为"易"字由日与月二字合成,"祕书说:日月为易,象阴阳也"。[3]《周易·易传·系辞上》也说"一阴一阳之谓道"。因此,我们完全可以说《易》道即"阴阳"。阴阳就是气,从气化的宇宙观来看,日月也无非由气构成,所以阳气即日,阴气即月。由是观之,易亦即气。至于第一解"杯中水的变化"义,也可以此通融:气与水本有相通之处,气可凝结为水,水亦可升华为气。总之,"易"也是气化的。

这气化的"易"对诗学的影响主要表现在对变易、化生的追求上。其实是"道"在实际运用中的具体展开,即易是

---

① 冯友兰:《关于哲学的两个问题》,载《老子哲学讨论集》,北京:中华书局1959年版。
② 孙熙国:《先秦哲学的意蕴》,北京:华夏出版社2006年版,第176页。
③ 叶舒宪:《老子与神话》,西安:陕西人民出版社2005年版,第54页。

由道发展来的，尽管有人认为易是比道更早的概念，① 但就
《易传》来说则肯定在老子提出"道论"之后。说它是道的发
展也还另有根据，如杜而未就指出《易经》与《老子》之间
有许多关联处；② 汉桓谭《新论》也早就指出："言圣贤制法
作事，皆引天道以为本统，而因附续万类，王政、人事、法
度，故宓羲氏谓之'易'，老子谓之道"，意思是易道原本实
为一物。两者不同的地方在于"易"比"道"似更加强调阴
阳二气的交感和合、变易运化，使中国文学在暗里加进了一种
隐形的流动变化的"气"，有了灵动的气化的质素或基因。如
刘勰的"思接千载"、"视通万里"、"神与物游"（《文心雕
龙·神思》）；金圣叹说："文章最妙，是目注此处，却不便
写，却去远远处发来，迤逦写到将至时，便且住，却重去远远
处更端再发来，再迤逦又写到将至时，便又且住；如是更端数
番，皆去远远处发来，迤逦写到将至时，即便住，更不复写出
目所注处，使人自于文外瞥然亲见，《西厢记》纯是此一方
法，《左传》、《史记》亦纯是此一方法。"（《第六才子书》）
是在直接强调写小说别太直太露，实际上是指通过曲折之法来
制造生动、变化和扩大可让人想象的空间。应该说中国古代优
秀的文学作品大都具有这种有道气氤氲流化的"气场"，或
"气动"、"易动"空间。

① 参见孙熙国：《先秦哲学的意蕴》，北京：华夏出版社 2006 年版，第 176
页。

② 参见叶舒宪：《老子与神话》，西安：陕西人民出版社 2005 年版，第
50—51 页。

有人指出"味"产生于中国的饮食文化，①《吕氏春秋·孝行览第二·本味篇》载："汤得伊尹，祓之于庙，爝以爟火，衅以牺猳，明日，设朝而见之。说汤以至味"，提出了"至味"这一概念。《论语·乡党》载"食不厌精，脍不厌细"；《论语·述而》载"子在齐闻《韶》，三月不知肉味"等，都表达了对美味的重视。孙中山先生也曾说："烹调之术本于文明而生，非深孕乎文明之种族，则辨味不精；辨味不精，则烹调之术不妙。中国烹调之妙，亦是表明文明进化之深也。"②《说文解字》也解："味，滋味也。"但是，真正把"味"提升到哲学高度并作为动词来使用，应该说是肇始于《老子》的"味无味"。味者实气，即人们常说的"气味"。而"味"字动用，即味"无味"（味道）、味象、味文、味诗，或如南朝宋宗炳在《画山水序》中所说是："圣人含道暎物，贤者澄怀味象"，总之，我认为不管味的对象为何，味总与气分不开，味为气，而被味的对象也必然与气有关，不然就无法味和不必味了。因此完全可以说中国古代肇于《老子》的所谓"味"的活动，其实质则是：以气感气、以气悟气，以主体的"气场"来感应、体悟客体的"气场"。味的活动无他，正是一种特殊的气化、气感活动。日本学者笠原仲二认为：中国人原初的美意识起源于味觉，然后依次扩展到嗅、视、触、听诸觉。随着文明的发展，又从官能性感受的"五觉"扩展到精神性的"心觉"，最后涉及自然界和人类社会的

①　参见皮朝纲：《论"论味"》，载李天道主编：《古代文论与美学研究》，北京：商务印书馆2005年版。
②　皮朝纲：《论"论味"》，载李天道主编：《古代文论与美学研究》，北京：商务印书馆2005年版，第83页。

整体，扩展到精神、物质生活中能带来美效应的一切方面。①此见是有道理的，而其根据则在"气哲学"这个基元性的文化土壤。

"味感"范畴移用于诗学大致有如下表现：刘勰《文心雕龙·情采》提出："繁采寡情，味之必厌"，主张"深文隐蔚，余味曲包"（《文心雕龙·隐秀》）；钟嵘《诗品序》说："五言居文词之要，是众作之有滋味者也"；唐代的司空图在《与李生论诗书》中主张"辨于味而后可以言诗"，并提出文学应有"韵外之致"、"味外之旨"；后来苏轼在《书黄子思诗集后》对司空的观点又作了发挥："唐末司空图，崎岖兵乱之间，而诗文高雅，犹有承平之遗风。其论诗曰：'梅止于酸，盐止于咸，饮食不可无盐梅，而其美常在咸酸之外。'"这就是文论中的"味外味"之所自。可见，从"味之必厌"、钟嵘的"诗内滋味"，到司空图、苏轼的"味外之味"，中国古代的"味"诗学呈现出一条递进深化之路。此外，味还同品相连组成"品味"一词被广泛使用。在甲骨文中"品"为一种"祭名"。《说文解字》释为"众庶也，从三口"，意为众多。但不管如何，"从三口"说明它与口有关，亦即同口感、口味有关。或者可解为气味之进入处：两鼻孔一嘴巴（三口）。这样，使用"品味"便会有主体主动施动的感觉在，因而也就更容易为人们所接受，或者说其更为流行的原因或许就在于它正内含着一种张扬主体的人本意义。于是中国古代的各种各样的"品"也就大蔚大盛，如：诗品、画品、书品、曲品等。

---

① 参见笠原仲二：《古代中国人的美意识》，引自蒲震元：《中国艺术意境论》，北京：北京大学出版社 1999 年版，第 97 页。

有人甚至认为"意境理论本质上是一种东方品味理论，典型理论本质上是一种西方造象理论"①，应该说是言之有理的。

《老子》已有语涉"神"，如"谷神不死"（第六章），"神得一以灵"（第三十九章）。老子是泛神主义者，其"神"是指一种神妙、灵妙得难以把握的事物，"谷神"即道，具有本体意义，而"神得一以灵"的"神"只是指某种玄虚神妙的事物，它靠秉有"道"（一）而灵妙。后来《易传》基本上延续了这种概念："神也者，妙万物而为言者也"（《说卦·传》），"阴阳不测之谓神"（《系辞上》），都是指"神妙"的作用而非"神灵"。《孟子·尽心下》谈到人格境界时说："大而化之之谓圣，圣而不可知之之谓神。"这种不可知的"神境"，在孟子是指与天地大化融为一体之境，用老庄的概念来说便是与道为一之境。《庄子·达生》有"舟人操舟若神"的寓言，其神也是指得道的自由境界。总之，"神"在先秦的文化中主要是指某种神妙的性质、能力、功能、作用。后来才变成泛指事物的"内在精神"，或"神采、灵魂"。其实，说透了，神也是气，如《礼记·祭义》说："气也者，神之盛也。"《大戴礼·曾子无园》说："阳之精气曰神。"《白虎通·情性篇》说："神者，恍惚，太阳之气也。"《太平经》说："神者乘气而行，故人有气则行，有神则有气，神去则气绝，气亡则神去。"一句话，"神"之奇妙，正与气的神秘性相同，或毋宁说其原本正是因气而"神"的。

"神"用之于诗学则有："诗的极致有一，曰入神。"（严

---

① 蒲震元：《中国艺术意境论》，北京：北京大学出版社 1999 年版，第 84 页。

羽《沧浪诗话》）"论画以形似，见与儿童邻。"（苏轼语）"体物而得神，则自有通灵之句，参化工之妙。"（王夫之《姜斋诗话》）还有顾恺之提出的"以形写神"的主张。作为范畴则有：神品、神气、神理、神采、风神、传神、神韵、神情、神遇、神会等。

兴在甲骨文中是"象众手托盘而起舞之形"，《说文解字》释为："兴，党兴也。"《尔雅·释言》释为："起也。"其本义就是"众手举起"的意思，解为"兴起"应该是不错的。但后来同《周礼》的六诗、《毛诗》的六义搅在一起就衍生出了政治和道德意义，汉代经学家如二郑（郑玄、郑众）就把它解释为"譬喻"和"美刺"："托事于物"、"取善事以喻劝之"。① 后来，朱熹在《诗集传》里的解释应该说是最为经典切要的："兴者，先言他物以引起所咏之词也"。除了"起"、"譬喻和美刺"，兴的第三种含义则是美学的"感兴"（朱熹的解释已有"感兴"之意），如今人王一川援引署名贾岛的《二南密旨》的话："感物曰兴。兴者，情也。谓外感于物，内动于情，情不可遏，故曰兴"，把兴解释为：是外感事物、内动情感而又情不可遏这一特殊状态的产物，其基本意思就是感物起兴或感物兴起；感兴是指人在现实中的活生生的生存体验。② 彭锋在《诗可以兴》中把"诗学传统"中的兴义归纳为三点：（1）触物起情，（2）乘兴而为，（3）意余言外。③

---

① 汪涌豪：《范畴论》，上海：复旦大学出版社1999年版。
② 参见王一川：《文学理论》，成都：四川人民出版社2003年版，第78页。
③ 参见彭锋：《诗可以兴》，合肥：安徽教育出版社2003年版，第125—140页。

汪涌豪在《范畴论》中则指出兴具有"主客交融"的特点。①

上引几种观点都没有注意"兴"和气的关系。我认为兴的土壤正是气文化、气哲学,"兴"是为情所动,并携带着气场而出者,始终不离气化之境,因而具有强烈的场景感和氛围感。王夫之说:"能兴即谓之豪杰。兴者,性之生乎气者也。"(《船山遗书·俟解》)徐复观先生也认为:兴句的意义不是表示实在的具有概念的意义,而在于"形成一首诗的气氛、情调、韵味、色泽。"② 这已说得很清楚,"气氛"即气,同"情调、韵味、色泽"合起来,仍然不离气,或者说无非是气化态的审美时空而已。因此,可以说:兴也是气化诗学的一个核心范畴;兴者亦气。

要论"象外",必先解"象"。庞朴先生曾引《韩非子·解老》来说明:"人希见生象也,而得死象之骨,案其图以想见其生也,故诸人之所以意想者,皆谓之象也。今道虽不可得闻见,圣人执其见功以处(审)见其形,故曰:'无状之状,无物之象。'"认为韩文没有区分常人想见之象和老子的"道象"是不妥的,并依《易传》的"天垂象,见吉凶,圣人象之","象也者,像也"的说法区分出两种象:客观的象(天垂之象)和主观的象(圣人所立之象)。特别是根据《易传》的"见乃谓之象,形乃谓之器","在天成象,在地成形,变化见矣",提出一个道、象、器的三分结构:"可以看得出,在《易传》作者们那里,形和器异名同实,而象和形是不等

---

① 汪涌豪:《范畴论》,上海:复旦大学出版社1999年版,第466页。

② 转引自童庆炳等:《中华古代文论》,北京:北京出版社2002年版,第329页。

值的。因此可以这样说，在'形而上者谓之道、形而下者谓之器'之外或之间，更有一个'形而中'者，它谓之象……道无象无形，但可以悬象或垂象；象有象无形，但可以示形；器无象有形，但形中寓象寓道。或者说，象是现而未形的道，器是形而成理的象，道是大而化之的器……象之为物，不在形之上，亦不在形之下。它可以是道或意的具象，也可以是物的抽象。"① 指出"象"为"形而中"，具有具象和抽象的二重性是非常重要的，因为在中国文化中的"象"一般并非指实物、实象，而是如韩非所言是"想见"的，或如《易传》言是"象之"。清人章学诚在《文史通义》中也区分了"天地自然之象"和"人心营构之象"。质而言之，中国的"象"虽后有象形、意象、物象乃至形象等专词，使人遂形成某种定见："象"即实的东西，或至少是要以"像也"、"指实"为鹄的、旨归的。殊不知，其还有另一基本面目：虚象，甚或说是超象的，或至少如庞朴言是"形而中"的。其起源便是《周易》的"象"，易象非实，其本身就是一种抽象的符号：卦象。后又有《老子》的"道象"："大象无形"，"无状之状，无物之象，是谓惚恍"，这样，由易而老，由卦象而道象，原本为"中"、为"模拟"（虚）的"象"，逻辑性地演进为"象外"也就顺理而成章了。

对"象外"概念的生产起到关键作用的是《庄子》的"得意忘言"之论，这引发了魏晋玄学的"言意之辩"。魏时的荀粲正是在论及"言意"关系时第一次提出了"象外"的

---

① 庞朴：《原象》，载《庞朴文集》第 4 卷，济南：山东大学出版社 2005 年版，第 230—236 页。

概念。① 王弼接着在《周易略例·明象》中直接明言要"得象而忘言"、"得意而忘象"。两者可以说是在哲学或语言论的意义上高举起了"言外"、"象外"的大旗。在诗学上直接标举"象外"的是唐代的刘禹锡,他在《董氏武陵集纪》中说:"诗者,其文章之蕴邪!义得而言丧,故微而难能,境生于象外,故精而寡和。""象外"之说后来又发展为司空图的"象外之象,景外之景","韵外之致"、"味外之旨","超以象外,得其环中"。到清代的叶燮则演化为:"泯端倪而离形象","引人于冥漠恍惚之境"(《原诗·内篇》)。这种"象外"的超象路径正是中国古代诗学的一大"主脉",著名的意境理论正是在这条途径上产生的。

象本来非实,而象外就更虚灵了,是"思而得之"的东西。质言之则是"想象态的时空",或对话结构的、开放的、未完成的、动态化生的"气化之境"。没有气哲学、气化的文化座架,所谓的"象外"范畴就会完全成为凌空蹈虚的"空壳"。叶燮以"理"、"事"、"情"总括万物并以之论诗,但他很清楚:"然具是三者,总而持之,条而贯之,曰气。事、理、情之所为用,气为之用也……三者借气而行也。得是三者,而气鼓行于其间,氤氲磅礴,随其自然,所至即为法,此天地万象之至文也。"② 借叶燮之论,我们完全有理由说:"象外"即气,因为"象外"再大,也总难越出事、理、情合一的"氤氲磅礴"之外。按叶燮的说法,世间所有的"理、事、情"都是被气"总而持之,条而贯之"的。象、象外,都

---

① 参见汪涌豪:《范畴论》,上海:复旦大学出版社1999年版,第476页。
② 叶燮:《原诗》,北京:人民文学出版社1979年版,第21—22页。

是气。

　　"交感"作为气化诗学范畴是直接由"天人哲学"、天人文化衍生出来的，它是指文学创作、文学作品、文学接受中存在的人同外物间感应、互动以至于和合、化生的关系，源出于《周易》的阴阳三才图式和《老子》的"四大"结构。后来《孟子·尽心上》提出："尽其心者，知其性也。知其性，则知天矣。"所以，"天人可交感"便是题中应有之义。交感在哲学可以说是"天人合一"、"天人感应"，而在诗学则被称为"物感"。《礼记·乐记》说："凡音之起，由人心生也。人心之动，物使之然也……地气上齐，天气下降……而百化兴焉。如此，则乐者天地之和也。"认为"乐和"与阴阳之"天地之和"应该是统一和谐的。在文论方面，陆机在《文赋》中说："遵四时以叹逝，瞻万物而思纷；悲落叶于劲秋，喜柔条于芳春。"直接提出了"文学应感说"："若夫应感之会，通塞之纪，来不可遏，去不可止，藏若景灭，行犹响起，方天机之骏利，夫何纷而不理？思风发于胸臆，言泉流于唇齿，纷葳蕤以及逯，唯毫素之所拟，文徽徽以溢目，音泠泠而盈耳。"刘勰在《文心雕龙》中也提出："人禀七情，应物斯感；感物吟志，莫非自然。"（《明诗》）钟嵘在《诗品》中说："气之动物，物之感人，故摇荡性情，形诸舞咏。"讲的都是典型的天人、心物、主客的"交感"。后人李梦阳在《鸣春集序》中所说"夫天地不能逆寒暑以成岁，万物不能逃消息以就情，故圣以时动，物以情征，窍遇则声，情遇则吟，吟以和宣，宣以乱畅，畅而永之而诗生焉"，讲的也是"交感"。那么交感发生学的内在条件是什么呢？我认为仍是一气贯通使然。诚如清方东树《昭昧詹言》所说的："观于人身及万物动植，皆全是气所鼓荡，气才绝，即腐败臭恶不可近。诗文亦然。"也如《庄子·逍遥游》所说是"野马也，尘埃也，生物之以息相吹也"。正是有气的存在，人和物才可以因气相通相感，出现从物质到精神的"化学反应"（感应），无疑，"交感"也正源自气化。

"游"是中国诗学的最高境界，当然也是气化诗学的最高境界。它指的是通过审美气化、审美交感而达到的把主体提升到与宇宙本体（道）同一的自由之境，《庄子》的"虚己以游世"、"逍遥游"、"独与天地精神往来"是其所本。而《庄子》之本却在《老子》的"万物并作，吾以观复"，"大曰逝，逝曰远，远曰反"，"反者道之动"，即宇宙大化流行的周行贶遍和循环往复性质。这样，要体道、与道为一，就必须像道那样去周行、巡游。于是，"游"便成了一个极其特殊和重要的概念，也是《庄子》一书中最为华彩的"语词"。我们发现"庄游"有这样几个特点：（1）无心、无目的、无为；（2）乘气而游；（3）游心，达到精神的高度自由；（4）与道为一；（5）出入六合，与天地精神往来。六合者，上下四方之谓也，一般是指空间上的全整性。

《论语·述而》也讲"游"："志于道，据于德，依于仁，游于艺。"这里的"游"主要是指艺术的潜移默化的熏陶、修养和化成，虽意在仁礼教化，但也仍然不离审美，而把它作为人格的最后完成环节，又赋予"游"在儒家伦理价值系统中的特殊位置，这样，"孔游"就和"庄游"形成了强大的互补合力，这一合力最后又共同影响了气化诗学，使之有了最高和最后的皈依处：与天地同境界的"神游"。如陆机的"精骛八极，心游万仞"，"观古今于须臾，抚四海于一瞬"（《文赋》）；刘勰的"思接千载"、"视通万里"的"神与物游"
（《文心雕龙·神思》）。

《庄子·大宗师》中假孔子之口说："彼游方之外者也，
而丘游方之内者也。外内不相及。"区分了"方之内"、"方之
外"两种游，也就是分判开尘世外和尘世内两种境界。我们
或可借此说，孔游主要是"世间"游，庄子把这种"世间游"
提升发挥到了老子的"体道"之境，生产出了"世外游"，也
就是逍遥的天地之游。而这种游在本质上又是"游乎天地之
一气"，是御气而行，是"气游"。若此，才可臻达世外的
"天地之境"。

气化在中国文化里不唯基元，而且还是一个极为普泛广适
的范畴，如有天气、地气、人气、文气，连传统的"二十四
节"也称为"二十四节气"，可以说是一个庞大的气家族，有
人统计固定的气词汇就有 168 种之多。[①]

与此相应，文论中也有一个丰富的气群，以上所论只是其
中的大者、要者。

四、对话文本：从辞、史传、赋、诗、笔记、词、散文到戏剧、小说

《庄子·大宗师》中对"方外游"有一个"注解"："子
桑户、孟子反、子琴张三人相与友，曰：'孰能相与于无相
与，相为于无相为？孰能登天游雾，挠挑无极，相忘以生，无

---

① 参见蒲震元：《中国艺术意境论》，北京：北京大学出版社 1999 年版，第
112—113 页。

所终穷?'三人相视而笑，莫逆于心。遂相与为友。"三人之所以可以莫逆是因为他们都无功利计较、都能超然于生死之外，因而也都能像大道那样遨游无羁。结合《庄子》的"天地与我并生，而万物与我为一"，"出入六合，游乎九州，独往独来，是谓独有。独有之人，是谓至贵"，"独与天地精神往来"等言论，我们可以看出，"庄游"包含着两个重要内涵，或曰为中国哲学、美学乃至整个中国文化生产出了两个重要的精神产品：六合思维和天地境界。为中国文人提供了一个致思、运思，抒情、叙事，表征万物，建构世界的根本性的元结构。在这一结构中，六合思维是指运思的轨迹、范围、框架，它是上下四方（六合）立体化的，而不是线性的、片段的和平面的；天地境界是指文本最后或最高的"世界图景"，或涵摄文本的最后、最高的文意、理趣、哲思；或最高的表情达意境界：与天地的自然大化之道同一、合游的境界。

当然，这一元结构并非《庄子》首创，应该说是由《周易》和《老子》开其端，由《庄子》彰显、强化和最终完成的。关于"天地境界"，《庄子·知北游》也有"点睛"之笔："天地有大美而不言，四时有明法而不议，万物有成理而不说。圣人者，原天地之美，而达万物之理。是故至人无为，大圣不作，观于天地之谓也。""原天地之美"、"观于天地"，说的就是本于天地之"美道"，体会遵循天地运化之道的意思，其实也就是"天地境界"，即把人提升到天地的高度、境界去认识、行事，去生存、处世、"发展"。而同时也就是一种主体的思维模式和人的世界图景：思考问题要站在宇宙自然或天地的境界，要用"想天想地"的大思来统御处理世间的万象万理。

西方人的"世界图景"是科学加上帝的"伊甸园",而中国儒家的"世界图景"是"修齐治平"、"达兼独善",或如《庄子》所言是"身在江海"而"心居魏阙"(《让王》),宋元以后才在"江海"和"魏阙"之外又加进了一个"商界"。在儒家的图景之外,还有另外一个图景即《庄子》最终构建的道家世界图景:天地境界。这样,原来的儒家图景就有了变化,或融进"天地境界",或完全为其所置换。天地境界的前身原本就已存在于儒家的"易道"之中,换句话说,《庄子》的天地境界之所以对中国文化、中国文人士大夫具有巨大影响,"易道"甚至《老子》的"四大"架构都是提供了强大的助力的。儒道于此形成了一个强大的合构、合力,而由《庄子》最终建构和彰显的六合思维和天地境界也就由之而"弥纶天地"、"苞裹人伦",成了经天纬人的思维和文化生产模式了。

已见前述,"天地境界"这一"专名"是现代哲学大师冯友兰先生提出来的,他在《新原人》中说:"天地境界的特征是:在此种境界中底人,其行为是'事天'底。在此种境界中底人,了解于社会的全之外,还有宇宙的全,人必于知有宇宙的全时,始能使其所得于人之所以为人者尽量发展,始能尽性……他已知天,所以他知人不但是社会的全的一部分,而并且是宇宙的全的一部分……他觉解人虽只有七尺之躯,但可以'与天地参';虽上寿不过百年,而可以'与天地比寿,与日月齐光'。"并且认为他的"天地境界"就是道家或《庄子》的"道德境界"(天地境界)。①

---

① 参见刘梦溪主编:《中国现代学术经典:冯友兰卷》(下),石家庄:河北教育出版社 1996 年版,第 530—531 页。

冯友兰的"事天"同《庄子》的"齐物"、"天游"的意思是相近的，总之都没有超出上述笔者所解的"天地境界"的含义之外。

在先秦典籍中对六合思维运思方式的具体表述则是前述《易传》的"俯仰天地"或"仰观俯察"。也如《中庸》所说："诗云鸢飞戾天，鱼跃于渊，言其上下察也"，而其内在实质则是"时间空间化"、"循环时间"，时间最终凝聚、消融在空间之中的"中央空间"结构。即中国古人长期以来，不光认为"天圆地方"，而且还认为自己身居中央之国，由此而形成一种独特的"中央空间"意识，再加上道家、儒家、阴阳家等都有的循环宇宙观和循环历史观，如把五行方位化（空间化）：木—东、金—西、火—南、水—北、土—中；崇尚"天不变，道亦不变"，"五德终始"的"天道"规律等等，结果就铸成了一种独特的时空模式：时间空间化，同时也造成了中国叙事作品（亦包括抒情作品）的强烈的"空间倾向"，如中国叙事作品多以"空间"命名，如《红楼梦》、《水浒传》、《三国演义》、《西游记》、《西厢记》等。

宗白华先生也说："中国人的宇宙概念本与庐舍有关。'宇'是屋宇，'宙'是由'宇'中出入往来。中国古代农人的农舍就是他的世界。他们从屋宇得到空间观念。"①"中国人不是向无边空间作无限制的追求，而是'留得无边在'，低徊之，玩味之，点化成了音乐。于是夕照中要有归鸦。'众鸟欣有托，吾亦爱吾庐。'（陶渊明诗）我们从无边世界回到万物，

---

① 宗白华：《美学散步》，上海：上海人民出版社1981年版，第106页。

回到自己，回到我们的'宇'。'天地入吾庐'，也是古人的诗句。"① 这其实是指出了中国人空间的内化现象，而这个"内化的空间"恰恰又是源于天地境界或"天人一体"的宇宙模式的。宗白华先生在评价谢灵运的《山居赋》里写出了"网罗天地于门户，饮吸山川于胸怀"的空间意识后紧接着指出："中国诗人多爱从窗户庭阶，词人尤爱从帘、屏、栏杆、镜以吐纳世界景物。我们有'天地为庐'的宇宙观。老子曰：'不出户，知天下。不窥牖，见天道。'庄子曰：'瞻彼阕者，虚室生白。'孔子曰：'谁能出不由户，何莫由斯道也?'中国这种移远就近，由近知远的空间意识，已经成为我们宇宙观的特色了。"②

原因就在于本来天人哲学就认为"天人一也"，天地也就当然可以被吸纳微缩于屋宇、庭院、尺幅、篇什之中，但是，这天地宇宙的"亲人"、在场，又断断离不开那个潜藏在、内化在民族集体无意识中的"天地境界"、世界图景，那已变为士夫文人内在文化—心理或文化人格的六合思维和天地境界。中国古代的明堂就是一个显例，它是古代最高等级的皇家礼制建筑之一，是帝王颁布政令、接受朝觐和祭祀天地诸神以及祖先的场所。实际上就是"天地"微缩于建筑的一个典型代表，它下方上圆——仿天圆地方模式；立体的三层结构——对应天地人三才；四周多扇的门窗代表着四方八面；等等。

六合思维与天地境界融渗贯彻在辞、史传、赋、诗、笔记、词、散文、戏剧、小说等各种文本之中，使中国的文学或

---

① 宗白华：《美学散步》，上海：上海人民出版社1981年版，第117页。
② 宗白华：《美学散步》，上海：上海人民出版社1981年版，第104页。

文化文本至少产生两大特点：第一，大多呈现出一种天人对话的结构，尽管有隐显强弱不同，其具体表现都是仰观俯察、宇宙之思、天地之问；第二，历史时空与幻想时空往往被统归提升为"天地位格"的"天人时空"，这在《史记》、陶诗、《春江花月夜》、苏诗、《桃花扇》、《红楼梦》中则有具体的不同表现，即或表现为历史哲思、自然真意、宇宙本体追问、虚无确证，或道境的本体时空。

　　在文学上使这一叙事（亦是言情）范式真正首次得到完型、奠基的是屈原的《离骚》。在《离骚》众多的优长中，那种呼天抢地式的痴迷求索、追问，无疑更为重要。诗人在作品中所展现的正是上下四方的六合思维和天人合一的天地境界："路漫漫其修远兮，吾将上下而求索"，他"上天见帝"，"下求美女"，"问卜灵氛"，"决疑巫咸"，而且还要假善鸟香草、虬龙鸾凤，不光要问政、问人、问己，还要问鬼、问神、问天，把理性的探索和神巫的迷狂混融为一。在思维和表意方式，或文化表征类型上看，就不光是天人合德、天人合情、天人合思，而是天人合道了。所展现的就不仅仅是神巫思维的文学化或文学同神话、宗教的融合问题，而且还是交感思维、对话文本的完型、奠基问题。从特定意义上说，该诗为中国文学所提供的一个最大的"典范"也许正是这个"问"：问人问政问神问鬼问天问地。"问"非他，其实正是以天人合一为基础、气化交感思维为连通的"对话"，其虽完全以"心灵追问"的形式呈现，但由于有天人哲学、气化理性的地基，这种心灵化的追问实际又是超心灵、超人世的，其边际直达天地大道。正是因为《离骚》对接了从《周易》、《老子》、《庄子》一路下来的六合思维和天地境界模式并用文学的形式使它得到完型化表达，才使它成为百代法式，具有真正的元典意义，后来的司马迁以至曹雪芹都可以视为是对它的某种赓续。

鲁迅说司马迁的《史记》是"史家之绝唱，无韵之《离骚》"，虽为比喻之辞，但也的确触到了《史记》与《离骚》近似的实际。两者的似正似在相同的"叙事"模式上。这个模式用司马迁的话说就是"究天人之际，通古今之变，成一家之言"，"天人之际"转换成叙事模式就可以和六合的思维、"天地的"致思哲思（境界）相对接。这也正是《史记》所实际达到的境界：《史记》除了用诗化的文学之眼看历史之外，还特别地表现出了一种哲思透视的高远向度。进而逼视出了历史与文学、现实与理想、历史与道德或历史理性与人文关怀、现实政治与美好人性和合理的文化理想之间的巨大的不可调和性，在这不可调和性中，我们不光可以看到太史公那悲天悯人之大悲情、大悲美，而且还会感受到他那种参透天人的大理性、大哲思，这样，这个特殊的历史巨构不光真正打通了史学与文学之间的壁障，为后世确立了史与文、理与情、史与诗之二元结构范式，而且还为文本打开了一片超现象的哲理真实的天空，使六合思维与天地境界的叙事范式在历史与文学相淫渗、结合的地带得到了创造性的建构。

董仲舒神秘的"天人感应"哲学，从思维层面看，其实则是儒家的"比德思维"、楚骚的"神巫思维"和道家（包括易学）的六合思维的混合物。它通过意识形态化的途径向诗学发力，结果便使一种宏大叙事的诗学模式以"政治诗学"、"国家诗学"的面目隆重登场，这就是著名的汉赋。汉赋的特点是"铺采摛文"，夸张扬厉，辞藻富丽，结构宏大。也就是《西京杂记·卷二》记载的司马相如所言："合綦组以成文，列锦绣而为质，一经一纬，一宫一商，此赋之迹也。赋家之心，苞括宇宙，总揽人物。""苞括宇宙，总揽人物"，便同六合、天地相对接了。具体的行文特点则是：时空的全整化，如司马相如《子虚赋》记楚王游猎，从出猎、射猎、观猎、观乐，一直到夜猎、养息，呈现的是一个活动的全息性图景；写云梦泽中的小山，从"其东"、"其南"、"其中"、"其西"，一直写到"其北"，用全面的空间图景框架结构起一种超时空的"宇宙想象"。足见，汉赋模式所祖述宗法的仍然是六合思维与天地境界。

文学发展到陶渊明的田园诗，六合思维与天地境界的叙事模式又有了一种新面貌：从田园到"天地"之境或田园的"天地境界"化。《饮酒》其五可为代表："结庐在人境，而无车马喧。问君何能尔？心远地自偏。采菊东篱下，悠然见南山。山气日夕佳，飞鸟相与还。此中有真意，欲辨已忘言。"显见，这里的"田园"是比较特殊的，诗人在这里可以终日与南山为邻，与飞鸟相伴，既可悠然采菊，又能欣赏山野佳气。而这一切的根由则在于诗人的"心远"和得"真意"。"真意"根源于"心远"，而这"心远"则应是游心于物外的天地境界使然。这种用田园装点的境界与庄子在"道境"上契合，后又在山水诗和人物品藻中转化为纯净的"自然美"，是道成肉身，道直接消融在山水和人的身体之中。如"余霞散成绮，澄江静如练。喧鸟覆春洲，杂英满芳甸"（谢朓《晚登三山还望京邑》）；"刘伶恒纵酒放达，或脱衣裸形在屋中。人见讥之，伶曰：'我以天地为栋宇，屋室为裈衣，诸君何为入我裈中？'"（《任诞》）"简文入华林园，顾谓左右曰：'会心处不必在远，翳然林水，便自有濠、濮间想也，觉鸟兽禽

鱼，自来亲人。'"（《言语》）

在唐诗中我们可以看到：陈子昂的"前不见古人，后不见来者。念天地之悠悠，独怆然而涕下"（《登幽州台歌》）、刘希夷的"年年岁岁花相似，岁岁年年人不同"（《代悲白头翁》）、张若虚的"江畔何人初见月？江月何年初照人……不知乘月几人归，落月摇情满江树"（《春江花月夜》），其中所传达的正是宇宙之思、天地之问。而李白的"霓为衣兮风为马，云之君兮纷纷而来下。虎鼓瑟兮鸾回车，仙之人兮列如麻"，"青天有月来几时，我今停杯一问之"；"花间一壶酒，独酌无相亲。举杯邀明月，对影成三人"；杜甫的"风急天高猿啸哀，渚清沙白鸟飞回"，"乾坤万里眼，时序百年心"等都可看出"天地"叙事模式的影子。

宋代苏轼"人生到处知何似？应似飞鸿踏雪泥。泥上偶然留指爪，鸿飞那复计东西"，特别是他的"明月几时有？把酒问青天。不知天上宫阙，今夕是何年"都渗透着一种宇宙之思、天地之问，而且是直叩"青顶"，显出一种以天地境界为趣的高越风致。同样，这一高远的哲理风致也贯彻在他的散文中，如"少焉，月出于东山之上，徘徊于斗牛之间。白露横江，水光接天，纵一苇之所如，凌万顷之茫然。浩浩乎如冯虚御风，而不知其所止，飘飘乎如遗世独立，羽化而登仙……盖将自其变者而观之，则天地曾不能以一瞬；自其不变者而观之，则物我皆无尽也……"（《前赤壁赋》）等，文中所明显内含的"万物齐一"、与天地同道的神思理味是不难感受的。

宗白华先生在《中国诗画中所表现的空间意识》一文中谈及："诗人对宇宙的俯仰观照由来已久，例证不胜枚举。汉苏武诗：'俯观江汉流，仰视浮云翔。'魏文帝诗：'俯视清水波，仰看明月光。'曹子建诗：'俯降千仞，仰登天阻。'晋王羲之《兰亭诗》：'仰视碧天际，俯瞰渌水滨。'又《兰亭集序》：'仰观宇宙之大，俯察品类之盛，所以游目骋怀，足以极视听之娱，信可乐也。'谢灵运诗：'仰视乔木杪，俯聆大壑淙。'而左太冲的名句'振衣千仞冈，濯足万里流'，也是俯仰宇宙的气概。"[1] 他还指出张孝祥的词句："万象为宾客"是对空间之超脱，"不知今夕何夕"是对时间的超脱，[2] 这两个超脱所采用的仍然是六合思维与天地境界的"叙事"模式。

中国这一特定的叙事模式在戏剧和小说作品中也同样存在。如关汉卿《窦娥冤》有这样的唱词："有日月朝暮悬，有鬼神掌着生死权。天地也只合把清浊分辨，可怎生糊涂了盗跖、颜渊！为善的，受贫穷更命短，造恶的，享富贵又寿延。天地也做得个怕硬欺软，却原来也这般顺水推船。地也，你不分好歹何为地，天也，你错勘贤愚枉做天！"呼天抢地，问天责地，几乎是《离骚》"上下求索"式的"天问"之戏剧版。孔尚任的《桃花扇》更为典型，这也是一个悲剧，但悲剧的原因却与别的剧不同。全剧结束时的最后一首诗这样写道："渔樵同话旧繁华，短梦寥寥记不差；曾恨红笺衔燕子，偏怜素扇染桃花。笙歌西第留何客？烟雨南朝换几家？传得伤心临去语，年年寒食哭天涯。"完全是悲观无解的调子，没有一点亮色，不同于《窦娥冤》最后还有"三年亢旱"、"六月飞雪"。而更重要的是作品把悲剧的原因推向了宏大的超主体的

---

① 宗白华：《美学散步》，上海：上海人民出版社 1981 年版，第 111—112 页。

② 参见宗白华：《美学散步》，上海：上海人民出版社 1981 年版，第 87 页。

非人力所可企及的"世界本体"。如有论者所指出的:"这个大的悲剧背景就是明朝从衰败到灭亡的历史过程……故事中真正的悲剧灾变是南明的覆亡,这一灾变对侯、李二人的情感生活当然要产生影响,但这种影响并不是故事中悲剧的主要后果。至于最后二人斩断情丝披发入山,显然不是一个情感挫折的问题,而是作者对整个人生悲剧寻求最后解脱的答案……伦理主体的不幸是殉道……情感主体的不幸是殉情……《桃花扇》中主人公们的不幸却是对虚无的确证。这种观念体现于整个故事中主人公作为悲剧主体的无能为力上……《桃花扇》中的悲剧主体是历史—哲学主体……《桃花扇》的悲剧意义不仅仅在于它的社会政治题材,更重要的在于通过作品中的世界图景所显示出来的悲观主义哲理意蕴。"[1]

这种悲观主义、虚无主义,过去我们多持完全否定的态度,今天看来是不对的,因为这其实所关涉的是作品的最后境界问题,作品把自己的终极指向"虚无",看似消极空洞,而实际上却是更高一筹的处理手法,因为这"虚无"不是别的,它往往就是"世界本体"本身,或换言之就是那个最高的"道"、"宇宙主体",同时也就是超人世又含人世的"天地境界"。

这种境界早在小说《三国演义》、《水浒传》以及"三言"、"二拍"等作品中出现了,及至《红楼梦》则达到了它的顶峰。《红楼梦》在一开篇即开宗明义说出故事的来由:女娲补天,遗落灵石一块,在人间自怨自艾,"后来,又不知过

---

① 高小康:《中国古代叙事观念与意识形态》,北京:北京大学出版社 2005 年版,第 60—67 页。

了几世几劫，因有个空空道人访道求仙，忽从这大荒山无稽崖青埂峰下经过，忽见一大石上字迹分明，编述历历。空空道人乃从头一看，原来就是无材补天，幻形入世，蒙茫茫大士、渺渺真人携入红尘，历尽离合悲欢、炎凉世态的一段故事。"可以看出，故事最初源自"女娲补天"的神话传说，那块"弃石"不能补天，只好历世，这本是个哲学人类学的命题，可是却被作者罩上了一层虚无的色彩。故事虽为石头亲历，然却是因了"茫茫大士、渺渺真人"的帮助才得以实现的。或者毋宁说这故事的第一生产者根本就是这两位槛外之人。接下来，则是经空空道人抄录，改"石头记"为"情僧录"，吴玉峰题为"红楼梦"，东鲁孔梅溪题为"风月宝鉴"，曹雪芹题为"金陵十二钗"，脂砚斋抄阅再评仍用"石头记"。以上又可以看做是对叙述者的交代：这不是一个叙述者，而是一个叙述群体。受小说评点的影响，作者把评点的环节（脂砚斋）也考虑了进来。以上交代传达给我们这样五点信息：（1）故事起源于神话传说。（2）故事文本不是线性的时间链条，而是复数的时间厚度叠加起来的，其多重的叙述者消解的正是单维的时间链，所建构的却是循环的、空间化的不变历史。（3）从"茫茫大士、渺渺真人"到脂砚斋，从"石头记"再到"石头记"，中间虽经空空道人等四度易名，最后仍复归原初，说明易名之举始于"空空"道人本身，就意味着徒劳。而文本第一生产者即为"茫茫"、"渺渺"，全是空虚意象。（4）文本一开始就为作品奠定了统御总体的境界：空幻、虚无。加上书中关于西方灵河、太虚幻境等描写，我们完全可以判定，《红楼梦》中最高的"世界图景"不是别的，就是本于佛道自然或太虚本真的"天地境界"。（5）同时还可认定：脂砚斋非他，同茫茫大士、渺渺真人、空空道人、吴玉峰、东鲁孔梅溪一样，也是作者虚构出的叙述者。把他作为最后一个叙述者的原因可能源于作者认为小说只有经过阅读评点才算最后完成，这无疑是受金圣叹等小说评点诗学的影响所致。

从时间空间化角度看，《红楼梦》共有四个世界：现实世界（历史时空，大观园以外的现实生活）、理想世界（理想时空或幻想时空，即大观园生活）、佛道世界（大荒山无稽崖青埂峰，西方灵河、太虚幻境。是理智或认识时空，即本文所说的"道境"或"天地境界"）、神话世界（女娲造人神话，为神话时空，是历史时空的附属，因为在中国古史中，神话传说已被整合为古史之源）。在这四重世界中，叙述动机虽来自神话世界，但真正具有推动力的却是佛道世界，而且主人公最后也被规定为向这个世界回归：来彼大荒，归彼大荒。要之，道境大荒才是真正统摄文本总体的"最高结构"。历史时空、理想时空、神话时空，最后都化归于这个最高的本体时空：天地境界。一部《红楼梦》的道枢、玄机就在于此。

中国式的叙事模式：六合思维与天地境界，由易与老庄开其端，经屈骚、《史记》承其后，至《红楼梦》可谓发展到了顶峰，《红楼梦》是这个模式的最后完成者和总结者。中国叙事学于此找到了最经典的安顿处。

六合思维与天地境界是我们民族组织、表述并记忆信息的共同方式，它叙述出了一个民族的文化共同体，同时也生产着它本身……张岱年先生说："中国哲学认为，天地万物是一个无形而连续的气联结起来的息息相关的整体，如《淮南子》说：'万物有以相连，精祲有以相荡。'精祲即渗透到万物之内的精气，它和存在于虚空中的气连成一片，不断地运动，万物也就在这种气的海洋中相互激荡。对于万物之间这种普遍的联系、普遍的相互作用，中国哲学谓之'感应'。中国人早就发现，乐器可以共振、共鸣，阳燧可以聚焦日光，磁石可以吸铁，琥珀可以'拾芥'，某些海生动物随月的圆缺而盈缩，'日月吸地海成潮'，对于这些现象，中国哲学统统以感应论解释之。"①

易而言之：有天地境界的文本在气化哲学的土壤里又是天人感应、天人对话的文本。

最后还是让我们用这样的表述来作总结："凭借着各种各样的语言、图像、姿势等形式，人们的叙事无所不在。它们的身影可以出现在神话、传说、寓言、故事、小说、史诗、历史纪录、悲剧、戏剧、喜剧、笑剧、绘画、电影、照片、彩色玻璃窗、滑稽剧、报纸以及谈话之中。"② 除了以上域界，中国的叙事还以六合思维与天地境界的模式存在。

（原载《社会科学战线》2008 年第 10 期）

---

① 张岱年：《中国文化论争》，北京：中国人民大学出版社 2006 年版，第186 页。

② 奈杰尔·拉波特、娜·奥弗林：《社会文化人类学的关键概念》，鲍雯妍、张亚辉译，北京：华夏出版社 2005 年版，第 244 页。

国学与当代中国

关于马克思主义与中国民族
文化结合问题的研究

史　野

应该说，马克思主义与中国民族文化或传统文化的关系并非20世纪80年代以后才提出的新问题。马克思主义传入中国已有近一百年的历史，在这不平凡的百年中，马克思主义要在中国生根、开花、结果，必然要和中国固有的文化传统发生这样或那样的关系。由于如何认识和处理马克思主义与中国民族文化的关系直接影响到党和国家的前途和命运，致使它长期以来成为人们思考和探索的焦点。许多政治家、理论家和一般学者都作了长期而艰苦的理论探索和实践，并留下了大量的经验和教训。20世纪80年代的"文化热"和90年代初的"国学热"也都涉及这个问题，尤其是90年代中后期，这个问题更是受到学界的高度重视。

一、马克思主义与中国民族文化能否结合

经过半个多世纪的革命和建设的实践，马克思主义已经在中国大地生根、开花、结果，为最广大的人民群众所接受，成为国家意识形态，占据着主流文化的特殊地位，马克思主义与

中国民族文化能否结合已经是不成问题的问题。然而，曾几何时，苏联解体，东欧剧变，中国的社会主义事业也遭受过重大的波折和损失，加上对马克思主义的本本主义和实用主义的理解，使马克思主义被教条化、理想化、庸俗化，严重影响了马克思主义的创新与发展，不少人对马克思主义的信仰和兴趣逐渐冷漠，信念开始动摇。于是，马克思主义是否适宜于中国、与中国传统文化是否相容、能否结合的问题重又以尖锐的形式提了出来。这不能不引起人们的反思，并作出新的回答。

1. 马克思主义与中国民族文化能够结合、必须结合

在回答马克思主义与中国民族文化能否结合问题之前，需要明确这种结合之所指。毛泽东同志在《新民主主义论》中强调："必须将马克思主义的普遍真理和中国革命的具体实践完全地恰当地统一起来，就是说，和民族的特点相结合，经过一定的民族形式，才有用处，决不能主观地公式地运用它。"以往人们常常片面地将这里提到的"统一"、"结合"理解为与革命和建设实际的统一或结合，而无意识地排除其与民族文化的统一或结合，这显然是偏颇的不正确的。张念丰、张秉楠、邵汉明的《马克思主义与中国民族文化》①较好地回答了这一问题，他们认为，毛泽东所说马克思主义与中国具体实际相结合就是"和民族的特点相结合"，这一点十分重要。按照毛泽东在《新民主主义论》和其他论著中阐述的有关思想，所谓和中国民族的特点相结合有两方面含义。一是同中国社会的政治经济特点相结合，也就是在马克思主义基本原则的指导

---

① 张念丰、张秉楠、邵汉明：《马克思主义与中国民族文化》，《光明日报》1991 年 10 月 14 日。

下，从中国政治经济的实际情况出发，丰富和发展马克思主义原有理论，创立和制定适应中国社会发展的政治经济理论和方针政策。二是同中国民族文化相结合，也就是对中国民族传统文化采取毛泽东所倡导的"取其精华，去其糟粕"的科学态度，剔除或改造其中的消极层面，发掘并弘扬其中与马克思主义相容、与人类健康文化需要相适应的积极层面，使这些由于受到提倡而活跃起来的积极文化层面成为马克思主义植根于中国社会的文化土壤；另外，在对马克思主义的思想表述和理论建构上，也要努力运用中国人民喜闻乐见的语言文化形式。专就马克思主义与中国民族文化的融合或结合，有论者指出，这种融合或结合"显然包含两方面的内容，一是促成传统文化向现代文化的转化；二是推进马克思主义的中国化。这两个方面又是相辅相成、密切关联的"①。这就是说，马克思主义与中国民族文化的结合在一定意义上说，也就是马克思主义的中国化和中国文化的现代化。那么，这种结合为何可能呢？或者说，它有什么现实基础和理论基础呢？同时，这种结合的重要性和必要性又何在呢？许多学者从不同的角度发表了自己的看法。有的学者回顾近代以来西学东渐的历史，指出马克思主义及其哲学在五四前后传入的各种西学中所以能独领风骚，成为先进知识分子的自觉选择并逐步成为中国文化的主导力量，不仅在于它满足了中国社会政治变革的需要，而且也是近代中国文化冲突的必然结果。马克思主义的传入，不仅不会造成中国文化的断裂，而且恰恰是为中国传统文化走向现代化提供了契

---

① 邵汉明：《试论马克思主义与中国民族文化的结合》，《新长征》1999 年第 4 期。

机。二者结合具有双重历史效应，一方面使马克思主义在中国生根、开花、结果；另一方面则使古老的中国文化由此获得新生而走向世界。①

有的论者从现实存在的立场指出，实现中国民族文化与马克思主义的融合或结合，既是构建未来中国文化之理想形态的内在需要，也是现实理论的发展向人们提出的一个崭新的课题。从当代中国的文化现实来看，传统民族文化与马克思主义是两种势力最大、影响最深广的理论学说，同时也是两种最切合中国实际和中国国情的文化学说。因此，任何企图离开传统民族文化、离开马克思主义的努力，都无济于中国文化乃至中国向何处去问题的解决，都只能将中国文化乃至将中国引入歧途。况且，中国民族文化虽系"固有之物"，但它却愈来愈显示其不朽的世界意义和世界价值；马克思主义虽系"外来之物"，但由于中国共产党人的长期的大力宣扬，它事实上已经构成中国文化的一个重要组成部分。尤其值得注意的是，马克思主义与中国民族文化之间存在许多相近或相通之处。这说明二者的融合或结合绝非天方夜谭，而有其坚实的理论基础和现实基础。②

有的论者从文化传播学的角度提出意见，认为某种外来文化的传播和输入，从来不可能是全面移植，而必须与本民族的文化相融合，才可能在本民族的土地上生根，才能根深叶茂地开花结果。马克思主义的中国化，一方面使马克思主义面对中

---

① 参见李志林：《马克思主义中国化的历史必然性》，《华东师范大学学报》1992 年第 1 期。

② 参见邵汉明：《试论马克思主义与中国民族文化的结合》，《新长征》1999 年第 4 期。

国的文化背景，经过检验、过滤和选择，不仅要更新和丰富原有的内容和范畴，而且要从中国的民族文化中提取素材，吸取营养，重新塑造自己的结构和形式，真正实现向中国形态的转化；另一方面又使中国的传统文化面向西方的先进文化体系，推陈出新，综合创造，找到从传统型向现代型转化的途径。这就是马克思主义与中国优秀文化传统相结合的意义所在。①

与此相联系，有的论者从中国历史上两次深刻的外来文化输入的情况来论证"结合"的必要性。这两次外来文化输入，一次是东汉以后印度佛教来传，一次是近代西学东渐。印度佛教在传播过程中，对中国民族文化表现出高度的灵活性。它根据中国文化不同时期的发展态势和文化氛围，先后吸收了方士道术、老庄哲学、魏晋玄学，甚至吸收了儒家的某些伦理道德观念，以适应当时中国士大夫文化层和俗文化层的需要。近代西学东渐也是如此，大抵与中国民族文化精神相容者则流传深广，而与中国文化不容且无视中国国情者则收效甚微。这说明一切外来文化要在中国大地上生根发展，都不能离开中国民族文化这个主体。②

有的论者从马克思主义与中国文化的特点来论证"结合"的可能性，指出就马克思主义来说，它是发展的而不是封闭的体系，因而具有开放性和兼容性；就中国传统文化来说，它不仅有着悠远的唯物论和辩证法思想的传统，而且在自然观、价值观、思维方式等方面有着区别于西方文化的独特性，对人类

---

① 参见张翼星：《马克思主义与中国传统文化的结合与冲突》，《安徽大学学报》1996 年第 1 期。
② 参见张念丰、张秉楠、邵汉明：《马克思主义与中国民族文化》，《光明日报》1991 年 10 月 14 日。

文化有着独特的贡献。这些构成了"结合"的基础。①

还有的论者专从马克思主义哲学的特点来论证其"中国化"和与中国民族文化"结合"的内在依据。指出从马克思主义哲学的研究对象上讲，它所揭示的不是某个领域、某个国家、某个时期的特殊规律，而是关于自然、社会和思维发展的普遍规律，是无产阶级的科学世界观和方法论。这是马克思主义哲学能够中国化的价值前提。从马克思主义哲学的理论来源上讲，它绝不是离开世界文明大道而产生的，而是人类文明成果的结晶。其中，中国传统哲学也是构成马克思主义哲学产生和发展的历史文化基础。从马克思主义哲学的世界普遍性上讲，它是对世界历史发展规律和必然趋势的科学把握，是一种具有普遍指导意义的世界性理论。当资本主义把资本的扩张由西方扩展到东方，席卷整个世界的时代，马克思主义哲学也就把自己的思想理论拓展到整个世界，实现了自己的世界化。②

2. 马克思主义与中国民族文化不能结合、不能平起平坐

当前否认马克思主义与中国文化传统相结合的观点，主要表现为两种倾向。一种倾向是把马克思主义看做单纯的外来文化，认为马克思主义在中国找不到结合点，不可能在中国土地上生根。譬如认为马克思主义所主张的阶级斗争与中国文化传统所强调的人际和谐、主张"和为贵"的思想不相容；又如认为马克思主义强调唯物主义的决定论，而忽视人和人类精神的作用，与中国的"礼乐教化"的文化传统格格不入。这种

---

① 参见吴湘韩：《试论马克思主义哲学中国化与中国传统文化相结合》，《毛泽东思想论坛》1992 年第 3 期。

② 参见潘绍龙：《中国化——马克思主义哲学在中国发展的必由之路》，《江淮论坛》2001 年第 4 期。

倾向主要来自台湾、香港的一些学者和人士。如 1994 年陈立夫先生在台湾出版一部回忆录《成败之鉴》。该书的一个重要论断即是：马克思主义不适宜于中国，不适宜于中国的传统文化。如新儒学的重镇牟宗三先生认为，孔子讲的是彻底的唯心论，马克思讲的是彻底的唯物论，所以，"大陆上讲'社会主义'一定要照《礼运篇》那个'大道之行也，天下为公'来讲。照《礼运篇》讲社会主义，就一定要放弃马列主义。"①另一种倾向则是把中国的传统思想文化，特别是其中作为主干的儒家思想文化，看做单纯封建主义的意识形态，认为它与马克思主义这种先进的世界观是不可调和的，马克思主义不可能与孔孟之道相结合。这种倾向主要来自大陆的少数人。两种倾向都各自贬低一方，但都把马克思主义与中国的传统文化截然对立起来，否认二者结合的可能性。

撇开台湾一些学者的否定性意见不论，仅就大陆否定性的意见而言，又可以具体化为以下一些看法。

一种看法认为，马克思主义与以儒学为主干的中国传统文化产生的社会历史背景不同，要实现其结合，几乎是不可能的。儒学是古代中国农业文明的产物，是建立在自给自足的农业自然经济和封建宗法制度之上的；而马克思主义则是西方工业文明的产物，是建立在近代工业化大生产和资本主义制度之上的。时代的差异、历史背景的差异、文化传统的差异，决定二者很难相结合。这是否决定论者的普遍看法。

一种看法认为，二者现实地位不同。儒学是中国封建社会

---

① 转引自罗卜：《对一种儒学现代发微法的质疑》，载《马克思主义与儒学》，北京：当代中国出版社 1996 年版。

的文化，现在已经没有生命力；马克思主义是社会主义的核心文化，现在和今后相当长的时期内都将是蓬勃向上的，有生命力的。固然，儒学对于中国社会历史的发展起过非常巨大的作用，但随着中国社会的变革，儒学由兴盛而衰落，由衰落而失去支配地位，由失去支配地位而一息尚存，"无可奈何花落去"，便是儒学命运的真实写照。儒学赖以产生、发展甚至存在的基础早已不存在了。皮之不存，毛将焉附？因此，所谓"复兴儒学"，所谓马克思主义和儒学"合则两利，离则两伤"，都是站不住的。"儒学是封建社会的意识形态，马克思主义是社会主义的指导思想，能够既利维持马克思主义又利维护封建主义吗？"有一种说法，谓"马克思主义与儒学可以互补、互动"，也不妥当。马克思主义不需要，儒学也不可能补益马克思主义去服务于社会主义；而马克思主义更不可能补益于服务于封建社会的儒学。"只有马克思主义批判继承儒学，达到古为今用的目的，不存在马克思主义与儒学相结合的可能。"尽管儒学中有民族性和超时代性的东西，但这只能成为儒学有被"今用"的理由，不能成为它有生命力的证明。固然马克思主义也有可能成为过去，但那是遥远的将来的事，而现在它是最有生命力的。人们现在该做的，不是要马克思主义休息，而是促进它发展，保护它的指导地位。①

　　一种看法认为，结合论者犯了两个明显的错误，一是将古人现代化，任意比附。即以一种粗陋的方式将孔子打扮成古代的马克思，不顾历史条件和理论背景的差别，任意地把儒家经

---

① 以上参见吴为：《批判继承，古为今用——关于马克思主义与儒学关系的思考》，载《马克思主义与儒学》，北京：当代中国出版社1996年版。

典中的某些道德箴言抽取出来，再与马克思主义"原理"作静态的比附。二是观念决定论。用马克思主义与儒学的结合来理解社会主义的"中国特色"，本质上是以"观念论的历史叙述"为基础的，在这种观念论的历史叙述中，历史成了典籍文化的载体，典籍是操纵历史的灵魂。马克思主义的中国化，重要的不在于马克思主义与中国古典本本相结合，而在于与变革现实的实践相结合。①

又一种看法认为，马克思主义与儒学不是平起平坐的结合关系。指出儒学可以丰富和发展马克思主义的观点，是以马克思主义应该是真理大全的观点为前提的，这本身就把马克思主义作为杂货店来看待了。马克思主义与儒学之间，应该是批判性的否定关系，不能因为一些具体问题马克思主义没谈到，就用其他东西来补充。与此种看法相接近，另一些同志认为，马克思主义对待儒学，应该是把它消化掉，吸收到自己体系内，保持自己的生命力。应保持马克思主义的主导地位，结合不是马克思主义的儒学化或者儒学的马克思主义化。②

还有一种看法虽不否认马克思主义与中国传统文化可以结合，但指出传统文化的许多消极层面的存在会导致马克思主义在中国出现某些"变形"或"失真"。这主要表现在这样几个方面：一是封建等级观念和君主权威崇拜的思想，常常阻碍民主化的进程，压抑人的个性的发展，并且容易导致对马克思主义的褊狭理解和学术文化事业的停滞；二是中国文化中的经学

① 参见罗卜：《对一种儒学现代发微法的质疑》，载《马克思主义与儒学》，北京：当代中国出版社 1996 年版。
② 参见乔清举：《"马克思主义与儒学"学术研讨会述要》，载《马克思主义与儒学》，北京：当代中国出版社 1996 年版。

方法传统，严重束缚人们的思想，容易导致马克思主义的教条化和僵化；三是中国传统哲学的直觉、笼统的思维方式，影响对马克思主义理论的深入分析和创新探索。① 此外，任何一种思想体系要在中国传播，必须经过中国文化的重构。而要经过重构，就可能混进杂质，造成原来思想体系的失真或变形；同时，扩大、缩小或超越马克思主义原理适用的时空界限并加以运用，容易使真理变成谬误；而文化主体在重释马克思主义过程中，给马克思主义附加一些似是而非的东西，甚至把一些违背或不符合马克思主义的东西强加给马克思主义，并当成马克思主义的理论来传播和实践，亦易于使马克思主义丧失本真。②

在笔者看来，马克思主义与中国民族文化的结合是中国文化建设和发展的理想目标和正确方向，这种结合既有利于马克思主义的进一步中国化和进一步发展，又有利于中国传统文化的现代化和时代提升，有人说"合则两利，离则两伤"是很有见地的。当然，对一些学者就"结合论"所提出的种种诘难和质疑，我们也有必要予以正视，努力解决结合过程中出现的种种问题，尽量避免马克思主义的"失真"和"变形"。

---

① 参见张翼星：《马克思主义与中国传统文化的结合与冲突》，《安徽大学学报》1996 年第 1 期。
② 参见祝福恩：《文化重构与马克思主义在中国的发展》，《学习与探索》1987 年第 6 期。

二、马克思主义与中国传统文化之
相通相容及相异相别

1. 马克思主义与中国传统文化之相通相容

大凡肯定马克思主义与中国传统文化可以结合者无不认定二者之间有相通相近之处，且或以为此相通相近之处乃二者结合的重要依据，或径以为此相通相近之处乃二者之结合点或契合点之所在。张岱年先生认为，中国古典哲学与马克思主义理论的相通之处至少有以下四个方面：其一，唯物论。中国历史上存在一个唯物论的传统。荀子、王充、范缜、张载、王夫之等都有许多精湛的唯物论观点。其二，辩证法。老子、《易传》、张载、程颐、王夫之等的学说中都含有比较丰富的辩证法。所以中国学者接触到西方哲学的辩证法并不感到陌生难解。其三，唯物史观。唯物史观是马克思、恩格斯的创造性贡献，但此前亦非全无端萌。中国思想史上有许多思想家谈到物质生活与精神生活的关系，《管子》云："仓廪实则知礼节，衣食足则知荣辱"，肯定物质生活是精神生活的基础。韩非、王充等也都肯定衣食丰足是道德觉悟的必需条件，在一定程度上看到了物质生活条件在社会发展过程中的决定作用。这些观点虽还不能称为唯物史观，但与唯物史观有相通之处。其四，社会理想。共产主义理想是西方空想社会主义者提出的。中国封建时代还不具备产生空想社会主义的条件。但是，先秦道家老庄学说中保存着对于原始社会的怀念，提出了对于阶级剥削的抗议。儒家学者宣扬"大同"理想，讲求"天下为公"。"大同"成为人民长期怀念的理想境界。所以，西方共产主义学说传人之时，进步人士欣然接受。①

邵汉明同志亦将中国传统文化与马克思主义之间的相通性归结为四个方面：其一，人本性。中国古代浓烈的人本意识集中体现在儒家学说中。儒家人物首先将人的世界与物的世界区分开来，视人为宇宙的中心和有机物发展的最高阶段，人的存在具有他物不可比拟和取代的特殊地位和卓越价值；继而从人的个体价值和群体价值的角度来肯定人和推崇人，既把人看成是一种社会性的类存在，因而人的社会价值才是人的价值的中心，又不因此而否定人的个体主体的作用与价值，而是强调人的社会价值和自我价值的实现是互为因果的。这与马克思主义重视人、关心人、突出人的主体价值和主体作用的精神是一致的。其二，理想性。中国古代先哲在创立各自思想体系的同时，大都要描绘一幅社会和人生的理想蓝图，以作为人类追求的共同目标。无论是儒家、墨家抑或是道家，都憧憬、向往和追求"天下有道"的社会，并都把"道"视为一种尽善尽美的有序的和谐状态。而马克思主义所以肯定理想的感召作用，视全人类的解放为无产阶级的历史使命，主张推翻以私有制为基础的资本主义统治，通过不断发展生产力和改革生产关系，最后建立起"自由人的联合体"——共产主义社会，其实质亦在于要改变人性异化、人为物役的不合理社会，实现每个人的全面自由与高度幸福。其三，实践性。实践是马克思主义哲学的基石，实践性是马克思主义哲学的本性。从某种意义上讲，马克思主义哲学就是实践哲学。中国传统文化中固然没有

---

① 参见张岱年：《马克思主义在中国的传播与中国传统哲学的背景》，《中国社会科学院研究生院学报》1987 年第 3 期。

明确提出实践观念，但它所呈现出的力行意识实与此实践品格若合符节。特别是儒家人物大都是力行主义者或重行主义者。

其四，整体性。中国古代先哲长于用整体的观点和视野观察和把握事物，以至我们可以将传统思维方式归结为整体思维。整体思维的特点在于反对把思维对象先割裂成各个孤立的部分分别进行分析，然后再将其组合起来，而是自始至终视任何对象为一整体，在整体感的统御下意识到整体内部各部分的联系与区别，当下把握事物的本质。此种致思路向和致思方式与马克思主义倡导的辩证思维亦颇相吻合。辩证思维的特点即是用全面、联系、发展的观点看问题，摒弃否认事物普遍联系和发展变化的孤立、静止、片面的认知方式。而全面、联系、发展的观点实都是整体观的内在涵蕴。①

张允熠先生将中国传统哲学（主要指儒学）与马克思主义学理上的相通性归结为"四个一致"：其一，二者在宇宙观上具有一致性。既是唯物的又是辩证的。其二，二者的致思趋向具有一致性。所谓致思趋向即认识路线。二者都承认实践是认识的源泉、途径和目的，实践是检验真理的标准；人们在实践中首先获取的是感性认识，然后从感性认识上升为理性认识。其三，二者对人的本质的看法具有一致性，因为"儒学重视从现实物质生活根源中寻找历史发展的动因"，因而与唯物史观"相通相合"。其四，二者的社会学说具有一致性，都向往"大同世界"，体现了它们之间具有共同的"终极关

---

① 参见邵汉明：《试论马克思主义与中国民族文化的结合》，《新长征》1999 年第 4 期。

怀"。①

《中国哲学与辩证唯物主义》一书作者用六章的篇幅，从气一元论与世界物质统一性原理、阴阳大化与世界普遍联系发展原理、知行统一与辩证唯物主义认识论、"通古今之变"与科学的社会历史观、成人之道与人的全面发展六个方面详细阐述了中国传统哲学与马克思主义哲学的相通相容，指出正是这种相通相容为二者的结合提供了文化条件和内在依据。②

美国学者窦宗仪认为，在马克思主义和儒家的哲学体系之间的确有许多类似和平行之处。首先，马克思主义对主观唯心主义的尖锐批判，和儒家在几个世纪中对佛教的激烈反对，非常近似。其次，马克思主义和儒家都提出了一种进化的、自然主义的、人文主义的一元世界观。再次，马克思主义和儒家都肯定实践是认识的基础和检验真理的标准。复次，马克思主义和儒家都看到了道德和文明本质上都是基于经济条件的。又次，马克思主义和儒家都坚持认为，对于变化来说，存在着一种历史必然性。又次，马克思主义和儒家对于人的完善都持一种比较乐观的态度。③

蔡方鹿、田广清先生着重阐述了儒学与马克思主义的相通与契合。蔡方鹿肯定民本主义、重民思想与"解放全人类"思想的契合、大同理想与共产主义目标的契合，"大公无私"

---

① 参见方克立主编：《中国哲学与辩证唯物主义》，北京：高等教育出版社1998年版，第12—13页。

② 参见方克立主编：《中国哲学与辩证唯物主义》，北京：高等教育出版社1998年版，第46—200页。

③ 参见窦宗仪著、刘成有译：《儒学与马克思主义》，兰州：兰州大学出版社1993年版，第130—134页。

与公有观念的契合，"一以贯之"之"道"与重视自然、社会发展规律的契合，辩证思维传统与马克思主义辩证法的契合，知行统一与理论联系实际的契合。① 田广清先生认为儒学与中国化的马克思主义在许多方面是相通的，这些相通之处表现在："大同"、"小康"的社会理想与社会主义、共产主义理想；"民本"思想与群众路线；"礼法结合，德刑相参"与正确处理两类不同性质矛盾和两手抓；"选贤任能"思想与党的干部路线；"经世致用"思想与实事求是的思想路线；"知行统一"观与理论联系实际原则；"修身"思想与批评自我批评作用；朴素辩证法与马克思主义思想方法；群体价值观与集体主义、爱国主义；重教化传统与社会主义精神文明；和谐观与安定团结；变革维新思想与改革开放；富民思想与共同富裕；广开言路思想与人民民主；为政清廉、节用裕民思想与大公无私、艰苦奋斗；强本抑末思想与发展社会主义生产力；崇文重教思想与科教兴国；等等。②

2. 马克思主义与中国传统文化之相异相别

许多学者在揭示马克思主义与中国传统文化的相通相近之处的同时，亦注意指出其相异或差别之处。张岱年先生指出："中国古代的唯物论与西方的唯物论，虽然同属唯物论，但差别很大；中国古代的辩证法与西方的辩证法，虽然都可称为辩证法，但差别更大。我们不应见同而忽异，但是，也不可见异

---

① 参见蔡方鹿：《儒学与马克思主义的契合处及其在当代新文化中的位置》，《江西社会科学》1993 年第 1 期。

② 参见田广清：《中国化的马克思主义与儒家思想》，载《马克思主义与儒学》，北京：当代中国出版社 1996 年版。

而忽同。"①

刘宏章先生着重考察了马克思主义与儒学的差异，认为二者是不同时代、不同国度的产物，又有着非常不同的阶级基础和文化背景，一个是无产阶级的世界观，一个是封建社会的意识形态，它们之间的差异是显而易见的。这种差异表现为四个方面：第一，马克思主义是现代科学的结晶，具有科学性和实证性，是一个严密完整的思想体系；儒家文化是古代科学的产物，不具有现代科学的基础，呈现出朴素性和直观性的特征；儒家作为一个学派虽有其共性，但其内部不同学派之间在政治倾向、哲学世界观等方面的差异是很大的，远不是一个严密完整的思想体系，而是一个十分庞杂的不同学派的集合体。第二，马克思主义在本质上是一种革命的批判的学说。而儒家文化则倾向于保守，是一种只适于守成而不适于进取的学说。第三，由此反映在哲学世界观上，在对于矛盾双方的斗争性和统一性的看法上，马克思主义着重强调的是斗争性，认为斗争是绝对的、无条件的，而统一则是相对的、有条件的。儒家学说虽然也不否认矛盾的斗争，但只把它看成矛盾过程的一个阶段，而把统一、和谐看成是最重要的。第四，马克思主义反对普遍的超阶级的人性，主张具体的阶级性，把人性看成是一种经济关系的体现，是各种社会关系的总和。儒家文化则主张一种普遍的超阶级的人性，不论主张性善或性恶，都是把人性中这种善恶的本质，看成先天的，是人类的一种心理和生理构成

---

① 张岱年：《马克思主义在中国的传播与中国传统哲学的背景》，《中国社会科学院研究生院学报》1987 年第 3 期。

的展开。①

范广伟先生着重考察了马克思主义与儒家之社会理想的根本差别。他认为这种差别归结起来有这样三点：其一，儒家的大同世界存在于过去，而马克思主义的共产主义则存在于未来。其二，儒家的大同世界是空想，它只是一种美好的主观愿望；而马克思主义的共产主义则是科学预言，反映了人类历史发展的必然。其三，从进入理想世界的途径上看，儒家提倡的是"仁爱"和"克己复礼"，所重视的是个人的主观的力量；而马克思主义主张的是发展社会生产力和进行社会革命，所强调的是客观的社会的力量。②

许多学者在探讨马克思主义与中国传统文化之相同相异、相容相斥时，已经自觉地意识到，"真理只有在同一与差异的统一中，才是完全的。所以真理惟在于这种统一。"③ 对马克思主义与中国民族文化也应作如是观，既要看到它们的异，也要看到它们的同，更重要的是要看到这异是同中之异，这同是异中之同，不能形而上学地去理解同和异，一说异就是绝对对立，一说同就是绝对等同，而要在同和异的统一中去把握真理。另一方面，就时代性而言，今当然胜于古，但今离不开古；马克思主义先进于中国传统文化，但中国化的马克思主义的丰富和发展离不开中国传统文化，思想文化的这种历史继承

---

① 参见刘宏章：《合则两利，离则两伤——关于马克思主义与儒家文化之间关系的思考》，载《马克思主义与儒学》，北京：当代中国出版社 1996 年版。

② 参见范广伟：《大同世界与共产主义——儒家与马克思主义社会理想之比较》，载《马克思主义与儒学》，北京：当代中国出版社 1996 年版。

③ 黑格尔：《逻辑学》下卷，北京：商务印书馆 1976 年版，第 33 页。

性和连续性是任何力量也不能割断的。① 这种认识难能可贵。
还需要注意的是，牵强附会是人们对两件事物进行比较时易犯
的毛病，我们在考察马克思主义和中国民族文化之同异的过程
中切忌陷入简单比附的巢穴。

三、马克思主义与中国民族文化结合的途径

李存山先生根据"佛教产生于印度，而发展于中国"的
事实断言，"马克思主义产生于西方，也必将发展于中国"。②
笔者与许多学者一样，执信马克思主义在中国的发展，有赖于
实现马克思主义的中国化，实现马克思主义与中国民族文化的
有机结合。那么，如何实现中国化、实现其结合呢？或者说中
国化的途径、结合的途径何在呢？

有论者认为，有必要特别注意"马克思主义中国化"与
"中国化的马克思主义"之间的区别和联系，指出其区别在
于："马克思主义中国化"是指"马克思主义和我国具体特点
相结合"并获得"一定的民族形式"的具体过程，而"中国
化的马克思主义"则是具有中国的特点和民族形式的科学理
论。其联系在于：虽然"马克思主义中国化"并不等于"中
国化的马克思主义"，但"中国化的马克思主义"只能产生和
发展于"马克思主义中国化"的过程中，抑或说，前者只能

① 参见刘宏章：《合则两利，离则两伤——关于马克思主义与儒家文化之间
关系的思考》，田广清：《中国化的马克思主义与儒家思想》，均载《马克思主义
与儒学》，北京：当代中国出版社1996年版。
② 李存山：《破除对马克思主义与儒学的"夷夏之辨"》，载《马克思主义
与儒学》，北京：当代中国出版社1996年版。

是后者的逻辑结果。这一逻辑结果标示着马克思主义与中国实际的正确结合，"中国化的马克思主义"就是对这种正确结合的科学概括。而"中国化的马克思主义"的确立和发展又反过来推动了"马克思主义中国化"的进程。①

有论者从马克思主义哲学中国化的角度提出自己的看法，指出：第一，着眼于马克思主义哲学的应用是实现马克思主义哲学中国化的切入点。运用马克思主义哲学的过程，既是一个理论联系实际的过程，又是一个理论创新的过程。第二，着眼于实际问题的理论思考，是实现马克思主义哲学中国化的结合点。实践需要马克思主义哲学对社会实际问题作出新的回答，为马克思主义哲学注入新的具有时代特点和民族特色的新内容。马克思主义哲学必将在对当代重大问题的灵敏反应、准确把握和科学回答中上升到新的境界。第三，着眼于新的实践和新的发展，是实现马克思主义哲学中国化的根本点。马克思主义哲学必须面向实际，转变视角，总结新的实践经验，反映新的时代精神，进行新的探索，创造、发展新的哲学理论。②

有论者认为，马克思主义与中国传统文化的结合，不是外在的拼合、简单的相加，而是内在的整合、有机的融合，是二者水乳交融、相互涵化所产生的新生体。③ 有的论者立足于传统文化之现代化和马克思主义之中国化来论述二者之结合，指

---

① 参见叶险明：《关于马克思主义中国化的历史和逻辑研究中的两个问题》，《哲学研究》2001 年第 2 期。
② 参见潘绍龙：《中国化——马克思主义哲学在中国发展的必由之路》，《江淮论坛》2001 年第 4 期。
③ 参见田广清：《中国化的马克思主义与儒家思想》，载《马克思主义与儒学》，北京：当代中国出版社 1996 年版。

出一方面，传统文化要在现时代对人们的物质生活和精神生活继续产生巨大而积极的作用，就不能不跟随时代前进的步伐，实现自身的传统向现代的创造性转换。这就要求我们站在时代的高度，以马克思主义为理论指导，通过深入而细致的批判继承工作，将传统文化中的合理命题和合理观念融会到时代文化和时代精神中去，从而赋予传统文化以新的形态和新的生命力，使其真正成为时代文化的一个内在的有机部分。另一方面，马克思主义也面临一个不断发展和不断民族化的问题。按照恩格斯的说法，每个国家运用马克思主义，都必须穿起本民族的服装。这就要求我们中国的马克思主义者不仅要从中国当前和今后相当长一段时期内社会主义建设和发展的具体实际和需要出发，去阐释和运用马克思主义，而且要通过中华民族优良传统的深入挖掘，来充实和丰富马克思主义，从而使马克思主义从内容到形式都真正具有中国风格和中国气派，使它不仅以"国家意识"的政治身份，同时还以"民众心理意识"的文化身份展现在我们面前。①

有论者认为，马克思主义与中国传统文化结合的途径包括形式和内容两个方面。就形式而言，除了"要向人民群众学习语言"外，"还要学习古人语言中有生命力的东西"，即吸收古人的"新鲜用语"，即把马克思主义的普遍真理和中国民族的语言形式相结合。就思想内容而言，结合的途径和方式也是多方面的，其中最主要的是：第一，熔铸民族魂，增强民族凝聚力。第二，扬善贬恶，以史育人。第三，"鉴古通今"，

---

① 参见邵汉明：《试论马克思主义与中国民族文化的结合》，《新长征》1999 年第 4 期。

为现实服务。第四，吸取中国古代哲学智慧，丰富与发展马克思主义哲学。①

许多学者普遍意识到，相对于马克思主义与中国革命实践的结合而言，与传统文化的结合显得很不够，并没有做到真正意义上的理解和吸收。时至今日，我们书本上讲的马克思主义哲学很难说有多少中国哲学的成果。因此，有论者主张编写既是马克思主义的又是中国的哲学教材，并在内容上做到：（1）准确、系统、全面地论述辩证唯物主义和历史唯物主义的基本原理，突出马克思主义哲学批判的、革命的实质；（2）正确揭示马克思主义哲学和中国先进哲学思想的内在联系和一致性；（3）努力吸取现代科学和现代哲学（包括西方哲学）的优秀思想成果，概括中外的现代实践经验，而不应是辩证唯物主义原理加上中国哲学的例子，或中国哲学史套上马克思主义哲学概念，而应是马克思主义哲学和中国哲学的有机结合，按其内在联系去建构融合统一的理论体系、逻辑体系。当前在马克思主义哲学教学方面的基本考虑应是：第一，贴近当代世界，特别是中国社会主义现代化的实践；第二，与悠久的中国传统文化，特别是丰富的哲学遗产连接起来，以新的教材进行教学。②

还有的论者认为，马克思主义与中国传统文化的结合有两个层次或方式，一种是自觉的结合，另一种是非自觉的结合。后者是指个人由于受传统文化的影响，在接受、理解、宣传马

---

① 参见葛荣晋：《马克思主义与中国传统文化相结合的理论思考》，载《马克思主义与儒学》，北京：当代中国出版社1996年版。

② 参见李淮春：《哲学教学应是马克思主义的又是中国的》，刘大椿：《马克思主义哲学教学应贴近现实、融会传统》，均载《教学与研究》1996年第6期。

克思主义哲学时，必然以自身的中国传统哲学知识为中介并受其制约。因此我们不仅要努力实现自觉的结合，而且要经常反省非自觉的结合，警惕传统文化的负面影响。[①] 有的论者指出，中国传统哲学的三个主要缺点即缺乏形式逻辑的弱点、经学方法的弊病、忽视个性的缺陷在过去几十年马克思主义中国化的过程中，并没有得到非常深入的批判和非常彻底的克服，这些缺点在未来马克思主义中国化的过程中仍可能产生十分消极的影响，必须引起足够的重视。

不过，多数论者对马克思主义中国化、对马克思主义与中国民族文化的结合的前景抱乐观态度，认为作为人类哲学智慧之最高成果的辩证唯物主义，同具有悠久历史、博大精深的中国哲学和文化传统结合起来，并且不断地从当代社会实践和科学、文化发展中获得推动力量，它将为中华民族的振兴和世界文明的进步作出不可限量的伟大贡献。[②]

四、需要注意和加强的几个问题

近二十年来，关于马克思主义与中国民族文化或传统文化的关系研究呈现一种逐步深入的态势，由很少有人关注问津到愈来愈多的人参与讨论探求，由探讨二者是否结合到探讨能否结合直至探讨为何结合，许多人都提出了自己的见解，形势是

---

① 参见顾红亮、刘晓虹：《反思、融合、创新——近年来关于马克思主义哲学中国化与传统文化关系的讨论述要》，《毛泽东邓小平理论研究》1999 年第 5 期。

② 参见陈卫平：《论马克思主义哲学中国化与传统哲学》，《哲学研究》1987 年第 6 期。

好的。但总的来看，讨论还是初步的，许多认识还很肤浅和表面化，一些问题的探讨还很薄弱。因此，有必要以已有的认识和成果为基础，将讨论进一步引向深入。

首先，马克思主义与中国革命和建设的具体实际相结合、与中国传统文化相结合，产生中国化或中国式的马克思主义，马克思主义只有穿上中国的民族服装，实现中国化，才能在中国这块土地上生根、开花、结果，那么，中国式的马克思主义与本来意义上的马克思主义到底是一种什么关系？在我们的现代化建设中乃至一切实际工作中，究竟应着重以何者为指导呢？

其次，马克思主义的中国化有必要实现马克思主义与中国传统文化的结合，已经成为绝大多数人的一种共识，但二者能否结合？结合的基础何在？如何实现真正意义上的结合？人们的看法见仁见智，莫衷一是，认识也欠深入。这里实际涉及一个民族性与世界性、历史性与时代性的关系问题，涉及一个研究的方法问题。

再次，在20世纪马克思主义中国化的漫长历程中，曾出现两种错误的倾向，一种是教条主义也即本本主义的倾向，一种是否定马克思主义主导地位的倾向，所谓马克思主义过时论是也。这两种倾向给我们党的事业造成重大的挫折，给我们国家的建设造成巨大的损失，教训是深刻而沉痛的。在新的历史时期，我们如何提高自身的理论素养，避免犯同样的错误？现在的情况，一些人既不读马列，又不看古典，一味地赶时髦，抓住几个似是而非的新名词、新术语到处招摇撞骗，哗众取宠。如此以往，更是令人堪忧。

最后，在马克思主义中国化的过程中，在马克思主义与中

国传统文化相结合的过程中，确实存在一个马克思主义的
"变形"和"失真"问题。但我们不能因噎废食，因为存在
"变形"和"失真"的可能，而否定马克思主义中国化的必要
性，放弃马克思主义与中国传统文化的结合。事实上，"变
形"或"失真"不是不能避免的，问题的关键在于，站在时
代的高度，加强马克思主义的学习，提高马克思主义理论素
养，加强传统文化研究，提高传统文化素养，进而真正做到融
会贯通。现在的情况是，懂马列的不懂古典，懂古典的不通马
列。因此，有必要造就一批既通马列，又通中国传统文化的高
级理论人才。这是在新世纪实现马克思主义中国化、实现马克
思主义与中国传统文化有机结合的新的飞跃的需要。

（原载《社会科学战线》2003 年第 1 期）

中国现代化挑战儒学现代化

乌 恩 溥

中国的现代化，无论是对于传统儒学，还是对于现代儒学，都带来了巨大的冲击和严峻的挑战。面对这样的冲击和挑战，作为一种回应，传统儒学、现代儒学都必须顺应历史的潮流，跟随时代的步伐和中国现代化同步前进。为此，传统儒学、现代儒学必须从古代的、封建的宗法等级制的阴影下或从近代殖民地、半殖民地半封建的社会意识形态的影响下解脱出来，变换机制，转变职能，把自身的基础转移到现代社会的社会基础上来，以实现自身的现代化。只有这样，传统儒学、现代儒学才能够在当今的神州大地上扎根、开花、结果，成为现代中国文化的有机组成部分，为现代社会服务，放射出灿烂的光辉和耀眼的光芒。

一、儒学发展面临的挑战

综观当今国内外的发展形势，无论是传统儒学还是现代儒学都面临着来自国际和国内两个方面的严峻挑战。就国际的发展形势来说，世界上自古以来就形成了多元的文化，就存在着多种的文化圈。在欧美一些信奉天主教、基督教的国度里，存在着天主教、基督教文化。在阿拉伯世界和一些信奉伊斯兰教的国度里，存在着伊斯兰教文化。在南亚一些信奉印度教的国度里，存在着印度教文化。在东亚一些崇尚儒学的国度里，存在着儒家文化。这些文化圈各自具有自己的传统，各自具有自己的鲜明特色，分别哺育着各自所在地域的国家或民族的人民。这些各具特色的不同文化，在古代虽然也有一定的交往和交流，但由于古代社会生产力发展水平低下，这种交往和交流应该说是比较薄弱的，有限的。到了现代，科学技术的进步日新月异，经济全球化正在迅猛发展，特别是信息技术的广泛应用，世界范围内信息网络已经形成并建立起来。人类居住的地球变得越来越小了，人们之间的距离拉得越来越近了，上述各种各具特色的文化之间接触的机会增多了，交往的次数频繁了，交流的程度加深了，沟通的速度加快了。上述各种各具特色的不同文化之间既有可以相互学习相互借鉴的东西，也有可以导致相互冲突相互对抗的因素；既有相互渗透相互吸收的一面，也有相互矛盾相互对立的一面。随着时间的推移特别是伴随着经济全球化的迅猛发展，它们之间的交流与发展会越来越迅速，它们之间的竞争也会越来越激烈。新闻报道说，欧洲一些知名学者在巴黎集会，讨论文化全球化的问题，这说明文化全球化的问题已经提到国际文化发展的议事日程上来了。伴随着文化全球化趋势的迅速发展，国际文化舞台上的竞争会越来越激烈，并将日趋白热化。在这种情况下，作为中国传统文化的主体的儒学，应当怎样自处呢？是在激烈的国际文化竞争中占有一席之地重放异彩，屹立于世界民族文化之林呢？还是在激烈的国际文化竞争中败下阵来逐步被淘汰并最终归于消亡，这是传统儒学、现代儒学必须面临的一个严峻的课题和现实的挑战。就国内的发展形势来说，半个多世纪以来，我国社会发生了深刻的根本性的变革。我国社会已经由旧的殖民地、半殖民地半封建的社会一跃跨入现代的社会主义社会。就社会生产关系和社会经济结构领域来说，早在解放战争时期，我国在农村就进行了土地制度的改革，废除了封建的土地所有制，建立以集体所有制为基础的新型的社会主义土地所有制。解放初期，我国又在全国范围内进行了资本主义工商业的社会主义改造，在工业领域和商业领域里废除了资本主义私人所有制，建立起以公有制为基础的新型的社会主义所有制。这两项彻底的改革实际上从根本上铲除了我国封建的和资本主义的社会经济基础，使我国的社会经济结构发生了根本的变化。随后，我国又在全国范围内建设一批大型的骨干工业企业，这就为我国以公有制为主体的社会主义经济打下了坚实的基础。我国几个五年计划的顺利实施，使国民经济有了长足的进步和发展，各项建设事业取得了很大的成就。特别是改革开放二十多年来，在邓小平倡导的建设有中国特色的社会主义思想的指引下，在改革开放政策的推动下，我国的国民生产总值连续多年以7%左右的年增长率迅速增长。国家的综合国力明显增强，人民群众的物质生活水平显著提高，取得了举世瞩目的成就。随着社会主义经济建设的发展，我国的国防实力明显增强，我国的国际地位明显提高，我国在国际上的影响和作用日益增大，这些事实说明，我国的社会主义经济体制具有无比的优越性。其次，就社会政治领域来说，中华人民共和国的成立，开辟了中国历史的新纪元。我国的国家根本大法——《中华人民共和国宪法》规定，我国是无产阶级专政的社会主义国家，中国共产党在国家政治生活中居于领导地位。全国人民代表大会是国家的最高权力机关，执行国家的立法和监督职能。中央人民政府执行国家的行政管理职能。全国人大常委会在建设有中国特色的社会主义法制国家思想指引下，制定了并正在继续制定着一系列的法律，适合我国国情的完整的社会主义法律体系已基本形成，我国的社会政治生活已经纳入了社会主义法制的轨道。人民是国家的主人，在法律面前人人平等，社会主义社会的公民拥有自主人权，同时在社会地位上也是平等的。我国的新型的社会主义人际关系已经建立起来。这些事实说明，我国的社会主义政治体制也同样具有优越性。第三，就社会意识形态和社会生活领域来说，《中华人民共和国宪法》规定：马列主义、毛泽东思想、邓小平理论，是我们国家的根本指导思想。我们国家的一切工作都必须以马列主义、毛泽东思想、邓小平理论作为指导方针。建国五十多年来，在马列主义、毛泽东思想、邓小平理论的指引下，在百花齐放、百家争鸣的方针的推动下，我国的文学艺术事业空前繁荣。在诗歌、小说、戏剧、电影、音乐、舞蹈、体育等各个领域，涌现出一批反映时代风貌的优秀作品，或取得了具有国际水平的成就，同时也产生了一批杰出的诗人、作家、文艺评论家、运动员和表演艺术家等。他们的成就在国内受到人民群众的称赞和欢迎，并在国际上产生了重大的影响，丰富了人民群众的精神生活，对于培养人民群众的道德、情操，提高人民群众的思想境界起着巨大的积极的推动作用。在教育方面，我国已经基本上普及了九年制的义务教育，中等职业教育、成人教育、高等教育等各种教育事业有了很大的发展，人民群众的文化教育水平有很大的提高。在科学技术方面，经过广大科技人员的拼搏和攻关，我国在一些尖端的科技领域取得了一些重大的进展和成就。我国不仅拥有"两弹一星"，而且发射了宇宙飞船，特别是随着现代化信息技术的广泛应用，我国已在全国范围内建立起信息网络，并与国际信息网络联网，这必将对我国经济建设的发展和科学技术的进步起到积极的推动作用。我国在科技领域已经接近，或即将赶上世界上发达国家的先进水平。在社会生活方面，随着我国现代化事业的不断发展，随着社会政治地位和物质生活水平的不断提高，我国人民群众的精神面貌也发生了深刻的变化，爱国主义、集体主义、革命英雄主义思想在人民群众中已经深深地扎下了根。特别是随着对外开放的不断扩大，人民群众的对外交往也不断增多，人民群众的视野开阔了，认识能力水平提高了，参与国际竞争的意识和信心增强了，这些对于我国现代化事业的发展必将起到积极的作用。综上所述不难看出：半个多世纪以来经过全体中国人民的共同努力，我国社会主义初级阶段的社会基础已经牢固地建立起来。我国具有中国特色的社会主义制度作为一种新生事物具有强大的生命力，它能够经得起国际风浪的冲击和考验。我国的具有中国特色的社会主义制度作为一种先进的社会制度正走在世界的前列，它在未来的国际竞争中必将取得最终的胜利。我国已经建立起来的具有中国特色的社会主义制度和社会主义思想体系，在客观上对于传统儒学和现代儒学自然地构成了一种挑战。传统儒学、现代儒学要想在现今的神州大地上扎根、开花、结果就必须正视中国现代化的社会现实，就必须承担面对中国现代化的这一课题，就必须接受来自中国现代化的挑战。

上述来自国际、国内两个方面的挑战，对于传统儒学、现代儒学来说它们的意义是不同的，就文化渊源来说，来自国际的挑战是多元的，或者说是多边的；来自国内的挑战是一元的，或者说是单一的。就民族背景来说，来自国际的挑战是异族的，或者说是他族的；来自国内的挑战是自己民族的，或者说是本族的。就地缘文化来说，来自国际的挑战是异域的，来自国内的挑战是本土的。就文化的继承关系来说，来自国际的挑战是没有继承关系的，来自国内的挑战是有继承关系的。就文化挑战的紧迫性来说，来自国际的挑战是未来的、遥远的、舒缓的，来自国内的挑战是现实的、逼近的、紧迫的。来自国际、国内两个方面的挑战存在的上述这些差异告诉我们，传统儒学、现代儒学为迎接这两种挑战必须深入地研究挑战对象的性质、特点，把握挑战对象的文化内涵和发展规律，必须分别轻重缓急，采取不同的步骤、方式和方法，必须和挑战的对象进行深入的沟通和交流，以求与挑战对象共同发展，共同繁荣。只有这样才能够在激烈的文化竞争中立于不败之地，才能够在激烈的文化竞争中取得最终的胜利。

二、实现儒学的现代化

前面提到传统儒学、现代儒学面临着来自国际、国内两个方面的严峻挑战。就两种挑战的关系来说，来自国内的挑战是第一义的，是根本的，是具有决定意义的；来自国际的挑战是第二义的，是派生的，从属的。只有把回应来自国内的挑战解决好了，传统儒学、现代儒学才具有坚实的基础，才能够在激烈的国际文化竞争中取得胜利。这里首先让我们探讨一下回应来自国内的挑战问题。

1. 目的和任务

传统儒学、现代儒学回应来自国内的挑战的根本目的或根本任务，在于丰富并加强社会主义精神文明建设或者说在于建设有中国特色的社会主义的新文化。自春秋末期孔子创建儒学以来，经过汉武帝采纳董仲舒对策实行"罢黜百家、独尊儒术"政策的有力推动，儒学被推到了文化阵地的前沿，成为中国文化的主体，绵延两千多年，在思想文化领域里始终占据着统治地位，起着支配的作用。儒学作为一个完整的思想理论体系，涵盖着哲学、政治、经济、文化、教育、科技等诸多领域，具有丰富的深刻的思想蕴涵，对于中国文化的发展起到了巨大的积极的作用。儒学塑造了中华民族的民族性格，铸就了中华民族的民族精神，是中华民族赖以生存发展的思想支柱和精神力量，具有强大的生命力和民族凝聚力。在儒家学说的哺育熏陶下，我国历史上出现了许多杰出的政治家、思想家、文学家、艺术家、教育家和科学家，对于中华文化乃至世界文明的发展作出了卓越的贡献。在漫长的历史进程中，儒学曾经受到过来自玄学、禅学严重的冲击和挑战。但是尽管存在这些冲击和挑战，儒学在中华文化发展进程中的主导地位始终没有动摇过。到了近代，在中国资产阶级民主革命进入高潮阶段的五四新文化运动时期，出于反帝反封建斗争的需要，儒学受到了当时思想界的猛烈抨击和严厉批判。在反帝反封建的历史任务占据主导地位的社会条件下，进行这样的抨击和批判无疑是必要的，正确的，是无可非议的。但是，在反帝反封建的历史任务已经完成了半个多世纪以后的今天，在我国已经进入社会主义现代化建设的历史条件下，继续以五四时期的心态来看待儒学，继续对儒学采取全盘否定的态度就是不科学的，不公正的或者说不明智的和不可取的。儒学作为中华文化的主体，不仅在历史上曾经发挥过巨大的积极的作用，就是在今天我国处于社会主义现代化建设的社会条件下，儒学依然可以发挥积极的作用。既然属于资本主义经济范畴的商品经济、市场经济可以和社会主义相结合，可以发展社会主义商品经济，建立社会主义的市场经济，那么，作为中华文化主体的儒学，剔除封建的宗法等级成分和因素，是可以和社会主义相结合的。社会主义不是从天上掉下来的，它是人类社会发展的必然结果。社会主义不能割断历史，有中国特色的社会主义的新文化和历史上的中国传统文化之间，存在着内在的必然关系。因此，有中国特色的社会主义新文化，不但不应该排斥、拒绝、剔除了封建宗法等级成分的传统儒学、现代儒学，相反地应该把剔除了封建的宗法等级成分的传统儒学、现代儒学接受下来，吸收过来，使之成为有中国特色的社会主义新文化的一部分。这样不但增加了中国特色的社会主义新文化的内容，同时也拓宽了中国特色的社会主义新文化的领域和范围。如果做到这一点，中国特色的社会主义的新文化将由如下三个部分组成：其一，是前面提到的在现阶段在我国社会主义意识形态领域属于领导地位的马列主义、毛泽东思想、邓小平理论，这是有中国特色的社会主义新文化的主体。在中国特色的社会主义新文化的发展进程中起着主导的作用。其二，是中央苏区、革命老区在长期的革命斗争中形成的优秀的革命传统和革命英雄主义精神。其三，是传统儒学、现代儒学继承下来的剔除了封建宗法等级成分的民族思想和民族精神。这三个方面有机地结合起来，就构成了有中国特色的社会主义的新文化。传统儒学、现代儒学回应来自国内的挑战的根本目的或根本任务在于丰富和加强社会主义的精神文明建设或者说在于建设有中国特色的社会主义新文化。

2. 途径和方法

传统儒学、现代儒学回应来自国内的挑战，可供选择的唯一正确的途径，就是使自身从古代的封建宗法等级制的阴影下或近代的殖民地、半殖民地半封建的社会意识形态的影响下解脱出来，变换机制，转变职能，把自身的基础转移到现代社会的基础上来，使自身的基础和现代社会相适应，成为现代社会的有机组成部分。传统儒学、现代儒学要想过好这一关，必须明确并着重解决如下问题。其一，传统儒学、现代儒学必须明确地把自身的立脚点建立在中国现代的社会主义社会的社会基础之上。前面已经提到，半个多世纪以来，我国社会在经济、政治、社会意识形态领域里发生了深刻的根本的变化，与其相适应，我国的社会人际关系也发生了深刻的根本的变化。在社会主义社会里，人民群众不仅有独立自主的人格，而且拥有独立自主的社会地位。社会主义社会是以各尽所能、按劳分配的原则为基础建立起来的。由于历史的原因，社会主义社会在工农之间、城乡之间、脑力劳动和体力劳动之间还存在着发展水平上的差别，社会主义社会的公民在文化教育水平和劳动技术水平上也是不完全相同的。尽管如此，社会主义社会的公民只要尽自己的能力为社会贡献了自己的力量，就可以从社会中得到一份和自己能力、贡献相适应的回报。社会主义社会的公民无论在经济生活领域里，在政治生活领域里，还是在文化生活领域里，都依法享受着公正的社会待遇。因此，社会主义公民之间既没有高低贵贱之分，更没有尊卑上下之别。社会主义的公民在人格上是平等的，在社会主义条件下工人、农民、知识分子之间的关系是新型的、团结友爱、互助的关系。工人、农民、知识分子之间互相支持、互相协助、共同发展、共同进步，社会主义社会的人际关系是友好的、和睦的、和谐的。综上所述不难看出，自主、公正、平等、和谐的原则是社会主义社会的基本准则，这是由社会主义社会的基本性质和本质特征所决定的。传统儒学、现代儒学要变换机制，转换职能，把自身的基础转移到社会主义社会的基础上来，就是要把自身的基础转移到自主、公正、平等、和谐的社会主义的原则上来。换句话说，是要以自主、公正、平等、和谐的社会主义准则作为自己的立脚点和出发点，就是要把自主、公正、平等、和谐的社会主义准则作为自己立论的基础和依据。无论是提出一个范畴、确立一个命题、倡导一个观点、学说或创建一个立论，都要以自主、公正、平等、和谐的社会主义准则为基础，都要符合社会主义的基本性质，都要反映出社会主义的本质特征。这是传统儒学、现代儒学实现现代化必须明确把握的基本课题。其二，正确地区分传统儒学、现代儒学的概念、范畴、命题、论说体系中的共性、一般性成分和个性、特殊性成分，剔除它们中的个性、特殊性成分，并将它们的共性、一般性成分转到现代社会的自主、公正、平等、和谐的社会准则上来，以实现传统儒学、现代儒学自身的现代化。传统儒学、现代儒学作为古代的封建社会的社会意识形态，或近代的殖民地、半殖民地半封建社会的社会意识形态，必定带有古代的封建宗法等级关系的成分和因素或近代的殖民地、半殖民地半封建的社会意识形态的烙印和影响，这些是传统儒学、现代儒学的个性成分或特殊性成分。这些个性成分或特殊性成分和现代的社会主义社会的自主、公正、平等、和谐的社会准则是格格不入的，是完全对立的。传统儒学、现代儒学要想实现自身的现代化，就必须把自身的个性成分或特殊性成分剔除掉。另一方面，传统儒学、现代儒学就它们的思想内涵和包容性来说，和现代的社会主义的社会生活之间，存在着内在的必然联系。古代的封建社会的中华民族的社会生活或近代的殖民地、半殖民地半封建社会的中华民族的社会生活和现代的社会主义社会的中华民族的社会生活是一脉相承的，是息息相通的。它们之间在内涵上存在着共同的或相同的成分，这些共同的或相同的成分，就是传统儒学、现代儒学的共性成分或一般性成分。传统儒学、现代儒学思想中存在的这些共性成分或一般性成分是传统儒学、现代儒学实现自身现代化的基础。其三，传统儒学、现代儒学的共性成分或一般性成分转移到现代的社会主义自主、公正、平等、和谐的社会准则上来，同时再以现代的社会主义的实际加以充实和发挥。举例来说，譬如"忠"这个范畴，"君使臣以礼，臣事君以忠"。忠君是"忠"这一范畴带有封建的宗法等级关系烙印的个性成分或特殊性成分，应当剔除掉。"精忠报国"，"克尽厥职"，"与朋友交而不忠乎"。忠于祖国，忠于职守，忠于朋友，是"忠"这一范畴的共性成分或一般性成分。把这些共性成分或一般性成分和现代的社会主义的自主、公正、平等、和谐的社会准则结合起来，并以现代的社会主义社会的实际情况加以阐释和发挥，"忠"这一范畴就有了崭新的含义和内容，就变成了一个崭新的范畴，成为社会主义的社会意识形态的一部分而发挥作用。再譬如说"孝"这一范畴。"父叫子死，子不得不死"是"孝"这一范畴的带有封建宗法等级关系烙印的个性成分或特殊性成分，应当予以废止。尊亲、事亲、养亲，子女对父母在人格上表示尊敬，在生活上给予扶持和照顾，在经济上给予赡养和接济，是"孝"这一范畴的共性成分或一般性成分，把这些共性成分或一般性成分转移到现代的社会主义的自主、公正、平等、和谐的社会准则上来，并用现代的社会主义社会的实际情况加以阐释和发挥，"孝"这一范畴也同样可以变成一个崭新的范畴而在社会主义社会里发挥积极的作用。传统儒学、现代儒学的命题、论说和体系也是一个样。剔除它们中的带有封建的宗法等级关系烙印或殖民地、半殖民地半封建的社会意识形态影响的个性成分或特殊性成分，把它们的共性成分和现代的社会主义的自主、公正、平等、和谐的社会准则结合起来，也同样地可以转化成崭新的命题、论说和体系，也同样地可以和现代的社会主义的社会意识融为一体，成为现代的社会主义新文化的有机组成部分，为现代的社会服务。这是传统儒学、现代儒学变换机制、转变职能的有效的、可靠的、正确的途径和方法，是传统儒学、现代儒学实现现代化的必由之路。

3. 意义和作用

传统儒学、现代儒学走向现代化，并和中国的社会主义社会相结合，具有十分重要的意义。第一，可以凸显中国的社会主义的民族特色。中国是一个具有儒学传统的国度。儒学作为中国文化的主体绵延两千多年。它的思想和精神渗透到每一个炎黄子孙的心灵深处，同时也渗透到我国社会生活的每一个角落。社会主义传入中国并在中国的土地上落叶生根，实际上就是在儒学文化的土壤上落叶、生根的。社会主义不仅要符合中国的国情，而且要符合中华民族的民俗和民情。社会主义在中国落叶生根是和中国的传统文化血肉相连的，是和儒学的滋润和哺育分不开的。社会主义的中国化过程，就文化角度来说，实际就是社会主义不断地吸取中国文化的营养，并与中国文化传统相结合的过程。传统儒学、现代儒学走向现代化，并与中国社会主义社会相结合，是社会主义中国文化发展进程中的一个必然的阶段，是我国社会主义建设事业发展到今天必然要面临的课题。解决好这一课题，对推进我国社会主义建设事业，对于建设有中国特色的社会主义具有十分重要的意义。第二，可以提高人民群众的道德水平和思想境界。传统儒学、现代儒学的中心思想或根本精神，可以用"尊德性，尚践行"加以概括。把社会和国家的思想建设放在其他一切建设的首位，它制定了仁、义、礼、智、信等一系列伦理范畴来规范人们的社会生活和社会行为，并且通过国家政权、教育机构和宗族体制贯彻到每一个社会成员和社会生活的方方面面，对于维护和巩固封建体制起了巨大的作用。历史的经验值得借鉴，今天，在我国进行社会主义建设的时候，借鉴儒家在历史上的成功经验，运用传统儒学、现代儒学留下来的宝贵遗产，结合我国社会主义社会的实际情况，制定一系列完整的理论范畴来规范现代的社会主义社会的社会成员的社会生活和社会行为。并且通过国家政权、教育机构和社会传媒贯彻到每一个社会成员和社会生活的每一个角落，对于提高人民群众的道德素质和思想境界，对于加强社会主义精神文明建设必将起到积极的作用。第三，可以调整社会主义社会的人际关系。传统儒学、现代儒学在培养和提高社会成员的道德素质和思想境界的同时，还十分注重调整社会成员之间的人际关系。在古代的封建宗法等级制度下，有君臣、父子、夫妇、兄弟、朋友等五伦关系。在近代的社会条件下，有领导与被领导、父子、夫妇、兄弟、朋友等人际关系。传统儒学、现代儒学对于这些人际关系进行了深入的探讨和研究，并作出了相应的规范和界定。通过国家政权、教育机构和宗族体制或社会团体加以倡导和实行，这对于调整古代社会和近代社会的人际关系起了积极的建设性的作用。今天，在我国进行社会主义建设的条件下借鉴传统儒学、现代儒学的经验，运用传统儒学、现代儒学的遗产，结合我国社会主义社会的实际，对于社团与社团、法人与法人、领导与被领导、父子、夫妇、兄弟、朋友等人际关系作出相应的规范和界定，对于调整社会主义社会的人际关系，维护社会主义的社会秩序，必将起到积极的有益的作用。第四，可以增强民族凝聚力。儒学作为中国文化的主体，两千多年来哺育熏陶了一代又一代的炎黄子孙，儒学的思想渗透到了每一个炎黄子孙的灵魂。儒学的精神贯穿在每一个炎黄子孙的行为和活动中。作为炎黄子孙不仅在血缘上属于同种，而且在文化传统上有着同根。在儒学的培育下，炎黄子孙有着共同的语言，有着共同的生活习惯，有着共同的民族性格。炎黄子孙的心灵是相通的，炎黄子孙的民族感情是深重的。儒学是炎黄子孙的共同脐带，具有强大的民族凝聚力，儒学在中华民族成长过程中发挥着巨大的作用。今天，在我国进行社会主义建设的过程中给予儒学以应有的地位，使儒学和我国的社会主义社会融为一体，对于增强我国的民族凝聚力必将起到巨大的积极的作用。

4. 迎接国际挑战

前面已经提到传统儒学、现代儒学面临来自国际的挑战。就挑战的紧迫性来说，来自国际的挑战是未来的，遥远的，舒缓的。文化全球化才刚刚提到议事日程上来，国际间文化领域的深层次的交锋还需要一段时间。为了迎接来自国际的挑战，传统儒学、现代儒学应该做好如下准备。第一，加速实现自身的现代化，为迎接挑战打下坚实的基础。就国际文化发展的趋势来说，应该说现代化的潮流是国际文化的主流，欧美等发达国家的文化发展自不必说，就是伊斯兰教文化、印度教文化，也朝着现代化的方向加速发展，传统儒学、现代儒学只能适应这一潮流。实现自身现代化才能在未来的激烈文化竞争中具有坚实的基础。第二，开展多方位跨学科的交叉研究，为迎接挑战做好准备。传统儒学、现代儒学为迎接未来的国际间在文化领域的深层次交锋，必须对天主教、基督教文化、伊斯兰教文化和印度教文化进行多方位的跨学科的交叉研究，把握它们的内涵、本质和特征，分清它们之间的优劣、长短和异同，只有这样才能在激烈的国际文化竞争中，做到去伪存真、取长补短、求同存异、共同发展、共同繁荣。第三，坚持独立自主的原则，以维护中华文化的民族特色和独立地位。传统儒学、现代儒学在迎接来自国际的挑战的时候，一方面要采取"博采众长，兼收并蓄"的方针，与国际上的文化广泛交流，吸收国际文化的积极成分，丰富发展自己。另一方面又要坚持"独立自主"的原则，发挥儒学的特色和积极作用，捍卫中国文化的特色和独立地位。文化全球化不是文化一元化，不能用一元文化囊括并统治世界。文化全球化的过程是文化多元化的过程，世界上多种文化的相互借鉴、相互学习、相互吸收、相互融合、共同发展、共同繁荣。

三、开创儒学新未来

传统儒学、现代儒学现代化是一项完整的系统的工程，这项工程运用马列主义、毛泽东思想和邓小平理论的立场、观点、方法，对先秦儒学、汉唐经学、宋明理学和现代儒学进行全面的深入的探讨和剖析。通过由此及彼、由表及里、去粗取精、去伪存真的综合归纳工夫，形成一个既不同于传统儒学，又不同于现代儒学的全新的儒学思想理论体系。这个全新的儒学思想理论体系具有以下几个特点：第一，鲜明的儒学特征和强烈的时代精神的结合与统一。这个全新的儒学思想理论体系是以传统儒学的概念范畴、命题和论说为基础构筑起来的，具有鲜明的儒学特色。另一方面，这个全新的儒学思想理论体系是以现代的社会主义社会为基础的，是建立在现代的社会主义的自主、公正、平等、和谐的社会准则之上的，具有强烈的现代意识和时代精神。既具有鲜明的儒学特色，又具有强烈的现代意识和时代精神，是这个全新的儒学思想理论体系一个重要的特征。第二，严谨的逻辑和结构，浓郁的生活气息的结合与统一。这个全新的儒学思想理论体系在进行论证的时候是经过反复推敲和多方论证的，在逻辑上是有严谨逻辑体系的。另一方面，这个全新的儒学思想理论体系又是立足于现代社会主义社会实际的，是和现代社会生活联系在一起的，具有浓郁的现代社会主义社会生活气息。既具有严谨的逻辑体系又具有浓郁的现代社会主义社会的生活气息，是全新儒学思想理论体系的另一个重要特征。第三，高度的思想性和广大的群众性的结合与统一。这个全新的儒学思想理论体系在内容上荟萃了历代儒学发展中的思想精华，具有丰富的思想内涵和高度的思想性。另一方面，这个全新的儒学思想理论体系又紧密地结合现代社会主义社会广大人民群众的精神生活和精神需要，以提高广大群众的道德水平和思想境界。既有丰富的思想内容和高度的思想性，又紧密结合现代社会主义条件下广大人民群众的思想实际，提高广大人民群众的思想境界，是全新儒学思想理论体系的第三个特征。综上所述不难看出，这个全新的儒学思想理论体系既是一个具有鲜明的儒学特色，严谨的逻辑结构，丰富的思想内容，高度的思想性的体系，同时又是一个立足于现代的社会主义社会的高度现代化、大众化和群众化的体系。这个思想理论体系对于加强社会主义精神文明建设，对于建设中国特色的社会主义具有十分重要的意义，这项高标准、高质量、高水平的宏伟工程需要学术界共同承担，共同完成，让我们组织起来通力协作，为振兴中华文化，开创儒学的新未来而共同努力。

（原载《社会科学战线》2003 年第 2 期）

"天人合一"与中国古代的生态智慧

方 克 立

2002 年 7 月，我在为第十二届国际中国哲学大会论文集所写的"序"中，曾说过这样一段话："面对着困扰当今人类的两大难题——生态破坏与文明冲突，古老的中国哲学早已为此提供了富有启发性的智慧成果，或者说其中早已蕴含着解决这些矛盾和冲突的正确的思想原则，这就是'天人合一'与'和而不同'的智慧。"① 从这样两个角度来阐明中国传统哲学的现代意义，我认为是比较有说服力的。

2002 年 12 月，在香港召开了以"文化自觉与社会发展"为主题的第二届"21 世纪中华文化世界论坛"会议，我在提交论文《"和而不同"：作为一种文化观的意义和价值》② 中，着重说明"和而不同"的中国哲学智慧，不仅反映了我们的先哲对宇宙万物生成、发展规律的认识，而且也是他们处理人与人之间关系，不同国家、民族、文化之间关系的基本原则。"和而不同"是文化发展的必由之途，同时也是化解文明冲突

---

① 方克立：《21 世纪中国哲学走向》，北京：商务印书馆 2003 年版，第 3 页。

② 载《中国社会科学院研究生院学报》2003 年第 1 期。

的良方。作为一种有普遍意义的文化观，它在今天具有特别重要的现实意义。

第十三届国际中国哲学大会将于 2003 年 8 月在瑞典召开，在这个会上我打算就另一个主题，即"天人合一"这个比前者要复杂得多的问题，谈一点个人的看法。

人是自然界的产物，也是自然界的一部分。人类生存与发展离不开大自然这个母体，被称为"万物之灵"的人的一切目的都只有在自然界的演化、发展中才能实现。因此，人必须与天地万物和谐相处，同时又不能不与威胁到其生存和发展的各种"天敌"做斗争，控制、改造自然使其为人类的目的服务。但是，人必须按照自然界发展的规律来认识和改造世界，否则就会受到自然界的惩罚。历史实践证明，滥伐森林、水土流失、土地荒漠化和生物多样性减少已经直接影响到人类的可持续发展，大气污染、臭氧层破坏、气候变暖和环境公害为威胁人类健康与生命的各种病毒肆虐提供了可乘之机，而这一切都是人的活动造成的。因此，我们一方面要相信科学和人类理性的力量，另一方面又要对人类认识和改造世界的活动进行深刻的反思，特别是要纠正那种把人看做是"自然的主人"，认为自然资源可以任人无限制地开发、利用、征服、掠夺的人类中心主义，树立人与自然相互依存、和谐共生、协调发展的生态文明观。在这方面，中国传统哲学确实可以提供一些有价值的思想资源，中国历史发展中也有不少值得引以为鉴的经验教训，总结回顾历史，对于解决当今人类面临着的日益严峻的生态问题不无启发意义。

一、"天人合一"：中国哲学解决人与自然
　　关系问题的基本原则

　　人与自然的关系即天人关系是中西哲学共同面对的问题。西方哲学强调"人是万物的尺度"、"人是自然的立法者"和"知识就是力量"，把征服自然、战胜自然看做是人的主体性即其本质力量的表现。在这种"主客二分"、"天人对立"的世界观指导下，科学技术得到了长足发展，而人类生存的环境也遭到了日益严重的破坏。中国哲学中虽然也有"制天命而用之"、"天人交相胜"的思想，但不占主导地位。在中国哲学中占主导地位的是"天人合一"、"民胞物与"、"性天相通"、"辅相参赞"等观念，人与自然不是一种疏离以致对立的关系，而是息息相关、相互依存、内在统一不可分离的。"天人合一"与"主客二分"、"天人对立"是中西哲学观念的基本差别之一，这已是学术界的共识。

　　对于中国传统哲学中的"天人合一"观念，到底应该怎样去认识和评价呢？学者们之间在看法上有很大的差异。

　　享寿 96 岁的钱穆先生，在临终前写的《中国文化对人类未来可有的贡献》一文中，着重强调"天人合一"观、"人文自然相互调适之义"是中国文化对人类最大的贡献。他认为："西方人喜欢把'天'与'人'分离开来讲。换句话说，他们是离开了人来讲天。这一观念的发展，在今天，科学愈发达，愈易显出它对人类生存的不良影响。中国人是把'天'与'人'和合起来看。中国人认为'天命'就表露在'人生'上。离开'人生'，也就无从来讲'天命'。离开'天命'，

也就无从来讲'人生'……此义宏深，又岂是人生于天命相离远者所能知！"他宣称，认识到中国古人"天人合一"观的伟大，是他对中国文化思想的总根源的"大体悟"，最后、最高的"澈悟"，是自己晚年"对学术的大贡献"。①

季羡林先生高度认同钱穆先生的上述观点。他明确地说："东方哲学思想的基本点是'天人合一'。什么叫'天'？中国哲学史上解释很多。我个人认为，'天'就是大自然，而'人'就是人类。天人合一就是人与大自然的合一。"他认为西方的天人对立思想已经引发出了威胁着人类生存与发展的严重的生态危机，在今天，只有东方的"天人合一"思想方能拯救人类。②

北大哲学系的张世英先生赞成这样的看法："大体说来，中国传统哲学是天人合一的哲学，西方传统哲学是主客二分的哲学。"但他不赞成过高地评价中国古代的"天人合一"说。因为人类思想的发展是从原始的"天人合一"即前主体性的主客不分，进到主客二分思想和主体性原则，然后再超越主客二分，达到后主体性的"天人合一"即高一级的主客不分、物我交融的自由境界的过程，而中国传统哲学还基本上处在未经主客二分思想洗礼的原始的"天人合一"阶段。"中国的天人合一的传统思想给中国人带来了人与物、人与自然交融和谐的高远境界，但也由于缺乏主客二分思想和主体性原则而产生了科学和物质文明不发达之势，尤其是儒家传统把封建'天

---

① 钱穆：《中国文化对人类未来可有的贡献》，台湾《联合报》1990年9月26日；又载《中国文化》1991年第4期。
② 季羡林：《"天人合一"方能拯救人类》，《东方》1993年创刊号。

理'的整体性和不变性同天人合一说结合在一起，压制了人欲和个性。"因此，他认为："一味赞扬中国的'天人合一'说，是不符合人类思想发展之大势的。要发展中国哲学，一是要认真反对中国哲学传统中根深蒂固的封建伦理道德意识；二是要发展'主客二分'的思想和科学精神；三是要注意发扬人的个性，防止以共性压倒个性。"①

我国学术界的另一位前辈张岱年先生的有关论述也很值得重视。他不赞成中国古代的"天人合一"说是人与自然未分时的前主体性思维的观点。在他看来，远古传说时代的"绝地天通"已包含有区别人与自然的意义，春秋时代的子产就已经明确地区分开了"天道"和"人道"，宋明理学家更是以认识到人"与天地万物为一体"为人的自觉。"应该承认，所谓天人合一是在肯定天人区别的基础上再肯定天人的统一，这是一种辩证思维，是更高一级的思维方式。"他认为中国传统哲学中的"天人合一"思想包含着复杂的内容，其中既有正确的观点，也有错误的观点。如宋儒的"天人合一"说就包含着"人是自然界的一部分"、"自然界有普遍规律，人也服从这普遍规律"等合理思想，但把道德原则与自然规律混淆起来、把道德原则绝对化是错误的。他最看重《周易大传》的"裁成天地之道，辅相天地之宜"、"范围天地之化而不过，曲成万物而不遗"、"先天而天弗违，后天而奉天时"的天人协调说，认为这是一种既要改造自然，使其符合人类的愿望，

① 张世英：《天人之际——中西哲学的困惑与选择》，北京：人民出版社1995年版，第2、3、13页。

又要遵循自然规律，不破坏生态平衡的比较全面的观点。①

上述四位学界前辈，钱穆先生是对中国文化充满同情与敬意的现代新儒学大师，季羡林先生是我国享有盛誉的东方学家，张世英先生是成绩卓著的西方哲学专家，张岱年先生是一贯崇信辩证唯物论的中国哲学专家。他们对中国古代"天人合一"思想的认识和评价，各有一定的代表性，可以给我们多方面的启发。他们就这个问题的讨论至少说明了：第一，对于中国传统哲学中的"天人合一"思想，既要有宏观眼光从整体上准确地把握其精义，又要对其在历史发展中的复杂内容进行具体的科学分析。第二，对"天人合一"论所体现出来的有机整体思维方式，要作一分为二的评价：一方面要肯定它是对世界本来面貌的某种真实的反映，同时也要指出缺乏分析思维的笼统和模糊不利于科学技术的发展。第三，要正确地认识和宣传"天人合一"思想的现代意义，不要把它与分析思维、现代科技发展绝对对立起来，而是要把二者统一起来，以发展现代科技为手段，创造更美好的"人化自然"，争取达到人与自然和谐共存的高级境界。

为了说明"天人合一"是中国哲学的最高生态智慧，或者说是中国古代生态思想的哲学基础，我想就自己对这个问题的思考，谈几点不成熟的看法。

一、天人关系是中国哲学的基本问题或最高问题。所谓"天人相与之际，甚可畏也"（董仲舒），"学不际天人，不足以谓之学"（邵雍），"天人之道，经之大训萃焉"（戴震），

---

① 参见张岱年：《张岱年全集》，石家庄：河北人民出版社1996年版，第7卷，第92、97页，第5卷第625页。

都是讲这个问题在中国传统学问中有着至高无上的地位。其实，人与自己周围世界的关系问题，是一切哲学都必须回答的基本问题或原点问题。由于人是这个世界上唯一具有精神、思维、主体意识的存在物，所以这个问题有时又表现为思维与存在、精神与自然界、主体与客体的关系问题。恩格斯在《路德维希·费尔巴哈与德国古典哲学的终结》中就是从这个意义上来讲哲学基本问题的。

二、中国哲学中的天人关系包含着丰富、复杂的内容，但它的一个最基本的含义，就是指人与自然界的关系。也可以说这就是它的"本义"，其他各种含义都是由此引申或演变而来的。中国传统哲学中所讲的"天"，有意志之"天"、命运之"天"、义理之"天"等含义，但不能否认，它的一个最基本的含义就是指自然界，即天地之"天"、自然之"天"、物质之"天"。孔子说："天何言哉！四时行焉，百物生焉，天何言哉！"（《论语·阳货》）这个"天"就是指包括四时运行、万物生长在内的自然界。中国哲学家荀子、刘禹锡、章太炎都著有《天论》，他们所论之"天"，都是指自然界或自然界运行的规律。道家所讲的"天"，除了指自然界、与"地"相对作为物质实体的"气"或天空之外，还有"自然无为"的意义，总的说都可以归入自然之"天"的范畴。其他几种含义的"天"，其产生都与自然界有密切关系。在远古时代，由于社会生产力和人的认识水平极其低下，人们的生产与生活都对自然界有很大的依赖性，而又对自然界及其变幻无穷的力量不能认识更无法掌握，于是产生了天神崇拜观念，企图通过献祭祷告等活动来祈求"天"给人类带来恩泽，避免灾难。"天"被赋予了人的意志和喜怒哀乐的感情，它通过祥瑞、灾异等自然现象来表达"天意"，以示对人的表扬或警告。实际上，所谓"天命"乃是不可违抗的自然力量在人的观念中的一种曲折的反映。刘禹锡生动地揭示了"天命"思想产生的认识根源，他说：

> 若知操舟乎？夫舟行乎潍、淄、伊、洛者，疾徐存乎人，次舍存乎人。风之怒号，不能鼓为涛也；流之沂洄，不能峭为魁也。适有迅而安，亦人也；适有覆而胶，亦人也。舟中之人未尝有言"天"者，何哉？理明故也。彼行乎江、汉、淮、海者，疾徐不可得而知也，次舍不可得而必也。鸣条炎风可以沃日，车盖之云可以见怪。恬然济，亦天也；黯然沉，亦天也；阽危而仅存，亦天也。舟中之人未尝有不言"天"者，何哉？理昧故也。（《天论中》）

这就是说，当人们昧于对自然规律的认识，还不能掌握自己命运的时候，就只能把生死安危系之于"天"或"命"。具有道德意义的义理之"天"的产生同样借助了自然界不可抗拒的伟大力量。封建统治阶级为了把自己的伦理观念和道德原则绝对化、神圣化，就把它说成是如同天经地义的自然规律一样不可改变的"天理"，强迫人民去遵守。也就是说，无论是主宰之"天"、命运之"天"，还是义理之"天"、道德之"天"，都不能完全离开自然界这个"天"的本义，因为"巍巍乎大哉"的自然界是最值得赞美、尊崇和敬畏的。

三、中国传统哲学对天人关系问题的回答，多数哲学家都是主张"天人合一"的，或者说，这是一种占主导地位的观点，是中国传统社会的时代思潮。儒家主要是从"天人一体"、"性天相通"、"天人合德"的角度来论证天人合一，孟子、张载、王阳明的观点最具有代表性，如孟子的"尽心、知性、知天"说、张载的"民胞物与"说和王阳明的"人与天地万物一体"说。董仲舒一派则是用"天人相类"、"天人感应"来论证天人合一，有浓厚的神秘主义色彩。道家主要是从人必须因任、顺应自然，取消人为、合人于天的角度来讲天人合一，如老子说"人法地，地法天，天法道，道法自然"（《老子》第二十五章），庄子说"古之至人，天而不人"（《庄子·列御寇》）、"天地与我并生，而万物与我为一"（《庄子·齐物论》）；同时他们也受到了"蔽于天而不知人"的批评。荀子是主张"明于天人之分"的思想家，但他并不排斥和否定"天人合一"观念。他说："天有其时，地有其财，人有其治，夫是之谓能参。"他肯定人有"与天地参"的主体实践力量，同时又强调人要遵循、顺应自然规律，要"清其天君，正其天官，备其天养，顺其天政，养其天情，以全其天功"（《荀子·天论》）。这种"顺天"思想仍然是"天人合一"观念的表现。也可以说，荀子的天人观是一种以"明于天人之分"为前提的"天人合一"论。他主张"明于天人之分"是为了反对认为"天"有意志、可以决定人事吉凶祸福的宗教天命论，他的"天人合一"观则表现为肯定人能"与天地参"而又必须尊重自然规律的"顺天"思想。荀子天人观的继承和发扬者刘禹锡在提出"天人交相胜"学说的同时，还肯定天与人在功能上有"还相用"的互动互补关系，实际上也认为二者是处在一种对立统一的关系中。这说明产生于农业文明时代的荀子一派哲学，也没有完全脱离、超越"天人合一"的时代思潮，与西方的"天人对立"思想有很大的区别。

四、我同意张岱年先生的看法：以《易传》为代表的天人协调说，是中国传统哲学中关于人与自然关系的一种比较全面的朴素辩证观点。它继承了老庄的因任自然说与荀子的改造自然说中的合理因素，同时又克服了其片面性（如前所述，荀子的天人观并无多大片面性），提出了既要通过人的实践力量来引导、调节自然的变化，又要遵循、适应自然运行规律的"裁成"、"辅相"原则。与之相近的还有《中庸》提出的"能尽人之性，则能尽物之性；能尽物之性，则可以赞天地之化育；可以赞天地之化育，则可以与天地参矣"的"参赞"原则。这是中国传统"天人合一"学说中最正确的一个发展方向，也是在农业文明时代积极改造自然、发展生产而又注意保持生态平衡的一条有效途径。后来虽有不少哲学家沿着这个方向继续作出了贡献，但遗憾的是它并没有成为中国古代"天人合一"思想发展的主流。过于浓厚的道德主义色彩使主流的"天人合一"观不重视对自然的实际变革和改造，不利于甚至阻碍了科学技术和社会生产力的发展。

五、儒家从孟子到宋儒的"天人合一"说，以其"仁者与天地万物为一体"、"民胞物与"、"仁民爱物"的强烈的伦理关怀，对于保护自然生态环境，对于建立时下大家都很关注的生态伦理学，有不可否认的积极意义。张载认为人和万物都是由充塞于天地之间的气所构成的，气的流行变化的本性也就是人和万物的本性，因此可以说它们都是一家人，"乾称父，坤称母"，"民吾同胞，物吾与也"（《正蒙·乾称篇》）。他把宇宙万物都看成是人类的伙伴与朋友，自然就会得出人类应善待万物、与之和谐相处的结论。王阳明进一步发挥了仁者"与天地万物为一体"的泛爱万物的思想，他说："见孺子之入井而必有怵惕恻隐之心焉，是其仁之与孺子而为一体也；孺子犹同类者也，见鸟兽之哀鸣觳觫而必有不忍之心焉，是其仁之与鸟兽而为一体也；鸟兽犹有知觉者也，见草木之摧折而必有怜悯之心焉，是其仁之与草木而为一体也；草木犹有生意者也，见瓦石之毁坏而必有顾惜之心焉，是其仁之与瓦石而为一体也。"（《大学问》）他认为这种与孺子、鸟兽、草木、瓦石的"一体之仁"是人性的自然表露，同时也是人类最高的伦理情感，是人对天地万物的一种责任意识。由此可见，如果将儒家的"仁学"贯彻到底，就必然要走向"仁民爱物"、尊重和关心所有生命的生态伦理学。

六、中国古代的"天人合一"观念是农业文明的产物，它反映了人与自然息息相关、相依共存的密切关系，反映了人对大自然的一种依赖感与亲和感。它的不同层面的含义，都对反思工业文明和科技文明所产生的负面效应——人与自然的疏离，人对自然的征服、统治，生态环境的破坏，重新建立人与大自然之间的和谐共生关系，有不同程度或不同方面的启发意义。道家"天人合一"思想的主要价值是强调人要尊重生命，顺应自然，"原天地之美而达万物之理"，不胡作妄为违背自然本性的蠢事。他们向往的人类生活环境是"万物群生，连属其乡；禽兽成群，草木遂长。是故禽兽可系羁而游，鸟鹊之巢可攀援而窥"（《庄子·马蹄》）的"天和"、"天乐"的"至德之世"。儒家"天人合一"思想的人文主义特征更加突出，其中包含着肯定人是自然界的一部分，人性来源于天道因而二者具有内在的统一性，人负有"仁民爱物"、善待自然的伦理义务等合理内容；同时在儒家看来，人性与天德（天理）相通，"与天地合其德"乃是圣贤人格的最高境界。即使是把

"天"作为一种超越于人类之上的力量来崇拜的宗教天命观，对于批判对我们生存的环境不负责任的人类中心主义，也不是完全没有意义的。人类如果还存有一点对大自然的敬畏之心，就不会那么狂妄地去肆意开发、掠夺和破坏自然了。不可否认，农业文明时代也有一个"强本节用"、发展社会生产力的问题，所以在中国古代也产生了积极改造自然的思想。将改造自然与遵循自然规律结合起来的天人协调说，是中国古代"天人合一"学说中最有价值的思想成果。从发掘中国传统哲学中的生态智慧这个角度来说，上述各个层面的价值，以至佛教的"依正不二"说等都值得重视。但从目前学术界发表的有关研究成果来看，有的重点肯定道家"法自然"、"无以人灭天"思想对可持续发展的贡献，有的大力表扬儒家的生态伦理学和敬畏天命的宗教精神，而对以《易传》为代表的"天人协调"说和与之相通的荀子一派的"天人合一"思想却重视不够，认真研究、阐析、总结不够，这方面的思想资源还没有得到全面开发和充分利用。到底应该怎样来认识中国古代"天人合一"思想对人类的贡献，我觉得还是一个值得进一步思考和全面研究的课题。

七、"天人合一"虽然是处理人与自然关系的正确思想原则，但产生于农业文明时代的中国传统"天人合一"观，也有着严重的历史局限性，把它现成地拿到今天来运用，指望它能解救人类面临的生态危机，显然是不现实的。它要对人类未来有所贡献，还有一个现代转化的问题，这就是张世英先生所说的要把它从前主体性的"天人合一"转化为后主体性的"天人合一"。说中国传统"天人合一"观完全没有受到过"主客二分"与主体性思想的洗礼可能有点过于绝对，中国古代不但有"明于天人之分"的思想，而且也不乏区分"能知"
与"所知"的认识论思想；儒家从孔子起就强调"为仁由己"
的主体性，不过这是一种道德的主体性。但从总体上指出中国
传统哲学缺少一个以主客二分和主体性思想为主导原则的阶
段，传统"天人合一"观过分重人伦道德而忽视对自然的认
识，过分重整体性而忽视人的个性，因而缺少科学与民主精
神，则是完全符合历史实际的。尽管西方主客二分与主体性思
想的片面发展已造成严重弊端，但在中国还必须补上这一课，
大力发展科学和民主；同时注意协调人与自然的关系，把
"天人合一"的正确思想原则与发展现代科技结合起来，才能
为解决生态危机、改善人类的生存环境作出切实的贡献。如果
只是陶醉于古代"天人合一"思想的高远境界，而不做长期
艰苦的现代转化工作，那是根本谈不上什么"拯救人类"的。

经过上述分析，我们不难得出结论：中国传统哲学主要是
从人与自然的相互依存、相互关联（"相与之际"），而不是从
其相互对立的角度来考察二者的关系，认为天与人是不可分离
的有机统一整体，人是自然界的一部分。人区别于鸟兽、草
木、瓦石、水火等天地万物的特异之处在于有识有知、有义
（道德观念）、能群（组织社会）、能参（参赞天地之化育）、
能治（治理万物），因此天地万物对于人来说又是一种对象性
的存在，二者是"能知"与"所知"、"能参"与"所参"、
"能治"与"所治"的关系。中国古代的"天人合一"说肯
定人有"能知"、"能参"、"能治"的主体能动性，同时又强
调人必须尊重、遵循自然界的客观规律，这是对人与自然关系
的一种基本正确的认识，是一种朴素辩证的天人统一观。在中
国古代，由于人的认识水平低下，由于对自然界的伟大力量的

崇拜，也曾产生赋予"天"以人的感情意志、道德观念而将其神化，或者完全匍匐于其脚下而任天无为的其他一些类型的"天人合一"观，有的在特定历史时期甚至取得了意识形态的主导地位。但就整个人类思想和哲学智慧的发展而言，它们终究不是正道、不是主流；"人间正道是沧桑"，中国传统哲学"天人合一"观对人类思想的最大贡献，无疑是提供了人与自然有机统一、和谐共进的朴素辩证的"天人协调"说。

二、善待自然：中国古代保护生态环境的思想和制度性规定

"天人合一"是中国古代解决人与自然关系问题的基本思路，提出这一正确的思想原则就是中国哲学对人类文明的一大贡献。它把人与天地万物看成是一个相互联系的有机整体，认为它们都是由同一宇宙本原所创生的，因此都是有生命的存在物，相互之间处在一种血肉相依的生态联系中，人类为了自己的生存和发展，为了实现自己的生命价值，也必须保护自然生态环境，善待宇宙万物。这种认识不是什么神启也不是凭空产生的，而是先民从农业生产和生活实践中人与自然的密切联系中得来的。据历史文献记载，我国早在尧舜时代就设有管理山林川泽、草木鸟兽的"虞"即环境保护机构和官员，至秦代已出现《田律》这样系统的农业生态环境保护法律，在各种文献典籍中，记载了大量古代关于保护自然生态环境的思想、言论、典故和制度性的规定。这说明"天人合一"在中国古代并非只是一个抽象的思想原则，而是已在一定程度上转化为人们保护生态环境的意识和行动。

"网开三面"和"里革断罟"是人们都耳熟能详的历史典

故。前者是说有一天商汤外出游猎，看见有人正在张网捕猎，那个人在东西南北四面都布了网，并祈祷说："愿天下四方的鸟兽都掉进我的罗网！"汤听后不以为然地说："你这不是要把天下的鸟兽都一网打尽吗？"于是下令撤掉三面的网，也默默地祷告："想到左边去的就往左，想到右边去的就往右，不听我指令的就自投罗网吧！"诸侯们听说这件事后，都盛赞商汤的"仁德"，连禽兽也受到了恩泽，于是都归顺于他，很快推翻了夏王朝。（见《史记·殷本纪》）这说明三千多年前的古人就已懂得，捕猎鸟兽不能采取一网打尽的办法，而要给它们留一条生路。后一个故事是说，有一年夏天，鲁宣公在泗水撒网捕鱼，大夫里革听说后立即赶去，撕破渔网扔在地上，并向鲁宣公宣讲保护草木鸟兽虫鱼的"古训"，大意是说：在动植物繁殖生长期谁也不得捕捉、伤害它们，这样才能让万物生息繁衍。"今鱼方别孕，不教鱼长，又行网罟，贪无艺也。"鲁宣公听了这番话后，惭愧地说："吾过而里革匡我，不亦善乎！是良罟也，为我得法。使有司藏之，使吾无忘谂。"（《国语·鲁语》）从里革给鲁宣公讲的道理中可以看出，周代保护生物资源的规定已十分具体，什么时节可以采猎草木鸟兽虫鱼，什么时候不能采猎，以至于采猎什么样的，都有严格的规定。周代生物资源保护的范围相当广泛，除了草木鸟兽鱼鳖之外，还包括蚂蚁、蝗虫之类的昆虫；其目的也十分明确，就是要使生物资源得以繁衍再生。在当时，这类"古训"实际上已具有法律的效力，君臣上下都必须遵守，为此里革敢于冒犯君颜直谏，鲁宣公也能知错就改，这确实是很不容易的。

中国古代哲学家关于自然资源保护的思想、理论和谏言也很多。他们对世界的整体联系和人与自然环境的关系有较深刻的认识，善于总结历史的经验教训，为了人类的整体和长远利益，针对各个时代出现的环境问题，提出了许多有价值的环保思想和主张。在这方面作出了突出贡献的当首推春秋时期的思想家管仲。管仲曾在齐国为相，他从发展经济、富国强兵的目的出发，十分注意保护山林川泽和草木鸟兽等自然资源。《管子·轻重》篇说，山林川泽是出产薪柴和水产的地方，政府应该把山林川泽管起来，让人民上山去樵柴，下水去捕鱼，然后政府按官价收购，人民也可以通过这些营生来餬口谋生（"山林菹泽草莱者，薪蒸之所出，牺牲之所起也。故使民求之，使民籍之，因此给之"）。他认为不能很好地保护山林川泽的人就不配当君主（"为人君而不能谨守其山林菹泽草莱，不可以立为天下王"）。管仲提出了"以时禁发"的原则，主张用立法和严格执法的办法来保护生物资源。如说："修火宪，敬山泽林薮草木，天财之所出，以时禁发也。"（《管子·立政》）"山林虽近，草木虽美，宫室必有度，禁发必有时。"（《管子·八观》）就是要制定防火的法令，把山林草木认真地管起来，封禁与开发都要有一定的时间，建造宫室用材也要有一定限度，反对滥伐林木或过度开发。他还提出，作为国家的法令就要有权威性，对犯法的人要严刑重罚。"苟山之见荣者，谨封而为禁。有动封山者罪死而不赦。有犯令者，左足入，左足断；右足入，右足断。"（《管子·地数》）管仲的环保思想有一个重要特点，就是把保护生物资源与更好地开发、利用这些资源，进一步发展农业生产结合起来了，这就是所谓"先王之禁山泽之作者，抟（专）民于生谷也"（《管子·八观》）。

　　先秦儒家孟子、荀子都有较丰富的生态环境保护思想。孟子认为生物资源"苟得其养，无物不长；苟失其养，无物不消"（《孟子·告子上》）。因此，对于人类来说，"不违农时，谷不可胜食也；数罟不入洿池，鱼鳖不可胜食也；斧斤以时入山林，材木不可胜用也。"（《孟子·梁惠王上》）荀子继承和发展了管仲"以时禁发"的思想，根据生物繁育生长的规律，提出了系统的自然资源保护理论和措施。他说："草木荣华滋硕之时，则斧斤不入山林，不夭其生，不绝其长也。鼋鼍鱼鳖鳅□孕别之时，罔罟毒药不入泽，不夭其生，不绝其长也。春耕、夏耘、秋收、冬藏，四者不失时，故五谷不绝而百姓有余食也。汙池渊沼川泽，谨其时禁，故鱼鳖优多而百姓有余用也。斩伐养长不失其时，故山林不童而百姓有余材也。"（《荀子·王制》）他不但把这些保护自然资源的措施看成是"圣王之制"，而且主张从税收制度方面来保证这些措施的贯彻执行，如"山林泽梁，以时禁发而不税"（《荀子·王制》）。作为一个主张"明于天人之分"、"制天命而用之"的思想家，荀子并不赞成无限度地开发、利用自然资源，一味地征服自然、戡天役物，而是强调要"不夭其生，不绝其长"，要尊重和遵循"春耕、夏耘、秋收、冬藏"的自然规律，其目的就是要发展生产，让百姓"有余食"、"有余用"。这也说明"顺天"思想确实是荀子天人观中不可忽略的一个重要方面，我们不应对其作片面的理解。

　　除了上述思想资料之外，在《左传》、《国语》、《周易》、《礼记》、《逸周书》、《商君书》、《韩非子》、《吕氏春秋》等古代文献中，都有不少关于保护生物资源，使其再生以资利用的论述与记载，反映我国先秦时期对此问题已十分重视，认识已达到相当水平。其中《礼记·月令》一篇最具有代表性。

《月令》是讲四季物候变化的最早历书，它对一年四季以至每一个月怎样保护生物资源都提出了非常明确、具体的要求。如孟春之月，"命祀山林川泽牺牲毋用牝。禁止伐木。毋覆巢，毋杀孩虫、胎、夭、飞鸟，毋麛，毋卵。"春天是生育的季节，孟春正月是首春，所以规定祭祀山林川泽时用的牲畜不能用牝的，如母牛、母羊之类；禁止砍伐树木；不许猎取怀胎的母兽、幼兽，不准捕杀小鹿；不许打刚会飞的小鸟，不准掏取鸟卵。仲春二月要"安萌芽，养幼少"，"毋竭川泽，毋漉陂池，毋焚山林"。季春三月，捕杀鸟兽的各种器具和毒药一律不许携出城门，禁止任何人斫伐桑条和柘枝。孟夏四月，是一切生物长大长高的时候，因此不可有毁坏它们的行为，"驱兽毋害五谷，毋大田猎"；不要砍伐大树，不要起大工程，如此等等。到孟秋七月、仲秋八月才可以伐木"修宫室，坏墙垣"、"筑城郭，建都邑"；到仲冬十一月、季冬十二月就允许采猎野生动植物和大量捕鱼了。《月令》对一年中每一个月"以时禁发"的规定是如此之详细、具体、严格，说明当时农业生产（包括林、牧、渔业在内的大农业）和农业科技已达到较高水平，对农业生产规律有相当全面的认识，并且认识到保护生物资源是发展生产、保障供给的不可或缺的重要内容和前提条件之一，因此主张有"禁"有"发"，"禁"与"发"都要有时有度，把封禁、保护与开发、利用结合起来。这种认识是十分可贵的。

《月令》"以时禁发"的模式对后世产生了很大的影响和示范作用。如《吕氏春秋》中也规定了"四时之禁"，其基本内容是：在非开放的季节，不得进山砍伐未成材的小树，不得下水割草烧灰，不得携带捕捉鸟兽的器具出门，不得用渔网捕鱼，除非舟虞不得乘船下湖，因为这些违反禁令的做法都有害于农时。（见《吕氏春秋·上农》）在西汉淮南王刘安主持编撰的《淮南子》中，也系统地阐发了因时因地制宜、协调发展农林牧渔业的思想。《主术训》中有一段话说："食者民之本也，民者国之本也，国者君之本也。是故人君者上因天时，下尽地财，中用人力，是以群生遂长，五谷蕃植。教民养育六畜，以时种树，务修田畴，滋植桑麻，肥硗高下，各因其宜。丘陵阪险不生五谷者，以树竹木，春伐枯槁，夏取果蓏，秋畜蔬食，冬伐薪蒸，以为民资……故先王之法，畋不掩群，不取麛夭，不涸泽而渔，不焚林而猎。"下面更具体地规定了每年十月以前，不要在山间谷地布网捕兽，开春以前不要下水捕鱼，立秋以前不要进山捕鸟，冬天之前不要砍伐树木，等等。它指出"先王之政"是：立春后整治田亩，三月以后整修道路，十月修建桥梁；三月种谷，四月种黍豆，八月种冬麦；九月开始收藏和砍薪柴。如此系统、完整的自然资源保护思想，以及一整套具体的规定和政策，显然是先秦有关思想的继承和发展，反映了当时的社会生产力和人们的认识水平又有所提高。但可惜这些规定在汉代以后并没有得到普遍严格的贯彻执行，遇到荒年往往驰禁山泽，以后环境破坏越来越严重，我国的生态环境状况从总体上说反而不如先秦时期了。

　　以上概略的介绍和评述，已足可说明我国古代有着丰富的朴素生态智慧，在先秦时期已形成一套相当系统的自然资源和生态环境保护思想，其哲学基础就是把人与自然界看做是一个有机统一整体的"天人合一"观。在前述中国古代"天人合一"思想的几个发展路向或几个层面中，到底哪一个才是这种宝贵的生态智慧所赖以建立的哲学基础呢？显然，要发展农业生产，让老百姓"有余食"、"有余用"，只能靠人的劳动来与自然界进行物质变换，改变和调动自然资源来为人类服务，而不能坐等老天爷的恩施。正像荀子所说的，"雩而雨"如同"不雩而雨"一样，天神崇拜和"天命论"是一点也不管用的。古代的生物资源保护思想，如不捕杀幼兽和怀孕的母兽之类，是不是如后来的儒家主流派所讲的那样，完全是出于人的"仁心"或"恻隐之心"呢？显然也不是这么一回事。不捕杀幼兽和母兽，是要让幼兽长大，让母兽繁殖后代，让它们更好地为人类服务。到了一定季节还是允许捕猎鸟兽鱼鳖，要用它们来做牺牲和人餐桌上的佳肴的，这与佛教的"不杀生"还不一样。保护自然生态是为了发展农业生产，要"强本节用"，充分发挥人的主观能动性，因此也不能完全用道家"自然无为"的办法。但道家"法自然"的思想对顺应动植物的生长繁育规律、保护自然生态平衡有重要的启发，是古代生态智慧可以借鉴的一个方面的思想资源。如《吕氏春秋》就沿用了道家的"因"这个概念，把它改造成为调动人的主观能动性，顺应自然界的规律和必然趋势，因势利导，来争取事业的成功，如大禹治水是"因水之力也"（《贵因》）。《淮南子》则将道家的"无为"改造成"循理而举事，因资而立功，推自然之势，而曲故不得容者，事成而弗伐，功立而名弗有"（《修务训》），实际上成了一种在尊重自然规律前提下的"有为"，只不过事成后不炫耀其功而已。荀子的"强本节用"、积极改造自然的思想也是中国古代生态智慧的基本内容之一，而且是更加实质性的内容，因为它体现了人类之所以要保护自然生态环境的根本目的。前引《荀子·王制》篇中的那段话，说明荀子是力图把"强本节用"、积极地改造自然与顺应自然规律、保护生物资源有机结合在一起的。《易传》和《中庸》的"裁成"、"辅相"、"参赞"说,也表现出了将二者辩证综合的趋向。因此我们可以说,中国古代生态智慧的哲学基础就是传统"天人合一"思想中的朴素辩证的"天人协调"说。

三、还我秀美山川:历史的经验教训和 坚定不移的自救国策

中国传统哲学提出了"天人合一"这个处理人与自然关系的正确思想原则,中国古代有大量保护自然资源和生态环境的思想、理论以及成套的制度性规定,在这方面积累了丰富的经验,那么,与其他国家特别是西方工业文明国家相比,中国的生态环境保护状况是否要好一些、问题要少一些呢?要用中国的"天人合一"思想来"拯救人类",是否也存在着一个要先检讨一下自己,需要"拯救自己"的问题呢?实际情况似乎不容我们过于乐观,而是值得为此深感忧虑。

我国地处北半球,疆域辽阔,地形复杂,气候多样。这种优越的地理环境使中国成为早期人类发展的重要地区之一。从历史资料记载中可以看出,我国曾经是一个多森林的国家,今日水土流失严重、树木稀少的黄土高原,在西周时期森林覆盖率还有 53%。据史念海先生说:"周人迁居周原时,岐山森林参天蔽日,郁郁葱葱,到处是一片绿色的海洋。"[①] 其他如东北、华北、华中、华南、西南等地区也有"林薮深密"、"麋

---

① 史念海:《山河集》(2 集),北京:生活·读书·新知三联书店 1981 年版,第 227 页。

鹿成群"之类的记载。但是，经过几千年的历史变迁，主要是由于人为因素的破坏，我国的森林面积大量减少，到20世纪40年代末，国土面积中森林覆盖率只占8.6%，远低于世界各国的平均水平，居100位之后。黄土高原已不见"绿色的海洋"，今天到处是童山濯濯，沟壑纵横，水土流失极其严重，使黄河泥沙在下游淤积，将河床抬高成为高出地面3—10米的"悬河"，频繁决徙，亦常断流。森林破坏和过度垦殖加剧了土地荒漠化的过程，作为古代丝绸之路的河西走廊早已被黄沙所覆盖，新疆的罗布泊和楼兰古城则已在地图上消失。在今天，我国的沙漠与沙漠化陆地面积已占到国土的11.4%，而这种情况主要是由于人类不适当的经济活动所造成的。其他环境问题如湖泊湮没、水源短缺、气候变化、物种减少等也相当严重，而且也都有一个历史发展的过程。出现在倡导"天人合一"的国度里的这种生态破坏的严峻现实，说明农业文明并不是一首人与自然和谐统一、其乐融融的田园诗，我们对那个时代出现的生态问题也不能低估。正如恩格斯所指出的："我们不要过分陶醉于我们人类对自然界的胜利。对于每一次这样的胜利，自然界都对我们进行报复。每一次胜利，起初确实取得了我们所预期的结果，但是往后和再往后却发生了完全不同的、出乎预料的影响，常常把最初的结果又消除了。"[①]这种情况不仅出现在人企图统治自然界的工业文明时代，在对自然界的盲目性更大的农业文明时代，人们为了取得第一步的成功，往往更难预料到第二步、第三步的影响及后果，受到自然界报复的情况更是经常要发生的。

---

① 《马克思恩格斯选集》第4卷，北京：人民出版社1995年版，第383页。

造成我国历史上生态环境逐渐恶化的原因是多方面的。就拿森林破坏来说，在某些地区的某个时期，虽然也有因寒潮与森林火灾等自然因素所引起的破坏，但主要是由于采伐、樵柴、毁林开荒等各种人类活动所引起的。人类为了生存与繁衍后代，开垦部分森林草荒来发展农业生产是必要的，但由于古代人们对自然规律的认识水平很低，往往采取了一些过度垦伐的做法，如刀耕火种之类的耕作方式，就破坏了不少森林。我国森林破坏最严重的时期是明代以后，特别是清代。一个重要原因是由于人口的急剧增加，对粮食和薪柴的需求量加大，而导致了大规模的毁林开荒和樵采活动。黄河中游等地区的森林资源就是在这个时期遭到彻底破坏的。另外，封建统治阶级为了满足其穷奢极欲的生活，大建宫室陵寝，也砍伐了大量木材。如史载："秦穆公居西秦，以境地多良材，始大宫观……是则秦穆公时，秦之宫室已壮大矣。惠文王初都咸阳，取岐、雍巨材，新作宫室，南临渭，北踰泾，至于离宫三百，复起阿房，未成而亡。始皇并灭六国，凭藉富强，益为骄侈，殚天下财力，以事营缮。项羽入关，烧宫阙，三月火不灭。"（《秦会要订补》卷二十四）这就是一个非常典型的例子。历史上的战争，包括近代以来帝国主义的侵略与掠夺，也是造成森林破坏的重要原因。总之，无论是工业文明时代还是农业文明时代，自然生态环境的破坏都主要是由于人们不顾长远利益、不计后果的活动所造成的，马克思对资本的贪欲的揭露对我们认识历史上的生态问题亦有所启发，也就是说，受各种私有制度束缚的人是不可能完全摆脱对自然界的盲目性的。按照马克思和恩格斯的理论，生态问题的彻底解决是与共产主义的社会制度联系在一起的，只有那时人才第一次成为自然界的自觉的主人，与自然界处在一种真正的和谐关系之中。

以上历史事实说明，中国虽然是一个有着深厚的"天人合一"思想传统的国家，中国古代虽然有不少关于保护自然生态环境的思想、理论和制度性的规定，但并不等于说已从理论和实践上真正解决了环境保护问题，生态破坏在中国也是古已有之，而且情况相当严重，历史的教训十分深刻而沉痛。我们过去可能有一个认识误区，就是以为生态破坏与环境污染是只有在资本主义社会、工业发达国家才会发生的"公害"，而对我们这个农业大国自己存在的生态问题之严重性认识不足。现代化建设任务的迫切性也使一些人产生了急功近利的心理，结果还是重复走一条已被实践证明是不成功的"先污染，后治理"的老路，使我国生态环境恶化的趋势并未得到有效的遏制，新的生态破坏与环境污染问题仍不断发生。我国是一个发展中的社会主义国家，重视和解决好环境问题是时代赋予我们的责任。可惜我们对这个问题的认识却比发达国家晚了一步。"在 1972 年斯德哥尔摩环境会议上，中国代表团拒绝签署备忘录，不接受它提出的限制经济增长、约束科技进展指数的方案"① 曾遭人诟病。但在此后不久，1973 年 8 月，在周恩来总理的直接推动下，我国就召开了第一次全国环境保护会议，在会上制定了"全面规划，合理布局；综合利用，化害为利；依靠群众，大家动手；保护环境，造福人民"的环境保护工作方针。30 年来，党中央和国务院一直高度重视我国的环境保护工作，把它当做是一件关系到全国人民的根本利益和子孙

① 杜维明：《新儒家人文主义的生态转向：对中国和世界的启发》，《中国哲学史》2002 年第 2 期。

万代的福祉的大事来抓，把人口、资源和环境的协调发展列为我国的一项基本国策。在中国历史上还从来没有像今天这样，由中央政府出面制定一系列保护生态和治理环境污染的政策与措施，全国统一规划，组织实施多项大型环境保护工程，如建设三北防护林带、长江中上游和沿海的防护林体系；大力提倡植树种草，退耕还林，休牧还草，退田还湖，定时休渔，治沙防沙，力图遏制生态环境的继续恶化；控制污染物排放，改善重点流域、区域、城市、海域的环境质量；等等。我国在实施南水北调工程、三峡库区建设和西部大开发战略时，都把资源和环境保护作为一个重要内容考虑在内，着眼于造福千秋万代。我国还坚持实行计划生育的国策，提倡优生优育，控制人口数量的过度增长，这也是与走可持续发展之路的战略方针联系在一起的。这些重要举措虽已初见成效，但从 2002 年环境公报来看，中国的环境形势依然严峻，要从根本上改变生态环境总体恶化的趋势，还须从多方面作长期艰苦的努力。可见历史上造成的环境破坏后果是多么严重，影响是多么深远！要真正达到还我秀美山川、建设美好家园的目标，任务是多么艰巨，道路将是多么漫长！

在经济全球化时代，生态环境问题已不是某一个国家的问题，而是关系到人类的前途和命运的全球性问题。中国作为一个负责任的世界大国，解决好自己的人口、资源和环境问题，就不只是具有造福于中华民族和子孙后代的意义，而且也是对全人类的一大贡献，我们对这个问题的意义还要从全球生命共同体的角度来看，就更感觉到责任重大。

中国传统哲学为解决人与自然的关系这个人类共同面对的基本问题提供了"天人合一"的正确思想原则，在"天人合一"观指导下，我们的先哲提出了许多保护自然生物资源，使其繁衍再生以造福于人类的朴素的可持续发展思想，并在一定范围内和一定程度上付诸实践。但是，在生产力水平低下和社会控制力量十分薄弱的情况下，少数先哲理性上的自觉和有限的环境保护措施，远远抵不过人们为了求生存而向自然开发、索取的自发盲目力量，我国的自然生态环境在历史上已经遭到了相当严重的破坏。我们今天不仅要承受起历史上生态破坏所造成的严重后果，偿还祖先欠下的生态债务，而且还要力求避免在现代化、工业化、城市化的过程中造成新的环境污染，保护已经很脆弱的生态环境，为子孙后代留下一个可以继续生存和发展的家园。要完成如此艰巨的任务，我们这代人应该做些什么呢？我考虑至少要注意三个方面：

一、从哲学高度深刻反思人类对人与自然关系的认识历程，包括对中西天人之学进行比较研究，总结得失和经验教训，树立人与自然有机统一、和谐共生的辩证天人观。要高度重视和正确发挥我国古代"天人合一"思想的积极价值，克服其历史的局限性，学习、借鉴西方的主客二分和主体性思想，大力发展科学与民主，走中西哲学精华交融互补、科学主义与人文主义有机结合之路。

二、威胁到人类生存与发展的生态危机和环境污染问题，表面看是人与自然之间矛盾的激化，实际上是人与人之间矛盾的反映。在人与自然这一对矛盾中，有识有知、能参能治的人显然是矛盾的主要方面，历史上和今天的一切环境问题都主要是由于人的活动所造成的。因此可以说环境问题本质上是一个管理问题，是一个社会制度问题。正如马克思所说的，只有共产主义才是"人同自然界的完成了的本质的统一"，才是"人和自然界之间、人和人之间的矛盾的真正解决"①。我们要充分利用社会主义制度的优越性，全面规划，合理布局，综合利用，化害为利，依靠群众，大家动手，用正确的环境政策、法规、管理体制和有组织的社会力量，解决好人口、资源和环境的协调发展问题，经过长期艰苦的努力，再造祖国秀美山川，造福于子孙后代。

三、要解决我国的生态环境保护问题，不仅要有对人与自然关系的正确认识，有符合中国国情的环境战略方针、政策法规和管理体制，而且必须大力发展现代科学技术，依靠科技进步来控制环境污染，改善生态环境质量。科学技术的发展极大地增强了人类改造自然的力量，但如果被滥用或超过自然界所能承受的限度，也会带来生态破坏、环境污染、资源枯竭、能源危机等负面效应。所以，现代科技发展的一个重要特点就是要以有利于改善人类的生存环境为内在尺度，大力发展生态农业，生物工程和生物防治技术，低能耗、高效率工艺技术，资源综合利用技术，以及发展清洁能源和新型能源，运用现代化手段引导自然界的物质变换向着良性循环的方向发展，走生态文明和可持续发展的道路。中国人民长期追求的人与自然和谐相处的"天人合一"境界，只有在正确的天人观指导下，依靠制度保证、强化管理与科技进步，在物质文明和精神文明高度发展的情况下，才有可能真正实现。

（原载《社会科学战线》2003 年第 4 期）

---

① 《马克思恩格斯全集》第 42 卷，北京：人民出版社 1972 年版，第 122、120 页。

孔子的"三忘"精神及其现代意义

葛荣晋

一、"发愤忘食"的勤奋精神

什么是"发愤忘食"呢？《论语·里仁》篇释曰："君子无终食之间违仁，造次必于是，颠沛必于是。"意思是，君子为了"成仁"，使之成为有道德的人，哪怕一顿饭的时间都不离开仁，即使在仓促之间，也必定在仁德上做人；在流离失所的困境里，也必定按照仁德办事。要求君子无时无刻不在追求"成仁"。孔子曾说他本人"终日不食，终夜不寝，以思，无益，不如学也"。(《论语·卫灵公》)即"终日不食，终夜不寝"，只是凭空瞎想，其结果毫无益处，还不如勤奋好学，倒有些好处。根据这一"发愤忘食"的精神，一方面他对颜回在成仁上的好学精神称赞说："回也，其心三月不违（离开）仁；其余则日月至焉而已矣！"(《论语·雍也》)颜回比其他学生好学，其他学生只能短时间内做到仁，而颜回则一年到头都离不开"仁"。另一方面，孔子也批评某些学生在"成仁"上的懒惰行为。他的学生宰予白天睡大觉，他批评说："朽（腐）木不可雕（雕刻）也，粪土之墙不可杇（同圬）也；于予与何诛？"(《论语·公冶长》)对于宰予这样不可教育的人，我责备他还有什么用呢？指出对某些学生"饱食终日，无所用心，难矣哉！"（《论语·阳货》）即整天吃饱饭，不在仁义上用心，这种人也是难以教化"成仁"的。

孔子一生"所发愤者何"？这是人生追求的价值取向问题。在这一问题上，孔子毕生坚持"君子谋道不谋食"（《论语·卫灵公》）的人生理念。世俗之人一生所发愤者，皆为功名利禄。未得时，发愤以图；既得后，意遂而乐。孔子则不同于世俗之人，他从 15 岁起，所追求的是"志于学"、"志于道"、"志于仁"。（见《论语·里仁》）肯定道德价值高于物质价值，把追求道德情操和道德境界视做生命的真正价值所在。他的一生，是不断升华自己的道德意识和道德境界的一生。他自述说："吾十有五而志于学，三十而立，四十而不惑，五十而知天命，六十而耳顺，七十而从心所欲，不逾矩。"（《论语·为政》）所以孔子在话语系统上"罕言利，与命与仁"（《论语·子罕》）。即孔子一生虽很少言"利"，但他大力提倡"天命"，赞许"仁义"。他由此对某些人批评说："群居终日，言不及义，好行小慧，难矣哉！"（《论语·卫灵公》）意思是说如果整天聚集在一起，而不谈仁义，专门喜欢卖弄小聪明，这些人要"成仁"是很难的啊！在理想人格上，孔子把"成仁"（谋道）与"去仁"（谋食）看做是君子与小人的根本区别。他说："君子去仁，恶乎成名？"（《论语·里仁》）肯定"仁"是君子人格的基本内涵，如果把"仁"去掉，那还称得上君子吗？又说："君子上达（达于仁），小人下达（达于利）"（《论语·宪问》）；"君子怀德，小人怀土"；"君子喻于义，小人喻于利"（《论语·里仁》）。批评"士而怀居，不足以为士矣"（《论语·宪问》）。这里所谓"怀居"，是指过度地追求物质享受。认为过度地追求宫室之华，声色货利之奉，就不够"士"的资格。在孔子看来，"不仁者，不可以久处约"（《论语·里仁》）。即认为"怀居"的小人不可能长久地处于窘困的境地；若长久地处于窘困的境地，则必定为非作恶。他又批评说："士志于道，而耻恶衣恶食者，未足与议也。"（《论语·里仁》）假如一个有"志于道"的人，却以"恶衣恶食"为耻，就不必同他谈论仁义了，因为这种人"志道不笃"。在出处之道上，孔子并不反对做官，只是主张"天下有道则见（出仕），无道则隐（隐居）"（《论语·泰伯》）。"不仕无义"是孔子出处之道的基本内涵。根据"不仕无义"的价值观念，孔子赞许蘧伯玉"邦有道则仕，邦无道则可卷而怀之（退隐不仕，如一张纸卷而藏于怀）"。（《论语·卫灵公》）认为他是一位真正懂得出处之道的君子。

孔子一生虽然坚持"君子谋道不谋食"的人生价值理念，但是他并不反对人追求富与贵的物质欲望。他说："富与贵，是人之所欲也"；"贫与贱，是人之所恶也"（《论语·里仁》）。肯定"富与贵"是人人所渴望，"贫与贱"是人人所厌恶的。就连孔子自己也承认如"富而可求也，虽执鞭之士，吾亦为之"（《论语·述而》）。君子与小人的区别，不是要不要富与贵，而是如何追求富与贵才是合理的问题。

第一，孔子虽然肯定物质价值，但是他主张不要过多地追求物质享受。他在《论语·学而》篇中指出："君子食无求饱，居无求安，敏于事而慎于言，就有道而正焉，可谓好学也已。"这里所谓"饱"，当作美味解；"安"当作华屋解。意思是说，君子饮食不必求美味，居住不必求华屋，只要做事勤敏，说话谨慎，亲近有道之人以匡正自己，就算是好学了。所谓"君子食无求饱，居无求安"，就是"仰足以事父母，俯足以畜妻子，乐岁终身饱，凶年免于死亡"（《孟子·梁惠王上》）。即不要超过自身及家人生活需要的物质享受。根据这一适度原则，孔子称赞卫大夫公子荆，认为他居家过日子，多勤俭而不奢侈。家里刚刚有一点器物，就说"凑合着够了"。后来，器物又稍多了一些，就说"已经齐备了"。再后，器物又添置多了，就说"已经太华美了"。（见《论语·子路》）孔子弟子公西华奉命出使齐国，其母找冉求请求给予生活补助。冉求去请示孔子，孔子说："给六斗四升吧。"冉求希望再增添一些，孔子又说："那就再增加二斗四升吧。"冉求还觉得少，就自作主张给公西华补助了八百斗小米。孔子生气地说："赤（公西华之名）之适齐也，乘肥马，衣轻裘。吾闻之也：'君子周急（救济急需的人）不继富（不必给富有者再增加他的财富）'。"（《论语·雍也》）根据"君子周急不继富"的原则，孔子认为公西华出使齐国，乘着高头大马，穿着又轻又暖的裘衣，已经够奢侈的了，还要给他那么多的生活补助，实在是太过分了。为什么孔子在物质生活上既不求"多"，亦不求"美"呢？因为在他看来，过多地追求物质享受，是招祸之源。明代思想家吕坤在《呻吟语》一书中，对孔子的思想作出了精辟的说明，指出："天地间之祸人者，莫如多；令人易多者，莫如美。美味令人多食，美色令人多欲，美声令人多听，美物令人多贪，美官令人多求，美室令人多居，美田令人多置，美寝令人多逸，美言令人多入，美事令人多恋，美景令人多留，美趣令人多思，皆祸媒也。不美则不令人多，不多则不令人败。"依此，吕坤把自己的书房叫做"远美轩"，其匾书"冷淡"二字。认为人心"一冷则热闹之境不能入，一淡则艳冶之物不能动"。西方思想家也深谙这一人生真谛,如古罗马著名雄辩家西塞罗虽身为贵族,却轻于财富、权势,淡于物质享受,一再告诫世人:"要谨防对财富的过分追求。""没有什么比贪恋金钱更暴露出灵魂的褊狭与渺小了。相反,也没有什么比对金钱无动于衷更表现出一个人的可贵与崇高。"英国思想家培根指出:"对于财富,我充其量只能把它叫做美德的累赘。"德国哲学家尼采也说过:"我不要许多光荣或很多财宝,这是自讨烦恼。但没有好名声与一点点财富的人也是不能安睡的。"

孔子主张不要过多地占有和享受物质财富的观点,对于现实生活中的某些人群,仍有重要的启示意义。有人不懂得孔子这一思想的真理性,信奉金钱万能论,拼命地追求和享受美食、豪宅、美物、美声、美衣、美色……结果如何?物质财富对于人是需要的,但过多地占有和享受,常常会带来种种恶果。所以不能认为金钱和财富是越多越好。如果沉溺于"美食"、"美色"和"权势",过多地追求、占有物质享受,必然会造成"三鬼(权、钱、色)闹中华"的社会弊病。

第二,对于财富与权势应"以道取之"或"见得思义"(《论语·季氏》),即在人的行为准则上应以"道"(义)作为唯一的取舍标准。在孔子看来,富与贵虽是"人之所欲也",倘若"不义而富且贵,于我如浮云"(《论语·述而》)。孟子进一步发挥说:"非其道,则一箪食不可受于人;如其道,则舜受尧之天下,不以为泰。"(《孟子·滕文公下》)"非其义也,非其道也,禄之天下,弗愿也;系马千驷,弗视也;非其道也,非其义也,一介不以与人,一介不以取诸人。"(《孟子·万章上》)如果不"以义取利",而是"以利求利"或"见利忘义",必招社会怨恨。在《论语·泰伯》篇中,孔子指出:"邦有道,贫且贱矣,耻也。邦无道,富且贵焉,耻也。"在世道清明、天下大治时,应当出仕而行我之道,并在出仕中既富且贵;如果在"邦有道"的情况下,仍然既贫且贱,那是一种耻辱。如果在"邦无道"的社会里,仍要出仕,攀援权贵,钻营豪门,盘剥百姓,以求富贵,就是一种耻辱。

孔子所提倡的"以道取利"或"见得思义"的价值理念,在市场经济运行中,仍然有重要的现实意义。孔子并不反对人们致富、赚钱,问题在于如何致富、赚钱。如果违背"君子爱财,取之有道"的原则,一味强调"利益驱动",凸显个人与局部利益,误认为搞市场经济就是搞坑、蒙、拐、骗,只讲获利,不择手段,大发不义之财,将职业道德和社会公德抛到九霄云外,就会变成唯利是图的经济动物。如果坚持这一错误导向,必然会出现数不清的假冒伪劣产品,使"金钱至上"的人生欲望极度膨胀,导致社会道德滑坡。要医治市场经济中这一"现代文明病",使市场经济从无序走向有序,除了采取法律手段外,从人生价值取向上,继承和弘扬儒家的"以道取利"的价值观念,也是一剂对症良药。

孔子提倡"君子谋道不谋食"的价值观,对于现代社会仍有重要的指导意义。人在现实社会中,既要追求衣食住行等物质生活,构建自己的物质家园;更要注意培养与提升自己的道德境界,构建自己的精神家园。但是有些人由于纵欲主义和享乐主义的膨胀,只注意建构自己的物质家园,而忘记和忽视了建构自己的精神家园,结果把自己变成了"物质世界的富有者、精神世界的贫儿"的畸形人。他们什么都不缺,就缺一个"德"字；什么都不少，就少一个"魂"字。面对人类的这种精神危机，重温孔子的"君子谋道不谋食"的价值观念，树立正确的人生价值取向，真正使他们懂得不但要"以道取利"，还应该"清醒地使用财富，愉快地施与财富"，认识到在世上还有比赚钱更为可贵的东西，这就是赚钱是为了"博施于民而能济众"（《论语·雍也》），没有什么比利他主义和乐善好施更为可敬和崇高，真正把自己变成精神世界的亿万富翁，要做金钱的主人而不是它的奴仆。可见，它对于培育中国民族精神和塑造理想人格，具有重要的现实意义。

二、"乐以忘忧"的快乐精神

在人生道路上，有乐亦有忧。在忧乐观上，君子与小人是有原则区别的。孔子指出："君子坦荡荡，小人常戚戚。"（《论语·述而》）意思是说，缺德的小人心里想的只是"富贵"二字，未得富贵之时，无时不想取得富贵，所以无限忧虑；既得富贵之后，又恐怕失去。时时忧戚，患得患失，永无满足之时，所以一生都没有快乐。而有德君子心里想的只是"仁义"二字，不因富贵得失而忧愁。心胸坦然，光明正大，一生快乐。是"坦荡荡"还是"常戚戚"，是君子与小人的重要区别之一。

孔子所谓"乐"，虽有食色之乐①、山水之乐②、音乐之

---

① 《论语·八佾》云："《关雎》乐而不淫，哀而不伤。"
② 《论语·雍也》云："知者乐水，仁者乐山。"

乐①和朋友之乐②，但是他所追求的主要不是这些源于现实生活中的具体之乐，而是一种超越现实的纯粹的精神愉悦。这是关乎人的"安身立命"的整体之乐。这种整体之乐，既是人生乐趣的一种内心体验，也是人生的一种精神境界。不断地追求道德的充实与完善，才是人生真正的快乐。孔子也讲"忧"，但它不是追求物质与权势之忧，而是一种如何使道德更加完善更充实的忧。孔子指出："德之不修，学之不讲，闻义不能徙，不善不能改，是吾忧也。"（《论语·述而》）孔子所忧的，是"修德"、"讲学"、"徙义"、"改过"四件事，都是属于道德修养和道德情操范围内的事。

孔子一生所追求的道德之乐，从本质上，是一种"修德成仁"的人生价值理念。在孔子看来，人对快乐的体验，是以道德情感和道德情操为基础。离开"仁"也就无人生的快乐。"人而不仁，如乐何?"（《论语·八佾》）肯定"仁"是礼乐的根本精神，也是生命的真正价值所在。孔子认为，君子之道有三，即"仁者不忧，智者不惑，勇者不惧"（《论语·宪问》）。所谓"不忧"，是指君子安于仁，心底坦然，不为功名利禄所扰，故"仁者不忧"；所谓"不惑"，是指君子不为财富、权势和名誉所诱，也不为人的情欲、认知所惑，故"智者乐"；"君子内心不疚，夫何忧何惧?"（《论语·颜渊》）不忧不惧即是人生最大的快乐。这是孔子对君子心灵和道德境界的真实描述。在他看来，君子是仁德之人，一生不做坏事，

---

① 《论语·述而》云："子在齐闻《韶》，三月不知肉味，曰：'不图为乐之至于斯也。'"

② 《论语·学而》云："有朋自远方来，不亦乐乎?"

接人待物皆光明磊落，不搞阴谋，公而无私，故内心无愧。世俗所谓"平生不做亏心事，半夜敲门心不惊"，正是君子"内心不疚"的形象说明。

根据·"君子忧道不忧贫"的人生理念，孔子把"乐"分为三种。他说："益者三乐，损者三乐。乐节礼乐，乐道人之善，乐多贤友，益矣；乐骄乐，乐佚（逸）游，乐晏乐，损矣。"（《论语·季氏》）孔子认为人生有三种快乐是有益的，有三种快乐是有损的。以有节制的礼乐为乐，以称道别人之善为乐，以有许多贤友为乐，这是三种有益之乐。以骄横无礼为乐，以追求安逸、游侠为乐，以饮食酒色为乐，这是三种有害之乐。有益三乐，是孔子所提倡的；有害三乐，是孔子所反对的。孟子进一步发挥孔子的"三乐"思想，在《孟子·尽心上》中指出："君子有三乐，而王天下不与存焉①。父母具存，兄弟无故，一乐也；仰不愧于天，俯不怍于地，二乐也；得天下英才而教育之，三乐也。"在一般人眼里，得到"王天下"之势，拥有"广土众民"，是人生的最大快乐，但在君子那里并不把"王天下"视为人生快乐。他们认为，第一乐是父母身体健康，兄弟无灾无病，这是天伦之乐；第二乐是做一个"仰不愧于天，俯不怍于地"的清白之人。孟子所谓"大丈夫"精神即"富贵不能淫，贫贱不能移，威武不能屈"，就是这样一种人格之乐；第三乐是"得天下英才而教育之"，这是君子人格价值的社会实现，这是一种事业之乐。孔孟"三

---

① 《孟子·尽心上篇》还有类似的思想："舜视弃天下（抛弃天子之位）犹弃敝蹝（音徙，草鞋）也。窃负（偷背其父）而逃，遵海滨而处，终身欣然，乐而忘天下。"

乐"，所追求的人生乐趣，不是财富与权力欲的满足，而是一种道德人格和事业成功的自我体验。

从本质上讲，"乐以忘忧"是一种"安贫乐道"的快乐精神。在《论语·学而》篇中，有一段孔子与子贡的对话："子贡曰：'贫而无谄，富而无骄，何如？'子曰：'可也。未若贫而乐，富而好礼者也。'"在《论语·宪问》篇中，孔子进一步指出："贫而无怨，难；富而无骄，易。"在世俗者那里，贫贱者在富贵者面前，总是低声下气，赔着笑脸去奉承；而一朝成为富贵者，在贫贱者面前，总是满脸骄色。"贫而无谄，富而无骄"比"贫而谄，富而骄"虽说好一些，但是远不及贫贱者而能悠然自乐，富贵者而能好礼者。根据"安贫乐道"的精神，孔子在"饭疏食、饮水、曲肱而枕之"的情况下，也能"乐亦在其中矣"（《论语·述而》）。同时，孔子称赞颜回说："贤哉！回也。一箪食，一瓢饮，在陋巷，人不堪其忧，回也不改其乐。"（《论语·雍也》）

要想达到"安贫乐道"的道德境界，孔子认为必须通过"内省"和"外修"的修养之道。所谓"内省"，就是通过个人的自我反省而获得的道德之乐。曾子曰："吾日三省吾身：为人谋而不忠乎？与朋友交而不信乎？传不习乎？"（《论语·学而》）即通过内省的办法，做到办事诚实，交友守信，做人依礼。孔子提倡"见贤思齐焉；见不贤而内自省也"（《论语·里仁》）。但在现实生活中，却有不少人做不到"三人行，必有吾师焉。择其善者而从之；择其不善者而改之"（《论语·述而》）。所以孔子由此感叹说："吾未见能见其过而内自讼（责备）者也。"（《论语·公冶长》）所谓"外修"，就是通过对人生种种窘困的磨炼而从中体悟出的道德愉悦与精神满足。孔子提倡"非礼勿视,非礼勿听,非礼勿言,非礼勿动"(《论语·颜渊》),就是一种不为外界富贵所诱惑,以达到"克己复礼"之快乐。孔子从55岁到68岁的14年间,周游列国。途经匡地,为匡人所拘;过蒲地,又为蒲人所袭;去曹经宋,宋司马桓魋拔树以害孔子;在陈绝粮七日,"从者病,莫能兴(起)"。子路满脸怨恨,不满地问道:"君子亦有穷乎?"孔子在这种极端窘困的处境中,仍然讲学、抚琴、诵诗不辍,并对弟子解释说:"君子固穷;小人穷,斯滥矣。"(《论语·卫灵公》)鼓励弟子在窘困中坚持"安贫乐道"的人生理念,并要求在窘困的逆境中体悟人生的道德之乐,这就是一种"外修"的工夫。孟子发挥孔子的"外修"思想,认为将要担当伟大历史使命的人,"必先苦其心志,劳其筋骨,饿其体肤,空乏(困穷)其身,行拂(违背)乱其所为,所以动心忍性,曾(增)益其所不能。"(《孟子·告子下》)这是说,若不从物质与精神两方面去磨炼人生,就不可能触动他的心灵,坚韧他的性情,增强他的才干,也就不能获得事业的成功,更难以享受到成功者的愉悦和精神上的满足。

三、"不知老之将至"的不老精神

"不知老之将至"的不老精神,主要含义是指年老心不老,身病心不病,人死名不殁。

所谓"不知老之将至",清代汉学家刘宝楠释曰:"'不知老之将至'者,言忘身之老,自强不息也。"(《论语正义》卷八《述而》)所谓"身老心不老",用三国曹操的话说,就是"老骥伏枥,志在千里;烈士暮年,壮心不已。"(《步出夏门行·龟虽寿》）孔子年虽耆朽而心灵不老，依然"笃信好学，死守善道"（《论语·泰伯》），孜孜以求。孔子推天道以明人道，认为天道"贵其不已。如日月东西相从不已也，是天道也"（《礼记·哀公问》）。人道也应法天道而自强不息。认为进德修业"譬如为山，未成一篑，止，吾止也；譬如平地，虽覆一篑，进，吾往也。"（《论语·子罕》）只要能以忘身之老的心态，积少成多，自强不息，学至于殁而后止，总有一天会"成仁"的。曾子说："士不可以不弘毅，任重而道远。仁以为己任，不亦重乎？死而后已，不亦远乎？"（《论语·泰伯》）这可以说是对孔子的不老精神的真实写照。正因为孔子晚年具有这样的青春心态，所以他才能达到"不知老之将至"的道德境界。

现实社会中，常听到有些刚四五十岁的人说："我现在年龄大了，事业上不会有什么成就，就等着死了。"他们借口年龄为自己的意志衰退和懒惰行为辩护，坐失了许多良机。我们把这种病态心理称之为"年老借口症"。其实年龄并不重要，重要的是对年龄的态度。俗话说："人老不服老，赛过老黄忠。"黄忠是三国诸葛亮手下一员大将。当诸葛亮准备派大将去增援葭萌关时，黄忠不因年老而请求出战。诸葛亮说："汉升（黄忠）虽勇，怎奈年近七十，恐非张郃（曹操手下大将）对手。"黄忠说："某虽老尚开三石之弓，浑身还有千斤之力，岂不足敌张郃匹夫耶！"说罢取出大刀抡动如飞，又接连拉坏两张硬弓。于是，诸葛亮同意派他和老将严颜同往葭萌关。他们不但打败了张郃，还在天荡山斩了韩浩、夏侯德，在定军山斩了夏侯渊。后来，黄忠与关羽、张飞、赵云、马超同被封为"五虎上将"。所以，借口年老，是老年人事业成功的最大障碍。当你一旦战胜"年老借口症"后，做到"忘身之老，自强不息"，乐观精神和年轻心态就会油然而生，即能成为事业成功的巨大动力。从精神上治疗"年老借口症"的最好办法，就是一个"忘"字，也就是孔子所说的"不知老之将至"。只有"忘老"，方可铸就辉煌的不老人生。

随着年老而伴生的是疾病丛生。如何对待疾病呢？《论语·雍也》篇云："伯牛有疾。子问之，自牖执其手，曰：'亡之！命矣乎！斯人也，而有斯疾也！斯人也，而有斯疾也！'"孔子的学生伯牛，大概患了麻风病。这是一种传染性极强的绝症。所以孔子慰问他的时候，从窗户去握住他的手，十分伤感地说："快要死了，这是命呀！这样的人竟会得这样的病！这样的人竟会得这样的病！"从这一事例，说明人的生老病死是由命定的，是无力抗拒的。既然"死生有命"，那就应坦然面对生老病死。用毛泽东的话来说，就是"既来之，则安之"。在疾病面前，既要积极治疗，改变不合理的生活方式，坚持适当运动，更要保持心理平衡。疾病是心理失衡的窗口。医学研究证实，人的心理状态与生理功能是相互影响的。精神忧郁、缺乏信心、情绪悲观、猜疑嫉妒、生活孤寂等，就会降低机体免疫力，继而导致心脏、血压等多种疾病发生。研究人生延寿法的胡夫兰德有一句名言："一切对人不利的影响中，最能使人短命夭亡的就是不好的情绪和恶劣的心情。"所以，病患者应切忌急躁情绪和恐惧心理，不可有病到处乱投医，做到身病心无病，让身体不断地增强抵抗力，战胜疾病，从而恢复身体健康。

曹操云："神龟虽寿，犹有竟时（死亡）；腾蛇乘雾，终为灰土。"（《步出夏门行·龟虽寿》）人也是有生就有死，人总是要死的。这是客观存在的辩证法，是人无法抗拒的。但是如何死才是最具有社会意义呢？孔子指出："民之于仁也，甚于水火。水火，吾见蹈而死者矣！未见蹈仁而死者也。"（《论语·卫灵公》）认为民对于物质生活的追求不可一日无有。而民对于仁德的追求，比对于水火更为重要。但是，在现实生活中，世俗之民有为谋取物质享受而死者，却没有为仁德而死者。他们总是热衷于物质财富的追求，或"争名于朝"，或"争利于市"，往往造成"人为财死，鸟为食亡"的悲剧。在生死观上，志士仁人虽然肯定追求物质财富的合理性，但是不应为"蹈物而死"，而应为"蹈仁而死"。"无求生以害仁，有杀身而成仁。"（《论语·卫灵公》）在孔子看来，生命虽由身躯来支持，而身躯又是以追求物欲为前提，但是生命的价值不是由富贵来决定，而是由"闻道"来裁断。"杀身成仁"的气节和献身精神，才是生命的价值所在。要求志士仁人"朝闻道，夕死可矣"（《论语·里仁》）。在孔子之前，叔孙豹提出了"三不朽"的思想，指出"太上有立德，其次有立功，其次有立言；虽久不废，此之谓不朽"。孔子深受"三不朽"[①]思想影响，认为"君子疾没世而名不称焉"（《论语·卫灵公》）。即人死后，他的名字不为世人所称颂，这是君子最遗憾的事。孔子举例说：齐景公有马四千匹，可谓富矣，但他死后因缺德而不被世人称颂，孔子认为这样的死是没有意义的。伯夷、叔齐"不降其志，不辱其身"（《论语·卫灵公》），宁

---

① 美国学者富兰克林也有类似的思想。他说："假如你不愿死后即刻被人们遗忘，那你就应该在活着的时候写几本值得读的书（即'立言'——引者），或是做几件值得写成书的事（即'立功'、'立德'——引者）。"

肯不食周粟，饿死于首阳山下，却受到后世的称颂。这样的死，才是最有价值的。

孔子提倡的"杀身成仁"和"蹈仁而死"的终极理念，对于培育中华民族精神和塑造理想人格有深远的社会影响。如东汉思想家徐干在《中论·夭寿》篇中指出："古人有言，死而不朽。其身殁矣，其道犹存，故谓之不朽。夫形体固自朽弊消亡之物，寿与不寿，不过数十岁；德义立与不立，差数千岁，岂可同日而语也哉!"宋代民族英雄文天祥在《过零丁洋》中的名句"人生自古谁无死，留取丹心照汗青"，更是为世人广为传诵。近代康有为在《论语注》中也说："名在则其人如在，虽隔亿万里亿万年而风采如生。"这正是中国历代志士仁人在民族危难和阶级斗争的紧要关头，能够自觉地慷慨捐躯，视死如归的精神支柱，也是现代社会重铸中华民族魂的精神财富。

（原载《社会科学战线》2005 年第 2 期）

中国文化精神和中华民族精神的若干问题

李 宗 桂

关于中国文化精神和中华民族精神的研究，近年来有相当的进展。但是，由于论者的方法、立场和学术背景的不同，以及种种客观因素的制约，致使出现了种种论争，甚至一定程度的混乱。因此，有必要做进一步的探讨。

中国文化精神，是一种概略的说法，也叫中国文化的基本精神。所谓文化精神，按照某些西方文化研究学者的说法，就是民族精神，是指一种文化的特有精神，一种文化中具有决定力的价值系统，由此价值系统所构成的文化模式在态度、评价及情绪倾向等方面表现出的精神品质。[①] 国内有学者认为，中国文化长期发展的思想基础，可以叫做中国文化的基本精神，而文化的基本精神是文化发展过程中的精微的内在动力，亦即指导民族文化前进的基本思想。中国文化基本精神就是中华民族在精神形态上的基本特点。中国文化基本精神的主要内容

---

① 参见覃光广等主编：《文化学辞典》，北京：中央民族学院出版社 1988 年版，第 155—156 页。

是：刚健有为，和与中，崇德利用，天人协调。① 《易传》的"自强不息"、"厚德载物"两句名言，是中国的民族精神的基本凝结。② 这种看法，实际上也是把中国文化基本精神看做中华民族精神，而且二者都是正面的、积极的。有的学者认为，文化精神是具有相对稳定性的东西，可视为文化的深层结构，是民族文化的灵魂或精髓，"文化精神具有积极和消极两重性"。③

在我看来，所谓文化精神，就是特定民族文化系统所反映出的基本精神特质，是该民族特定的价值取向、思维方式、社会心理、伦理观念、审美情趣等精神特质的基本风貌的反映。文化精神、中国文化精神，都是宽泛的、中性的概念，既有积极的成分，也有消极的因素，属于事实判断的范畴。中国文化基本精神的优秀成分，构成中华民族精神。④ 中华民族精神是中华民族在长期的历史发展进程中形成的精神风貌和价值取向优秀成分的集中表现，是中华民族进步发展的价值导向和精神动力。

中华民族精神的发展，从历史线索来看，可分为古典时期、近代时期、当代时期。所谓古典时期，是指从春秋战国到1840 年的鸦片战争，大约 2600 年漫长的历史阶段；所谓近代时期，是指从鸦片战争到 1949 年中华人民共和国成立之前，

---

① 参见张岱年：《论中国文化的基本精神》，载《张岱年全集》第 5 卷，石家庄：河北人民出版社 1996 年版，第 419 页。

② 参见张岱年：《中国文化的基本精神》，载《张岱年全集》第 7 卷，石家庄：河北人民出版社 1996 年版，第 379 页。

③ 邵汉明主编：《中国文化精神》，北京：商务印书馆 2000 年版，第 1 页。

④ 参见李宗桂：《中国文化导论》，广州：广东人民出版社 2002 年版，第 349 页。

大约100年的艰难困苦阶段；所谓当代时期，是指从中华人民共和国成立到现在这半个多世纪的发展历程。在古典时期，形成了以唯伦理思维为特征的古典民族精神；在近代时期，形成了以唯政治思维为特征的近代民族精神；在当代，则形成了以唯经济思维为特征的当代民族精神。① 古典民族精神反映的是自然经济、宗法社会条件下道德至上、贵和尚中、求稳求安的守成精神；近代民族精神体现的是内忧外患挤压之下反抗侵略、救亡图存、争取民族独立的狂飙突进式的革命精神；当代民族精神主要表现为经济全球化、改革开放背景下的解放思想、与时俱进的建设现代化国家的开拓创新精神。

从春秋战国到鸦片战争，大约2600年的漫长古代社会中，古典民族精神大致经历了形成、确立、巩固的三个阶段。作为全民族共同精神风貌和价值追求的"中华民族精神"的发展，也经历了从"自在"到"自觉"的阶段。但是，应当看到，"中华民族"和"中华民族精神"的"自在"阶段，如果从"萌芽"或者"雏形"的样态看，并不仅仅开始于秦汉时期，而是应当追溯到春秋战国乃至远古时期，亦即整个中华民族"上下五千年"的历史，就是中华民族精神由孕育而成熟、强盛的历史。而中华民族精神的核心，是价值观。根据这种认识，我们认为，作为观念形态的古典中华民族精神，形成于春秋战国时期，确立于秦汉时期，巩固并完善于魏晋至清代（1840年以前）。

---

① 从实际情况看来，近代以唯政治思维为特征的民族精神，影响到建国以后的头30年。真正意义的以唯经济思维为特征的当代民族精神，形成于改革开放以后。

春秋战国时期，重人轻神的人本主义思潮、重民轻君的民本主义思潮、反对分裂崇尚统一的爱国主义思潮、反对战争倡导和平的人道主义思潮，相互激荡，汹涌澎湃，推动着社会的进步，最终导致了以秦王朝的建立为标志的政治上的国家统一和文化上的民族认同。这种情况表明，中华民族精神已经初步形成。秦汉时期，随着中华民族多元一体格局的形成，大一统的政治观念、文化中国的价值理想、贵和尚中的思维方式、厚德载物的宽阔胸怀、自强不息的奋斗精神等基本价值理念，成为社会的主流思想，引导着全民族向前发展，标志着中华民族精神的确立。从魏晋到清代（1840 年以前），中国社会屡经动荡，王朝屡经更替，但以天下一统为荣、以国家分裂为耻的思想传统不断强化；同时，反对侵略，努力避免战争，力争以和平方式解决内部矛盾和外部争端，成为全民族的自觉意识和实际行动。而自强不息、厚德载物的价值追求，革故鼎新的发展观念，勤劳勇敢的人生信念，整体至上的思维旨趣等等，都在中国社会的发展途程中，经过全体人民在政治、经济、文化方面的实践，得到了强化。因此，我们说这个时期是古典的中华民族精神的巩固期。

鸦片战争以后，中国社会步入内忧外患极为深重的近代时期，古典的中华民族精神面临挑战，被迫转型，被迫更新。守成式的古典民族精神，转换、创新成为以浪漫主义和英雄主义为特征、以争取民族独立和国家富强为目标的狂飙突进式的近代革命精神。自称"有心杀贼、无力回天"的志士谭嗣同，"我自横刀向天笑，去留肝胆两昆仑"，为变法维新的政治理想视死如归，慷慨就义；孙中山领导的辛亥革命，碧血染黄花，推翻了封建君主专制制度，临终仍牵挂"革命尚未成功"，勉励"同志仍需努力"；中国共产党领导的新民主主义革命，"为有牺牲多壮志，敢教日月换新天"，在成千上万的烈士英勇地牺牲之后，后继者"高举起他们的旗帜，踏着他们的血迹前进"，"要压倒一切敌人，而决不被敌人所屈服"！这种革命英雄主义精神，激励着无数仁人志士为中华民族的重新崛起、为伟大的中华民族的复兴而殊死奋斗。以革命精神为特质的近代中华民族精神，经过五四运动的洗礼，还增添了民主、科学、自由、自主精神。民主和科学是五四运动的旗帜，众所周知，不言而喻。"不自由，毋宁死"，"科学与民主，第一要自主"，当年这些掷地有声、深入人心的口号和思想，同样是五四精神的重要成分。在革命精神的统率下，民主、科学、自由、自主等现代意识，成为培育、创新中华民族精神的动力。而这中间极为重要的一条主线，或者说是统贯、引领这些思想、精神的，便是爱国主义的旗帜！

建国以后，我们国家在迈向现代化的途程中备尝艰辛。改革开放以来，以经济建设为中心，国家一步步强盛起来。以复兴伟大的中华文明为职志，全体中华儿女同心同德，团结奋斗，换来了今天的大好局面。在新的实践过程中，既有的中华民族精神得到了弘扬，同时也得到了培育和创新。"以人为本，重在建设"的文化建设的指导思想，以及相应的方针政策的制定和实施，有力地推进了当代中华民族精神的建设。要"增强自立意识、竞争意识、效率意识、民主法制意识和开拓创新精神"，成为朝野的共识。这里的自立、竞争、效率、民主法制等意识，与此前的中华民族精神的内容并不相同，是对此前中华民族精神在继承、弘扬基础上的培育和创新。此外，改革开放以来逐渐形成并在近年日益强化的契约观念、公民意识、公正意识、平等观念、改革开放意识、全球意识等等，也是开拓创新精神的结果。可以说，没有开拓创新精神的弘扬，就没有这类新型意识和观念的出现。开拓创新精神，成为当代中华民族精神的重要内涵和基本特征。

毫无疑问，中华民族精神的形成和发展，是一代又一代中华儿女智慧的结晶，是中华文化优秀传统的集中体现。就其功能而言，中华民族精神在不同的历史时期，各有其时代意义。在中国古代时期，以守成为主要特征的古典中华民族精神，对于中华民族这个民族实体、文化共同体的发展，对于多元一体的中华民族格局的形成和完善，对于中国古代社会的进步，起了促进其凝聚、认同、融会的作用。就价值观念而言，古典中华民族精神对于中华民族统一的价值取向、思维方式、人格追求、伦理观念以至审美情趣的形成，都有着十分重要的作用。秦汉以后，古典中华民族精神对于维护既成的多元一体的中华民族格局，对于大一统的政治、经济、文化格局的延续和完善，起了维护的作用。尽管从今天的全球眼光和现代意识来看，古典的中华民族精神存在着某些不足（例如开拓创新精神的不足、科学民主精神的缺乏），但我们仍然无法否认它特殊的时代意义——一个时代有一个时代的需求，一个时代有一个时代的精神！在中国近代时期，以浪漫主义和英雄主义为特征的、狂飙突进式的革命精神，反映的是近代中国人民不屈不挠地反抗侵略、争取民族独立和国家富强的民族精神。它的时代意义在于，超越了古典民族精神的局限，吸收了西方先进文化中的科学、民主精神，以及法制精神和自由精神，改铸了中国传统文化，促进了近代中国的社会转型和文化转型，促进了民族独立的实现，推动了国家现代化的进程。特别重要的是，近代中华民族精神，是已经从古典的自在阶段发展到自觉阶段的精神，是充满理性的新的时代精神，它的崛起和弘扬，唤醒了中华儿女的民族意识，提升了中华儿女的近代精神，从而成为近代中国由传统迈向现代的极为重要的、基本的精神力量和价值准则。改革开放以来形成的当代中华民族精神，是对既往民族精神的批判性继承和创造性超越，是对当代中国现代化进程的积极推进，是对当代世界"和平与发展"的时代主题的正确回应。以开拓创新为基本特征和思维旨趣的当代中华民族精神的初步形成，对于市场经济条件下人们的安身立命之道的确立，对于中国特色社会主义先进文化的建设，对于中华民族凝聚力的增强，都有无可替代的作用。

其实，无论从学术研究的层面审视，还是从社会实践的层面考察，中国文化精神与中华民族精神之间，都有不可分割的联系。20 世纪 80 年代，我也曾经认为，中国文化精神和中华民族精神是同等概念，其内涵和实质都是一样的，以致断然说过："中国文化的基本精神，从实质上看，就是中华民族的民族精神"①，并认为二者都具有两重性，即都有积极性和消极面，"既有光辉灿烂、催人奋进的一面，又有沉滞抑郁、激人图变的一面。优异的一面中蕴含着消极的因素，令人愤激的一面中包含着值得宽慰、可以向另一面转化的潜在质素。"② 从 20 世纪 80 年代中后期到现在，经过这将近 20 年的研究，经过对国内外相关问题的思考，特别是通过对当代中国现代化建

---

① 李宗桂：《中国文化概论》，广州：中山大学出版社 1988 年版，第 345 页。

② 李宗桂：《中国文化概论》，广州：中山大学出版社 1988 年版，第 345 页。

设进程和价值目标的考察，以及全球化所带来的世界不同民族之间在经济、文化方面的交往、渗透、交融，我逐渐改变了看法，形成了一个初步的见解：中国文化精神和中华民族精神不是同等内涵的概念，而是既相互联系、贯通，又相互区别、各有其旨趣的概念。中国文化精神是个中性的概念，中华民族精神是个褒义的概念。中国文化精神的优秀成分，构成中华民族精神；中华民族精神是中国文化精神的核心价值，是中华民族智慧的结晶。这样一个区分，既有利于我们深化中国传统文化的研究，剖析中国传统文化的利弊，理性超越传统文化的局限，合理转化传统文化的有益资源，也有利于我们弘扬民族正气，升华民族精神，从而在实践中更好地建设我们的文化。更为重要的是，在对外交往中，挺直民族脊梁，反对民族文化虚无主义。正是因为这个原因，我才在上文就中华民族精神的内涵、历史发展作了较多的议论。根据上述认识，如果要使用列举式的方式论说中国文化精神的主要内容，则我们大致可以概括为：自强不息、正道直行、贵和尚中、民为邦本、平均平等、求是务实、豁达乐观、以道制欲、重整体倡协同、崇古重老、重道轻器等等。显然，就其价值指向和历史作用而言，这些内容既有十分正面的方面，也有具有两重性的方面。而中华民族精神的主要内容，我们大致可以概括为：爱国主义的民族情怀、团结统一的价值取向、贵和尚中的思维模式、勤劳勇敢的优良品质、自强不息的进取意识、厚德载物的博大胸襟、崇德重义的高尚情操、科学民主的现代精神。这种概括，既考虑到了中华民族精神的历史传承，也考虑到了它的当代拓展，而这些内容总体上是积极向上的、具有很强的历史合理性和时代价值。正如我前面所强调的，显而易见，中国文化精神和中华民族精神之间，就其内容和思想旨趣而言，具有很强的贯通性和涵摄性，当然也有明显的区别，二者之间形成了适度的张力。

中华民族文化是一个多元一体的有机的价值体系，是统一的中华民族的创造力的反映。在五千年漫长而又坎坷的发展历程中，特别是秦汉以后，中国文化精神的发展，经历了严峻的考验，发生了若干变迁。这种变迁，在古典中国，就其所受的制约而言，主要是以自然经济为基础的小农经济，君权至上的封建专制的政治制度，崇古、征圣、宗经的守成型文化体系。在近代中国，主要受到帝国主义和封建主义的双重钳制，受到内忧外患的严重挤压。在改革开放后的当代中国，主要受到革故鼎新、开拓进取精神的激励和滋养，受到市场经济观念的熏染。中国文化精神和中华民族精神都在改革开放的态势下，在全球化的浪潮中得到了更新。因此，我们既要总结历史，反思传统，更要立足本国，立足现实，面向世界，面向未来，批判性地诠释传统，创造性地建设当今。为此，深入研讨中华民族文化精神的历史传统和近代变革，就成为题中应有之义。

关于中国文化精神的研究，这些年来成果不少，但真正系统研究的专著并不多。就我目力所及，一是钱穆先生的《中国文化精神》[1]，二是邵汉明同志主编的《中国文化精神》[2]，三是王四达同志的《从"凤凰来仪"到"浴火重生"——中华民族文化精神的历史反思与近代变革》[3]。钱著是其在台湾

---

[1] 钱穆：《中国文化精神》，台北：三民书局1973年版。

[2] 邵汉明主编：《中国文化精神》，北京：商务印书馆2000年版。

[3] 王四达：《从"凤凰来仪"到"浴火重生"——中华民族文化精神的历史反思与近代变革》，北京：中国文联出版社2005年版。

为军界人士"作有系统的文化演讲"的集子，一共十三讲，第一讲的题目为"中国文化精神"，故以其名篇，其余各讲分别是讲中国的文化传统、中国文化的变与常、文化的积累与创新等，通俗易懂而又有自己的见解。邵著以中国文化史上的学派为主线，分别对道家、儒家、墨家、法家、兵家、道教、佛教、现代新儒家等派别的"文化基本精神"做了探讨，并比较了中西文化精神，附论了中国文化精神的研究状况，全书主题突出，论述集中，材料丰富，颇富创见。王四达同志的这部著作，从人类文明发展的大背景出发，把民族精神和文化精神作为影响社会发展的精神动因。在辨析民族精神与文化精神关系的基础上，作者以中华文明为对象，以总体把握中国传统社会的性质为前提，既纵向梳理了中华民族精神与文化精神的演变历程，又横向剖析了在专制时代居于统治地位的文化精神在宗教精神、哲学精神、历史精神、伦理精神、政治精神、法律精神等方面的表现及其本质，对其进行了超越性、批判性的诠释，提出了一系列创造性的见解。

值得注意的是，上述的钱著、邵著、王著，对于中国文化精神的研究是一个逐渐推进。钱著形成于 20 世纪五六十年代，由于特殊的历史条件的局限，没有也不可能辨析中国文化精神与中华民族精神的关系，甚至只是把中国文化精神看做纯粹优秀的成分，当做民族复兴和文化复兴的精神支撑。认为"中国民族和中国文化必将复兴"，"说中国民族国家文化该久远存在的，那才是中国人良心中之天理，不可磨灭之天理"。① 邵著完成并出版于 20 世纪的最后一年——公元 2000 年，明确

---

① 钱穆：《中国文化精神》，台北：三民书局 1973 年版，第 15—16 页。

揭示了"文化精神具有积极和消极两重性",并具体把"中国文化精神的基本内容"概括为:人本精神、和谐意识、道德意识、理想主义、实践品格、宽容品格和整体思维。① 就学理的层面来看,这比钱穆的同名著作大大前进了一步。王著完成于2004年,出版于2005年。王著区分了民族精神和文化精神,并对文化精神发展的历史阶段及其思想特质作了剖析,提出了民族精神可能和文化精神一致,"今天,中国共产党已经成为人民利益的忠实代表,民族精神与文化精神已趋于一致,这就为民族精神的时代升华提供了历史的机遇"。② 这种阐释,对于中国文化精神的研究,有所深化。但是,发人深省的是,无论钱著,还是邵著和王著,都没有探讨甚至没有注意到中国文化的人文精神与中国文化精神以及中华民族精神的关系。邵著在其附录的《关于中国文化精神的研究综述》中有"关于人文精神"的综述,我们从这个综述可以看出,学术界对于人文精神的研究,侧重于人文精神的内涵、特点、有无、中西比较等,而没有对人文精神与文化精神以及民族精神的关系作必要的探讨。尽管如此,并不说明这个问题的探讨不重要。在我看来,这个问题的探讨,十分必要,既有理论价值又有实践意义。

中国传统文化有着一以贯之的人文精神。这个人文精神,就是对人之所以为人在理论上的探讨和在实践中的回答,是对民族文化的兴衰存亡的"终极关怀"和自觉奉献,是对高尚

---

① 参见邵汉明主编:《中国文化精神》,北京:商务印书馆2000年版。
② 王四达:《从"凤凰来仪"到"浴火重生"——中华民族文化精神的历史反思与近代变革》,北京:中国文联出版社2005年版,第309页。

的价值理想、道德情操的自觉追求。就中国传统文化而言，人文精神主要表现为仁民爱物、修己安人、义以为上、天人合德、以人为本、刚健有为、贵和尚中等基本的价值观念和精神追求；就中国近现代文化的发展而言，人文精神包含着并表现为爱国主义、民族主义、科学精神、民主精神、自由精神等最为基本的价值观念；建国以后特别是改革开放近30年来，文化建设在精神层面所表现出并已逐渐理论化的民主法治意识、契约观念、公平正义、和谐发展等等，都是新型人文精神的表现。这些精神层面、价值层面的东西，逻辑地属于中国文化精神的范畴，同时却又必然地成为其积极成分，而不是宽泛、中性意义的文化精神。质言之，中国文化的人文精神，属于中国文化精神的积极成分，属于优秀文化传统的范畴。

既然中国文化的人文精神属于中国文化精神的积极成分，属于优秀文化传统，那么，它和中华民族精神是什么关系？我认为，中国文化的人文精神，和中华民族精神是一致的，但不是等同的。换言之，中国文化的人文精神属于中华民族精神的优秀思想基础，通过必要的价值整合和理论提炼，它就转化成为中华民族精神。这种价值整合和理论提炼，较之一般的文化精神，更为容易、更为直接。前文所谈的中国文化精神的优秀成分，构成中华民族精神，就是在这个层面上讲的。优秀的中国文化内容及其精神，可以是中华民族精神的重要资源，是基本素材，但并不直接等同于中华民族精神，还需要价值整合和理论提炼。如同我们今天建设中国特色社会主义文化，传统的优秀文化当然是重要资源，但即使是优秀的传统文化，也需要创造性转化，才能成为当代中国文化的有机构成。中华民族精神毫无疑问都是人文主义的，是科学的，但传统的人文精神并不就是民族精神，它只是传统文化的优秀成分，只是传统的中国文化精神的优秀成分。

我们注意辨析上述问题，并非故弄玄虚，并非将简单问题复杂化，而是重视思想文化研究及其创造的艰巨性和复杂性，重视当代中国文化建设的急迫性，重视学理的清理和实践的运用。不如此，我们的文化研究就始终会停留在笼统浮泛的层面，而对中华民族文化的复兴无所帮助。

中国文化精神和中华民族精神的研究，是富有巨大挑战性的课题。理论辨析的艰深，实践运用的困难，对于严肃的学者无疑是精神上的鞭策。振兴中华，复兴伟大的中华文明，是近代以来特别是改革开放以来中华民族的价值主题。而要实现这个崇高的价值主题，就必须对本民族的历史文化传统，特别是对于意蕴深厚的中国文化精神进行理性的阐析，开拓传统文化的资源，给予创造性的转化，为当代中国的文化建设提供鉴戒。

（原载《社会科学战线》2006 年第 1 期）

文化的发展与民族振兴

刘建军

中华民族当前正处在伟大的复兴进程之中。那么，什么是保证我们的民族复兴长久不竭的发展动力，如何推动中华民族的伟大复兴？这是一个非常重要的课题。本文主要从文化的角度来谈文化发展和民族振兴的关系问题。

一

"文化"与"文明"是至今尚没有统一看法的两个概念。我把文化定义为人们精神上情感上的一种联系能力，或者说就是思维的一种联系能力。大家知道，人是肉体和精神的统一，人既有生理上的特征，又有精神上的特征，这是人和一切其他动物不一样的地方。换句话说，人有思维能力，这是人区别于其他动物的基本的特点。所谓思维能力，就是人类不仅有"思"的能力，更为重要的是，人还可以把突发的和零散的"思"变成系统的"维"的能力。在一般的情况下，稍微高等一点的动物都有"思"，但没有维的能力。一只小狗，你对它好，它就往前面来，你对它不好，它就跑了。但它不知道人对它好和不好的原因是什么。所以说，人和动物最大的区别就在于人能把这个"思"拓展，举一反三，把它变成"维"，也就是说人有精神联系的能力和情感联系的能力，这是人的特点。人面对一个对象以后，很快就能作出判断，作出对它的把握和了解，这说明人有能力通过一点点的"思"，把它变成一个"维"的网络系统，把它变成一个思维之网的能力。这个能力既然是人所特有的，我认为其恰恰就是文化之核，也是文化的本意。所以我给文化下的定义是"人与人之间精神和情感上的联系"。①

但是，人的精神情感活动，换言之，人的思维能力，是看不见的和摸不着的，这样，文化必须得通过一定的形态表现出来，这就是文化形态。文化形态大致可分为四个方面：第一种是人与人之间的交往会导致形成一个制度形态。制度在本质上是人与人之间的精神联系以制度形式表现出来的固化形态。文化的第二种形态是意识文化形态。人类社会出现的文学、艺术、哲学、宗教等等就属于这个范畴。这是人们之间精神情感联系的思想意识固化形态。第三种就是生产方式文化形态。人们采用什么样的生产方式，表面看是社会的发展，技术的进步，其实反映的也是人与人之间的联系。第四种是生活文化形态。人们如何生活，如何相处以及吃饭穿衣、消遣娱乐等等，都属于生活方式文化形态的范畴。

就这四种文化形态而言，还可以往细划分，比如制度文化形态可以分为社会主义制度文化形态、资本主义制度文化形态等等。从生活方式上还可以分为饮食文化形态、服饰文化形态

---

① 刘建军：《演进的诗化人学》，长春：东北师范大学出版社1998年版，第16页。

等等。如果再继续划分，饮食文化形态还可以分为茶文化、酒文化等等。这样，文化形态就形成了文化系统。但是不管怎样划分，要害就是人们的精神和情感如何在联系以及如何在运作。每一种文化形态最终反映的都是人与人之间的精神情感的联系。只有通过每一个特定的文化形态，文化研究者才能把握人们精神联系的特点，也才能够对文化进行考察。

文化的这个本质界定其实告诉我们一个非常重要的道理，这就是一个民族的文化发展和兴衰的关键在于这个民族的思维联系能力和精神创造能力。由于人的思维情感联系是不断产生的，所以决定着文化的发展必然是动态的，是处在不断发展之中。文化的发展就是人们精神情感不断产生、不断发展、不断获得新东西的本身。这就决定着任何文化都是动态的和发展的。这就是我关于"文化"概念的简单说明。

那么，什么是文明？如果说文化是人们精神活动的话，那么，文明就是一个时期文化精神情感发展的结晶，是精神联系形成的较为恒定的价值之核。比如说，文化发展到今天了，我们都知道，人压迫人、人剥削人是个错误的东西，现在人们都承认人压迫人、人剥削人是不合理的观念。这个价值的形成，就是今天的文明。而在奴隶制的时代就没有这个观念。由此可见，由于文化的本质是人的精神活动，这决定着一个民族的文化始终是处在不断的发展变化和流动之中，并在一个时期内逐渐形成了属于这个时期相对稳定的价值观。而这个价值观成为群体共识的时候也就成了这个时期的文明。文明相对静态的特点，就使得我们必须把眼光放在动态的文化上。人类的历史和发展，就是一个文化的不断发展从而促进不同文明出现的过程，即从原始社会到奴隶制社会、奴隶制社会到封建制社会、封建社会到资本主义乃至到社会主义社会。整体来说，是文化的发展导致了不同时期文明的形成，然后文化继续发展，使后一个时代的文明取代了前一个时代的文明。①

二

到目前为止，人类文化已经走过了几个发展阶段。以往的学者在谈到人类文化发展的时候，常常从社会制度上和经济形态上来论述。这里想换一个角度来看文明和文化发展的阶段性以及重要意义。我先说一个概念："维系方式"。之所以用这样一个概念，就是因为一个社会中众多的个体要成为一个群体，总要有一种内在的文化力量把它维系到一起。人有个最基本的特点，就是一出生就会成为一个社会群体中的一员。这就带来了一个问题，究竟是什么力量把全社会的人融会在一起？为什么大家互不相识，却能在一块土地上幸福地生活？这其实就涉及一个维系方式的问题。

从诞生至今，人类基本出现了四大维系方式，或者说四种基本的维系方式：第一种维系方式是发生在人类早年的血缘维系方式。我们知道，原始社会一般是以胞族、氏族、家族、部落为基本组织单位，把他们维系在一起的内在力量主要是血缘，就是说他们有一个肉体意义上的"父亲"（祖先）。大家之所以能够聚集在一起，就是因为这个家族或氏族的人基本上

---

① 关于文化与文明的详细解说，参见刘建军：《关于文化、文明及其比较研究》，《东北师范大学学报》2002 年第 2 期。

都是这个父亲的子孙，因而这个父亲是至高无上的。这是一种靠血缘关系的维系方式。血缘维系形成了那个时期特有的道德：无条件服从父亲，父亲至高无上，家族的利益至高无上。但是随着部落变成了部落联盟，最后部落联盟变成了国家，血缘维系就失去了力量。因为国家的建立涉及不同的家族，不同的部落，不同的民族，而这些不同的人不会有一个血缘意义上的父亲。血缘关系开始解体，一个新的维系力量开始出现，这就到了第二个维系阶段，也就是"信仰维系阶段"。这个时期，血缘意义上的父亲没有了，人们开始寻找一个精神意义上的父亲。为了生存，人们虽然没有了一个血缘意义上的父亲，但可以共信一个祖先神，共信一个上帝。正是由于共同信奉了一个神灵，那么，此时的人们可以从精神上感受一个民族彼此是一家人。从文化角度来说，现代意义上的宗教的产生，就是血缘维系方式的解体，一个精神上的父亲取代了血缘意义上的父亲的结果。正是精神意义上的父亲取代了血缘意义上的父亲，所以，精神上父亲的绝对作用被凸显出来了。正如人类早年对血缘父亲的绝对服从一样，此时也要求对精神父亲的绝对信仰。对精神父亲信仰的绝对性，使得我们可以把这个时代称为"信仰维系时代"。

随着社会再进一步的发展，人们开始出现怀疑意识，这标志着一个新的文化时代——理性维系时代的到来。比如说11世纪以后，欧洲开始出现了人们要理解宗教、解释神学的新的文化发展趋向。当时出现的一些思想家如阿伯拉尔、阿奎那，以及唯名论和唯实论之争等，就是人们理想觉醒的最初标志。在基督教文化发展的早期，奥古斯丁建立了一个"信仰的理解"的信教模式。而到了13世纪的阿奎那这里，就变成了"理解的信仰"的模式了。所谓"理性维系阶段"一个重要的特点就是，我要信奉这个东西，必须是我经过思索认为是真理的东西。这个时代人们信奉的任何思想观念，首先要被认为是一个真理。既然此时人开始把自己认为是真理的东西来信奉，那么这个社会就是靠真理性的东西把大家维系到一起的。

但是，这种"理性维系方式"在今天也遇到了危机。危机在于你认为是真理的东西，他人不一定认为也是真理，你认为是科学的东西，他人可能认为是胡说八道。这就带来今天世界上一个非常重要的文化特点的出现——文明的冲突日益尖锐。这样的现实让人们思索：在文明冲突日益尖锐的情况下，在世界联系越来越紧密的情况下，理性的维系方式是否还有用？人们是否需要一个新的维系方式来解决今天的问题？这样的现实导致了一种新的维系方式初露端倪，即"普适价值的维系方式"的出现。前面说过，你信奉基督教，他信奉伊斯兰教，还有人信奉佛教，而我信奉马克思主义，这些精神文化系统由于价值观不同，往往形成文明的冲突或文化的冲突。让一个民族改变自己坚信的东西，难矣哉！可是总打下去，冲突没完没了，那这个世界还像个什么样子?! 这样的现实让人思索：有没有一个"普适"价值的东西让不同文化背景的人都能够信奉？在实践中人们终于发现："人权"、"和谐"等等观念是不同文化系统的人都可以接受的东西。也就是说，一个民族，不管你信奉什么思想和主义，都能够承认人权，承认世界和谐的价值。在 20 世纪 90 年代初的时候，曾担任过美国国务卿的布热津斯基写了一本书叫《大溃败以后的大混乱》。该书在第一部分就说，苏联解体东欧剧变以后，美国必须解决好自己的问题，搞得不好的话，十年以后美国将打内战。他认为，就世界的军事实力而言，50 年内看不出有人敢侵略美国，但美国可能被自己所打败。为什么呢？因为美国有一百多个民族，一百多种文化。每个民族、每种文化都有自己的价值和立场，想把哪一个民族的文化作为美国的主流意识形态，都会受到其他民族的抵制和反对。弄得不好的话，这些文化差异将要演变为冲突，自己内部将要打起来。怎么样能把美国人联系在一起，怎么样能让美国这个民族永不衰落呢？他告诫美国政府，不管有多少种文化，但必须找出一个各种文化都能认同的东西来充当美国的核心价值观，从而把美国人民维系在一起。他认为最好的价值观是"人权"。在他看来，只要美国不断地宣传人权，高举人权的大旗，就会既可以保证各个文化的独立性，同时又能够在"人权"这个普适价值基础上把美国人民团结起来，保证美国永远不解体。这个主意出得非常好，美国政府立刻就把它采纳了，成为美国直到今天仍然坚持的东西。为什么从 20 世纪 90 年代以后，美国天天讲人权呢？其实都是在采用这位谋士的意见，给美国老百姓看的，是为维系它的社会服务的。我们从中也可以看出，当世界各国文化普遍存在差异的时候，也要寻找类似的消除冲突的途径。这决定着世界文化的发展也会越来越走向这种新的维系方式。这种文化发展的趋势我们不能忽视。

我还想从另一个侧面，即从财富的占有方式的侧面再来看一看文化发展的阶段性和重要性。人类活动有一个重要的目的，就是生产财富和占有财富。大家知道，财富概念的出现是从奴隶社会开始的。从奴隶制社会到今天，人类大约有四种创造和占有财富的方式。第一种是人对人的占有。这是奴隶社会的财富观。在奴隶制社会里，占有财富的方式是占有奴隶。那时候生产力低下，占有的劳动力多，创造和占有的财富也就多。随着社会生产力的发展，当人们开始使用铁器、牲畜的时候，新的财富占有方式开始出现。此时财富的占有方式是对以土地为主的生产资料的占有，地主阶级开始出现。第三种是对资本的占有。在这个时代，一个人可以没有土地，可以没有奴隶，但只要有资本（货币），就可以很快创造财富和占有财富。

今天，一种新的财富创造和财富占有方式正在出现。这种财富创造和占有方式是什么？我先举一个人的例子。美国人比尔·盖茨 1957 年才出生，作为一个大学没有毕业的学生，开始创业时既没有人力资源，也没有土地等生产资料，更没有充足的资本。但他为什么能在短短的十几年之内就发展成世界首富了呢？这是因为他有一个创新的大脑和全新的知识结构。换句话说，他有一个超越常人的思维模式，他想的问题、想的事情超前了。凭借这种超越常人的思维，比尔·盖茨占有了创造力，拥有了现在的成就。从这个意义上来说，今天占有财富的主要方式是对知识的占有，对创造力的占有。人们常说，我们今天是处在知识经济的时代。所谓知识经济的时代，就是用知识来创造财富和占有财富的时代。现在世界财富排名榜上，传统产业在衰落，而动脑子的、玩智力的企业创造财富和占有财富的速度在飞速地增长，发展最快的大约都是 IT 业、软件业等等新兴行业。这说明什么？说明知识和技术已经进入到人们的生产生活中。如果一个人没有全新的知识结构，没有创新的思维和创新的精神，就不能更多地创造和占有财富。如果说前三种占有都是人对他者的占有，只有到今天，人对财富的占有是对自己精神创造力的占有，人精神创新能力的发挥其实就是对财富的创造。有鉴于此，我认为，"学习"在今天已经不仅仅是一个单纯学习知识和掌握某种技能的行为，它已经成为人们的一种生存方式。请注意，在这里我说的是"生存方式"。在今天，当一个人学习跟不上的时候，就预示着十年之后生活质量的落伍。当一个人在上小学，或者上中学的时候学习跟不上，过十年以后，他的生活质量也就跟不上了。这说明什么问题，说明今天的学习已经成为人的一种生存方式，要想生存得好，学习是非常重要的。

总之，从维系方式和财富创造占有的角度也可以看出，人类社会的发展是伴随着文化的进步而发展的，是和文化的进步分不开的，而任何发展都和文化的发展是同步的。换句话说，人类如果能够了解、把握文化发展规律，就可以少犯很多错误，可以少出很多问题。由此我们认为文化的发展问题是和一个民族的发展、民族的振兴密切相关的大问题。

三

既然人类的发展是和文化的发展、文化的创新同步的，那么我们自然可以得出一个结论：一个民族的崛起和振兴，要害是文化的振兴。换句话说，要害是人们思维模式的发展和精神活动的创新。我们现在必须要好好想一想什么是一个民族发展和振兴的真正的动力？过去我们总是在讲一定的社会经济基础决定着一定的意识形态。当然，没有一定的物质发展的水平，就不会有人们的精神发展。这是唯物主义理论的前一句话，但是真正决定着一个民族究竟能不能发展和怎样发展，还得看马克思所讲的第二句话，即精神对物质的巨大反作用。实践证明，一个民族的发展和振兴，恰恰是这个民族精神的反作用起了更决定性的作用。例如，"十月革命一声炮响，给中国送来了马克思主义，从此中国开创了新纪元"。什么意思呢？这是说十月革命一声炮响给我们送来的是一种精神力量，一种科学理论，从而使中国的面貌发生了根本性的改变。近三十年来，是邓小平提出的改革开放的伟大理论，真正地推动了中国的伟大进步。从这个意义上说，我更看重精神对物质的反作用。一个民族也好，一个人也好，怎么去看待问题和解决问题，是非常重要的。我再举个例子来说明思想观念的解放和更新的巨大作用。当前在经济领域有一个"和谐共赢"的说法，这个思想提出来非同小可。过去我们的商业理论告诉我们，同行是冤家，我在这儿开个商店，就必须把也在此处开的商店都挤走或者挤垮，然后我才能只此一家、别无他店地赚大钱。但"和谐共赢"理念出来之后，人们才发现，不能这样做。原因很简单，独木不成林。如果这个地方再开10个或者15个商店的话，货物多，品种全，有竞争，价格低，人就多了。最起码说，顾客大老远地来一趟，总要多看一些地方呀，一个顾客总不能为了一个商店到你这里专门来一趟呀。所以要共赢。你挣钱的时候要考虑让别人也挣钱，大家应该共同发展。这样才能做大做强。总之，社会发展说到底是人们的思想观念的发展，是民族思维创新能力的发展。一个民族振兴的要害是解放思想，要害是人们在思想上、精神上具有创新能力。中国最近30年来的快速进步，得益于思想解放和理论上的创新，得益于市场观念和管理模式的更新就充分地证明了这一点。最近有国外学者也指出："文化决定一个国家的兴衰。""归根结底，中国的崛起不单单是一个经济现象，而更是一个文化现象；不只表明国力在增强，而且更意味着文化在复兴。"①

前段时间有一个口号喊得很响，叫中华民族"和平崛起"。一个民族的崛起必然会带来世界原有政治秩序、经济秩序和利益格局的变动。崛起的途径有武力征服、经济掠夺、殖民扩张等等非和平的手段。我认为，和平崛起的要义就是文化的崛起。现在国家非常重视软实力发展，其实软实力就是文化实力。软实力就是和平的文化崛起。比如说，我们有个新的技术，中国独有，世界第一，那可能就不会像中国有个世界第一的杀伤性武器那么可怕。再如，以胡锦涛同志为总书记的党中央提出了和谐社会、和谐世界的思想。这种思想给世界各民族带来发展和进步的新的理念，从而提高中华民族的精神文化影响力，这也是伟大的崛起！所以，文化的崛起，软实力的崛起，才真正显示出了我们民族的力量。人们常说，自近代社会以来中国落伍了。如果从文化上看，一个非常重要的原因是文化的落伍和思想观念的落后。当世界主要国家都在发展的时候，我们还是固守着封建社会的已经过时了的思维方式、价值观念，能不落伍吗？所以说，一个民族的发展关键是民族文化（民族思维）的创新。我们要不断地在思想上、精神上创新，因为只有你想到了，理解到了，才能够把这个民族发展起来。而精神上的懒惰，其实就是文化上的落伍。

文化的发展与民族的振兴密不可分，但并非说任何文化都能够带来当前中华民族的振兴。其实，对今天的中国而言，只有先进文化才能促进我国的振兴和发展。

---

① 《参考消息》2007 年 3 月 20 日转引自新加坡《联合早报》2007 年 3 月 16 日文章。

什么是先进文化？我认为，今天我国要建设的先进文化应该而且必须包括三个基本要素。

第一，判定一种文化的先进与否必须看它是否体现了人的本质要求。前面我们说过，文化的本质是人的精神情感联系，即思维活动。先进文化必须体现人的积极的思维活动而不是消极的思维活动。胡思乱想，随心所欲，为小团体的利益而谋划，为某种私人的欲望而费尽心机，虽然也是精神活动或曰思维活动，也属于文化的范畴，但这却是我们所不需要的文化。我们所需要的文化必须要体现人的本质要求。所谓"人的本质要求"，简单地说，就是人的自由的要求。任何一个人都是既不想自己的精神上受到束缚，也不想让自己的肉体受束缚，所以，追求自由的能力就是人的本质的要求。这里要注意，人对自由的追求不是一句空话和套话。它的要义在于，人对自由的要求其实就是每一个人对自己自由的具体要求，因为人类的自由要求是由每一个人的自由要求构成的。就像我们常说的人民群众的历史要求，其实也是由我们每一个人的最基本的要求，甚至最粗鄙的要求组成的。没有每个单个人的具体要求，也就没有所谓人民群众的历史要求。例如，打倒"四人帮"以后的一段时间内，我们并没有听到"改革开放，发展经济"的话，但是我们却在很多老百姓身上看到这个要求的象征性表现：女孩出门时开始把灰蓝褂子里面的花衣领露出来，青年人开始穿喇叭裤，还有些人希望多吃点儿好的，其实这就是当时人民群众希望过好日子的历史要求的具体体现。邓小平同志的伟大就在于，他能够从这些现象中发现本质性的东西，及时提出"改革开放，发展经济"的思想。这样，领导人的意志最深刻地体现了人们群众的历史要求，于是才有了中国社会主义现代化建设的伟大历史进程。所以，一种先进的文化必须要体现出每一个人的愿望和要求，这是一个非常重要的东西。但也要注意，一个人的个人要求又不完全等同于人民群众的要求，个人自由的本质也不是人民群众自由的本质。只有当绝大多数人都形成一个较为一致的共识或共同要求的时候，个人的要求才得以形成人民群众的历史要求。这样，我所说的人的自由的本质就是既来自于个人自身的自由要求，同时又升华为人类共有的自由追求的时候，这才是人的本质。马克思所讲的人类的彻底解放，其实就是对个人自由本质要求彻底实现的体现。所以，先进文化必须要体现马克思所说的人的自由解放这样一个本质特征。这也就是为什么今天我国先进文化建设要以马克思主义为指导的根本原因。

第二，当前中国的先进文化建设必须继承中华民族文化的精髓。我认为，中国传统价值最重要的就是和谐思想和中国特色的辩证法思想。纵观中国古代的重要文献，尽管有不同的理论学说，但追求治者与被治者、人与自然、人与各种对象之间的和谐，始终是贯穿中华民族传统文化的主线——区别只在于或是用"仁爱"途径（孔孟学说），或是用"无为"途径（老庄学说），或是用"法治"办法（韩非主张）来实现这种和谐。尽管在古代的思想中所说的"和谐"思想和我们今天所说的和谐并不完全一样，但是这些思想却给我们今天的文化发展指出了方向。因为在文化的发展过程中，特别在处理人与人之间关系的过程中，它有两个向度：一个是指向和谐的向度，一个是指向对立的向度。今天我们要建设的先进文化，不能再走向人与人之间的对立，而必须要走向人与人之间的和谐。也就是说要把经过改造的中国古代文化中的"和谐"思想作为当前我国先进文化的基本内核。

在谈到"和谐"思想的同时，我们还必须要注意其中所蕴涵的中国文化中独特的辩证法思想。和西方文化侧重强调对立统一不同，中国古代的辩证法更强调两种要素之间的联系和相互转换。例如，现在人们非常愿意谈"主体"这个概念，常常说"人是主体"。那么，什么叫主体？人是主体，太空洞了。对一个人而言，如果说自己是主体，那么，其他人相对于你而言，就是客体。别人也是如此。可见，"人是主体"是一个自我击败的魔咒。这就需要对"主体"这个概念进行新的阐释。我仍然举个例子来说明：在学校里，有人说学生是主体，还有人说老师是主体。我认为，学生是主体，老师也是主体。因为教师和学生都是人，所以，老师和学生都是主体就是"人是主体"应有的要义。但我必须还要加一句，无论教师还是学生又都是不完整的主体。所谓不完整，就是说任何个体的人都需要他者。一个人既然需要他者，那就表明个体性的人的不完整。西方不是这样讲，从文艺复兴到 20 世纪，西方一直说"人是宇宙的精华，万物的灵长"，认为人是主体。这种"主体观"不仅使得主体与主体（人与人）之间纷争不断，而且把人和自然的关系也搞得十分紧张。这种观念现在看来太幼稚。按中国的哲学思想来看，没有任何人或任何事物是自我完整的。当一个人成为所谓"完整的主体"的时候，就是说他什么都不需要了。什么都不需要的东西是什么呢？就两个：一个是神，还有一个是死尸。所以，中国特色的新文化就应该既要汲取西方人是主体观念的精华，在强调人的主观能动性的同时，也要发扬中华文化中和谐互补的辩证思想，今天的主体观应该是，在强调每个人都是主体的同时，又要强调每一个人、每一个民族的不完整性，才符合人类和谐相处的美好愿望和要求，才能使得世界变得更美好。当我们知道人人都是主体，但又都是不完整的主体的时候，我们就知道相互需要，就会走向和谐互补。因此，和谐互补也就成为了今天文化发展的趋势。和谐互补里面还体现出一个思想，就是要求人们必须在平等的和民主的同一个基点上互补。人与人之间可能有经济条件的不同，社会地位的不同，发展快慢的不同，但作为主体来讲，没有谁高谁低和谁贵谁贱之分。每个人在承认自己的主体性的同时，都应该而且必须尊重他者的主体性。所以，今天要实现和谐互补，基本条件就是要先做到平等和民主，这样世界才能发展。所以，党中央提出和谐社会的理论，我认为是非常深刻的。

第三，先进文化的发展必须要与时俱进，思想不断创新。文化的本质既然是人的精神和情感活动，那么，人不断地进行精神活动就从根本上规定了文化是处在不断的发展变化之中的。承认这一点就可以判定：凡是不思进取，不能发展的文化，都是僵死的文化；凡是试图把某种文化形式固定下来的做法，都不是在创造先进文化。先进的文化必须要体现出与时俱进的创新性。要知道，说文化必须要与时俱进地创新，也并非是一句空话和套话，其实它是与我们日常生活密切相关的，也是与我们日常中想事情和解决问题的方法密切相关的。现在有一个误区，一说文化创新，就是讲要建设多少文化设施，要搞多少演出。我这里讲的文化创新是一种思维方式和精神活动的创新，是一种思考问题模式的创新。只有注重人的思想解放和精神发展，才是文化发展和创新的根本所在。还有些同志认为，知识就是文化。我认为，知识虽然是文化的重要组成部分，但知识绝不等于文化。我所生活的城市，长期以来被自豪地称为"文化城"，理由在于有电影厂，有很多高校，还有很多值得骄傲的文化设施。而我则认为这个城市只能被叫做"知识城"。诚然，这么多学校，这么多大影视单位，这么多文化事业单位，这么多文化人，包括大学生、高中级知识分子，一句话，我们的知识那么多，可是为什么经济走不到全国的前面呢？为什么我们创造不出我们自己独有的、被全国瞩目的"经济模式"、"理论模式"、"创新模式"呢？就是因为我们缺乏一个把这些知识变成文化的过程，换句话说，缺少一个知识的创新过程。任何知识，被创造出来之后，其实就已经成为固化的东西了，这种固化的知识不经过我们头脑的转化和再造，是不能成为文化的。我们恰恰缺少的是创造性的精神活动。所以，我们今天文化要发展，要创新，要害就是尽快建立一种机制，把知识转化成文化。①

当然，文化的发展和创新，还要在深刻把握时代发展趋势的基础上进行。任何文化的创造，都不能逆历史潮流而行。今天历史文化发展的根本趋势是技术理性和人文理性建立满意关系的时代。人文理性的价值指向的是人性层面，以满足人性的发展为主旨；而技术理性的发展则指向社会物质发展的层面，以快速满足社会物质发展为主旨。前者可以带来人性欲望的满足，而后者则可以带来社会物质文明的快速发展。但前者常常以伤害社会快速发展为代价，后者则常常以伤害人的个性差异

---

① 关于先进文化内涵的详细看法，参见刘建军：《当代中国先进文化的特性》，《中国教育报》2004 年 3 月 1 日；刘建军：《论先进文化的基本内涵》，《新长征》2005 年第 3 期。

为代价，二者都不能实现文化健康发展和社会和谐发展的目标。因此，今后一段时期内，建立技术理性和人文理性和谐发展的健康关系，将是世界文化发展的基本趋势，也是中国特色文化建设的基本趋势。我们的文化创新和文化建设，必须把握这个趋势，这样的文化建设才是有用的。与此相关，前面我们已经谈到，今后文化的发展将是普适价值与民族价值走向统一的时代。如何让我们的文化既有普适价值，同时又保留我们民族价值的特性，也将是今后文化发展和建设的大课题。

总之，民族的振兴和文化发展的进步是紧密相连的。不论是文化的发展也好，民族的振兴也罢，说到底，就是民族的思维的强盛和精神活动的能力创新。只有具有了这样的思维创新能力，我们的民族就能够实现真正的伟大复兴。

（原载《社会科学战线》2007 年第 4 期）

儒学当代发展与创新的可能形态

——民主仁学的再审思

吴 光

当前，我们正在走向一个全球化的时代。有人认为，所谓全球化就是"资本主义化"，甚至是"美国化"，可谓大谬不然。我所理解的"全球化"时代，是一个科技成果共享、信息资源共用的时代，是全球经济市场化的时代，是政治多极竞争而能和平共处、文化多元互补而且和谐发展的时代，是人类核心价值概念日益趋同的时代。自由、民主、人权、法治、仁爱、人本、和谐、诚信等价值概念不再是西方文化或东方文化的专利，而日益成为人类普遍认同的价值观念。在这个新时代，儒家思想如何面对现代生活进行理论创新以确立其现代主体性？怎样理解儒学现代发展与创新的基本性质？适应全球化时代需要的新儒学形态可能是怎样的思想模式？这是需要认真思考、深入讨论的重大理论问题，本文谨向读者贡献一得之见，敬祈批评教正。

一、儒学现代转型的客观需要及
近现代新儒家的理论创新

　　传统儒学是合政治、伦理、道德三位一体的道德人文主义哲学，从孔孟原创儒家到清末洋务派儒家，其基本思想模式是"以仁为本，以礼为用"的二元一体结构，在本质上是以"内圣成德"为目标的道德仁学，其核心价值观念是"三纲五常"，"三纲"是伦理之"礼"，"五常"是以道德之"仁"为核心的根本之德。传统儒学在中国近代化、现代化进程中面临西方自由主义文化与马列毛式社会主义文化的严重挑战与思想批判，也暴露了它在人文领域过分崇尚道德权威和纲常名教的局限性，迫使以传承中华文化为己任的儒家思想家们对儒学的理论体系和价值观念进行全面的审思，并在吸收外来优秀文化与价值观念的基础上进行理论的转型与创新。这项转型与创新工作是从康有为、谭嗣同建立变法维新的新仁学开始，而为现代与当代新儒家所继承与发展。其基本特色是以儒家道德人文主义为基础，引进非儒学（主要是西学）的思想资源以充实与改造传统儒学的理论体系。谭嗣同"熔古今中外思想于一炉"的新"仁学"建构，马一浮的"六艺赅摄一切学术"的新经学理论，冯友兰立足于逻辑实证论而"接着讲"宋明理学的"新理学"理论，熊十力立足于儒家"德性本体"的"体用不二"论，牟宗三"本内圣开出新外王"的"良知坎陷"论，杜维明的"文明对话"论，刘述先的新文化哲学的"理一分殊"论以及成中英的新本体诠释学等等，都是儒学现代转型中"援西学入儒"或致力于"西儒对话"的理论创新尝试。

二、儒学核心价值观的现代性与
民主仁学的思想模式

儒学在以往历史中尽管不断遭遇挑战与批判，但其核心价值概念却经受住了历史变革的洗礼而历久弥新、与时俱进。在我看来，儒学的核心价值观念即是以"仁"为核心而以仁爱、人本、和谐、诚信、中庸为基本范畴的仁学理论体系。

"仁爱"是以"人本"为前提条件的。"仁者人也，仁者爱人"，就是以人为本，尊重人的生存权、发展权，强调普遍的仁民爱物精神，由此而发展出从民本走向民主的人文精神（如黄宗羲、张岱、康有为、谭嗣同）。"和谐"体现的是人与自然、社会、人与人的共生、共处、共荣的精神。"大同"理想，实质上是提倡"多元和谐"的"太和"社会理想。"太和"，就是最高的和谐境界。"诚信"体现了实事求是、尊重客观实际和守信、守礼、守法的精神。"中庸"，就是"用中"，即推行"中道"，不走极端，体现了公正、务实、协调的精神。

显然，儒学的上述核心价值观念与现代价值观念并非格格不入，而是可以接轨、可以融合并能在现实生活中发挥其重要指导作用的，它本身就可作为现代价值观念继续存在并发挥影响，因而具有现代性。但传统儒学及其核心价值观不可能一成不变地融入现代社会并发挥其指导作用，而必须进行根本性的理论改造与转型，其用要变，其体也得变，既要变器，也要变道，应当成为适应全球化潮流、与现代生活息息相关的新体新用的新儒学。这个新体新用的新儒学的发展方向，在笔者看来已不再是"平日袖手谈心性，临危一死报君王"的理气心性之学，而是融合了中西文化核心价值观念的新仁学——民主仁学。

"民主仁学"的概念是笔者在 1999 年 7 月提交台北第十一届国际中国哲学会"跨世纪的中国哲学：总结与展望"学术研讨会的论文中首次提出的。该文题目是《从仁学到新仁学：走向新世纪的中国儒学》，当时笔者在会上作了论文宣讲，后来由会议主席沈清松教授选收到他主编的会议论文集《跨世纪的中国哲学》① 一书。后又以《从孔孟仁学到民主仁学——儒学的回顾与展望》为题发表于《杭州师范学院学报》2001 年第 6 期。

我在《从仁学到新仁学：走向新世纪的中国儒学》一文第四节"新世纪的儒学展望：民主仁学之我见"中写道：

> 面向新世纪的"变革型的当代新儒学"可能是一种什么形态呢？我的基本看法是，21 世纪的新儒学，将以"道德人文主义"的形态在世界多元文化格局中保持其一元的存在，而这种新儒学的内容，是既包涵了传统儒学的"道德人文主义"资源，又吸收了非儒家文化的思想养料的。面向新世纪的新儒学的基本形态，既非"新心学"，也非"新理学"，而可能是"新仁学"。这个"新仁学"，既源于古典儒学的孔子仁学，也继承和包含了孔子以及历代大儒论"仁"的基本道理（如"仁者人也"、"仁者爱人"、仁心、善性、本心、中和、良知、民胞物与、仁民

---

① 沈清松主编：《跨世纪的中国哲学》，台北：五南图书出版公司 2001 年版。

爱物、天人合一、万物一体以及仁政、德治等等），又是
对古典仁学的批判性的扬弃与改造；既吸收融合了原本是
非儒家文化特别是现代西方文明的思想养料与精神资源
（如民主、自由、平等、博爱、人权、法治等人文精神与
科学精神），又拒绝并且批判西方文化中反人性、反人文
的思想与制度（如个人权利至上、征服主义、斗争哲学
等等）。这个"新仁学"的基本思想模式，是一种新型的
"内圣外王"之学，即确立道德的主体地位而以关心人生
的意义与价值、以安顿人的生命为第一要务的"道德人
文主义"哲学。这种新型的"内圣外王"之学的实践方
向，并非是走"（旧）内圣开出新外王"的道路，而是新
"内圣"与新"外王"的统一，是由新"内圣"指导新
"外王"的落实。其"内圣"者，道德之体也，仁也；其
"外王"者，道体之用也，制度也，事功也。其"新"
者，即这个道德之体的仁，已经不仅是传统儒学意义上的
"爱人"之"仁"，而是融合了传统"仁爱"精神与西方
"民主"精神而形成的新型道德主体了；这个道体之用，
也不仅是传统意义上的礼制，而是融合了传统的仁政与新
型的民主法制与科技文明的制度、事功了。如果我们要从
体用关系上来理解这个新型的"内圣外王"新儒学的话，
则可以将它定位为"民主仁爱为体，科技法制为用"的
民主仁学。这个民主仁学是既重道德实践、又重社会实践
与历史进步的新儒学，对于每个个体是这样，对于一个社
会团体乃至一个族群也是这样……就是孔子与儒家的
"修身立本"、"修己安人"之道。对于群体而言，则要求
确立并尊重民主仁爱的公共道德及其制度，建立起既有竞

争又讲和谐合作的民主仁政，并最大限度地开发和利用科技的力量造福于人类。

我所主张的"民主仁学"的基本思想模式是"民主仁爱为体，科技法制为用"。传统儒学的等差式仁爱观念已转型为以人为本、主权在民、人人平等互爱的"民主仁爱"观念，它将成为指导人们行为的核心价值观，而科技发展的新成果将成为造福人类的工具，人们的社会生活则遵循法制轨道有序地发展进步，整个人类社会都将建成为一个富足、文明、民主、和谐的理想世界。

三、民主仁学的基本特性

在"民主仁学"的理论架构中，"民主仁爱"并非只是一种政治工具、一种"外王之用"的制度，第一是一种人生的、社会的价值观，一种根本性的精神，一种普遍的道德理性，简言之即道之本体。这是人之所以为人、"人之异于禽兽者几希"的那点东西。所以，道德理性是民主仁学的根本特性。

第二是人文性，这是对传统儒学人文精神的继承。民主仁学的终极关怀，是人的生死存亡，它以解决社会人生问题为根本任务，十分重视社会的安定和谐，重视人民的幸福安康。这种对于人生幸福的终极关怀与向往彼岸世界理想天国的宗教终极关怀是有本质区别的，这也是儒学人文主义与宗教非理性主义的不同所在。

第三是实用性，即重视实践、经世致用的特性。儒学是一种既注重道德修养又重视政治实践的实用哲学。且看历代大儒，从孔、孟、荀、董、程、朱、陆、王到清初的顾、黄、王以及清末的康有为、谭嗣同，哪一个不是积极参与现实政治、不想在政治上一露锋芒的呢？其中不少人，即使在政治上遭受挫折，却并没有消极厌世，退隐山林，而是采取另一种方式，或教授门徒，或著书立说，为后人留言留书。他们的人生实践，就反映了儒家积极入世的倾向，与某些宗教的出世倾向是根本不同的。民主仁学与传统儒学一样，十分重视以"民主仁爱"价值观指导"经世致用"的政治实践。坚持民主仁学的儒者，必定具有以天下为己任的经世情怀，为在现实政治中推广民主仁政而自强不息。

第四是开放性。民主仁学对于社会的发展与世界的未来坚持一种"多元和谐、改革开放"的世界观与历史观。它认为宇宙、社会和人生都是生生不息、变化日新的，因而儒学本身也必须顺应时势变化而改革创新。它追求人与自然的整体和谐（"天人合一"、"万物一体"）、追求人与社会、人与人的群体和谐（"百姓昭明，协和万邦"）、追求人自身的身心和谐与道德和谐（"安身立命"、"致良知"）。但这种和谐理想的实现并非自然天成的，而是要通过因革损益、革故鼎新的人为努力才能达致。因此，社会的改革转型以及理论本身的变革创新正是民主仁学的内在需要。总之我认为，全球化时代的儒学应当是继承传统、服务现实、面向未来的新体新用新儒学，是坚持多元和谐文化观的民主仁学。

（原载《社会科学战线》2008 年第 2 期）

生活儒学的新路向

龚鹏程

古代即有人主张应将儒学视为一种客观、纯粹知识性的学术，不必管"经世"的问题，这是学政分途的思路。如明朝末年钱牧斋就主张把儒学与圣王修齐治平之学分开，儒者只管学术传承，圣王才负责治世理国（钱牧斋《初学集·向言上》卷23）。这个想法，到了清代乾嘉学派崛起后，得到进一步的强化。乾嘉朴学以语文考证为主，投身于经典之中，考索于一字一句之微，不复讨论治国平天下之道。这个路向，在五四运动之后，更进一步发展。胡适、傅斯年等人都强调要发扬汉学朴学传统，以科学方法整理国故，要将史学建设得和地质学一样。

当代新儒家反对这个路向，故提出儒学是"生命的学问"之说，不认为它只是概念的游戏，只是学者数据考辨的工作，只是客观认知的对象，而应落实在身心践履上。这个立场，虽强调儒学的践履性格，但践履只谈到修身而止，齐家的问题已多不谈（后来只有曾昭旭先生较关注这个领域，见下文），治国平天下之道，则更罕齿及。故所谓践履，其实只是原则上的点明，对于修齐治平的经世之学，仍乏探究。相反地，新儒家致力于建立所谓的"学统"，事实上走的反而是与乾嘉朴学、五四科学方法整理国故者合辙的道路。越来越知识化、学术化。正如曾任新儒家主要刊物《鹅湖月刊》首任社长的袁保新所说："新一辈的学者，有越来越安于目前大学知识分工的角色定位的趋势。我们发现，学者们的学术论文愈来愈多，创造发明的新术语也愈来愈多，而我们民众也愈来愈不知道我们在说什么。"

针对这个现象，我曾主张应恢复儒家的经世性格，才能使儒学介入实际的政经社会体制，亦曾实际参与政事，从事"法后王而壹制度"之工作。但这个尝试失败了，儒学之政治实践，目前仍然机缘不成熟，困难重重。因此我另外构思了儒学的社会实践、生活实践之道。先后撰有《饮食男女生活美学》（台北：立绪文化事业公司 1998 年版）、《人文与管理》（嘉义：南华管理学院 1996 年版）、《生活儒学的重建》（台湾儒学与现代生活国际学术研讨会论文，2000 年）、《东亚儒学发展的新途径》（韩国成均馆大学，东亚国际学术会议论文，2000 年）等书及论文，主张现今应将生命的儒学，转向生活的儒学。扩大儒学的实践性，由道德实践而及于生活实践、社会实践。除了讲德行美之外，还要讲生活美、社会人文风俗美。修六礼、齐八政、养耆老而恤孤独、恢复古儒家治平之学，让儒学在社会生活中全面复活起来，而非仅一二人慎独于荒斋老屋之间，自尽其心自知其性而自谓能上达于天也。

话虽如此，但到底应怎么做呢？

我认为：面对现代社会，若想重建礼乐文化，让儒学具体作用于生活世界，就需要在反现代性的世俗化及形式化方面着力。反世俗化，有两个方式，一是重新注意到非世俗的神圣世界，由其中再度寻回生命归依的价值性感受，重新体验宗教、道德的实质力量，并以之通达于美感世界。二是针对世俗化本身再做一番厘清。现代社会的世俗化，其实并未能真正符应于社会生活的原理。要让社会世俗生活恢复生机，即必须恢复礼乐揖让之风，使人各得其所，各安其位，显现出人文之美来。

现代社会的特征之一，就是世俗化。工业革命以降，新开展的世界与文明，往往被理解为是因摆脱神权迷信而得。Toennies 形容这就是从"小区"到"社会"，Durkheim 形容这是由"机械"到"有机"，Maine 形容这是自"地位"到"契约"，Redfield 称此为由"乡土"到"城市"，Becker 则谓此乃"神圣的"与"世俗的"之分别。世俗的现代社会中，人所关心的，主要是世俗社会的活动与价值，例如高度参与、社会成就取向之类。对于神圣性的价值与生活，则较不感兴趣，也较少参与，甚至会经常觉得陌生，难以理解。

当然，在许多场合中，神圣性并未完全消失。例如医院，人在医院中，态度自然会敬谨起来。面对医师，立刻表现出敬畏与期待的情绪。医院中也常保持有祈祷与祭祀的空间及设施，安排宗教人员参与"安宁照护"或"临终关怀"之类工作，以抚慰患者及家属的心情。因此，这便成为现代社会中的一种神圣空间。可是社会上大部分机构都不具有神圣性了，学校即是其中最明显的一种。

学校，无论在东方或西方，自古即被视为神圣空间。西方的大学，系由宗教的修道院发展而来。除非是现代新建的学校，否则一定瞧得见这些校园中高耸的钟楼、矗立的教堂，也一定可以发现神学及神学院乃是彼等整体架构中的核心。在中国，则古代的大学"辟雍"，向来与宗庙"明堂"合在一块儿。州府所办学校，亦必连接着孔庙。私人书院，建筑中则一定包含着先师殿、先贤祠、奎星阁之类。因此它是教育场所，同时也即是一处祭祀中心。春秋两季举行"释奠""释祭"礼，或供奉先贤，兼祠土地，均充分体现了它的神圣性。故其教育本身，也是具有神圣性的。1939 年曾创办近代著名书院——复性书院的马一浮先生即曾说道：

> 古者射飨之礼于辟雍行之，因有燕乐歌辞燕飨之礼，所以仁宾客也。故歌《鹿鸣》以相宴乐，歌《四牡》、《皇皇者华》以相劳苦，厚之至也。食三老五更于大学，必先释奠于先师。今皆无之。（《泰和宜山会语合刻》附录）

他最后所感慨的"今皆无之"，指的是光绪末年以来成立的新学堂已久不行此等礼仪了。现代的学校，在建筑上放弃了文庙、先贤祠之类祭祀系统，改以行政体系为建筑中心，一度还以政治人物代替了先师先贤的地位，塑了一堆铜像。建筑本身也与一般世俗功能之办公大楼商社工厂无大差异。其行政方式，则亦与一般行政机构无大不同。在礼仪上则亦放弃了燕歌燕飨释奠这一套，而改之以唱国歌、升国旗、向领袖致敬。服制方面，则无青衿，亦非皮弁，如 T 恤、牛仔裤、拖鞋球鞋等。世俗化如此彻底，学校教育工作所蕴涵的神圣庄严之感，遂荡然不复存在。教师以教书为一般职业，学生也不以为来校上课是什么应该庄逊诚敬的事，以轻率为潇洒、以懒散为自由，对学校、教师及知识均乏敬意。

这种情况，远不如许多现代社会中的专业领域。例如法院里的法官、律师，在执行其业务时，必然披上法袍，甚至戴上象征司法传统的假发。医师、牧师、法师乃至厨师亦然。

那是因为要在世俗的现实社会中创造出神圣性来，就不得不从几个方面去做，一是从时间上，区隔出某些时段，予以特殊化，认为那几个日子具有特别的意义，可以成为具神圣性的节日。二是从空间上区隔或建构出神圣性的场域，如纪念碑、某某公园。三则是利用反世俗、违异世俗生活一般样态的服饰、饮食、动作、语言、仪式来表现神圣性。医师律师等披上医袍法袍，即属于这种形态。唯独同被称为"师"的教师，上课授业仍只着一般世俗日用之服装，上下课也常没什么仪式，其世俗化远甚于其他专业领域。

由此神圣性沦丧及世俗化倾向讲下去，我们就会发现当今教育发展的许多问题均与此有关。

因为神圣性所蕴涵的是一种价值的观念。对某项职务、某种工作，觉得非常特殊，具有与众不同的意义与价值，值得或应该敬谨从事，才能形成神圣感。所以许多时候我们要借助仪式，来表示这是件不寻常的事务，得专心诚谨，以敬事神明般的心情来行事了。电影开拍前、工地动工时，为什么需要拈香祈祷，不就是这个道理吗？一旦神圣性丧失，对工作便也丧失了专诚敬慎之心，不能体会出正在进行的事具有什么价值。以教育来说，教者与学者就会相率嬉惰、苟且散漫下去。

不但如此，倘若我们对于教育本身缺乏神圣性的体会，则亦将常以其他的世俗化目的替代了教育的意义。许多人去挤大学、去读书，哪里是由于感到知识有价值、教育很重要？只不过是为了混张文凭，以便谋取金钱与地位等世俗目的罢了。教育变成了工具，其本身便不再被视为神圣之事。就像现代社会中仍有许多人有宗教性的神圣信仰。具此信仰者，有些是因对宗教的教义已有理解及认同，接受了这些神圣性的价值。但大部分人则是因为亲身参与宗教仪典，而在其中感应或体会到那些精神，乃因此而生起信心，形成信仰。对于古代文化精神，也当如此，方能使现代人重新获得认识。

因此我们还要从世俗生活本身的改善去下手。重新在婚、丧、祭、生活起居、应对进退、饮食男女各方面，恢复礼之精神。所谓"形而上者谓之道，形而下者谓之器"，儒者之学，本来是上下一贯的，故孔子论仁，辄在视听言动合不合礼之处说。荀子常说礼本于"太一"，而行于饮食衣冠应对进退之间，也是这个意思。但后世儒家越来越强调形而上谓之道的部分，尽在道、仁、心、性上考诠辨析，忽略了视听言动衣食住行等形而下谓之器的部分。又误读孟子"大体""小体""从其小体为小人"之说，以耳目形色为小体、以心性为大体，不断强调人应立其大体，批评注意形色小体者为小人。于是儒学越来越成为一种高谈心性道理，而在生活上无从表现的学问。

现在，我们若要改变以往的错误，重新建立人文世界的生活美感，当然就要重新去体会仲尼闲居、鼓瑟舞雩之类的礼乐态度。恢复早期儒家重视礼乐、重视人文习俗之美的做法。

那么，如何追求习俗生活美呢？生活美的追求，是通于两端的，一端系在世俗生活的层面，即饮食男女、衣食住行、生老病死这一些现实生活的具体内容上；另一端则系在超越层，要追求到美与价值。若只沉湎于世俗生活欲望的驰逐与享乐，将逐物而流，享受了生活，却丢失了生命。若仅强调美与价值，生命亦将无所挂搭，无法体现于视听言动之间。故礼乐文明，是即饮食男女以通大道的。道在饮食男女、屎尿稗稊之间，成"不离世而超脱"的形态。而此即为儒家之特色，故它不是超尘避俗的出世之学，也非欲至彼岸天国之教，它对具体世俗生活，如饮食、衣饰、视听言动、进退揖让，定了许多礼，正是为了将世俗生活调理之以成善的。

儒家注重饮食这类日常生活，并由此发展出礼及各种典章制度，显示了儒家所谓的礼，与"法"的性质甚为不同。礼与法同样是要对人生社会提供一套秩序、规范，让人遵守。但礼不是法。法不论来自习惯或契约，它都是对人与人之间权利义务的规定，但礼的核心不是权利与义务问题，而是情。礼乃因人情而为之节文，人有饮食之情，故有饮食之礼，有男女之欲，故有婚嫁之礼。法律能规范人该怎么吃吗？能叫我们席不正不坐、割不正不食吗？法不能，只有礼能。因此，法是政治性的概念，礼却是生活性的概念。对于像家居生活之类，不与他人或公众发生权利义务关联者，后世编了许多《文公家礼》、《司马温公家仪》等书刊，来发挥《礼记·内则》的说法。由《礼记·月令》逐渐扩大，而影响民众整体生活的农历，更几乎是家家有之。法律是不能如此的。

我们要知道，工业革命后的现代社会，与古代的礼乐文明之间，有一个截然异趣的转变。"礼文化"变成了"法文化"，凡事讲礼的社会，逐渐以法律来规范并认知人的行为。生活中的具体性，变成了法律形式的抽象性存在。一个人行为是否正当，非依其是否合乎道德、伦理、礼俗，而是依其是否合乎法律条文及行事程序而定。即使劣迹昭著，若法律所未规定，仍然只能判其"无罪"。同时，人与人相处，不再以其位置来发展人我对应关系，乃是依一套独立自主且自具内在逻辑的法律体系来运作。老师与学生、父执与晚辈，和漠不相干的人之间，用的是同一套普遍性的法律标准，权利义务关系并无不同。因此，"义者，宜也"，在礼文化中，凡事讲究适当合宜的态度，亦已改为法律规范下的权益观念。诸如此类，"礼/法"、"义/权利"、"实质理性/形式理性"，都显示了现代社会不同于古代的征象。现代社会中，师儒礼生日少，律师司法人员日多，即以此故。

而伴随着这些的，则是契约、财产、职业，在我们生涯分量日益增加；情义、价值、生活，越来越不重要。生活的质量、生活里的闲情逸趣、生活本身的价值，渐渐依附于契约、财产和职业之上，权力意识及价格观念，掩盖了价值的意义，或者替代了它。因此，财货的争取，遂取代了美感的追求。故而，唯有重建礼乐文明，才能真正让生活具有具体性；唯有重新正视儒家在礼乐文教上的表现，才能让我们在世俗生活中体现义与美。要达成这个目标，则我们一方面要对儒学传统进行再诠释，不再仅限于性、道、天、命、心、理、气、仁，而需对礼乐、文教、政刑、井地、制产、社仓、燕居生活各部分再做阐发；另一方面需本儒者之说，积极地进行制礼作乐、整齐风俗的工作。倘能如此，或将可为儒学再辟一天地，令已在社会中如游魂般飘荡多时的儒家学说重新归窍、活生生地呈现于东亚社会。

（原载《社会科学战线》2008 年第 2 期）

论"穿越群体的个体"

吴　炫

　　回顾近百年的中国现代思想史，正是在对"个体"的"自主性"① 不重视、不尊重这一西方个人主义视角下，中国传统文化的个体观才暴露其明显的局限。这个局限虽然迄今并未过时，但今天看来，"人人有自主之权"这一晚清以来知识界典型的启蒙话语，并未在"中国问题"视角下进行过深入追问。即中国个体究竟"主在哪里"？又"如何去主"？一直是模糊不清的，而不知道如何给自己进行生活设计的民族，又怎么可能知道与西方世界发生怎样的关系？又怎能谈得上通过这样的关系的展开给全人类设计西方世界也可能会受触动的中国式的人类理想图景呢？

　　显然，这样的问题是产生在对儒家的"格物致知"、"修齐治平"这一最基本的个人与世界责任关系的现代质疑上——无论是"仁者爱人"、"知书达理"、"人皆可以为尧舜"的品性修养还是"学而优则仕"、"万物皆备于我"的人生设计，无论是"君臣父子"、"尊老爱幼"的社会伦理秩序

---

　　① 史蒂文·卢克斯：《个人主义》，阎克文译，南京：江苏人民出版社2001年版，第49页。

还是"天下一家"、"天下大同"的理想图景，这一系列被儒家规定好了的个人努力的方位、方法和伦理内容，使得传统社会中的个人除了在个性和表达方式上有一些空间，对儒家道德观、价值观的依附性强调则是明显的。所以儒家的"和而不同"是否能接纳"不同于儒学的世界观"，就成为一个未被追问的理论问题。这也使得中国现代意义上的"个人"，虽然是在民族功利主义的驱使下把西方的个人主义理论拿来作为可以"做主"的支撑点，在"反传统"中体验挣脱儒家伦理的"个性解放"之快感，但却没有想到：用西方思想武装起来的所谓"独立自由的个人"，最后还是要像鲁迅笔下的"子君"、"吕韦甫"那样回到自己很不情愿居住的"传统之家"，或者像王国维那样在传统之学与西学之间处于徘徊和破碎的状态而终于走上或逍遥尘世、或自杀、或甘于资料挖掘与整理这些与思想理论探索无关的道路。中国传统美学向来崇尚"情理统一"，"理"被抽象化后的言下之意是：个人的情感和欲望的释放，最后没有自己对世界的"理"之把握，个人是无法作为一个有独立性的个人站立在现实中的，他也将最后还是选择传统规定好的"理"作为自己的价值依托，从而最后还是选择过思想依附的生活，所以汤显祖尽管强调"情在而理亡"（汤显祖：《沈氏弋说序》）的情感化个体存在，但杜十娘怒沉百宝箱之后，还是因为没有妇女自己的"生存之理"可依托而自杀。这样，关键的问题就出场了："当家做主"是指自己在家庭中有决定权和支配权，还是首先是"给自己的生活做主"？这个"主"，一方面是"自主的理解"、"自主的筹划"的意思，即不依赖传统规范、也不依赖西方观念来做选择和决定的意思，另一方面则是中国的现代个体可能并不知道"怎么筹划"从而最终还是会落入"别人怎么筹划我就怎么筹划"之状况。于是,像西方个体那样生活在中国文化土壤中"做不到",像祖辈那样依附儒家伦理那样生活又"不情愿",但因为"又不知道自己该给自己的生活、人生怎么做主",这就逼现出中国个体的一个"非西方性"问题:这首先不是一个给中国个体自主的权利的问题,而是中国个体没有自己对人生和意义的理解来支撑他对权利的使用的问题。而儒家、道家意义上的"和而不同"的差异观,由于没有将"不同于儒家"这种"世界观的差异"也赋予个体努力的方位,这就必然使得中国个体的思想和人格依附成为基本现实。所以,强调"个体化理解和筹划"作为个人与世界责任关系的重要性,强调"个体化理解"作为今天中国个体的新的"修炼方位"并由此培养这样的"个体素质",我认为是必须先于在中国进行政治体制改革的"文化基础工作"。而这样的工作做好了,我们才有可能设计与西方民主、西方独立知识分子有"文化差异"的"现代中国个体观、自由观和独立观",也才可以谈得上根据这样的观念设计出中国式的现代民主政治体制。而强调"个体化理解"重要性的另一层意义则在于,它可以有效避免个人行为的"盲从"、"空虚",也才可以有个人对自己的"思想行为"负责进而体现出对社会负责的现代文化现象出现,这可以视为否定主义由中国式现代性需求对儒家"从属性个人责任"进行"性质改造"的一个基本理由。

强调对世界的"个体化理解"作为中国现代化对中国个人观建设的要求,还有一个最重要的问题是:这种"个体化理解"是建立在个人与社会和群体"对立"的"超越性"基础上,还是建立在个人对社会和群体的"亲和"、"尊重"又

"不限于""穿越性"的基础上，这牵涉到是否存在"中国式
个体论"或"中国式的独立品格论"的建设问题。在此点上，
我认为在中国文化经验中被儒家哲学和道家哲学均难以概括的
"个体独立之经验"值得特别重视。这种经验一直没有在西方
化倾向明显的中国现代思想史中被很好地发现与挖掘，始终处
于被解释学遮蔽的状态，古代诗人苏轼的独创性可以视为这种
经验的代表。苏轼从来没有颠覆现行政治体制，也没有公开反
对过"文以载道"，但他的"御史监察制"的倡议和《题西林
壁》、《琴诗》这样的作品，却不是现有政治哲学和儒道哲学
可以概括的。前者称之为"健康政治哲学"的有机部分，其
功能是"深化现行政治"的；后者是以一种"天人、物我对
等"的关系本体论来把握人与世界的关系，从而突破人对天、
道从属的"天人合一"与刘禹锡天人互为从属的"天人交相
胜"观念的。用"天、人"思维可以类比他的《琴诗》中的
"琴、指头"，从而看出他的作品与儒道哲学的亲和性，但
"琴声"是"琴"与"指头"共同合作的产物，这又突破了
"万物皆备于我"的从"伦理性的我"出发的"天人合一"
和"道生一、生二、生三"的"道决定人"的思维，而显示
出特别的哲学意味。这种能把儒道哲学材料化的思想独创，我
认为是中国个体"亲和现实又可以不限于现实"的"穿越现
实"的品格所致，这种品格无疑具有改变现实性质的功能，
是一种典型的中国式创造。所以，在"对等于世界"中，苏
轼是以平和的态度将自己和世界连接为同一个现实，而将个体
的独特性通过"不限于群体性理解之理解"传达出来。"穿越
群体的个体"之"穿越"，是通过"理解的深层次"或"认
同性理解背后的另一层理解"来完成的。这种理解性的"穿

越",其功能既不是在政治性的"改造世界"上,也不是在专制性的"施于人"或"教化他人"上,更不是西方式的借助武力的"话语扩张"上,所以他从不希望将社会和他人改造为和自己一样的个人,这就不同于儒家"平天下"的个人责任,而只在于"启示"和"影响"世界的审美感召。这种靠自己对世界的理解所支撑的独立者,就成为亲和儒家、道家和西学,但决不依附儒家、道家乃至西学的"个人",同时他也不会因为自己在理解上有独特性而觉得自己是"优于"社会和他人的一种精英存在,甚至更多看到自己身上还有许多和他人"相同"的文化存在,这才是"亲和"又"不同而对等"的题中之义。

于是我们就会看到,这种"亲和、尊重现实"的个人,是对儒家以血缘伦理和仁爱实施方法的"亲亲尊尊"、"立爱自亲始"的观念的改造,而且也将突破儒家所设定的"君子/小人"、"重义/轻义"、"大公/自私"等文化内部的"逆反式循环"。一方面,苏轼式的"亲和现实"既不是血缘等级的"亲亲",也不是"亲和"某一种现实、某一种事物、某一类人,这就避免了对某一种人和事物的"亲近"、"膜拜"与对另一些人和事物的"拒斥",从而具有一种和西方的"人人平等"的现代个体观可以打通的性质。"亲和"之所以不同于"亲近",是因为"亲近/疏远"具有和"膜拜/轻视"相似的文化性质,突破不了"血缘—朋友"、"非血缘—敌人"的思维框架,而"亲和世界所有的人和事"则意味着中国个体的一种"不会结党"、"不会拉帮"、"不会投靠"、"不会拒斥"的"一个人可以从容站立"的品格与力量。另一方面,"穿越现实"之所以是对"逆反式循环"的突破,是因为这种逆反只是在原有世界中采取极端的生存选择。这种极端性生存方式不仅会导致"人的不平等"的等级体制和"价值高低"的道德与审美判断，造成中国知识分子"居高临下"的话语状态和"膜拜—轻视"的"主奴性生存结构"，而且会以这种结构的循环使得中国知识分子处在对创造性努力陌生化的状态。更重要的是，它解释不了像苏轼这样的"既不君子、也不小人"、"既不大公、也不自私"、"既不重利、也不轻利"的以"平常心"对待世界的"正常"、"健康"之人格态度和生存态度——这种难以很好解释的内容，才应该是中国现代个体思考应该重视的文化资源。所以"否定主义美学"强调在"伟大/渺小"的二元逆反中间增加"正常"、"健康"的美学范畴，作为中国个体的日常化生活规定，正是为了突破儒学给个人设定的"君子/小人"的思维模式，增加了"常人"范畴作为对中国个体的基本规定。由于"二元逆反循环"思维模式所造成的"逆反者"，在中国历史上多是"依附性存在"（如依附"玄学"反对"儒家"、依附"西学"反对"中学"等），所以由"常人"所奠定的中国个体的独立性，不是对抗性的、横眉怒目、剑拔弩张式的存在，而是一种如苏轼似的温和、从容、大气而又有力量的健康性存在。

西方近代理性主义所讲的"人人平等"，是建立在人类中心主义和西方中心主义基础上，所以这种"平等"扩展不到包括自然界在内的万事万物，也扩展不到除西方文化之外的其他文化与民族，这是西方文化近代以降所说的"权利平等"的一个死角。而这正好是苏轼式的"亲和世界所有人和事物"可以弥补的局限——汉民族不主动对外扩张的历史以及对花鸟虫草的闲赏态度，也可以为苏轼式的"亲和世界"给予文化性的支撑。关键的差异还表现在：英国学者卢克斯之所以把"人的尊严"放在他对"个人主义"理解的首位，这与他将个人理解为有《新约全书》支持的"单个人具有至高无上的内在价值与尊严"、康德《道德律令》中所说的"每个人都作为目的本身而存在，他完全不是作为手段而任由这样或那样的意志随意使用"① 是分不开的。这种"高于社会和群体"之上的"个人之尊严"，与苏轼式的只是和世界"对等"的个人，是有明显的性质差异的。如果我们不能在文化和理论上充分论证在中国建立起这种"至高无上的个人之尊严"的可行性，苏轼式的"对等于世界"的个人，我认为就是一种更有亲切感又有异质性的东方式的选择。之所以在中国语境中迪蒙所说的"理想的平等，权利平等和机会平等"②，这种"个体权力"并不是至高无上的，是因为在一个从众性很强的文化群体，即便个体素质已经健全、个体独立的意识已经充分自觉，文化的承传性和整体性，还是会使现代中国个人的生活选择很多时候是以"参照"他人的"均等"要求出现的。这种"想和别人一样"的"均等要求"的心理，不仅同样是应该被个人"独立性的那一面"对等尊重的，而且，由于个体有自己的理解性穿越，他还是会赋予"好像和大家一样的生活"以"别一种意味"，从而对与群体一样的那一面"不在意"。所以，同样是"做官"，苏轼就比很多士大夫做得轻松；同样是被"罢官"，苏轼的"罢官"也同样比很多士大夫"不在意"。这种

① 史蒂文·卢克斯：《个人主义》，阎克文译，南京：江苏人民出版社2001年版，第43页。

② 史蒂文·卢克斯：《个人主义》，阎克文译，南京：江苏人民出版社2001年版，第47页。

"轻松"与"不在意",与苏轼健康的生活哲学是有密切关系的,是一种"借助群体"、"通过群体"的存在而不是"拒斥群体"的存在,这就使得个体在中国不可能通过"唯我独尊"来实现自己的目的。所以西方式的"个人英雄"、"个人奋斗"在中国传统伦理学中受不到鼓励,而"我就是我"、"我把天来吞了"、"你不可改变我"这些20世纪以降的中国诗歌和小说话语,在中国现代个体独立理论的建设中,也需要被我们进行"我何以可能"的追问和改造。

（原载《社会科学战线》2008 年第 2 期）

从中国生态文化中汲取什么

蒙培元

有人说，中国传统文化中没有生态思想，因为传统社会没有生态问题，只有现代社会使用机器，开发自然，出现了工业经济，才有所谓生态问题及生态文化。

这种看法是错误的。只要有人类社会，有人与自然的关系，就有生态问题，只是表现方式和程度不同而已。工业社会确实有新的特点，可以说发生了性质上的变化，因而使生态问题空前地爆发了出来，但是不能说，前工业社会没有生态问题和生态文化。生态问题是客观存在的，而生态文化是人的生存方式的问题，也是文化选择的问题。

中国不仅有生态文化，而且有非常丰富的内容，从一定意义上说，生态文化是中国文化的主干。中华民族之所以延续至今，丰富而悠久的生态文化起了关键性的作用。对此，我们应有足够的认识，以便唤起民族的自觉。现在有些人讲生态文明，就只讲西方的，而对自己的生态文化知之甚少，或根本不愿意知道，这是很可悲的。

生态问题涉及许多层面，是一个综合性的问题，绝不仅仅是科学技术层面的问题。要解决当前十分严重的生态问题，要从多方面入手，不能只从科学技术一个层面入手。其中，人文生态学是非常重要的一个方面。之所以重要，是因为它直接关系到人类生存价值的选择问题。中国文化中的生态观，主要是人文生态观，我们所要汲取的，正是这方面的内容，而且主要是心灵，即精神层面的内容。

现在从道家的尊重自然和顺物与儒家的敬畏自然和爱物之学说明这个问题。有一种说法是"儒道互补"，这话不是不对，只是，并没有从根本上说明二者的关系。我认为，从根本上说，是"儒道同源"。

一、何为自然？为何要尊重自然？

道家之所以称为道家，是因为它以道为其学说的最重要概念。但是，老子在道之上，又提出"自然"这一概念。老子说："人法地，地法天，天法道，道法自然。"（《老子》第二十五章）何谓"自然"？论者有不同解释。有人认为，"自然"并不是指自然界，而是指道的存在状态，即自然而然、自己如此，亦即道的本来的样子，意在反对人为的种种筹划、计算和作为，即不要用人为的办法去改变它。这样说，当然有道理。但是，如果进一步追问：道何以是如此状态呢？回答似乎是，只能如此，因为没有比道更高的存在了。我曾经也这样说过。但是，现在要重新检查这个说法。道作为最高范畴，是不是绝对超越的精神实体？我认为不是，道是万物所以存在的根据（即存在本身），但它又是在场的，即必有其存在的场所。这个场所，不是别的，就是自然界。正是这个在场，决定了道的性状。这个在场，不是现代人所说的与人相对而立的、在人之外的那个自然界，它是道的居所，也是人的存在的"家"，因为人是"法道"的，而道又是内在于人而存在的，它就是人的生命之"根"。从根本上说，道者，自然之道，不是在自然界之外有一个超绝的道。自然界才是道的母体，所谓自然而然、自己如此，只能从自然界得到解释。海德格尔说，语言是存在的家。老子说，道是不可言说的，如何以言说为家？如果说道就是言说，那就是以不言为言说，所以要"体道"，要"同于道"。

老子认为，世界上万物并作，纷呈复杂，但是都要"归根复命"（《老子》第十六章）。这个"根"，就是生命之根，即道之自然；这个"命"，就是人的命运，是由自然决定的。老子又说："道之尊，德之贵，夫莫之命而常自然，故道生之，德畜之，长之育之，亭之毒之，养之覆之。"（《老子》第五十一章）这就将道变成内在德性，而以自然为其根本特点。按照德性而生存，就意味着顺应自然。这是老子的天人合一之学。因此，所谓尊重自然，既是尊重自然界，也是尊重自己的生命。这才是真正的"回归自然"。自然只有一个，就其存在而言，是自然界；就其存在方式而言，是自然而然、自己如此，不是在自然界之外另有一个自然，不能离开自然界而谈论自然。但这要从生命的根源处去理解，不可从人与自然对立的所谓"主体性"的角度去理解。老子赋予自然以很高的价值，但是要靠人的生命活动去实现，而人是需要修养的，绝不是靠自然本能去生活。如果认为老子提倡自然本能，那是对老子的最大误解。

老子又说："为学日益，为道日损。"（《老子》第四十八章）"为学日益"容易理解，即增长知识。"为道日损"如何理解？是减少知识吗？如果是这样，老子就把道和学即知识完全对立起来了。其实，老子并不完全否定知识的作用，他所否定的，是人为的欲望即贪欲及与之相联系的所谓知识。老子认为，"天之道，损有余而补不足，人之道则不然，损不足以奉有余。"（《老子》第七十七章）天道即自然之道是公平的，是保持生态平衡的，人则不然，要不断满足各种欲望，因而破坏了生态平衡。这是人的"异化"。因此，他提倡"无欲"，以减少对自然的破坏，维持人与自然的生态平衡。"含德之厚，比于赤子。蜂虿虺蛇不螫，猛兽不据，攫鸟不搏。"（《老子》第五十五章）赤子没有欲望，素朴纯真，所以比喻含德之人。这样的人，尊重自然，不去主动伤害自然界的万物，因此不会受到毒蛇猛兽的伤害，而能与之和谐相处。怎样才能做到"含德之厚"？这就需要限制欲望，提高修养。这种生态智慧，渗透了人文精神。因此，老子的"回归自然"，并不是纯粹的自然主义，而是人文与自然的统一。

道家的另一位大师庄子，以提高人的精神境界为其学说的根本诉求，而对世俗社会展开了严厉的批判。有人说，庄子的思想是消极的、出世的，这种看法是肤浅的、表面的。庄子从内心深处是热爱生活的，尤其对大自然充满了真挚的爱，而这种爱与他的社会理想是密切相关的。他之所以批判世俗社会，是为了实现他所理想的和谐社会，他称这种理想社会为"至德之世"。"德"就是德性、道德，"至德"就是达到了德性的极致。在这样的社会里，统治者"顺物自然而无容私焉，则天下治矣"（《庄子·应帝王》）。"顺物自然"就是尊重自然，顺应自然，按自然法则办事。"不容私"就是不能从私心、私欲出发去治理社会。这就是"无欲而天下足，无为而万物化"（《庄子·天地》）。统治者无贪欲，天下就能足，统治者无强制性的治理，万物就能化育。庄子所说的"自然"，既是指民性之自然，也是指自然界万物之自然，他是将人与自然界的万物平等看待的。他的"齐物论"，不是将万物一律抹平，而是尊重万物的本性，从价值上体现平等。

正因为有这样的体认，他进而提出至德之世"同与禽兽居"的理想境界。他说："至德之世……万物群生，连属其乡，禽兽成群，草木遂长。是故禽兽可系羁而游，鸟鹊之巢可攀援而窥。夫至德之世，同与禽兽处，族与万物并，恶乎知君子小人哉？"（《庄子·马蹄》）这是人与自然界的万物和谐相处、共同发展的一幅美好的图画！在这种社会里，人性得到自由发展，享受大自然之美，万物成为人类的朋友，得到很好的照顾，堪称"至德之世"。有人说，庄子的这种理想，是要回到人类的原始状态，回到野蛮时代，是一种倒退，是反对人类文明和进步。这种看法，以拥护人类"进步"的名义，张扬人类的优越性，提倡人类的尊严，但这恰恰是落入了庄子所批判的那种世俗之见，根本没有认识到庄子思想能够超越历史的永久价值和深刻意义。这样的"进步观"和思维方式，是无法理解庄子的。庄子的深刻之处，就在于"超前性"。我们知道，庄子是"独与天地精神往来"而"不与世俗处"的思想家，他的精神境界远远超出了世俗之辈，也超出了现代某些人的是非观，他批判精神的深刻性，只有在今天生态破坏日益严重、人类面临生存危机的时候，才能逐渐被理解。当人类重新反思并开始转变生存方式的时候，庄子所描述的人类与动物相依为命、共同生活、和谐相处的生活方式，就成为现代人所追求的理想境界。现在，不是也逐渐出现人与动物亲近的某些迹象了吗？但这与庄子所描绘的情景还差得很远，人类应当彻底反思。

这个问题也是人类心灵的问题,即生命意义的追求问题。人们只有把自己的全部生命和精神需求与整个自然界紧紧联系在一起,从自然界汲取无尽的源泉,将自然界作为最终的"安身立命"之地,才能体会"万物之至理"、"天地之大美",从根本上解决生态问题,而不是只从技术层面上寻求局部解决。这就需要在发展科学技术的同时,培养人的生命情感和情操,提高精神境界,过一种有情趣、有意味的艺术化生活,而不是欲望促动下的单面向的机械化生活。这就是从庄子和道家的生态哲学中所要汲取的东西。

二、何为爱物?为何要爱物?

如果说,道家是以批判社会的方式直接回归自然,那么,儒家则是以积极参与社会的方式实现人与自然的合一。二者采取的方式不同,但是,其最终目的是共同的,都是达到天人合一的境界。

儒家哲学的核心是仁,仁是人的最高德性,也是德性之全体。德性的实现就是人与社会、自然的整体和谐。其中,人与自然的关系,占有极其重要的地位,而且是终极性的。这也是哲学层面上的生态学。有人把孔子和儒家的仁,仅仅说成是解决人与人之间的关系,甚至限制在家庭血缘关系的范围之内,这是不全面的,也是很肤浅的。

孔子首先关心的是人,但是,孔子也很关心一切生命。热爱自然界的山和水。为什么说,"知者乐水,仁者乐山"(《论语·雍也》)?如果没有仁者的胸怀和境界,怎么能够"乐山"、"乐水"呢？这既是美学的，也是伦理的。热爱自然，不仅是一种快乐，而且意味着一种义务和责任，同时还有敬畏之情。正因为如此，孔子在谈论人生志趣时，发出"吾与点也"的赞叹；走到河边时，发出"逝者如斯夫"（《论语·子罕》）的感叹；走进山林时，唱出"山梁雌雉，时哉时哉"（《论语·乡党》）的诗句。（这样的例子还有很多，不必细举。）这些都体现出孔子对自然的热爱和关怀，是与人的生命紧紧联系在一起的。

仁所包含的生态思想，是不断发展、不断完善的。自从孟子提出"仁民爱物"的学说之后，"爱物"就成为儒家生态哲学的最重要的内容，其实质是在人与自然界的万物之间建立起以情感为基础、以仁为核心的价值关系。一方面，弘扬了人的德性主体，肯定了人的尊严；另一方面，承认万物也有其生命价值，值得人们尊重、同情和关爱。这种出于生命情感的内在需要而不是功利目的的"爱物"思想，是儒家独有的生态哲学，与那种以人的利益为中心的所谓生态学是不同的，相比之下儒家的生态哲学更加值得我们重视。

儒家认为自然界是生命的创造者，人和万物的生命都是自然界给予的，"天生人"、"天生万物"，这是儒家的一贯思想和信念。这个"天"，是包括大地在内的自然界，虽有超越的意义，所谓"维天之命，于穆不已"（《诗·周颂·维天之命》），有神圣性，但这是自然界生命整体的组成部分，不是上帝那种绝对超越的实体。在中国没有"神创论"或"特殊智能造人"之说。张载的"乾称父，坤称母"，将天地（乾坤代表天地）称为父母，是有深刻意义的，绝不像某些人所说，仅仅是把家族血缘关系扩大到宇宙自然界。即便是如此，也只能说明自然界是一个不断创造和进化的生命链条，而不是一个机械的物理世界。"原始反终"，自然界是一切生命的最后根源，故称之为大父母。人与自然界有生命的亲缘关系。这就意味着，人类应当以报本之心、敬畏之情对待自然界、亲近自然界。现在西方终于有人说，"大地是人类的母亲"。既然如此，我们应当如何对待我们的母亲？张载和西方某些人的说法（尽管张载早于他们几百年）不只是诗人的感叹，而且是哲学家的语言，是用生命智慧说出来的。中国的哲学家对天即自然界有一种很深的敬意，从孔子开始就是如此。原因就在于，自然界创造了生命。孔子说"天生百物"，宋儒程颢说，"天只是以生为道"（《二程全书·遗书》卷二），因此，万物有"生意"，而"万物生意最可观"。为什么"最可观"？因为它体现了自然界的生命创造，活泼泼地，同自家生命"一般"。朱熹则进而提出，"天地以生物为心"，人心即由此而来，因此，人有仁心。这种生命哲学就是儒家生态学的理论基础。

儒家认为，人是"万物之灵"，"天地之性人为贵"。这就肯定了人在自然界的特殊地位，凸显了人的尊贵。儒家又说，人能"弘道"、能"为天地立心"，这就确立了人的主体性和创造性。但是，人之所以为贵，绝不是居于万物之上，主宰、役使和控制万物，对万物施暴。人之所以高贵，恰恰在于人有仁心仁性，而仁心仁性的本质，就在于"爱物"而不是掠夺万物。只有从"爱物"之心出发对待万物，才能真正实现生态和谐。仁是人之所以为人之性，也是人之所当为的义务和责任。这不是出于某种狭隘利益的考虑和打算，而是出于"所以然而不可易，所当然而不容已"的生命的内在本质和需要。人不仅是理性动物，而且是情感动物；人不仅有认识的需要，而且有情感的需要。仁就是情感和理性的统一，即情感理性。这是儒学的一大特色。认识事物是为了认识其生命意义，实现人与天地万物的"感通"，进而唤起人性的自觉，做到"无所不爱"（朱熹语），而不是"无所不为"。

人与自然界的生命是息息相关的，人与万物共同组成自然界的生命整体，实现了生命和谐。一物有一物之性，一物有一物的生命价值和生存权利。人有仁性仁德，能够将万物视为自己生命的组成部分而爱护之。人没有不爱自己生命的，这是人之常情。儒家正是从这一点出发，体认到万物生命与自家生命的相通之处，要如同爱护自己的身体一样爱护万物，这才是仁德仁性的实现。这是一种很高的心灵境界，即"万物一体"的境界。人作为人，本来具有这样的德性，但是由于"自私而用智"（《定性书》程颢语），很容易丧失，人最可怕的是丧失了仁心。人一旦丧失了仁心，就无所不为。所以人需要"识仁"，即认识自己的人性，返回自己的人性。

从生命的层面说，人要平等地对待万物，这样才能体现对生命的尊重，也才能建立良好的生态秩序。人们会问，儒家主张"爱有差等"，怎么可能平等地对待万物呢？这是一个问题。

要回答这个问题，最好从"孝弟（悌）为仁之本"说起。对这句话原意的解释虽然存在争议，但是，宋儒从程颢开始，对这句话作了明确的解释，即孝悌是"为仁"之本，而不是"仁"之本，就是说，孝悌是实行仁的根本，因为父兄最亲近，所以要从父兄开始。但这并不是仁的本质。那么，仁的本质是什么呢？就是人的最真实的情感，即真性情。只要出于真情实感，就会发自内心地爱生命，虽然因对象不同而有差异，但本质是一样的，因为生命是相感相通的。这就是《中庸》所说，"能尽其性，则能尽人之性；能尽人之性，则能尽物之性；能尽物之性，则可以赞天地之化育；可以赞天地之化育，则可以与天地参矣"的意义所在。仁心仁性也就是诚心诚性，只要出于自己的诚心并以此对待人与万物，就能使人与万物各尽其性，这个"性"，就是生生之德，生生之道。所谓"参赞化育"，就是促成天地万物的生长化育，使万物各遂其生，各顺其性，实现人与万物的共同发展。

张载的"民胞物与"之说，就是将人与万物视为自然界的生命共同体，即同一个大家族中的成员，而不是将万物逐出生命大家庭之外，视为异己的存在。没有深切的生命关怀，是不会这样说的。程颢主张，人要把自己"放在万物中一例看，大小大快活"。所谓"一例看"，就是一律看待，平等地看待。如果能这样做，就能得到情感的满足，体会到人生的乐趣。仅仅满足一己之私欲并不能使人快乐。这是深层的生命关怀和生态意识。仁心就是不忍之心，不忍看见万物遭到摧残，如果看到万物受到摧残，就如同自己的生命受到摧残一样感到痛苦。可是有些人对万物毫无不忍之心，而只有残忍之心，他称这种人为"忍心无恩"之人，对这种人，程颢进行了无情的批判。朱熹提倡"格物致知"，要认识万物之理，但他不是以知识为手段，以达到控制与掠夺万物的目的，而是穷万物之"至理"，即"生理"，即仁，而仁就在人的心里。因此，其最终目的是"爱物"而不是害物。他说："目前事事物物，皆有至理，如一草一木，一禽一兽，皆有理……自家知得均气同体，见生不忍见死，闻声不忍食肉，非其时，不伐一木，不杀一兽，不杀胎，不殀夭，不覆巢，此便是合内外之理。"（《朱子语类》卷十五）"古人爱物，而伐木亦有时，无一些子不到处，无一物不被其泽，盖缘是物格得尽，所以如此。"（《朱子语类》卷十五）同样是认识事物，但有人是为了获得知识，以知识为权力，运用这种权力对万物实行无情地掠夺，以满足人的欲望。朱熹却主张"合内外之理"，以"爱物"为目的。难道朱熹不知道，知识之为权力，能满足人的欲望吗？当然不是。朱熹之所以这样做，正是为了人类的可持续发展，也是为了万物的生存权利。王阳明则提出，不仅人与人、人与禽兽草木生命之物，而且要与瓦砾石块等无生命之物，实现"一体之仁"，认为这才是"致良知"的最高境界。这是儒家的"迂腐"之处，但从更长远的眼光看，从更深层的意义上说，这正是儒家的伟大之处。

儒家知道，人类的生存依赖于自然界，人类所需要的一切资源都来源于自然界，所以，人类要向自然界索取，要伐木，要打鱼，要豢养家畜，也要食肉。儒家并没有提出"不杀生"的素食主张，但是，儒家是以一种感恩之情向自然界索取，是以"爱物"之心获得必要的资源，因此，"非其时，不伐一木，不杀一兽"（《朱子语类》卷十五），要做到"无一物不被其泽"（《朱子语类》卷十五）。这二者并不是完全对立而不相容的。出于"爱物"之心而不得不杀生，与"忍心无恩"而杀生，是完全不同的，可杀者是有限定的，绝不是无所不杀。按照儒家的要求去做，绝不会出现一度在我国盛行的任意开发、乱砍滥伐、残杀动物、无所不为的情景。现在西方发达国家提倡用人道的方法杀生（只是对豢养的动物，而不是对任何动物），反而与儒家思想更接近，这难道不值得我们深思吗？

（原载《社会科学战线》2008 年第 8 期）

中西文化会通

全球化与新世纪中国文化身份

王岳川

在经历了几千年的文明史以后，人类正在进入一个全球化时代。全球化在科技、经济、制度、文化等方面有不同于往昔的特征，主要表征为技术一体化（即电脑网络和高科技的全球化）、经济整合化（资本运作和生产过程的跨国化、非中心化）、制度并轨化（在国际关系、社会制度上走向同质化、整合化）和文化对话化（文明冲突论、文化对话论）。

在全球化问题上，态度多元复杂，但化约而言主要有反全球化和坚持全球化两种观点。持反全球化观点的学者认为：全球化带来了贪婪的跨国公司，造成了无能的政府，带来了"亚洲危机"和"国际帮凶"，形成了"人性漠视"，扭曲了"社会公正"，造成了"国际强权"，反全球化是"全球化的产物"。全球化是西方文明价值观和西方利益的全球化，第三世界则被放逐在全球化的边缘。① 持全球化观点的学者则认为："全球化正在改变着人们的思维方式，它要求人们突破传统的

---

① 近年《世界经济论坛》举行时，反全球化者就会展开示威游行。总体上看，反全球化势力构成复杂，有左翼势力、非政府组织、少数无政府主义者、极端主义者、暴力主义者等。反全球化运动主要集中在西方发达国家，但近年来，发展中国家也有相当的非政府组织参与到这一运动中，这一动向值得注意。

乡土观、民族观、国家观……是以全球思维替代传统思维方式的时候了。"①

可以说，在全球化的进程中，坚持全球化和反全球化的浪潮同样引人注目。全球化的正负面效应、基本形态、价值取向、人类未来的发展等问题，成为了新世纪世界性问题。引发了一次又一次的思想交锋和学术争论。我们无法逃避这一问题，也无法逃离全球化话语之外，而只能在这一全球学术前沿问题上发出中国的声音，作出自己的分析和回答。

一、对全球化话语的合法性思考

在这个世界性趋同的全球化趋势中，有必要首先考察究竟什么是全球化？谁在思考全球化问题？这些问题的焦点是什么？对当代世界的深刻影响是什么？因为全球化的发展不仅改变着技术内涵、经济指向、制度范围、文化形态等的原本状态，而且正在改写着国家民族的历史状况和文化特征。在考察这些问题之前，有必要听听哈贝马斯、希利斯·米勒、福山、哈维尔等世界前沿思想家的看法，由此找到问题的本源性和延伸点。

1. 全球化的负面性问题

德国哲学家哈贝马斯在《全球化压力下的欧洲民族国家》中认为：如果一个民族国家在一个发生变化的世界经济和社会情境中遭遇到自己创造能力的界限时，这种组织形式就会在两

---

① 朱厚泽：《漫议全球化》，载俞可平等主编：《全球化的悖论》，北京：中央编译出版社1998年版，第5页。

方面变得很不牢靠，一是对在全球范围内得到释放的资本主义从政治上进行控制，二是只推行了一半的表面民主的这个单一范例。而且问题的严重性在于：主权的丧失表明一个单一的国家不再能借助自己的力量充分保护它的公民，难以抵抗"自发性地超越边界"的事件，如环境污染、有组织的犯罪、现代技术造成的安全危险、武器交易、流行性传染病，等等。国家、社会与经济在一定程度上在同一个国家的边界内共同发展和扩张，国家间的经济体系在市场全球化的过程中演化成为一种超越国家的经济，对一个国家的地位的评价是由全球相连的金融市场进行。国民经济不再陷于国家的界限内，而是国家陷于市场之内。

哈贝马斯注意到全球化的负面性：在"全球化"关系中的国家会在主权、行为能力和民主实质方面遭到损害，国家丧失其权力——丧失国家进行控制的能力，在作出决断的过程所出现的不断增长的合法性论证的亏空，在提供合法性和有效的控制和组织工作方面表现出的愈加增长的无能为力。进而，哈贝马斯对全球化表现了一种西方马克思主义者的担忧：国家不仅要承受社会不公正性的急剧增加和社会的破裂，还要承受道德标准的败落和文化基础结构的败落。可以说"全球化"主题词的发展趋向，不仅在国家内部对人民间的和谐的共同存在产生威胁，更重要的是世界经济和社会关系中的国家会在主权、行为能力和民主实质方面遭到损害。这才是全球化的要害所在。

可以说，哈贝马斯相当关注世界范围内这样的问题：为达到全球化目的的所要承受的社会不公正性、社会的破裂，以及承受道德标准的败落和文化基础结构的败落。这使这位思想家深深不安，他充满诗意地追问和清理全球化负面效应——"全球化代价"："缓慢走过'泪水之谷'到底要持续多长时间？它需要多少牺牲品？为达此目的会有多少边缘化的命运停留在这条道路的路边并得不到注意？有多少不能再被创造的文明成就会因此而陷于创造性的摧毁？"① 不难看出，哈贝马斯对全球化表现出一种质疑精神，不仅看到了全球化的必然性，也更多地看到全球化中的负面性和非公正性，并发出了思想家的忠告。

2. 文化全球化与网络交流空间

正在发生的全球化，在技术一体化、经济全球化、交往跨国化等特点之外，最显著的就是文化冲突化和边缘化，昔日的文化书写传递解读方式遭到了重大的挑战。解构哲学家 J. 希利斯·米勒认为，"全球化既是已经发生的事情，同时也是正在发生的事情，也许到完成还非常遥远。我们大家一直都在全球化，今天人们都感到全球化已经达到了一个双曲线阶段。在文化、政治和经济生活的许多领域里，都可以确证他是一个独特的决定因素。"② 应该说，伴随着全球化出现的形式中有两种重要的影响，即全球化不仅导致新的具有巨大潜力的社会政治和经济组织，而且新的电子群体或电脑空间群体的发展导致感知经验变异并产生新的网络交流空间。在这一日益彰显的全球化状态中，传媒文化以其强大力量淹没日渐衰退的书本文化，新的电子阅读方式在文学研究领域引起了变革，电脑写作使文学研究文本永远不能完成，网上杂志的增加正在改变文学

① 哈贝马斯：《全球化压力下的欧洲民族国家》（访华讲演录之四）。
② 米勒：《全球化对中国文学研究的影响》，《文学评论》1997 年第 4 期。

研究的出版合法性条件，改变了文学作品对批评家的存在方式。

除了这些因为高科技的发展而引发的人类文化文本存在方式的改变而外，米勒还从政治文本角度提出，伴随着民族/国家衰落而出现的情况：独立的民族文学研究正在逐渐被多语言的比较文学和全世界文学的研究所取代。同时，"文化研究具有更明显的社会功能，使它成为解放妇女、少数民族和在后殖民、后理论（post-theoretical）时期一度被殖民化的那些人的工具。文化、历史、语境、媒体、性别、阶级、种族、自我、道德力量、多语言主义、多元文化主义、全球化，这些现在已经以不同的混合形式变成了新历史主义、新范式主义、文化研究、通俗文化研究、电影和媒体研究、妇女研究和性别研究、各种少数话语研究以及后现代主义研究等等的标示语。主体性和自我业已返回，同时还有个人的力量、身份政治、责任、对话、互为主体以及群体。"① 米勒认为：全球化文化具有集中明显的特征：文化在旧式意义上的作用越来越小，一生从事的职业日益失去其重要性无疑令人痛苦，新的电子设备在文学研究内部引起了变革，独立的民族文学研究正在逐渐被多语言的比较文学和全世界文学的研究所取代，文化研究迅速兴起。这些问题使得米勒的思考在数码复制时代中上升到全球化新文化形态的高度去认识，从而走在了当代理论思考的前沿。

但米勒的问题在于，他看到了全球化中生命存在方式的读取变化和意义关联的变化，并注意到文本批评（criticism of text）或文本主义（textualism）存在的基本结构的问题，进而

---

① 米勒：《全球化对中国文学研究的影响》，《文学评论》1997 年第 4 期。

将文化研究看成全球化中的一种软体伸张的空间，但是他无法解释为什么在这里，历史记忆的丧失不仅成了文化和多元文化诸多被涂抹的记录，而且成为一种没有聚焦的"泛文化"的文化叠加。更无法说明在全球化扩张中，东方或第三世界在面对先发展的强势文化时，具有怎样的命运和转机。

3. 全球化与"拯救人类"

问题是，全球化问题不可回避，因为人类已经生活在一个全球性的文明圈层里。思想家哈维尔在哈佛大学的演讲具有清明深邃的理性魅力。他认为：在短短的几十年内，地球就被一种单一的文明所覆盖，这在人类漫长的历史中还是第一次——这种文明基本上是技术性的。世界已陷入电讯网络中，它们不仅高速度传递各种各样的资讯，而且还传递着一些一体化的社会、政治和经济行为模式。在这种状况下，哈维尔认为必须抛开人类中心论，而对那些超越我们的事物——宇宙、地球、大自然、生命、现实加以尊敬。这意味着人类前途必须以一种精神特质浸透着自身的文明，而张扬精神性的人意味着要履行人类对世界的长远前景的责任。

哈维尔强调：现在的问题是"拯救人类"，也就是要把现代文明当成多元文化和多极文明来理解。要把注意力转移到人类文化尤其是我们自己的文化精神根源，要从这些根源吸取力量勇敢地创造世界新秩序。在各民族和各种文明、文化及宗教之间共存的问题上，需要呼唤超民族或宗教社群的出现。[①] 哈维尔的观点有两点值得重视，其一是当全球化不可避免时，对他者文明和存在的尊重；其二，在全球化中将现

---

① 参见哈维尔：《全球化的祸福》（在哈佛大学的演讲）。

代文明看成多元多维的，其中精神的力量凸显为创造新文明的契机。

4. 全球化是资本主义的政治扩张

文化研究学者詹姆斯·彼得拉斯对全球化问题有一种更自觉的理论敏感性和阶级分析模式。在《全球化：批判与分析》中，他从全球化中看到了已经发生和正在发生的全球化的根本问题："全球化作为一种意识形态是用来为日益增长的社会不平等，更严重的社会两极分化以及将越来越多的国家资源转移给资本作辩护的。它本质上是为着一种政治目的而服务，即把不断增长的阶级不平等加以合法化的一种意识形态。"① 这里，彼得拉斯着眼于全球化是资本主义的一种政治扩张，导致了人类分配形式的新的不平等事实，强调了全球化的负面效应，并坚持全球化扩张的结果给资本输出和输入国家的不同阶级都带来了不同的利益。他进而从阶级分析的角度强调：在世界政治经济格局中存在三大主要"阶级"：全球化的提倡者与受益者，全球化的敌视者与被剥削阶级和被剥削国家，受剥削又从中受益的动摇不定者。全球化的提倡者和最主要的支持者是拥有霸权的国家；全球化的反对力量在金钱上处于劣势但在人数上众多，尤其是拉丁美洲和亚洲的部分地区的农民运动。全球化的反对者们由于受"公民社会"的夸夸其谈以及"民族国家已经过时"等观念的误导，夺取国家权力的斗争被降到了次要地位。这种错误在于没有看到：民族国家仍然极其重要，它塑造着各阶级的空间，影响着不同阶级在世界经济中所起的

---

① 詹姆斯·彼得拉斯：《全球化：批判与分析》，《中国与世界》1999 年第7 期。

功能。① 在我看来，詹姆斯·彼得拉斯从阶级分析模式出发，从经济地位的角度分析全球化中的不平等问题，有一种深切的价值关怀。但如果仅仅局限于此，同样有可能忽略全球化给后发展国家一种机遇或尽快利用先进资讯进入全球化体系的可能性。逃离和排斥全球化具有政治对抗的激情性，但是也可能失去在国际事务中参与和调整的能力，尽管我们应对"全球化陷阱"保持警惕。

5. 全球化是"市场加国家"

从中心和边缘方面分析全球化对不同国家的意义，使著名经济学家萨米尔·阿明在《全球化时代的资本主义：当代社会的管理》中注意到问题的另一个方面：生产过程的全球化对不同国家有不同的意义。发达国家是全球化的中心，拥有资本、生产技术、营销网络并攫取着绝大部分利润，其他国家则只是充当全球化生产的劳动力。因此，全球化将资本主义逻辑无情地扩张到世界的每一个角落，人们不是进入资本主义生产过程充当劳动大军，就是失业成为后备军和蓄水池，在这个意义上，第三世界国家追求工业化并不能阻止全球化进程，只是加速自己被中心的金融、技术、文化和军事力量所统治。同样，全球化在中心国家产生了生产过剩危机，只能将过剩的资本导向外汇和股票投机，以阻止生产体系的刚性崩溃，这将导致危机的永久化。在阿明看来，必须抛弃自由主义乌托邦，改变越来越不平等的趋势，民族国家应该负起发展的责任来。在遭遇全球化的挑战中知识分子应该重新进行意识形态和社会思

---

① 参见詹姆斯·彼得拉斯：《全球化：批判与分析》，《中国与世界》1999年第7期。

考，逐步解除全球化危机。①

阿明的提醒当然有其合法性，但是这种过分的意识形态化和冷战意识，有可能使那些第三世界国家在背对全球化时走向新的闭关锁国。阿明的《五十年足够了》还认为：全球化的推进并不仅限于贸易，也影响到生产体系、技术、金融市场和社会生活的其他许多方面。同时发生的一个现象，是开始工业化的那些第三世界国家也被整合。新的全球化侵蚀着民族国家经济管理的效率，然而，它并没有取消民族国家的存在。资本主义的扩张建立在决定再生产和积累的空间与政治和社会管理空间的重合上。通过"市场"进行管理的思想是空想，资本主义的实际管理需要"市场加国家"，全球化的经济空间和分割成片的政治和社会管理空间之间的冲突是不可承受的，这必将导致民族主义的兴起，以及兴起新的社会斗争，向危机期间所追求的全球化的空想提出挑战。② 不难看到，作为经济学家阿明看到了全球化中的根本问题，但是却无法对这个跨国性问题从本质上加以解决。全球化问题成为当代世界性难题，仅从经济角度对此进行解读很难有定于一尊的结论。

6. 对全球化的乐观态度

与上述学者不同，另一位有影响的美籍日裔学者福山对全球化持一种较为乐观的态度，他不同意米勒的看法，认为在很多方面全球化仍然相当表面，起码全球性经济仍很有限度。比较充分的全球化的层面仅限于资本市场，制度仍然完全是地方

---

① 参见萨米尔·阿明：《全球化时代的资本主义：当代社会的管理》（Samir Amin, *Capitalism in the Age of Globalization*: *The Management of Contemporary Society*, Zed Books, 1997.）

② 参见萨米尔·阿明：《五十年足够了》，《中国与世界》1998 年第 8 期。

性的。文化像政治制度一样可能最终变得同质化，不过这种同质化进程将要缓慢得多。福山坚持：并非像有人认为的那样由于开发出先进的通信技术，能够向全世界传播全球性电视文化，因而必将导致更深刻的文化层面上的同质化。情况可能恰恰相反。尽管存在着某种由麦当劳、可口可乐之类的公司所传播的"全球性消费文化"，但是透过这一表象去考察生活在不同国家的人们在价值层面上忠诚什么，如何看待自己的家庭，如何对待权威，其间的差别巨大。全球性消费并不能影响人们存在差别的根本原则，因为消费仅仅是文化的最表面形式，真正构成文化的是那些把人们联结起来的更深层次的道德、价值、宗教、语言范式。这些文化的内核构成了种族文化本土认同的关键。在哈贝马斯的"对话"之后，福山强调"信任网络"（networks of trust）。因为只有在不同的文化中形成良性的信任关系，才能在商业关系后面形成文化精神的互动。福山不同意全球化将导致普适文化的发展的说法。认为经济现代化必然伴随着一系列文化属性，包括更大程度的个人主义。关于全球的讨论中有些人过高地估计了全球化导致同质化的效应，事实可能恰恰相反。实际的自由贸易制度和经济互相依赖，事实上将使人们以从前不可想象的方式凸显其文化差异。①

在我看来，在全球化问题上是言人人殊的。其中原因很复杂：最为主要的是人们感到昔日的经验已经不再能够阐释当今世界的新现象，因此从不同的问题角度，不同的学科层面，不同的话语权力感受，不同的价值观定位，不同的未来发展观出

① 参见《经济全球化与文化：与福山博士的谈话》，《秋风》2001 年第 2 期。

发，在全球化问题上形成了若干不同的派别——或者强调全球化的经济模式一体化的乐观主义，或强调文化全球化文化衰退的悲观主义，或者强调第三世界对全球化的中心主义的拒斥立场，或强调全球化消费主义的单面化。注意到全球化负面效应的人强调，在全球化中西方文明价值观的涌入带来了人性漠视和全球化开放型市场经济道路，不同民族的文化被淹没在西方文明中，因而全球化是一种"迷思"（myth）。可见，全球化问题不再仅仅是一个学术问题或发展问题，而是一个话语权力争夺的问题，一个世界利益重组和重新分配矛盾问题。这些问题已经并将要引发更多的价值选择问题。

二、全球化与中国立场定位

由于整个世界的经济和文化不再局限在民族国家范围内，投资、生产和技术和信息的跨国流动使地球变小，生成诸多新的跨国的具有巨大潜力的社会组织和社会群体。新的利益分配和国家发展战略，使"全球化"在不同阐释群体中歧义迭生：有理解为跨国的全球相互依赖，有理解为"世界体系"的重新组合，还有理解为全球范围的资本积累或地球村的空间改变等。总之，这个世界已经重新洗牌，正在创立新的游戏规则，新的特权结构和制度体系。世界新秩序不仅重新组合全球性的资源优化配置，而且正在取代以前的民族国家体制中的话语运作结构。

在这种错综复杂的世界格局中，中国作为第三世界怎样既具有全球化的眼光去审视当代文化问题，又具有本土化的意识对全盘西化加以警惕，不可谓不重要。深一层看，"全球化"

和"本土化"是后冷战时期两种相辅相成、相对立又相统一的重要现象。本土化和全球化其实从来都彼此依存，而作为文明载体的民族自身发展是在冲突中融合而成，又在融合中产生新的冲突并进而达到更新更高的融合。全球化将世界各国纳入到统一网络而形成新的"经济格局"时，民族国家意识形态和国家体制等如果不能相适应，就将发生政治经济层面的话语断裂。因而只能通过"后政治"（postpolitics）时代的差异性"对话"，求同存异，在本土化和全球化之间达到微妙的谐调，在冲突论与融合论之间获得一种良性的参照系。

事实上，全球化问题牵动了中国学术界近年的神经，人们总是在思考问题背后的问题。我们需要同时警惕两个方面：一是以西方中心话语为方向，将中国现代化看成全盘西化，成为分享第一世界学术强势的权力知识分子；二是以一种狭隘的民族主义为理由膨胀为一种极端的后殖民敏感性，受个体经验和本土经验限制而过分强调对西方的抗拒，在一种不切实际的变形的自我巨型想象中，成为一种新冷战思维的播撒者。这两种方式，看似不同其实有内在的相通性，即都是对自己的民族文化和身份重建丧失了信心，本质化了的本土文化独特性，从而成为当代世界文化的消费者而非创造者。

全球化问题进入中国学者的视域，引起了持续不断的争论。在这种不乏尖锐的争论中，不仅可以看到中国知识分子并没有在技术全球化经济全球化中冷漠化，而是以自己的知识性眼光和心性为中国未来发展作出艰苦的探索，寻求全球化时代中的中国文化价值定位并力求作出当代人的价值选择。李慎之在《中国应取什么样的风范》一文中提出，"在世纪末更应坚持全球化"。他认为："后进国家实现现代化而取得公认的成效的，前有日本后有新加坡。"中国走向现代化的道路 100 多年来几经曲折，实际上真正进行现代化只是近十几年的事情，比日本晚了 100 年，比新加坡晚了 30 年，偏偏这个时候先进世界的问题日益暴露，而世界又进入全球化与信息化的时代，国与国，人与人之间的接触日趋容易，接触多了，彼此间的了解比较具体，摩擦自然日益增加。可忧心的是：中国刚刚从世纪初害怕"亡国灭种"的恐惧中摆脱出来，就立即产生了一股虚骄，甚至横霸之气，俨然 21 世纪就是"中国的世纪"；今后的世界"必定要以中国人的价值观为中心"。这股思潮虽然还不能说已成为中国人的共识，但因为爱听奉承话是人之常情，因此来势相当猛。李慎之进一步强调："现代与全球化是同义词。哪一种主义，哪一种做法最值得效法就都应该学习。各民族对自己的优秀传统的继承与学习都是为了现代化，向他民族的优点学习也是一样。"[1] 应当说，当代中国经济发展是文化日益世俗化，而精英文化却在日常理性中日渐衰颓。如何在经济全球化中为中国文化定位，成为一批思想家的迫切工作。汤一介《在经济全球化形势下的中华文化定位》中坚持全球化与本土化的统一，认为：目前世界文化的发展出现了两股不同方向的有害潮流，一种是"西方中心论"立场，另一种是固守本土文化，排斥外来文化的回归民族文化传统的部落主义。一方面要反对文化上的霸权主义，承认和接受多元文化，充分理解和尊重人类各种文明、各民族、各群体，甚至每个人的多样性和差异性；另一方面要反对文化上的部落主义，

---

① 李慎之：《中国应取什么样的风范》，《现代传播——北京广播学院学报》1997 年第 1 期。

承认和接受多少世纪以来各民族之间的文化交往和互相影响是文化发展的动力，批判排斥一切外来文化的狭隘心理。这种以历史为鉴的真诚之言，使得那种文化部落主义和以为崇洋的殖民主义均变得不合法。汤一介认为，应该在这两条死路之后走第三条路，既应该以"互为主观"、"互相参照"为核心，重视从"他者"反观自身的文化。中国文化要想在 21 世纪走在人类文化的前列，必须在充分发挥其自身文化内在活力的基础上，排除其自身文化中的过了时的、可以引向错误的部分，大力吸收其他各种文化的先进因素，使我们的文化"日日新、又日新"而不断适应现代社会发展的要求，在解决"和平与发展"问题和人类终极关切的问题上作出贡献。对汤先生的看法，我常想，有的人很年轻，但思维僵化，目光短浅，心灵极度老化，而汤一介、王元化、李慎之诸先生年事已高，却能保持敏锐的学术思考，对当代中国错综复杂的问题全力探索解答，并得出令人信服的结论。

对全球化倾力译介并影响了当代中国思想界的俞可平，在《全球化研究的中国视角》中分析了全球化的基本特征：首先，全球化是普遍性与特殊性，或者说单一化与多样化的统一。一方面，全球化是一种单一化，它体现为各国各民族和各种不同的文明体系之间在生活方式、生产方式和价值观念的某种趋同化。另一方面，与单一化过程相伴随的则是特殊化和多样化。其次，全球化是整合和碎裂，或者说一体化和分裂化的统一。全球化是一种整合，是一体化，具体表现为国际组织的增加，尤其是跨国组织——如联合国、世界银行、国际货币基金组织以及跨国公司的作用前所未有地增大。但在全球一体化的同时，各个国家、各个民族和各个地方的特殊性和独立性却

比以往任何时候都得到强调。再次，全球化是集中化与分散化
的统一。互联网是人类迄今为止最大的信息集散地，它储存了
来自世界各地、来自各个不同部门的无数信息，各种信息在这
里得到了最大程度的集中，但任何人都不能垄断这些信息，每
一个上网的人都可以享用这些信息，从这个意义上，这些信息
又具有最大限度的分散性。最后，全球化的内在矛盾统一是国
际化和本土化的统一。各国在接纳和遵守普遍的国际准则时，
始终没有忘记自己本国的传统和特征，都将国际准则与本国传
统结合起来，使国际准则本土化。俞可平以一种平和的心态看
待全球化问题，因为在他看来，全球化是一个矛盾的统一体，
一个合理的悖论：全球化的内在矛盾是合理的、必然的，在全
球化的背景下，即使是开放化程度最高的国家也不可能完全没
有本民族的胎记；反之，最保守的民族也不可能没有全球化的
痕迹。而且全球化的矛盾有利于人类社会的进步，社会本身就
是多样性的统一，多元一体化也好，一元多体化也好，都应当
是人类发展的真谛。①

　　同样，对走第三条辩证道路的呼唤在彭富春在《谁在全
球化?》中同样可以感受到。在这篇文章中他坚持认为：对全
球化任何一种的乐观主义和悲观主义都是无济于事的。而真正
的问题在于，超出乐观主义和悲观主义，理解并进入全球化。
信息时代促成了全球化，是技术或被技术所规定的人在进行全
球化。伴随着经济的全球化，也引发了文化的全球化。每一种
民族文化都主张自身的普遍性，所以世界产生了"文化的冲
突"。为了克服"文化的冲突"，人们试图寻找一种全球伦理，

---

①　参见俞可平：《全球化研究的中国视角》，《战略与管理》1999 年第 4 期。

这又必然否定某些文化的独特性。在他看来，关键问题在于全球化浪潮已经将中国席卷其中，中国不是全球化的主动者而是被动者。这一被动的进程使中国不再可能闭关锁国自给自足，这促使中国向世界开放而成为世界大家族的一员。这使得中国面临两难：如果中国现代化则不可避免会西方化，这会丧失其民族的同一性；如果中国不现代化则将脱离世界历史的进程，这同样会丧失其民族的同一性。对此出现了两种完全不同的关于中国在全球化中的策略：一是走向西方，另一是回到传统。前者要求非中国化，后者要求再中国化。

我注意到，彭富春的分析的切实性和深刻性，他看到了中国与全球化的关系是一种被动关系，也就是说是一种不得不进入的语境，关键是怎样进入，并怎样为自己在全球化格局中定位。论者的学术眼光使他不仅看到了中国面对现代性问题，而且必须面对后现代性问题。"西方的现代性已经终结并进入到后现代时代。后现代不是对于现代性的简单的否定，而是要克服现代性的弊端和危机，从而建立一个更开放和更多元的社会。中国是由前现代性到现代性，而西方是由现代性到后现代性。意识到这种区分，是促进中国进入到全球化的关键。对于中国来说，首先借鉴的是西方的现代性，然后是西方的后现代性。"① 值得注意的是，当代中国由于进入了全球化进程，因而作为第三世界的中国与第一世界的西方之间的矛盾，正在转化成为全球化现代性不同模式之间的差异矛盾，这种社会类型的转型使得冷战意识形态的对立已经不再重要和明显，而是应

---

① 彭富春：《谁在全球化?》，见人文珞珈网站（xueshu. whu. edu. cn）珞珈原创，2001 年 10 月 7 日。

该注意在进入现代性的同时怎样克服现代性的弊端和危机。因为我们所处的时代仍是全球化趋势与民族国家观念并存的时代，全球化远没有导致民族国家时代的消失。

质疑全球化成为王晓东等在《全球化阴影下的中国之路》中的主要问题。他们认为：全球化究竟给我们带来了什么？实际上中国人生活的点点滴滴都折射出"全球化"的色彩，孩子们吃着麦当劳、肯德基，前卫少年带着 MP3 哼唱摇滚、蓝调，商务人士手不离爱立信手机、IBM 笔记本。我们已分不清生活中的哪些场景是"土特产"，而哪些又是"舶来品"。"新殖民主义建立起来一种新世界经济体系，建立了新的世界经济秩序。从过程的角度看，人们也把它称之为'全球化'……经济全球化不仅意味着生产活动超越了某一国家的疆域，更意味着生产关系的扩张，即资本运动的全球化，资本国际循环的建立"。[①] 在我看来，他们对问题的分析，具有经济分析框架，有些看法可能偏激了些，但是在某种意义上也抓住了问题某方面的实质，值得人们再深思。但仍然需要进一步更深层地解释全球化的诸多层面的相互依存问题。

事实上，每个人对全球化的态度以及对自己言述的定位，都代表一种写作的态度、一种发展着的思想，其间能感到个体自由生命意志伸张的气息和全球语境中的世界性眼光。我们只能在共识中寻求差异性经验，也只能在差异中求得共识性经验。这二者彼此胶着缺一不可。

一般而言，信息和经济的一体化，在某种程度上会造成文

① 房宁、王晓东、宋强：《全球化阴影下的中国之路》，北京：中国社会科学出版社 1999 年版，第 263 页。

化互补化，起码在全球化过程中形成中心与边缘、自我与他者之间的错综复杂关系，使得任何国家不可能完全脱离整个世界文化发展的基本格局而封闭发展。在这种全球化整合中只能不断保持自己民族的根本特性，打破全球格局中不平等关系，使得自身既具有开放胸襟和气象的"拿来主义"，又坚持自我民族的文化根基和内在精神的发扬光大，进而认真分析当代国际文化的基本动态，对民族主义和霸权主义同时保持充分的注意，在研究中不以冷战的方式一味对抗，丧失进入世界现代化进程的重要机会。历史已然说明，中国 20 世纪中对现代化的延宕，已经造成了重要的民族生存问题的根本症结，如今，只有在全球化语境中切实地从事自身的现代化建设，才有可能使改革开放的策略，成为新世纪中国形象重新书写的基本保证。

中国学者尖锐对立的争论，关系到怎样重新书写"中国形象"，怎样在国际化的世界思潮中确证自己的"文化身份"。我充分理解本土化思潮的悠长历史和现实力量对抗中的苦衷，但是，如果忘了埋头苦干和积蓄国家总体力量，而急不可耐地张扬新冷战式的民族对抗，毕竟不是世纪之交的最佳选择。因为在后冷战时期，在强调冷战思维的时代错位中，我们得问：究竟应该在西方对东方的巨型文化霸权想象中，宣泄其民族主义的狭隘言辞呢？还是真正以开放的精神同西方进行跨文化的对话呢？我想对这个问题，真正的思想者不难寻找到自己的答案。

三、全球化语境与中国文化身份

应该说，在全球化的"知识型"转型背景中，中国知识界出现了观念上的分歧，这使得中国知识分子的共识性受到了前所未有的挑战，而"差异性"成为了全球化与本土化、公共性与私人性、形而上与形而中的关键词。在全球化时代，任何民族都不可能不接受外来文化影响，而只能在多元文化对话和交流的框架中，既保持自身文化的相对独立性，又使自身文化保持持续敞开性和长久交汇性。这不仅成为第三世界与第一世界"对话"的文化策略，而且有可能使边缘文化得以重新认识自我及其民族文化前景。我认为，在全球化的问题上，应该明确以下基本价值立场。

1. 超越全球化与本土化的对峙

全球化理论对东方和西方之间复杂文化关系的揭示，将有助于中国知识界对现实语境的再认识，并将对中国文化价值重建的方向定位提供一个清晰的坐标。东方主义话语大抵是边缘学者用来拆解主流话语的一种策略。在"全球化"和"本土化"的二元对立中，怎样既具有全球化的眼光去审视当代文化问题，又具有本土化的意识对全盘西化加以警惕，变得相当重要。

近些年这种不断增长的全球化过程具有技术的全球化、经济（跨国公司）的全球化和新信息网络技术全球化等新特征。全球化导致许多新的、跨国的、具有巨大潜力的社会组织和各种新的社会群体，并走向后政治组合形式。事实上，"全球化"和"本土化"是后冷战时期两种相辅相成、相对立又相统一的重要现象。我们一方面要看到二者间差异，另一方面也要看到二者的冲突和融合。本土化和全球化其实从来都是彼此依存，而作为文明载体的民族自身发展是在冲突中融合而成，同时又在融合中产生新的冲突并进而达到更新更高的融合。所以，从宏观上和微观上说，"文明的冲突"和"文明的融合"具有普遍性，单独抽出任何一维作为未来世界图景来阐释其发展轨迹，认为未来世界是"文明的冲突"或是"天下大同"，无疑都是有其盲点的。

我主张"文化对话论"。既不是完全抹杀各民族自身的特性，走向所谓的"全球化"，融合为一体，形成新的单一的文化（西方化）；也不是完全走向所谓的"本土化"和冲突论，而将人类未来看成一种可怕的互相冲突、彼此殊死搏斗的世界末日图景。我们只能通过对话求同存异，借此，在本土化和全球化之间达到微妙的谐调，在冲突论与融合论之间获得一种良性的参照系。

2. 确立全球化语境中的中国问题意识

几千年来，中国文化一直处于世界领先的位置，而正是在近代中国遭遇到"两千年未有之变局"，从而彻底改写了中国在全球化中的位置，并连带地重新编码了中国文化的心态，即从世界领先的位置降到后发国家的位置，使得文化心态上总是在古今中西之间摇摆，或者崇洋，或者自卑，或者赶超，或者闭关。使中国文化在现代性转型中成为一个政治哲学问题，一个国格尊严或民族存亡的问题。当然，在新世纪，中国学界对这个问题有更开放的心态和新的看法：对中学西学不再是二元对立的，而是学不分古今中西；对西方的器物类、制度类的先进体系能够"拿来主义"式地接受，而对思想和宗教信仰问题也能够展开多元文化对话。

由于全球化对中国而言既是一次难得的机会也是一个巨大的挑战，这意味着可能会失去一些东西，甚至是一些难以割舍的东西。同时，又不得不接受一些东西，甚至是一些很难认同的东西。因此，对中国而言，全球化问题不是变得简单了，而是更加复杂了。因为不少人将全球现代化看成是一个世俗化进程，进而将世俗化仅仅看成是一种个体生命欲望的张扬。尤其是在世纪之交的中国文坛，用"汉语写作"所面对的汉语读者群"在国内"这一特殊语境中，其问题就更为复杂和难以把握。在我看来，如何从更大的跨国或世界文化视野审视自我的"文化身份"和"精神禀赋"，展示个我的真正存在意义和生命归宿，如何从"自我身体"和"他者身体"入手进行深度描述，即不仅从"自我"的中国人视域去看世界，而且也从"他者"的眼光来看"中国"问题，才可以真切地查明自我文化身份，并对当今世界东西方问题有新的推进。尽管在全球化中不少人是双语写作，但母语的优先形式自不待言，这或许会导致某种身份错杂和问题的双重开启或双重遮蔽。在对私人空间或身体欲望重视的同时，同样有个"度"的问题，丧失了这个"度"，就会从有效的意义逆转成为丧失了合法性的无意义行为。

3. 坚持全球化语境中的话语身份立场

西方文化话语往往通过扭曲第三世界人性的方式而获得自身的话语中心地位，也就是说，个体必得放弃第三世界民族语言身份而换取他民族文化身份，这种由被动到主动的姿态使当代学者不断询问和不断寻找自我身份。这种身份意识的关键就在于受制于西方话语权力秩序而产生西方中心的幻觉，其优越的感觉隐藏一种跨越的暴力和本土意义解读中深刻的文化危机。

在全球化时代，我们在认真思考多元文化问题的同时，还需进一步对后殖民状态中西方对中国文化身份的凝视和歧视加以拒斥和批判，并对其根本片面性进行认真审理和批判。不妨说，全球化理论和实践的健康发展，取决于一种正常的文化心态，即既不以一种冷战式的二元对立思维去看这个走向多元的世界，也不以一种多元即无元的心态对一切价值加以解构，而走向绝对的个体欲望和个体差异性。而是在全球文化转型的语境中，重视民族文化中的差异性和特殊性的同时，又超越这一层面而透视到人类某方面所具有的普适性和共通性，使我们在新理性指导下，重新阐释被歪曲了的民族寓言，重新确立被压抑的中国文化形象。在反后殖民话语的同时，过分鼓动民族主义和东西方差异性，却有可能使宽容精神和远景胸怀消失在紧张对峙或者消费性大众文化中。甚至张扬民族差异而差异却不复存在，张扬民族精神而消费策略却使民族精神隐没不彰。如何避免这种反西化、反现代化导致的第三世界的相对贫困，如何在多元历史和多元权力的世界新形式下，使"第三世界"的文化不成为一种"后历史"，并在保持自我相对的差异性的同时，而获得具有普遍意义的全球标准的认同，确实是非常值得冷静深思的事情。

民族主义是后殖民时代的热门话题。民族主义在张扬民族的正义和民族精神方面有着重要的功能，它不仅可以在有效的范围内团结民族的知识精英和民众，对西方的文化政治凝视和种族阶级歧视作出反弹性批判，而且可以对自身的文化策略和话语机制进行有效的改写，对新的世界格局中的中国形象加以定位。但是，如果一味张扬民族主义而对抗世界主义，则有可能走向事情的反面，即对整个世界的发展趋势作出错误的判断，对自身文化形象加以夸张性申述，从而重新走向冷战意识，走向自身的封闭和精神的盲目扩张。因此，对其正负面效应作出公正的评价，是当代知识分子的重要工作。无论是自由主义、保守主义，还是激进主义知识分子，都只能从中国的当代实际出发，面对中国开放的新世纪图景，进行切实的有效的文化分析，从而确立自身的话语身份立场。

4. 全球化语境中的跨文化对话

在多元文化观念的播撒中，不少第三世界的文化哲学家和文学理论家，以一种跨文化的眼光对民族精神和对人类文化远景加以深度思考，积极参加这场深入广泛的国际性文化对话的讨论，探讨多元文化前景和自身文化出路的选择。问题在于，在东方西方、男性女性、不同阶级、不同民族之间的冲突，是以冲突的矛盾性加以强调强弱的对比，中心和边缘的消解而达到矛盾的化解呢？还是以和而不同的差异思维，强调不同民族、不同人群、不同国家、不同文化的差异性，从而使得全球冷战后的思维得以消解，使得"和谐""对话"逐渐取代"冲突""斗争"，使得差异性逐渐渗入人们思维的统一认同中呢？这些关键性问题，绝不是可以轻轻滑过的。

在当前复杂的后冷战文化氛围中，要使倡导全球一体化理论和坚持民族主义观念的人完全达到共识，是不现实的。事实上，在实践中我们既不可能完全走向西方中心主义，又不可能彻底坚持文化相对主义，而只能清醒地对这二者的问题加以审理。多元文化语境中的问题使我们明白，当代中国问题绝非任何单一模式可以解决，这种呈现交织状态的话语纠缠，使问题的任何解决都变得相当棘手。这使得我们必须既认识到狭隘民族主义的危害，同时也厘清全球化理论的某些误区；既清醒地审理这些日益严重的网状问题，又不是情绪化甚至煽情式地决然对立，从而对新世纪的跨国际语境的东西方文化的基本走向，对复杂的文化冲突和对话中的华夏文化策略有着正确意向性判断。

无论是跨国关系问题的来源和结果，问题的转移和遮盖，都逃离不了全球化语境。强调差异性、边缘性、少数话语成为第三世界话语向第一世界表达自己思想的基本模式。这种叙事有两个好处，首先获取小话语向大话语的亲近，以此来获取小话语的合法性。同时这种小话语表明了第三世界的空前的失落，希望获取第一世界的话语的支持。抓住历史的契机，把握全球化构成中的处于低势位的"转型期中国"或"发展中的中国"所具有的流动演化性，追问民族身份认同在价值创构中遭遇到的诸多问题，才能使知识者在话语转型中体认到这种境遇所提出的挑战式机遇，并转变僵化观念抵达多元性对话，从而将务实性思考推进到中国问题与全球化问题前沿，进而为新世纪"中国形象"的确定奠定思想基础，使中国文化在全球化语境中的"文化输出"和"多元对话"成为可能。

（原载《社会科学战线》2003 年第 6 期）

跨文化交流中的中国形象及其迁移

代　迅

由于文学研究前沿领域各学科的相互交叉，文学理论领域的后殖民批评已经和比较文学领域的形象学研究呈现出一种跨学科的胶着状态，中国形象的异文化表述已经成为学界普遍感兴趣的问题，这里不仅涉及知识体系的客观性与公正性问题，也有政治和学术的关系问题，同时也是关系到新世纪中外文化与文学交流的问题，既令人深思，也有不少理论逻辑的混乱。

一、理想化的国土

在论述西方人所描绘的中国形象时，我们必须首先意识到，西方如同东方一样，是一个极其复杂的概念。从空间范围来看，从欧洲诸国远及北美的美国和加拿大，从时间范围来看，从古希腊罗马经中世纪至今，从语种来看，涵盖英、法、德、俄等多种语言，因而不宜把西方复杂多样的文化传统简单化。张隆溪说得好：

> 西方心目中的中国是在历史过程中形成的形象，代表着不同于西方的价值观念，这不同可以是好，也可以是坏。在不同时期，中国、印度、非洲和中东都起过对称西

方的作用，或者是作为理想化的乌托邦、诱人和充满异国风味的梦境，或者作为永远停滞、精神上盲目无知的国土。①

西方人对中国形象的描述，在不同的历史阶段和不同的国家，不尽相同，甚至存在显著差别，这里面有复杂和多方面的原因，到底哪些是强权体制下的歪曲与附加，哪些是合乎客观事实的知识，这需要我们仔细地辨析，而不宜做含混笼统的谈论。从历史上看，在逐渐了解中国的过程中，西方视野里的中国形象经历了一个漫长的演变过程。

世界著名的意大利旅行家马可·波罗曾经于13世纪来到蒙古统治下的中国，在中国为官和游历17年，《马可·波罗游记》中描绘了中国发达的工商业，繁华热闹的市集，宏伟壮观的都城，完善方便的交通，普遍流通的纸币，对我国古代的印刷术、火药、指南针等举世闻名的发明，用"黑色石头"（煤）做燃料等均有不少记载。这部游记传达出的中国人是高度文明、和平而繁荣的民族。书中的内容，使每一个读过的人都无限神往。这本书问世后在欧洲广泛流传，激起了欧洲人对中国文明与财富的倾慕，最终引发了新航路和新大陆的发现。

马可·波罗的书并不为其同时代的欧洲人所相信。因为在当时远远落后于中国的欧洲，人们根本无法相信在东方有如此的高度文明，他们把游记中的许多叙述看做无稽之谈。实际上，是马可·波罗时代的欧洲人判断失误，正如清末的中国人对欧洲没有正确的理解一样，纯属愚昧落后所致。英国学者威

---

① 张隆溪：《非我的神话》，载史景迁：《文化类同与文化利用·附录》，北京：北京大学出版社1990年版，第217页。

尔斯在其所著的《世界简史》中正确地指出：

> 在整个第七、八、九世纪中，中国是世界上最安定、最文明的国家……在这些世纪里，当欧洲和西亚的散民，不是住在陋室或有城垣的小城市里，就是住在凶残的盗贼堡垒中；而许许多多的中国人，却在治理有序的、优美的、和蔼的环境中生活。当西方人的心灵为神学所缠迷而处于蒙昧黑暗之中，中国人的思想却是开放的、兼收并蓄而好探求的。[①]

中国从秦汉以来一直到清朝前期，特别是汉唐，是举世公认的世界上最强大的帝国之一。仅以唐朝为例，6—8世纪的长安，是一个开放的世界性都市。长安的鸿胪寺曾接待过70多个国家的外交使节，他们多率颇具规模的使团，这就是王维在《和贾至舍人早朝大明宫之作》中所描绘的"九天阊阖开宫殿，万国衣冠拜冕旒"的大唐帝国鼎盛时期的气象。唐朝的国子学和太学，接纳了30000多名外国留学生。其中日本留学生最多时可达10000名，其他亚洲国家也有不少。据《旧唐书》记载：仅开成五年（840）一次回国的新罗的留学生就达105名。[②] 日本学者井上清在他的著作《日本历史》中写道："唐朝的文化是与印度、阿拉伯和以此为媒介甚至和西欧文化都有交流的世界性文化"。[③] 据统计，"在长安城一百万总人口

---

① 转引自李寅生：《论唐代文化对日本文化的影响》，重庆：巴蜀书社2001年版，第18—19页。

② 李寅生：《论唐代文化对日本文化的影响》，重庆：巴蜀书社2001年版，第16页。

③ 李寅生：《论唐代文化对日本文化的影响》，重庆：巴蜀书社2001年版，第18页。

中，各国侨民和外籍居民约占到了总数的百分之二左右，加上突厥后裔，其数当在百分之五左右"。① 元代开国君主成吉思汗横扫欧亚大陆，蒙古骑兵的铁蹄踏至多瑙河流域，建立起跨越欧亚的庞大帝国，也使中国声威远播。

15 世纪末 16 世纪初，哥伦布的地理大发现，麦哲伦的环球航行，欧洲各国纷纷走向海外，也启迪了天主教会向海外寻求发展。明代以来，西方传教士逐渐进入中国，由耶稣会士带回欧洲的资料日渐增多，中国的形象在欧洲人的视野中逐渐变得清晰起来。1585 年西班牙修道士胡安·冈萨雷斯·德·门多萨所著《中华大帝国史》问世，在《利玛窦中国札记》发表前，这一直是欧洲最有影响的一部专论中国的百科全书，被《欧洲与中国》的作者赫德森（G. H. Hudson）誉为"从此为欧洲知识界提供了有关中国及其制度的丰富知识"，美国学者拉赫（D. H. Lach）认为："门多萨的著作的权威性是如此之高，它可以作为 18 世纪以前所有有关中国著作可供比较的起点和基础"。② 在门多萨的《中华大帝国史》中，中国地域辽阔，交通完好，北京是世界上最大的城市，中国的建筑用材举世无双，坚硬无比，中国是世界上最富饶的国家，中国人在科学技术方面有很高的成就，中国人的火炮十分精良，性能优于欧洲，中国和欧洲处于平等的发展阶段，甚至在物质生产和国防力量的某些方面仍然优于欧洲，这在很长时期内勾勒了西方

---

① 沈福伟：《中西文化交流史》，上海：上海人民出版社 1985 年版，第 156 页。

② 黄时鉴主编：《东西交流论谭》，上海：上海文艺出版社 1998 年版，第 72 页。

国家理解中国的大致轮廓。①

我们不妨比较一下正在全球范围内扩张的西方文化在不同地域的差别。明清时期来中国传教的耶稣会士和到北美传教的耶稣会士有一个极大的不同，到北美传教的耶稣会士是以征服者的姿态出现，当地土著印第安人尚处于石器时代，被视为需要教化的野蛮人，相反，来中国的耶稣会士发现的是一个独立、统一和强大的中华帝国，其文明传统已经发展到了很高的水平，这些传教士自己反而被中国人视为野蛮人，他们不得不取汉名，学汉语，以"仰慕天朝"的形象出现，努力使自己和基督教都中国化，因此我们不难理解耶稣会士对中国的积极评价。法国传教士白晋在给法国国王路易十四呈上的《康熙皇帝》奏折中，对康熙皇帝大加赞美，称赞他有"高尚的人格，非凡的智慧，更具备与帝王相称的坦荡胸怀"，这使路易十四感到十分惊讶，并对康熙皇帝产生了好感，其他一些法国传教士对康熙皇帝的"博学与才智"也颇为赞赏，这些来华传教士的观点，对当时欧洲集体想象中的中国形象，产生了重要影响。②

启蒙时期的欧洲出现了一个所谓的"亲中国浪潮"，著名的启蒙思想家伏尔泰的亲中国倾向是很有名的，路易十四的家庭教师念诵道："圣人孔子，请为我们祈祷"，莱布尼茨则建议西方君主都应该向中国学习，请中国的文人来，并派西方的文人去那里，以便发现普遍真理。欧洲人对中国怀有这样的

---

① 参见黄时鉴主编：《东西交流论谭》，上海：上海文艺出版社1998年版，第82—86页。

② 参见李晟文：《明清时期法国耶稣会士来华初探》，《世界宗教研究》1999年第2期。

信念：

> 存在着一种由人自己管理自己和由理性来管理人的模
> 式。没有宗教，没有教会：自由思想的绿色天堂。这个模
> 式只要照搬就可以了。它的盛誉传遍欧洲。伏尔泰肯定地
> 说：中国君王的身边都是文人，在人民苛求的目光注视
> 下，文人的意见，甚至是责备的意见他都认真地听取。人
> 们曾把这种热情编成两句韵文：

> 沃修斯带来一本关于中国的书，书里把这个国家说得
> 奇妙无比。①

值得注意的是，启蒙时代的人对欧洲的一切都重新评价，
但对中国社会却全盘肯定。启蒙主义哲学家竭力将中国渲染成
一个世俗乐园，中国的开明帝王，宗教宽容的政策，孔夫子的
睿智，都使当时的西方人自愧弗如。根据法国学者安田朴记
载，在启蒙时期西方学者的笔下，孔夫子与僧侣和神父们相敌
对，洞察一切，反对独裁，甚至精通物理学。伏尔泰在《哲
学辞典》中这样写孔夫子："他从来不冒充先知，决不自称是
受启示者，从不传授一种新宗教，决不求助或依赖于权威，从
不吹捧他于其统治下生活的皇帝。"② 文学故事中的仙女要求
人们"不要转弯而一直沿着通向中国的道路前进"③。

比较文学形象学的重要代表、法国学者巴柔在《从文化

---

① 阿兰·佩雷菲特：《停滞的帝国——两个世界的撞击》，北京：生活·读书·新知三联书店 1993 年版，第 30—31 页。
② 安田朴：《中国文化西传欧洲史》，北京：商务印书馆 2000 年版，第 703页。
③ 安田朴：《中国文化西传欧洲史》，北京：商务印书馆 2000 年版，第 535页。

形象到集体想象物》一文中认为，当异国文化现实被视为优越于本土文化的时候，就会出现对本土文化的贬低和对异国文化的狂热，他们意识到了本土文化所缺乏的东西，对异国文化的狂热褒扬更多地属于一种"幻象"①，这个描述基本适用于彼时彼地的中西文化关系，因为当时的欧洲不仅有了这些关于中华帝国的知识基础，不仅认为中国帝国的历史发展阶段和文化优越于欧洲，而且还有出自欧洲自身历史发展的诉求。自文艺复兴以来，为了摆脱中世纪神权中心和来世主义的统治，反对宗教禁欲和蒙昧主义，西方的思想文化和艺术领域开始向非基督教的古代希腊罗马文化汲取养料，肯定人的现实欲求，向着建设世俗文化的方向迈进。18世纪的启蒙运动是文艺复兴的继续和深化，启蒙思想家激烈反对基督教神权在思想领域的无上权威，坚持把理性作为裁判一切的最高标准，他们努力设计未来"理性社会"和"理性国家"的种种蓝图，这时一个强大富庶的非基督教甚至是没有宗教信仰的中华帝国进入了欧洲人的视野，可谓适逢其时。

毋庸讳言，欧洲人关于中国的这些描述不可避免地存在着想象、美化和失实的地方，和当时历史上真正的中国已经有了距离，秦始皇的"焚书坑儒"，汉代"罢黜百家，独尊儒术"，明清两代大兴"文字狱"，中国并不存在什么"自由思想的绿色天堂"，但是，这些描述和当时中国的繁荣富强以及在世界上的地位基本上是相称的。同时，启蒙思想家对中国的描绘是和他们对"理性王国"的设计是紧密粘连在一起的，孔夫子

---

① 孟华主编：《比较文学形象学》，北京：北京大学出版社2001年版，第142页。

实际上已经被描绘为一名欧洲的启蒙思想家，中国则被描绘成了"理性王国"的天堂，可以说，中国作为一个没有宗教信仰的世俗化国家恰恰适合了西方文化自身发展的现实需要。这些关于中国的异文化表述不仅是欧洲人的集体想象，更是欧洲的现实发展所驱动的知识生产，是西方已有知识体系的延伸，是为改变欧洲的现状并促进其发展服务的。

二、停滞与衰落的国度

一连串历史事件的发生使得中国在欧洲的威望严重下降。首先是康熙决定驱逐在华的耶稣会士和罗马教廷在 1773 年决定解散耶稣会，中国失去了耶稣会士的公开支持与赞颂。1793年英国派遣马戛尔尼出使中国，试图迫使中国签订苛刻条约，但是英国人大失所望。在 19 世纪的两次鸦片战争中，一支数百人的小股西方军队就足以使庞大的中华帝国蒙受耻辱，使中国人不得不与西方列强签订一系列的不平等条约。这样，欧洲的中国化热潮结束了，即将开始一个中国的欧洲热时代了，中西之间的位置根据国际角逐中的力量对比发生了根本性倒置，但是更耐人寻味的差别还在于，如果说欧洲的中国化热潮是主动的话，那么中国的欧洲热则完全是被迫的。

伴随着中国国势的逐渐衰颓和鸦片战争后西方对中国的逐渐征服。以男人蓄辫、女人缠足和残酷的刑罚为特征的近代中国在世界上的总体形象，就是老弱、保守、愚昧、落后，以致出现了"支那"这样一个带有强烈种族歧视色彩的词汇。这些形象也出现在大众传媒之中，美国的好莱坞电影是西方世界最具影响力的大众传播媒介之一，据刘康主编的《妖魔化中国》第五章"好莱坞与丑陋的中国人"中记载，早期的美国电影往往着力夸大中国人拖地的长辫和伸长的指甲，好莱坞影片中的中国和中国人，往往被描绘为阴险狡诈、行动诡秘、诡计多端、欺骗成性、肮脏不堪、缺乏道德。阴森可怖的唐人街是罪恶的滋生地，这里黑帮猖獗，妓女遍地，到处活动着吸食鸦片的流氓和恶棍。将唐人街与帮会活动和地下犯罪相提并论，在美国发展成为一个持久的传统，为好莱坞电影恣意利用。简短地讲，自从进入近代社会以来，中国的国际形象基本上是丑陋和负面的，这引起了一些中国学者的激烈批评，被认为是对中国别有用心的丑化和扭曲，有的学者将这种现象概括为"妖魔化中国"，近十多年来，"妖魔化中国"的提法"不仅在中国国内，甚至在国际上都引起了震动"，成为海内外学界关注的学术焦点之一。①

为什么近代以来中国在国际社会中会成为一个否定性的形象，这需要作具体分析，这里便可能存在两种情况，一种是比较客观和如实的描绘，一种是不正确地描绘甚至是别有用心的歪曲。中国形象也至少包括两个重要方面，一是中国政府的形象，二是中国人的民族性格即所谓的"国民性"。以中国政府的形象而论，从晚清经袁世凯和北洋军阀到国民党政府，即使按照我们自己国内几十年来官方正统教科书的观点，也是吏治黑暗、腐败盛行的反动政府，是无论如何"妖魔化"也不过分的，而中国古代封建政府的专制与黑暗，"焚书坑儒"的暴君秦始皇，大兴"文字狱"的清代康乾"盛世"，难道几十年来我们批得还少吗？西方传媒往往习惯性地将中国描绘为贫穷

---

① 参见李希光：《再论"妖魔化中国"》，《国际新闻界》1997 年第 5 期。

落后、腐败成风、问题成堆、没有民主与人权的国家，至少这与近代中国的形象是吻合的，并且这正是中国发生共产主义革命的原因所在，简单化地斥责西方对我们的歪曲和丑化是没有说服力的。

这个时期的西方人对中国的描述中最突出是专制和停滞，孟德斯鸠在《论法的精神》中写道："中国是一个专制的国家，那里笼罩着不安全与恐怖。它的统治只有靠大棒才能维持"，还要依靠因袭旧套，"礼使老百姓服从和安静"。[①] 黑格尔严厉批评了中国政权、神权和家族制混合的专制政体，认为这严重地阻碍了社会进步，他在 1822 年写道：

> 中华帝国是一个神权政治专制的国家。家长制政体是其基础；为首的是父亲，他也控制着个人的思想。这个暴君通过许多等级领导着一个组织成系统的政府……个人在精神上没有个性。中国的历史从本质上看是没有历史的；它只是君主覆灭的一再重复而已。任何进步都不可能从中产生。[②]

最容易引起我们的反感和争议的是西方人对中国人民族性格的描绘和中国的反面国家形象相联系，这些描绘也往往带有负面和否定色彩。1875 年 7 月 6 日的《纽约时报》在题为《令人恐怖的考试制度》中描绘了中国的知识分子，文章写道：

> 在大清国，士，或称知识分子……他们反对电报、铁

---

① 转引自阿兰·佩雷菲特：《停滞的帝国——两个世界的撞击》，北京：生活·读书·新知三联书店 1993 年版，第 32 页。
② 转引自阿兰·佩雷菲特：《停滞的帝国——两个世界的撞击》，北京：生活·读书·新知三联书店 1993 年版，"扉页"。

路以及一切新鲜的东西。他们阅读的经典是孔夫子时代创作的……清国男人们的心智的发展也被抑制在孔夫子时代的水平……知识的缺陷使他们难以理解近年来侵入他们领土的那些外国人，洋人对他们而言几乎是不可思议的。[①]

西方这些关于中国的认识逐步走向系统化、体制化和定型化，19世纪末的美国传教士明恩浦（Authur H. Smith）撰写的《中国人的素质》（*Chinese Characteristics*）可谓集大成者。明恩浦曾在中国乡村生活长达20年，直接的经验观察、大量的第一手材料和力求诚实客观的态度，使此书成为西方人介绍与研究中国国民性格的最具影响的著作之一。此书不仅影响了西方人和日本人的中国观，甚至对中国以鲁迅、潘光旦为代表的现代国民性反思和中国人的民族改造思潮也产生了莫大的影响。该书在赞扬中国人节俭、勤劳等优点的同时，也批评了中国人国民性格中的许多弱点，包括心智混乱、麻木不仁、因循守旧、缺乏公共精神、同情心的缺乏、漠视时间、言而无信等，认为中国人在精神生活中特别是在宗教方面存在着关键性的缺失。费正清在《中国：传统与变迁》中批评"中国对外界的刺激异常麻木"，"中国人几乎完全生活在以往历史的阴影之中。这个民族的宗教崇拜其实也就是他们对以往历史的崇拜"。[②] 费正清在此书中还批评了中国人的另一些弱点，正好与明恩浦的观点相互印证和对照。

赛珍珠以对中国社会所做的史诗性描绘著称，并因此而获

---

① 郑曦原编：《帝国的回忆：〈纽约时报〉晚清观察记》，北京：生活·读书·新知三联书店2001年版，第91页。

② 费正清：《中国：传统与变迁》，北京：世界知识出版社2002年版，第446、447页。

得诺贝尔文学奖。在她的小说《大地》、《中国的天空》、《龙种》以及改编成的电影中，中国是一个贫穷闭塞、愚昧落后、盗匪猖獗、充满灾荒与战乱的国家，中国人是坚忍不拔、勤劳憨厚的农民。马文·马特力克（Marvin Mudrick）在论述中国古典小说时，认为谋杀、自杀、处决和严刑逼供几乎是中国古典小说的家常便饭，慨叹"中国酷刑"之可怕，斥责中国将领乱军中竟然舍太太逃命而毫无忏悔意识，缺乏高贵情操，男女之间眉来眼去不是做成浪漫史的材料，而是祸水的根源。①这些论述显示了中西之间的文化差异，真实地祖露了现实中国存在着的缺陷和弱点，揭示了中国语境中现代性问题的复杂与艰巨性。

在关于中国的负面形象的不正确的甚至是扭曲的描写中，我们依然能够透过其中的迷雾了解到真实中国的某些侧面。在美国第一篇涉及中国的小说《中国独身行》中，中国人被描绘成"吃狗肉鼠肉，杀害女婴，殴打甚至杀害妻子，没有感情，从不洗澡，不识字，又说着洋泾浜英语，像小孩咿呀学语的怪人"②，在 19 世纪末美国文学中的中国形象中，中国人"渐渐被看成是一个庞大和饥饿的民族：数以百万计的人濒于死亡，悲惨、疾病和乞丐，瘦骨嶙峋的儿童……竞相争夺船上抛弃的垃圾，到处是饥饿、不足温饱、文盲、无知、迷信"③，

---

① 参见黄维樑、曹顺庆主编：《中国比较文学学科理论的垦拓》，北京：北京大学出版社 1998 年版，第 273 页。

② Julia Ralph, *Alone in China and Stories*, New York: Happy and Brothers, 1897, p. 141.

③ Jonathan Goldstein, *Philadelphia and the China Trade* (1682–1846), Pennsylvania University Press 1978, p. 731.

实际上这些描绘也在一定程度上真实地写出了 19 世纪末的中国人民在腐败无能的晚清政府统治下的悲惨生活，这种非人的生活实际上也延续到 20 世纪前半叶的中国，对照中国现代小说如罗淑的《生人妻》、柔石《为奴隶的母亲》等作品中所描绘的生活图景，我们很容易理解这一点。

我们还不应当忽略的是，关于中国的一些歪曲性描写在西方也受到严厉的批评，因为这些描写给西方传达了错误的信息。乔治·安森（George Anson）的《世界旅行记》中认为中国人的生活混乱不堪，中国的书写文字根本就不存在等，美国耶鲁大学教授史景迁（Jonathan Spence）在《文化类同与文化利用》一书中正确地指出，由于安森本人只是一个海军军官，并且在未经中方许可的情况下在广州强行抛锚，因而他和中国人之间相互抱有强烈敌意，安森是"一个彻头彻尾的幻想家，他所说的话十足地荒诞无稽"①。早期美籍华人在美国受到的种种迫害及不公正待遇，在美国人撰写的有关中国移民的书籍中也得到了真实的叙述和描写②，笼统地斥为"妖魔化中国"是没有理由的。西方人并不欢迎传达给他们错误的信息，他们需要的是真实中国的形象。

三、近现代中国人怎样表述自己

形象学研究本身，作为一种充满活力的比较文学研究新方

---

① 史景迁：《文化类同与文化利用》，北京：北京大学出版社 1997 年版，第 72 页。
② 参见 James A. Banks, *Teaching Strategies for Ethnic Studies*, A Simon & Schuster Company, 1991, pp. 411–412。

法，存在着某种不足之处，它主要是研究一国文学中对"异国"形象的塑造或描述，基本不考虑本国对自身的形象塑造问题。① 与此相应的是，后殖民批评的代表人物萨义德（Edward W. Said）在猛烈抨击西方学界的东方学的时候，引用了马克思《路易·波拿巴的雾月十八日》中的一句话："他们（东方人——引者注）无法表述自己，他们必须被别人（西方人——引者注）表述"②，这句话在目前国内学界评价中西方文化关系时也颇为流行。这些观点重叠交织在一起，给人以一种错觉，似乎中国只是在被动地等待别人来表述，中国自身似乎已经丧失了表达能力。其实这句话用来描述中西方文化交流中的中国形象时一点都不合适，因为像中国这样一个具有深厚文化与艺术传统的国家，一直都在不停地表述自己，即使是在近现代中国，中国的思想家和艺术家关于中国自身的描绘也已经构成了中国自身的形象学体系，我们不妨与西方人眼中的中国形象加以对照，这对于我们较为客观公正地认识跨文化交流中的中国形象和拓展比较文学形象学研究的疆域，都是十分有益的。

事实上，近现代中国社会的一批先知先觉者，比西方人更了解中国，也更热爱中国，也较早意识到强民对于强国的重要性。对他们来说，"爱之愈深，恨之愈切"，因而他们对中国历史与现状批判的激烈程度，甚至远在西方人之上。他们所留下来的在这方面的一些珍贵历史思考，在长期充满血与火的革

---

① 参见孟华主编：《比较文学形象学》，北京：北京大学出版社2001年版，第2页。

② 爱德华·W. 萨义德：《东方学》，北京：生活·读书·新知三联书店1999年版，第28、1页。

命动荡时期往往被我们忽略或否定了，今天我们应该给予更多的注意。在《小说与群治之关系中》，梁启超扼要而深刻地描述了当时中国国民的精神状态：

> 今我国民轻弃信义，权谋诡诈，云翻雨覆，苛刻凉薄，驯至尽人皆机心，举国皆荆棘……

> 今我国民轻薄无行，沉溺声色，绻恋床第，缠绵歌泣于春花秋月，销磨其少壮活泼之气，青年子弟，自十五至三十岁，惟以多情多感多愁多病为一大事业，儿女情多，风云气少，甚者为伤风败俗之行，毒遍社会……①

梁启超由此提出了一个后来影响深远的思想——"新民"，即改造国民性的思想，并以文学作为新民的主要手段，也就是著名的"欲新一国之民，不可不先新一国之小说"。梁启超以小说改良为发端，以改造国民性为途径，全面提出了他改造中国的主张，包括"欲新道德"，"欲新宗教"，"欲新政治"，"欲新风俗"，"欲新学艺"，"乃至于欲新人心，欲新人格，必新小说"②。梁启超的这些影响是深刻的，在青年毛泽东所组织的长沙"新民学社"那里，依然有梁启超思想的影子在闪动。

作为五四新文化思潮的主要代表陈独秀，在《今日之教育方针》、《新青年》、《我之爱国主义》等文中，多次痛心疾首地谈到中国国民性的种种问题：

> 债权无效，游惰无惩……官吏苛求，上下无信……

---

① 郭绍虞主编：《中国历代文论选》第4册，上海：上海古籍出版社1980年版，第207—211页。

② 郭绍虞主编：《中国历代文论选》第4册，上海：上海古籍出版社1980年版，第207—211页。

　　白面书生，为吾国青年称美之名词。民族衰微，即坐此病。美其貌，弱其质……艰难辛苦，力不能堪。青年堕落，壮无能为。

　　公共卫生，国无定制；痰唾无禁，粪秽载途。沐浴不勤，恶臭视西人所蓄犬马加甚；厨灶不治，远不若欧美厕所之清洁。试立通衢，观彼行众，衣冠整洁者，百不获一，触目皆囚首垢面，污秽逼人……①

　　1924 年老舍赴伦敦大学东方学院执教，以弱国子民的身份生活于大英帝国，这使他受到强烈的文化震撼，有机会在中西对照中研究中国文化传统和中国国民性问题，并把这些思考付诸小说创作中的形象性描绘，这样便有了小说《二马》。这是凝聚了作者独到思考的著作，由于和 20 世纪 50 年代以来的主流意识形态不合而长期被我们所忽略。这篇小说讲述了北京绅士（马则仁）老马带着儿子马威来到英国，继承哥哥遗留下来的老古玩店，经历的种种可悲可笑的故事，不仅写出了中国人在英国所遭受的民族歧视，更为重要和深刻的是，思考我们为什么会受到歧视，进而对中国文化的劣根性，特别是对中国长期的专制统治所形成的"官本位"文化、"混世"哲学和根深蒂固的等级观念，对中国民族性格自身的弱点，进行了深入的揭露和批判。在整个中国现代文学史上，《二马》超越了当时流行的"阶级分析方法"，以民族身份定位，是唯一的一部有意识地把"老中国的儿女"放到西方文化的舞台上，以强烈的对比反差来展示跨文化交流中的老中国形象的长篇小

---

　　①　吴晓明编选：《德赛二先生与社会主义——陈独秀文选》，上海：上海远东出版社 1994 年版，第 17、35、43 页。

说，值得引起我们的特别注意。

闻一多在著名的诗歌《死水》中，以"这是一沟绝望的死水，这里断不是美的所在"的意向来象征当时腐烂的旧中国。1900 年，梁启超写下了著名的《少年中国说》，高声疾呼："我心中有一少年中国在"，试图一扫中华帝国的沉沉暮气。五四新文化运动伊始，李大钊就以"青春中华之创造"为题，确立了"青春中华"的基本含义，在他看来，"青春中华"本质上是指中华民族精神的青年化，他特意强调，这里的青春，"非由年龄而言，乃由精神而言；非由个人而言，乃指社会而言"①。潘光旦研究生物学与遗传学，毕生探索中华民族的强种优生之道，致力于改善民族素质。鲁迅多次写到中国人看客式的冷漠、麻木和愚昧，在为俄译本《阿 Q 正传》写的"序"中，鲁迅表示要通过阿 Q 画出"沉默的国民的魂灵"②，这些深刻的探索与尖锐的批判，揭示了中国积贫积弱的现实与漫长的封建历史传统的积淀交汇中所形成的某种关键性的缺失，构成了中国现代性焦虑最重要的主题之一。王富仁在论述鲁迅的创作时，精辟地指出：

> 鸦片战争之后，中国在外力的压迫下结束了自己的封闭状态而介入了广泛的世界联系，它所暴露出的中国的落后不是单方面的，而是整个社会的。经济上的贫穷落后、政治上的封建专制、思想上的愚昧保守是同时存在于中国社会的三个最现实的根本问题……鲁迅是在五四新文化运

---

① 朱俊瑞、吴秋华：《少年中国与青春中华——二十世纪初知识分子对中国形象的重构》，《东南学术》2001 年第 1 期。

② 《鲁迅全集》第 7 卷，北京：人民文学出版社 1981 年版，第 81—82 页。

动中成长起来的一个伟大的文化巨人，对中国国民性改造的思想追求形成了他思想和创作的最明确的理性基础。①

这些情况，直到今天，仍然在不同程度上存在于中国的现实之中，在20世纪80年代的知青作家朱晓坪的小说《桑树坪纪事》中，在王蒙的小说《冬天的话题》、《高原的风》、《风筝飘带》中，我们看到了这一思想的延续与深化，这是近百年中国思想界苦苦求索的一个重要主题。封建专制必然带来国民的愚昧无知和社会的停滞落后，这给中国人的心灵和性格留下了深深的烙印。

萨义德在《东方学》中写道："东方差不多是欧洲人的发明，从来就是充满浪漫风情和异国情调的古老遗物，是难忘的回忆、美丽的风景和不同寻常的体验。"② 其实这个说法并不完全准确，因为思想在任何时候都只能来源于现实世界本身。只要我们自己能够超越种族的和意识形态的偏见，就会发现，对近现代中国社会与国民性格的观察，中西之间的表述基本一致，正如《白雪公主》里那面不讨人喜欢的魔镜一样，这的确是反映中国现实社会和民族性格的一面忠实的镜子，是简单地斥为"胡说"而闭目塞听，还是认真反思进而加以改进，这是关系到中华民族生存还是毁灭的重要文化抉择。

（原载《社会科学战线》2004年第1期）

---

① 王富仁：《中国鲁迅研究的历史与现状》，杭州：浙江人民出版社1999年版，第195—196页。

② 爱德华·W.萨义德：《东方学》，北京：生活·读书·新知三联书店1999年版，第1页。

尚和与尚争：中西传统文化主导价值歧异和现代交融趋势[①]

庞卓恒

一、什么是文化、价值和国民性

文化的定义，中外学者见仁见智，立意多多。我不想在此议论各家短长，仅就自己学习各家论说后的一点心得，谈一种自己的看法，以求同仁教正。

我认为，文化是一定的人群在谋求生存和发展的长时期共同的经济、社会、政治和精神领域的社会生活实践活动和相应的生产生活方式中形成的价值体系和与之相应的思维方式、行为方式及物质和精神的人工制品（器物、制度、习俗和精神领域的符号体系）的总和；其核心是从社会生活实践活动和相应的生产生活方式中产生出来，反过来又制约和规范人们的社会生活实践活动并决定各种行为方式、思维方式和人工制品兴废更迭的价值观。[②]

---

① 本文所说的“西方”，近代以前指东欧以外的南、西、北欧，近现代以来泛指实行源于西、北欧的资本主义生产生活方式的国家。

② 关于“文化”与“价值观”的关系，张岱年先生曾指出：“事实上，不同民族的彼此有别的文化体系的差异，主要系于价值观的差异。而文化的发展演变也表示着价值观的发展演变。”参见李存山编：《张岱年选集》，长春：吉林人民出版社2005年版，第235页。

　　什么是价值或价值观呢？我的看法是：价值（Value）①就是价值观，就是人们面对万事万物判断其是非善恶或利弊得失的标准。每个人都有那样一个判断标准，只是有的人对于自己区分是非善恶或利弊得失的标准十分明确，十分"有主见"，有的人却不那么明确，不那么"有主见"，但即使缺乏主见，也总是潜意识地持有某种标准，它最终决定着她或他对自己所面对的事物的是非善恶或利弊得失的判断和相应的行为方式。

　　也就是说，人们的价值观或价值标准决定着人们面对万事万物采取什么样的思维方式和行为方式。因此，价值标准又与"国民性"相关。因为，当我们说某国的人们特有的"国民性"时，实际上就是指常见于该国的国民为人处世的思维方式和行为方式，其核心就是决定人们思维方式和行为方式的价值观或价值标准。因此，当我们谈论中西传统文化的主导价值时，实际上就是在谈论中西传统社会中人们的"国民性"。②

---

　　① 英语value具有价值、评价和价值标准（A principle, standard, or quality considered worthwhile or desirable）等含义，因此，译为中文，既可译为价值，也可译为价值观或价值标准。

　　② 据林非考证，鲁迅是使用"国民性"这个词汇的第一人，他在1908年发表的《摩罗诗力说》一文中最早使用该词汇。参见林非：《鲁迅和中国文化》，上海：学林出版社1990年版，第196页。鲁迅笔下的"国民性"指的是什么呢？这从他对美国牧师明恩浦（Arthur H. Smith）著 Chinese Characteristics 一书的评说中可得到比较明确的答案。他说到该书描述的中国人"一举手一投足，都装模装样"，讲"体面"等等表现，是对于中国人的"国民性"的揭示。参见明恩溥：《中国人的素质》，秦悦译，上海：学林出版社1999年版，"附录"。明恩溥这本书列举了26种表现，都是他认为体现了中国人为人处世的思维和行为方式的"特性"（Characteristics）。鲁迅并不认为明恩溥说得都对，但从中可见，鲁迅所说的"国民性"，指的就是国民中常见的为人处世、"举手投足"的表现和支配那些外在表现的内在精神状态或价值取向的特性。

二、先哲们的开拓和困惑

关于中西文化的异同和取舍的探讨，从 19 世纪中叶"中学为体，西学为用"思潮兴起之时就开始了，到 20 世纪初新文化运动兴起之时才系统地展开。

陈独秀 1915 年在他主编的《青年杂志》上发表的《东西民族根本思想之差异》一文，可谓引发了此后数十年论争的"世纪第一爆"。他在该文中列举了"东洋民族"（指中华民族）和"西洋民族"在"根本思想"上的三大差异："西洋民族以战争为本位，东洋民族以安息为本位"；"西洋民族以个人为本位，东洋民族以家族为本位"；"西洋民族以法治为本位，以实力为本位，东洋民族以感情为本位，以虚文为本位"。①

陈文面世后，群起呼应，纷纷陈述中西文化种种差异。其中，李大钊 1918 年发表的《东西文明根本之异点》一文，最受各方关注。他说道："东西文明有根本不同之点，即东洋文明主静，西洋文明主动是也……一为自然的，一为人为的；一为安息的，一为战争的；一为消极的，一为积极的；一为依赖的，一为独立的；一为苟安的，一为突进的；一为因袭的，一为创造的；一为保守的，一为进步的；一为直觉的，一为理智的；一为空想的，一为体验的；一为艺术的，一为科学的；一

---

① 陈独秀：《东西民族根本思想之差异》，《青年杂志》第 1 卷第 4 号，1915 年 12 月；另见陈崧编：《五四前后东西文化问题论战文选》（增订本），北京：中国社会科学出版社 1989 年版，第 12—16 页。以下引陈独秀语凡未另注出处者，均出自该文。

为精神的，一为物质的；一为灵的，一为肉的；一为向天的，一为立地的；一为自然支配人间的，一为人间征服自然的。"①

陈独秀、李大钊都主张大力吸纳西方的文化价值，用以改造中国的传统文化价值。他们所说的"东西文化"实际上就是指中西文化。他们的文章引起了巨大的反响和论争。当时活跃在文化和政论舞台上的著名人物几乎全都投入了论争。在论争中逐渐形成了营垒分明的两大派：一是以陈独秀、李大钊、胡适、常乃德等人为代表的"新文化派"，主张根本改造中国固有文化价值、大力吸纳西方文化价值；一是以杜亚泉（伧父）、梁漱溟、梁启超、辜鸿铭等人为代表的"东方文化派"，他们同意有选择地吸纳西方文化价值，但对它的主要方面持批判态度，着重强调维护中国固有的传统文化价值。

令人惊异的是，双方虽然对中西文化价值的优劣判断和取舍选择上的立场截然相反，但是在对中西文化各自具有的特征的判断上却一致。也就是说，东方文化派大都承认中西文化价值取向确实具有陈独秀、李大钊的文章列举的那些特征上的差异。

但是，那些差异究竟是"前后时代"的差异还是民族"文化根性"的差异，两派的分歧很大。大体上看，新文化派的论者多认为是"前后时代不同"的差异，强调不同时代的文化有不同的时代共性；东方文化派的论者则多认为中西文化价值的差异是民族文化"根本特性"的差异，强调文化的民

---

① 李大钊：《东西文明根本之异点》，《言治》季刊第 3 册，1918 年 7 月；另见陈崧编：《五四前后东西文化问题论战文选》（增订本），北京：中国社会科学出版社 1989 年版，第 64—78 页。以下引李大钊语凡未另注出处者，均出自该文。

族特性。

回顾前人的足迹，我们看到，各派先哲确实给我们留下了弥足珍贵的思想遗产。他们提出的许多问题，直到现在都还在发人深省。例如，新文化派和东方文化派几乎都一致地肯定中国与西方的价值观或国民性存在着"调和与竞争"、"战争与安息"等差异；他们大都在不同程度上看到双方各有短长，在未来的发展中势必要互相取长补短，形成一种新的文明。再如，他们实际上还对怎样认识文化价值或国民性的时代共性和民族特性问题作了不少发人深省的探讨。大体说来，那时的新文化派，特别是陈独秀、胡适、常乃德等人，对文化的时代共性作了颇有特色的论说；而东方文化派，特别是杜亚泉、梁漱溟、梁启超、辜鸿铭等人，对中华文化价值或国民性的民族特性作了颇有深度的论说。

与此同时，我们也不能否认，那时的先哲们毕竟受到他们所处的时代的制约而有其难以避免的局限性。

一是他们对中西传统文化的主导价值或国民性的主要差异的辨析，往往只是凭直觉感慨，而不是在潜心研究基础上做判断，因此，他们虽然看到了中国与西方的价值观或国民性存在着"调和与竞争"、"战争与安息"等的重大差异，却抓不住其中的核心价值或主导价值所在，以致把"消极和积极"、"苟安和突进"、"因袭和创造"、"保守和进取"、"懒惰和勤奋"、"内向和外向"、"重灵和重肉"、"崇德和尚力"之类的价值取向全都视为中西文化价值或国民性的差异，那就极容易陷入大悖于历史真相的论断。这是因为，如我们开篇所言，价值取向或国民性格来源于人们的社会生活实践活动和与之相应的生产生活方式，并随着人们的社会生活实践活动和与之相应的生产生活方式的变化而变化。即使在同一个时代的同一个民族中，不同的阶级、阶层和个人，他们的社会生活实践活动和与之相应的生产生活方式往往在具有同一时代同一群体的共性的同时，还具有各自的特异性，那些特异性可以称之为"大同"中的"小异"。所谓"消极和积极"、"苟安和突进"、"因袭和创造"、"保守和进取"、"懒惰和勤奋"、"内向和外向"、"重灵和重肉"、"崇德和尚力"之类的价值取向或国民性格，正是属于那些"小异"之列。同一个群体中不同的个人，甚至同一个人，在不同的生活境遇之下，都会有那些截然相反的性格特征，因此，如果把它们中的某一方面归为某一民族独有的特性，必然会导致大悖于历史真相的结论。

先哲们局限性的另一方面的突出表现是，他们对中西传统文化价值取向或国民性差异的性质和原因的剖析一般都很粗浅和片面。大体上，新文化派强调差异主要来自文化进化的时间早晚不同，认为西方早在17—18世纪就进化到了近代型的文明，中国却一直停留在"古代"、"封建时代"的文明，由此把差异的性质主要归结为"古与今"的时代差异，不认为有民族特性的差异。而且，他们也不探究造成时代差异的原因。东方文化派则认为，差异主要是文化的民族特性不同所致。至于民族特性不同的原因，他们大都归之于"大陆"或"海洋"环境的影响和人文历史因素的积淀，包括大圣大贤的精神和思想的影响。

这两大思想流派由此还导致了对中西文化未来走向的估测或期盼上的分歧：虽然两派都从不同角度预见双方在未来的发展中势必要互相取长补短，但新文化派大都认为主要将是中国趋同于西方，而东方文化派则大都认为主要将是西方趋同于中国。近百年的实际历史进程已经证明，这两种期盼都已被历史所否定。

必须注意的是，与这两大思潮并行或前后相继的，有两个极端派别——全盘西化派和本位文化派。在中西古今之争中，他们在文化理念上同新文化派和东方文化派有一定的精神上的联系。近百年的实际历史进程也已经证明，"全盘西化"和多少带有盲目拒斥西方文化的"本位文化"这样两种期盼所遭遇的历史进程的否定更为强烈。它们的倡导者在历史上留下了经久不息的负面回音。

百年来的中西古今之争中出现如此根深蒂固的偏颇，除了有社会经济、政治和阶级背景方面的原因，单从学理思路上看，主要来自历史观或本体论和方法论方面的误区。因为本体论和方法论的问题没有搞清楚，就无法弄清楚应该以什么为依据或基准去判定文化的时代共性和民族特性。

本体论和方法论误区的一个突出表现是，他们虽然谈论"文化"，但究竟什么是"文化"，那"文化"是怎么产生的，又是什么因素决定它的发展、变化的，对这些本体论问题，他们全都没有去认真探究过，几乎都是凭肤浅的直觉立论。例如，梁漱溟和胡适都说"文化"是"生活的样法"，可是什么是"生活的样法"，那"样法"又是怎么来的？他俩的说法大相径庭。梁漱溟说"生活的样法"，指的是"生活中解决问题的方法"，而"所有人类的生活大约不出这三个路径样法"：其一为"本来的路向：就是奋力取得所要求的东西，设法满足他的要求"；其二，"遇到问题并不去要求解决……他并不想奋斗的改造局面，而是回想的随遇而安；他所持应付问题的方法只是自己意欲的调和罢了"；其三，"遇到问题，他就根本取消这种问题或要求，这时他既不像第一条路向的改造局面，也不像第二条路向的变更自己的意思，只想根本上将此问题取消……凡对于种种欲望都持禁欲态度的都归于这条路"。他认为西方、中国和印度分别代表了这三种"路向"或"生活的样法"。由此可见，梁漱溟所说的"生活的样法"其实就是生活态度，就是人们的思维和行为方式，也就是我们前面说的价值取向和国民性。那么，那"生活的样法"又是从何而来呢？他的回答是："文化之所以不同由意欲之所向不同"而决定。① 那么，东西方人为什么会有不同的"意欲"呢？他说，可能有"地理的关系"，"民族的性质也有关系"。但他认为最根本的原因，是"天才"的造就。"一个社会实在受此社会中之天才的影响最大"；"文化的创造没有不是由天才的"；"天才"创造了哲学，哲学决定了一个民族的"意欲"。② 可见，他的因果判断是基于他的"意欲决定论"和"天才决定论"作出的，是唯心史观。他以此为理论前提所作的"三条路向"的判断，充满了牵强附会的谬说，当时就遭到了众多论者的批评和否定。如张东荪指出："如说印度人走第三条路，中国人走第二条路，西洋人走第一条路，好像是说印度人，中国人，西洋人，各自故意于许多可能的路中择取一条路，以为安身立命之所。其实我们决不可把一个民族认为一个自觉的单体，我们即取哲学的见地，以为民族即是大我，但须知小我本不是整个的，而何况大我呢"；而且，"无论哪一民

---

① 参见梁漱溟：《东西文化及其哲学》，北京：商务印书馆 1935 年版，第 54 页。

② 梁漱溟：《东西文化及其哲学》，北京：商务印书馆 1935 年版，第 154 页。

族，其中的哲学学说都不止一个，并且是很复杂的，但是其民族中的各种哲学虽互相反对，都带有这个民族的特性"。[①] 这些批评的确是切中要害的。胡适的"生活样法"也同样说不通。他的说法是，"我们的出发点是：文化是民族生活的样法，而民族生活的样法是根本大同小异的。为什么呢？因为生活只是生物对环境的适应，而人类的生理的构造根本上大致相同，故在大同小异的问题之下，解决的方法，也不出那大同小异的几种……例如饥饿的问题，只有'吃'的解决，而吃的东西或是饭，或是面包，或是棒子面……物质生活如此，社会生活也是如此"，"政治组织"、"精神生活"等等也都莫不如此，这就是他的"大同小异论"。他从"生理构造大致相同"直接推出"社会生活"、"政治组织"、"精神生活"等等也都会"大同小异"，逻辑上显然说不通，而把他那种"大同小异论"运用于中西文化价值比较，更使他自己也陷入了自相矛盾的尴尬境地。如他一面说各民族的文化只有时代共性，没有民族特性，一面又说中国文化具有种种恶劣的根性，而西方文化具有种种优秀根性。[②] 如他在反驳梁漱溟的中西文化"路向不同"的观点时指出，"欧洲民族也曾经过一千年的黑暗时

---

① 张东荪：《读〈东西文化及其哲学〉》，《时事新报》副刊《学灯》，1922年3月19日；另见陈崧编：《五四前后东西文化问题论战文选》（增订本），北京：中国社会科学出版社1989年版，第501—514页。

② 胡适在20世纪20年代参与文化论争的基本观点，主要见于以下两篇文章：《读梁漱溟先生的〈东西文化及其哲学〉》，1923年发表于《读书杂志》，后收入1931年出版的《散文选粹》；《我们对于西洋近代文明的态度》，载《现代评论》第4卷第83期，1926年7月。这两篇文章分别载于陈崧编：《五四前后东西文化问题论战文选》（增订本），北京：中国社会科学出版社1989年版，第534—554、684—697页。本文引胡适语，均出自该书所载该二文，不另单注出处。

代，也曾十分迷信宗教，也曾有过寺院制度，也曾做过种种苦修的生活，也曾极力压抑科学，也曾有过严厉的清净教风，也曾为卫道的热心烧死多少独立思想的人"，"至于那'调和持中''随遇而安'的态度，更不能说哪一国文化的特征。这种境界乃是世界各种民族的常识里的一种理想境界"。那么，他又怎样解释中国和西欧民族在文化上的差异呢？他说，那只"不过因环境有差异，问题有缓急，所以走的路有迟速的不同"；"我们只可以说欧洲民族在这三百年中，受了环境的逼迫，赶上了几步，在征服环境的方面的成绩比较其余各民族确是大的多多……现在全世界大通了，当初鞭策欧洲人的环境和问题现在又来鞭策我们了。将来中国和印度的科学化和民治化，是无可疑的"。这些论说表明，胡适认为文化或文明只有时代先后的差别，不承认有民族特性上的差异。应该说，他在反驳东方文化派的东西文化绝对异质论和东方文化独优论方面，有些可取之处。但他的论说的一个致命弱点是，仅从"生理构造大致相同"或"生物适应环境的方式大同小异"推导出世界各民族发展道路和历史文化"大同小异"的结论，从而根本否认各民族的发展道路和历史文化自有其民族的特殊性，而且着重强调东方文明必须效法西方文明，这就为他后来走向"全盘西化论"留下了直接的通道。这一趋向在他1926年发表的《我们对于近代西方文明的态度》已有明显表露。他在该文中对东方文明几乎全盘否定，加之以各种恶名，而对西方近代文明则全盘肯定，加之以各种美名，说"一边是安分，安命，安贫，乐天，不争，认吃亏；一边是不安分，不安贫，不肯吃亏，努力奋斗，继续改善现成的境地"。这一贬一褒，实在有点太离谱，以致本来和他同道的常乃德都"不得不提出抗议"，"抗议他把世界的文明无端分成两大系，抗议他把'求人生幸福'，'不知足'等人类文明公有的特色让给了西洋人作为专利，抗议他替东方人无端加上个'懒惰'、'知足'的罪名"。①

值得特别关注的是，那些已经被历史进程否定的文化思潮至今还有它们的余音。例如，每当论到中西文化的民族特性的差异，就总是有论者把差异归之为"大陆文明与海洋文明"、"崇尚专制与崇尚民主"、"崇尚自由与崇尚奴性"之类的"文化根性"或"文化基因"的差异；而在论及现代文化的时代共性时，有的论者认定西方文明就是现代文明的样板，就是现代文明的时代共性的代表，具有"普世价值"云云。这实际上就是当初从新文化派中分化出来的西化派在当今的延续。另一方面，一股新的尊孔读经潮流时隐时现，从另一极端引起人们的关注。

历史的回顾和现实的关照都表明，我们需要从历史观和方法论上对百年来的中西古今之争作一番清理，在此基础上对中西传统文化主导价值或国民性差异作一番再认识。

三、历史观和方法论的清理与中西传统
文化主导价值或国民性差异的再认识

如前所述，唯物史观能够指引我们在判定文化的时代共性

_____

① 常乃德：《东西文化问题质胡适之先生》，《现代评论》第 4 卷第 90、91 期，1926 年 8、9 月；另见陈崧编：《五四前后东西文化问题论战文选》（增订本），北京：中国社会科学出版社 1989 年版，第 706—714 页。

和民族特性时找到比较可靠的依据或基准。

从唯物史观来看，既然人们的文化价值取向或国民性格来源于人们的社会生活实践活动和相应的生产生活方式，由此可以推断，人们的价值取向或国民性的同和异也就必然是来源于人们的社会生活实践活动和与之相应的生产生活方式的同和异；由此也就意味着，应该根据各个民族在不同时代人们的社会生活实践活动和与之相应的生产生活方式的同和异来判断不同的民族文化的时代共性和民族特性。而且，也只有从人们的社会生活实践活动和与之相应的生产生活方式的同和异中找到的价值取向和国民性格的同和异，才能保证那样的主导价值取向和国民性格是在该族群中正常生活的所有的人共有的主导价值取向和国民性格，而且确实是该族群特有的。

在这样的历史观和方法论指引下，我们看到，当人类处在小生产、自给自足的自然经济为主的生产生活方式条件下生活时，他们的主导价值取向必然是把人生而不平等和等级依附关系视为天经地义，无论古典时期的希腊、罗马，还是先秦时期的中国以及封建时代的西欧和中国，概莫能外。随着生产生活方式由自给自足的小生产和面对面的交换转向社会化的大生产和市场化的大交换，人们的主导价值取向必然要从把人生而不平等和等级依附关系视为天经地义，逐步转向把人生而平等和生而具有独立平等的人格视为天经地义。

一般认为，西方自16世纪开始这一转变过程。中国从明清时期似乎也已开始萌动，但是到19世纪中叶鸦片战争以后才比较明显地开始转变。这是最基本的"同"，或者说，就是文化的最基本的时代共性。迄今为止，我们从人类进入文明时代以后能够看得到的文化的时代共性，就是这两个大时代具有的共性。一切民族，只要他的生产能力和与之相应的生产生活方式属于其中某一个时代，它的主导文化价值取向或基本的国民性格就必然具有相应的时代共性。

与此同时，由于不同的民族总是在不同的自然环境和人文环境中生存，即使生产能力和与之相应的生产生活方式处在同一个大时代的发展水平的基础之上，那不同时空的自然环境和人文环境必然会使他们的社会生活实践活动和与之相应的生产生活方式具有不同于其他民族的个性特征，并由此在主导的价值取向或基本的国民性格上也相应产生出不同于其他民族的个性特征。生产生活方式和与之相应的主导价值取向或基本的国民性格的这种个性特征，就是我们所说的文化的民族特性。

本着这样的认识，我们可以比较清楚地看到古典时代的希腊人和罗马人的生产生活方式同先秦时代的中国人的生产生活方式的时代共性和各自不同的民族特性，和与之相应的主导价值取向或国民性格特征的时代共性和各自不同的民族特性。

古典时代的希腊人和罗马人的生产生活方式同先秦时代的中国人的生产生活方式有一个最基本的共同点：都是过着以自给自足的小生产农业为主的生活。以前人们曾普遍相信希腊人和罗马人似乎过着以工商业为主的生活。当代一些著名学者的研究已经证明，古希腊人和罗马人也是以小生产农业生活为主的。生产生活方式的这一最基本的共性，决定了古典时代的希腊人和罗马人同先秦时代的中国人的主导价值取向和国民性格特征的一个最基本的共性：都是把人生而不平等和等级依附关系视为天经地义的。[1]

---

① 参见庞卓恒：《中西古文明比较》，《社会科学战线》2001年第4期。

但与此同时，古典时代的希腊人、罗马人的生产生活方式同先秦时代的中国人的生产生活方式有一个鲜明的不同点：前者具有很强的竞争特性，后者则具有很强的协作特性。由此造成了主导的价值取向或国民性格上的不同的民族特性。

古希腊人和罗马人的祖先都属于印欧族群，长期过着充满频繁的迁徙、征战和劫掠的游牧生活。直到公元前9世纪或前8世纪中叶，也就是中国的西周末期和春秋早期，才开始逐渐转入定居农耕生活，这不但在时间上比黄河、长江流域的中华先民进入定居农耕生活晚三四千年，更重要的是，他们转入定居农耕生活时已经普遍掌握了铁制农具和畜耕技术，足以依仗个体家庭的生产能力求得生存，不必像四五千年前的中华先民那样，唯有依靠家族、宗族的集体协作才能过上定居农耕生活。个体生产的盛行促使私有制迅速发展、贫富分化加剧和血缘氏族组织迅速解体；穷人不但沦为社会的底层，有的还沦为债务奴隶。同时，在希腊、罗马那种自然环境和历史条件下，既不可能、也无必要像黄河、长江流域的中华先民那样组织大规模的协作生产，由此也就不可能形成中国那样在大协作生产生活方式中承担组织、领导和指挥职能的大一统的国家共同体，也就不可能产生"普天之下莫非王土，率土之滨莫非王臣"那样的作为全体"子民"的最高家长的"君父"或"天子"权威，而是形成一大群各自为政的城邦，相互之间为争夺财富、奴隶和土地进行着无休无止的战争。那样的城邦国家的主要职能是对内控制穷人和富人、自由民和奴隶之间的阶级和社会冲突，对外应对城邦之间的竞争和战争。面对这些不同的、互相对立的利益群体之间的竞争以及种种内部和外部的冲突，他们不可能像中国那样由一个作为全体"子民"的最高家长的"君父"或"天子"来充当最高的裁决者，于是发明出"共和"、"民主"、"法治"那样一些手段、体制和制度，作为解决那些竞争和冲突的"游戏规则"。当然，远非所有的争端都能够通过"共和"、"民主"、"法治"那一套游戏规则得到解决，因此，古希腊人和罗马人都承认，无论个人与个人或群体与群体之间，还是城邦与城邦之间，彼此的争端最终由当事者进行生死对决乃当然之理，而且把那样的对决结果归结为"神"的裁决。由此我们看到，在古希腊、罗马那样的生产生活方式和社会政治生活的体制、制度下形成的希腊人、罗马人的主导价值取向或国民性格，其核心就是崇尚"竞争"：理想的国家就是在严酷的竞争中永远立于不败之地的"共和国"，也就是柏拉图以斯巴达为模版描绘出来的那种"Republic"；或者像亚里士多德描绘的由"家有武备而又力能执盾"的"中产"阶层为主干而组成"共和政体"的城邦。

日耳曼人摧毁西罗马帝国后，在日耳曼因素与罗马因素相互作用下产生的西欧庄园农奴制和领主—附庸制的生产生活方式，较希腊、罗马的生产生活方式有了很大改观。但那仍然是一种以自给自足的小生产农业生活和与之相应的人的依附关系为特征的生产生活方式。同时，那也仍然是一种竞争性的生产生活方式。这是因为，日耳曼人也是古印欧族群的一支，从千百年频繁征战、迁徙的游牧生活转入定居农耕生活以后，自然条件和历史条件同样使他们既无必要也不可能形成像中华先民那样的大协作的生产生活方式，而是在剧烈的军事冲突和贫富贵贱分化过程中形成了"拉丁—日耳曼"型的封建制度，其中不但充满了农奴主和农奴、贵族和平民之间的斗争，每个封建领地就是一个独立王国，相互之间经常互相侵夺。因此，与那样的生产生活方式相对应的主导价值体系或国民性格，在许多方面同古典时代的希腊人、罗马人大同小异。正如希腊、罗马最崇尚战神和战争英雄的勇武精神一样，西欧封建时代最崇尚的是骑士的勇武精神。最突出的不同之处，似乎主要是西欧中世纪的上帝及其设置在人间的神权系统比奥林匹斯诸神对人事的干预强大许多倍。奥林匹斯诸神给世俗人们留下了不少行使"自由意志"的空间，而中世纪的上帝和以它的名义建立的那套神权系统却把世俗人们行使"自由意志"的空间压缩到了几近于零的程度，使西方人经历了千年之久的"黑暗的中世纪"。

反观中国，却是另一番景象。在诞生华夏文明的中原地区，先民们显然未曾像印欧族群那样经过数千年充满动荡、迁徙和征战的游牧生活，而是通过氏族、宗族组织大规模的集体协作劳动，直接从采集、狩猎的原始生产生活方式过渡到了定居的农业生产生活方式。如孟子追溯说："当尧之时，天下犹未平，洪水横流，泛滥于天下，草木畅茂，禽兽繁殖，五谷不登，禽兽逼人，兽蹄鸟迹之道交于中国。尧独忧之，举舜而敷治焉。舜使益掌火，益烈山泽而焚之，禽兽逃匿。禹疏九河，瀹济漯，而注诸海；决汝汉，排淮泗，而注之江，然后中国可得而食也。"（《孟子·滕文公上》）诸如此类的史迹，以及众多的考古发现，都表明中华先民确是靠着集体协作劳动从原始野蛮状态过渡到定居农耕文明的。大约夏、商、西周时候，除了实行由中央权力机构组织的"大禹治水"那样的全国性协作劳动外，田间劳动也主要实行"协田"或"十千为耦"、"千耦其耘"那样的集体协作劳动。如《诗·周颂·臣工·噫嘻》所示，那样的协作劳动有时还是由"王"亲自指挥的。全国性公共工程协作规模更大。相传大禹曾在茅山（今浙江绍兴郊区）大会"诸侯"，出席者有"万国"之多。那些出席者自然都是全国性大协作的参加者。四千年前就由一个中央权力机构组织那么大规模的全国性劳动生产大协作，在世界历史上绝无仅有。春秋战国以后，虽然随着铁制农具和畜耕技术逐渐推广，集体协作的田间劳动逐渐被个体家庭劳动取代，但是，由地方官府乃至中央政府组织的各种公共工程协作和抗灾救灾协作，却一直是政府职能的一个重要组成部分。这在世界历史上也是罕见的。

正是在这种协作性的小农生产生活方式基础上，形成了由"天"委任的"天子"统领的夏、商、西周那样具有大一统雏形特征的大共同体，形成了"普天之下莫非王土，率土之滨莫非王臣"和"君君，臣臣，父父，子子"的社会、政治体制和制度。没有这一套体制和制度，就不可能保证协作性的生产生活方式的有效运转，也就难以保证族群的整体生存。

中华先民正是为了保证这种协作性生产生活方式的有效运转，大力倡导"和为贵"的价值体系，强调"礼之用，和为贵。先王之道斯为美"（《论语·学而》）。而且，为了使"和为贵"的价值体系具有神圣性和权威性，需要把维护人间和谐的必要性同"天命"和"天"的"品性"联系起来，由此形成了一套以"天人合一"为核心的意识形态和信仰体系。所谓"天人合一"，首先是强调"天道"与"人道"的合一，如郭店楚简《语丛一》所言："《易》，所以会天道、人道也。"它强调"性自命出，命自天降；道始于情，情生于性"①，"天"

---

① 《性自命出》，载荆门市博物馆编：《郭店楚墓竹简》，北京：文物出版社1998年版。

的品性决定着人间的道、命、性、情和全部的"礼"。如《礼记·礼运》所说:"孔子曰:'夫礼,先王以承天之道,以治人之情。故失之者死,得之者生'","何谓人情?喜、怒、哀、惧、爱、恶、欲。七者弗学而能。何谓人义?父慈、子孝;兄良,弟弟;夫义,妇听;长惠,幼顺;君仁,臣忠。十者谓之人义。讲信修睦,谓之人利。争夺相杀,谓之人患。故圣人之所以治人七情,修十义,讲信修睦,尚辞让,去争夺,舍礼何以治之!"(《礼记·礼运》)这里所说的"十义",相近于孟子所说的"五伦":"父子有亲,君臣有义,夫妇有别,长幼有叙,朋友有信。"(《孟子·滕文公上》)往后,董仲舒讲"五常":"夫仁、谊、礼、知、信五常之道,王者所当修饬也。五者修饬,故受天之佑,而享鬼神之灵,德施于方外,延及群生也。"(《汉书·董仲舒传》)又讲,"天子受命于天,诸侯受命于天子,子受命于父,臣妾受命于君,妻受命于夫。诸所受命者,其尊皆天也。虽谓受命于天,亦可";"王道之三纲,可求于天。"① 这些论说,把人与人之间的全部关系归结为父子、君臣、夫妇、长幼、朋友关系,把整个国家归结为一个以"天子—君父"为总家长的大家庭,而且以"三纲"、"五伦"、"五常"、"六纪"② 作为这个大家庭中所有成员的行为准则,使之保持符合"天道"的和谐秩序,保证整个国家长治久安。

在此,我们可以跟西方的情况做一些比较。按亚里士多德

---

① 分别见董仲舒《春秋繁露》之《顺命》篇和《基义》篇,上海:上海古籍出版社 1989 年版,第 85、74 页。

② 按《白虎通义》,"六纪"为:"诸父有善,诸舅有义,族人有序,昆弟有亲,师长有尊,朋友有旧。"

的说法，古希腊也有一套君臣、父子、夫妇之间的伦理价值规范。他说道："丈夫对于妻子、父亲对于子女的治理虽然同样为对于自由人的统治，但也有所不同。父子关系好像君王的统治，夫妇关系则好像共和政体。就天赋说来，夫唱妇随是合乎自然的，雌强雄弱只是偶尔见到的反常事例；犹如年长者指挥年幼者，成年人治理未成年儿童也较为相宜。但在一般共和政体中，公民们轮番执政，也就是轮番做统治者；在一个共和国内大家认为所有公民完全平等，没有任何差别。虽然如此，那些当上了执政的人们，对于那些受统治的人们又往往在姿态、言语、礼仪上摆出一些与众不同的样子……男女在家庭间虽属地位平等，可是类似民众对那轮流担任的执政的崇敬，丈夫就终身受到妻子的尊重。另一方面，父权对于子女就类似王权对于臣民的性质，父亲和他的子女之间不仅由于慈孝而有尊卑，也因年龄的长幼而分高下，于是他在家庭中不期而成为严君了。所以荷马称呼诸神和万民共敬的君王宙斯为'诸神和万民的父亲'。"① 把亚里士多德关于古希腊人伦关系的论说同古代中国的"三纲"、"五伦"、"五常"、"六纪"相比较，可以明显看出两者之间的时代共性和各自不同的民族特性。最主要的时代共性就是，个人都还没有成为具有独立人格的个体，都还处在人身依附关系之中，而这是由于在那个时代的希腊人和中国人都是在以小生产、自给自足和面对面交换为主的生产生活方式之下生活决定的。但是，古希腊的"君臣父子关系"毕竟是包含着竞争性内涵的。这主要是因为那里的生产生活方

① 亚里士多德：《政治学》，吴寿彭译，北京：商务印书馆1996年版，第36—37页。

式具有强烈的竞争特性，如亚里士多德指出的为适应"军事性质"的竞争需要而实行的"共和政体"中，不但有城邦制度正式承认的自由民和奴隶以及穷人和富人之间的对立，而且在自由公民之间还必然充满"轮番"做统治者和被统治者的斗争，因此也就不可能实行中国那样一套"三纲"、"五伦"、"五常"、"六纪"的伦理价值规范。具有象征意味的是，被尊为"诸神和万民的父亲"的宙斯，他的地位就是从他父亲克罗诺斯（Cronus）那里篡夺来的。克罗诺斯本是第二代神王，其地位也是从自己的父亲、第一代神王乌拉诺斯（Uranus）那里篡夺来的。克罗诺斯继位以后，害怕他的儿子也效法他篡位，每当他妻子瑞亚（Rhea，本是他的妹妹）生下男婴，就把他吞下肚里，他就这样把六个儿子都吞掉了。只是当他吞第六个儿子时，实际上吞下的只是厚厚的襁褓包着的一块石头，妻子就用这个办法骗过了丈夫，保住了最后一个儿子，那就是宙斯。宙斯长大后，一身好武艺，手执霹雳锥，所向无敌。他迫使父亲吐出被他吞到肚子里的五个哥哥，然后联合他们向父亲和其他泰坦巨神（Titans）开战，把他们打败以后，在希腊北部的奥林匹斯山建立了一个新的诸神王国。从中国传统文化的价值体系来看，宙斯和他的整个家族的行为同"三纲"、"五伦"、"五常"、"六纪"的规范绝对不能相容。虽然在中国"臣弑君，子弑父"之类的事也屡见不鲜，但主流价值体系都是以十恶不赦的"乱臣贼子"定性而令其遗臭万年的。更为根本的一个歧异点是，宙斯作为最高的天神和"诸神和万民的父亲"，他对"万民"的态度，同中国的"天"根本不同。中国的"天"作为万民之"父"（所谓"天生烝民"），他的基本职责是保民、利民，"民之所欲，天必从之"，因为子民的"欲"、"情"、"性"都是"天"赋予的；由此生出"天"的另一项基本职责，就是委任并且监督"天子"代表他去"保民"、"利民"，如果发现"天子"不能尽"保民"、"利民"职责，就收回"天命"，另授有德者为之。作为"诸神和万民的父亲"的宙斯，对万民的态度截然不同。首先，他必须保持对万民的支配权，任何有损于他的支配权的人和事，都要遭到严惩。他对普罗米修斯的惩罚和让妖女潘多拉把灾难带到人间，就是突出的例子。普罗米修斯是泰坦巨神的儿子，他创造了人类，并教会人类种地、造船、使用牲口、数字、文字和医药，好像集中国的伏羲、女娲、黄帝、炎帝和仓颉的业绩于一身。可是他不但不能像中国那些神圣那样被奉为生民始祖而永享后世崇拜，反而因为把天界的火种偷送给人间，遭宙斯动用重刑。宙斯派凶神用铁锁链把普罗米修斯锁在悬崖绝壁上，派一只老鹰每天啄食他的肝脏，让他受尽折磨；还派妖女潘多拉，带上一个装满灾难的礼盒，送给普罗米修斯的弟弟，等其走到跟前，突然打开礼盒，让盒里的各种灾难飞出来，撒遍人间，从此人类深受种种灾难的折磨。

神和人的关系上的这些差异，诚如一些论者指出，归结起来就是"神人二分"与"天人合一"的差异。

在中国，"天人合一"信仰从先秦一直延续到了近代。同样，在西方，"神人二分"的信仰也从古希腊延续到了近代。罗马人信仰的神祇同古希腊几乎完全一样，大都只是名字有所改动，例如宙斯改名为朱比特（Jupiter），宙斯的王后赫拉改名为朱诺（Juno），宙斯的儿子战争之神阿雷斯改名为马尔斯（Mars），宙斯的女儿女战神雅典娜改名为米涅尔娃（Minerva）……但他们的身份、地位和作为都和希腊神祇大同小异。到中世纪，虽然基督教取代了希腊、罗马时代的多神崇拜，但是，《圣经》的"原罪"教义跟宙斯——朱比特把人类企图按自己意愿生活视为邪恶的"神旨"相较，有一个共同点：都包含着"人性恶"的设定，而且由此推出人的命运必须由神来支配：要么受神罚，要么受神恩。在中国，因为"烝民"的"性"、"情"、"欲"都是"天"赋予的，因此是"善"的。既然"人性善"，"天"就不会去惩罚"烝民"，只会去"保民"、"利民"。由此自然就有了"天人合一"而不是"神人二分"的设定。

那么，"天人合一"和"神人二分"歧异的根源在哪里呢？我们仍然需要从本体论和方法论上去探求解谜的线索，也就是从生产生活方式歧异去寻求解谜线索。因为彼岸世界及其神祇的形象和品性，毕竟是此岸世界的人们按照自己在现实的生产生活方式中的体验和由此产生的需求来描绘的。古代的希腊人、罗马人和中世纪的西欧人，由于在现实中感到生活处处充满竞争，觉得人们相互之间的关系往往因猜疑、恶意和敌视而受到损害，敌对甚至互相残杀的阴影常常笼罩在现实生活的上空。于是产生了一种强烈的需求：需要一种强制性的彼岸力量作为充满敌对和恶意的此岸世界的最高主宰者、惩戒者和竞争结局的裁决者。由此产生了"神界"和"人界"的分立。在中国，情况迥然不同。小生产条件下实行协作性的生产生活方式，要求全国组成为一个以"天子"为总家长的大家庭，在"三纲"、"五伦"、"五常"、"六纪"这样一些伦理规范下，和谐协作，长治久安。这个大家庭不需要在彼岸世界设一个对身负"原罪"的万民行使最高惩戒权力的主宰者，而只需它授予尘世的"天子"以"天命"，并监督"天子"履行

"保民"、"利民"的职责就可以了。由此就产生了"天人合一"的信仰体系。

总之，"天人合一"和"人神二分"这两种信仰体系不过是"尚和"和"尚争"这两种价值体系向彼岸世界的延伸罢了。

分别具有"尚和"和"尚争"特性的中西两大文化价值体系，在相对隔绝的状态下各自独立地发展了数千年。回头看去，它们在数千年独立发展的历程中，各自留下了众多正面和负面的足迹。

从中华文明来看，虽然"尚和"居于价值体系的核心地位，但那个"和"是用"君臣父子之道"来维护的，而"君臣父子之道"就意味着君对臣、父对子拥有生杀予夺的强制权力。臣、民在君、父面前只能顺从，不许抗争。君父权力至高无上，任何超出君父权威范围之外的权力都不能容许。法律也只能是"王法"，不能是"王"之外的法。不过，君父的权力也不是绝对不受限制的，因为"天子"是"受命于天"的，是作为"天之元子"，受"天"委任到人世间来照料和管理"天"的子民，他是要为子民的命运对"天"负责的。因此，他必须顺民意，因为"民之所欲，天必从之"；对臣民行使生杀予夺大权，要体察国人是否认可；他还必须接受"天"的监督，而且"天视自我民视，天听自我民听"。如果"天"发现民怨沸腾或子民处于水深火热之中，"天"就可能收回成命，而子民们也就有权起而反之。这种"天"的监督并非全为虚设：既有"代天立言"的大臣犯颜直谏，更不乏历代"替天行道"的草民举起"伐无道"、"诛暴君"的义旗，给残暴无道的统治者留下实实在在的教训。不过，这种平常看不见的"天"的监督，终究不能保证"天子"和"子民"之间——实际上就是统治阶级和被统治阶级之间——的利益冲突能够通过某种"法制"渠道加以疏解，总是让冲突的能量积累到社会机体不堪承受的程度，就像地震、火山一样爆发出来，造成很大的破坏。这就是中国历史上"一治一乱"反复循环的根由。每一次反复，都给中华文明的发展造成很大的破坏。好在破坏之后，新的王朝总能在不同程度上吸取"民可载舟，亦可覆舟"的教训，能够在新的条件下有所作为，有所前进。中华文明就在这"一治一乱"的"螺旋式"运动中盘旋地上升、发展，连绵不断地发展了五千年。为此付出的代价是沉重的，但总的来看，它是世界文明史中一部最为悠长而悲壮的史诗。在对外关系和对周边族际关系上，在矛盾激化时期，也曾在"非我族类，其心必异"之类的观念主使下发生过对抗、征讨，但在平常情况下，主导观念不是把周边的蛮、夷、戎、狄视为异类、异族，而视为共同的先王之苗裔，竭力与他们建立"要服"、"荒服"（见《国语·祭公谏穆王征犬戎》）之类的共处关系。这样的"尚和"，也有其正面和负面的双重性。如梁启超所言："中国人则自有文化以来，始终未尝认国家为人类最高团体。其政治论常以全人类为其对象，故目的在平天下，而国家不过与家族同为组成'天下'之一阶段（意为'阶梯'，引者按）。政治之为物，绝不认为专为全人类中某一区域某一部分人之利益而存在。其向外对抗之观念甚微薄，故向内之特别团结，亦不甚感其必要……此种'反国家主义'或'超国家主义'的政治论既深入人心，政治实况当然受其影响。以二千年来历史校之，得失盖参半。常被异族蹂躏，是其失也；蹂躏我者非久便同化，是其得也。最后总决算，所得犹足偿所失而有余。盖其结果常增加'中国人'之组成分子，而其所谓'天下'之内容，日益扩大也。"①

反观西欧，以"尚争"为核心的价值体系也在几千年间留下了一系列正面和负面的历史轨迹。从正面成就来看，源于竞争性生产生活方式的"尚争"价值的崇尚，激发了族群和众多个人的进取精神和开拓精神，促使许多西方民族在物质文明、精神文明和制度文明等方面创造了不少具有永久性历史价值的文明成果。在负面影响方面，阶级、民族和国家之间势不两立的斗争，一次又一次地造成了文明成果的大规模破坏和文明进程的大起大落，甚至造成了某种程度的文明的"中断"。其中最突出的，如公元前 12 世纪开始的，介于迈锡尼文明和古典希腊文明之间长达三个多世纪的"黑暗时代"，以及公元 5—15 世纪期间，介于西罗马帝国灭亡和文艺复兴之间近千年之久的"黑暗时代"。近代以来的突出事例就是主要发源于西方帝国主义的两次世界大战，给人类带来深重灾难。

四、近代以来"尚和"与"尚争" 两大文明的交融趋势

"尚和"和"尚争"这两种不同价值体系的文明，各自独立发展了数千年，直到近代开端以前，双方的交往仅局限于少数的商人、探险者、旅行者在人烟依稀的陆上和海上"丝绸之路"往返穿梭，说不上有系统的、连贯性的经济和文化

---

① 梁启超：《先秦政治思想史》，天津：天津古籍出版社 2003 年版，第 4 页。

交流。只是到了 17、18 世纪，随着一批批的传教士来到中国，带来了基督教和一些当时中国"天朝"政府急需的天文历算、枪炮制造和相关的数、理、化、生知识，又把中国的文化典籍、典章制度、历史地理知识传播到西方，这两大文明才开始正面的文化接触。从此也就开启了两大文明之间碰撞和交汇的漫长历程，在世界文明发展史上留下了一卷卷绚丽多彩的篇章。

17、18 世纪之时，西方文明的知识精英——启蒙思想家们首次接触到中华文明，就出现了两种截然相反的态度。一派以伏尔泰、莱布尼茨、魁奈等人为突出代表，可称为肯定派。他们主张大力吸纳中华文明的价值，以补西方文明之不足。其中尤以伏尔泰为最。他说，"当我们还是一小群人并在阿登森林中踯躅流浪之时，中国人的幅员辽阔、人口众多的帝国已经治理得像一个家庭"；"正因为全国一家是根本大法，所以在中国比其他地方更把维护公共利益视为首要责任"。[1] 莱布尼茨说："人与人相互为狼，这条格言完全符合人类的实际。在已经遭受了许多自然灾害的同时，我们仍然还自己加剧自己的痛苦，似乎还嫌痛苦不够。这是我们这一方面特有的一大愚蠢，同样，全人类均如此愚蠢……如果说人类对这种恶还有救药的话，那么中国人较之其他的国民无疑是具有良好规范的民族。他们在其庞大的社会群体中所取得的成效比宗教团体的创始人在其小范围内所达到的要大得多。"[2] 这一派启蒙思想家

① 伏尔泰：《风俗论》上册，梁守锵译，北京：商务印书馆 2003 年版，第 87、249 页。
② 转引自夏瑞春编：《德国思想家论中国》，陈爱政等译，南京：江苏人民出版社 1989 年版，第 5 页。

的共同点是，全都强调中华文明"尚和"而鄙弃争夺的价值追求，把它视为最珍贵的精神财富，最值得西方吸纳，以它来救治"人与人相互为狼"的西方文明的痼疾。另一派以孟德斯鸠和卢梭为突出代表，可称为否定派。他们认为中华文明鄙陋多多，根本不值得效法。孟德斯鸠认为中国是一个"仅仅使用棍棒才能驱动人民"的、"以恐怖为原则的专制主义的国家"。① 卢梭认为：中国人"有学问、懦弱、伪善和招摇撞骗……文质彬彬、阿谀奉承、敏捷、奸诈和淘气。他们使所有的伦理道德都披上了伪装，除了作揖和下跪之外不知其他人情"。② 这一派的共同点是，全都强调中国统治者具有专制品性而民众具有奴才品性，由此加以鄙视和排斥。西方启蒙思想家们对中华文明为什么会持有如此截然相反的评价和态度呢？有一种解释认为，那是因为伏尔泰等人基于对"开明专制"的企盼而轻信一些传教士对中国国情的片面赞美报道，导致对中华文明的"误读"；孟德斯鸠等人则基于对自由民主的强烈追求，更看重一些商人关于中国的官员专横、伪善、腐败和老百姓奴才般驯服、懦弱和狡诈的报道，因而对中华文明特质的判断更接近于"真相"。然而事情并没有那样简单。实际上，两派截然相反的看法和态度固然反映了他们的政治追求有所不同，但不能因此就作出一方是"误读"而另一方反映了"真相"的结论。实际上他们各自看到了中华文明特质中的一个侧面的真相。肯定派所肯定的是中华文明"尚和"价值取向

① 孟德斯鸠：《论法的精神》上册，孙立坚等译，西安：陕西人民出版社2001年版，第147、149、150页。

② 卢梭：《新爱洛伊丝》第4卷第3章，转引自朱学勤、王丽娜：《中华文化通志·中国与欧洲文化交流志》，上海：上海人民出版社1998年版，第64页。

中的正面特性，而否定派否定的是中华文明"尚和"价值取向中的负面特性。这从一个侧面表明了一种趋势：具有"尚争"特性的西方文明需要吸纳具有"尚和"特质的中华文明以补其不足，但只吸纳其正面特性，而拒斥其负面特性。

西方人对待中华文明的这种双重态度在此后两百多年间一直保持下来，只是随着双方国家关系的冷暖变迁而引起侧重面出现相应变化：大体上，国家关系良好时，西方人眼中的中华文明"尚和"特性的正面形象就显现得突出一些；反之，双方的国家关系交恶时，"尚和"特性的负面形象就显现得突出一些。一直到现在，都是这两种态度并存。在20世纪，罗素堪称对中华文明持肯定态度的一位代表人物。他把中国和西方的传统文化价值取向的差别作了对比。他说到："中国人的生活目标与白种人为自己确立的生活目标截然不同。所有权，维护自我和支配他人，是西方民族和个人梦寐以求的目标……由于中国人认为维护自我和支配他人是罪恶的，这对于我们西方人与中国人打交道带来一种确实的好处……中国人本质上有一种宽容和友好的态度，他们表现出谦恭有礼，并希望别人礼尚往来。"① 他热切地期盼中西两大文明互相取长弃短，获得双赢，这种态度同两百多年前的伏尔泰等人的态度如出一辙。

纵观两个多世纪以来西方文化精英对中西文明价值取向的褒贬取舍评价，其总的倾向都是力图吸纳中华文明"尚和"价值的正面特性，而摒弃其负面特性；反之，他们对自己的"尚争"价值，也是力图保持其正面特性而摒弃其负面特性。

---

① 王正平主编：《罗素文集》，北京：改革出版社1996年版，第36—37、50页。

再看中国，自 20 世纪初开启中西文化论争以来，实际上也呈现出同样的倾向：对西方文明，褒扬者实际上主要是褒扬其"尚争"的正面特性，贬斥者主要是贬斥其负面特性；对中华传统文化价值评价，褒扬者实际上褒扬的主要是其"尚和"取向的正面特性，贬斥者所贬斥的则是其负面特性。只是在很多情况下，褒贬取舍论者大多是各执一端，难以互相兼容。但时至今日，情况有了一些变化，那就是，越来越多的人达成共识，即对待中西古今文明遗产都应该采取"取其精华、弃其糟粕"和"综合创新"的态度。

近代以来中西文化思潮中出现主张互相取长补短的相似倾向，绝非几个文化精英偶发奇想所致。它的背后有生产生活方式发展演变的驱动。随着社会化大生产和市场化大交换的逐步推进，人们要求自主、平等地争取自己的生存空间的价值取向日益强烈，越来越多的人感到个人与个人、群体与群体、国家与国家之间，都不免既需要适度的竞争，也需要平等的协作，由此激起了要求"尚和"、"尚争"的价值取向互相取长补短，摒弃其负面特性而升扬其正面特性的呼声。我们有理由相信，无论在中国还是在西方，这种呼声都会越来越强劲。

（原载《社会科学战线》2008 年第 2 期）

自由理念与儒学的冲突和会通

宋 志 明

　　自由主义作为一种政治哲学理论，产生于西方近代启蒙时期，是资本主义市场经济的理论表现。自由主义同资本主义市场经济相适应，主张以个人为社会和法律的基础，强调社会和法律的存在应当以推进个人的发展、保障个人的权利为目标；主张法律面前人人平等，反对偏袒特权阶层。自由主义以"自由"作为主要政治价值，认为社会是个人的集合体，把个体性原则放在首位，反对借用社会的名义压制个体的自由。自由主义认为，个人与政府是一种契约关系，要求政府保护个人的权利与自由，以法律限制政府对权力的利用。在契约下，由于公民参与制定法律，基于个人利益的考量，因而会采取对自己最有利的行动，自觉自愿地遵守法律。自由主义主张政治平民化，主张实行共和制或君主立宪制，主张实行开放而公平的选举制度，反对君主专制制度，使所有的公民享有同等的权利担任政务。自由主义的基本人权主张为生命的权利、自由的权利、财产的权利。

　　自由作为一种现代的政治理念，无疑具有普适价值。但是源于西方近代的自由主义政治模式并不具有普适性。发展中国家可以借鉴西方的自由主义理念，形成符合本国国情的自由理念，但不能照搬西方的政治模式。中国社会发展跨入近代的门槛以后，现代化事业开始起步，自由主义思潮因之获得了生存的土壤和条件。中国的自由主义思潮不是西方自由主义的简单引入，而是中国社会变革的产物。在中国自由主义思潮的发展过程中，如何处理自由理念与儒学之间的关系，是一个十分重要的理论问题。本文通过对严复、孙中山、胡适、熊十力四位思想家自由观的评述，对自由理念与儒学的既冲突又会通的复杂关系作一些初步的探讨。

一、严复与自由理念冲击波

最早受西方启发，而倡导自由理念的思想家当属严复。他在《论世变之亟》中写道："夫自由一言，真中国历古圣贤之所深畏，而从未尝立以为教者也。彼西人之言曰：唯天生民，各具赋界，得自由者，乃为全受，故人各得自由，国各得自由……而其刑禁章条，要皆为此设耳。"① 曾经留学英国的严复，对西方近代流行的自由理念有深切的感受，接受了"天赋人权"的自由主义理论，并把这种理论介绍到中国来。他觉得，在政治理念方面，中国与西方相比，有一个十分明显的差异，那就是在中国固有思想中缺少自由的理念。历代圣贤对自由讳莫如深，视为畏途，民众更无从表达自由的诉求。这是中国政治理念和政治制度方面均落后于西方、综合国力不如西方的根本原因之所在。西方人基于自由理念，实行民主政治，人人参与政治生活，调动了每个社会成员的积极性，国力变得

① 王栻主编：《严复集》第 1 册，北京：中华书局 1986 年版，第 2—3 页。

越来越强大；而中国缺乏自由理念，实行君主专制制度，社会成员的积极性受到压抑，大多数人政治意识淡漠，国家意识淡漠，国力愈益衰微，自然无法与西方列强抗衡。在严复看来，中国要改变落后状况，大力倡导和培育自由理念，乃是"世变之亟"、当务之急。

严复采用中西对比的方法，论证自由理念的正当性。他说："中国最重三纲，而西人首明平等；中国亲亲而西人尚贤；中国以孝治天下，而西人以公治天下；中国尊主，而西人隆民。"① 三纲、亲亲、孝治、尊主，都是正统儒家一贯的主张，严复对此不表示认同，表明他已经超出儒家思想的藩篱；他对平等、尚贤、公治、隆民等西方近代的政治理念则大加赞赏，表达了实现社会制度转型的愿望。在他的理论视野里，西方的政治理念与儒家正统理念形成鲜明的对照。他要求更新政治理念，突破儒家正统观念的束缚，在中国思想界掀起了强有力的冲击波；同时也开启了扬西抑中的风气。

为了缩小中国社会与西方社会在政治理念方面的差距，培育自由理念，严复对于中国社会中占主导地位的君主专制主义理念不能不抱着批判的态度。也许是出于策略上的考虑，做事审慎的严复没有把批判的矛头直接指向儒家遵奉的圣贤，而是指向了唐代儒者韩愈。他写了一篇题为《辟韩》的文章，批判韩愈宣扬的君主专制主义理念。韩愈在《原道》中写道："君者，出令者也；臣者，行君之令而致民者也。民者，出粟米麻丝……事其上者也，民不出粟米丝麻……以事其上，则诛。"针对韩愈"以君为本位"的观点，严复提出"以民为本

---

① 王栻主编：《严复集》第 1 册，北京：中华书局 1986 年版，第 3 页。

位"的观点，并且依据契约论解释君主制出现的原因。他指出，民众忙于"耕织工贾"的事情，无暇处理民众间出现的纠纷，无暇抵御外族的侵犯，于是推举出"君"、"臣"来保护自己的利益。"君也、臣也、刑也、兵也，皆缘卫民之事而后有也"，"惟其不得已，故不足以为道之原"。① "君"、"臣"原本是为民而设立的，君主制绝非如韩愈说的那样，并不是不可更改的天经地义。从契约论的观点看，国家真正的主人是民众而不是君主。"是故西洋之言治者曰，国者斯民之公产也，王侯将相者，通国之公仆隶也"。② 可是，韩愈竟然把本然的君主与民众的关系弄颠倒了，将君主说成"出令者"。严复指出，那些以"出令者"自居的君主，实则是窃国大盗，"转相窃之于民而已"，他忘记了自己原本是民众的"公仆隶"！在严复手里，自由理念成为一件反对封建专制主义的利器。

依据自由理念反对封建专制主义，严复同西方启蒙时期的自由主义者是完全一致的。不过，他并没有像西方的自由主义者那样强调个体性原则。西方的自由主义者是在没有外来侵略的情况下，开展反对封建专制主义的思想斗争的，以个体为思想启蒙的主体，可以暂时忽略群体性原则；而中国则是在遭受列强蹂躏、民族危机深重的情况下开展反对封建专制主义的思想斗争，既要以个体为启蒙的主体，又要以整个民族群体为启蒙的主体，因此必须顾及群体性原则。正是由于这个原因，严复十分重视群体性原则。他翻译《天演论》，"于自强保种之

---

① 王栻主编：《严复集》第 1 册，北京：中华书局 1986 年版，第 34 页。
② 王栻主编：《严复集》第 1 册，北京：中华书局 1986 年版，第 35 页。

事，反复三致意焉"。① 他介绍斯宾塞的"群学"，并且同荀子的思想相联系，对群体性原则表示认同。他引证荀子的话说："荀卿有言：'人之所以异于禽兽者，以其能群也。'"② 严复没有像西方自由主义者那样片面凸显个体性原则，而是力图把个体性原则同群体性原则统一起来。这是严复自由观的一大特色。出于对群体性原则的重视，严复注意到开发儒学思想资源的必要性，并且作了一些初步的探索。在个体性原则上，他对儒学是拒斥的；而在群体性原则上，则对儒学表现出某种程度的认同。严复甚至认为儒学中亦不乏言论自由的资源，他说："至朱晦翁谓虽孔子之言，亦须明白讨个是非，则尤为卓荦俊伟之言。谁谓吾学界，无言论自繇乎？"③ 我们应当看到严复自由理念的复杂性，不能把严复简单地等同于西方的自由主义者。

严复把自由理念与民主政治紧紧联系在一起，提出"自由为体，民主为用"这一独创性的论断，并且运用中国传统哲学中的体用范畴表达他对自由与民主之间关系的看法。洋务派的思想代表大力倡导"中学为体，西学为用"之说，严复很不以为然，并加以反驳。他依据的理由就是"体用一源"，反对把体用割裂开来。他分析说，一个动物有什么样的"体"，就有什么样的"用"。例如，"有牛之体则有负重之用，有马之体则有致远之用。未闻以牛为体以马为用者也"。④ 推

① 王栻主编：《严复集》第5册，北京：中华书局1986年版，第1321页。
② 王栻主编：《严复集》第1册，北京：中华书局1986年版，第134页。
③ 王栻主编：《严复集》第1册，北京：中华书局1986年版，第6页。
④ 王栻主编：《严复集》第3册，北京：中华书局1986年版，第558—559页。

而论之，一个国家的"政教学术"也是如此。"中学有中学之体用，西学有西学之体用"，所谓"中学为体，西学为用"之说，有如把马的四肢加在牛的身体上一样，既说不通，也行不通。严复的主张是"自由为体，民主为用"，意即在观念层面上以自由理念为主导，在制度层面上实行民主政治。严复同张之洞相比，固然克服了体用割裂的倾向，不过，他把某种理念视为"体"，于学理上也存在着说不通的问题。近代以来学者们喜谈体用，可是都没有意识到，真正的"体"其实是现实存在着的人。只有现实存在的人才是创造历史、创造文化的主体，一切以往的文化和观念，一切外来的文化和观念，对于现实存在的人来说，都是"用"。由此观之，"中体西用"说、"西体中用"说都不能成立，严复的"自由为体，民主为用"之说也不能成立。

在严复的"自由为体，民主为用"的论断中，还隐含着另一层意思。"体用"包含有主从的意思，"自由为体"意味着自由理念处于主导的位置，"民主为用"意味着民主制度处于从属的位置。严复把培育自由理念摆在首位，表示高度重视，而把如何实行民主制度放在次要的位置。在他看来，如何"开民智，新民德，鼓民力"，如何使大家都接受自由理念，才是社会改造的关键所在，至于如何改变当时的政治体制，则不必操之过急。据说，孙中山曾同严复交谈过，两个人没有谈得拢。孙中山无奈地对严复说：你是思想家，我是实行家。在戊戌变法期间，严复只是变法维新在道义上的支持者，并未实际参与变法活动。戊戌变法运动失败后，谭嗣同等六君子惨遭杀戮，康有为、梁启超等人被迫亡命海外，严复却比较顺利地躲过了这一劫。

二、孙中山与自由理念的中国化

中国民主主义革命的先行者孙中山不仅是深邃的思想家，而且是身体力行的革命实践家。他关于自由理念的论述，理论深度已经超过了严复。在严复那里，自由理念还仅仅是一种想法；而到孙中山这里，已经努力把想法逐渐落实为实际的做法，比严复更重视可操作性。在严复那里，主要侧重于对自由理念做倡导和介绍，在理论上并没有什么突破，基本上停留在"照着讲"的层面；而到孙中山这里，则侧重于对自由理念做中国化的理解和创造性的诠释，不再局限于西方自由主义理论的范围，有了自己的独到之处，进入到"接着讲"、"讲自己"的层面。在严复那里，比较强调正统儒学与自由理念的冲突；而到孙中山这里，则努力化解儒学思想与自由理念之间的冲突，试图从传统思想中挖掘有助于培育自由理念的资源，以便消除国人对自由理念的陌生感，从而使之更容易为人们所接受。

孙中山承认，中国人的自由理念不是从固有的文化传统中产生出来的，而是从西方学来的。他说："中国人的民权思想都是由欧美传进来的。所以我们近来实行革命，改良政治，都是仿效欧美。"[1] 不过，仿效并不等于照搬照抄。引入来自西方的自由理念还是远远不够，要把它化为中国人自己的理念，还必须进行独立思考。孙中山注意到，在西方发达国家里，自由主义理论同政治实践结合的程度并不尽如人意，存在着诸多

---

① 《孙中山全集》第 9 卷，北京：中华书局 1986 年版，第 253 页。

弊端。所以，"欧美的民权政治根本上还没有办法，所以我们提倡民权，便不可以完全仿效欧美"。①

孙中山比严复更重视群体性原则。他认为，在中国培育自由理念必须解决两个问题，一是清除专制主义，二是克服散漫主义。在辛亥革命前，他侧重于第一个问题；辛亥革命后，他侧重于第二个问题。前一个问题属于"破坏"的层面，目的在于清除妨碍自由理念的思想障碍，推翻君主的统治；后一个问题属于"建设"的层面，目的在于树立正确的自由理念，建设新型的共和国。在孙中山看来，中国并不缺少广义的自由。尽管专制主义占主导地位，可是控制力毕竟有限。在"天高皇帝远"的地方，人们实际上享有比较多的自由。不过，这是一种无组织的自由，有如一盘散沙，并不能凝聚成改造社会的积极力量。他主张把传统的"子民"改造成新型的"国民"，以之作为共和国的社会基础。他说："大凡有团体有组织的众人，就叫做民"，"权就是力量，就是威势。那些力量大到同国家一样，就叫做权"。②"今以人民管理政事，便叫做民权"。③"在共和政体之下，就是用人民来做皇帝"。④"国民"与"子民"的区别在于：前者有独立的人格，后者是依附的奴仆；前者是有团体、有组织的社会成员，后者是无组织的一盘散沙；前者是国家政权的主体，后者是君主的附庸。

为了把"子民"改造为"国民"，孙中山对儒家的大同观念加以改造，试图以此作为国民的文化共识。孙中山指出，人

---

① 《孙中山全集》第 9 卷，北京：中华书局 1986 年版，第 314 页。
② 《孙中山全集》第 9 卷，北京：中华书局 1986 年版，第 254 页。
③ 《孙中山全集》第 9 卷，北京：中华书局 1986 年版，第 255 页。
④ 《孙中山全集》第 9 卷，北京：中华书局 1986 年版，第 352 页。

类社会发展的大目标应当是"天下为公"的大同社会。他说:
"将来世界上总有和平之望,总有大同之一日,此吾人无穷之
希望,最伟大之思想。"① 应当承认,孙中山的社会理想确实
带有一些社会主义色彩,尽管没有达到科学社会主义的程度。
他对社会主义、大同世界与三民主义之间的界限并不是很清
楚,经常把它们混淆起来。我们不必过分考究孙中山设想的
"天下为公"的社会发展目标能否实现。关键在于,孙中山倡
导"天下为公"的新观念,是要解决"一盘散沙"的现实问
题,把全体国民凝聚为整体,造就由全体国民组成的共和国。

孙中山不再像严复那样把儒学与自由理念对立起来,认为
在儒学思想库中不乏可资利用的资源。例如,"两千多年前的
孔子、孟子便主张民权。孔子说:'大道之行也,天下为公。'
便是主张民权的大同世界。又'言必称尧舜',就是因为尧舜
不是家天下。尧舜的政治,名义上虽然是用君权,实际上是行
民权,所以孔子总是宗仰他们。孟子说:'民为贵,社稷次
之,君为轻。'又说:'天视自我民视,天听自我民听。'又
说:'闻诛一夫纣矣,未闻弑君也。'他那个时代,已经知道
君主不必一定要的,已经知道君主一定是不能长久的,所以便
判定那些为民造福的就称为'圣君',那些暴虐无道的就称为
'独夫',大家应该去反抗他。由此可见,中国人对于民权的
见解,二千多年以前已经早想到了。"只"不过那个时候还以
为不能做到"。② 我们不必追究孙中山的诠释是否符合儒学的
原意,实际上原意是不可能再现的。任何以往的思想材料,对

① 《孙中山全集》第3卷,北京:中华书局1984年版,第25页。
② 《孙中山全集》第6卷,北京:中华书局1985年版,第262页。

现实的人来说，只不过是一种资源而已。孙中山并非在对儒学作学究式的考据，而是在做全新的发挥，赋予其新的理论价值。他从儒家的民本思想契入，将之提升到了民主政治的高度，设计出符合中国国情的民主政治体制。他的构想是："人民要怎样管理政府，就是实行选举权、罢免权、创制权和复决权；政府要怎样替人民做工夫，就是实行行政权、立法权、司法权、考试权和监察权。有了这九个权，彼此平衡，民权问题才算是真解决，政治才算是有轨道。"① 令人惋惜的是，在中国政治尚未走上正轨的时候，孙中山就辞世了。

在孙中山那里，自由有着多重的含义。在正面的意义上，有时是指国家的独立自主，即民族国家的自由，以团体为自由的主体；有时是指个人思想的解放，指个人意志自由的觉醒，指个人的思想自由、言论自由，以个体为主体。在负面的意义上，自由乃是指无组织的散漫状态。总的来看，在孙中山的自由观中，团体自由被放在首要的位置，放在个人自由之上。他说："我们为什么要国家自由呢？因为中国受列强的压迫，失去了国家的地位，不只是半殖民地，实在已成了次殖民地。——所以，现在的国家是很不自由的。要把我们国家的自由恢复起来，就要集合自由成一个很坚固的团体。"② 他认为，只有实现了国家的自由，才能谈得上个人的自由。换句话说，国家自由是个人自由得以实现的前提。如果个人的自由太多，国家成为一盘散沙，这样的自由有害无益。因此，自由"万不可再用到个人上去，要用到国家上去，个人不可太过自由，

---

① 《孙中山全集》第 9 卷，北京：中华书局 1986 年版，第 352 页。
② 《孙中山全集》第 9 卷，北京：中华书局 1986 年版，第 282 页。

国家要得完全的自由"。① 他指出，在国民革命的非常时期，在涉及民族存亡的紧要关头，必须勇于牺牲个人的小自由，换取革命党乃至全民族的大自由。他对革命党人的要求是："大家要希望革命成功，便先要牺牲个人的自由、个人的平等，把个人的自由、平等都贡献到革命党内来。"② 他强调，学生和军人尤其应当具有牺牲自由的勇气，"当学生的能够牺牲自由，就可以天天用功，在学问上做工夫，学问成了，知识发达，能力丰富，便可以替国家做事。当军人能够牺牲自由，就能够服从命令，忠心报国，使国家有自由"。他主张对自由的范围加以限制："政治里头，自由太过，便成了无政府，束缚太多，便成了专制。自由和专制，双方平衡，不要各走极端。军人官吏不能借口自由去破坏纪律。"③ 孙中山对自由与纪律的关系作了辩证的诠释，试图把自由限制在一个合理的范围之内。

孙中山作为革命党人的领袖，强调团体的自由无疑是必要的，但也流露出对个人的自由不够重视的倾向。孙中山曾在中国国民党宣言中和国民党一大上明确宣布：人民应享有言论、信仰、集会、结社等自由，但在其关于自由的具体论述中却对个人自由几乎没有涉及。孙中山有时还有意无意地将个人的自由与团体的自由对立起来，他说："在普通社会中有平等自由，在政治团体中便不能有平等自由。政治团体中有平等自由，便打破了政治的力量，分散了政治团体。"④ 这种说法显然具有片面性。诚然，团体自由是个人自由的前提和保障，但

---

① 《孙中山全集》第 9 卷，北京：中华书局 1986 年版，第 282 页。
② 孙中山：《民权与国族》，上海：上海远东出版社 1994 年版，第 297 页。
③ 《孙中山选集》下，北京：人民出版社 1981 年版，第 577 页。
④ 《孙中山文选》，上海：上海远东出版社 1994 年版，第 295 页。

并不能因此而忽视个人自由。个人自由作为对团体自由的补充，与团体自由并不是对立的关系，而是相辅相成的辩证关系。人们结成团体的最终目的仍旧是为了保障个人的利益，不能因为团体的自由而抹杀个人的自由。在政治团体中，应该有个人的平等自由，对这种平等自由加以适当的限制是必要的，但不可以否认。在孙中山的自由观里，个体性原则和群体性原则的紧张，并未得到有效的化解。

三、胡适的批儒意向

严复和孙中山都接受自由主义的影响，大力倡导自由理念，但是，都没有像西方的自由主义者那样把个体性原则放在首位。严格地说，他们只能称为有自由主义倾向的思想家，或者说是广义的自由主义者。同他们相比，胡适方可称得上狭义的自由主义者。在如何看待个人与社会的关系的问题上，胡适明确地把个体性原则摆在了首要位置。

胡适表示认同"健全的个人主义的人生观"，主张社会以个体的自由为前提，拒斥抽象的群体性原则。1918 年 6 月，《新青年》刊发了一期"易卜生专号"，发表了胡适与罗家伦合译的易卜生的剧本《玩偶之家》，讲述了女主人公娜拉离家出走、寻求自由的故事。胡适非常赞赏娜拉的选择，他在《介绍我自己的思想》中写道："娜拉抛弃了家庭丈夫儿女，飘然而去，只因为她觉悟了她自己也是一个人，只因为她感觉到她'无论如何，务必努力做一个人'。这便是易卜生主义。"①

---

① 《胡适论学近著》，济南：山东人民出版社 1998 年版，第 499 页。

在这期专号上，还发表了陶孟和翻译的易卜生的剧本《人民公敌》，讲述了斯铎曼医生特立独行、敢说实话的故事。胡适对斯铎曼的人格大加赞赏，他说："斯铎曼医生为了说老实话，为了揭穿本地社会的黑幕，虽被全社会的人喊作'人民公敌'。但他不肯避'人民公敌'的恶名，他还要说老实话。他大胆的宣言：'世界上最强有力的人就是那最孤立的人！'这也是健全的个人主义的真精神。"[①]

胡适对易卜生的个人主义自由观加以概括，写出长文《易卜生主义》，表达他对自由理念的理解。他说："易卜生的戏剧中，有一条极其显而易见的学说，是说社会与个人互相损害：社会最爱专制，往往用强力摧折个人的个性，压制个人自由独立的精神；等到个人的个性都消灭了，等到自由独立的精神都完了，社会自身也没有生气了，也不会进步了。"[②]"社会国家没有自由独立的人格，如同酒里少了酒曲，面包里少了酵，人身上少了脑筋。那种社会国家绝没有改良进步的希望"[③]。胡适强调个性自由对于社会发展的重要意义，这一点是正确的；但他不适当地把个人与社会对立起来，甚至认为"社会最大的罪恶莫过于摧折个人的个性，不使他自由发展"[④]。由于胡适把个人与社会对立起来，因而使所谓个人变得十分抽象。事实上，个人是无法脱离社会单独存在的；那种脱离了社会的个人，只不过是自由主义者的理论虚构而已，并没有现实性可言。娜拉可以离家出走，但她无法走出社会。

---

① 《胡适论学近著》，济南：山东人民出版社1998年版，第499页。
② 《胡适文存》第1集，合肥：黄山书社1996年版，第460页。
③ 《胡适文存》第1集，合肥：黄山书社1996年版，第467页。
④ 《胡适文存》第1集，合肥：黄山书社1996年版，第466页。

在胡适的心目中，理想的社会不但不可以压制个性的发展，反而应当为个性发展提供条件。"发展个人的个性，须要有两个条件。第一，须使个人有自由意志，第二，须使个人担干系，负责任"。① 从他提出的这两个条件看，胡适也看到了个人与社会的一致性，承认个性的发展离不开社会的保障。他把社会比做"大我"，把个体比做"小我"，强调二者不可分离："我这个现在的'小我'，对于那永远不朽的'大我'的无穷过去，也须负重大的责任；对于那永远不朽的'大我'的无穷未来，也须负重大的责任。我须要时时想着，我应该如何努力利用现在的'小我'，方才可以不辜负了那'大我'的无穷过去，方才可以不遗害那'大我'的无穷未来?"② 尽管在这里胡适对群体性原则表示出一定程度的认同，但仍坚持个体先于群体的观点，并未从根本上扭转把个体与群体对立起来的倾向。

从个人主义的自由理念出发，胡适对儒学持批判态度，认为儒学限制个性的发展，已经失去了时代价值。他说："古代的社会哲学和政治哲学只为要妄想凭空改造个人，故主张正心、诚意、独善其身的办法。这种办法其实是没有办法，因为没有下手的地方。近代的人生哲学渐渐变了。渐渐打破了这种迷梦，渐渐觉悟：改造社会的下手方法在于改良那些造成社会的种种势力——制度，习惯，思想，教育等等。那些势力改良了，人也改良了。"③ 基于这种看法，胡适把儒学视为"吃人

---

① 《胡适文存》第 1 集，合肥：黄山书社 1996 年版，第 466 页。
② 《胡适文存》第 1 集，合肥：黄山书社 1996 年版，第 508 页。
③ 《胡适文存》第 1 集，合肥：黄山书社 1996 年版，第 544 页。

的礼教"，予以全盘否定。在五四时期，有人主张把孔子儒学同被封建专制主义利用的官方儒学区别开来，胡适表示反对。他宣称："这个道理最明显：何以那种种吃人的礼教制度都不挂别的招牌，偏爱挂孔老先生的招牌呢？正因为二千年吃人的礼教法制都挂着孔丘的招牌，故这块孔丘的招牌——无论是老店，是冒牌——不能不拿下来，捶碎、烧去！"①

胡适的个人主义自由观有两个偏激之处。第一，他把个体性原则放在首位，轻视群体性原则，形成个体与社会的尖锐对立。第二，为了突出时代性，极力贬抑传统文化的价值，形成传统与时代的尖锐对立。他片面夸大儒学中同专制主义相关的方面，却看不到儒学维系群体性原则的方面。我们当然要否定专制主义，但不能因此而否定儒学。儒学作为中国传统文化的主干，作为中华民族的文化共识，为中国社会的组织提供了思想基础。无论中国社会发展到什么程度，既然是"社会"都需要以群体性原则来维系。从这个意义上说，儒学仍然具有时代价值。产生于西方启蒙时期的自由主义，以个人为本位，以自由为核心价值，反对专制主义，对于推动西方社会转型发挥了重要作用。然而，"橘生淮南则为橘，生于淮北则为枳"，胡适把这种理论原原本本地搬到20世纪的中国，却起不到同样的作用。中国社会的转型一方面需要解决主体自觉的问题，另一方面还要解决业已破产的社会如何重建的问题，情况比西方社会转型复杂得多。胡适片面强调个体性原则，轻视群体性原则，可能有助于传统社会的解构，却无助于新型社会的建构。诚然，如胡适所言，自由平等的国家不是一群奴才建造得

① 《胡适文存》第1集，合肥：黄山书社1996年版，第584页。

起来的；可是，他没有看到，这样的国家同样也不是一群散漫的个体建造得起来的。胡适的自由理念缺乏凝聚力和号召力，不能为中国社会重建提供理论支撑，故而对社会影响十分有限。它可以成为知识精英的谈资，却无法组织起改造社会的现实力量。胡适是一位有影响力的宣传家，却不是一位有原创力的思想家。

四、熊十力的会通意向

针对西化派的批儒意向，现代新儒学思潮兴起。现代新儒家反对菲薄固有文化传统，对儒学表示同情和敬意。他们作为新式知识分子，接受自由主义思潮的影响，对于官方儒学推崇的专制主义也持批判的态度。不过，他们反对西化派不加分析地把儒学等同于"吃人的礼教"，认为在儒学中也存在着同自由理念相容的资源。熊十力努力开发这种资源，使之与时代精神相会通，形成了现代新儒家的自由理念。

熊十力承认，为了推动中国社会的转型，有必要在西方的政治理论中寻找值得我们学习和借鉴的思想资源。例如，"西洋社会与政治等等方面，许多重大改革，而中国几无之"。在中国，"数千年来君主政治，时或遇着极昏暗，天下自然生变，到变乱起时，也只任互相杀伐。俟期间有能者出来，才得安定，仍然作君主。此便是顺事自然，不加人力改造。若是肯用人力改造局面时，他受了君主政治许多昏暗之祸，自然会想到民治制度，用来大改造一番。西洋人便是这样，中国人却不如此"。[1]

---

① 熊十力：《十力语要》第 2 卷，刊印本，1948 年，第 59 页。

在社会改造、制度设计方面，西方人走在了我们的前面。"西洋改造之雄，与夫著书立说，谈群理究治术之士，皆以其活泼泼的全部精神，上下古今，与历史万事万物，而推其得失之由，究夫万变之则。其发明真理，持以喻人，初若奇说怪论，久而知其无以易也。如君臣问题、贫富问题、男女问题，乃至种种皆是也"。相比之下，"宋儒反身工夫甚密，其于察世变，皆极肤也"。在熊十力看来，儒学侧重于价值世界的安顿和人格素质的提升，而不侧重于探求社会改造的途径；尤其是宋明理学，其长项是内圣学，而不是外王学，因而不足为中国社会的转型提供理论支持。与儒学相比，西方的政治理论侧重于社会改造，其长处在于外王学。学习和研究西方的外王学，可以弥补儒学的不足，丰富儒学的内涵，推进儒学的发展，体现儒学"内圣外王并重"的宗旨。

熊十力认为，时至今日不能再讲一种学问，而应当讲两种学问。守旧派只讲中学，西化派只讲西学，都不可取。他指出，中国文化与西方文化可以相互补充，相得益彰。"今谓中西人生态度，须及时予以调和，始得免于缺憾。中土圣哲反己之学，足以尽性至命。斯道如日经天，何容轻仪！至于物理世界，则格物之学，西人所发皇者，正吾人今日所当挹取，又何可忽乎？今日文化上最大问题即在中西之辨。能观异以会其通，庶几内外交养，而人道亨、治道具矣。吾人于西学，当虚怀容纳，以详其得失；于先哲之典，尤须布之遐取使得息其臆测，睹其本然。融会之业，此为首基"。[①] 尽管他仍旧把儒家的内圣学摆在"首基"的位置，未能跳出"中学为体，西学

---

① 熊十力：《十力语要》第3卷，刊印本，1948年，第73页。

为用"的老路，但毕竟表现出很大的开放性。按照熊十力的构想，儒家内圣学有助于人格素质的提升，有助于培育积极的自由理念，可以使人积极地为善，这对于社会转型仍然有推动作用，可以从人格方面保证民主制度得以良好地运行；西方的外王学有助于民主制度的实施，有助于培育消极的自由理念，使人消极地不为恶。只有把二者结合起来，才能培育出中国社会转型所需要的自由理念。

熊十力还试图把独立、自由、平等等理念充实到儒学的价值体系之中。关于独立，他的界定是："乃无所依赖之谓也。"展开说，"此云独立，即是尽己之谓忠，以实之谓信。唯尽己，唯以实，故无所依赖，而昂然独立耳"。[①] 他仍旧认同儒家"忠"、"信"观念，但强调人格独立才是落实这些观念的前提。他已经摒弃了人身依附的旧观念。关于自由，熊十力认为也是可以同儒家思想相沟通。"古代儒家政治理想，本为极高尚之自由主义，以个人之尊严为基础，而互相协和，以成群体。期于天下之人人，各的自主而亦互相比辅也。春秋太平之旨在此。"[②] 又说："自由者，非猖狂纵欲，以非理、非法破坏一切纲纪，可谓自由也。最精之义则莫若吾夫子所谓'我欲仁，斯仁至矣'"。[③] 从积极意义上说，自由理念同儒学中自我完善的意思是一致的；从消极意义上说，自由理念同儒学讲究群体和谐的意思并无冲突。关于平等，他说："平等者，非谓无尊卑上下也。然则平等之义安在耶？曰：以法治言之，在法

---

① 熊十力：《十力语要》第 3 卷，刊印本，1948 年，第 27 页。
② 熊十力：《十力语要》第 1 卷，刊印本，1948 年，第 75 页。
③ 熊十力：《十力语要》第 3 卷，刊印本，1948 年，第 27 页。

律上一切平等。国家不得以非法侵犯其人民之思想、言论等自由，而况其他乎？以性分言之，人类天性本无差别。故佛说：'一切众生皆得成佛'，孔子曰：'当仁不让于师'，孟子曰：'人皆可以为尧舜'，此皆平等义也。"① 他一方面接受了"在法律面前人人平等"的新观念，另一方面却把平等同尊卑观念扯在一起，并把实现平等的希望寄托在"人类天性本无差别"上，表述上有些混乱。即便如此，他对民主政治的真诚企盼，还是不容置疑的。

自由理念是伴随着社会转型而出现的新理念。但是，必须看到，这一理念并不是凭空出现的，也是人类文明发展的产物。在西方启蒙主义和自由主义的话语中，时代与传统的联系被割断了，个体性原则与群体性原则被对立起来了，这并不符合西方社会转型的实际。在西方近代社会，最有影响力的口号是自由、平等、博爱，其中自由和平等体现个体性原则，而博爱则体现群体性原则。自由和平等是新观念，而博爱则是传统观念，它来自西方基督教文化传统。事实证明，社会转型之后，个体性原则和群体性原则都是不能缺少的。中国社会的转型，当然需要培育自由理念，但应当避开把传统与时代对立起来、把个体性原则和群体性原则对立起来的误区。在西方，维系群体性的思想资源主要来自基督教文化；而在中国，维系群体性的思想资源主要来自儒学。因此在中国培育自由理念，必须正确地评估儒学的时代价值，使之同时代精神相融合。

（原载《社会科学战线》2008 年第 4 期）

---

① 熊十力：《十力语要》第 3 卷，刊印本，1948 年，第 27—28 页。

文化民族主义与文化保守主义论析

张世保

文化民族主义与文化保守主义是两个在内容上有相当重合但在内涵上却有极大区别的概念。对这两个概念，学术界已有深入的辨析，[①] 以已有研究为基础，本文试图对这两个概念的内在关联与本质区别作进一步的论述。

一、文化民族主义与文化保守主义的内在关联

文化民族主义和文化保守主义可以说是一对孪生兄弟。它们产生的时代背景、社会条件基本一致，在内容上也有相当程度的重合。对于它们的内在关联，可以从以下两方面加以阐述。

第一，文化民族主义与文化保守主义都是现代性的产物。

在内生型现代化国家（如英国、法国）里，民族主义与现代性本身是一体的，是不矛盾的，其文化民族主义的产生也是自发的。只有在后发外生型现代化国家中，自觉的文化民族

---

① 参见何晓明：《近代中国文化民族主义与文化保守主义的关系》，《新视野》2007 年第 4 期。

主义才有可能产生。这种文化民族主义的兴起最早要追溯到
18 世纪的德国。当时，英国已经完成了资产阶级革命；法国
是处于革命前夕的一个强大的统一国家；相对于英法而言，而
处在极度分裂状态下的德国是现代化的后来者。经济的停滞和
政治的分裂，加之法国的对外武力征服和扩张，使德国未能沿
着经济——政治——文化的路线走英法式的正常的、健全的民
族主义发展道路。在国家软弱的情况下，对个人权利的向往是
不可能实现的。因此，周围各国的强大尤其是法国的文化入侵
使德国的知识阶层逐渐警觉起来，到 18 世纪后期，德国古典
"人文主义"兴起（1730—1830 年），出现了康德、赫尔德、
莱辛、费希特、莱布尼茨和贝多芬等大师级人物，他们在哲
学、文学和音乐等领域都创造了辉煌的成就，并从传统文化中
寻找民族延续的动力和民族独立的道路。正是他们，使德国成
为"文化民族主义"的发源地。1806 年拿破仑发动的击败普
鲁士军队的"耶拿战役"及 1807 年《提尔西特和约》的签
订，使德意志蒙受奇耻大辱。那些具有强烈民族情感的旗手们
面对强敌振臂高呼："只要我的血管里还流淌着血，就决不背
弃我的德意志祖国和她的神圣的事业。现在我比以前更深地感
到我属于德意志人，不能或不愿意属于其他民族。"① 虽然他
们未能使"文化民族主义"的理想转变成政治的实践，但我
们可以明确地说，没有现代性的侵入，就不会有德国的文化民
族主义。

中国的文化民族主义起于何时，在学术界还是一个有争议

---

① 阿恩特语，转引自李宏图：《西欧近代民族主义思潮研究——从启蒙运动
到拿破仑时代》，上海：上海社会科学院出版社 1997 年版，第 203 页。

的问题。但可以确定的是，民族主义不是中国古已有之的东西。"现代国家是建立在'民族'的基础之上的，而民族主义是建立现代国家的历史力量。这就是'民族'和'民族主义'和现代民族国家这一历史现象的一般关系。'民族'的现象和国家的现象固然在民族国家出现以前很早的时间就已经存在，但民族主义作为历史力量的崛起，作为有着统一意识形态的政治运动而成为一种社会运动形式，却是非常近代和现代的。之所以说民族主义是现代现象，在于它不仅和现代化过程的政治形态即民族国家有着异常亲和的血缘关系，而且和现代化过程的社会文化形态即市民社会及其相应的心性结构有着内在的关联。而且，现代化过程不是某一个特定国家的历史，而是世界范围内的历史运动，所以，民族主义不是某一个国家内的孤立现象，而是连接现代国家之间关系的'媒介'或方式。"① 中国的民族主义是在中国人民追寻现代民族国家的过程中才出现的。文化民族主义当然是伴随着这个过程而产生的。笔者认为，中国的文化民族主义产生的一个非常重要的标志就是顽固派的出现。1866 年，奕䜣奏请在同文馆内增设天算馆，请外国科学家做教授，招收翰林院的人员做学生。对此倭仁表示强烈反对："窃闻立国之道，尚礼义不尚权谋；根本之图在人心，不在技艺。今求之一艺之末而有奉夷人为师，无论夷人诡谲，未必传其精巧，即使教者诚教，所成就者不过术数之士。古今来未闻有恃术数而能起衰振弱者也。"② 这种现在看来极

---

① 徐迅：《民族主义》，北京：中国社会科学出版社 1998 年版，第 11—12 页。

② 中国社会科学院近代史所编：《洋务运动》第 2 册，上海：上海人民出版社 1961 年版，第 30 页。

其顽固论调的产生，一方面是西方以"坚船利炮"侵略的结果，另一方面也是对自身文化传统的一种高度肯定。这种理论主张已经完全符合文化民族主义的特征。

文化保守主义的产生同样也是现代性的产物。艾恺把文化保守主义称为"反现代化思潮"当然不准确，但确实道出了文化保守主义与现代化之间的相生关系。他分析欧洲的文化保守主义者："所有的反现代化思想家都以各种传统形式（或理想化）的社会当作社会完善的试金石，常常是反对政治及经济的自由主义的，就算他们自己的政治立场可以被归为自由派的一类……他们生性对个人的物质私利有深刻的厌恶，唯恐它会毁坏所有建基于道德原则的所有的人群关系。他们对工业化的结果不是心存疑惧，就是彻底仇视，特别是现代都市生活及其病态与非人性化。他们强调社会重于个人，有机的群体关系高于法律关系及法定权利；除了重视有机社会外，渴望共有的道德价值和对真理的共同认识与分享。最重要的，他们高度评价人类存在的非理性、非功利方面——艺术、宗教等等。最后，因为他们全都面对启蒙运动的腐蚀性的批判理性主义，它的本质对所有道德与宗教的信仰与价值都是破坏性的；这些思想家虽然不否定理性却常亟思建立一种认识论，为道德价值提供一个基础。这常常以分辨'实用'理性（理智）与'道德'理性（同属人性内蕴的）方式出之，这种非理性认知的理论常植基于某种形式的直觉，尽管思想家本身常并不名之为'直觉'。"① 这段论述把文化保守主义对现代性的反思很好地

---

① 艾恺：《世界范围内的反现代化思潮——论文化守成主义》，贵阳：贵州人民出版社1991年版，第83—84页。

表达了出来。

笔者认为中国的文化保守主义具有两个特征：一是建立在对西方文化（现代性文化）理解基础之上的反思或拒斥，二是必须对中国传统文化的价值加以维护与守持，且这种维护与守持为其思想中的主导方面。中国人的这种反思是在 20 世纪之初才作出的，最为标志性的思想成果是章太炎 1906 年提出的"俱分进化论"。他认为随着社会进化，人类的道德（善）也在进化，但同时恶也在扩张。他说："进化之所以为进化者，非由一方直进，而必由双方并进。专举一方，唯言智识进化可尔。若以道德言，则善亦进化，恶亦进化；若以生计言，则乐亦进化，苦亦进化。双方并进，如影之随形，如罔两之逐景。"[①] 虽然章太炎由此导致了文明否定论，但这种认识是深刻的，对后来的文化保守主义者（如梁漱溟）也曾产生过很大的影响。章太炎一方面有对西方现代性的反思与批评，另一方面有对中国传统的维护与守持，说他是中国近代文化保守主义的开启者，可谓实至名归。

第二，文化民族主义与文化保守主义都强调珍重民族文化，特别重视民族传统文化的价值。

自从西方文化以血与火的形式进入中国之后，中国人一直在寻求自己的认同依据。一般中国人都认为，中国虽然在物质文化层面落后于西方，但在精神文化层面却远远高于西方，这种对中国自身传统的高度认可实际上就包含着民族主义的内容。在洋务运动时期，无论是保守派（如前述倭仁等）还是

---

① 章太炎：《俱分进化论》，载《章太炎全集》第 4 册，上海：上海人民出版社 1985 年版，第 386 页。

洋务派（中体西用论者），实际上都是文化上的民族主义者。他们认为中国文化在总体上比西方文化高明，在客观上起到了文化认同的作用。如郑观应讲："中学其本也，西学其末也。主以中学，辅以西学，知其缓急，审其变通，操纵刚柔，洞达政体，教学之效，其在兹乎。"[①]"中体西用"论虽然对西学的传播提供了理论方便，但其中国文化中心论的立场，对于加强民族身份认同，增强民族凝聚力，起到了一定作用。诚如康有为发动的保教运用、国粹派的"保存国粹"运动、五四前后东方文化派的文化主张等等都是文化民族主义的表现。到抗日战争时期，中国的文化民族主义到达顶峰，国难当头，在文化领域内，出现了一个罕见的全民族对传统文化大认同的局面。在"读史救亡"、"文化救国"、"文化复兴"等口号指引下，人们积极地从事哲学创作、创办报刊、编撰国史与人物传记、开展边疆史地研究，大力介绍与弘扬中华文化的优秀传统，希冀增强国人的民族自豪感与民族自信心。此种近代史上前所未有的对固有文化的大认同，表明文化民族主义在抗战时期已成为一种广泛而极有影响的社会思潮。

文化民族主义和文化保守主义不仅仅强调自身文化的优越性，还都强调自身文化的特殊性。以 1935 年"十教授宣言"（《中国本位的文化建设宣言》）为例，这个宣言既是文化保守主义的，又是文化民族主义的。宣言开篇就说："在文化的领域中，我们看不见现在的中国了。"宣言认为："中国在文化的领域中是消失了；中国政治的形态、社会的组织和思想的内

---

① 郑观应：《盛世危言·西学》，载《郑观应集》，上海：上海人民出版社1982 年版，第 276 页。

容与形式，已经失去它的特征。由这没有特征的政治、社会和思想所化育的人民，也渐渐的不能算得中国人。所以我们可以肯定地说：从文化的领域去展望，现代世界里面固然已经没有了中国，中国的领土里面也几乎已经没有了中国人。"怎么办呢？宣言认为："要使中国能在文化的领域中抬头，要使中国的政治、社会和思想都具有中国的特征，必须从事于中国本位的文化建设。"认为无论是模仿英美，还是模仿德意、苏俄，都是"轻视了中国空间时间的特殊性"，宣言中最重要的一段是："中国是中国，不是任何一个地域，因而有它自己的特殊性。同时，中国是现在的中国，不是过去的中国，自有其一定的时代性。所以我们特别注意于此时此地的需要，就是中国本位的基础。"我们可以发现，虽然宣言也重视"时代性"，但它所重视的"时代性"是掩盖在"特殊性"之中的，其"时代性"也是在注意"现在的中国"。如果我们分析其他文化民族主义和文化保守主义的文本，都会发现强调文化的特殊性既是其立论基础，又是其理论特色。

二、文化民族主义与文化保守主义的本质区别

文化民族主义与文化保守主义虽然是一对孪生兄弟，但它们的思想主旨、立论方法乃至社会影响都有很大的不同，甚至可以说是两种完全不同的思潮。其区别主要体现如下：

第一，文化民族主义主要是一种情感诉求，感性多于理性；文化保守主义更主要的是一种理性反思，理性多于感性。进一步说，文化保守主义是对现代性反思的产物，而文化民族主义仅仅是现代性所激起的一种本能反应，但它本身不一定对

现代性进行反思。由此导致二者发生的时间并不一致，总体来说，文化保守主义的产生要滞后于文化民族主义的产生。

以中国为例，文化保守主义要比文化民族主义晚出现近半个世纪，因为中国人在开始接触西方文明的时候，感受到了它的威力，由于受到了西方文明的侵略，产生文化民族主义是在所难免的。但是，在刚开始接触到西方现代性文化的时候，人们还不可能对它进行反思。近来很多人将晚清的"中体西用"论者归于文化保守主义者，但我们要看看，这些中体西用论者对西方文化有没有批评，有没有反思？如果连批评或反思都没有，怎么可以算得上是文化保守主义者呢？我们都知道冯桂芬与郑观应是"中体西用"论者，但是在他们的著作里，我们发现不了对西方文化的批评，而基本上都是赞美之辞，主张向西方学习，他们当然就不能归于文化保守主义者。中国人对西方文化的认识有一个过程，只有到了一定的阶段，在中国人对西方文化的认识达到相当的程度之后，对西方文化的反思才有可能出现。而只有那些建立在对现代性文化进行批评基础上的"中体西用"论者才是文化保守主义者。有两种"中体西用"论。一般而言，20世纪之前的"中体西用"论在当时"实已是一革命性的态度"，是当时中国的最为激进的西化论。进入20世纪之后，"中体西用"论才通过对西方文明的批评与反思而具有文化保守主义的特征。看不到有两种"中体西用"论，而只看到一种"中体西用"论，是与中国近代思想发展的实际不相符的。当然，无论是哪一种"中体西用"论，由于它们都持中国文化优越论的立场，都可以归入到文化民族主义的行列中去。

但由于我们一般将强调文化传统价值的主张都称之为文化

民族主义，因此文化保守主义者一般都是文化民族主义者，但文化民族主义者却并不一定都是文化保守主义者。我们也可以看到，文化保守主义者在立论过程中，为了获得更广泛的注意与支持，毫不迟疑地打出文化民族主义的旗帜。

第二，在立论方法上，文化民族主义者主要强调自身文化传统的价值，即便在进行中西文化比较的时候，也不大对西方现代性文化加以反思；而文化保守主义的理论方法主要在于指出现代性文化给人类带来的不幸，而认为本国文化对现代性文化可以产生纠偏补弊的作用。

前面已经指出，对西方现代性文明是否进行反思，不是构成文化民族主义的必要条件。我们可以看到，无论是顽固派还是洋务运动时期的"中体西用"论者，都没有对西方文化进行反思，但这并不妨碍他们成为文化民族主义者。但是，文化民族主义要成为文化保守主义，对西方现代性文明的反思是必要条件。因此，可以说文化民族主义与文化保守主义在立论方法上有很大的不同。我们可以看看中国的文化保守主义的论述方式。章太炎正是鉴于资本主义社会的诸多负面现象及其给人民大众造成的苦难现实才提出"俱分进化论"的。

第一次世界大战的爆发，使对西方文明的迷信被打破，人们开始大规模地反思西方现代性文明成为可能，杜亚泉和梁启超是当时最为重要的代表。杜亚泉认为，人类生活中最重要的是经济与道德二者，"经济关系之重要，固无待言。然使经济充裕，而无道德以维系之，则身心无所拘束，秩序不能安宁，生活仍不免于危险"。而第一次世界大战"使西洋文明露显著之破绽"，在经济上表现为"局处的充血症"，在道德上由于轻视理性，表现为"精神错乱"、"狂躁状态"。相反，东方文明虽然在经济上表现为"全体的贫血症",但道德观念却是"最纯粹最中正者"。同时,他也认为战后西方思想的发展趋向同东洋古代的思想有接近之处,因此他主张不要受西洋物质文明的"眩惑",不要忽视科学思想传入带来的"害处",而应东西调和,"以科学的手段,实现吾人经济的目的。以力行的精神,实现吾人理性的道德"。① 一年以后,杜亚泉又在《迷乱之现代人心》一文中认为,精神文明的优劣,不能以富强与否为标准。中国人因为羡慕西洋人的富强而主张输入西方的思想,造成人心迷乱、国是(儒家思想)丧失、精神破产,"直与猩红热、梅毒等之输入无异"。而救济之道,只能由儒家思想来加以"统整"。② 第一次世界大战结束之后,梁启超偕张君劢等人到欧洲考察,目睹西方思想及经济的大变动,使梁启超更感到有必要以东方文明来对西方文化进行批判和改造。梁启超在《欧游心影录》一书中以饱含感情的笔触写道:"我们可爱的青年啊,立正、开步走!大海对岸那边有好几万万人,愁着物质文明破产,哀哀欲绝地喊救命,等着你来超拔他哩,我们在天的祖宗三大圣和许多前辈,眼巴巴盼望你来完成他的事业,正在拿他的精神来加佑你哩。"③ 也正是在这种背景下,近代中国文化保守主义的最为重要的代表——新儒家才得以产生。

---

① 伧父:《战后东西文明之调和》,载《杜亚泉文选》,上海:华东师范大学出版社 1993 年版,第 266—271 页。

② 伧父:《战后东西文明之调和》,载《杜亚泉文选》,上海:华东师范大学出版社 1993 年版,第 311—312 页。

③ 梁启超:《欧游心影录节录》,载《饮冰室合集》专集之 23,北京:中华书局 1989 年版,第 38 页。

第三，就影响范围来讲，由于文化民族主义擅长于民族感情的诉求，因而能起到广泛的社会动员的作用，容易演变为一种社会运动，影响也就大；而文化保守主义多是知识分子在学斋里的论证，对于社会上层有很大影响，然而对社会下层却影响甚微。

文化民族主义不需要高深的理论作为支撑，它对广大民众具有先天的吸引力。因而在进行社会动员的时候，文化民族主义是一个极为强大的武器。文化民族主义的兴起不太需要理智、理性。相反，文化保守主义必须建立在对西方文化的反思上，而这种反思又必须建立在对西方现代性文明的真正理解的基础之上，因此就必须强调理智、理性的作用。而对西方文化的真正理解一般来讲只可能由知识分子来完成，因此我们可以看出，近代文化保守主义提出者都是一些中西兼通的大知识分子。虽然文化保守主义提出来之后，由于它本身所具有的文化民族主义特征，也能吸收广大的民众，但吸引民众乃是其文化民族主义的内容，至于其文化保守主义的内在理路，则是民众所不易理解的。因此，文化保守主义本身对社会下层的影响是十分有限的，可见文化保守主义大多只能局限于理论上的抽象建构，其影响也不出少数精英的范围。

第四，就其对社会产生的效果来讲，文化民族主义比文化保守主义更具有潜在的破坏性。一个非常重要的原因就在于文化民族主义可能是反现代性文化的，由于文化民族主义特别强调自身民族文化的特殊性，往往就会拒斥文化的普适性，或具有普适性的其他文化因素，这样其保守性和反动性就很明显了。胡适说过这样的话："本来凡是狭义的民族主义的运动，总含有一点保守性，往往倾向到颂扬固有文化，抵抗外来文化势力的一条路上去。"① 抵抗外来文化，就极有可能演变为拒斥现代性文明传统。

而文化保守主义虽然对西方现代性文化进行了深入的反思，但这种反思并不一定导致它反对和拒斥这种文化。以近代新儒家为例，他们的思想当然属于文化保守主义的范畴，他们对西方现代性文化的负面作了深入的揭示，对中国自身传统的优长作了明确的阐释，但是，他们有一个共同的特点，即他们并不反对西方的现代性文化，从梁启超、梁漱溟到张君劢、徐复观等，他们都是中国现代化的积极鼓吹者和参与者。虽然也有拒斥现代性文化的文化保守主义者（如大陆新儒家蒋庆、康晓光等），但这不是文化保守主义的主流。中国文化建设最为重要的任务是让现代性文化在中国文化土壤中生根，因此对于那些反现代化的文化民族主义我们要坚决反对，对于文化保守主义我们也要警惕，因为其中也有反现代性文化的派别，反思但不反对现代性的文化保守主义实际上是中国文化建设的一支非常重要的力量，我们当然乐意看到它的健康发展，但不可否认的是，其中隐含的文化民族主义倾向也是值得我们时时加以警惕的。

（原载《社会科学战线》2008 年第 12 期）

---

① 胡适：《新文化运动与国民党》，载欧阳哲生编：《胡适文集》第 5 集，北京：北京大学出版社 1998 年版，第 581 页。

中西文化传统和信仰

陈 启 云

一、中国人的信仰

中国人有信仰吗？本文的答案相当肯定：有。

在 1937—1944 年间，广州市和原广州湾先后沦落在日寇手下，我和家人几经流离，回到教育文化相当落后的故乡。期间我就读的小学和中学，连校舍都没有，只是借用了（或占用了）当地人的几间祖庙、宗祠。奇怪的是，我就读的几所学校（包括学生宿舍和膳堂），虽然使用了为数不少的民间祖庙、宗祠，却没有借（占）用过任何神庙、道观或佛寺。后来我才理解，用祖庙和宗祠办学其来有自，是中国人信仰传统的一环节。当时在这些借用的庙宇，总有一粗具"大礼堂"形状的核心地带——主楼或大殿，挂着当时政府尊崇的"国父"孙中山像；顶上横匾写的是"天下为公"，左右两边的对联写着"革命尚未成功，同志仍需努力"。后来听到孙中山折断泥像手指的故事，大意是见到有人跪拜泥像，孙中山折断泥像手指，说佛像连自己都保护不了，怎么保护我们？当时还是儿童的我只觉孙中山很大胆罢了。后来在中学国文课，读到《礼运·大同》节文："孔子曰：'大道之行也，与三代之英，丘未之逮也，而有志焉。'大道之行也，天下为公。"这才知道"天下为公"是两千多年前孔子的话。当时很感动，觉得这理想很伟大。大约同时或稍后，又读到司马迁《史记·孔子世家》："太史公曰：诗有之：'高山仰止，景行行止。'虽不能至，然心乡（向）往之。"当时也很感动，同样地觉得"虽不能至，然心向往之"。

后来入大学，在国文课，读到《礼记·礼运》（也是节选文字）："孔子曰：'大道之行也……丘未逮也，而有志焉。'"才知道"虽不能至，心向往之"原来就是孔子谈论到"天下为公"时的感叹。又觉得孔子虽被后人尊为"至圣"，但他个人的理念（对"大同"理想的想法），却是"很平（易）、真（实）"的，而且他在感叹"大道既隐"，大同理想一时无法达到时，不是盲目地去推动这理想，而是提出了与此相关但比较平实的"小康"理念。

再后（1956—1960 年间）读到汉代儒学（经学）的"春秋三世"说，其中一种是很符合现代史料、史实学理的"三世"说——"所见之世（当代）"、"所闻之世（中世）"、"所传闻之世（古代）"；另一种是逆转史实的"三世"说——"据乱世"（春秋早年，世局未坏，需要标提的道德理想和信念也比较平和，因此圣人对现实的批判笔法比较宽略）、"升平世"（春秋中期，世局已坏，需要提升的道德理想和信仰比较高昂，因而圣人对现实的批判笔法亦比较严肃）、"太平世"（春秋末叶，世局大坏，所需要提升的道德理想和信仰最为超绝高昂，因而圣人的批判笔法更为严峻）。①

---

① 参见董仲舒《春秋繁露》："春秋分十二世以为三等……有见三世，有闻四世，有传闻五世。"据乱世、升平世、太平世，见何休《公羊传》，引文及解说见冯友兰：《中国哲学史》，香港：中国图书公司 1959 年版，第 543—544 页。

而和这"大（同）·小（康）"和"小（乱/据乱）·大（太平）"理念有密切关系的想法，如"大同小异"（《庄子·天下》）、"和而不同"（《论语·子路》），这些两千多年来儒家和道家的理念，今日已成为中国人日常的成语了。①

批评者可以说，"信仰"主要指一种精神性的信仰，是对超越的东西的追求，而不是一般的信念。这的确是今日讨论中国人的信仰的一个重要的严峻问题。关于这问题的学理内涵和历史文化背景，以后再详细的讨论。② 在这里要指出的是："我相信明天会出太阳"，是人类千万年来的"普世信念"，具有无比的"超越性"的信仰力度。在西方，这信念背后的"经验科学"、"逻辑实证"、"知识论"、"真理观"、"本体论"、"玄思信仰"的意义和价值，分析起来正是康德的批判理念的中枢。③

同样地，上面信笔写下的一些中国传统信仰，由祖宗崇拜、祖庙办学到跪拜偶像、到"大同·小康"理想、到"和而不同"和"大同小异"理念，和"我相信明天会出太阳"一样，都有其深厚的宗教学、人类学、哲理分析、心理分析、价值分析上的学理体系和意义。可是当今很多中国知识分子乃至专家学者们对此，常常未加深究，便加以否定。

就上述"天下为公"文本而言，在这四字口号背后（context），是一篇相当完整的《礼记·礼运·大同篇》文字；这

---

① 参见林治波：《"君子和而不同"的解读》，《人民论坛》2005年第4期。

② 参见陈启云：《中西文化传统和"超越"哲思》，《学术月刊》2009年第2期。

③ 参见黑山：《古代中国哲学的原初存有学基础》，周大兴译，《中国文哲研究通讯》1993年第3期，我有后续论析。

篇文字的背后（context），则是据称为孔子对此的论述，并因而提出了与之对比的相当完整的《小康篇》文字；而在此"大同·小康·孔子"文字的背后，更有一篇相当详细的"历史文化"论说——《礼记·礼运》的整篇文字。这篇两千多年前写下的文字，在字数上，在哲理分析上，当然不能和两千多年后康德的"三大批判"相比，但和康德的"新理想（念）主义"（Neo-idealism）的老祖宗，同样是两千多年前的柏拉图的"洞穴说（The Cave）"、"圆圈说（The Circle）"的论说相比，却是天各一方，各擅胜场的。①

在东汉末叶，儒生士人们理想失落，世乱临头之际，王符在面对黑暗的世态时所提出的理念："不随俗而雷同，不逐声而寄论；苟善所在，不论贫贱，苟恶所错，不忌富贵……有度之士，情意精专，心思独睹……不惑于众多之口；聪明悬绝……独立不惧，遁世无闷，心坚金石，志轻四海，故守其心而成其信。虽放之大荒之外，措之幽明之内，终无违礼之行；投之危亡之地，纳之锋镝之间，终无苟全之心。"（《潜夫论·交际》、《潜夫论·德化》）②

《后汉书·王符传》引《潜夫论》更说："夫帝王之所尊敬者，天也；皇天之所爱育者，人也。今人臣受君之重位，牧天之所爱，焉可以不安而利之，养而济之哉？是以君子任职则思利人，达上则思进贤……《书》称'天工人其代之'。王者

---

① 初步讨论见陈启云：《中国古代思想文化的历史论析》，北京：北京大学出版社2003年版，第7—8、84—85、97—98页。进一步分析，参见陈启云：《治史体悟》，桂林：广西师范大学出版社2007年版，第142—152页。

② 论析见陈启云：《中国古代思想文化的历史论析》，北京：北京大学出版社2003年版，捌，拾。

法天而建官，故明主不敢以私授，忠臣不敢以虚受。窃人之财犹谓之盗，况偷天官以私己乎！以罪犯人，必加诛罚，况乃犯天，得无咎乎？夫五代之臣，以道事君，泽及草木，仁被率土……季世之臣，以谄媚主，不思顺天，专杖杀伐……主以为忠，天以为盗。《易》曰：'德薄而位尊，智小而谋大，鲜不及矣。'是故德不称，其祸必酷；能不称，其殃必大。夫窃位之人，天夺其鉴。"

分析起来，更有其独特的"超越理念"。其时信守此理念的东汉儒士，在君主和宦官掌握的朝廷历时十多年的党锢迫害下，所作出的壮烈牺牲，和西方在宗教迫害下的殉道者们也是可以互相媲美的。[①] 这些文字，包括西方有关基督教殉道成圣（Saints）者的记述，是否完全"真实"，不无可议，但至少它代表了当时人坚定超绝的信念和信仰。

二、信仰的破坏、失落和混乱

上节所记，已经不是当前中国人坚定的信心、完整的信仰或清晰的信念，而是自 19 世纪以来，屡遭破坏、断裂失落，处于混乱的"三信危机"中的情况了。从传言中 19 世纪 70 年代孙中山折断泥塑神像手指，到 1919 年五四运动崇拜的"德先生"和"赛先生"，到民国政府的破除迷信运动，到马列唯物主义的无神论，再经过"破四旧"，一直到 20 世纪 80 年代所觉醒到的"四信危机"（信用、信心、信念、信仰），

---

① 参见陈启云：《儒学与汉代历史文化》，桂林：广西师范大学出版社 2007 年版，第 92—109 页。

中国的"精英"分子（主要是文化和政治上的权威人物），对中国人传统信仰的打击和破坏，已是历时长久和无所不至了。如果现在有人说今天的中国人已经没有信仰，这应当是常识上的事。但今日一般中国人的宗教"迷信"（"迷信"在此是反讽语），丝毫不减，甚至变本加厉，这却是很不寻常的现象。

1980 年 10—11 月，我首次受邀回国，11 月中到河南洛阳登封县参观少林寺。那时的少林寺只剩一山门、一不足二十平方米的后殿，和两处比较完整的"塔林"（少林历代方丈的藏骨塔）。来到了距少林寺约 2—3 公里处，便见人山人海，才知道这是嵩山下的嵩岳庙的重光祀典。进庙后，看到殿前焚烧纸箔堆积成比人还高的小山。进殿后，看到殿中的嵩岳大帝君神像（不管原本是木雕的还是泥塑的），都早已被毁无余；其时人们崇拜的只是一张纸画的帝君，纸质亦粗糙不堪。日落西山，我们一行乘车离开时，沿途还见到一些老妇人们，头顶香火，一步一拜的前往嵩岳庙。不管这是不是"愚夫愚妇"们的"迷信"，这真实地代表了中国一般人民历尽劫难终不减的信心、信念和信仰。

如何认真正确地对待这残存的宗教信心、信念和信仰，把它整理成一可以用现代（包括西方）的学术知识、范畴和理念加以分析、理解、评价的思想文化体系，并进而建立为一经得起考验的现代化文明的基因，是今日中国知识分子的责任。① 可惜近百年来很多中国知识分子，对中国的文化传统，

---

① 这是欧洲汉学家黑山（Carnogurska, Marina）多年来论析的主题，参见黑山：《古代中国哲学的原初存有学基础》，周大兴译，《中国文哲研究通讯》1999 年第 3 期。黑山的论点比较和缓；我的看法是：中国传统思想不但有"超越理念"，而且有超越柏拉图和康德的超越理念。

对这些信心背后的文化力量，对这些信念蕴涵的学理意义，和对这些信仰象征的精神价值，不求认识，便一律贬斥为"迷信"，加以否定和破坏。这是本文首先要论述的。

前一节提到关于孙中山的传说是一例证。传说所述的孙中山是一儿童，对当地的信仰一无所知，才会问人们为何拜偶像。人们（尤其是知识分子）对自己所不知的事物，应有最低限度的虚心和尊重，才是现代文明和谐社会中的正常健康心态。即使心中存疑，也应采取客观中立的态度去求知，或者是对此避而不谈而已。一无所知而进行反对和破坏，是很不合理不正常的心态和不文明的行为。孙中山当时对西方的宗教是否有所认识，不得而知。如果他的行为是出于他对西方基督教的信仰，这更是替西方帝国主义帮凶的行为。试问如果那时孙中山进入的是西方的基督教堂，他敢不敢作出这样的行为？更根本的问题是：如果孙中山在西方教堂圣殿上对圣母像或十字架污辱或破坏，西方的上帝会立刻作出反应，立毙孙中山于殿下来显示神威吗？如果西方的上帝也像中国神庙里的泥偶一样，毫无反应，这便能证明西方人的上帝连自保的能力也没有，基督教只是一种迷信吗？关于孙中山的故事只是传说，而且这故事和孙中山著名的民族民权民生主义和"知难行易"学说（知比行重要；有正确的认知才有正确的行为——因此在破坏宗教迷信之前，应先要有深入的认知和理解），以及上引据说是孙中山常用的儒家经典"天下为公"话语的立场，是相互冲突的，因此很可能是当时的宣传人员所虚构的。这故事之被建构和被收入 20 世纪 40 年代的小学教科书，代表的正是近百年来很多中国知识分子和政府官员对中国的文化传统和信仰的无知与狂妄的心态。

三、中西文化传统和宗教信仰：
"保存（残存）价值"

觉得中国的传统宗教信仰不是"真正的信仰"而只是迷信的中国人，很多是迷信"科学"者（不少真正科学家反而不会轻易地否定宗教信仰，下述的牛津大学教授麦格拉夫便是当下的明证）。近代的中国文人学者们出于"所信"或"所学"，而感到对中国传统或残存的宗教信仰不满或鄙视，是"事出有因"的，但使用西方宗教信仰的单方面的标准来论定中国人的信仰在学理上是很成问题的——关于西方人在东西比较中对东方文化所持的"本质主义"偏见我已有些初步论析。①

有些人会说，他们所说的宗教信仰，指的是"精神上的、超越性的真正宗教信仰"。关于这一问题，以后再分析。在本节要论证的是现代西方宗教学（尤其是科学的宗教研究）、文化学、人类学、心理学对"宗教文化"很重要的论题："宗教的保存价值"（the survival value of religion；survival 在中国当下的语境，大概应译为"残存"了）。这论题，最近又在西方变得火热。

"宗教的保存（残存）价值"原旨出自达尔文（Charles

---

① 参见陈启云：《中国古代思想文化的历史论析》，北京：北京大学出版社2003 年版，第二、四部分；陈启云：《治史体悟——陈启云文集之一》，桂林：广西师范大学出版社 2007 年版，第 155—159、164—166、258—262 页；陈启云：《地理与人文动态互应考析之一：中西地理环境的比较》，《兰州大学学报》2007年第 2 期。

Darwin, 1809—1882 年）的进化论，"适者生存，不适者灭亡"。在物种进化过程中，原来的适者也可能会变成不适者而灭亡；现存的人类，都要在生理上或行为（文化）上继续适应，才能生存下去；因此当今人类的一切生理构造、身心机能和文化传统，都是由于在过去长期的进化过程中，有助于人类存活下去，所以才能"保存"（"残存"）到现在。而"宗教信仰"是当今人类文化中很久远、很重要、很普遍的传统，因此，它必定具有有助于人类存活下去的价值。①

与此理念相反的，是法国孔德（Auguste Comte, 1787—1857 年）的"科学实证论"。孔德认为从"人心的认知"事实，可以观察到一条定律，即"认知"的演进经过三个阶段：（1）"神学·虚拟想象"，（2）"玄学·抽象推理"，（3）"科学·实证"。（作者按：从历史发展上说，人的"认知"是不是真的经过这三个阶段，不无疑问。西方上古的"哲学"，何以在中古"倒退"为"神学"，而中国先秦的诸子"哲思"，又何以在汉代掺杂了许多宗教"迷思"？）孔德一方面强调"神学·玄学·科学"的延续体（continuum）："没有任何科学，在达到'实证'的阶次时，不带有经历其他二阶次——'神学'和'玄学'的记号……今天最进步的科学仍然带着它所经过这两个先前时期的非常明显的记号。"孔德承认历史事

---

① 关于这方面的著述不胜枚举。入门参考书目，见《进化论宗教研究》所附书目，David Sloan Wilson and William Scott Green, *Evolutionary Religious Studies* (*ERS*)：*A Beginner's Guide*, September 12, 2007 draft, http：//evolution. bing-hamton. edu/evos/引。最新论著如：R. J. Richards, *Darwin and the Emergence of Evolutionary Theories of Mind and Behavior*, University of Chicago Press, 1987; S. Atran, *In Gods We Trust*：*The Evolutionary Landscape of Religion*, Oxford University Press, 2002。

实中"神学、玄学、科学"发展的连续性,并且承认此三者在当下现实中"并存";但他认为这是当代思想文化混乱失序的主因。他说:"在目前,现存的(认知·思想·文化)混乱失序的原因,可以充分地归咎于神学、玄学、科学这三种互不兼容的哲学(思想文化)同时并存。"因此,他认为现代思想文化的进步将排除"神学"、"玄学",而达到纯一的"科学实证"阶段。①

在这里,孔德讨论的是"以思维方法为范畴所界定的认知哲理"和"过去与现存的思想文化事实"两种根本不同范畴所界说的本质。孔德虽然在"事实"上不能不承认这种"异质并存"的现象,在"范畴"上却坚持和强调这些异质在"理念"上绝不兼容,而认为将来纯一的"科学——实证理念"将会取代当前"异质并存的现象事实"。这是在范畴上把"理念"与"事实"混乱了;结果是以"理念范畴"规范的"意识形态(科学实证主义的推理)",抹杀或歪曲了"事实"(作者按:人的世界,在任何时代,都不存在一个"纯神学"、"纯玄学"或"纯科学实证"而没有其他范畴的世界。即使是一个人,也不可能只用"神学"、"玄学"或"科学"去认知与生活)。②

按照孔德的说法,虽然宗教信仰过去有其极重要全面性的

---

① August Comte , *Positive Philosophy* tr, By Harriet Martineau, 1853, Vol. 1, Ch. 1; cited in Albert E. Aveyed. , *Readings in Philosophy*, Columbus, Chio, 1921, pp. 673, 675, 679; Also Patrick Gardiner ed. , *Theories of History*, Glencoe, 11: The Free Press , 1960, pp. 75 – 76.

② Ernst Breisach, *Historiography*: *Ancient*, *Medieval*, *and Modern*, University of Chicago Press, 1994, pp. 272 – 274, 指出孔德对历史只是一知半解。

文化功能；但在现在这功能已完全由实证科学所取代；准此，西方的宗教，不管其精神本质或超越理念如何，在现代都没有"保存价值"。

孔德的学说，其后却被西方更新的现代心理分析学所推翻，或反证。根据弗洛伊德（Sigmund Freud，1856—1939 年）的研究，人类的原始本能（甚或兽性）并未因文明进步而消失，只不过隐藏在人的"潜意识"中；人类新进的文化，包括科学理性，驻守在人的当下"意识"中，就如一位"检察官"，把一切不合现代生活标准的事物（包括生理、心理、精神功能）打压进"潜意识"。从表面上看，只有合乎现代理性标准的才是"有价值"的；不合乎这现代标准的便是没有价值。但弗洛伊德的研究显示出所谓现代理性（就像一位"检察官"），其作用主要是消极性（甚至负面性）的"排除、控制、压抑"，而不是积极性的"启发、创作、推动"。因此理性特别发展，现代理性压倒一切的社会文化常是苍白无力，甚而变成非理性、不理性的（如在近代西方理想主义哲学特别发达，特别崇尚理性的德国，却产生了希特勒的纳粹主义政权）。反而是潜存在"潜意识"中的，却是有着无限的"启发、创作、推动"文化的动力。如果这些潜力，能由现代理性去适当合理地引导，便会发展出雄伟的文明成果；如果这些潜力受到现代文明理性过度的、不合理的打击和压抑，便会引致苍白无力、充满矛盾冲突失序的个人心理和社会状态，甚或破裂溃散的文明。①

---

① 参见 Sigmund Freud, *Civilization and Its Discontents*, 1930，英译本 1961。Benjamin Nelson ed., *Freud and the 20th Century* , 1957, pp. 13 – 48, 125 – 163。

弗洛伊德论证的"潜意识"的"潜存内涵",比较偏重于人类的原始生物本能。荣格(Carl Gustav Jung, 1875—1961年)的研究则进一步显示这"潜意识"的更重要的内涵是人类的"集体潜意识"(collective unconsciousness),这保存了古往今来人们无数年代积累的文化经验(包括远古的宗教迷信);这种深厚复杂的文化经验保存在人们的潜意识中,不为个人所意识到。现存各个个人所意识到的是他(她)后天所获得的文明成规(包括在现代学校学习到的知识)。在人类过去文化发展的里程中,即使依照孔德的分类,实证科学的发展只占了约 200—300 年,玄理哲思的发展占了约 2000—3000年,宗教迷信的发展则占了约 5000—500000 年(作者按:这是宗教——即使是迷信——事实上的潜存本质)。比较起来,每个个人的科学知识固然极为有限,整个国家民族乃至全球的科学文化的总体比起人类过去 2000—500000 年积累的经验,还是有限的。荣格因此认为过去人类历史上伟大的卓越天才的产生,是由于他们在某种机缘中接受到潜存在他们所属的民族的"集体潜意识"中的强大的文化资源。这种"潜存的文化",尤其是所谓宗教"迷信"的传统,是文化永续生存发展的深厚根底(纵使没有保全价值,也有常存的本质)。[①]

从文化史上观察,人类在历史上的重大危机,常常以宗教

---

① 参见张雄、王晶:《新编现代西方思潮》,上海:上海社会科学出版社1999 年版,第 13—28、104 页。关于弗洛伊德和荣格的学说在 19—20 世纪西方思想文化中的脉络,参考 H. Stuart Hughes, *Consciousness and Society*: *The Re-orientation of European Social Thought*, 1890 - 1930, New York, 1958, pp. 125 - 260, 及所注书目。最新研著,如 P. J. Richerson and R. Boyd, *Not by Genes Alone*: *How Culture Transformed Human Evolution*, University of Chicago Press, 2005. R. Sosis, "The Adaptive Value of Religious Ritual", *American Scientist*, v. 2004 (92), pp. 166 - 172.

转轴为关键。① 古代的埃及、希伯来和希腊的文明转化，罗马帝国末年欧洲中世纪初期基督教的兴起，西方近世文明开展时的宗教改革，和 20 世纪 70 年代美国越战危机时的宗教激情，都是著名的例子（中国人在西汉末年、东汉末年、六朝隋唐、元末明初和清末民初也有这现象）。这关系到宗教的另一种"保全价值"：人穷则呼天。

1960 年我初到美国留学时，从不少美国白人朋友处听说：他们每周去教堂，老人们是去会朋友；年轻人们是去交朋友（包括找男女朋友）；不少女士则是去展示她们的新装。当时一般的感叹是宗教已流为一种形式，没有信仰实质了。但 1967 年我却深深地亲身感受到当时美国因肯尼迪总统被刺杀后加激的越南战争和反战运动所引发的宗教热浪了。那时（约为 1968—1978 年）不但在教堂内，而且在大学校园里，甚至大学生们常去的音乐酒吧中，处处充满了宗教活动和宗教气氛。当时波士顿大学的女学生钟拜雅斯（Joan Baez），以素装散发赤足的清纯形象，跳上酒吧桌子，手持吉他，清唱富有宗教情调的民歌，红遍全美国。很多美国青年男女，更因不满意当时主流的基督教保守传统的形式主义，而自行组建新的宗教团体。当时也有很多学生在课堂或课外热心讨论种种政治、社会、文化、宗教（包括中国的《易经》占卜等东方宗教传

---

① 关于"宗教转轴"时代（the Axial Age）的说法，出自雅斯贝斯《历史的渊源与目的》（Karl Jaspers, *The Origins and Goal of History*, Yale University Press, 1953）一书。Axial Age 常中译为"轴心时代"；但"轴心"带有邪恶含义，如二次大战时的"轴心国家"和美国布什总统所指责的"邪恶轴心"，不宜用以中译这伟大的时代。而且这时代的重要性在其文明的超越转化，故应译为"转轴时代"。进一步讨论，参见陈启云：《中国古代思想文化的历史论析》，北京：北京大学出版社 2003 年版，叁。

统）问题。为回应这宗教狂潮，我所在的加州大学创立了一全美最完整的"宗教研究系"，以科学方法研究宗教；其中一个关注重心，即为"宗教的保全（残存）价值"；开办第一年，申请入学该系的本科生人数，便超过加州大学传统三大科系之一的"历史学系"。后来越战结束，再经过数年，美国这股宗教狂潮才逐渐平静。在20世纪70年代后期，美国因越战引发的经济危机严重，年轻人都要在现实中努力谋生去了。再后新生的一代（美国的"80后"）更是很现实很功利的一代。回忆起来，最令我怀念的还是20世纪70年代的那批美国学生。

一般而言，在正常的日子中，人们的行为大多受到当前（近百十年来的文化成规）的理性理念所规范，以应付日常问题；但在发生大变动的非常时期，目下的理念成规不足以应付面临的问题，人们便会退回到旧日的文化传统，甚至原始的生存本能，来应付当前的危机；一直等到发展出新的文化机制、新的解决问题方法为止。在这新的文化机制、新的应对问题方法产生之前，原始的本能、旧日的习惯、过去保存（残存）的宗教文化，便发挥出它潜在的价值，帮助人们自保（包括20世纪70年代的这批美国学生），以渡过难关——"保全（残存）价值"。

最近关于宗教的残存价值问题，在西方学术界又引起了一场激烈的论战（包括网络论战）。论战的双方都是英国牛津大学的教授。其中一方是著名无神论者道肯斯（Richard Dawkins），写了一本轰动媒体的书《关于上帝的幻觉》（*The God Delusion*, 2006），认为宗教信仰自始至终都在浪费人们的精力，毫无达尔文所称的"保存价值"，有的只是像"病毒"

（virus）一样的传染性力道。① 而原本研究微分子和物理生物学，后来却成为"历史神学"教授（Professor of Historical Theology）的麦格拉夫（Alister McGrath）和他在伦敦大学教授"宗教心理学"的妻子哥丽葛（Joanna Collicutt）则合写了一本题为《道肯斯的幻觉》（*The Dawkins Delusion*，2007）的书，指名道姓地全面反驳。②

要指出的是，本文并不能证实宗教的"保存价值"的实质存在，因为它潜存于人们的"潜意识"中。本文并列了关于这论题正反双方的重要论说，主要是避免一偏之见。（一偏之见是很多当下中国学者和知识分子在讨论中国文化，尤其是讨论中西文化或传统与现代文化问题时的毛病。）文中所论只说明了：（1）在近百年来，西方对宗教信仰的研究和评价的一种重要学术理念，是其潜存在人类文化传统中的"保存价值"；（2）根据这理念，中国和西方文化传统中的宗教信仰都各有其深厚的"保存价值"（在当前中国文化中，宗教的"保存价值"或者只能称为"残存价值"了）；（3）西方的宗教，尤其是极受一些西化学者称道的基督教，也不免经历了不少打击和危机（如上述1960—1975年美国的主流基督教教会的境况），并且也不免被人称为是关于"上帝的幻觉或谬见"；这和中国传统宗教的际遇也是各有春秋的；这种"保存价值"，中西宗教有则都有，无则都无。因此，由于中国文化中没有和基督教相类似的宗教信仰，而认为中国人没有真正的宗教信

---

① 参见 *The God Delusion*，Bantam，2006。道肯斯更有一电视系列"宗教为万恶之源"（TV series：Richard Dawkins on "Religion the root of all evil"）。

② 参见 *The Dawkins Delusion Society for Promoting Christian Knowledge*，2007。

仰，这种说法在学理上是站不住的。

宗教信仰是人类文化传统最原始因而也是保存得最长久的源头。"宗教的保（残）存价值"，基本上也就是"文化传统的价值"。近百年来，中国的政治和文教精英们对中国宗教信仰的想法，也是他们对中国传统文化的想法，甚至是他们对整体中国文化的想法的一部分。这种态度受到西方关于"传统与现代化"学说的影响很大。[①] 这问题分析起来比较复杂，又本文第一节提到的中国人的信仰，关连到宗教信仰的神圣属性和超越理念，乃至中西思想文化体系的比对等问题，限于时间和篇幅，都只能后续再论了。希望这篇短文能有助于国人对文化传统和信仰发展出一合理的态度，这不但关系到中国的和谐社会，还关系到人们的心理健康。

四、文化传统和现代化理论

近一百多年来，西方的科技、工业、经济、军事力量突飞

---

① 西方关于这方面的论述真的是汗牛充栋了，但大多是属于文化硬件的阵营的研著，如《传统社会之现代化丛书》*Modernization of Traditional Societies Series*，Prentice-Hall，1965－1974；20 世纪 60—70 年代的经济学家如 Walt Rostow，*The Stages of Economic Growth*：*A Non-Communist Manifesto*，Cambridge University Press，1960；文化学家 Daniel Lerner，*The Passing of Traditional Society*，The Free Press，1958；全球化资本主义发展论者，Jan Aart，*Globalization*，St. Martin's Press，1982；Ronald Inglehart，*Modernization*，*Cultural Change*，*and Democracy*：*The Human Development Sequence*，Cambridge University Press，2005。对他们的批评，参见 Immanuel M. Wallerstein，*The Politics of the World-economy*：*the States*，*The Movements*，*and the Civilizations*，Cambridge University Press，1984；Tony Spybey，*Social Change*，*Development*，*and Dependency*：*Modernity*；*Colonialism*，*and the Development of the West*，Oxford：Polity Press，1992；Colin Leys，*The Rise and Fall of Development Theory*，Indiana University Press，1996。

猛进，带动了整个西方文明登上了主导全球的霸权地位，对世界其他文明发生了很大的影响。在这历史文化背景中，重视客体物化文化硬件的历史、文化、思想观念和理论盛极一时，如上述孔德的实证主义社会文化学、达尔文的物种进化论乃至为很多中国知识分子所迷信的"科学主义"（Scientism）。值得注意的是，在西方这种重视文化硬件的文化理论并未完全压倒西方宗教、精神、信仰、价值等文化软件在西方文化与文化理论中的地位。而且这两种（硬件和软件）文化与文化理论在客体上虽然呈现成两极异化对立，但在西方文化传统和历史过程中却是属于同一或相连续的实体（Continuum）——连上述科学实证主义的老祖宗孔德都不否定这一点。一旦硬件文化和文化论在西方发展至饱和点而开始缓慢弱化，软件文化和文化理论便抬头。①

1840 年中英鸦片战争以来的中国，是西风压倒东风的时代，也是西方文化里文化硬件压低文化软件的时代。在形势比人强的情况下，中国不能不接受在强势西方文化中居强势地位的文化硬件（从购买西方的现代武装的洋务运动开始）。这种移植过来的文化硬件，在中国本土主体中格义不清，便会被约化为西方文化的整体。把西方的硬件文化看做西方文化的整体，是 20 世纪初全盘西化说的根源。依照这说法，中国要在现代世界中生存必定要整体现代化（约化为全盘西化）；中国的传统文化和现代西式文化不同（没有西式的文化硬件）；中西文化不同或互相冲突的，便会成为现代化的障碍，须要铲除。中国文化的传统根源或基础如果和西方不同，就更要连根

---

① 关于硬件文化、软件文化和文化理论，引自陈启云：《治史体悟》，桂林：广西师范大学出版社 2007 年版，第 138—141 页。

拔除。这想法进一步约化，便是把中国的整体文化传统看做是现代化的阻力，须要革除。要指出的是：五四运动以来流传的"全盘西化论"，并不是上述现代西方学术界研述"传统文化与现代化"的论点，而是中国知识分子和文化人作出的一句口号。把西方文化约化为"民主"与"科学"，并偶像化为"德先生"和"赛先生"，更是很轻薄的宣传，是对文化知识庸俗化的歪曲，在学术上是很不负责任的行径。

料想不到的是，现代化先进的西方国家在近百年不但没有领导其他落后国家成功地现代化，反而本身遭遇到很大的挫折和难以解决的困难：如伤害很大的第二次世界大战；随后而来（尤其在英国、德国、日本和美国）的经济危机；大英帝国的衰落和继起的美国世界霸主地位的动摇；落后地区民族主义的兴起和原西方殖民地人民的独立与动乱；乃至回教和阿拉伯世界与西方文化的冲突对抗；以及更普遍性的现代工业科技对全球各地的负面影响（贫富极度的差异、百年难复的环境污染和破坏，乃至可能毁灭全人类的大气温室作用等）。这都是西方现代化文化硬件所引发而无法收拾的后果。这导致了人们对现代化文明和上述现代化（或现代主义）理论的严厉批判和质疑，甚至"后现代主义"者对现代主义的全面否定。①* 相对

① Immanuel M. Wallersteim, *The Politics of the World-economy: The States, the Movements, and the Civilizations*, Cambridge University Press, 1984; Colin Leys, *The Rise and Fall of Development Theory*, Indiana University Press, 1996; Tony Spybey, *Social Change, Development, and Dependency: Modernity, Colonialism, and the Development of the West*, Oxford: Polity Press, 1992. 最有代表性的是联合国教科文组织新编的《人文史》的《总序》（UNESCO, *History of Humanity*, Vol. III, UNESCO, 1996。关于后现代文化和后现代主义的初步论析，参见陈启云：《治史体悟》，桂林：广西师范大学出版社 2007 年版），第 50—58 页所引书目。

而言，对本身文化传统极为保守的日本，在韩战时期之后（约 1960—1975 年），工商业突飞猛进，几乎超越美国；[1] 在越战期间兴起的"亚洲四小龙"（韩国、中国台湾、中国香港和新加坡），也都是对传统中华文化（尤其是儒学）比较保守和受尊重的地区。[2] 而 1980 年改革开放以后，经济上惊人发展的中国大陆对传统文化（尤其是儒学）的态度也改为和缓、宽容甚至支持。传统文化是现代化阻力的看法是不符合客观事实的。

1993 年夏，美国哈佛大学政治学教授、外交战略专家（美国哈佛大学奥连策略研究所所长）亨廷顿（Samuel P. Huntington）在《外交事务》学刊发表了一篇文章《文明的冲突》，认为资本主义和共产主义冲突的时代已成过去，即将来临的，是文明（或文化）冲突的时代，尤其是西方文化和东方文化（以儒学文化与伊斯兰教文化为主）冲突的时代。[3] 根据亨廷顿自述，这篇文章所引发的争论是《外交事务》自 20 世纪 40 年代以来所发表的论文之冠；亨廷顿本人在这三年间曾受邀出席在阿根廷、比利时、中、法、德、英、韩、日、卢森堡、俄国、新加坡、南非、西班牙、瑞士等国以及中国台湾地区等地关于此论文的讨论会。他在 1996 年又在《外交事务》上发表了一篇文章《西方（文化）：很独特但非普世

---

① 参见 Ezra F. Vogel, *Japan as Number One*, New York：Harper Colophon Books，1980。

② 参见 Ezra F. Vogel, *The Four Little Dragons*：*The Spread of Industrialization in East Asia*，Harvard University Press，1991。

③ 参见 Samual P. Huntington, "The Clash of Civilizations", *Foreign Affairs* 72：3，Summer 1993，pp. 22 – 49；"The Coming Clash of Civilizations：Or the West Against the Rest", *New York Times*, June 6，1993。

的》，并且出版了一本题为《文明冲突与世界秩序的重整》的专书发挥他的论点。①

关于国际上不同集团阵营间的紧张对立、冲突和战争的可能性的论析，多如牛毛。亨廷顿的文明冲突论之所以广受注目，在学术上的主要原因是他在通常国际关系分析中所注重的政治、经济、科技、军事力量等硬件文化的因素以外，特别强调语言、宗教等属于软件文化因素的重要性。这回应了上面提出的，在西方文明中，文化硬件和硬件文化论发展至饱和点而开始缓慢弱化时，文化软件和软件文化论即重新抬头的现状。亨廷顿在上述文中还没有完全放弃以物质、经济、科技为基干的硬件文明进化理论观点。他在东西两大文明对垒中把伊斯兰教文化划入东方文明阵营，就是此观点使然。但他已扬弃单轨文化的进化观点（即是把整体文明的进化——现代化，约化为硬件文明的进化——西化），而认为世界上的各种文明可以保持本身的文化传统的特质而取得现代化的财经、科技、武装力量，无须西化也可以成为现代文明，因而导致未来世界性多元文明冲突的危机。这些论析，在亨廷顿 1996 年的专书中都有进一步的论述。要指出的是：亨廷顿的西方文明与非西方文明对立冲突论，显然受了西方传统上对东方文明根深蒂固的偏见的影响。他的东、西文明观可以直溯至古希腊希罗多德的东、西文明观。② 亨廷顿本身的文明意识因而也证实了他认为

---

① 参见 Samual P. Huntington, "The West: Unique But Not Universal", *Foreign Affairs* 75: 6, November-December, 1996; *The Clash of Civilizations and the Remaking of World Order*, New York: Simon & Schuster, 1996, Preface。

② 参见陈启云：《治史体悟》，桂林：广西师范大学出版社 2007 年版，第 174—175 页。

世界上各个文化传统不会在现代化过程中改易的"本质主义"论点。

亨廷顿本身其实也是属于西方文化硬件的学术阵营。他在《文明冲突与世界秩序的重整》一书中，列举了构成个别具体文明的主要文化因子："如语言、历史、宗教、风俗、制度等客观成分和个别文明中的人民对自身文明归属的主观认同。"粗看起来，似乎亨廷顿特别注重文化软件（如语言、历史、宗教、风俗），但他书中对文化软体的讨论，仅止于此；其余全部是讨论这些文化因子所构成的各文明集团在国际对抗形势上的实力。亨廷顿虽然把儒教文明和伊斯兰教文明划归为西方文明的大敌，但全书对儒教和伊斯兰教的基本内涵和意义，完全没有讨论。书中特别讨论到语言时，注重的只是全球使用不同语言的人数的量化对比（尤其是使用英语和华语的人数）；而专门讨论宗教时，注重的也只是信教人群数目的对比。换言之，亨廷顿是把软件文化当做硬件文化来处理。他的论述主要是显明了"文化软体"（精神文化，文化传统）在当前人文和社会科学中日益重要的地位——连亨廷顿这外行的人也不能不特别注重这命题，甚而一谈这问题便在全球战略论坛上出人头地了。①

在 1840 年鸦片战争以来的一百多年中，中国的知识分子为了改革弊政，引进西方优势的硬件文化，以救亡图存的紧急需要，把西方文明和现代文化约化为一些通俗的宣传口号，或许可以谅解。但把学术作为宣传工具，把学理约化为庸俗口

---

① 对亨廷顿的文明意识和文明论的详细评析，参见陈启云：《治史体悟》，桂林：广西师范大学出版社 2007 年版，第 134—137、164—177 页。

号，纵然所宣扬的道理很正确，对学术的真理使命已是严重的伤害，对百年树人的文教风习和实质更是沉重的打击。何况如上所论，这些言论对中西文化和现代化学理都缺乏应有的体认。时至今日，中国需要的不再是这种宣传口号和由这种宣传心态引导出的假学术理论。

（原载《社会科学战线》2009 年第 3 期）

中学、西学与近代化

何兆武

一、中学与西学

从鸦片战争到今天的一个半世纪里，中学与西学之争是不断的。我原以为解放后就不存在这个问题了，因为解放后我们的思想应该提高了一个层次，这个问题就不成其为问题了。可是出乎我的意料，这些年——至少自改革开放以来——中学、西学的问题又成了一个争论的焦点。因此我想先谈我对这个问题的理解，再由此来谈现代化（或者说"近代化"，这两个词在英文里都是 modernization）。

中学西学之争是怎么发生的？鸦片战争中国打了败仗，觉得自己原来的那套东西不行了，要改革，就反思：为什么自认为是天朝上国的被打败了？是因为洋人的船坚炮利。所以那时先进的知识分子提出，要"师夷之长技以制夷"。这可以说是最早的西学，也就是指"夷人"所擅长的技术。又过了一段时间，人们发现船坚炮利不单是一个技术问题，船坚炮利需要有船坚炮利的根据，这个根据就是近代科学。中国没有近代科学，所以这时就形成了一个"西学"的概念，也即"西洋的科学"。这个科学也很简单，是声光化电，也就是化学、物理学、数学。因为没有这些自然科学知识就没有近代工业，我们可以说，近代的工业就是科学的实用，就是把科学的原理应用到实业上。所以，这时的人们，至少是先进的知识分子的思想就提高了一步：我们要学习"夷人"的"长技"，就要学习"西学"。到了甲午战争的时候，原先中国的藩属蕞尔小国日本把中国打败，这是更加丢脸的事情。人们开始觉得中国的不行表面上是科学技术的落后，但实际上是我们整个学术体系不行。这时候便出现了所谓中学西学之争。它实际上把中国的思想界分成两个阵营。一个是西学阵营，他们认为，我们应该学习西学，这里的西学主要还是指西方的科学。另一个可以说是保守的阵营，他们还是要弘扬中国的传统学术和思想。当然也有折中派，折中派的提法也不同，最有名的是清末洋务派首领张之洞在《劝学篇》里说的"中学为体，西学为用"（当然，这个说法并不是他最先提出的）。一直到今天，也有人赞成这个口号。"中学为体，西学为用"说的是，我们中国过去有一套传统，主要指儒家的思想体系，这个才是我们的体，但我们也不能光有这个体，也要有一些技术性的东西，就是西学，就是要学习西方的科学技术，为中学的意识形态服务。这在当时是一个很有力的声音。这个口号在最初一个阶段实质上是为西学争地盘，后来则日益是为中学争统治权了。

其中一个思想家值得一提，他就是清末戊戌变法时候的谭嗣同。谭嗣同有一本重要的著作名为《仁学》。他想在书中构成一个哲学体系，这里面有中国传统的儒家的仁义道德，也引用了一些西方的概念。其实谭嗣同那个时候对西方的了解是很表面的、肤浅的。他特别吸收了西方的"以太"的观念，认为以太就是世界的本体，以太就是仁，仁也就是以太。这件事表明，我们中国参与世界学术思想的主流是很晚的事情。因为在谭嗣同之前 20 年，也就是 19 世纪 80 年代，就有两位物理学家——迈克耳孙（Albert Abraham Michelson，1852—1931年）和莫雷（Edward Williams Morley，1838—1923 年）经过反复试验，证明世界上并不存在以太。而谭嗣同还是在借用这个概念。这里应该补充说明的是，我们也不应迷信科学，对科学应该是一个动态的理解，科学只表明我们现在的认识所达到的地步，将来的进步在某种程度上也就是否定现在的认识。

入了民国之后，中学西学的对立继续存在。袁世凯要求立帝制时的情形在某种程度上也反映了当时思想上这两方面的斗争。袁世凯儒冠儒服祭天祭孔，蔡元培主持北京大学就废除了经学科。此后，在五四运动中便提出"科学与民主"的口号。在历史上，科学有两种，一种是古代的科学，一种是近代的科学。近代的科学是有系统的、有意识的、进行试验的、实证的科学，这种意义上的科学是古代所没有的。当时的西方为什么比中国先进？因为有了近代科学。科学的应用便是近代工业。但是近代科学本身并不能脱离社会而独立，近代科学必须有与其生存相适应的社会条件和政治条件。没有这种政治、社会的背景，近代科学是不会产生的，如果一个政体还是神权政治和封建的经学的意识形态，那是不会有近代科学的。近代科学是讲实证的，而神学是讲天命的。例如洪秀全，他自认是上帝的儿子、耶稣基督的弟弟，他说的都是真理，那科学就不会有存在的条件。中国过去的专制政体，天子是受命于天，你不能反对。在这种思想的专制之下，是不会有科学进步的。再举一个西方的例子，一直到 17 世纪，人们有一个信条，认为"自然厌恶真空"，就是自然界中的任何地方都有物质，自然界是没有真空的。后来法国著名的科学家帕斯卡（Blaise Pascal，1623—1662 年）做了一个实验，证明自然界存在真空。这个实验打破了古老的信条——只有这样科学才能进步。而中国古代的科学总是在古书中找根据，而不是自己去摸索、去做试验，然后得出自己的结论。"曾经圣人言，议论安敢到"，如果一个学术到了这个地步，这样的学术是无法进步的。五四运动的口号是"科学与民主"，它的对立面则是中国传统的圣贤的立言，是自古人们以为的宇宙中不能触动的大经大法。五四运动虽然有政治性，但它本身应该算是一场思想文化的运动、思想解放的运动。五四之后，科学与民主的思想在我国占了主流，但守旧的思想并没有退出。所以在 20 世纪 30 年代的时候，从国民党中央到地方军阀，比如说在北京的二十九军的宋哲元，在山东的韩复榘，在我的家乡湖南的湘系军阀何键，在广东的军阀"天南王"陈济棠，他们都赞成尊孔读经。而尊孔读经的对立面是科学与民主和马克思主义。

我认为，中学西学只是历史上一种方便的习惯提法，不能绕离当时的语境。因为作为知识，"学"有高低之分、精粗之分、真伪之分但是无所谓中西的。举一个例来说，中国古代的《周礼》中记载，一个圆是"周三径一"。我们可以想象，只要你会做车轮，那么通过长期的实践，就可以知道车轮的周长和直径大概是三比一的关系。而这个知识西方也知道。你不能说圆周率是中学，或者西学。又如，一个直角三角形，中国人知道它是勾方加股方等于弦方，而古希腊的数学家毕达哥拉斯的定理也是这个。作为知识的"学"可能是中国人最早发现的，也可能是西方人最早发现的，但并不能因此就说它是中学或者西学。这里要顺便说明一下，中国原来没有几何学，几何学作为一种系统的学问，是由明朝末年天主教教士利马窦传来的，自明朝末年徐光启翻译《几何原本》之后，中国才有几何学的知识。但这并不意味着几何学是"西学"。利马窦是意大利人，这也不意味着几何学是"意学"。《几何原本》是翻译的欧几里得几何，欧几里得是古希腊的数学家，但是我们也不能说欧几里得几何学是"希腊学"，它仅仅是源于希腊，但和希腊并没有本质的关系，别的国家也能学会，这并不属于谁的专利。再往早推一点，几何学实际上是古埃及的"测地学"，是在尼罗河泛滥之后用来测量土地的，"Geo"就是"大地"，"metry"就是"测量"，但我们当然也不能说"geometry"是"埃及学"。

当时还有一个流行的见解，认为西学主要就是近代的自然科学，是中国所没有的，而中学，也就是孔孟之道、仁义道德是西方没有的。这个说法也不成立。我们知道，声光化电这些近代自然科学由于某些历史的原因最早没有在中国出现，但这并不意味着中国人不能掌握这些东西，近代中国也一样出了世界级的数学家、物理学家。这些学问并不是某些地方的特产，只不过是某些地区先出现，某些地方后出现而已，为了方便，我们不妨称之为西学或中学而已。决不能认为某种知识就是属于某个民族的专利。例如声光化电是西学，而仁义道德则是中学，中国也可以讲声光化电，而西方也不是不讲仁义道德。比如大名鼎鼎的亚当·斯密当年在曼彻斯特大学是伦理学的教授，他的著作《道德情操论》也是讲道德的。德国哲学家康德的第二批判《实践理性批判》，就是讲伦理道德的。所以并不是西方人就不讲仁义道德。作为知识来说，无所谓中学西学，所谓中学西学，是我们为了方便起见，按其最早出现的地方来取的一个名字而已。我们知道，近代科学中最具代表性的是牛顿的体系，牛顿是 17 世纪英国的数学家、物理学家，但牛顿以后，牛顿力学体系的发扬光大不是在英国，而是在法国，法国出来一批沿着牛顿路数走的数学家和物理学家，他们被称为分析学派，在近代科学上获得了极大的成功，但我们只能说法国的科学家对近代科学有极大的贡献，而不能说他们这就是"法学"，更不能称之为英学，因为这门学问后来各个国家都可以学到，也都有所贡献。

上面说的主要是自然科学，在社会科学、人文科学方面也同样如此。例如，马克思是德国人，可是你不能说马克思主义是"德学"。所以，就科学的本质来说——这里是指广义的科学，包括人文科学、社会科学——无所谓中学西学，只有正确与错误之分、精粗之分和高低之分。18 世纪末的法国大革命把许多贵族都送上了断头台，其中有一个人叫拉瓦锡（Antoine Laurent Lavoisier，1743—1794 年），他是近代化学之父，近代化学是在他那里才开始成为系统的科学。但他是被送上了断头台的反革命。他科学上的正确与否是一回事，他的政治活动是另一回事，我们不能用后者反对前者，也不能用前者论证后者，这是两回事。我认为，学术中有真伪、高低的问题，但这里面没有中和西的问题，没有民族特色的问题。那么还有没有民族特色？在如下的意义上是有的。例如，中国过去黄河经常泛滥，于是出了许多杰出的治水专家，同时中国的数学和治水有密切的关系——这是我听一个老前辈讲的，他说中国解三次方程比别的国家都早，因为治黄河的时候要修堤坝，要计算堤坝用多少土方，一个土方就是一个立体，就是一个三次方程，所以中国数学的三次方程走在世界的前列。可是你不能说这就是中学。后来过了两三百年，意大利的两位数学家对于三次方程、四次方程找出了通解，你也不能说这个就是"意学"。你只能说它是代数学，是普世的。

中学西学之争实际上是不存在的，我们也没有必要强调学术上的中国特色。强调中国特色的目的是什么？是用这种方法来对抗西学？我觉得这个说法是不能成立的。每个人自然有每个人的特色，每个人都不会和别人相同，这就是你的特色，但你不必特别强调你的特色用以对抗别人。每个民族都有它的贡献。学术是人类共同的财富、共同的事业，大家都应当参与进去。假如强调中学特色是用之以对抗西方的话，那我以为这种办法是错误的。应该是善于吸收别人先进的东西，而不必用这种办法为自己壮胆。什么"21 世纪是中国的世纪"等等，我觉得这种说法恐怕不是一种健康的心态，一个健康的心态似乎没有必要去宣传这种东西。宣扬本民族的优越，那是狭隘的民族主义。

二、近代化

人类的文明至少已经有六七千年了，而就世界上出现生物学意义上的人来说，已经有几百万年了。北京周口店的猿人据说是 50 万年前的，在东非等地的发现至少是两三百万年了。人类文明史相对于人类史来说，乃是非常短促的一段。

那么什么是文明？我想简单地做一个解说。文明是不断进步的，这是人类和其他任何生物品种都不一样的地方。有些生物也很聪明，比如狗，但狗没有文明，下一代的狗和上一代的狗是一样的，它超不过上一代。只有人能超过上一代。因为人类有进步，这是人类的特殊之处，文明靠的就是人类的进步。谭嗣同的《仁学》里面讲，世界万物都不外是73种元素构成的，这个观点要比我们的老祖宗进步了，老祖宗认为世界是由金木水火土五行组成的，我这一代人又比谭嗣同晚了两代了，到我做中学生学化学的时候，说所有的物质都是由92种元素构成的，我们今天知道，元素已经有106、107种之多，将来怎么样不知道，但有一点可以肯定，将来我们对物质比今天还有进一步的认识。人类的文明是怎么来的？就是靠人类不断的进步。人类为什么能不断地进步？借用牛顿的话，就是因为我们踩在巨人的肩膀上，所以就可能不断进步。所以我们今天就不要一定以孔孟为准，我们比孔孟高明，高明在哪里？我们踩在他们的肩膀上。人类的文明就是这样进步的。一切其他物种都没有进步，也没有文明。

这个进步里有一个非常重要的因素，就是文字的出现。文字的出现能把人类的文明积累起来并传承下去，如果没有文字的话，我们每一代还是重复前一代，那在某种程度上就和狗的生活一样了。

另有一点也非常重要，就是人类有了农业。在此之前，人类的生活跟动物的生活没有多大区别，像动物那样每天都要觅食，要延续自己的生命，然后生下一代。有了农业，人类才有可能定居，有了安定的生活，才能创造文明。等有了文字，文明就可以不断地积累和进步。我们把农业社会作为人类文明真正的开端。但是，农业社会延续了几千年，一直到16世纪，基本上还都是农业社会。农业社会有一个特点，就是年年重复前一年的生活和劳动，生产方式不变，生活方式也不变，它可以几十年、几百年生活不变、思想不变，所以它的知识的进步是非常有限的。用一个术语来说，这叫做"单纯的再生产"，其规模、内容基本年年不变。当然也不是绝对没有进步，但进步是微小的。

但是16世纪以后，西欧开始了近代化的步伐，人类文明进入了近代。近代社会和传统农业社会的最大不同在于它是一种"扩大再生产"。我们知道，资本主义的方式是扩大再生产，它的资本、生产规模可以年年不断地扩大，它的生产技术可以年年进步。这种扩大再生产也影响了生活方式，人的生产方式、生活方式改变了，所以人的思想文化也要随之改变。总的来说，这就是近代化。

我们说，科学要有一个思想的条件，那就是思想自由。如果学术思想上没有自由，学术是无法进步的。一个神权政治之下的学术是很难进步的。所以中世纪的西方，科学进步很小。A. N. Whitehend甚至以为1600年的学术水平还远不如3世纪的水平。近代科学的巨大进步，就是突破宗教教条的限制，不再根据宗教教条，而是根据试验来检验真理。而容许思想自由，就要有一个民主的政体。所以近代民主革命中，"思想自由"被写在了《人权宣言》和《独立宣言》之中。

这里再说一个问题，我们能不能再给民主加上其他的标签，比如说"伊斯兰的民主"或者"印第安的民主"？我想最好不加这样的标签，民主就是民主，不民主就是不民主或者假民主。民主和科学一样，也有粗精之分、高低之分，形式可以有不同，但实质是一样的。比如英国的议会叫"Parliament"，美国的议会叫"Congress"，英国的议员叫"MP"——Member of Parliament，美国的议员叫"Congressman"，它们的形式不同，各国的语言不同，风俗习惯不同，但民主的实质没有不同。这就好像在西方几何学中一个三角形叫 abc，在中国清代的教科书三角形叫甲乙丙，但三角形就是三角形，没有实质的不同。

近代化在西方是从 16 世纪开始的，这一点，西方走在前面，中国要晚得多，中国的近代化到 19 世纪末才开始。据我所知，中国真正接触近代科学是从同文馆总教习李善兰介绍牛顿体系开始的。中国什么时候开始有近代意义上的民主？戊戌变法中倡议要设立议院，要通上下之情。当然这还是有局限的，变法也没有成功，但这是朝民主迈进的第一步。我们知道，在西方，直到第一次世界大战结束以后，妇女才有选举权，换句话说，妇女在此以前是没有人权的。而直到第二次世界大战以后，才出现了女性的国家领导人。妇女占人类的一半，人类的一半都没有参政权，我们只能说在西方此时也很不够民主。真正的近代化是很晚的事情。

近代化主要有两点。一个是科学，科学造成了工业革命，工业革命就是近代科学的应用。另一个是民主，民主制规定人人平等，人人享有一系列的民主权利——生存权、自由权和追求幸福的权利，等等。当然提法也不一样，上面说的美国《独立宣言》和法国的《人权宣言》二者的提法就有所不同，研究历史的话，可以对照起来看，但无论如何，都是朝着以人为本的方向走。有了科学和民主，就有了近代化的社会，有了近代化的社会，就有近代化的不断扩大再生产，所以人类的生活方式和思想意识也不断改变。毕竟共性是第一位的，特殊性是第二位的，不能用特殊性来否定共性。

近代化的文明还有一个特点，就是如果一个国家或社会先有了什么东西，那么别的国家或社会也都会有。换句话说，近代化是一个全球性的潮流，是一个普世的潮流。比如电灯电话，比如飞机大炮，你有了别人也会有。甚至原子弹也是如此，这一点我比较悲观，禁止是禁止不了的，天才并不集中在哪几个国家里面。当然，别人要有也不能凭空就有，也要有他自己的努力，这个努力也要有个条件，也就是近代化的条件——科学和民主，如果没有科学和民主，就很难有近代化。

我的观点是，只要有一个国家，一个民族近代化，别的国家、民族也迟早要走这条路，这是一条普世的、共同的道路。比如我们去颐和园，出清华西门，沿着马路向西走，20分钟就可以到了。一个姓张的是这么走，一个姓李的也是这么走，但他走的不是姓张的道路，而是自己的道路，所以所有人从清华去颐和园都这么走。当然你要愿意绕远也可以走别的道路，但正确的道路只有这一条。所以我们不能说我们走美国的道路、英国的道路或是苏联的道路，这里面不发生这个问题，科学和民主是一条共同的道路。只要一个国家走了，其他国家也要走，当然有的国家走得不顺利，走得慢一点，有的走得顺利，走得快一点，但总的方向共同的道路是不可避免的。当然每个民族也有每个民族的特色，但这是第二位的。民族的特色是客观存在，个体之间也会有差异，这是自然的，但第一位的是大家的共性，大家都生活在现代社会里，都要过现代化的生活，特性附属于这共性之下。所以我们不能用强调特殊性来否定普遍性，普遍性是第一位的，特殊性是第二位的。近代化是一切民族的共同道路，尽管各民族带有各自不同的特色。

综上所述，中学西学的对立是不存在的；每个民族都有自己的特色，但这是第二位的，第一位的是普世的。就我们现在来说，现代化是第一位的，民族特性是第二位的。所以我不同意中学西学的对立，不同意复古、要把孔老夫子当年的衣服都穿起来，当然你要是演戏可以，但我们不必强迫大家都穿，毕竟普世的价值是第一位的。这是我对中学、西学与现代化的看法，仅供参考。

（原载《社会科学战线》2009 年第 4 期）

五四新文化运动与中国国际视野之建构

——以《新青年》为观察点

林精华

　　五四新文化运动开启中国自觉用世界文明改造自我之风气，从而使梁任公《中国史叙论》（1901）第八章"时代之区分"关于中国之认知的论述——"（中国的）上世史，自黄帝以迄秦之一统，是为'中国之中国'"，"中世史，自秦一统后至清代乾隆之末年，是为'亚洲之中国'"，"近世史，自乾隆末年以至于今日，是为'世界之中国'"——真正得以落实，进而醒目地凸显了"中国问题"之存在，即作为东方弱国需要通过引进外来文明对其传统的政治制度、经济结构和文化构成等进行全方位的改造；知识界切实认识到中国属于世界、中国问题不单是中国自产的也是世界促成的、中国问题之解决需在世界格局中方可进行，确立了用国际通用概念解释中国问题的思维，包括"共和国"、"人民"、"民主"、"科学"和"经济"等公共概念，建立了哲学、文学、社会学、法学等人文社会科学体系和理学、工学、医学等自然科学、工程科学。换句话说，是五四新文化运动使中国有了进入世界和描述世界的概念、范式，对这些概念的诠释和范式的使用也在这期间迅速固定下来。

既然如此，何以并非发达之国的俄罗斯却成为后来中国问题及其解决的最重要世界因素？苏俄何以不是以其先进性而是因斯拉夫魅力的苏俄价值观、不是以对德国学理上的马克思主义之真切学习而是以充满意识形态诉求的列宁主义之实践对中国产生了巨大影响？在热切呼唤现代文明的过程中，何以不是欧美的思想和审美观而是立足于俄国本土意识的批判西方和怀疑引进西方文化之意义的俄苏文学更为中国知识界所热衷？这些今天看来极为严重的大问题，当时被视为理所当然的正常现象：《新青年》（第8卷第1期，简为8-1，下同）如是推介晨报社出版兼生所译《旅俄六周见闻录》（1920年）："俄国到底是什么情形？这一疑问，现在社会上稍微关心世界大势者，必定会想知道的。我们既然不能亲到俄国去观察，那只好择他人关于俄国著作来看。英国兰姆塞所著的《1919年旅俄六周见闻》，在西洋关于研究俄国的著作中是最新、最详、最公正的。"

实际上，把俄国作为解决中国问题的最重要的国际因素，是五四新文化运动对世界认知的一种趋向。而造成如此境况的，与五四新文化运动中最具影响力的《新青年》之切实倡导相关。不否认《新青年》广泛关注世界文化思潮，且译介的对象和讨论的问题，如刘叔雅的《伯格森之哲学》（4-2）、凌霜的《德意志哲学家尼采的宗教》（4-5）、高一函的《斯宾塞的政治哲学》（6-3）等等，至今仍为知识界所肯定；社会影响力立竿见影，如昆剧意外盛行起来，新文化阵营有所不甘，胡适便策划易卜生专号（4-6）对抗之，果然传统戏曲的风光迅速让位于话剧，反传统风潮更甚。在这种世界视野中，苏俄很快成为主导性因素：前六期封面人物中俄国有两个，即托尔斯泰（1－4）、屠格涅夫（2－2），前八期分别四次连载陈叚（陈遐年——陈独秀长兄陈孟年之子）所译屠格涅夫小说《春潮》和《初恋》（这在《新青年》绝无仅有），从第 8 卷第 1 号（1920 年 9 月）封面改成一幅地球图案，从东西两半球上伸出两只手紧握，暗示中俄人民团结。《新青年》何以对俄国有如此热诚，并能预示中国问题之解决的趋势？

《新青年》这份前后持续不足七年之刊，其作者群有变化，初时主撰人为陈独秀、北大编译员安徽六安人高一涵（1885—1968 年）、后任清华大学国文系主任的合肥人刘叔雅（刘文典）、后任北大教授的江阴人刘半农（1891—1934 年）、曾在安徽执教的长沙人易白沙（1886—1921 年）、北大教授吴虞（1872—1949 年）和周作人（1885—1967 年）等，从第 4 卷第 1 号（1918 年 1 月）改由陈独秀、钱玄同、北大编译员高一涵（1885—1968 年）、胡适、李大钊、在北大中文系任教的陕西人沈尹默（1883—1971 年）等轮流主编，鲁迅稍后加入，撰稿人增加浙江义乌人和《共产党宣言》最早译者陈望道（1891—1977 年）、毕业于东京帝国大学的湖北人李汉俊（1890—1927 年）、共产党创始人之一的永州人李达（1890—1966 年）等。由此，哪怕作者中有不少是北大教授或与北大相关，但作者群具有全国性，故第 6 卷第 2 号（1918 年 4 月）发表《新青年编辑部启事》说："近来外面的人往往把《新青年》和北京大学混为一谈，因此发生种种无谓的谣言。现在我们特别声明：《新青年》编辑和做文章的人虽然有几个在大学做教员，但这个杂志完全是私人的组织，我们的议论完全归我们自己负责，和北京大学毫不相干。"这 9 卷 50 期刊物，因作者的视野和志趣而使之热衷讨论国际问题、论述亦具国际视野，如创刊号有陈独秀《法兰西人与近世文明》，陈独秀本人此后常在此发表讨论国际问题的文字。换言之，就是这样的作者群和编辑队伍，关注国际问题的主要视野转向了俄国，① 由此引发了持续不衰的俄国文学热、促成对苏俄问题的热情和对苏俄社会主义—马克思主义的认同等。

一

按鲁迅《祝中俄文字之交》（1932 年）所描述，俄国文学在 20 世纪 20—30 年代的中国很兴盛，"中俄的文字之交，开始虽然比中英、中法迟，但在近十年中，两国的绝交也好，复交也好，我们的读者大众却不因此而进退；译本的放任也好，禁压也好，我们的读者也决不因此而盛衰。不但如常，而且扩大；不但虽绝交和禁压还是如常，而且虽绝交和禁压而更加扩大。这可见我们的读者大众，是一向不用自私的'势利眼'来看俄国文学的。我们的读者大众，在朦胧中，早知道这伟大肥沃的'黑土'里，要生长出什么东西来，而这'黑土'却也确实生长了东西，给我们亲见了：忍受，呻吟，挣扎，反抗，战斗，变革，战斗，建设，战斗，成功"。② 如此奇观，在一定程度上由《新青年》所引发：前八期连载《春潮》（1872 年）和《初恋》（1860 年），就预言了译介俄国文

① 据笔者统计，翻译文字占 40%，关于俄国的篇章则过半，中国作者撰述文字也有不少涉及俄国。

② 《鲁迅全集》第 4 卷，北京：人民文学出版社 1981 年版，第 461 页。

学乃该杂志的重要工作。屠格涅夫虽不是最伟大的文学家，却是"小说家中的小说家"（the novelist's novelist），创作了许多经由叙述爱情婚姻折射时代风云的力作，这两篇作品乃俄语文学中的美文——着力写出爱情之于当事者的美好、不可替代性。译者陈嘏有感，"作家乃俄国近代杰出文豪也……尤厌恶本国阴惨之生活……其文乃咀嚼近代矛盾之文明而扬其反抗之声也。《春潮》为其短篇中之佳作，崇尚人格，描写纯爱，意精词瞻臻其极，各国皆有译本"（1-1）。

殊不知，如此不吝版面刊出追求审美诉求的俄国文学作品，居然是《新青年》后来的志趣之一：鲁迅翻译阿尔志巴绥夫（M. Арцыбашев，1878—1927年）的《幸福》（8-4），是作家创作中最少政治诉求而多审美叙述之作，且这样的译介带动了后来知识界对这位作家的兴趣，其许多作品被译出，如鲁迅本人后翻译其《医生》（《小说月报·俄国文学专号》，1921年）和《工人绥惠略夫》（北新书局，1927年）等；留学美国的学人胡适，最早在《新青年》发表之作、该刊最早出现的白话文是由英文转译的俄国著名的"星期三文学社"创立者、苏联功勋艺术家捷列绍夫（H. Телешов，1867—1957年）的小说《决斗》（2-1）；尤其是周作人这位因《人的文学》（5-6）和《平民的文学》、《思想革命》（《每周评论》1919年第1、3期）等而享誉知识界的人物，不仅翻译了至今仍被视为经典的《卖火柴的女孩儿》（6-1）等著名篇章，更着力于俄国文学之译介，他是《新青年》翻译俄国文学最多的人物，包括托尔斯泰的《空大鼓》（5-5）、契诃夫的《可爱的人》（6-2）、象征主义作家索洛古勃（Ф. Сологуб，1863—1927年）的《童子 lin 之奇迹》（4-3）（译序指出其著作多隐晦）和《铁圈》（6-1）、库普林（А. Куприн，1870—1938 年）的《皇帝之公园》、科洛连柯（1853—1921年）的《马加尔的梦》（8-2）等。这些翻译值得嘉许，主要是 19、20 世纪之交以象征主义为主体的文学——20 世纪 40 年代后中国就遵从苏联而排斥其为颓废文学，直到 20 世纪 90 年代才重视起来而视为白银时代文学。鲁迅《〈幸福〉译者附记》（8-4）曾解释曰："阿尔志跋绥夫虽没有托尔斯泰和高尔基这样伟大，然而是俄国新兴文学的典型的代表作家的一人；他的著作，自然不过是写实派，但表现的深刻，到他却算达到了极致。他的著作是厌世的，主我的；且每每带着肉的气息。但我们要知道，他只是如实描出，虽然不免主观，却并非主张和煽动；他的作风，也并非因'写实主义大盛之后，进为唯我'，却只是时代的肖像：我们不要忘记他是描写现代生活的作家……其本领尤在小品；这篇也便是出色的纯艺术品，毫不多费笔墨，而将'爱憎不相离，不但不离而且相争的无意识的本能'浑然写出，可惜我的译笔不能传达罢了。"可见，鲁迅热衷于这样的作品，并非心血来潮，而有着特别考虑的——注重文学的审美诉求（况且创作之于他是阶段性的，翻译则几乎贯穿终生）。而且，《新青年》所关心的，也意外地促成了后来俄国文学热的另一个方面——对俄国现代主义文学的兴趣。

当然，《新青年》更热衷于写实主义文学的译介，这方面尤其体现在对列夫·托尔斯泰和陀思妥耶夫斯基的译介上。曾把马克思主义说成是集体主义的无政府主义者、广东台山籍的北京大学学生黄凌霜以凌霜为名发表长文《托尔斯泰之平生及其著作》（2-4，1917 年），是当时描述托尔斯泰创作情况最详细之作，认为"托尔斯泰之关系于近世思想界、文学界、道德界、宗教界既如此深切，其能转移学者之心理"在于"人道之正谊"、"和平之先声"、"诚爱真之美德"，总结其著述性质为"诚"、"爱"、"真"。这些表述，可谓抓住了托翁的实质。而探讨托尔斯泰思想之根源、发展，乃《新青年》兴趣所在：早在《青年杂志》（1-2）上汝非就发表《托尔斯泰之逃亡》，及时注意到托尔斯泰离家出走事件，并解释为托翁精神探索的悲壮行为，"所处四周之丰亨境遇实与彼纯洁道义心有大相反对者。阅时愈久直觉身之所处者与其心之所怀抱者两不能相容"，"时人有云，使托氏学派再假以时日，流传播布，熏陶人心，今日欧陆之大战争，可以不作"；邹翻译日本升曙梦《启发托尔斯泰的两个农夫》（6-6），生动叙述了托尔斯泰主义（包括热衷于体力劳动、宗教）之产生的生活原因，即受到两个农民的影响。不单托尔斯泰的文字深刻，关于陀思妥耶夫斯基的文献亦然：周作人翻译英国 W. Trites 之文《陀思妥耶夫斯基之小说》（4-4）称，"近来时常说起'俄祸'。倘若世间真有俄祸，就是俄国思想，俄国舞蹈、俄国文学皆是。此种思想却正是现在世界上最美丽最要紧的思想"，"正如俄国舞蹈一样，世界小说亦统受陀思妥耶夫斯基、果戈理、托尔斯泰和屠格涅夫之指挥。《罪与罚》、《死魂灵》、《父与子》与世界小说比较，正同俄国舞曲和平常舞蹈一样的高下。陀氏是俄国最大小说家，亦是现在议论纷纭下的人。其著作近来忽然复活，复活缘故就因有非常明显的现代性（现代性是艺术最好的试验物，因真理永远现在故）。人说他曾受狄更斯影响，我亦时时看出痕迹。但狄更斯在今日已极旧式，陀氏却终是现代的，只有约翰逊博士可相比。此一部深为广大的心理研究，仍然现代宛然昨日所写"。这是中国较早使用现代性概念并以此分析作家重要小说《罪与罚》而誉之为幻想性小说的文章，论述之独到为后来中国罕见。

对苏俄新文学，自然有关注。郑振铎所译高尔基的《文学与现在的俄罗斯》（8－2），乃高尔基给苏俄世界文学出版社首版目录所写序言，极为推崇文学："文学是世界的心，一切世界上的喜与忧，人类的梦幻与希望，他们的失望与愤怒，他们对于自然的美的尊敬，以及他们对宇宙的神秘恐怖，多翱翔于其中。这个心因自己知识的干渴，激烈的、永久的颤动……我们没有一种世界的文学，因为现在还没有地球通用的文字，但所有的文学作品，散文的或诗体的，却满住着同样的，一切人所通有的感情、思想及理想……无论国家、种族、个人的内部怎样的差异，也无论政府、宗教、风俗的外形怎样的不同，阶级间的冲突怎样的难以调和——所有这些我们自己多少世纪来所创造的差别上，却翱翔着普遍认识的悲剧性人生的黑暗、压迫的灵魂以及人类在世界上的孤寂的残酷的意义。"正因文学如此美妙，具有超越时空的传承人类文明之意义，所以无论战争多么严峻，高尔基要致力于组织翻译、编辑和出版世界不同时代的优秀文学，打算出版1500多种书、3000—5000个小册子。对此，郑振铎在译序中盛赞道："不仅是高尔基的重要论作，也是现在最紧要的、最伟大的出版宣言，使我们与俄国的文学关系更增亲切。"然而，译者不知情：世界知识出版社是高尔基借助和列宁的私人感情，从苏维埃政权努力争取的一个项目——《不合时宜的思想》未能感动苏俄政府放弃对传统文化和外来文化采取严厉政策，转而希冀新政权提供就业机会（编辑、翻译和出版等），挽留更多的人文知识分子留在苏俄，以在艰难环境下维护俄国的文化可持续发展，但计划很快半途而废。而译者却相信这是空前伟大的平民教育计划，表明"布尔什维克不是文化的破坏者，乃是文化的拥护者、创造者"，没看出高尔基何以要如此盛赞文学的伟大意义。同样，本期的李少穆译作《高尔基在莫斯科万国大会演说》，也没明白高尔基何以要这么强调文学的重要性。更遗憾的是，这样看苏俄文学是后来中国的潮流，哪怕鲁迅《〈竖琴〉前记》（1932 年）曾说明，"俄国文学，从尼古拉二世以来就是'为人生'的，无论其主意是在探究，或在解决，或堕入神秘，沦于颓唐，但主流还是一个：为人生……但它在本土，却突然凋零下去了。此前，原有许多作者企望转变的，十月革命的到来，却给了他们意外的莫大的打击"，朱维之的《基督教与文学》（1941 年）对此论曾有呼应，但认同新文学的潮流势不可挡。

《新青年》这样倡导俄国文学，有其目的性，即给改造中国提供一个亲切的参照系。第 8 卷第 5 号（1921 年元旦）刊载周作人 1920 年 11 月 8 日在北京师范学校的演讲《文学上的俄国与中国》，深刻说明中国需要译介俄国文学，"（不仅是因）俄国近代文学，可以称作理想的写实派文学；文学的本领原来在于表现及解释人生，在这点上俄国的文学可以不愧为真的文学了"，更因为"俄国文学的背景有许多与中国相似，所以他的文学发达情形与思想内容在中国也最可以注意研究"，"中国创造或研究新文学的人，可以得到一个很大的教训，中国的特别国情与西欧异，与俄国却多相同的地方，所以我们相信中国将来的新兴文学，自然的也是社会的人生的文学"，希望能通过俄国希腊正教之人道主义补中国宗教之不足、俄国思想自由补中国趋向权贵之不足、俄国文化的博大精神和激进思想补中国平庸妥协之不足、俄国文学对人民生活困苦之深切表达补中国文艺对生活苦痛只是玩赏或怨恨之不足、俄国文学富于自我谴责精神补中国文人或攻讦他人阴私或自我炫耀之不足等。而且倡导的确产生了预期作用：不单开始推出了持续不衰的俄国文学热，而且改变了中国文学的诉求。如五四新文化运动中最早创立的大型文学团体——文学研究会，其成立宣言（8－5）曰，"将文艺当作高兴时的游戏或失意时的消遣的时候，现在已经过去了。我们相信文学是一种工作，而且又是于人生很切要的一种工种；治文学的人也当以这事业为他终身的事业，正同劳农一样"。这种"为人生的艺术"的文学观，又使其很重视俄国文学作为文化资源的价值，其会刊《小说月报》大量刊载这方面作品，推出过"俄国文学研究"专号（1921 年）。

可以说，《新青年》开风气之先，并因其巨大影响力，不同身份知识分子积极参与、呼应，引发、倡导和促成了后来的俄国文学热。且不论上述《小说月报》作为 1921—1931 年间知识界又一个重要刊物出版了《俄国文学》专号，商务印书馆和北新书局等短短几年间陆续推出了《近代俄国小说集》5集、《俄国戏剧集》10 集、《俄罗斯名家短篇小说》、《普希金小说集》、《托尔斯泰小说集》、《托尔斯泰短篇小说集》、《契诃夫短篇小说集》等，冯雪峰 1927 年在北新书局出版汉译日本无产阶级学人升曙梦的《新俄文学的曙光期》、《新俄的无产阶级文学》、《新俄的演剧运动与跳舞》等。这一批批具有规模效益的译作，连同许多报刊所发表的相关文字，促成一浪高过一浪的"俄国文学热"，促进了后来中国文学创作、改变了审美观念、提高了社会公众意识等。虽然中国经历艰苦的抗日战争、国民政府时时警惕苏俄思想侵袭，却不影响国人对苏俄的认同感，情形如茅盾《近年来介绍的外国文学》（1945年）归纳抗战以后的外国文学译介情况所论，从七七抗战开始到太平洋战争爆发，介绍的"主要是苏联战前作品，以及世界的古典名著"，从太平洋战争到抗战胜利前夕，"除继承前期工作而外，还把注意力普遍到英美反法西斯战争文学了——不用说，苏联反法西斯战争文学是尤其介绍得多"①；稍后的《高尔基和中国文坛》（1946年），茅盾描述了高尔基在中国的兴盛情形："30年前中国新文学运动刚开始时，高尔基作品就被介绍过来了。抢译高尔基成为风尚：从日本重译，从英、法、德、世界语重译。即使最近十多年，直接从俄文翻译已日渐多了，重译还是继续不绝"，就算这是赶时髦，"持续了三十多年而未见衰竭"亦难得，且中国作家"不但从中接受了战斗精神，也学习了如何爱与憎，爱什么、憎恨什么；更从其一生事业中知道了一个作家若希望不脱离群众，便应当怎样的生活"，甚至说，对高尔基影响中国进行专门研究，"可写成一本厚书，而这工作本身也就是一种学问"。②

二

其实，《新青年》远不只是改变了中国的审美趋向和文学发展方向，更重要的是改变了中国社会对俄国的正常认知。鲁

① 《文哨》创刊特大号，1946年5月4日。
② 《时代》周刊1946年第23期。

迅《祝中俄文字之交》已明言，"我们岂不知道那时的大俄罗斯帝国也正在侵略中国"，甚至五四主将陈独秀第二次东渡日本专习军事是因 1903 年帝俄违约不从东北撤兵，东京留学生黄兴等组织拒俄义勇队，陈独秀亦是成员。而《新青年》不顾反俄之势，在倡导俄国文学的同时，更热衷于倡导新俄之美好，如俄国发生二月革命时，陈独秀还不是很清楚这是怎样的从帝制到共和制的革命（虽然《新青年》及时在第 3 卷第 2 号刊载"记者"之作《俄罗斯大革命》，详述了此次革命的远近因、新政府之构成、国际社会之认可等），便认为这次革命会改变正在变化的世界大战之国际格局，于是撰《俄罗斯革命与我国民之觉悟》（3 - 2）呼吁国人觉醒："此次大战争乃旷古所未有，战后政治学术一切制度之改革与进步亦将为旷古所罕闻。吾料欧洲史，大战后必全然改观。以战前史观推测战后世界大势，无有是处……吾国民所应觉悟者，俄罗斯革命，非徒革俄国皇室之命，乃革世界君主主义侵略主义之命也。吾祝其成功！吾料其未必与代表君主主义侵略主义之德意志单独媾和，以其革命政府乃亲德派旧政府之反对者，为民主主义者人道主义之空气所充满也。吾料世界民主国将群起而助之。"如是分析虽有乐观之嫌，如临时政府延续帝俄参与世界大战之政策，但半年后十月革命所建新政府，如陈所料，立即退出战争。这些文字，同李大钊此时关于二月革命之作《俄国共和政府之成立及其政纲》、《俄国大革命之影响》和《俄国革命之远因近因》等同等深刻。

《新青年》如此导向，很快改变了中国社会原本不接受十月革命及其布尔什维克政权的格局。得知布尔什维克以革命方式推翻二月革命，中国改良派和革命派人士皆反对，如时任教育总长孙洪伊（1873—1936 年）《吾人对于民国七年之希望》（《民国日报》1918 年元旦）称，布尔什维克不惜重蹈"法兰西革命之覆辙"，演成"杀人流血之惨剧"，"俄过激主义的传染非常可怕"，非想法子"预防"不可；十月革命后一年多，挑起科玄论战的张东荪（1886—1973 年）在《过激主义之预防策》（《国民公报》1919 年 1 月 29 日）中认为，二月革命已"奋起为大破坏大建设大创造之事业"，对此本"不胜其希望也"，而十月革命竟"颠覆新政府"，"使全国重蹈于无政府之状态"，"是吾国民自辛亥以来经验之恐怖、悲哀、不安、愤激诸苦，俄国民亦经验之，乃较吾国为甚矣"。但《新青年》则不然，在热烈译介俄国文学和讨论马克思主义及社会主义过程中，就积极对待新苏俄：第 6 卷第 4—5 期（1920年）刊发起明所译英国著名的俄罗斯问题专家 Angelo S. Rapport 博士的《俄国革命之哲学的基础》。该文认为，1825 年"十二月党人事件"后黑格尔虚无缥缈哲学在俄国风行（政府认为那是保守思想而不加禁止），"这在俄国影响是有害的，使人只是空谈理论而不着实际。但当时也有益处，因为它使俄国思想家能用哲学文句来说尼古拉一世的检察官不容易懂的空想社会主义，只想从道德与精神的复活上求出人类的救济思想，也瞒了检察官的眼。这样，俄国哲学家能介绍新思想，有用隐晦文句讨论宗教政治的根据"。克里米亚战争之后，俄国先后流行赫尔岑斯拉夫主义革命思想、车尔尼雪夫斯基民粹主义思想、巴枯宁满怀唯物论情怀的无政府主义思想，还辨析马克思主义和巴枯宁之差别（马克思期望受过教育者实践社会革命，巴枯宁则鼓吹爱自由者革命；马克思认为只有最进步的国家才发生革命，巴枯宁认为最具反抗本性和自由精神才发生革命)。虽然该文未讨论俄国宗教哲学、列宁等,但使人明白十月革命之发生有其历史依据。既然如此,应北大校长蔡元培等人之邀来华演讲的罗素(B. Russell,1872—1970 年),其亲临苏俄的经历、感受和意见自然得到《新青年》的关注。他刊于美国周刊《苏维埃俄国》(*Soviet-Russian*)和伦敦《民族国家》(*Nation*)杂志上的长文《游俄之感想》,被沈雁冰及时翻译出(8-2,1920 年)。罗素在此介绍自己游俄的背景①,叙述见闻时分析说,"俄国现状和历史上事物最相近的是柏拉图的《共和国》",把苏维埃理解成英国议会,布尔什维克只是苏维埃的一个部分,并又分为曾饱受牢狱之苦的老革命家、革命成功后掌握权力的布尔什维克、不很热心共产主义的普通党员等三派。对苏维埃制度下城市和乡村的不太好状况,他认为"俄国虽是一个庞大而强有力的帝国,外相是极好看,但中心糟得不可言……我们若拿布尔什维克所不可能避免不满意而困难的情形来责骂布尔什维克,这是废话。他们的问题只要在下面方法中取得一个便可解决:(1)停止战争与封锁,那就可以使他们拿货物供给农人换粮食;(2)渐渐发展一个独立的俄国工业";虽断言俄国倦于战争、期望和平,"但俄国是后进的国,还不配用平等合作的方法,这方法是西方诸国所求以代替政治上和工业上专断的。在俄国,布尔什维克的方法或是免不了的,无论如何,我是不想就他们大体下批评。不过,这种方法不合宜于先进国,若社会主义者要去看他

① 1920 年 5 月 11 日—6 月 16 日随英国劳动代表团访俄。在苏俄看来,该团和苏俄共产主义休戚相关。实际上,罗素说"我们此来,是欲尽我们的所能,求出俄国的情形和俄国政治的方法",外加罗素不是代表团正式成员而有些个人自由,分别访问彼得格勒和莫斯科,以及伏尔加河沿岸的一些城市。

们，模仿他们，这可就是不必退化而退化了"。接着，《新青年》(8-3) 刊出雁冰翻译哈德曼讨论罗素如何对待苏俄无神论问题的《罗素论苏维埃俄罗斯》[①]：罗素把苏维埃政权比做英国光荣革命之后的科林威尔，"信仰共产主义者很像清教徒军人，怀抱有严格的政治道德，克林威尔对议会的处置，类似于列宁对宪法会议的办法"，这两个时代有相似处，克林威尔对待反对革命的议会之坚决，和列宁对待杜马相当；在排斥宗教方面，"罗素应该不是反对俄国之形似无宗教与艺术的第一人"，俄国人对民族理想之坚信，就是全体人民共有之理想，似于宗教信仰，"'马克思福音的宗教般的信仰，代替了基督教殉道者天堂的期望'，却是我们在列宁身上看见马克思方法不杂着宗教的元质。我们宁可设想这是俄国民众，要把马克思教义变成宗教"。当然还注意到时任英国健康保险咨询委员会顾问、后任英国下议院议员的邦菲尔德（Margaret Bonfield, 1873—1956 年）赴俄观察报告《克鲁泡特金告英国工人》(8-3)：无政府主义者克鲁泡特金（1842—1921 年）呼吁英国停止攻击苏俄。这些文字趁着罗素热，及时向中国提供了鲜为人知的苏俄信息、考虑苏俄问题的另一种思路。

实际上，《新青年》对苏俄问题的关注是全方位的：从第8 卷第 1 号（1920 年 9 月）开始开设"俄罗斯研究"栏目，先后持续四期共 35 篇（译自美、英、法、日等报刊所载有关苏俄的政治、经济、文化教育、妇女政策等，纽约《苏维埃

---

① 哈德曼（Jacob Wittmer Hartman），以及时翻译介绍苏俄革命和战争而著名，1918 年在密歇根大学的共产党人出版社出版了他翻译的 Lewis Corey 选编的列宁和托洛茨基《俄国的无产阶级革命》，著有长文《苏维埃俄国：苏俄政府机构的官方机关》等。

俄国》周报的最多）。在这些译介中，布尔什维克革命及其历史合法性依据成为首先关心的问题。首篇乃曾留学美国的中国政治学创建者张慰慈（1890—?）翻译美国社会学者洛史与伯尔曼介绍苏维埃政府构成基本情况的《俄罗斯苏维埃政府》（8-1）："布尔什维克是一个政党，是一种政治制度"，1919年3月第四次代表大会讨论对德和约签订，布尔什维克只是9个党派中人数最多的一个，"苏维埃共和国是一种苏维埃的阶级制度，从乡村苏维埃、城市苏维埃到全俄苏维埃全包括在内"，"苏维埃制度最有趣的地方，就是拿职业做代议制度的单位，打破以前以地方为单位的制度"。佐野学著、李达译的《俄国农民阶级争斗史》（8-6，1921年）则从俄国农民史上证明十月革命的合法性：原是从事牧业生产并有重商变化的斯拉夫人，13—16世纪经鞑靼统治而成为离不开土地的农民，16世纪以后农奴制度形成，彼得大帝打开俄国开放西方的窗户，却颁布了许多严加限制农民的法令，叶卡捷琳娜大帝虽和启蒙主义者有往来，但强化了农奴制，导致农民不断反抗，以至于不得不进行1861年改革，但资本主义改革带来农民的生存环境更加恶化，故引发1905年革命和十月革命。更为激进的是李守常的《俄罗斯革命的过去及现在》（9-3）把俄国历史叙述成革命史：1825年十二月党人起义、1861年改革及其引发的自由主义运动和民粹主义运动、1905年革命、1917年革命，"俄国革命首领对人民很抱一种热望，把他们的希望放在农民身上，并常注意村社，一向把它当做未来的理想社会，但运动愚钝的农民去实行革命是不可能的事情，所以有许多革命领袖主张'教育比革命还要紧'……屠格涅夫曾寄书于一热烈的革命家说，'你想革命的要素存在于人民中，其实恰恰相反，我可以断定革命，从他的真意思、最大的意思解释起来，只存在于知识阶级的少数人'……当时俄国人民总有一亿农民，极其守旧，故革命运动的事也不能不单在少数知识阶级的肩上……大俄罗斯自成一部，或存或亡都为一体，在其六千万人口中约有 10% 是构成俄罗斯革命的要素的，其余都与革命无关……俄罗斯中心只是俄国一部分，而在大俄罗斯革命的中心势力又只在大俄罗斯全人口中少数的知识阶级"。而震瀛译自美国《苏维埃俄国》的《劳农协社》（8-3）、《俄罗斯的我观》（8-3）、《列宁与俄国进步》（8-6）等文，分别介绍农奴解放后农民组织情况和反对资本主义必要性以及英国劳工组织官员 R. 威廉亲临当时苏俄观察劳农情况的生动印象、布尔什维克用新思想救济 1861 年改革后的俄国，表明列宁及其布尔什维克实践马克思主义的贡献。按 R. 威廉记录："我经过许多严密观察，以为俄国劳农政府很有存在的价值。英国反对和俄国通商，必至失败。俄国东方的政策，不是帝国主义的侵犯，不过盼望英国不要联合各国来攻击劳农政府。我深信列宁、托洛茨基等辈，和各国陈腐外交家脑力战争，列宁等辈终必占优胜利。"期间还关注俄国工运史：陈望道译山川均的《劳农俄国的劳动联合》（8-5）介绍旧俄国没有劳工组织联合大家，新俄国全体劳动者则因有劳工组织而权益得以保障；懂日、英、德、法等外语的李汉俊以其号（汉俊）为名译伦敦俄国人民通讯社的稿件《俄罗斯同业组合运动》（8-1），介绍源于 1905、1908—1916 年间受到打压的俄国同业组合运动的发展史，尤其是二月革命后的发展情况；十月革命后加入俄共、就学于莫斯科东方劳动者共产主义大学、1920 年回国帮助筹建中国共产主义小组和中俄通讯社的山东平度人杨

明斋（1882—1938 年）翻译《俄国职工联合会发达史》（8 -
3），详述 1905 年以来工会运动变化发展史和圣彼得堡工会情
况。这些文字强化了人们对苏俄的好感，尽管《彼得格拉的
写真》和《苏维埃俄罗斯的社会改造》（8 - 4）介绍了期间苏
俄不好的情况，如"俄国人有些怨恨布尔什维克同志，对共
产社会实业的改组，负担的责任太重。这些艰难，不易克服。
时症流行，死亡甚众。俄国深受战争和革命的痛苦，缺乏各种
需要"，粮食紧张、药品和日常生活用品奇缺、儿童教育和社
会风尚需要改善等，中俄通讯社来稿《关于苏维埃俄罗斯的
一个报告》（8 - 2）介绍苏维埃粮食委员会规定粮食必须国
有、配给，食品店（"点心店"）作为补充只供给富裕之家、
当政者和儿童，但这些情形没有妨碍正在扩大的认同苏俄之
潮流。

当然，新政权如何构成和苏俄发展等情况，成为五四新文
化运动所关注的另一个重要问题。杨明斋译自莫斯科《普斯
拉科夫》报的《劳农政府召集经过情形》（8 - 4）介绍苏俄劳
农地方议会及其代表构成情况，震瀛译自《苏维埃俄国》的
《中立派大会》（8 - 4）和《全俄职工联合大会》分别介绍苏
维埃会议及代表构成情况（尤其是 1920 年 4 月苏维埃全俄职
工代表大会情况，包括党派构成和与执政党的关系）。其中，
经济问题尤其得到关注。震瀛译自美国《国民》杂志之作
《俄罗斯的实业问题》（8 - 4）介绍了因战争、内乱、封锁、
运输不济、没有食物等困境，"苏维埃俄国的实业生产问题，
是非常困难的"，"俄国的实业问题，最后演变为信用问题。
农民不肯供给食物，是因为不能即刻取回制造用品，而工人也
不做工，除非先得食"。而他译自《苏维埃俄国》的三篇文

章，即介绍生产劳动（军人转岗从事生产的必要性）的《苏维埃俄罗斯的劳动组织》（8－4）、介绍国内战争带来苏维埃设立经济局直接管理经济方式和实行国有化政策的《苏维埃政府的经济政策》（8－4）、列宁为战时共产主义政策辩护的《过渡时代的经济》（8－4）等。其中《过渡时代的经济》声称，"社会经济根本的制度，便是资本主义、小生产力和共产主义"，"无产阶级在资本主义时代，完全是被压制的，由于生产方法不良，他们的财产便全被劫掠。所以劳动和资本是很大的仇敌，这一次革命非根本解决不可。自从有产阶级被推翻以后，战胜了政治势力，无产阶级成为治人的阶级"。更为重要的是，周佛海提供了当时中国认真研究新俄国的重要文献《劳农俄国的农业制度》（8－5），基于俄罗斯乃农业国，研究苏俄土地国有化、成立农社、农业改良、森林经营、农民对苏俄农业改革的态度等许多问题。在论及土地国有化问题时他指出，劳农政府最关心的是如何避免知识少、眼界低的农民再次把土地私有化；论及农民态度则指出，政府对农民的处置抑制了富农的自主性，贫农在十月革命后获得土地，成为支持政府的重要力量。难能可贵的是，在中国兴起社会主义思潮、《新青年》日趋左翼时，居然注意到经济发展，尤其是当时中国不可能想到的电气化问题和新经济政策。邓生（1901—1930年）翻译俄国电气化委员会主任委员关于开发水利和在全俄各地建立电站的答问《劳农俄国的电气化》（9－3）。沈雁冰翻译布哈林《俄国的新经济政策》（9－3）文中称，"俄国革命的经验指出，我们从前的革命程序观念完全是痴人说梦。从前即使是最正派的马克思主义者也以为无产阶级只需抓住政权便可以充分管理生产机构了。但经验告诉我们，根本不是这样的。每次革命包含一次复杂的社会改组。而无产阶级革命所包含的社会改组，比过去的中产阶级革命所包含的要复杂得多。无产阶级革命不单需要人民抓得政府而改组之，并要去抓得整个社会的生产机关而改组之，并且更为重要"。如此客观说明苏俄发展经济的文字，当时中国罕见，后来中国也不多见。

因为五四新文化运动时期乃追求个性解放年代，使得苏俄妇女解放和婚姻制度改革问题，成为《新青年》又一个关注的方面。李汉俊翻译的 Lincolin Eyre 之作《苏维埃共和国的产妇和婴儿及科学家》（8-2），介绍苏维埃政府在婚姻登记制度的人性化、产妇保护、育婴福利、儿童培养等情况："布尔什维克既努力于人类的改良，又不忘记科学。不但没忘记，他们还把它与公民教育和公共健康一样的看待。科学家，无论他们如何反对共产主义社会，还是受到最大的尊重。"而震瀛翻译的《俄国与女子》（8-5）作为这方面最重要的文献，介绍女工代表大会的构成（包括行业代表和党派代表）；苏俄新政府让离婚手续更为便捷而真正实行婚姻自主、男女平等；批驳西方关于苏维埃政府把女子收归"国有"或"公有"、虐待妇女等舆论；帝制时期连上流社会女子也不能介入社会政治，而二月革命后妇女解放，改变了这种状况；女子能从军并在军旅中建功立业和接受教育；十月革命后女工在家庭和经济上获得了独立和解放。有趣的是，李达所译《劳农俄国的结婚制度》（8-6）和《劳农俄国的妇女解放》（9-3）分别补充说明了妇女革命、母亲和儿童保护、婚姻制度等问题，如新政府虽推行放松结婚和离婚制度，但办理婚姻的机关并未出现应接不暇的状况，如此结果得于新婚姻法承认男女恋爱属于私事、排除宗教对婚姻的干预，还附录了苏俄婚姻法主要条款，对比苏俄和日本的婚姻法说"资本主义与社会主义一个根本的相异点在于，前者以金钱为本位，后者以人为本位"。这些连同李达所译的要废除一切歧视妇女之法规的《列宁的妇人解放论》（9-2），让倡导男女平权的中国得知了苏俄妇女解放和婚姻革命情势。

　　由于《新青年》编辑队伍多为知识界名流，关心苏维埃新政权的文化发展和教育也就理所当然了。李汉俊翻译美国基督教青年会秘书和红十字会秘书洪福利（Wilfred Humphries）的《我在新俄罗斯的生活》（8-1），如是解释了苏俄文化困境："（过去）在彼得堡数月所看的歌剧，比我有生以来看过的还要多。在莫斯科每天晚上看见妇女们出入剧场"，进入革命和战争以后，许多人就失去了平静生活，政府对社会各个方面进行了强行干预，大家还是很配合的，以至于知识分子很疑惑这样的情景，"资本家问士兵，'你们为何不信任受过教育的人来指导你们，反而信任那个德国委员会的列宁？'士兵答曰，'我们是愚昧者，不晓得什么，但有一桩事我们知道，就是受过教育的人常常欺瞒我们'"。而震瀛译自《苏维埃俄国》的四篇文章提供了另外的情形：《文艺与布尔塞维克》（8-4）和《苏维埃政府的保存艺术》（8-5）用苏俄新政府变皇室和许多的贵族庄园为收藏历史文物或艺术品且向公众开放的博物馆，以及出版及艺术创作照常等资料，反驳诋毁苏维埃政府破坏艺术和文化遗产的舆论，说明布尔什维克不是阻碍世界文明的生番野人，而《赤军教育》（8-4）和《俄国的社会教育》（8-5）分别介绍苏维埃政权中军队教育情况、列宁之妻克鲁普斯卡雅作为苏俄社会教育委员会主任所发布的社会教育情况。其另外三篇译文《俄罗斯的教育状况》（8-4）、《革命的俄罗斯的学校和学生》（8－4）、《苏维埃的教育》（8－4）等，分别介绍小学生入学情况、新政权下速成教育和义务教育及劳动教育、苏维埃教育人民委员卢那察尔斯基的发展平民教育报告等。而杨明斋所译苏维埃年度公报《苏维埃平民教育》（8－2），突出苏俄新政权在改造旧式教育、发展平民教育和强制性的义务教育、大学改革等方面的创新、业绩。

　　要说明的是，该刊译介苏俄问题的文献很有召唤力，得益于张尉慈、李汉俊、杨明斋、陈望道、周佛海、李达、震瀛等译者、作者，是他们的世界眼光和热诚促成了如此选择。以一人翻译22篇的东莞人袁振英（字震瀛）为例就能说明问题。他幼年受业于曾中过秀才的父亲的私塾，1905年废科举后随父来到香港，先后在英皇书院与皇仁书院就读，迷恋上无政府主义及其理想社会（"无治主义"），毕业时回内地投考北大并于1915年进入其西洋文学系。大三时，陈独秀为文科学长，《新青年》从上海迁到北京，震瀛作为班长，意外成了杂志作者，处女作乃翻译美国无政府主义者高曼女士的《结婚与恋爱》（3－5）；胡适策划《新青年》"易卜生专号"时（1918年），震瀛受邀提交了影响力至今不减的《易卜生传》。这意味着，日后对苏俄问题的关注，不囿于苏俄意识（该刊刊出以袁振英为作者名的许多文章），由此他既能注意到罗素积极评价苏俄的文字，又能看到对罗素的不同批评，如翻译《罗素——一个失望的游客》（8－4）（批评罗素游历苏俄五周多，且不懂俄语和东欧俄国之实情，如何可能正确知道苏俄这么大国家的社会政治变革）。还译有罗素对高尔基矛盾印象的《罗素和高尔基》（8－5）（高尔基身体强壮、步行不倦，却对新俄国很失望，发表许多批评布尔什维克的文字），更译有《批评罗素论苏维埃俄罗斯》（8-4），"罗素带着共产党的眼光考察俄国。他见共产党已实行，但有些误会——对共产党实行的法子，不大表同情。提出许多反对苏维埃政府的地方，是没有民主选举的方法，也有对待国家的管理。罗素一定是受了各处资本家和帝制派所载新闻的影响……罗素虽是无心之矢，但已铸成大错。我们从前以为他是天上人，经历人生许多污浊的奋斗，完全同大多数庸俗的公理相反，结果却说出这样的话，'若我们继续拒绝和平与通商，我也不以为布尔什维克政权会坚持不下去。俄国将忍苦耐劳于来日，如过去数年一般。俄国人习于劳苦，西方民主没有一个及得来；他们能在我们所不能忍耐的情形下生活工作。'"尤其是翻译丹麦著名学人勃兰兑斯（Georg Brandes，1842—1927 年）的《俄罗斯》（8-6）——介绍十月革命和国内战争的国际社会反应，"反应是无意识的，全由恐怖而发生，他们担心革命的思潮由俄国传播到欧亚。这种同盟性反对革命俄国之事，类似于过去欧洲联合起来反对法国大革命……而法国革命之理想输入保守的德国，德国人只采用那些适用于他们的政策，贵族还是保守他们的财产。欧洲各国如能容许俄国自由处理各事，而俄国人对于欧洲各国和平待遇，使各国也可以平安地处理自己国内的事情。历史上许多经验，凡一种政治运动，各国不加干涉，自然日趋于和平，摆脱暴乱，由内部发动起来，达到一定程度，适宜于联邦各国的关系"，欧洲各国干涉苏俄内政，"已有六年战争，应该取消封锁政策，同谋和议。这不单是人道的理由，亦为欧洲各国的利益"。可以说，只有世界眼光和历史意识，方可写出如此论述；亦只有世界意识，方可发现勃兰兑斯这样的批评家及其关于俄国问题的论述。

　　《新青年》所创"俄罗斯研究",迅速带动了对俄国问题关注之风潮。20 世纪 20 年代初许多报刊大量发表关于苏俄问题的意见,如《妇女评论》(2-2) 刊瞿秋白的《托尔斯泰的妇女观》,《曙光杂志》(2-1) 刊王统照的《新俄罗斯艺术之谈屑》和《罗素游俄感想之批评》、宋介的《彼得格勒之粮食的分配》和《俄国之女劳动家》及《赞列宁》(2-2)、睛霓的《苏维埃俄罗斯的现在》(2-2),《今日》杂志(1-3)刊程天山的《俄苏维埃的新经济政策》和王中君的《托尔斯泰的哲学》,《解放与改造》杂志(2-15)刊福同的《苏维埃俄国之妇女与儿童》、沈江的《克鲁泡特金之社会思想研究》等,诸如此类,不一而足。而且,还不只是关注信息,更培养了社会对苏俄的认同:五四新文化运动高潮过后十年,鲁迅在《我们不再受骗了》(《北斗》1932 年第 2 卷第 2 期)中坦言:"我们被帝国主义及其侍从骗得太久了。十月革命后,他们总是说苏联怎样的穷下去、怎样的凶恶、怎样破坏文化。但现在的事实怎样?小麦石油的输出,不是使世界吃惊了么?正面之敌的实业党的首领,不也只判了十年的监禁吗?列宁格勒和莫斯科的图书馆和博物馆,不是没有炸掉么?文学家绥拉菲莫维奇、法捷耶夫、格拉特科夫等不是西欧东亚无不赞美他们么?"对有人说苏联购物排长队,他认为,苏联在建设中,受帝国主义压迫,物品不足是正常的:"苏联是无产阶级专政的,知识阶级就要饿死——一位名记者告诉我。但无产阶级专政,不是为了将来的无产阶级社会吗?你不去打他,成功就早,阶级消灭得也早,那时就谁也不会饿死了,自然排长队是一时难免的……我们不受骗了,我们反对进攻苏联,我们倒要打倒进攻苏联的恶鬼,无论他说着怎样甜腻腻的话,装着怎样公正的面孔。"

三

实际上，经由《新青年》，五四新文化运动给中国社会带来更深刻变化的，是在把俄国文学作为世界上最重要的文学、苏俄问题乃世界上最重要问题之同时，也改变了对社会主义与马克思主义的认知和认知方式。曾留学日本的周佛海（1897—1948 年）在《实行社会主义与发展实业》（8－5）中声言："社会主义为救现代社会一切恶弊的万能良药。恐怕就是反对社会主义的人，良心上也是承认的。不过，尚需讨论的是中国于最近的将来能否实行社会主义。近一年来，谈社会主义的杂志很多，似乎有不谈社会主义则不足以称新文化运动出版物的气概"，"罗素来中国以后，谈社会主义，一定会加大勇气。哪晓得结果适得其反。因为罗素有'中国须发展实业，振兴教育'这两句话，反引出反对社会主义的讨论来……反对社会主义的议论，是以中国现在宜发展实业、振兴教育，不宜谈社会主义为论据的"，但对欧洲尤其是苏俄社会主义趋势和中国贫富悬殊现象，他认为中国虽没有资本家阶级，却有实行社会主义的必要和资格。虽然其论述有知识上的不足，但因"苏俄"视野的介入，道出了一种新鲜的社会主义判断。与之相当，湖南岳阳人李季（1892—1967 年）这位 1918 年毕业于北大英文系、1920 年参与筹建上海共产主义小组、1922 年留学德国入法兰克福大学经济系、1924 年转入苏联东方大学的学人，其《社会主义与中国》（8－6）中则明言：马克思去世不过 38 年，俄国实践马克思的社会主义理论已有 4 年，并取得可观成绩，西洋社会主义由留日学生间接输入、留法学生直接输入，辛亥革命后，社会主义运动消退，十月革命后又有人注意到社会主义，五四新文化运动后社会主义学说重新盛行，虽然真正认识社会主义者甚少，但不影响人们信仰社会主义，作为和资本主义生产、分配、消费等不同的现代经济制度。中国经济发展多操纵在外国资本家手中，资本主义企业中资本家获取高额利润、工人高强度作业和贫困，农民田产极少，这与俄国相当，因而实现社会主义是必要的，不必再发展让更多人痛苦的资本主义。

而经由苏俄中介讨论社会主义的趋向，在五四新文化运动初期已显露出来：李大钊《法俄革命之比较观》（《言治》第3册，1918 年）称，"俄国革命是 20 世纪初期之革命，是立足于社会主义之上的革命"。十月革命周年后他发文《Bolshevism 的胜利》（5－5），在世界民主革命潮流下查考布尔什维克革命，根据苏俄政府妇女委员会委员柯林泰（А. Коллонтай，1872—1952 年）答英国记者问解释何谓布尔什维主义，即西方社会主义革命，在东欧即为布尔什维克革命，是奉德国社会主义经济学家马克思为宗主的革命，以图打破各国建立社会主义的障碍，"全世界无产阶级拿起他们最强的抵抗力，创造一个自由乡土：先造欧洲联邦民主国，做世界联邦的基础，这是布尔什维克主义，这是 20 世纪世界革命的新信条"。"布尔什维主义虽为俄人所创造，但其精神是 20 世纪全世界人类人人心中共同觉悟的精神"，"这件功业，与其说是威尔逊的，毋宁说是列宁的；是李卜克内西的，是马克思的"，"自今以后，到处所见的，都是 Bolshevism 战胜的旗，到处所闻的，都是 Bolshevism 的凯歌声"。"试看将来的环球，必是赤旗的世界"，

"吾人对于俄罗斯今日之事变，惟有翘首以迎其世界的新文明之曙光，倾耳以迎其建于自由、人道上之新俄罗斯之消息，而求所以适应此世界的新潮流，勿徒以其目前一时之乱象遂遽为之抱悲观也"。是年 11 月末李大钊演讲《庶民的胜利》（5 - 5）同样称，"1789 年法国革命是 19 世纪各国革命的先声。1917 年俄国革命是 20 世纪世界革命的先声……须知今后的世界变成劳工世界"。这并非李大钊一相情愿，蔡元培在给李季翻译的《社会主义史》所写序言（8 - 1，1920 年）中同样解释说："西洋社会主义，二十年前，始输入中国。一方面是留日学生从日本间接输入的，译有《近世社会主义》等书。一方面是留法学生从法国直接输入的，载于《新世纪》周刊上。后有《民声》周刊介绍。俄国广义派（即布尔什维克）政府成立后，介绍马克思学说的人多起来了，在日报月刊上常见这一类题目"，由此改变了中国固有的社会主义。①

的确，十月革命后，《新青年》更热心于译介马克思主义，以至于 1919 年 5 月出版的《新青年》（6 - 5）称得上是马克思主义专号：开设"马克思研究"栏目，发表陈启修的《马克思的唯物史观与贞操问题》、渊泉（李大钊留学日本时期的同学、福建人陈溥贤）的《马克思的唯物史观》和《马克思奋斗的生涯》等；推出一系列后来堪称中国马克思主义研究的经典文献，如毕业于北大经济系（1917 年）并于英国和德国获得经济学硕士学位的刘秉麟（1891—1956 年）的

---

① 《论语》曰，"有家有国者不患寡而患不均，不患贫而患不安。盖均无贫，和无寡，安无倾。远人不服，则修文德以来之"，《周礼》曰，"小司徒经土地而井牧其田野"。

《马克思传略》、李大钊的《我的马克思主义观》（6-5）（上）、曾留学柏林大学的北大教务长顾兆熊（1887—?）的《马克思学说》等一系列文章。而且，这些篇什与苏俄十月革命不无关系，如李大钊在《我的马克思主义观》（6-5）中声言："自俄国革命以来，几有'马克思主义'风靡世界之势，德奥匈诸国的社会革命相继而起，也都是奉'马克思主义'为正宗。'马克思主义'既然随着这世界的大变动，惹动了世人的注意，自然也招了很多的误解。我们对于马克思主义的研究，虽极其贫弱，自1918年马克思诞生百年纪念以来，各国学者研究他的兴味复活，批评介绍他的很多。我们把这些零碎的资料，稍加整理，乘本志出'马克思研究号'的机会，转介绍于读者，使这为世界改造原动的学说，在我们的思辨中，有点正确的解释，吾信这不是绝无裨益的事。"可见，知识界改变了讨论马克思主义的思路——苏俄社会主义成为潜在的或公开的参照系。在李达的《马克思还原》（8-5）看来，"马克思的社会主义已在俄国完全实现了，但还有许多人怀疑，实在有解释的必要，特意作文"，以解释何谓马克思主义及其发展；不过，马克思主义发展到苏俄，实行各国最怕的劳动专政，其实是马克思所倡导和主张的，毋须担忧；马克思既是理论家又是实干家，"列宁不是创造家，只可称为实行家，不过能将马克思主义的真相简明地彰显出来，善于应用，这便是列宁的伟大"。诸如此类的论述，在后来中国讨论马克思主义的过程中如影随形。

当然，因苏俄社会主义之引入，马克思主义与无政府主义的论战、社会主义论战的复杂性亦加剧：其一，有"建设"社会主义的声音。陈独秀的《关于社会主义的讨论》（8-4）

作为对张东荪、陈望道、邵力子等关于社会主义问题的回答，强调中国要解决的问题是贫困、"增加富力"，即经济的重要性；介绍周恩来和朱德入党的介绍人张崧年（1893—1986年）所译罗素《民主与革命》（8-3）主张，"自由、民治、平和、生产效率的增加、经济的公平，只有世界的社会主义才能做到。据我所见，没有别的法子能做到……将来做得到这些或做不到这些，却要看那先驱者之态度如何、奋斗的勇气如何、胜利者的性情如何"；曾在北大授《中国古代经济思想之特点》的李大钊，其《唯物史观在现代历史学上的价值》（8-4）深刻辨析唯物史观说，它包括历史之经济的解释、经济的决定论等，"社会进步只靠物质上自然变动，勿需人类的活动，而坐等新境遇的到来。因而一般批评唯物史观的人，亦有以此为口实：便说这种听天由命人生观，是唯物史观给下恶影响。这是大错特错。唯物史观及于人生的影响乃适居其反"；同样，周佛海的《从资本主义组织到社会主义组织的两条路——进化与革命》和《社会主义国家与劳动组合》（9-2）等有类似观点。其二，推崇"革命"社会主义的声音更甚。同一个陈独秀，把《马克思学说》（9-6）简化成剩余价值、唯物史观、阶级斗争、劳工专政等，其《民主党与共产党》（8-4）认为，"民主主义乃资本阶级在从前拿它来打倒封建制度的武器，现在拿它来欺骗世人把持政权的诡计。从前政治革命时代，打倒封建主义的功劳，我们自然不能否认，在封建主义未倒的国度，就是现在我们绝不能反对。若是妄想民主政治才合民意，才真是平等自由，那便大错特错……民主主义只能代表资产阶级意，既不能代表封建主义，也不能代表劳动阶级的意"；类似的还有李达的《讨论社会主义并质疑梁任公》（9-

1)、高一涵的《共产主义历史上的变迁》（9－2）、李达的《马克思派社会主义》（9－2）、成舍我的《无产阶级政治》（9－2）等等，这种看重马克思主义革命性诉求的情形在后来演变成浩浩荡荡的潮流。

《新青年》如此倡导马克思主义，促使知识界在讨论社会主义问题过程中尤其关注苏俄社会主义问题并将其和中国问题联系起来。C. T. 及时翻译了日本河上肇用对话体讨论苏俄布尔什维克革命的意义及其问题的《俄罗斯革命和唯物史观》（9－6）；复刊后的《新青年》第1号（1923年4月）为"列宁专号"，刊发陈独秀的《列宁主义与中国民主运动》、瞿秋白的《列宁主义与托洛茨基主义》等。同时，加剧了知识界对苏俄社会主义的认同：1920年11月7日《共产党》月刊在上海创刊，陈独秀写发刊词《短言》说，"经济的改造自然占人类改造之主要地位。吾人生产方法除资本主义及社会主义外，别无他途。资本主义在欧美已由发达而倾于崩坏了，在中国才开始发达，而他的性质上必然的罪恶也照例扮演出来。代他而起的是社会主义的生产方法，俄国正是这种方法最大最新的试验场"，"要想把我们的同胞从奴隶境遇中完全救出，非由生产劳动者全体结合起来，用革命手段打倒本国外国一切资本阶级，跟着俄国共产党一同试验新的生产方法不可"；列宁五十寿辰之际，《苏维埃俄国》推出《列宁专号》（8－3），震瀛择译 George Lansbury 的《列宁——最可恶的和最可爱的》，该文描述道，"各国政治家，没有一个像现在俄国指导者的智能、忠诚和刚毅。我和他初次相见，便能肝胆相识：这是我从来没有见过的"，他生活简朴，没有佣人、只有一个秘书，"他的宗旨是，能知必能行。他言行相符。他在内阁开会时，态度非常冷静，很像一个临死的人。虽然他是这般的温柔，但到了必要的时候，必然要愤怒"，"有许多人以为我在俄国日子很久，一定知道其中很多残酷的事情，这是很不对的。我曾遇见一个牧师，他告诉我列宁是极力保持秩序的人，并肯负责任。他非常赞赏列宁的为人。他讲英语，非常娴熟，我们可以自由言谈"。如此领袖形象，使列宁很快成为中国最为知晓的国际名人：1918 年创刊的《每周评论》发刊词说，三年前中国认为美国总统威尔逊是"世界第一好人"，现在北大进行"世界第一伟人"民意测验，497 张票中列宁独得 227 票居第一，第二位的威尔逊仅得 51 票；列宁去世（1924 年 1 月 24 日）再次引发中国关注列宁，恽代英的《列宁与中国的革命》（《中国青年》第 16 期）塑造了一个有知识、有能力、有品格的革命家和学者列宁形象；3 月 16 日一批知识分子在北京集会追悼列宁，李大钊发表演讲《列宁不死》；列宁逝世周年纪念日，陈独秀的《列宁与中国》（《向导》周报第 99 期）塑造了一个同情中国、支持中国革命的国际无产阶级领袖形象。与此同时，胡愈之在《东方杂志》连续发文《列宁与威尔逊》，披露美国总统威尔逊的主张及巴黎和会如何成为谎言，介绍列宁如何成为国际无产阶级领袖，在对比中张扬列宁的伟大。

可以说，《新青年》及其倡导苏俄式马克思主义，促成了无政府主义趋于式微、自由主义发展之不足等时代潮流，哪怕五四运动前后无政府主义思想有进一步的发展，专门传播无政府主义的刊物和小册子有七十多种（如《劳动》、《进化》等），但知识界契合了《新青年》呼应，不少人转向马克思主义—社会主义。1919 年 4 月 10 日至 26 日渊泉在《晨报》上连载《劳农政府治下的俄国——实行社会共产主义之俄国真相》、发表《各国要承认列宁政府了》，解释布尔什维克主义的真实含义，是年 5 月协助李大钊在北京《晨报》副刊开辟马克思研究专栏，并连载《近代社会主义鼻祖马克思之奋斗生涯》，表明"吾侪固深信马氏之学说，乃现代万恶社会之唯一疗法也"。这样的马克思主义热潮，加速无政府主义退潮、改变了社会主义及其讨论方式，使来自法国或德国的社会主义—马克思主义让位于来自苏俄或经由日本中介的苏俄社会主义—马克思主义，五四新文化运动的性质也发生着激进化的变化，情形如易嘉（瞿秋白）的《五四和新的文化革命》（《北斗》1932 年第 2 卷第 2 期）所说，"五四是中国资产阶级的文化革命运动。但是现在资产阶级早已投降了封建残余，做了帝国主义的新走狗，背叛了革命，光荣的五四革命精神，已是中国资产阶级的仇敌"，"五四遗产是对封建残余的极端的痛恨，是对帝国主义的反抗，是主张科学和民主"，这种极端观点依据的却是列宁对俄国 1860 年社会解放运动的评价，并认为五四一些知识分子和当时俄国西欧派相似。

总之，《新青年》所倡导并身体力行去译介俄国文学，把苏俄及其社会主义作为解决中国问题的重要国际因素，从而推动了五四知识分子建构更有直接效益的国际视野，孙伏园主编《晨报》副刊和《京报副刊》，邵力子等主编《民国日报·觉悟》副刊，张东荪等主编《时事新报·学灯》等副刊，《每周评论》、《星期评论》、《湘江评论》、《星期日》等周刊，《少年中国》、《新潮》等杂志无不发生了这样变化。由此，影响了中国认知世界思路之变化，即从发达世界寻求文化资源，转向直接从苏俄搬用思想和方法；同时，胡适之《新思潮的意

义》(7-1) 所说的"研究问题,输入学理,整理国故,再造
文明",所倡导的"重新估定一切价值"(重估不是破坏),很
快被对苏俄的强烈认同及其所激发的革命热情、反传统情绪等
所淹没,哪怕陈独秀《新文化运动是什么》(7-5)对五四新
文化运动有所反思,"新文化运动,是觉得旧的文化还有不足
的地方,更加上新的科学、宗教、道德、文学、美术、音乐等
运动……宗教在旧文化中占很大的一部分,在新文化中也自然
不能没有它……除去旧宗教传说的附会的非科学的迷信,就算
是新宗教……现在主张新文化运动的人,既不注意美术、音
乐,又要反对宗教,不知道要把人类生活弄成一种什么机械的
状况,这是完全不曾了解我们生活活动的本源,这是一种大
错,我就是首先认错的一个人"。也就是说,《新青年》在五
四新文化运动中建构国际视野的立足点之转化,显示出中国知
识界认识世界思路的变化,即从关心发达的世界转向关注反对
西方和资本主义的苏俄,促成了长盛不衰的俄国文学和苏俄问
题热;从欧洲的马克思主义转向苏俄的马克思主义,导致科学
和民主吁请之衰微、反帝和反资声浪之高涨,更关心如何解决
现实问题而不是冷静检讨中国文化结构的症结问题。

(原载《社会科学战线》2009 年第 4 期)

后　记

对于中国文化，中国学人有太多的意见要表达，上下五千年的文明积淀，在短短的百年之中，就连续遭遇了西方现代文明体系和全球化浪潮的冲击。以欧洲和美国模式为代表的现代文明，将中华传统文化晾置在近乎凄凉的历史语境里。而尴尬的悖论在于，当那些深入我们民族骨髓之中的传统文化被"考古化"在过去时态里的时候，我们却在强势的西方文明体系背景中有滋有味地现实地生活着。在现代世界的民族国家舞台上，中国人将以怎样的文明特质为世界文明体系贡献自己的智慧，我们迫切需要找到答案。于是，有了"中西比较"，有了"新国学"，有了我们从不同角度编发的这几组关于中国文化讨论的文章。

《社会科学战线》很注重自己"深刻、厚重"的学术形象，既没有借着"国学热"凑趣的想法，也不曾为那些过于激奋或热情的论述所动心。我们需要的，是那些冷静而认真的思考，是那些为了中国文化找到自己在世界文明体系中的一席之地而努力的探讨。

中国文化如何才能为全球化的人类社会贡献自己独特的智慧呢？答案并不是现成的，但是我们的努力却是实实在在的。收在本文集中的这 29 篇文章，是《社会科学战线》杂志在

2002 年到 2009 年将近 8 年时间陆续刊发的，内容涉及新国学研究、国学的现代解读、国学与当代中国、中西文化会通等主题。其中最为引人注目的是"新国学研究"这个栏目的设置，它突破了传统的讨论视野中那些自设樊篱、意在自我表扬或自我贬低的"国学"思维，期望在现代化、全球化的背景下开辟出能够与传统国学沟通联系、与全球文化对话交融的全新的中国现代学术—文化，使中华文明与传统智慧能融入到现代世界的文明洪流中。本文集作者包括当下哲学、文学、历史、文化领域的诸多名家、大家，如张立文、蒙培元、庞卓恒、周汝昌、杨义、陈启云、何兆武、陈伯海、李新宇、王岳川等，他们对中国文化的思考，在一定意义上能够代表当下中国学人的见解与深度。

当常说常新的"国学"在各类场合、层面上持续"热"的今天，我们绝没有推波助澜的意图。我们之所以讨论，并不是为狭隘的民族主义思潮摇旗呐喊，而是为中国更好、更快、更智慧地融入全球文明而努力。在吉林省社会科学院院长、《社会科学战线》杂志社社长邴正教授和吉林省社会科学院副院长、《社会科学战线》杂志主编邵汉明研究员的主持与策划下，我们已经在区域文化、学术史、为学之道、哲学与宗教、学术回顾等几方面编发、出版了 900 多万字的系列学术文集。《国学新论》又为"社会科学战线丛书"增添了一朵鲜艳的花朵，但愿它的理性之光能为学界提供一个有意义的参考文本。

编　者

2009 年 5 月